Levitschnigg, Heinrich von

Der Montenegriner oder Christenleiden in der Türkei

Levitschnigg, Heinrich von

Der Montenegriner oder Christenleiden in der Türkei

Inktank publishing, 2018

www.inktank-publishing.com

ISBN/EAN: 9783747771990

All rights reserved

This is a reprint of a historical out of copyright text that has been re-manufactured for better reading and printing by our unique software. Inktank publishing retains all rights of this specific copy which is marked with an invisible watermark.

Der

Montenegriner

oder

Christenleiden in der Türkei.

Roman

von

Heinrich Ritter von Levitschnigg.

Pest, 1853.

Verlag von Gustav Heckenast.

Vorwort.

Man erzählt sich so viel von den schweren Leiden der Christen im fernen Asien in den Landen, die unter morgenländischem Despotismus schmachten, und englische Missionäre berichten uns von Gräuelthaten, wie sie kaum die amerikanischen Rohhäute, diese berüchtigten Skalpjäger an ihren Kriegsgefangenen verübten. Was europäische Nächstenliebe so lange versäumte, scheinen die Yankee's nachholen zu wollen, und man spricht allgemein, wie die Schiffskanonen derselben bestimmt seien, dem Zwingherrn von Japan im kommenden Frühjahre Menschlichkeit und Duldung zu predigen. Die Schilderung dieses seemännischen Kreuzzuges dürfte ihrer Zeit einen wahrhaft magnetischen Köder für die heißhungrige deutsche Lesewelt abgeben.

Wir aber möchten da mit Altmeister Göthe ausrufen: weßhalb in die Ferne schweifen, seht, das Schlimmere liegt so nahe! Wir meinen die unsäglichen Leiden, welche die christliche Bevölkerung der Türkei seit Jahrhunderten heimsuchen. Namentlich gilt dies von den Schreckensdramen, welche islamitische Willkühr gegen die Giauren oder die ungläubigen Hunde in Bosnien wie in der Herzogewina seit grauer Zeit in die Scene zu setzen liebt, und ein Roman, welcher, mit authentischen Dokumenten belegt, ein treues Bild jener Zwangherrschaft zu liefern versuchte, dürfte daher beachtenswerth und willkommen sein im Interesse der Menschheit, beachtenswerth und willkommen im Namen der Civilisation und Duldung, beachtenswerth und willkommen im Auftrage der historischen Gerechtigkeit! Eine Reprise der Hand, die einst schrieb an die Mauer in Belzasar's Palaste!

Eine solche Schilderung ist die Aufgabe des vorliegenden Buches.

Der Verfasser dieses Romanes lebte mehre Jahre in der unmittelbaren Nachbarschaft jener Lande, und wurde daher während seines häufigen Kordondienstes in der Militärgrenze nur zu oft Augenzeuge von Dingen unter der bosnischen Sonne, von welchen sich abendländische Touristen auch keine Sterbenssylbe träumen lassen. Viele Daten verdankt er der Mittheilung der sogenannten Revertenten — dürfte man deutsch Heimkehrlinge dafür brauchen? — wie man kroatische Flüchtlinge, wenn sie später freiwillig oder eingebracht dem türkischen Gebiethe den Rücken kehren, zu taufen pflegt. Er hat am besagten Kordon mit dem berüchtigten Buk Butovich so manche Nacht in der sichern Csarda — Wachtstube — oder am Biwouakfeuer zugebracht. Der Mann war dabei gewesen, als sie dreizehn an der Zahl in dem Städtchen Gottschee, in dem Herzogthume Krain gelegen, plünderten und nahmhafte Beute hinwegschleppten. Die hochherzige Amnestie weiland Seiner Majestät, Kaiser Franz des Ersten gab die Flüchtlinge dem bürgerlichen Leben wieder. Buk wurde Harambassa bei den Seressanern und galt als verläßlichster Mann in der ganzen Truppe. Der Verfasser weiß daher als Augenzeuge, wie durch glaubwürdiges Hörensagen von dem Treiben in Bosnien zu sprechen. Viel hat er zudem seit jener Zeit über die südslavischen Zustände gelesen.

Es sind die Früchte eines mehrjährigen Studiums, was er hiemit der Leserwelt zur Prüfung vorlegt.

Er ist kein Daguerre, und will daher die Treue der nachfolgenden Schilderungen nicht bis in die kleinsten Details verbürgen. Schlagende Aehnlichkeit mit dem Originale werden sie jedoch durchschnittlich aufzuweisen haben. Mehr ist auch nicht nöthig. Wir reiben bloß einige Farben, gesammelt bei dem despotischen Herrn, wie bei dem seufzenden Knechte, aber immer unmittelbar aus dem Lande selbst bezogen, auf die historische Palette. Vielleicht daß ein Michael Angelo der Zukunft, wie wir bereits bei einer andern Gelegenheit bemerkten, wenn er das jüngste Gericht der Türkenherrschaft malen geht, jene Farben, diese Palette benützen mag!

Erstes Capitel.
Die Rose von Serajevo.

Unsere Geschichte beginnt in dem Frühjahre 1843 in einer gäh= renden Zeit, kurz bevor die zur Verzweiflung getriebenen christlichen Bewohner Bosniens nochmals zu den Waffen griffen, um langes Leid durch den Tod oder durch den Sieg zu enden. Schauplatz der ersten Scene ist ein ärmliches Dorf von etwa dreißig bis vierzig Hütten. Diese stille Ortschaft liegt oder lag vielmehr auf einer mählig aufsteigenden Anhöhe in der Mitte eines kleinen Thales, durch dessen Niederung sich die Straße von Travnik nach Serajevo hinzieht, wenn anders ein schmaler, kaum für Bauernkarren fahr= barer Weg diesen Namen verdient. Wild und romantisch war die Gegend, aber sie gewährte keinen malerischen Anblick, denn die Ar= muth und Dürftigkeit lagerte zu sichtbar um jene baufälligen Hüt= ten oder Hürden, und die Bewohner derselben mit ihren bleichen abgemagerten Gesichtern, mit den abgenützten, Flügeln ähnlichen Mützen, in der unschönen engen, aus selbst erzeugtem Wollenstoff gefertigten Tracht, mit den nothdürftig an den Füßen haftenden Opanken gaben ein so vollständiges Bild des Jammers, daß sich das Auge des Beschauers unwillkührlich von der tristen Staffage abwendete, und das Herz von einem seltsamen Gefühle, halb Mit= leid halb Ekel, beschlichen ward. Auch die Nase des Touristen hätte sich zweifelsohne nach einer Prise Spaniol gesehnt, denn es erin= nerte durchaus nicht an das berühmte türkische Rosenöl, was man in der Nähe der Bosniaken durch den Sinn des Geruches wahr= nahm. Sie waren übrigens Bekenner des Christenthumes, wie das rohe aus Holz geschnitzte Kreuz in einer abgelegenen, von der Straße abgewendeten Art Nische verrieth. Dort pflegte die kleine Gemeinde ihre Andacht zu verrichten.

Die armen Dörfler hatten jedoch den Kelch des Elendes noch nicht bis zur Neige geleert, und harrten gerade an dem Tage, mit dem wir dieses Capitel eröffnen, eines gefürchteten Besuches. Man erwartete eine Scene türkischer Justizpflege. Jussuw Pascha, der dem humanen Wedschi und dem weit schlimmern Kosrew im Regime gefolgt war, befand sich nämlich auf einer kleinen Rundreise, angeblich um die Klagen der christlichen Bauern oder Rajas gegen ihre muhamedanischen Grundherrn, die man Spahis nennt, zu prüfen, in Wahrheit aber um einen Vorwand zu einer Fahrt nach Serajevo zu haben, auf welcher Fahrt er jedoch weniger die Stimmung der bosnischen Großen zu belauschen, als verliebten, oder besser gesagt, verbuhlten Gedanken nachzuhängen gedachte. Die Bosniaken standen daher mit scheuer, doch erwartungsvoller Miene vor ihren Hütten, des Zuges harrend, der sich langsam und mit aller militärischen Vorsicht von der Straße nach der Anhöhe heraufwand.

Der Aufruhr war zwar noch nicht ausgebrochen, aber es trieben sich bereits im Lande bewaffnete Haufen Patrioten umher, welche die Türken freilich mit dem Beinamen Raubgesindel zu brandmarken pflegten. Ein Paar Bedetten oder eine kleine Vorhut eröffneten den Zug. Diese Avantgarde war aus der sogenannten Landwehrreiterei der Spahis gebildet. Die Tracht mahnte an ungarischen Schnitt, die rothe Mütze natürlich ausgenommen. Das Hauptcorps bestand jedoch aus wirklichen türkischen Husaren. Der freundliche Leser wird nun fragen, wie sich ein türkischer Husar eigentlich ausnehme. Seine Montur besteht in einem bis an die Ohren und in den Nacken herabgezogenen Fez, d. i. in einer hohen rothen Mütze mit einer blauen Quaste, wie sie bei uns die Serben tragen, einem blauen Dolmány mit rothen Schnüren und einer blauen Plunderhosen mit rothem Besetze. Zur Bewaffnung dienen ein Säbel, ein Karabiner und eine Pistole. Backen= und Schnurbart dürfen nur die Offiziere tragen. Die Pferde eines Regimentes sind gleichförmig von einer Farbe wie bei der russischen Kavallerie.

Ein Sprichwort nennt die Türkei das Paradies der Pferde und das Fegefeuer der Weiber. Der kleine bosnische Gaul erfreut sich aber keiner sonderlichen Wartung und Pflege, namentlich wird er bald auf den Vorderfüßen hin, da es als Meisterstück der dortigen Reitkunst gilt, das Pferd im schnellsten Laufe auf dem Flecke zu pariren. Es gibt daselbst überhaupt nur zwei Gangarten, den Schritt und den Galopp. Trab ist in Bosnien nicht üblich. Demungeachtet lassen die bosnischen Renner an Schnelligkeit und Ausdauer nichts zu wünschen übrig, auch wissen sie, wie die Ziegen, die gefährlichsten Felsenpfade zu erklettern. Zur Zeit, als der Schreiber dieser Zeilen in der Militärgrenze verweilte, wechselte der Kaufschilling eines solchen Gaules zwischen zwanzig und fünfzig Gulden Silber. Er selbst besaß einen von dem nunmehr längst todten, schon damals ergrauten Fähnrich Gavrilovich gekauften Fuchswallachen von ungemeiner Leichtfüßigkeit und Zähheit, und erinnert sich noch lebhaft, wie er einmal bei einer Vorrückung der kroatischen Grenzregimenter an den Kordon nach einem tagelangen anstrengenden Marsche den Brigade-Adjutanten trotz seines Halbblutpferdes bei einer dringenden Meldung weit hinter sich zurückließ. Jeder Grenzoffizier muß nämlich beritten sein, erhält aber kein Dienstpferd, sondern hat den Ankauf seines Renners aus eigenem Säckel zu bestreiten.

Jussuw Pascha ritt an der Spitze der türkischen Husaren.

Es war ein stattlicher Mann mit schwarzem Backen- und Schnurbart. Auch er trug die Husarenuniform, nur war der Dolmány mit goldenen Schnüren besetzt. Seine Füße stacken in lakirten Halbstiefeln. Bloß die Handschuhe, welche bei den Türken durchaus nicht Mode sind, fehlten, sonst aber stellte er, namentlich mit seinen von Edelsteinen flimmernden Orden auf der Brust vollkommen einen modernen, eleganten abendländischen Reiteroffizier vor. Auffallend war es, daß sich sein Blick immer nach rückwärts und zwar nach der Richtung der Straße nach Serajevo wendete. Ein Mann des Detachements Panduren, das zur Bewachung der Brücke zurückblieb, meinte auch trocken:

„Schön ist sie freilich, die Rose von Serajevo!"

Diese Panduren, ein walachisches Wort, das Grenzwächter bedeutet, bei uns Gensd'armen genannt, trugen gleichfalls den Feß, hatten in dem Gürtel Pistolen und einen Handschar oder türkischen Dolch stecken und schwangen zudem eine Kantschuka in der Hand. Dollmetschte der obige Redner die Gefühle Jussuw's richtig, so war es nur zu erklärlich, warum dieser Muschir oder Oberbefehlshaber, böse über den gezwungenen Abstecher, in der übelsten Laune von der Welt nach dem Dorfe gelangte und die vorkommenden Beschwerden meist zu Gunsten der Spahis entschied, bei zufälligen Straffällen in klingender Münze aber in einer Art vorging, die lebhaft an die Fabel von der Theilung des Löwen erinnerte. Das arme Volk der Rajas seufzte über die Sklavenbürde, trug sie aber geduldiger, als manches Saumthier seine schwere Last dahinschleppt; nur ein junger stämmiger Bursche murrte leise über das Uebermaß der Noth und schmähte weidlich über seine Landsleute, deren jeder die Hände müßig in den Schoß lege, bis nicht sein eigenes Haus in hellen Flammen stehe. Sein Blick wurde noch wilder, als ein barfüßiges, zerlumptes Weib dem Pascha zu Füßen stürzte. Es war die verlassene Wittwe seines kürzlich verstorbenen Vatersbruders.

„Erbarmen! Schonung! Gnade!" flehte die Unglückliche.

„Drei dumme Worte," entgegnete Jussuw, „die in der türkischen Sprachlehre kaum zu finden sein dürften; sprich übrigens, ich höre, nur mache es kurz, ich bin kein Freund von Weibergeträtsche."

Die Aermste erzählte nunmehr in kurzen rührenden Worten, wie sie ihr verstorbener Mann in der äußersten Noth zurückgelassen habe, wie sie daher den Anbau ihres kleinen Grundstückes bei ihrer schwachen Kraft kaum zu besorgen, die Kosten fremder Beihilfe aber durchaus nicht zu bestreiten vermöge. Auch nehme die Pflege ihrer zwei Knaben einen nur zu großen Theil ihrer Zeit in Anspruch. Der Muschir lächelte satanisch und flüsterte dann einem neben ihm stehenden Offizier, der einen goldenen Stern und Halbmond auf der Brust trug, also den Rang eines Tüzbaschi oder Oberlieutenants bekleidete, leise einige Worte in das Ohr, worauf sich dieser mit hämischer Schadenfreude im Blicke nach der Hütte der Witwe entfernte. Das Weib wollte folgen, Jussuw hieß die Unglückliche ruhig harren, er werde sich ihrer erbarmen. Nun trat ein ältlicher Mann vor, der die Kopfsteuer nicht vollständig zu entrichten vermochte. Diese Steuer, Haradsch genannt, wird nur von den Christen mit fünfzehn Piastern unmittelbar von dem Pascha erhoben. Ein Piaster gilt etwa sechs Kreuzer oder zwei Silbergroschen.

„Herr," sprach der Alte, „mir fehlt nur mehr ein Piaster an der vollen Gebühr, aber ich weiß ihn, auch wenn ich mich auf den Kopf stellte, durchaus nicht aufzutreiben. Die vorjährige Ernte ist bekanntlich halb mißrathen, der Erlös war daher sehr gering. Auch sind die Zeiten so theuer, das Geld fliegt davon, man weiß nicht, wohin es kömmt."

„In die Pulvermühle!" rief ein anderer türkischer Offizier.

Der Pascha verstand die Anspielung. Es ging nämlich das Gerücht, die bosnischen Malkontenten hätten zur Anschaffung von Munition sich selbst freiwillig mit einem Piaster für den Kopf besteuert. Diese Vermuthung war auch in der That begründet.

„Macht den ungläubigen Hund," rief Jussuw zornig, „um ein Ohr kürzer, so wird die Summe voll!"

Der alte Mann schrie laut auf vor Angst, der grausame Befehl ward aber trotz seines Wehklagens zur Stelle an ihm vollzogen. Mittlerweile kam der Tüzbaschi mit den Kindern der Witwe herbei. Es waren zwei halbnackte, schmutzige, aber trotz ihrer Verwahrlosung hübsch sehende Knaben. Jussuw prüfte die Rangen mit türkischer Kennermiene und befahl sie dann als Aufwärter nach seiner Behausung in Travnik zu schaffen, so sei das Weib ihrer Noth entledigt, und könne getröstet heimkehren.

„So möge Gott dich einst auf deinem Sterbebette trösten, wie du mich getröstet hast!"

Also rief die Witwe und sank in Ohnmacht. Sah sie doch ihre Kleinen schon im Geiste zu dem Lügenpropheten des Halbmondes schwören, vielleicht nebstbei noch einem schlimmern morgenländischen Schicksale entgegengehen. Ein paar mitleidige Nachbarn schafften die Aermste hinweg. Diese Vorgänge erklären es wohl zur Genüge, weßhalb niemand mehr vortreten wollte, als der Muschir nach weiteren Beschwerden forschte. Nur der früher erwähnte stämmige Bursche eilte entschlossen vor, sank in die Knie und bath mit demüthiger Stimme um Gnade für seinen greisen Vater, der wegen eines unbedeutenden Vergehens gebunden, halb todt vor Schreck und Schwäche nach Travnik geschleppt worden sei und in dem dortigen dumpfen Verließ zweifelsohne in Kürze verschmachten müsse.

„Das ist bereits geschehen, blöder Knabe," fiel der Tüzbaschi ein.

„Du lügst, du lügst," rief der Junge, „du treibst nur grausam Scherz!"

„Giaur," donnerte Jussuw, „zügle deine Zunge, sonst lasse ich dir die Sohlen blutig gerben!"

„Mein Vater todt? Dann stirb auch du, Tyrann!"

Mit diesen Worten stürzte sich der Bosniake, einen Dolch hervorziehend, auf den Pascha, ward aber von der Suite desselben augenblicklich niedergehauen. Jussuw schäumte vor Wuth, und befahl dann, den „ungläubigen Schweinen" das Dorf über dem

Kopfe anzuzünden. Die Ordre des Despoten wurde pünktlich befolgt, und bald standen die Hütten ringsumher in Flammen. Die Nemesis folgte aber der Missethat auf dem Fuße, denn plötzlich kam ein Pandur von der Brücke heraufgesprengt, mit der Meldung, ein verdächtiger bewaffneter Haufe zeige sich in der Umgegend. Gleich darauf erscholl der alte montenegrinische Schlachtruf und die türkische Nachhut stäubte mit der Schreckenslosung „der Buk, der Buk!" in heilloser Verwirrung auseinander. Der Ruf „der Wolf, der Wolf!" — auf kroatisch Buk, auf ungarisch Farkas — war auch in Bosnien zum üblichen Fluchtgeschrei geworden. Dieses Fluchtgeschrei stammt noch aus dem Feldzuge, den die Ungarn nach Hormayr anno 1099, nach Feßler 1098 nach Rothrußland unternahmen, und zwar von dem Tage einer ihrer grimmigsten Niederlagen, bei welchem Kampfe der Anführer der Rusniaken das Wolfsgeheul so täuschend nachahmte, daß die wirklichen Wölfe im nahen Walde einstimmten, und gleichsam als Orakel das Verderben des Feindes weiszusagen schienen. Wie diese Schreckenslosung nach Bosnien verpflanzt wurde, wird der geneigte Leser einige Blätter später erfahren. Hier wollten wir denselben nach dem altrömischen Wahlspruche bloß einfach — medias in res — in die Mitte der damaligen südslavischen Tagesereignisse führen. An weiterer Aufklärung soll es wahrlich nicht fehlen.

Vor der Hand wollen wir uns nach der Hauptstadt von Bosnien begeben. Serajevo oder Sarajevo, italienisch Seraglio, türkisch Bosna Serai genannt, liegt an der Dinarischen Bergkette, unweit den Quellen der Bosna, Drina und Narenta, und fußt auf einem erhabenen mit waldigen Bergen umkränzten Plateau an der Migliazza oder Migliaska, einem Nebenflusse der Bosna; Serajevo, eine hochbegünstigte Stadt, in der selbst dem jeweiligen Pascha von Bosnien, mit Ausnahme der Zeit revolutionärer Wirren, nur ein dreitägiger Aufenthalt gestattet ist, gilt den Bosniaken als Königin aller Städte; spricht man mit ihnen von Paris, so antworten diese Söhne der Wälder mit der Frage, ob das neue Babylon an der Seine auch wirklich Serajevo an Schönheit übertreffe? Es läßt sich auch nicht läugnen, daß die bosnische Hauptstadt dem Reisenden einen wahrhaft imposanten Anblick bietet, wenn er sie, aus den engen Gebirgsschlünden gelangend, plötzlich in einem weiten Becken oder vielmehr in einem von tausend silbernen Bächleins bewässerten Garten entdeckt. Ihre Thürme, ihre verschiedenfarbigen Minarets von glacirten Ziegeln, ihre Kioske, ihre Bazars mit bleiernen Kuppeln gruppiren sich amphitheatralisch um ein weites im Jahre 1270 erbautes Fort. Dieses von zwölf ungeheueren Thürmen gedeckte Bollwerk, dessen Vormauern zwölf Klafter dick sind, ragt senkrecht von der Tiefe des Thales empor, beherrscht von dem Berge, an dessen Abhang es sich anlehnt, und gewährte dem bosnischen Adel, wenn er in offener Feldschlacht besiegt worden, schon oft einen sichern, fast uneinnehmbaren Zufluchtsort. So sollte es auch im Verlaufe des Jahres 1843 der Fall werden.

Es ging gegen die Abenddämmerung, und das Geräusch des geschäftigen Tages ward scheidend noch einmal in seinen brausendesten Klängen hörbar. Eine zahlreiche Menge Fußgänger — die Bevölkerung von Serajevo wird auf 70,000 Seelen angeschlagen — drängte sich durch die engen Straßen der eigentlichen Stadt, deren kleinliches und unregelmäßiges Weichbild durch den Umstand noch mehr an Reiz verliert, daß die Fenster der meisten Häuser nach türkischer Sitte nach dem Hofe gehen. Die Waffenschmiede bargen ihre berühmten, zur Schau ausgestellten Gewehre und Klingen in sichern Verschluß, die Kürschner thaten ein Gleiches mit den kostbaren Rauhwaaren, das Rasseln der Geschirre von Eisen und Kupfer in den verschiedenen Fabriken verkündete das Nahen des Feierabends und auch die geschickten Goldarbeiter säumten nicht, dem Beispiele ihrer Nachbarn aus Furcht vor jener Gilde vom langen Finger, eilig zu folgen, da die Dämmerung bekanntlich das Treiben jener lichtscheuen Zunft bedeutend begünstigt. Kisten von Wollen- und Baumwollenmanufakturen wurden hastig vernagelt und verschickt, die fleißigen Gerber ließen endlich ihre müden Hände ruhen, und gehorchten, falls sie Muhamedaner waren, der Mahnung der Muezzins, welche von den Minarets der vielen, mitunter fast großartigen Moscheen zum Gebete riefen. Zählt Serajevo doch zu einer der gewerbfleißigsten Städte in der Türkei. Außerdem ist es ja der Mittelpunkt nicht blos des Handels von ganz Bosnien, sondern auch des sehr bedeutenden Transitohandels, welcher durch Karavanen zwischen Salonichi und Janina stattfindet. Die Kolonial- und Manufakturwaaren werden zu diesem Behufe von Triest über Spalato und von Wien über Kostainizza bezogen. In der Umgegend befinden sich Eisengruben und Eisenhütten, ferner wird daselbst Weinbau betrieben.

Aus der Kirche der griechischen Christen strömten heimkehrende

Andächtige, an dem Serail oder dem von Sultan Mahomed dem Zweiten erbauten Palaste wurden die Nachtposten aufgeführt, in den Badehäusern ward es ruhiger und stiller; dagegen gewannen die Kaffeestuben und Khan's — Herbergen — trotz ihres armseligen Zustandes an regem Leben, eine Masse von Spaziergängern wogte über die vielen Brücken und Stege, von welchen besonders die größte der ersteren rühmende Erwähnung verdient, auch fehlte es nicht an reich geschmückten Reitern auf herrlichen Rennern. Bosna Serai ist nämlich der Sitz der vornehmsten erblichen Hauptleute und Knesen, obgleich der jeweilige Pascha von drei Roßschweifen, der in diesem Ejaleth oder Paschalik der Türkei gebietet, in Travnik zu hausen pflegt. Das lustige Getümmel ward jedoch hie und da durch das schmerzliche Wehklagen irgend eines Fleischers, der mit den Ohren an den eigenen Laden genagelt wurde, oder eines Bäckers, der die Bastonade erhielt, eben nicht wohlklingend unterbrochen. Die Polizei ist ja sehr strenge und wacht, daß den Armen die nothwendigsten Lebensmittel nicht vertheuert werden, daß das Publikum durch den Unterschleif der Verkäufer nicht zu Schaden kommt.

Das emsige wie müßige Treiben im städtischen Weichbilde erhielt durch die verschiedenen Kostumes der Türken, Bosniaken, Armenier, Griechen, Serben, Dalmatiner, Montenegriner, Juden und Zigeuner, die sich hier wie in allen türkischen Städten zu einem wahren Chaos mengten, einen noch bunteren Anstrich, zumal da fast alle der genannten Volksstämme, selbst wenn sie sich wie die Osmanlis kleiden, etwas von ihrer ursprünglichen Landestracht beizubehalten pflegen. Trotz dieses Getümmels und Farbenwechsels scheint der Anblick einen Fremden doch nicht ganz zu befriedigen, es fehlt ihm etwas, und wir werden es auch gleich benennen, was das Auge des Touristen so verlangend sucht. Die schönere Hälfte des Menschengeschlechtes! Arme Christenweiber in armseliger Bekleidung drängen sich freilich durch das Gewoge der Kaufleute, Krämer, Ausrufer, Spaziergänger und Reiter, aber die elegante Frauenwelt will sich nicht zeigen, da die höheren Stände in Bosnien fast durchschnittlich zum Koran schwuren, und ihre Töchter daher nach türkischer Sitte eben so viele Bäume der Erkenntniß abgeben, deren Früchte oder Reize um so mehr verlocken, als sie verborgen und verboten sind. Nur selten erscheint ein muhamedanisches hübsches Kind auf der Straße, aber der über das Gesicht herabgelassene Yachmak, ein Schleier aus weißem Mousselin, wird unter dem Kinne derart festgeknüpft, daß man von dem Antlitz nichts als die weiße Nase und die blitzenden Augen wahrnehmen kann. Zudem wird die ganze Gestalt von dem neidischen Feredschi, einem langen weiten Mantel oder Domino also umhüllt, daß man glauben möchte, man sehe eine Maske oder ein Gespenst vor sich hinschweben. Wollt ihr die Schönheit wirklich von Angesicht zu Angesicht schauen, so müßt ihr euch in den Harem, in die Frauengemächer stehlen, und dahin gedenken wir euch auch als unsichtbarer Kundschafter zu geleiten. Folgt uns in das Innere jenes stattlichen Hauses, das fast an ein abendländisches Palais erinnert!

Belauschen wir seine Herrin in ihrem Allerheiligsten!

Dort herrscht morgenländische Pracht. Die Wände sind mit weißem und rothem Seidenstoffe ausgeschlagen, das Gemach gleicht einem Zelte, schwere blaue Vorhänge wallen an den Fenstern. Sonderbar, das sind keineswegs die türkischen Farben! Und doch gibt es hier so manches, das unwillkürlich an den kriegerischen Geist der Anhänger des arabischen Propheten mahnt. Da zeigt sich ja zierliches Gewaffen, das freilich zu keinem blutigen Gebrauche bestimmt scheint, trägt es doch die hundert geheimnißvollen Dinge, so unzertrennlich von einer weiblichen Toilette. Iskender am Rocken einer Lais! Ja, der Kriegsgott war immer der nächste und liebste Nachbar der Schönheit!

Sind wir in das Lager einer Amazonenkönigin gerathen?

Fast will es uns so bedünken! Eine hohe schlanke Gestalt, keine Spur von der bekannten morgenländischen Beleibtheit, Majestät in jedem Zuge des schönen, etwas bleichen Gesichtes, die zwei Rosen ausgenommen, die auf seinen Lippen liegen. Rosige Lippen? So ist es! Und doch pflegt dieser feingeschnittene Mund zuweilen Handschars zu sprechen, und das nächtige Auge der Herrin blitzt wie ein scharfgeschliffener Dolch. So zeigt sich kein blumiges Weib, das keinen weiteren Beruf kennt, als schön zu sein und zu lieben. Hier haust der Geist, der weiland durch die Maina ging, hier weht die Luft, welche durch Csernagora — Montenegro — zieht! Hier schaltet und waltet eine Schwester des Löwen, wie ein Morgenländer sagen würde! Trotzdem hatte die Volksstimme der Schönen den Namen Gülnare gegeben, und obgleich sie eigentlich Ivka, zu deutsch Johanna hieß, so wurde sie doch nie anders genannt, als die weiße Rose von Serajevo. In Wahrheit wies Gülnare mehr von der Natur der Schwertlilie. Zuweilen nur fliegt es wie unsägliche

Wehmuth durch das gebieterische Antlitz, und um die Mundwinkel liegt und zuckt es dann elegisch wie die Klage einer Liebe, die sich erst hinter den Gräbern ein Stelldichein geben durfte. Läßt sich dieses reizende Räthsel durchaus nicht lösen?

Was besagt jenes Gemälde an der Wand?

Ein Trauerflor verhüllt es. Es scheint ein Heiligenbild zu sein? Allerdings! Was stellt es denn vor? Christus am Oelberge! Was soll aber der schwarze Flor? Ja, ich verstehe! Wir traten in ein adeliges bosnisches Haus, dessen Eigenthümer das Kreuz nie mit dem Halbmond vertauschen wollten, obgleich fast alle ihre Waffenbrüder, wie wir im nächsten Kapitel hören werden, aus Angst um ihren Purpur, sich abtrünnig zu diesem Abfalle verstanden. So war es auch! Die Hauptlinie des alten Geschlechtes, von welchem Riswan, der Vater der weißen Rose abstammte, war zwar, obgleich sie ihren Stammbaum bis zu Nemagna, dem Stifter des weiland so großen, die Herzogewina seine Wiege nennenden serbischen Reiches hinaufleitete, zu dem Islam übergetreten, um die Güter des Hauses zu retten; die Nebenlinie hielt jedoch an dem Erlöser fest, hatte zwar viele harte Kämpfe und bittere Anfechtungen zu bestehen, wand sich aber, Dank der Hilfe ihrer mächtigen muhamedanischen Verwandtschaft, durch alle diese Hemmnisse sieghaft wie die Zwergeiche durch, deren Wurzeln zuletzt Felsen sprengen. Riswan war früh in die Welt hinausgezogen und hielt sich in den Diensten einer auswärtigen Großmacht so wacker und mannhaft, daß er später nicht blos als einfacher Konsul, sondern als eine Art Resident derselben nach Bosna Serai zurückkehrte. Dank dieser seiner Stellung, wie einer sehr kategorischen Note jener Großmacht, in deren diplomatischem Kabinet mitunter, wie der Volkswitz behauptete, der Divan des türkischen Großherrn zu stehen schien, blieb das Erbrecht, als die Hauptlinie ausstarb, zu Gunsten des Vaters Gülnaren's aufrecht erhalten, und dieser spielte nunmehr als bosnischer Großer, Resident und Chodscha Baschi eine gewichtige, hervorragende Rolle.

In jedem Liva, wie man die Unterabtheilung eines Paschaliks nennt, besteht nämlich eine Art Munizipalität, Medschlis benamset, in welcher der jeweilige Statthalter präsidirt. Die übrigen Mitglieder sind der Mal Müdiri, der Steuereinnehmer, dann der griechische Patriarch, ferner der Chodscha Baschi oder Delegirte der christlichen Munizipalität, endlich die Büdschuh oder Primaten, welche von den Bewohnern des Liva gewählt werden. Natürlich, daß es bei einer so glänzenden Stellung an geheimen Feinden nicht fehlen konnte.

Riswan hatte seiner schönen Tochter eine weit sorgfältigere Erziehung angedeihen lassen, als man sie in den bosnischen Gauen seit der leidigen Türkenherrschaft zu treffen gewohnt ist. Die Rose von Serajevo war auch nicht daselbst, sondern bei einer verwandten gräflichen Familie, die in der Grafenstadt Cattaro hauste, erzogen. Wir sagten Grafenstadt, denn in Cattaro hieß und heißt alles Conte, was weiland unter der venetianischen Herrschaft in das goldne Buch der Republik an den Lagunen eingetragen worden. Der Adel war überhaupt in den Ländern Bosnien, Herzogewina, Dalmatien und Moutenegro immer sehr zahlreich und nebstbei meist unter sich verzweigt und verwandt. Er behielt in den erstgenannten beiden Ländern auch nach dem Uebertritt zum Islam seinen Titel bei, blieb aber so ungebildet wie die Raubritter im Mittelalter, so daß zum Beispiele der Beg oder Graf Ali Perniata zu Trebigne in der Herzogewina, dem mehrere Quadratmeilen Ländereien gehören, weder lesen noch schreiben kann, was ihn jedoch nicht verhindert, demungeachtet Mollah oder Advokat zu sein. Der dalmatinische Adel steht daher auf einer Bildungsstufe, die sich zu jener seiner jenseitigen muhamedanischen Waffengenossen etwa verhält wie der Tschimborasso zu den Sandhügeln der Lüneburger Haide. Auch Gülnaren's Erziehung ließ daher nichts zu wünschen übrig. Die weiße Rose wäre selbst in einem westländischen Salon der Crème nicht vornehm übersehen worden.

Doch weiter in unserm Romane!

Belauschen wir das Zwiegespräch, das Gülnare mit einer anmuthigen, kleinen, elastischen Dame führt, die an die Lorette mit den weißen Kamelien erinnern würde, lauerte es nicht zuweilen wie eine Schlange in ihrem Blicke, wiesen die Züge nicht zeitweise jenen, wir möchten sagen, steinernen Ausdruck, der einen gleich hochmüthigen als starrsinnigen Geist verräth. Es war Leila, die Nachbarin und Busenfreundin der weißen Rose, die Tochter des Defterdar oder Generaleinnehmers in Bosnien. Auch die Familie des Defterdar zählte zu den adeligen Geschlechtern Bosniens. Ihre Glieder wußten sich ungemein schlau in die schwierige muhamedanische Neugestaltung der Dinge zu finden, so daß man nie recht wußte, ob sie in Wahrheit zu dem Islam übertraten oder im Stillen noch geheime Christen seien.

Der Leser, der sich hierüber wundert, möge nicht vergessen, daß man selbst dem berühmten, anno 1824 an Gift, wie es heißt, verstorbenen Gelailia Pascha in der Herzogewina nachsagte, er sei ein heimlicher Christ, ein Franzose, und nicht einmal ein Renegat gewesen; es hätten sich nämlich als man bei ihm die gewöhnliche Todtenwaschung vorgenommen, keine Spuren der Beschneidung vorgefunden. Wie dem sei, auch über den gegenwärtigen Desterbar in Bosnien waren derlei Gerüchte im Umlaufe, und auch seine Tochter, obgleich sie den Yachmak auf der Straße trug, kümmerte sich sonst blutwenig um die türkische Sitte, ja sie entblößete sich innerhalb sicherer vier Pfähle nicht im Geringsten, türkischen wie christlichen Augen den Anblick ihres anmuthigen Gesichtes zu gönnen. Selbst ihre Worte trugen, wie wir gleich hören werden, das Gepräge abendländischer Anschauungsweise.

„Am Altare", sprach sie, „heißt es : und er soll dein Herr sein!"

Bei diesen Worten warf Gülnare das lockige Haupt grollend zurück und biß sich unmuthig in die Lippen. Ein Blick halb Staunen, halb Verachtung fiel auf die freimüthige Rednerin; dann musterte sie — als sei eine Freundin, die ihr so etwas bieten konnte, keines weitern Wortes werth — mit geschäftigen Augen die zierlichen Dolden und Knospen ihres Blumentisches. Es war nämlich, Dank der vielgereisten Gattin des S . . . ischen Konsuls in Bosna Serai, auch unter den bosnischen Damen Mode geworden, die armen Rosen oder sonstigen Kinder Flora's hart an der Knospe oder Dolde abzuschneiden und verstümmelt in kleine Vasen zu drücken. Ein derlei Blumentisch glich einem vielfarbigen, duftenden Schachbrette. Man hätte ihn die Musterkarte eines Blumisten nennen können, in Wahrheit aber war er nichts weiter als eine Sünde, ja ein Verbrechen, Hochverrath, nämlich — am Lenze.

Er ist ja auch ein Sultan, ein Stellvertreter Gottes auf Erden!

Leila lächelte etwas satanisch und fuhr dann, die Unachtsamkeit ihrer Freundin nicht beachtend, gelassen fort :

„Ich kann dir doch nicht helfen, in der Bibel steht es einmal so zu lesen!"

„Bin ich eine gebrechliche Zierpuppe des Abendlandes?" frug Gülnare.

„An den Orient sollst du dich schon gar nicht halten. Der Koran ist noch ungalanter gegen unser Geschlecht!"

Als Erklärung des räthselhaften Gespräches mögen nachstehende Daten dienen. Man stand, das fühlte man in beiden Lagern, am Vorabend einer neuen Schilderhebung in Bosnien. Riswan drang daher in väterlicher Angst um das künftige Schicksal seines einzigen Kindes, das ohne Schutz verblieb, falls ihm in der sturmbewegten Zeit etwas Menschliches begegnen sollte, hartnäckig in seine reizende Tochter, endlich ihre Abneigung gegen die Ehe zu überwinden. Was bei dieser Unterredung gesprochen wurde, wußte niemand zu sagen, nur flüsterte die Dienerschaft sich leise in die Ohren, Gülnare habe das Schlafgemach ihres Vaters, wo jene Konversation stattfand, bleich wie der Tod verlassen. Man schrieb diese Blässe auf Rechnung ihres bekannten Grolles gegen den vorgeschlagenen Eidam. Es war ein Verwandter ihres Hauses, der sich Lascaris nannte, viele kriegerische Abenteuer siegreich bestanden und bei einer gewissen räthselhaften Gelegenheit Riswan das Leben gerettet haben sollte. Lascaris bekannte sich zwar zum christlichen Glauben, galt aber als eifriger Anhänger des Halbmondes und stand in Folge hoher Waffenthaten, die er als Freiwilliger im Dienste der ottomanischen Pforte vollbrachte, selbst in Stambul in nicht geringem Ansehen.

Gülnare wollte auf die letzte Bemerkung Leila's eben ziemlich erbittert antworten, als Manda, die Lieblingszofe der Ersteren, mit der Meldung eintrat, ihre Herrin werde zur Ufina, das ist, zum Vesperbrode erwartet.

„Ich fühle mich unwohl," war die kurze Antwort.

Manda verschwand. Nach einer kurzen Pause meinte Leila, deren Blick bei dem Eintreten der Zofe gespannte Erwartung verrieth:

„Du wirst deinen Vater erzürnen. Lascaris ist doch angekommen?"

„Ja, leider! Heute Morgens."

„Du hast ihn also schon gesprochen?"

„Gott sei Dank, nein! Ich gab, als ich seine Ankunft erfuhr, dieselbe Antwort wie jetzt. So entging ich dem unliebsamen Mahle zu Dreien."

„Lascaris," meinte Leila, zu dem früheren Thema zurückkehrend, „soll ein Stück Eisenkopf sein."

„Die Männer sind alle schwach."

„Die Schwäche, eine reiche Erbin zu heirathen, ist freilich allgemein."

„Von dem ist nicht die Rede. Er liebte sein Geschlecht, folglich war er im Recht."

„Eine Predigt in Reimen? Weshalb bist du ihm denn eigentlich gram?"

„Aus Gründen, welche du schwerlich würdigen dürftest."

„Er ist, wie es heißt, ein weitschichtiger Anverwandter eures Hauses, und trug als solcher viel bei —"

„Den Waffenruhm unseres Hauses zu vergrößern!" fiel die weiße Rose ein.

„Allerdings! Erschlug er doch als Freiwilliger bei dem berüchtigten Kampfe mit den wilden kurdischen Gebirgsvölkern, den sogenannten Teufelanbetern, ihren gefürchteten Häuptling in seinem eigenen Aul, und ritt dann mit dem Kopfe oder der Schedelhaut desselben ruhig im Schritt mitten durch das aufgeregte feindliche Land."

„Vergiß nicht, wie er sich später zum Seekönig aufwarf, griechische Piratenboote kaperte und endlich — —"

„Als er in die Gefahr kam, zwischen zwei feindlichen Galeeren zu ersticken, sich mit allen drei Fahrzeugen in die Luft sprengte, und zwar etwas geröstet wurde, aber denn doch wunderbar genug mit dem Leben davon kam. Eine garstige Luftfahrt, das! Denke, wie du willst, er ist nach orientalischem Ausdrucke ein wundervoller Sheïtan, und dürfte auch in Bosnien bald der Held des Tages werden."

„Ob Satan, ob nicht, große Helden geben sich gewöhnlich als schwache Leute in den Banden der Ehe."

In diesem Augenblicke trat die Zofe abermals in das Gemach, meldend, Lascaris wünsche seiner Braut endlich die schuldige Aufwartung zu machen. Gülnare wurde kreidebleich. Uebrigens war da nicht auszuweichen. Plötzliches Erkranken wäre zu auffallend gewesen, Unpäßlichkeit zählte bei einem so intimen Verhältniß wie Braut und Bräutigam blutwenig, kurz, Lascaris mußte empfangen werden. Riswan's Tochter nickte daher bejahend, und die Zofe entfernte sich hastigen Schrittes.

„Wollen wir," frug Leila, „seine Weisheit auf die Probe stellen?"

„Wie so?"

„Nimm meinen Ueberwurf und räume den Divan! Laß mich deine Stelle vertreten."

„Einfalt dieser Einfall! Hat er mich nicht vor ein paar Jahren in Cattaro gesehen?"

„Das ist lange vorbei, und die Männer sind im Durchschnitte sehr vergeßlich."

„Schwarzes Haar und schwarze Augen, blonde Locken und wasserblaues Email?!"

„Sehr anzüglich dies mit dem wasserblauen Email meines Auges! Du bist übel aufgelegt, bittersüße Schönheit. Wir riskiren ja nichts — —"

„Als daß wir uns lächerlich machen!"

„Sei es! Verdirb mir meine heitre Laune nicht."

„Nach deinem Wunsche!"

Die Freundinen wechselten den Platz. Lascaris kam. Eine hohe kraftvolle Gestalt, jeder Zoll ein Mann, als schreite der riesige Ahnherr eines alten südslavischen Hauses aus dem Rahmen und halte Gericht über die zwerghaften Enkel. Sonnenbraun das Antlitz, doch schöne, regelmäßige, fast altrömische Züge. Dunkel die Augen und Haare, wie der beinahe zu lange Schnurbart. Sein Falkenblick musterte die schönen Gegnerinnen. Entdeckte er die Falle, die man seinem Scharfsinne legte? Fragt das momentane sardonische Lächeln, das um seine Lippen zuckt, diese Geschwisterkinder von Gülnaren's Munde; vielleicht verräth es, ob er die Kriegslist durchschaue.

Eine fast nachlässige Verbeugung begrüßte zuerst die vorgeblich fremde Dame, dann ließ er sich mit anmuthiger Haltung auf ein Kissen am Divan nieder, und Leila's Hand ergreifend, ohne sie jedoch zu küssen, und mit einem so glühenden Blicke, daß die kleine Dame wie geblendet das blaue Auge senkte, sprach er:

„Umnožilo Vam se veselje kako na nebu zvézde!" —

„Ihre Freude möge sich mehren wie die Sterne am Himmel!" —

„Sehr artig!" stotterte Leila.

„Eine alte illyrische Redensart!" meinte Gülnare, sich verstohlen in die Lippen beißend.

„Meine schöne Base," vertheidigte sich Lascaris," liebt ja das Heimische, wie die illyrischen Landesfarben roth, weiß und blau in diesem Frauengemache beweisen. Man fühlt hier ein Stück Vaterland. Wohl mir daher, wenn es in der Welt hieße, der bosnische Abenteurer sei in seiner Heimath verschollen!"

Die Verlegenheit Leila's wuchs mit jedem Worte. Gülnaren's Unmuth ließ sich nicht mehr zügeln, und sie entgegnete mit unsicherer Stimme:

„Der bosnische Abenteurer hat ein schlechtes Gedächtniß, oder es geht ihm wie jenem serbischen Krieger, der, von einem Zaubertrank berauscht, an der Brust einer reizenden Vile oder Luftnire sich in den Armen seiner fernen Braut glaubte. So was läßt sich übrigens bei den meisten Männern auch ohne Zaubertrank erklären."

Das alte sardonische Lächeln zuckte um Lascaris Lippen. Er heuchelte aber den Ueberraschten.

„That ich einen Fehlschuß?" sprach er, die weiße Rose fest in's Auge fassend, „ja, so ist es, aber der Irrthum ist sehr verzeihlich. Ich habe Sie nur einmal im Leben gesehen, schöne Braut, und ein paar lange Jahre sind seit jener flüchtigen Begegnung vorübergerauscht."

Beide Damen schwiegen, eine tiefe Stille trat ein, aber kein Engel flog nach der alten Sage durch das Gemach, denn die Pause war peinlich für Alle, vielleicht auch nur für zwei! Zum Glücke für die Letzteren trat Riswan in das Gemach. Seine Miene verfinsterte sich etwas, als er seinen künftigen Eidam zu Leila's Füßen erblickte, doch ergraut als ein vielgereister Mann wie er war, begrüßte er die Freundin seiner Tochter mit würdevoller Freundlichkeit und sich dann zu Gülnaren wendend, meinte er:

„Deine Unpäßlichkeit ist nicht so arg, wie ich sehe!"

„Vorübergehender Kopfschmerz!"

„Vielleicht ein Geschwisterkind zu dem Uebelbefinden des Muschir Jussuw?"

„Was fehlt dem Pascha?" frug Leila.

„Er wollte Serajevo dieser Tage der Ehre seines Besuches würdigen, ward aber in einem Dorfe, das während eines Aktes türkischer Justiz durch Zufall abbrannte, durch einen bewaffneten Haufen Buk's von der Heerstraße abgeschnitten, und fand sich, da die Feuerzeichen die gesammte christliche Bevölkerung der Umgegend zu allarmiren drohten, veranlaßt, unter dem Vorwande plötzlichen Unwohlseins auf den Bergpfaden nach seinem festen Hauptquartiere Travnik zurückzukehren."

„Kam es zu Thätlichkeiten?" rief Gülnare in fieberhafter Aufregung.

„Der Pascha hat die gemessenste Ordre von Konstantinopel erhalten, sich vor der Hand aller kriegerischen Maßregeln gegen den Geist der Unruhe im bosnischen Lande zu enthalten, und einen weitern Ferman des Großherrn in dieser Angelegenheit abzuwarten.

Dieser Umstand bewog ihn zweifelsohne, die Meuterer nicht mit bewaffneter Hand zu zerstreuen."

„Wer ist dieser Vuk?" sprach Lascaris.

„Der Abgott der Bosniaken in den Bergen," erzählte Riswan, „ein Montenegriner, wie es heißt, auch ein Verwandter des Vladika, der sogenannte christliche Teufel, wie ihn die Türken nennen, ein Sohn der Wildniß, dessen Namen bereits zum Fluchtgeschrei der Osmanlis geworden, obgleich er erst seit ungefähr einem Jahre sein Unwesen in unsern Wäldern treibt."

„Trägt er vielleicht gar die heiligen Ornate dabei?"

Lascaris meinte das Kostume, in dem der Vladika von Montenegro viele kirchlichen Handlungen zu verrichten pflegt. Es besteht aus einem weißen Rock, mit goldenen Schnüren besetzt, einer rothen, gleichfalls reich mit Gold gestickten Weste, weiten, aber kurzen Beinkleidern durch eine bunte seidene Schärpe festgebunden, in welcher der Yatagan und die Pistolen stecken. Im Winter kommt noch ein rother kurzer Pelz mit aufgeschlitzten Aermeln hinzu.

„Sein Gesicht," schaltete Leila ein, „soll er sich freilich zu schwärzen pflegen, so viel man davon trotz des dichten rothen Vollbartes wahrzunehmen vermag, übrigens weiß man trotz dieser Larve im Geschmack der Buschklepper keine That nach echtem Räuberschnitte von ihm zu erzählen."

„Räuberschnitt," rief Gülnare, „Räuberschnitt? Dann wären Schamyl und Abd-el-Kader auch nichts weiter als beutelustige Banditenhäuptlinge, obgleich sie in Wahrheit für die Freiheit eines tapfern Volkes kämpfen!"

„Tapfer," fiel Lascaris ein, „tapfer? Seit wann haben die feigen, knechtischen bosnischen Christen Anrecht auf den Beinamen: Löwenherz?"

„Seit den Tagen unseres Ahnherrn Nemagna," fiel die weiße Rose ein, „ja höher hinauf bis in die graue Vorzeit, da es die römischen Kohorten vor den hiesigen Landen graute. Ihr nennt den Bosniaken feig, knechtisch, diebisch, und wie diese artige Ausdrücke alle lauten im türkischen Wörterbuche, ich aber frage und sage euch, wenn er es geworden wäre, wer hätte ihn dazu gemacht, als seine asiatischen Unterdrücker und seine Häuptlinge, diese abtrünnigen Satrapen?! Geht es dem auserwählten Volk Gottes besser in seiner fast zweitausendjährigen Knechtschaft, und doch waren es seine Vorväter, die Makkabäer, diese ritterlichen Juden, die einst Syrien er=

schütterten und ihren Schild mit Römerschmach beluden?! Der Bosnier hat noch eine Zukunft, und namentlich in diesem Buf steckt ein Stück trojanischen Hektors!"

„Schreiben Sie," stotterte Lascaris in sichtbarer Aufregung, „eine — wie heißt doch das uralte Ding — die Griechen rühmen sich damit — ihre Piraten singen ganze Seiten daraus — ja nun habe ich es — schreiben Sie eine Iliade über ihn!"

„Iliade? antwortete seine Braut, „daß mich der Himmel behüte! Ich lag mir wegen dieses Buches, nicht seiner Schönheit willen, nein, bloß seiner Tendenz halber, mit meinen Basen, den Comtessen in Cattaro oft und tüchtig genug in den Haaren!"

„Es ist freilich eine uralte Geschichte," meinte Lascaris, „daß sich der Südslave und sein alter Nachbar, der wirkliche Grieche, nicht sonderlich leiden mögen, obgleich sich beide zur selben morgenländischen Kirche zählen. Dies beweisen namentlich die unaufhörlichen Zwiste und Kämpfe zwischen Montenegro und Albanien. Wir türkisch gesinnten Zuschauer lachen freilich dabei lustig in's Fäustchen."

„Sie irren groß," sprach Gülnare, „wenn Sie meine Abneigung gegen das gerühmte Meisterwerk des Homer aus der Quelle des leider unter unsern Landsleuten nur zu verbreiteten Griechenhaßes ableiten; nein, dieser Widerwille beruht, wie bereits gesagt, einzig auf dem Feldgeschreie, mit welchem hier die Krieger Agamemnon's, dort die Vertheidiger Troja's in die hochrothe Schlacht eilen."

„Dürfte ich um nähere Bezeichnung dieses beiderseitigen Feldgeschreies bitten?"

„Der Trojer kämpft doch offenbar," entgegnete die Rose von Serajevo, „für die Freiheit seiner Vaterstadt, während der Grieche einzig von Rachsucht und Lust nach Beute zum Kampfe getrieben wird. Ist es aber ritterlich eines entlaufenen Weibes willen eine schöne blühende Stadt zu verheeren?! Ein Ehrenmann findet es tief unter seiner Würde, sich um eine buhlerische Schönheit auf Leben und Tod zu schlagen. Ich achte die Iliade als eine der ältesten auf uns gekommenen Dichtungen, aber an den Seeleuten und Trojafahrern, deren Thaten Homer so prahlhäufig besingt, kann ich auch nicht ein Atom Großes, wohl gar Unsterbliches entdecken."

„Und der Sohn der rosigen Thetis, der schnellfüßige Achilles?" frug Gülnarens Vater.

„Achilles," fuhr diese fort, „ist und bleibt ein gemeiner Junge. Einer verweigerten Kebsdirne wegen rastet er als Schlafmütze an seinen schwarzen Schiffen, läßt seine Landsleute rottenweise schlachten, und erst, als man seinen Busenfreund in seiner eigenen Rüstung erschlägt, bricht er los, erlegt zwar durch den Beistand von ein paar Göttern die Zierde und Blume aller trojanischen Ritterschaft, benimmt sich aber dann gegen die heilige Leiche wie ein betrunkener Lastträger. Ja, ich spreche diesem Achilles selbst das Nationalgefühl ab. Wer steht uns dafür, daß er ohne den Pfeilschuß des Paris den schönen Augen Polyxena's zu Liebe nicht zum Deserteur an der griechischen Fahne und zum Schreck-ins-Heer seiner eigenen Landsleute geworden wäre?!"

„Du übertreibst!" meinte Riswan.

„Möglich," entgegnete die weiße Rose, „aber wie dem sei, mein Herz steht auf der Seite der Trojer, die da muthig fallen für den heimischen Herd, und vor Allen liebe und verehre ich den rossetummelnden Hektor!"

Mit diesen Worten eilte Gülnare zu ihrer Gusla oder Gusli, einer Art liegender Harfe, bei den Russen in Form eines Hackbrettes. Ihr Umfang beträgt über zwei Octaven, aber bloß in diatonischer Stimmung. Die erhöhten Töne werden durch Anschlagen der Saiten ganz nahe am Stege erhalten. Um den starken Nachhall der Metallsaiten zu verhüthen, dämpft der Spieler die angeschlagenen Saiten mit einem Theil der Hand. Die weiße Rose präludirte, und sang dann eines jener schon damals auftauchenden, später so viel Lärm schlagenden illyrischen Kriegslieder, Davorien genannt. Es stammte aus der Feder Ilić's und lautet in abgekürzter, freier deutscher Uebertragung:

> Die Trommel ruft zum Fahneneide,
> Bei'm Rufe der Trompete fährt
> Von selbst aus seiner rost'gen Scheide,
> Illyrien, dein altes Schwert.
>
> Die Fahne fliegt, Kanonen schmettern,
> Sanct Georg leiht uns seine Hand;
> Drum vor gleich Gottes Donnerwettern
> Zum Kampf für Fürst und Vaterland!
>
> Nur einig! Einer steht für Alle,
> Wie Alles für den Einen steht;
> Nur einig, ob bei'm Waffenschalle
> Zum Siege, ob zum Tod es geht!

Nur einig, Kinder jeden Standes,
Dann streckt ihr, plötzlich groß und frei,
Den Teufel unsres Vaterlandes
Zu Boden mit geweihtem Blei!

Riswan nickte beifällig zu dem Gesange seiner herrischen Tochter, Lascaris schien in eine Aufregung zu gerathen, die er vergeblich zu bekämpfen suchte, Vilma aber, die eine stumme Beobachterin abgegeben und die beiden Brautleute mit sichtlicher Neugierde betrachtet hatte, flüsterte leise vor sich hin, während ein freudiges Lächeln durch ihr Antlitz flog:

„Das Räthsel ist gelöst! Gülnare ist ein echtes Kind der südslavischen Race Zoll für Zoll, und er, er schwärmt offenbar für den Halbmond und die grüne Standarte des Propheten!"

———

Zweites Capitel.
Die Nachschrift.

Es ist hier nicht der Ort, eine Geschichte und Geographie Bosnien's zu schreiben. Nachstehende kurze Daten dürften zur Orientirung des Lesers hinreichen. Bosnien scheint im Alterthume ein Theil Dalmatien's gewesen zu sein, auch hält man Serajevo nach den dortigen Resten einer antiken Wasserleitung für eine römische Niederlassung. Nach Stiftung des serbischen Reiches soll sich einer der eingewanderten Slavenstämme, die es begründeten, unter einem eigenen Zupan oder Häuptlinge am Bosnaflusse niedergelassen haben. Später mußte Bosnien auf einige Zeit sich dem Scepter der byzantinischen Kaiser beugen. Serben, Ungarn und Türken wechselten dann in der Oberherrschaft, bis das arme Land nach der Schlacht bei Mohacs anno 1527 bleibend in die Gewalt der Turbanträger gelangte. Das Vordringen der Oesterreicher unter Piccolomini im Jahre 1689 war von kurzer Dauer, und mit dem Friedensschlusse zu Passarowitz, etwa zehn Jahre später, lastete das muhamedanische Joch wieder dauernd auf dem Nacken der unglücklichen Südslaven.

Die Türken verbanden mit Bosnien auch die Herzogewina und Kraina oder türkisch Dalmatien und Kroatien, so daß dies Ejalet einen Flächenraum von 840 Quadratmeilen umfaßt. Es stößt im Norden an das österreichische Kroatien, gegen Osten an Serbien, gegen Süden an Montenegro und Albanien, endlich im Westen an die Gebirge Dalmatien's. Das ganze Land wird von den dinarischen Alpen durchzogen, ist sehr romantisch und fruchtbar, reich an edlen wie gemeinen Metallen, an Goldsand — goldhältig soll vorzugsweise der Fluß Verbas sein, der unterhalb Alt-Gradiska in die Save fällt — Steinsalz und Mineralquellen, leider aber befinden sich Ackerbau und Viehzucht auf einer sehr niedern Stufe der Kultur, und namentlich kann der Bergbau beinahe als gar nicht vorhanden betrachtet werden.

Seine südslavischen Einwohner, mit etwa 250000 Osmanen untermischt, bestehen zur Hälfte aus Bosniaken, die andere Hälfte bilden Kroaten, Montenegriner und Morlaken, auch leben hier viele Juden und Zigeuner. Die Landessprache ist daher auch die südslavische, von der kroatischen und serbischen nur wenig unterschieden, obwohl seit der Eroberung mehre türkische Worte aufgenommen wurden. Selbst die Mahomedaner im Lande reden slavisch, ja die Wenigsten derselben verstehen die türkische Sprache. Am häufigsten hört man die Letztere in Travnik sprechen, da es der Sitz des Muschir und seiner Beamten ist, da seine Besatzung zudem fast immer aus Kleinasiaten, also aus wahren Osmanlis aus dem Oriente besteht.

Die Gesammtbevölkerung beträgt höchstens eine Million Seelen. Zum Islam bekennen sich etwa 3,500,000 größten Theiles in den Städten wohnende Renegaten und wirkliche Orientalen, die griechische Kirche zählt 4,500,000 Gläubige, dem katholischen Ritus leben 100,000 Jünger. Letztere namhafte Zahl stammt wohl daher, daß die bosnischen Fürsten weiland Hilfe von dem Abendlande und dem Pabste erwarteten. Der heilige Georg kann als Landespatron betrachtet werden, da er nicht blos bei sämmtlichen Christen, sondern auch bei den türkischen Slaven im hohen Ansehen steht. Der Hauptsitz der Katholiken ist das an Travnik gränzende Dorf Dolaz mit etwa dreihundert Häusern. Die Franziskanermönche in den bosnischen Klöstern zu Sudiska, Fajnieza und Crescevo versehen, über vierhundert an der Zahl, sämmtliche Pfarreien im Lande, schalten und walten darin als Friedensrichter und wurden schon bei mehren Gelegenheiten als Vermittler zwischen Türken und Rajas gebraucht. Ihr Einfluß rührt von dem Freibrief her, anno 1460 von Sultan Mahomed dem Zweiten ertheilt. Dieser Ferman wird noch jetzt von den Osmanlis als Erinnerung an ihre ehemalige Größe mit religiöser Ehrfurcht betrachtet. Schlimmer pflegt der Türke mit den Popen umzuspringen. *)

---

*) Der grausame Act, den kürzlich alle Journale berichteten, daß man nämlich in der Herzogewina einen griechischen Geistlichen wie ein Roß

Bosnien ist die Vendée des osmanischen Reiches. Hier fanden die Reformatoren oder Feinde der alten muselmännischen Zwangsherrschaft seit fünfzig Jahren ihre grimmigsten Gegner. Dies Land ist daher selbst gegen die übrigen türkischen Provinzen weit zurück, da hier nicht einmal das Tanzimat eingeführt worden, nach welchem der Statthalter wie seine Unterbeamten vom Staate aus besoldet werden. Bisher war der bosnische Muschir bloß Finanzpächter dieses Ejaleth. Wer mehr both, erhielt das Paschalik. Man kann denken, wie das arme Land bei dieser Verwaltung von den temporären türkischen Blutegeln ausgesaugt werden mußte. Die Abgaben der Bosnier bestanden bisher aus der Besteuerung des Vermögens, der Gewerbe und des Viehstandes, aus dem Pachtzins für Wein und Branntwein, aus der bereits im ersten Capitel erwähnten Kopfsteuer der Christen, aus der Leistung an Fourage und Naturalien an den Muschir von Seite der Bauern, welche von den Kavassen, das sind Panduren oder Gerichtsdiener, überaus roh überwacht wurde, endlich aus dem Zehnten, welchen die Grundherrn nicht minder ungeschlacht und gewaltthätig erhoben. Erstere Steuer, Pores genannt, ward gemeinschaftlich von Türken und Christen an den Pascha entrichtet. Die Wein= und Branntweinsteuer bedünkte die Bevölkerung am drückendsten, da sie ein Pächter erlegte, der allein das Recht des Verkaufes besaß, allen erzeugten Wein und Branntwein um einen von ihm bestimmten Preis an sich brachte, ja selbst von dem Hausbedarfe eine bestimmte Abgabe erhob.

Die Militär=Verwaltung ließ und läßt noch mehr zu wünschen übrig.

Das gesammte türkische Heer ist in sieben Ordas oder Lager unter dem Oberbefehle des Seraskier's oder des Generalissimus eingetheilt. Bosnien gehört zu dem Armeekorps von Rumelien — Rumili Ordusi — mit dem Hauptquartier Monastar, und hat des-

---

zäumte und so in das Gefängniß abführte, steht in Bosnien keineswegs als vereinzeltes Beispiel da. Die in der Vorrede erwähnten Revertenten erzählten uns von einem Popen, den türkische Justiz wegen einer einzigen freisinnigen Predigt wie ein Zugthier aufgezäumt vor einen Wasserkarren spannte, dem man am ersten Tage um die Mittagszeit einen gewöhnlichen Futterbeutel um den Kopf band, und war dieser Futterbeutel einfach mit gewöhnlichem Häckerling gefüllt, der erst am nächsten Morgen durch Kascha, das ist Hafergrütze ersetzt wurde.

sen drittes Dragoner-Regiment zu stellen, das in aktiven Diensten — Nizamié — steht und die Waffen ziemlich wohl zu handhaben versteht. Es besitzt außerdem eine Landwehr oder Reserve — Redif — die aber noch nicht gehörig geordnet ist. Da jeder zehnte Mann dazu gehört, so sollte das bosnische Contingent 8000 bis 10,000 Mann betragen, in Wahrheit dürfte jedoch kaum der dritte Theil ins Feld gestellt werden können. Türkische Offiziere gehen mitunter auf das Land, um Uebungen, jedoch ohne Waffen vorzunehmen. Außerdem befinden sich in Bosnien zwei Liva oder Brigaden Landwehr-Reiterei der Spahis oder Grundherrn. Jede Spahi Brigade besteht aus zwei Regimentern, deren jedes tausend Mann stark ist. Beide Brigaden sollen in Zukunft unter einem Divisionär vereinigt werden. Dieser Divisionär heißt Ferik. Die Landwehr-Reiterei versammelt sich jährlich an gewissen Orten zur Uebung und trägt dann eine Art Uniform wie die ungarischen Husaren, natürlich mit dem unerläßlichen Feß. Wir bitten den geneigten Leser, diese kurzen militärischen Daten nicht für überflüssig zu halten. Es war nothwendig, die Streitkräfte anzugeben, über welche der Vezier Jussuw bei dem Beginne der letzten Schilderhebung der zur Verzweiflung getriebenen christlichen Bevölkerung verfügen konnte.

Eben so nöthig dürften ein paar Worte über die Haiduken sein.

Die Haiduken, wie man in Bosnien die Räuber nennt, haben zwar große Familienähnlichkeit mit den szegény legények oder armen Burschen in Ungarn, doch trägt ihr Handwerk fast immer einen vorherrschenden politischen Anstrich. Sie waren immer die gefährlichsten Feinde der türkischen bewaffneten Macht, namentlich galten sie stets als die unversöhnlichsten Gegner der Spahis. Ihre Thaten sind noch gegenwärtig das Lieblingsthema für die Volksgesänge, die hierlands Piesmas heißen. Auch im Jahre 1843 bildeten die Haiduken den Kern von Buk des Montenegriners Freischärlern. Aus gleichem triftigen Grunde erwähnen wir auch der Hirtenstämme in Bosnien und der Herzogewina.

Diese Hirtenstämme werden Vlachi genannt.

Bosnien und die Herzogewina ernähren nämlich eine beträchtliche Anzahl Ochsen, die man mästet und nach den adriatischen Seehäfen führt, wo sie für die englische Flotte zu Corfu, wie für einen Theil Italien's eingeschifft werden. Ihre Hirten wanderten oft nach den südlichen Gebirgen und nach Albanien aus, ja sie liehen sogar einer Provinz — Stari Vlah — ihren Namen. Ueberall, selbst in dem Peloponnes bleiben diese Leute ihren alten Sitten getreu und verpflegen ihr Vieh auf dieselbe Weise, wie früher. Sie tragen die heimische Tracht aus Hammelsfellen und zeichnen sich durch den gleichen Schmutz, die gleiche wilde Unerschrockenheit, wie durch ihre alte Vorliebe für Musik, Tanz und Gesang aus. Ueberall sieht man sie während des tiefen Winters in den Thälern gelagert, wo sie ihre Herden zum Schutze vor den Stürmen in den kalkigen trichterförmigen Vertiefungen, wie die Halbinsel dieselben oft darbiethet, einzupferchen pflegen. Um Georgi bricht der wilde Orpheus mit seinem Zelte auf und führt seine Herde bei dem Tone der Flöte nach den Gipfeln der Berge, aber nur langsam, indem er eine Hochebene nicht eher verläßt, als bis die Sonne das Wasser und Gras derselben ausgetrocknet und versengt hat. Auf diese Art erreicht er zu Ende des Sommers das Alpenmoos, welches noch frisch ist, wenn in der Tiefe bereits alles Grün verschwunden ist. Bis zu Sanct Dimitri, Ende October, bleibt er auf den Höhen, verläßt bei dem ersten Schnee sachte die Region des Nadelholzes und steigt bis Ende November zur letzten Hochebene herab, aufs Neue in den Schluchten und Engpässen campirend, eifrig bemüht, den geringsten Sonnenstrahl zu erhaschen. So lebt der Voskos oder Avtisar, dieser wildsehende, stets bewaffnete griechisch slavische Hirt!

Die Spahischaft hingegen entstand nach der alten Manier, in der noch alle Sieger unter bezwungenen Völkern hausten. Das eroberte Land wird an die Krieger vertheilt, theils um sie zu belohnen, theils um die Besiegten im Zaum zu halten und das neue Besitzthum zu verwalten. Die bosnischen Gutsherren kamen dieser Gütertheilung zuvor. Sie nahmen den Islam an, wodurch sie den Siegern gleichgestellt im unangefochtenen Besitz ihrer Macht wie ihres Ranges blieben. Auf diese Weise erwarben die türkisch gewordenen slavischen Lehnsherren — der bosnische Landadel — dieselbe Stellung, die gleichen Rechte wie die Nachkommen der Eroberer; die Bedrückung der armen Bauern oder Rajas aber blieb natürlich dieselbe, wie in andern tributpflichtigen Landen der ottomanischen Pforte. Dieser muhamedanische Landadel bildet die eigentlichen Blutsauger auf Kosten der christlichen Bosniaken, während der Pascha zu Travnik als Großvampyr beide Theile plündert und peinigt.

Natürlich, daß die Spahis der türkischen Reformen, die ihren Säckel schmälern mußten, stets abhold verblieben. Serajevo war stets der Sitz des adeligen Widerstandes, wie des geheimen Strebens nach Unabhängigkeit. Widaitsch, der Besitzer der Herrschaft Zwornik, weßhalb er auch den Titel Beg führte, stiftete schon vor Paswan Oglu's berüchtigten Tagen eine Art von aristokratischer Republik oder Oligarchie in Bosnien, und zog seinen christlichen Unterthanen, den armen, vielgeplagten Bauern so zu sagen das Fell über die Ohren. Seine Barbarei ward sprichwörtlich. Endlich stand der Landmann Tschaudscha auf und vertrieb Widaitsch aus allen seinen Schlössern. Im Jahre 1820 ward Abdurahim zum Vezier von Bosnien ernannt. Er erstürmte Serajevo, ließ sieben Anführer der Spahis in Zwornik enthaupten, und setzte die Hinrichtungen so lange fort, bis die gedemüthigten Aristokraten aufs Neue den Eid des Gehorsams leisteten. Leider mußte dieser treue Diener des Großherrn anno 1828 bei dem Beginne des russischen Krieges 30,000 Mann an die Drina schicken. Dadurch bekam der aufrührerische Adel Luft, belagerte Serajevo, überwältigte die Garnison und zwang Abdurahim zum schmählichen Abzug, ein Umstand, der wohl viel beitrug, den Divan zu dem Friedensschluß von Adrianopel zu bewegen.

Im Jahre 1831 war der Aufstand des bosnischen Adels so weit organisirt, daß unter dem Vorwande, Mahmud gefährde durch seine Reformen die muhamedanische Religion — weshalb er auch Giaur-Sultan genannt wurde — die Fahne der Empörung offen aufgesteckt und der Vezier in Travnik überfallen wurde. Letzterer ward sogar, da er den Erpressungen gewehrt hatte, als Meuterer gegen die Gebote des Koran erklärt, mußte seine neue Uniform als fränkische Tracht ablegen und sich wie ein Verunreinigter unter Bußgebeten waschen und säubern. Zum Glücke entkam er während der allgemeinen Unordnung und flüchtete nach Konstantinopel; aber auch die Malkontenten beschlossen auf Stambul loszugehen und einen neuen Sultan als lebendige Garantie der alten Mißbräuche einzusetzen. Sie fielen auch, mit den Skipetaren in Albanien verbündet, in Bulgarien ein. Die Serben verweigerten zwar Wusein, dem Anführer der Bosniaken, den Durchzug, dagegen ging ein von dem Großvezier Reschid abgeschicktes, meist aus Arnauten bestehendes Heer, zu den Rebellen über. Reschid, ein gewandter Diplomat, ließ sich nun in Unterhandlungen ein, wodurch Mustapha, der Abtrünnige von Skutari, durch den Rückzug der Bosniaken mit seinen Skipetaren von seinen früheren Verbündeten getrennt wurde und sich nach einem dreiwöchentlichen Bombardement seiner Veste Scodra oder Skadar auf Gnade und Ungnade ergeben mußte.

Nun zog Reswid's Heer nach der historisch berühmten Ebene von Kossovo, das Amselfeld genannt, und schlug unter Kara Mahmud, dem neuernannten Vezier von Bosnien, die daselbst gelagerten Rebellen. Wusein verschanzte sich hierauf mit 20,000 Mann auf dem heiligen Berge Vitez, sechs Meilen von Serajevo, und machte Kara Mahmud, von dem jungen Widaitsch in Zwornik unterstützt, den Besitz der bosnischen Hauptstadt mit ungemeiner Tapferkeit durch lange Zeit streitig, bis endlich die bosnischen Rajas, die nur gezwungen gegen den Sultan gefochten hatten, und im Augenblick der Entscheidung neutral verblieben waren, vollends zu den Osmanlis übergingen und von Ali Bezovich, Aga von Stolaz, geführt, die Waffen gegen den eigenen muhamedanischen Adel ergriffen. Wusein und Widaitsch mußten sich über die österreichische Grenze flüchten.

Kara Mahmud setzte sich nun bei dem Goritzahügel bei Travnik fest und suchte die noch trotzenden Spahis zur Uebergabe ihrer Schlösser zu bewegen. Der Zwist mit Mehemed Ali von Egypten stimmte die Pforte jedoch nachgiebig und friedfertig. Der bosnische Adel erhielt Amnestie, ja selbst Wusein, der bisher mit großer Pracht in Esseg lebte, durfte nach der Türkei, nur nicht nach Bosnien zurückkehren. Die Milde, womit Daud, der neue Pascha, die Aristokraten behandelte, veranlaßte sie zu abermaliger Bedrückung der armen Bauern. Vergeblich wandten sich diese an den Sultan wie an die Serben. Endlich ward das Joch unerträglich, und so begann anno 1834 die Schilderhebung der Rajas unter dem griechischen Geistlichen Jowitza gegen die Spahis, wobei leider die irregulären Maßen der Bauern dem besser organisirten adeligen Heerbann erlagen.

Im nächsten Frühjahre versuchten die Märtyrer eine neue Erhebung, bei der endlich das katholische Landvolk zum ersten Male mit den Kindern der griechischen Kirche gemeinsame Sache machte. Jowitza ward zwar abermals besiegt und gefangen, wurde jedoch auf ausdrücklichen Befehl des Sultans in Freiheit gesetzt; auch sandte der Großherr zur Abstellung der Mißbräuche Wedschi, den aus Anatolien gebürtigen Belgrader Pascha an Daud's Stelle nach

Bosnien. Wedschi schaffte die früher von dem Adel bekleideten Capitänschaften ab, und ernannte 1837 Beamte auf Lebenszeit, die den Namen Aga führten.

In Banjaluka ward zuerst die neue Ordnung der Dinge eingeführt.

Da starb Mahmud, der Sultan des Fortschrittes, und der bosnische Adel jauchzte bei der Kunde seines Todes; allein auch Abdul=Meschid fand sich bewogen, dem Zeitgeist zu huldigen und entwarf daher in dem bekannten Hattischerif von Gülhane den Grundriß zum Neubau der ottomanischen Pforte. Die türkische Aristokratie in Bosnien, ergrimmt über die darin ausgesprochenen Grundsätze des Rechtes und der Billigkeit, zog im August 1840 an 20,000 Mann stark gegen Travnik, so daß sich der Pascha in die Gebirge flüchten mußte. Dort aber versammelte er seine geübten regulären Truppen — etwa 9000 Mann — und schlug die Spahis bei Vitez, die nunmehr in wilder Flucht nach Serajevo flohen. Hier ereilte sie die Nemesis. Wedschi hieb dem Anführer des Adels mit eigener Hand den Kopf ab, ließ zehn der ersten Woiwoden oder Obristen hinrichten, und schickte einen Theil seines Heeres nach der Kraina, um auch dort die Reste der türkischen Aristokratie zu vernichten. Die Adeligen flohen theils nach der Militärgrenze, theils nach Ragusa. Dort ergriffen sie die Waffen der Diplomatie, des Truges und der Bestechung. Wedschi ward als der Mehemed=Ali Bosnien's bezeichnet, einer Allianz mit den Serben beschuldigt, der Theilnahme an dem Aufstande der Bulgaren verdächtigt, kurz als künftiger Stifter eines neuen christlichen Staates im Nordwesten der Türkei bei dem Divan in Verruf gebracht, ja der mohamedanische Adel Bosnien's drohte sogar zu dem alten Christusglauben rückkehren zu wollen. Die Diplomatie siegte. Der Pascha von Belgrad, der bereits genannte Kosrew, löste Wedschi in der Statthalterei zu Travnik ab.

Viele der adeligen Malkontenten wurden nun wieder zu Gnaden aufgenommen, und wenn auch nicht als erbliche Kapitäne, doch als Agas in ihre frühere Würde und Macht eingesetzt. Diese übten nun unter der Maske fanatischer Muselmänner Rache an dem sieghaften christlichen Landvolke. Viele traten als Offiziere in den Nizam, den sie früher als Sammelpunkt soldatischer Giauren verflucht hatten, und benützten auch diese Stellung, um die seit Jahrhundert gefolterten Rajas vollends zur Verzweiflung zu treiben. So waren die bosnischen Zustände gestaltet und zwar zur Zeit, da unser Roman begann, in welchem wir uns erlaubten, einen Nachfolger Kosrew's, den bereits vorgeführten Jussuw Pascha in die Geschichte zu schmuggeln, einen Mann, der fast alle Fehler der Osmanlis, aber auch nicht eine Tugend der alttürkischen Partei aufzuweisen hatte, und daher nicht wenig beitrug, die neue christliche Schilderhebung in Bosnien zum Ausbruche zu drängen. Jussuw war zur Bewältigung des Aufruhres gerüstet, hatte aber, wie Riswan den Seinigen erzählte, noch einen weiteren Ferman in dieser Angelegenheit abzuwarten.

Dieser Ferman war bereits auf dem Wege von Stambul nach Travnik.

Wenige Tage nach jenem denkwürdigen Gespräche zwischen Lascaris und seiner Braut fuhr ein türkischer Courier durch die bosnischen Berge seinem noch fernen Ziele, der Festung Travnik, zu. Er hatte auf der letzten Station einen schweren Fall mit seinem Pferde gethan, und sah sich daher gezwungen, seine Reise in einem jener leichten, aber unbequemen Holzkarren fortzusetzen, die man nur über der Save Vorspann zu taufen wagt. Der Abend war hereingebrochen, kühl und trübe, die Gegend ringsumher sah gar unheimlich, ja räubermäßig, das abgelegene Gefilde glich einer Einöde; demungeachtet hegte der Reisende nicht die geringste Besorgniß, da er wohl von einigen Straßenanfällen gehört hatte, in seiner Eigenschaft als Offizier und Kourier jedoch vollkommen sicher zu sein glaubte. Ali, so hieß der junge Mann, sollte jedoch schlimm enttäuscht werden. In einer Lichtung hart an einem steilen Abhange wurde nämlich der Wagen von einem Haufen Wegelagerer überfallen, und Herr wie Fuhrmann — ein alter Bosnier, dem man übrigens kein Leid anthat — im nächsten Augenblick ergriffen und etwas unsanft zu Boden geworfen.

Die Bande bot einen sehr buntscheckigen Anblick, sie schien aus allen Nationen im Südosten Europa's der Gesichtsbildung wie der Tracht nach zusammengewürfelt worden zu sein. Am häßlichsten sah ihr Anführer, ein Deserteur Namens Marko, aus, der früher bei den ungarischen Husaren gedient haben wollte, und jetzt eine Schaar Wagehälse angeblich im Sinne Vuk's geworben hatte, aber wenig oder vielmehr gar keinen Unterschied zwischen Politik und Räuberhandwerk zu machen pflegte. Der Mann besaß eine wahre Galgenphysiognomie. Originell war auch seine Tracht und Haltung.

Es war ein sonderbarer Mann, der einen Fleckenschimmel mit Glasaugen ritt, und ging er, so wiegte er sich wie ein Seemann oder Einer, der im Leben selten aus dem Sattel gekommen. Der sonderbare Mensch stack in einem weiland braun gewesenen Attila, er hatte zwei tüchtige Sackpistolen und einen albanesischen Dolch im Gürtel stecken, um seinen Leib trug er einen ungeheueren französischen Korbsäbel, wahrscheinlich noch aus Marmonts Tagen in Dalmatien stammend, in den Händen hielt er einen Kugelstutzen, kurz man glaubte, der Strauchdieb komme eben von der Plünderung eines uralten Zeughauses. Seine Tabakspfeife glich einem kleinen Wandofen, und seine Branntweinflasche, die an einer rothen Schnur über die Schulter hing, war unter den Flaschen etwa das, was das Heidelberger Faß unter den Fässern ist. Sie befand sich in einem Ueberzuge von braunem Leder. So sah die Flasche aus. Wie sah der Mann aus? Marco's Wange war von derselben Farbe wie jener Ueberzug, nämlich lederbraun, seine Stirn nicht hoch, aber dafür sehr breit, sein Haar grau und dünn, der Bart im Gegensatze schwarz und dicht; die Augen waren grün, klein, unheimlich funkelnd, seine Backenknochen weit hervorstehend, und um den Mund lag es wie thierische Grausamkeit. Man dachte unwillkürlich an einen Stier, der etwas Rothes gesehen. Sprach er, so glaubte man, er habe irgendwo im Leib eine kleine Baßgeige stecken.

Daß der überfallene Kourier in solchen Händen zuerst bis auf das Hemd ausgeplündert wurde, versteht sich wohl von selbst; daß man auch zu thätlichen Mißhandlungen schritt, erklärt der humane Geist, der den Häuptling der Bande beseelte. Damit war jedoch das grausame Herz Marco's noch nicht gesättigt. Er ließ den Gefangenen ganz gemüthlich an den nächsten Baum binden.

„Brecht dem Hunde," rief er, „mit den Gewehrkolben Anfangs stückweise die Glieder, drescht mir seine Knochen zu Brei, dann will ich ihm aus Barmherzigkeit und Vorsicht den Schädel einschlagen. Die Todten beißen nicht. Der klügste Spruch, den ich kenne!"

Der Unmensch rauchte bei diesem entsetzlichen Kommando sehr behaglich aus einem derben kurzen Rohre an seiner riesigen Tabakspfeife. Ali schien rettungslos verloren und doch weilte ein Schutzgeist in seiner Nähe. Ein riesiger Mann mit dichtem rothen Vollbart, eine schwarze Halblarve vor dem Antlitze, erschien nämlich ganz unerwartet auf dem Schauplatze der Gräuelszene. Er trug die montenegrinische Landestracht, hatte zwei reich mit Silber beschlagene

Pistolen und einen mächtigen Handschar im Gürtel stecken, zudem schwang er in der rechten Hand einen schweren eisernen Streitkolben, offenbar eine Waffe aus uralter Zeit. Ein bedeutsames Gemurmel erhob sich unter den Wegelagerern.

„Es ist Buk!" rief Marco in sichtbarer Verwirrung.

„Rette mich, Mann," flehte der Gebundene, „ich bin türkischer Kourier!"

Buk musterte die Bande mit grimmig funkelnden Augen.

„Bindet den Türken augenblicklich los," sprach er mit Donnerstimme, „man soll nicht sagen, daß unter den Bosniern, welche den Schild für das Kreuz erheben, Diebe und Wegelagerer hausen! Wird es? Laßt mich nicht erst warm werden!"

Keine Hand rührte sich, die Räuber blickten stumm und trotzig nach ihrem Führer.

„Gehorche," rief Buk, den braunen Mann am Kragen fassend, „oder ich zerschmettere dir den Schädel!"

Marco aber, der bisher rastlos die Gegend durchspähte und die Ueberzeugung gewann, Buk sei keinesweges im Geleite einiger seiner handvesten Freischärler gekommen, sprang rasch und behende bei Seite und gedachte seinen Kugelstutzen in Anschlag zu bringen. Er machte jedoch trotz seiner Gewandtheit die Rechnung ohne den Wirth, ein Sprichwort, das auch der Südslave häufig im Munde führt:

„Ustali u slavu bez vina!" — zu deutsch eigentlich: sie standen ohne Wein zum Toaste auf. —

Also höhnte Buk und sein schwerer Streitkolben fiel, die Kugelbüchse niederschmetternd, so rasch und gewaltig auf Marco's Haupt, daß der Schnapphahn bewußtlos, für todt zu Boden stürzte. Die Gefahr war jedoch nicht gänzlich beseitigt. Die Wegelagerer schwankten zwar bei dem Falle ihres Führers, erhoben aber, sich schnell ermannend und ingrimmig fluchend, nach dem Motenegriner zielend, ihre Flinten und Musketen zum Schusse. Sie waren an den Unrechten gekommen. Buk wartete ruhig, bis sie schußfertig waren, blickte kaltblütig auf die sechzehn bis zwanzig drohenden Läufe und sprach dann im Kommandoton:

„Ungehorsam? Wollen doch sehen? Habt Acht! Setzt ab! Schultert! Bei Fuß!"

Die verblüfften Wegelagerer gehorchten mechanisch. Buk ließ sie nicht zur Besinnung kommen, zählte vom rechten Flügel langsam bis zum zehnten Mann und streckte diesen Wegelagerer mit seinem Streitkolben erbarmungslos auf den Rasen hin.

„Die Waffen gestreckt," schrie er, „den Gefangenen losgebunden, sein Eigenthum zurückgestellt, oder ich dezimire euch, so lange ich einen Finger rühren kann, oder Einer über neun Mann von euch übrig ist!"

„Du bist unser Mann! So hat uns noch Keiner kommandirt!"

Also brüllte ein hagerer Albanese, der früher ein Stück Adjutant Marco's gewesen, den Kommandostab über die Bande nunmehr als sicheres Erbe betrachtete und den vermeintlichen Todten daher nicht im Mindesten betrauerte. Er streckte das Gewehr. Sein Beispiel wirkte maßgebend. Die Waffen klirrten zu Boden. Man band den Gefangenen los und gab ihm seinen Säbel, seine Uniform wie seine sonstige Habe zurück. Ali erschöpfte sich während des Ankleidens in den heißesten Worten des Dankes. Buk hieß ihn aber rasch den Wagen besteigen, ergriff die Peitsche des ihn verwundert anstarrenden Fuhrmannes, schwang sich neben dem Letztern auf den Vordersitz, faßte die Zügel der Pferde und fuhr mit den Worten, er wolle den Kourier Sicherheithalber bis in die Thalniederung geleiten, im sausenden Galopp von dannen. Das Thal war in einer Stunde rasenden Fahrens erreicht und ein einsam gelegener Khan, wie die elenden Herbergen in der Türkei heißen, ward am Wege sichtbar, was die angetriebenen Pferde in der Hoffnung baldiger Erlösung zu noch gewaltigerem Laufe anzuspornen schien. Ali war jedoch andern Sinnes. Er gedachte, einmal in die sichere Niederung gelangt, seine Reise so weit als möglich fortzusetzen. Auch er hatte die Rechnung ohne den Wirth gemacht. Die Nacht war zwar sehr dunkel geworden, demungeachtet gewahrte der mit dem Wege vertraute Fuhrmann Joe eine bedeutende Vertiefung in der Nähe der Herberge, und wollte den Montenegriner eben darauf aufmerksam machen, als dieser einen Finger zum Zeichen des Schweigens an den Mund legte und dann mit dem Wagen so blindlings in das Bodenlose polterte, daß die Achse brach und Ali wie der Fuhrmann durch den heftigen Stoß, zum Glück ohne Schaden zu nehmen, auf den nahen Rasen geschleudert wurden. Nur Buk blieb, Dank seiner gewaltigen Kraft, auf dem Vordersitze wie angenietet sitzen und brachte die scheuenden Pferde in Bälde zum Stehen.

Die Weiterreise mußte bei so bewandten Umständen unterbleiben. Es hieß in dem erwähnten Khan übernachten. Buk, der vom

Wagen gesprungen war, flüsterte Ive ein Paar Worte in das Ohr, berührte seinen Feß mit der rechten Hand wie zum soldatischen Gruße und war, die höfliche Bitte des Kouriers, seinen Imbiß zu theilen, scheinbar überhörend, in wenigen Sekunden im Dunkel der Nacht verschwunden. Seine leisen an den alten Fuhrmann gerichteten früheren Worte lauteten:

„Dane und der Einschläferer sind in dem Khan. Sie treffen mich in der Scheuer."

Ali trat ahnungslos in die Herberge. In dieser elenden Schenke, zur Kobasica — zur Wurst — genannt, ging es sehr lustig und lebhaft zu. Bosnische Kinder der griechischen wie der katholischen Kirche saßen theils auf den Holzbänken an den langen Tischen, theils mit gekreuzten Beinen auf dem dielenlosen Boden, und zogen sich manchen starken Tropfen rothen Dalmatinerweines zu Gemüthe. Erstere, die Anhänger des morgenländischen Ritus nämlich, standen in der Mehrzahl, doch herrschte allgemeine Eintracht, denn auch bei der bevorstehenden Schilderhebung gedachte die gesammte Bevölkerung des Landes wie ein einziger Mann gegen die Türken zu stehen. Letztere aber suchten im Stillen den Bund zwischen den Griechen und Katholiken zu lösen und den Samen der Zwietracht zwischen beide Religionsparteien zu streuen. Es befanden sich daher auch in dem Khan zur Kobasica ein Paar Emissäre des Pascha, welche um jeden Preis eine Schlägerei hervorzurufen beabsichtigten. Dies macht sich dort zu Lande eben nicht sehr schwer. Es gibt nämlich eine Geschichte, deren Erzählen die morgenländischen Christen augenblicklich in rasende Wuth versetzt, besonders wenn die Worte aus einem katholischen Munde kommen.

„Das Schild dieser Schenke zur Kobasica," begann ein von Jussuw bestochener bosnischer Katholik, „ist schlecht gewählt."

„Weshalb?" frug sein gleichfalls erkaufter Nachbar.

„Es wäre sehr unangenehm, wenn plötzlich eine Leber zu dieser Wurst käme."

„Was du sagst?!"

„Kennst du denn die Geschichte von der Dzigerica — Leber — nicht?"

„Erzähle!" lautete die drängende Bitte.

„Als der Herr noch mit Petrus," erzählte der Spion mit lauter Stimme, „auf Erden wandelte, kam er auch in das Land der Südslaven, um ihre Nieren und Herzen zu prüfen. Auf

dieser Fahrt hatten sie einmal eine Tagereise durch einen dichten
Wald zurückzulegen. Sie nahmen daher einen Wegweiser, einen
morgenländischen Christen aus dem nächsten Dorfe mit, kauften da=
selbst auch ein Lamm, das Ersterer auf dem halben Wege schlachten
und im Ganzen braten sollte. Dane, der Führer, befolgte den Be=
fehl, während der Herr und Petrus, von dem Wandergange ermü=
det, der Ruhe pflegten und scheinbar zu schlafen schienen. Daniel,
ein Leckermaul, verzehrte während ihres Schlafes die Leber des
Schafes. Als es nun zum Mahle kam, frug der Herr: „Gdě je
džigerica!" — „Wo ist die Leber?" — „Ich weiß es nicht!" —
„Nur du kannst sie verzehrt haben!" — „Nein, das Lamm hat gar
keine Leber gehabt!" So betheuerte Dane, verlogen wie alle mor=
genländischen Christen, hoch und theuer und verschwor dabei seine
irdische und zukünftige Glückseligkeit. Der Herr sprach kein Wort
weiter und begann den Wandergang auf's Neue. Ein Fluß sperrte
den Pfad. Christus winkte, und die Gewässer zertheilten sich. Er
und Petrus schritten trockenen Fußes durch das Bett. Als aber
Dane in die Mitte kam, lief das Wasser zusammen, dem Lügner,
der mühsam auf den Zehen baumelte, fast in den Mund. „Dane, gdě
je džigerica?" Also frug der Heiland. „So mir Gott aus dieser
Klemme helfe," entgegnete Dane, „ich weiß es nicht, das Lamm hat
gar keine Leber gehabt!" — Da rettete ihn der Herr, brachte ihn
jedoch durch neue Wunder in gleiche Gefahr am Galgen wie in
Flammen, aber in der Luft wie im Feuer blieb Dane auf die Frage
nach der Leber verstockt bei seiner alten Lügenausflucht. Das wurmte
den Herrn baß, der Apostel aber meinte, er solle sich nur abermals
schlafend stellen, er, Petrus, wisse griechische Christen schon zur
Beichte zu bringen. Gesagt, gethan! Der Herr entschläft scheinbar.
Petrus aber langt eine Rolle geprägten Goldes hervor und legt vier
Häufleins an. Dane, den Hut auf das linke Ohr gedrückt, die bren=
nende Pfeife im Munde, rückt näher, immer näher. — „Wozu diese
vier Häufleins Goldes?" — Also fragt er. — „Wir werden uns
im nächsten Dorfe trennen," antwortet Petrus, „ein Häuflein gehört
dann für den Herrn, das Zweite für mich und das Dritte als Füh=
rerlohn für dich." — „Und das Vierte?" — „Das vierte
Häuflein bekommt derjenige, der die Džigerica gegessen hat."
— „Das war ich," brüllt Dane wie besessen, „bei meiner
unsterblichen Seele, das war niemand anderer als ich!" — So
fördert man morgenländische Christen? Tko zlatnim oružjem

vojuje dobitée! — Mit goldenen Waffen ist man des Sieges gewiß!" —

Es läßt sich leicht denken, daß die letzteren Worte die heißblütigen griechischen Bosniaken so aufstachelnd berührten, als sei ein Stück brennenden Zündschwammes in eine volle Pulvertonne gefallen. Ein furchtbarer Tumult entstand, dem eine blutige Schlägerei zu folgen drohte. Hähne knackten, Handschars blitzten. Die Katholiken waren aber zu fest entschlossen, der heiligen gemeinsamen Sache wegen auf gutem Fuße mit ihren griechischen Landsleuten zu verbleiben, als daß sie Partei für den Spion hätten nehmen mögen; nein, der Emissär wurde, wie sein Nachbar von katholischen Fäusten ergriffen, ging von Hand zu Hand und flog so in unglaublicher Schnelle zur Thüre hinaus. Diese beschwichtigende Demonstration stellte die Ruhe augenblicklich wieder her. Der Spion aber hatte noch obendrein das Unglück, dem eben vom Wagen springenden Kourier gerade vor die Füße zu fliegen und erntete daher auch von einer türkischen flachen Klinge eine so tüchtige Tracht Prügel, wie sie selbst in Bosnien seit langen Jahren nicht so stattlich verabreicht worden.

Ali hatte Mühe aus der geräumigen, noch in Folge des früheren Tumultes von den aufgestandenen Zechern dicht gefüllten Vorderstube in das zweite, kleinere, zur Aufnahme vornehmerer Reisenden bestimmte, sogenannte Ehrengemach zu gelangen. Die brutale Manier, wie er, so zu sagen, mit aufgepflanztem Janitscharenthum den Durchgang erzwang, unsanft bei Seite stoßend, was ihm im Wege stand, zog ihm von Seite der grollenden Bosniaken einige freilich sehr leise Flüche, wie mehre halbunterdrückte Ehrentitel zu, die in keinem Koder der Höflichkeit zu lesen stehen. Die gedrückten Rajas waren aber an die türkische Insolenz viel zu gewöhnt, um des herrischen Reisenden länger zu gedenken, und bald schlugen die Wogen trunkener Heiterkeit auf's Neue über ihren Köpfen zusammen. Dichte Rauchwolken erfüllten die Stube, es hieß fleißig fortschmauchen und seine Pfeife ja nicht zu versorgen, falls man nicht von einem unwiderstehlichen Reiz zum Husten ergriffen werden wollte. Die Pfeife versorgen? Ja, die Südslaven haben ein eigenes Manoeuvre, die Rauchwerkzeuge zu verwahren, wenn sie des Schmauchens satt geworden. Man steckt, ob zu Fuße oder zu Pferde, das halblange Rohr, an dem sich die Pfeife befindet, rückwärts in seine Halsbinde oder in seinen Hemdkragen, so daß der Pfeifenkopf oft

eine halbe Elle rechts über das Haupt des Eigenthümers emporragt. Schreiber dieser Zeilen hat seine Pfeife oft auf diese Weise
versorgt, und kann versichern, daß sie dann auch im stürmischsten
Ritte nicht hindert und belästigt. Trotz des dichten Dampfes traten
zuweilen einige zehn oder zwölf Männer zusammen, faßten sich unter
den Armen, tanzten im Kreise vorwärts, rückwärts, stampften mit
den Füßen, klatschten in die Hände, ließen auch zeitweise Volkslieder
ertönen. Am häufigsten ließ sich jenes einem Recitativ ähnliche Spott-
lied vernehmen, das nichts weiter besagt als:

„Hei, hei, Herr Emilianiczu, deine Federn sind naß!"

Es wird in unzähligen Wiederholungen fortgesungen. An einem
Tische stimmte man dagegen den bekannten Rundgesang an:

„Alle Tage, alle Tage
Soll die Weinsfluth rauschen,
Mehr oder weniger, mehr oder weniger
Muß man sich berauschen!"

An der Schwelle aber flüsterte ein junger Bursche, nach der
hübschen Magd im Khan schielend, leise vor sich hin:

Sprich meine Seele,
 wer hat's gemacht,
Daß ich nicht schlafe
 die ganze Nacht?

Und wenn ich schlafe,
 träumt mir von Dir,
Daß ich vermeine
 Du seist bei mir!

Trau' nicht den Leuten,
 sie betrügen Dich;
Schlimmes ja reden sie
 stets über mich.

Treu mir verbleibe,
 und vergiß mein nicht,
Dann will ich Dich lieben,
 bis das Herz bricht!

Letzteres Lied wird auch in der Militärgrenze gesungen. Be-
lesene Grenzer, das sind solche, welche der deutschen Sprache auch
nur zum Theile mächtig, pflegen hiebei nur die obern Zeilen, also
jeden ersten Halbvers slavisch, die untern Zeilen oder die letztere
Hälfte jedes Verses deutsch zu singen. Mittlerweile erwiesen sich die
ältern Bosniaken als gar tüchtige Zecher.

Einer der gewaltigsten Weinvertilger war ein alter hagerer
Morlake oder Moorwalache, wie man die, eigentlich am adriatischen
Meere heimischen, aber auch nach Bosnien und Kroatien ausge-
wanderten Romänen zu nennen pflegt; er hatte schneeweiße Haare
und einen fast noch farbloseren Bart, der ihm fast bis an den
Gürtel reichte, und sorgfältig gepflegt zu werden schien. Neben ihm

saß sein Enkel, ein Bursche von stämmigem Wuchse und gedrungenem Gliederbaue, der in den besten Mannesjahren stand und als Typus eines vollendeten kraftvollen Morlachen gelten konnte. Ersterer trug eine Art Mantel aus Katzenfellen, letzterer eine Wolfshaut über die Schultern geschlagen. Ali's bereits erwähnter Fuhrmann — sein Ueberwurf bestand aus Adlerflügeln, wollte er damit die Hast andeuten, mit der er seinem Berufe nachkam? — hatte sich als Dritter zu diesem Bunde in Noah gesellt und nach einem flüchtigen Abendgruße ein Paar leise Worte mit seinen Tischnachbarn gewechselt. Wir wissen, was er sprach. Es betraf das Stelldichein in der Scheuer. Beide Morlachen verließen auch eilig die Schenke, kehrten aber in wenigen Minuten zu den vollen Krügen zurück, und kein Zug ihres Gesichtes schien etwas Anderes zu verrathen, als rosige Heiterkeit, wie sie der edle Saft der Rebe erzeugt.

Dane, so hieß der junge Moorwalache, war als verwegener Wolfsjäger in der ganzen Umgegend bekannt und berühmt, galt auch unter den verschworenen Bosniaken als Bote und Vertraute des geheimnißvollen Montenegriners. Auf seinen alten Ohm, den wir Abbas nennen wollen, blickte man mit noch mehr Scheu; der Greis wurde, wo er sich blicken ließ, mit abergläubischer Ehrfurcht begrüßt und betrachtet. Er hieß auch der Flüsterer oder der Einschläferer, ein Titel, den er der geheimen Kunst verdankte, die wildesten Stiere und Hengste durch leise Worte oder zischende Laute zu zähmen, zu bändigen. Abbas galt ferner als ausgezeichneter Zeidler, dem Bienen, Wespen und andere Insekten gelehrig wie Hunde gehorsamten. Er lockte aus jedem Bienenkorb, welcher ihm gezeigt wurde, wie weiland der Engländer Wildam, binnen zwei Minuten alle Bienen heraus und zwang sie, sich auf den Hut oder die Mütze eines beliebig gewählten Zuschauers zu setzen. Von da versammelte er sie auf seinem bloßen Arm, wo sie eine Art von Muff bildeten. Ferner mußten sie auf seinen Befehl auf einem Tische hin und her marschiren. Abbas vollbrachte diese Manoeuvres auch mit Wespen und Fliegen jeder Art, und wußte die Wildesten dieser Thierchen in längstens fünf Minuten zur vollkommensten militärischen Diszplin zu nöthigen. Nach dem Volksglauben konnte der Flüsterer auch Gewitter heraufbeschwören, Milch in Blut verwandeln, Geister und Todte herbeirufen, den Teufel austreiben und in der Vergangenheit so gut wie in der Zukunft lesen. Auch behauptete man, daß er das verschollene italische Giftwasser, die verrufene Aqua Toffana, zu bereiten wisse.

Als Teufelaustreiber stand der Flüsterer natürlich auch bei den Muhamedanern im hohen Ansehen. Wenn nämlich der Iman oder türkische Priester bei einer Krankheit nichts auszurichten vermag, so erklärt er, daß ein christlicher böser Geist die Ursache sei, und über einen solchen hätte nur ein christlicher Beschwörer, namentlich ein Franziskaner, ausweisende Macht. So war zum Beispiel der Padre Antonio zu Oraschi, dreiviertel Stunden von Travnik, selbst unter Griechen und Türken berühmt geworden. Man machte Reisen aus der Nähe und Ferne zu ihm, auf daß er Krankheiten heile oder Teufel austreibe. Einst ward er sogar nach Serajevo berufen, um die Stadt zu exorcisiren; Antonio intonirte die Litanei und selbst Türken stimmten in die Antworten des Chores ein.

Auch der alte Ive war eine wohlbekannte Erscheinung in den bosnischen Bergen, verdiente als Fuhrmann sein tägliches Brod, stand aber in der neuesten Zeit in dem Rufe, neben seinen Saumthieren auch politische Dinge zu treiben. Dieses verrufene Kleeblatt schien jedoch heute seines Gewerbes gänzlich vergessen zu haben und, wie bereits gesagt, dem Weine eifriger zuzusprechen, als sämmtliche übrige Gäste der abgelegenen Schenke zur Kobasica. Ein aufmerksamer Beobachter würde jedoch bemerkt haben, daß sie oftmals, gegen das Fenster gewendet, achtsam lauschten, und die Thüre, so oft sie in den Angeln knarrte, mit den Blicken verschlangen.

„Also der Flüsterer," fuhr Abbas in dem fast noch räthselhafteren Gespräche des Kleeblattes fort, „also Abbas soll diesmal aus der Tinte helfen? Was braucht Buk nicht Gewalt? Ein Wink, und der Kourier liegt mit zerschmettertem Haupte am Boden."

„Ist es denn schon an der Zeit," antwortete Dane, „offen aufzutreten?"

„Wird bald kommen diese Zeit!" meinte Ive.

„Auch will er erst wissen," setzte Dane hinzu, „wie der Ferman eigentlich lautet."

In diesem Augenblicke wurde der Hufschlag rasch herbeibrausender Pferde hörbar, und der Wirth eilte in Hast zur Thüre, eines angesehenen Gastes gewärtig. Er hatte sich in seiner Hoffnung nicht getäuscht. Es war wirklich ein Grundherr, der herangesprengt kam, aber leider Miene machte, ohne Abstecher vorbeizureiten. Der Schenkwirth ließ sich aber nicht so leicht aus dem Felde schlagen, er vertrat vielmehr dem Reiter mit höflichem Gruße den Weg, rühmte die Güte seiner Getränke, und meinte, auch für Gesellschaft sei bestens gesorgt, da so eben ein türkischer Kourier aus Stambul angekommen. Der Nachsatz wirkte. Der Gutsherr sprang vom Pferde, warf seinem Knechte die Zügel desselben zu und trat dann raschen Schrittes in den Khan.

Es war Lascaris, der von einem kleinen Ausfluge nach Hause kehrte.

Die Bosniaken bildeten, den jungen Edelmann erblickend, vor dem künftigen Gatten einer Urenkelin Nemagna's ehrfurchtsvoll eine freie Gasse; nur das mehrerwähnte Kleeblatt würdigte den Eintretenden kaum eines flüchtigen Blickes. Lascaris schien beides nicht zu beachten und verschwand in seinem früheren Geschwindschritt hinter der Thüre der zweiten Stube. Der Zufall wollte, daß Ali den jungen Edelherrn von Konstantinopel her kannte, und so entspann sich in Kürze ein kordiales Zwiegespräch in türkischer Sprache. Der Kourier erzählte sein Abenteuer, Lascaris drückte pflichtgemäß sein Bedauern aus und meinte, unter dem bevorstehenden strengeren Regime dürfte es in allen Dingen, also auch im Punkte der öffentlichen Sicherheit auf der Straße, bald besser werden. Ali entgegnete, es wäre hoch an der Zeit, den bösen Geist zu beschwören, der durch die bosnischen Ortschaften gehe; er hoffe auch, daß der hochwichtige Ferman, den er an den Muschir Jussuw zu überbringen habe, energische Maßregeln verordnen, kurz das Unkraut an der Wurzel ausrotten dürfte.

„Also nach Travnik geht die Fahrt?"

„So ferne der Profet mich sicher dahin geleitet!"

„Schade, daß mein Weg in entgegengesetzter Richtung läuft! Eins meiner Pferde stünde sonst zu Gebote."

„Schönen Dank!"

„Gott gebe, daß der Ferman goldene Früchte trage!"

„Möge der Schatten des Großherrn nie geringer werden!"

„Selam Aleikum!" — „Friede sei mit Euch!" — sprach Lascaris sein Glas leerend.

„Aleikum Selam!" — „mit Euch sei Friede!" — antwortete Ali, seinen Kaffee schlürfend.

Der Grundherr entfernte sich hastig, wie er gekommen war. Die Bosniaken in der ersten Stube grüßten wie früher ehrfurchtsvoll, das berüchtigte Kleeblatt lächelte ironisch, Lascaris schien beides zu übersehen, die Thüre flog hinter ihm in's Schloß, und dröhnender Hufschlag verkündigte die Wiederaufnahme seines Rittes.

In der Schenke ward es nach und nach stiller. Die Landleute entfernten sich langsam, endlich erhoben sich auch Abbas und seine Genossen, der Wirth wünschte dem Kourier eine geruhsame Nacht, und bald herrschte das Schweigen einer Gruft in dem früher so geräuschvollen Khan.

Auch Ali warf sich auf das ärmliche Lager, das man in bosnischen Herbergen zu treffen pflegt. Er mochte etwa eine halbe Stunde gelegen sein und befand sich gerade in dem angenehmen Zustande halb Wachen, halb Träumen, als ein leises Geräusch an dem nach dem Garten sehenden Fenster hörbar wurde. Der Reisende, in der Meinung, ein jäher Windstoff rüttle an den losen Rahmen, hüllte sich noch tiefer in seinen Pelzmantel. Gleich darauf ließ sich das monotone einschläfernde Zirpen eines Heimchens vernehmen. Ali's Gedanken verwirrten sich immer mehr und mehr. Plötzlich tiefe Stille! Darauf ertönt ein sonderbares Flüstern, und gleichzeitig dringen narkotische Dämpfe wie der betäubende Rauch des Bilsenkrautes durch eine schmale Oeffnung, welche früher das Glas einer eben leise eingedrückten Fensterscheibe verschlossen. Der Schlaf des Kouriers wird zur halben Ohnmacht. Eine Hand greift durch jene schmale Oeffnung und schiebt die sperrenden Riegel bei Seite. Dann schwingt sich ein hoher Mann mit einer Blendlaterne versehen, in die Stube.

Es ist Puk!

An dem offenen Fenster ward das Gesicht des Flüsterers sichtbar. Puk bemächtigte sich der Depesche des Offiziers und öffnete sie mit einer, wie es schien, in derlei Künsten sehr wohl bewanderten Hand. Dann überflog er schnellen Blickes ihren Inhalt.

„Ein strenger Befehl," murrte er leise, „dem politischen Treiben der bosnischen Christen strenge zu wehren, ja eine etwa stattfindende Volksberathung mit bewaffneter Hand auseinander zu sprengen. Wie ich mir dachte! Hier heißt es vorbauen. Wir sind noch nicht hinreichend gerüstet, um den Kampf sieghaft aufzunehmen. Zeit gewonnen, Alles gewonnen!"

Mit diesen Worten zog er ein Schreibzeug, wie es Reisende im Abendlande mit sich führen, das man also bei ihm eigentlich gar nicht hätte vermuthen sollen, aus seiner Ledertasche, durchflog mehre mitgebrachte Papiere, bis er auf eine, zweifelsohne gesuchte Handschrift stieß, und fügte dann in den Zügen derselben dem Inhalte der Depesche noch folgende bedeutsame Worte bei:

"Dieser Ferman sei dir ein unbeschriebenes Blatt. Bald wird die Sonne der Macht und Würde wieder senkrecht über dem Scheitel der Friedensmänner flammen. Mögen räudige Hunde das Grab ihrer Väter besudeln!"

Nach Beifügung dieser Nachschrift in echt türkischem Style verschloß Buk die Depesche so künstlich, daß auch das schärfeste Auge keine Verletzung des Siegels, wie der Schnüre zu gewahren vermochte, und kehrte dann geräuschlos auf demselben Wege zurück, auf dem er die Stube betreten, das Fenster wie früher durch jene schmale Oeffnung von Außen verschließend. Die narkotischen Dämpfe verstoben allmälig, und Ali athmete bald leicht und ruhig im gewöhnlichen friedlichen Schlummer.

Drittes Capitel.

Der Pascha unterhält sich.

Baden gehört zu den Hauptgenüssen im Leben des Türken. Das eigentliche türkische Bad, Hamam genannt, meint ein bewährter Tourist, ist jedoch keineswegs so angenehm, als man in Frangistan, das ist, im Occidente glaubt, und besteht dies nicht aus einem Bassin oder einer Wanne mit lauwarmem Wasser, darin man nach Lust herumplätschern kann, sondern das Hamam ist nichts weiter, als ein russisches Dampfbad nach folgendem Schnitte. Der Badegast tritt in die geheizte Vorhalle des Hamam, wo ihn der Bademeister, Hamamschi betitelt — einige derselben sind kleine hübsche Jungen — entkleidet, ihm dann einen Bademantel, fast wie eine Schürze gestaltet, um die Schultern wirft, und Kaffee und Pfeife anbietet. Hier bleiben die Gäste einige Zeit auf den Divans gelagert, worauf sie in das zweite Gemach geleitet werden, in welchem bereits eine so starke Hitze herrscht, daß der Schweiß aus allen Poren dringt; auch hier wird dem Gaste Kaffee und Tabak angeboten, worüber abendländische Heilkünstler freilich die Nase rümpfen oder wohl gar die Hände über dem Kopfe zusammenschlagen dürften, was aber dem ungeachtet im ganzen Morgenlande comfortable Sitte ist und bleiben wird. Von hier wird man etwa nach dem Verlauf einer Viertelstunde nach dem dritten Saale oder dem eigentlichen Bade geführt, das aus einem hochgewölbten Raume besteht, an dessen Fenstern bunte farbige Gläser prangen, und in dem jedes Wort in einem stärken, oft hundertfachen Echo wiederhallt. Der Dampf, der diesen Saal erfüllt, qualmt aus einem eisernen Ofen heraus und zwar in dichten, mit Ersticken drohenden Wolken; ja selbst der Fußboden aus Marmorstein ist bis zum Brennen erhitzt.

Hier liegt der Gast, so zu sagen, auf dem Martyrroste.

Sobald das Fleisch des Badenden halb gekocht und gebraten scheint, beginnt die eigentliche Tortur. Der Hamamschi schreitet zu seinen Walkungen. Vor allem heißt es, den Körper gleich einem Sacke hin und her wälzen, wie einen Teig walken und kneten; ja der Rücken des Badegastes wird dabei so tüchtig getreten, daß der Aermste unter der peinigenden Last in Seufzen und Stöhnen ausbricht. Nunmehr zieht sein Tyrann, der Bademeister, Handschuhe von Kamehlleder an, taucht diese in Seifenschaum, und schmiert und reibt damit den ganzen Körper seines Schlachtopfers auf wahrhaft karaibische Weise.

Endlich erfolgt das Abspülen oder Reinwaschen mit warmem oder kaltem Wasser.

Hier gelangt das hochnothpeinliche Kriminalverfahren des Hamamschi zum Schlusse, und der halbzermalmte Leidensträger wird einem der Badeknaben übergeben, der den erschöpften Gast aus dieser Folterkammer erlöst, auf einen Divan hinstreckt, und den halben Leichnam mit Linnentüchern sanft abtrocknet und glättet. Nun fängt der Gebadete erst an, sich einiger Maßen zu erholen, fühlt sich zudem später wahrhaft verjüngt und von einer süßen Schlaflust und einer wonnevollen Ermattung befallen. Auch hier wird Kaffee nebst Csibuk verabreicht, und viele Muselmänner pflegen hier noch mit dem kleinen Hamamschi Kurzweile zu treiben. Die Frauen baden in einem besonderen Hamam, natürlich von Badewärterinen gefoltert und gepflegt.

In Konstantinopel haben nicht blos die verschiedenen Stände, sondern auch Leute von gleichen Eigenthümlichkeiten, Leidenschaften und Gelüsten ihre besonderen Badehäuser. In solchen besonderen, gleichsam geschlossenen Hamams, erzählt unser Tourist, pflegen zusammen zu kommen und sich dort wie in unsern Kasino's zu unterhalten: Dichter, Astronomen, Rechtsgelehrte, Derwische, Pferdeliebhaber, Possenreißer, Sänger, Freigeister, schöne junge Herren. Ja selbst Lügner, Trunkenbolde, Unschuldige, Verliebte, Paedophilen wissen in Stambul geistesverwandte Gesellschaft in eigenen Badehäusern zu finden.

In Serajewo ist man im Punkte der Hamams zwar noch nicht so weit vorgeschritten, wie in der Kapitale und Residenz des Groß=

dürfen, doch gab es in dieser Stadt zur Zeit, in der unser Roman spielt, bestimmte Badhäuser, in welchen dieser oder jener Stand gewiß sein konnte, Seinesgleichen anzutreffen. Wir haben es dermalen mit dem Hamam zu thun, in welchem die Diener der Themis einzusprechen liebten. Bosnien besitzt nämlich ein Mevleviet oder Obergericht und fünf Kaza oder Untergerichte. Ersteres gehört zu den Devrié's, zu deutsch „abwechselnd," indem die Inhaber nach einer gewissen Anzahl Jahre versetzt werden. Die Mitglieder dieser Gerichte sind ein Molla oder Kadhi, das ist, Richter, ein Mufti oder Generalanwalt, ein Naib oder Stellvertreter, ein Ajak=Naib oder Civillieutenant und ein Basch=Kiatib oder Schreiber.

Belauschen wir ein würdiges Paar dieser Diener der Themis in dem Hamam, das sie gewöhnlich zu besuchen pflegen. Es ist der Molla, der gestrenge Richter und der Mufti, der vielerfahrene Generalanwalt. Beide waren geborne Bosniaken, die jedoch, wie es sich von selbst versteht, aus ehemals christlichen, aber seit Jahrhunderten zum Islam übergetretenen Familien stammten. Wir treffen sie bei einer Tasse Kaffee, den Esibuk am Munde, auf dem weichen Divan behaglich zusammengekauert, kurz nachdem sie der kleine Hamamschi aus dem Fegefeuer eines türkischen Dampfbades erlöste.

„Dobro mu je," begann der Mufti, „kako ribi u vodi!" — Mir ist wohl wie dem Fisch im Wasser. —

„Mir auch," entgegnete der Molla, „und doch weiß ich ein Menschenkind, dem heute noch wohler sein wird."

„Sein Name?"

„Der verwünschte Lascaris, wenn er — heute ist der Hochzeitstag — in den Armen der weißen Rose von Serajevo ruhen wird. Gülnare gleicht in der That einer Houri, einem Paradiesesmädchen. Morgen wird man das freilich nicht mehr in jeder Beziehung sagen können."

„Die Rose ist schön," sprach der Mufti, „und Lascaris steht an der Pforte des Himmels. Demungeachtet kenne ich zwei Leute, die sich am heutigen Tage so glücklich fühlen, daß sie weder mit jenem Abenteurer, noch selbst mit unserm Profeten tauschen dürften."

„Wer sind diese Leute?"

„Der arme Kürschner und sein Töchterlein Patila."

„Der arme Kürschner?"

„Ich weiß nicht, wie der Christenhund eigentlich heißt: Er ist als mittelloser Teufel unter diesem Namen bekannt geworden."

„Und Patila?"

Patila bedeutet, zum Verständniß unserer Leser sei es gesagt, „ich heiße"; patila ist aber auch das Mittelwort vergangener Zeit thätiger Form von patiti, leiden.

„Die Kleine, sie zählt etwa ein Dutzend Jahre," antwortete der Mufti, „hat sich diesen Namen selbst beigelegt. Man frug sie nämlich eines Tages, wie man sie rufe, worauf sie einfach entgegnete: Patila patila, das besagt: „ich heiße Eine, die gelitten hat." Die Aermste hat auch in ihrer ersten Kindheit ein paar Krankheiten durchgemacht, zudem ist sie blind auf die Welt gekommen."

„Blind geboren und dennoch glücklich?!"

„Ein englischer Heilkünstler, ein wahrer Avicena hat ihr den Staar gestochen. Der Mann machte eine große Tour und befand sich auf seiner Rückreise von Konstantinopel in Belgrad, wo er längere Zeit sein Hauptquartier aufschlug, da er Serbien zu bereisen gedachte. Durch Kaufleute, die von der serbischen Hauptstadt Kragujewatz zurückkehrten, gelangte die Kunde von seiner Geschicklichkeit auch zu uns nach Serajevo. Der arme Kürschner hatte leider nicht die Mittel, den Wundermann zu verschreiben, denn der Engländer — man kennt diese geizigen Rothröcke — verlangte mehre Beutel für Reise und Cur. Da trat eines Abends ein Mann mit einem fürchterlichen rothen Barte in die Stube des Kozuhar oder Kürschners. Es war der verdammte Montenegriner. Mögen Geier seine Leber zerhacken! Kurz, damit ich einmal ende, der seltsame Gast brachte die geforderten Beutel. Heute wurde der Kleinen glücklich der Staar gestochen, sie sieht auf beiden Augen, und die Freude wie der Jubel des Vaters und Kindes sollen kaum zu beschreiben sein."

„Ein wundervoller Sheitan, dieser Buk!"

Ein wundervoller Satan oder Teufel, also lautet ein Lieblingsausdruck der Orientalen.

„Ja, Patila ist heute sehr glücklich!" rief der Mufti.

„Einem andern Menschenkinde," meinte der Molla, „ergeht es heute ganz anders."

„Tkoje?" — Wer ist es? —

„Der Pascha unterhält sich!"

„Wie kann es ihm dann schlimm ergehen?"

„Es ist nur eine ironische Redensart, die in Travnik drüben längst sprichwörtlich geworden. Wenn es dort heißt, Jussuw unter=

halte sich, dann stecken Sklaven und Rajas die Köpfe furchtsam zusammen wie Schafe, wenn es donnert und blitzt. Wer in seiner Nähe zu thun hat, wünschte sich da die Geräuschlosigkeit eines Katzentrittes. Wenn der Pascha nämlich schlecht aufgelegt ist, so sucht er Unterhaltung oder Zerstreuung. Leider findet er sie in den Leiden seiner Umgebung. Heute Morgens war er ganz teufelswild und unterhielt sich daher vortrefflich. Ein Sklave, der einen Tsibuk fallen ließ, erhielt die Bastonade, ein Eunuch, der auf seinem Posten halb einnickte, wurde mit dem rechten Ohr an die Thüre genagelt, die er zu bewachen hatte, ein Raja endlich, der seine Klage gegen seinen Grundherrn zu gröblich vortrug, wäre ganz gewiß gespießt worden, falls es in dem letzten Ferman aus Stambul nicht einen kleinen Haken gegeben. So kam er mit abgeschnittener Nase davon. Ja, der Pascha unterhält sich heute."

„Was stimmt ihn denn eigentlich so gallig?"

„Die Hochzeit der Rose von Serajevo," flüsterte der Molla, „steckt Jussuw in dem Kopfe."

Der Molla hatte Recht. Jussuw, auf den schwellenden Kissen des Serails erzogen, konnte, wie alle seine Glaubensgenossen, keinen Glauben an das Göttliche im Weibe hegen, er mußte nach dem Gebothe des Koran einzig dem Sinnenrausche leben. Der Pascha sollte es, hieß es, in dieser Trunkenheit noch über das gewöhnliche türkische Maß gebracht haben. Die Vergeltung blieb nicht aus. Er lernte in spätern Tagen die stolze Schönheit kennen, die man Gülnare nannte, und entfaltete alle Kriegskunst eines verliebten muhamedanischen Vauban, um die unersteigliche, durch keinen glänzenden Handstreich zu erstürmende Festung durch eine regelmäßige Belagerung zu nehmen. Seine Mühe war fruchtlos, Jussuw zog mit langer Nase ab. Ja, man sprach sogar von einem stattlichen Backenstreiche, welchen er bei einer zu hitzigen, unbesonnenen Attaque davon getragen haben sollte.

Gülnare pflegte, wenn vertraute Freundinen die Liebe des Pascha und ihren schlechten Erfolg berührten, auf die geringe Bildung Jussuw's anspielend zu sagen, sie hätte doch nicht das Loos des heiligen Troja theilen und sich zuletzt durch ein türkisches — — — erobern lassen können. Obige Gedankenstriche stellen das riesige hölzerne Roß vor, zu dem die Griechen bekanntlich im letzten Jahre der Belagerung ihre Zuflucht nahmen. Jussuw schwur der schönen Spötterin grimmige Rache, aber gerade das Versagen stachelte seine

Leidenschaft noch gewaltiger auf, und es hätte die Rose von Seraǧevo nur einen zärtlichen Blick gekostet, um den grollenden Pascha von drei Roßschweifen und Bezier von Ungarn in partibus infidelium auf's Neue wieder girrend zu ihren Füßen schmachten zu sehen. Der Abstand zwischen beiden war jedoch zu groß. Bildung, Religion und politisches Glaubensbekenntniß gestalteten die Kluft, welche den Pascha von dem Beete der weißen Blume trennte, täglich noch weiter, noch bedrohlicher an Breite, Tiefe und Unzahl der Klippen.

Da gelangte die plötzlich unerwartete Kunde von der Vermählung Gülnaren's mit dem ritterlichen aber abentheuerlichen Lascaris nach Travnik. Diese Nachricht wirkte vollends wie ein heftiger Donnerschlag bei heitern Lüften, denn man wußte im türkischen Kriegsrathe nur zu wohl, daß es sich auch hier, um die innigste Verbindung zweier Antipoden im Geiste wie in der Politik handeln müße. Jussuw schäumte vor Ingrimm und Zorn, er wünschte in Nachahmung des sechsten Römerkaisers der ganzen Christenheit nur einen einzigen Nacken, um sie mit einem Streiche vernichten zu können. Seine Untergebenen mußten den Blitzableiter seiner schwarzen Galle abgeben, namentlich litten die armen Rajas, so weit es die geheime Nachschrift des Ferman zuließ — sie war in der Handschrift seines vertrauten Freundes, des streng gläubigen Großveziers geschrieben — unter den Ausbrüchen seiner finstern Laune. Man kann sich daher leicht denken, wie sich der Pascha unterhielt, als er der Sitte gemäß, zur Hochzeit geladen wurde, und sich nach langem Kampfe entschloß, dieser Feier beizuwohnen.

„Wäre ich Jussum," sprach der Mufti nachdenklich, „ich ließe den Bräutigam spießen!"

„Geht nicht," entgegnete der Molla, „geht durchaus nicht, denn erstlich ist Lascaris zu gut bei dem Divan angeschrieben, auch will man mit Gewißheit behaupten, daß derselbe, sobald er durch diese Heirath zum künftigen Haupte des alten Geschlechtes geworden, zu dem Islam überzutreten gedenke. Lascaris könnte dann sehr leicht der Nachfolger Jussuw's in Travnik werden."

Mit dieser Antwort schloß das Zweigespräch über den fraglichen Gegenstand.

Die Hochzeitsfeierlichkeit in der Kirche zu Serajevo ging am Morgen vorüber.

Die Braut, weiß gekleidet, fast allen Schmuckes bar, schritt bleich, wie eine Nonne, die gegen die Sehnsucht ihres Herzens auf die Blume des Lebens verzichtet, zum Altare; eine Statue weist mehr Leben und Regen als Gülnare, da sie der bindenden Rede des Priesters lauschte, ein Lilienblatt besitzt mehr Röthe als Gülnaren's Antlitz, da ihr Mund das entscheidende „Ja" aussprechen sollte; aber sie nahm sich gewaltsam zusammen, bemeisterte herrisch ein fieberhaftes Zittern ihrer Glieder, und betonte das verhängnißvolle Wort so stolz wie eine Königin, die eine eroberte Welt verschenkt.

Gülnare war das Weib des verwegenen Lascaris.

Auch dieser gab sich mehr als ein starres Steingebilde denn ein zärtlicher Brautwerber. Er trat so gleichgültig zu dem Altare, als habe die hochheilige Feierlichkeit auch nicht das Geringste mit seinem eigentlichen Selbst zu verkehren.

Ein seltsames Brautpaar!

Wir haben erzählt, daß Serajevo auf einem erhabenen Plateau fußt, das von waldigen Bergen umschlossen wird. In diesen Bergen lag das alte Schloß, in welchem die Seitenlinie des Geschlechtes, aus dem Riswan stammte, seit jeher hauste. Es war ein sehr festes, sorgfältig bewachtes Bollwerk; zudem stempelte es die Consulatsfahne, die auf seinen Zinnen wehte, zu einem unverletzbaren Asyl selbst für die Willkühr der Türkenherrschaft. Dort sollte das weltliche Hochzeitsfest gefeiert werden.

Um die dritte Nachmittagsstunde gab es große Tafel in dem alten Schlosse. Alle befreundeten Gutsherrn aus der Nachbarschaft waren geladen. Das Banquet wies sich fast königlich, und die Tische schienen sich unter der Last köstlicher Gerichte und seltener Getränke zu biegen. Es war nämlich auch für die vielen muhamedanischen Gäste, die öffentlich ihren früheren christlichen Leckerbissen und Lieblingsgetränken nicht zusprechen durften, möglichste Sorgfalt getragen worden. Da gab es gekochten Reis oder Neulli, Schaffleisch, Plattkuchen, süßes und fettes Milchbrot, Caviar, türkischen Pfeffer, Austern, geröstete Mandeln, Feigen, Sultaninen, Oliven, dann kühlende Getränke, als: Szorbeth oder Cherbet, ein aus Honig und Wasser bereitetes Getränk, Hozapp, ein in Rosenwasser stehender aromatischer Trank, Pechmez, ein dünnerer Aufguß, endlich alten Schiraswein, der aber unter dem angeblichen unverdächtigen Nahmen persischer Thau die Runde machte. Natürlich, daß es auch an Kaffeh nicht fehlte. Man speiste auf Silber, das Desert ward auf Gold servirt. Gleichzeitig ergriff Riswan einen mit diesem Perser=

thau bis an den Rand gefüllten Pokal, und leerte ihn mit den
Worten:

„Es lebe meine Tochter Gülnare und mein Eidam Lascaris!"

Dieser von allen Gästen — Jussuw ausgenommen, der einen
leisen Fluch ausstieß und kaum an dem Becher nippte — wieder=
holte Ruf zog sich wie ein weitrollender Donner durch den Saal,
ein rauschender Tusch einer türkischen Musikbande mit Trompeten,
Pauken, Pfeifen, Hoboen, Blechstürzen, Schellen und Triangeln
erdröhnte, Pöller wurden abgebrannt, Flinten und Pistolen, wie bei
allen südslavischen Festen üblich, krachten auf lustige Weise, kurz
der Festgeber hatte alles aufgeboten, was die Feierlichkeit und den
Glanz des Hochzeitstages seines einzigen Kindes, einer so reichen
Erbin nur einiger Maßen erhöhen konnte.

Im Freien erklang die Gusla, ein Zigeuner ließ hie und da
die Sackpfeife erschallen, die katholischen Bosniaken klirrten dazu
mit den Wein gefüllten Bechern, der Grieche hielt sich mehr an den
Slivoviez, während die Landwehrreiter, ihr Glaubensbekenntniß
ganz vergessend, alles durcheinander tranken, kurz, mancher streng=
gläubige Muselmann wendete sich als Todfeind von all derlei Ge=
tränken entsetzt ab, und fühlte sich versucht, den Zorn des Prophe=
ten auf die ungläubigen Hunde herabzubeschwören. Uebrigens war
auch für derlei Käuze, wie wir weiter unten sehen werden, für Zer=
streuung gesorgt worden.

Auf dem Rasen wirbelte der Kolo oder der Reigentanz. Hier
faßten sich einige zehn bis zwölf griechische Dirnen in Hemden von
selbst gewobenen Linnen, mit Schürzen fast im Geschmacke eines
schottischen Plaid, die dichten schwarzen Haare in Flechten getheilt,
mit Silber, mitunter auch mit Goldstücken geschmückt, unter den
Armen, tanzten im Kreise bald vorwärts, bald rückwärts, wie wir
es schon im frühern Capitel beschrieben, klatschten in die Hände,
stampften die Halme mit den Füßen, ließen auch zuweilen Volks=
lieder oder Recitative ertönen. In derlei Recitativen sind die Süd=
slavinnen überhaupt sehr stark, und wird jedes wichtige Tages=
ereigniß bereits am nächsten Abend am Herde derartig besungen.
Dort folgten junge Bursche dem Beispiele der Dirnen. Anderswo
gab es einen gemischten Kolo, von beiden Geschlechtern getanzt, der
sich immer mehr erweiterte und in seinem Kreislauf alle, die er traf,
zu Hunderten hineinzog. Zuweilen brach auch ein Paar, das sich
gerne leiden mochte, aus der Runde, und drehte sich im sogenannten

Gänsetanze, wo der Tänzer und die Tänzerin immer engere **Kreise** um einander ziehen. Wir fügen hier bei, daß es in einigen südslavischen Gegenden einen allgemeinen Hochzeitstag gibt, an welchem alle Liebespaare, die sich im Laufe des Jahres zusammengefunden, gleichzeitig copulirt werden. In der Karlstädter Militärgrenze, diesem Nachbarlande Bosnien's ist der Katharinentag oder fünf und zwanzigste November häufig zu diesem allgemeinen Hochzeitsfeste bestimmt. Man kömmt zu Fuß, zu Pferd wie zu Wagen aus der ganzen Umgebung in dem Pfarrorte zusammen. Leider befinden sich dann — das Jahr ist lang und das Blut heiß — viele Bräute in einem Zustande, in welchem sie keineswegs mehr als Houri's in Mahomed's Paradiese taugen würden. Leider sprechen auch die Hochzeiter des Tages über — die Kopulation findet meist am Abend Statt — dem Rebensaft oder Branntwein mehr zu, als es der bevorstehenden Feier angemessen erscheinen dürfte. Mladost je ludost! Jugend hat keine Tugend!

Und was trieben die orthodoxen Osmanlis? Die einsame Halle eines Nebengebäudes war zu einer großartigen Kaffeestube umgeschaffen worden. Da saßen die osmanischen Gäste stumm und leblos beieinander, als wären sie bloß Automaten oder Wachsfiguren, bliesen den Tabakrauch in großen blauen Wolken gegen die Decke, schlürften ihren Kaffee und lauschten den Schwänken jüdischer und griechischer Possenreißer. Dann nahte ein Meddah oder Mährchenerzähler, setzte sich in einem Winkel nieder, und trug fabelhafte Geschichten vor, Abentheuer aus der tausend und einen Nacht, die Thaten berühmter osmanischer Helden, und dies Alles in einer unangenehmen, näselnden, aber ziemlich accentuirten und marquirten Deklamation, die er bald mit einer Geige, bald mit einer Flöte accompagnirte. Diese Unterhaltung fesselte die Muselmänner mehr als eine volle Stunde, man hätte sie ein türkisches Theater nennen können. Später erschien ein ältlicher Türke mit seiner Tänzergesellschaft von jungen hübschen Burschen mit lang gewachsenen Haaren, in Frauenkleidern, die aus einem fest anliegenden blauen Dolmány, weißen Hosen und rothen Schuhen bestanden. Hierauf begann ein eigenthümlicher Tanz nach dem Takte einer Zither, welche der ältliche Türke selbst spielte. Bei diesem Tanze wurden die Füße nur wenig, desto mehr aber der Obertheil des Körpers, namentlich die Schultern, dann die Inexpressibles durch fortwährende zuckende Bewegungen in Anspruch genommen, welche die blaßen Halbjungen mit schlauberechneten, verführerischen Verbeugungen und dem Klange von Kastagnetten sehr verlockend zu begleiten wußten. Natürlich, daß die Osmanlis bei ihren bereits von dem aromatischen Kaffeh bedeutend aufgeregten Sinnen nunmehr in völlige Verzückung geriethen. Namentlich schien jener prüde Muhamedaner, der den Zorn des Propheten auf die zechenden ungläubigen Hunde herabzubeschwören drohte, ein besonderes Wohlgefallen an einem der Tänzer zu finden, und winkte ihn mit funkensprühenden Augen zu sich heran, worauf dieser nach üblicher Sitte rückwärts schreitend herbeikam, seinem Gönner mit rückwärts gebeugtem Haupte mit den Lippen ein Goldstück aus dem Munde nahm, und dafür dem freigebigen Bewunderer einen flüchtigen Kuß gab. Diese Ceremonie war eigentlich nichts, als das Zeichen eines gegebenen und angenommenen Rendezvous. Der Vorhang falle!

In dem Blumengarten von Riswan's Schlosse fand eine kleine Nachahmung des berühmten Tulpenfestes Statt, das im Harem des Großherrn zu Stambul zur Zeit, da die Tulpen in die Blüthe gehen, gefeiert zu werden pflegt. Basen von jeglicher Art, mit natürlichen oder künstlichen Blumen gefüllt, standen dort zusammengehäuft und wurden von einer unendlichen Menge von Laternen, farbigen Lampen und in Glasröhren aufgestellten Wachslichtern erleuchtet und schienen durch zweckmäßig angebrachte und aufgerichtete Spiegel vervielfältigt zu werden. Verschleierte Frauen, sonst als Kaufleute gekleidet, saßen in Boutiquen und Kramladen voll Schmucksachen, Stoffen, Tändeleien und Spielwaaren, welche die Gäste hier aber nicht kauften, sondern gleichsam zur Erinnerung an das glänzende Hochzeitsfest zum Geschenke erhielten, daher sie dieselben um so lieber unter sich wieder als wechselseitige Gegengaben benützten. Auch hier gab es Alme's oder Tänzer und Musikanten, die sich aber dem Orte gemäß streng in den Grenzen des Anstandes hielten. Die Siegkunst der verschleierten Frauen hätte jedoch ein abendländisches Ohr gewiß nichts weniger als erquickt, denn der Türke hält jene Primadonna für die beste und schönste Sängerin, welche die schneidendste und quickendste Stimme besitzt. Auch pflegen die Liebeslieder der Haremsrosen selten, eigentlich fast nie eine platonische Färbung zu tragen.

Oben im Saale war die Blume der Unterhaltung hingegen rein vaterländischem Boden entsprossen. Man sprach nämlich von dem Ursprunge des Hauses, dem die Neuvermählte entstammte, und ein südslavischer Dichter — er fiel leider während der spätern Wirren — wußte die hierauf bezügliche Sage zu einer artigen Romanze zu benützen. Nach dieser Sage hatte der Stifter des großen serbischen Reiches Nemagna, bekanntlich ein Gutsbesitzer in der Herzogewina, seinen ehemaligen Nachbar und spätern mächtigsten heimischen Gegner, zwar nach manchem hochrothen Kampfe besiegt und gefangen genommen, doch wurde dieser Rivale durch Nemagna's eigene reizende Tochter, die in Liebe zu dem gefesselten Helden entbrannte, seiner Ketten wie seiner Haft entledigt. Dieser Liebe dankte nun der Ahnherr Gülnaren's, hieß es, sein Leben, ein Dasein, das seine Mutter eines gewaltsamen Todes sterben machte, indem der Großvater sein verliebtes Kind gleich nach der Geburt seines Enkels erdolchte. Diese Romanze wußte nun ihr Verfasser mit Begleitung der Gusla sehr ergreifend vorzutragen. Allgemeiner, stürmischer Beifall begrüßte die schöne Dichtung.

Jussuw näherte sich bei dieser Gelegenheit der Rose von Serajevo scheinbar, angeblich, um das hohe Alter ihres Geschlechtes zu rühmen, eigentlich aber um ihr bei dieser Gelegenheit etwas Schmeichelhaftes über ihre eigene reizende Jugend zu sagen. Gülnare empfing ihn zutraulicher, als es sonst der Fall zu sein pflegte, und wußte ihren Verehrer durch rasch wechselnde Freundlichkeit und Kälte so wirbelnd zu machen, daß der Aermste große Aehnlichkeit mit dem Sarge Mohamed's in der Kaaba gewann, und nicht blos zwischen Himmel und Erde, nein, zwischen Himmel und Hölle zu schweben glaubte. Er sagte sich zwar im Stillen, dies geschehe, um sich kokettenmäßig an den Qualen seiner nunmehr rein hoffnungslosen Leidenschaft zu weiden, oder um wohl gar die Eifersucht des allzu gleichgültigen jungen Gatten zu erregen. Demungeachtet wußte sich der Pascha in dem blumigen Labyrinthe, in das er gerathen, nicht zurecht zu finden. Auch schien das schlaue Spiel theilweise gelingen zu wollen.

Lascaris wurde zwar nicht unruhig, aber denn doch aus seiner Apathie gerüttelt.

Ein paar leise Worte von seinem Munde setzten die flinken Beine eines schmucken Zigeunerknaben in Bewegung, der sich Mirra nannte und bei Lascaris eine Art Knappendienste verrichtete. Mirra ging und kehrte bald mit jenem sanft und weich klingenden Instrumente zurück, dessen sich die Türken, außer einer dreisaitigen Geige, welche fast wie eine Viole d'amour sieht, als Dollmetsch ihrer Liebesgefühle bedienen. Es ist dieses eine Tambura, Laute oder sogenannte Derwischflöte. Dies Instrument gilt, nebst dem Selam oder der Blumensprache, als der allgemein verständliche Dialekt, in welchem sich Verliebte wie in den Mauern der Serails tausend süße Dinge zuzuflüstern wissen. Man kann sich daher das Staunen der Gesellschaft denken, als der rauhe Krieger Lascaris nach diesem zarten Instrumente griff, es meisterhaft erklingen ließ und in den Intervallen nachstehende Strophen, gleichsam als Schluß der früher vorgetragenen Romanze mit wohltönender Stimme halb sang, halb deklamirte:

  Remagna, jenes Gärtnerkind,
  Deß Blumen rauh du pflücktest,
  In dessen Herz den Dolch wie blind
  Du bis zum Hefte drücktest:

  Es war dein eignes Töchterlein,
  Deß Busen makellose
  Zwei Lilien trug, bis mittendrein
  Du pflanztest eine Rose.

  Und als in aller Früh im Tod
  Ihr Nelkenmund verblaßte,
  Da war es, wo das Morgenroth
  Erst Muth, zu schimmern, faßte.

  Und als sie schloß die Augen d'rauf
  Zum Schlaf, zum immer festern,
  Da ging im Ost die Sonne auf
  Und hatte keine Schwestern!

Lascaris reichte, als er geschlossen, dem Zigeunerknaben das Instrument mit einer so träumerischen und zerstreuten Miene, daß er es offenbar gar nicht bemerkt hatte, wie gleich befremdet als ergötzt die Gäste seines Schwiegervaters durch sein Spiel gewesen. Gülnare hingegen schien gänzlich aus aller Fassung gekommen. Todtenblässe und Scharlachröthe wechselten bei den ersten Klängen der Melodie auf ihrem Antlitze, ihr Auge durchflog mit unsäglicher Theilnahme, mit auffallender Neugierde die Züge ihres Gatten, jene trübe Elegie stand noch lesbarer an ihren Mundwinkeln; doch in Kürze wandte sie sich, den Kopf verneinend schüttelnd, wieder ab, der alte Widerwille spiegelte sich in ihren Mienen, und wie in gern gehegte, aber nur selten auftauchende Gedanken verloren, barg sie, die Nähe des staunenden Pascha ganz vergessend, ihr schönes Haupt in beide Hände.

„Was sagst du," sprach gleichfalls überrascht Leila, die Lascaris eine schwesterliche Theilnahme zuzuwenden schien, „was sagst du zu diesem neuen Talente deines liebenswürdigen Gatten? Ist er nicht ein Tausendkünstler sondergleichen, ein wahrer Vogel Phönix?!"

„Es gibt keinen Phönix mehr," entgegnete Gülnare seltsam lächelnd, „dieser Wundervogel existirt nur im Reich der Fabel, und flattert er auch wirklich über die Erde, so verjüngt er sich nicht mehr, wenn er alt und welk geworden."

„Das ist keine Antwort auf Leila's Frage," meinte Jussuw, „man wollte wissen, welchen Eindruck — —"

„Das Spiel deines Gatten," fiel die Tochter des Defterdar lauerd ein, „auf deine Seele machte?"

„Es mahnte mich," murmelte die Rose von Serajevo halblaut, „an den Schrei der Mandragora, wenn man diese Zauberwurzel aus der Erde schaufelt oder aus dem Grabe eines auf dem Hochgerichte gestorbenen armen Sünders zieht. Wie manche Leute behaupten wollen, soll man darüber wahnsinnig werden können, oder wohl gar sterben müssen."

Leila blickte die Busenfreundin verwundert an.

„Mandragora," frug ganz verdutzt der Pascha, der das Wort Zauberwurzel überhört hatte, an dessen beschränktem Horizonte derlei fremdartige Dinge selten oder nie zu erscheinen pflegten, „Mandragora, was soll das bedeuten?"

„Es stammt aus einer halbverschollenen Sprache," erklärte Leila boshaft, „und ist ein zusammengesetztes Wort; Mandra heißt Eiche, Gora bedeutet hingegen Schimmelhengst."

Diese boshafte Erklärung war eigentlich eine heillose Umschreibung von Gülnaren's bekanntem Witzworte über die Leidenschaft, die Jussuw für sie hegte; Leila getraute sich nämlich, einem Pascha von drei Roßschweifen, dem reichsten Statthalter in der Türkei, gegenüber, nicht geradezu mit dem Beinamen oder Epithat „Roß aus Holz" herauszuplatzen, und wählte dafür den sprachlichen Umweg: Eiche und Schimmel. Zu ihrem Glücke verstand Jussuw in seinem unbeholfenen Geiste den boshaften Scherz auch wirklich nicht ganz, fühlte jedoch, daß er etwas Albernes habe vom Stapel laufen lassen, und daß man sich deshalb über ihn lustig machen wolle. Die Röthe des Zornes überflog sein Antlitz. Eine zweifelsohne derbe

Antwort schien auf seinen Lippen zu schweben; Gülnare, die aus ihren Träumen erwachte, schnitt ihm aber die unhöfliche Rede mit den Worten ab:

„Nein, jenes Wort bedeutet auf gut kroatisch nichts weiter als: Sbogom!" — Gottbefohlen —

Damit nickte sie freundlich zum Abschiede und machte Miene den Saal zu verlassen, willens, sich in die Frauengemächer zurückzuziehen. Juffuw, ergrimmt über den unerwarteten Scheidegruß, noch erbittert über Leila's früheren Versuch ihn zu hänseln, sah zwar ein, daß es Zeit sei, zum Rückzuge zu blasen, beschloß aber, denselben ehrenvoll, das ist, mit klingendem Spiele, flatternden Fahnen und brennender Lunte anzutreten, zudem wie die alten Parther, dieses den Türken vermuthlich stammverwandte Reitervolk, noch im Fliehen zu fechten, und wo möglich auch zu verwunden. Die bekannte Abneigung der weißen Rose gegen ihren apathischen Brautwerber Lascaris, der ruhig an der andern Ecke des Saales mit einem der Gäste plauderte, lieferte dem Pascha auch ein ganz vortreffliches, rasch wirkendes Gift für den letzten Pfeil, den er scheidend abzuschießen eilte.

„Mandragora?" sprach er mit höhnischer Betonung, „jedenfalls ist es ein schönes, prachtvoll lautendes Wort, und ich würde rathen, den jüngsten Nachkommen des alten Fürsten Nemagna, kurz den künftigen Erstgebornen Gülnaren's also zu taufen."

Mit dieser echt türkischen Impertinenz verließ Juffuw den Saal.

„Der Mann ist gallig geworden," flüsterte Leila und wendete sich herzlich lachend zu ihrer Freundin.

Herr des Himmels wie geisterbleich sah auf einmal Gülnare!

„Was hast du?" frug die Tochter des Desterdar.

„Mein Erstgeborner," murmelte Gülnare, die Frage gar nicht beachtend, fast unhörbar vor sich hin, „mein Erstgeborner?! Dafür gibt es im schlimmsten Falle, Gott sei Dank, noch ein verläßliches Mittel. Was braucht es da einen zürnenden Vater wie Nemagna! Einen Dolch kann auch eine weibliche Hand tüchtig genug schwingen, um zwei Augen erlöschen zu machen, auf daß die Sonne keine Schwestern mehr habe!"

Man kann sich leicht denken, in welcher galligen Stimmung der Pascha von hinnen ritt. Die ganze Hochzeitsfeier zog noch einmal, wie auf spitzigen, scharfgeschliffenen Dolchklingen einherschreitend, durch seine tödtlich verwundete, hochmüthige Seele, und wenn er an die Dinge dachte, die nunmehr in dem Schlosse Riswang kommen mußten, sobald die Lampen und Fackeln alle erloschen waren, so fiel es wie Scheidewasser in die Narben und Risse seines Herzens, und ein grimmiger Schmerz machte sein Blut so siedend aufwallen, daß es die Adern zu zersprengen drohte. Der letztere Gedanke reichte auch vollkommen aus, um einen eifersüchtigen Orientalen rasend zu machen. Jussuw gab seinem Hengste die Sporen, daß es fleischte und das gepeinigte Thier mit zerrissenen Weichen in klafterlangen Sätzen dahinbrauste. Die Eskorte vermochte dem Pascha kaum zu folgen.

Zudem war ein trüber Abend auf den heitern für die junge Frühlingszeit fast zu warmen Nachmittag gefolgt. Düsteres Wetter stimmt die Seele, falls sie ohnehin trauert, noch wilder, noch menschenfeindlicher. Auch hatte sich ein unfreundlicher Wind erhoben und wehte so stürmisch, als wolle er die Flammen im Gemüthe Jussuw's in einem unlöschbaren Brand gegen den Himmel aufschlagen machen. Für gährenden Zorn, zumal in einer Seele, die ihren Leidenschaften ungehindert den Zügel schließen lassen darf, ist ferner nichts schlimmer und unerträglicher als der gänzliche Mangel an Gelegenheit, in werkthätige gewaltsame Wuth ausbrechen zu können. Eine Pulvermine, die keinen Widerstand findet, also auch nichts in die Luft zu sprengen hat! Jussuw hätte vor Ingrimm weinen mögen wie ein boshaftes Kind, dem Alles seinen Willen läßt. Kein Steigbügel wollte aus den Riemen reißen, kein Gurt gab nach, die Zäumung war tadellos, der Sattel saß fest auf dem Rücken des Hengstes, als sei das schnaubende Thier mit ihm zur Welt gekommen. Der stürmische Ritt ging ohne das geringste Hemmniß vor sich.

So kam man nach Serajevo.

Aus einem der letzten unansehnlichen Häuser, die man bei uns zu Lande, wenigstens in einer Hauptstadt, ohne Weiteres Hütten nennen würde, scholl trotz der späten Abendstunde der Klang der Gusla und manches lustige Lied. Wasser auf die Mühle des Pascha!

„Wer wohnt hier?" frug Jussuw sein Pferd verhaltend.

„Der arme Kürschner," antwortete der Kolugasi oder Kapitain der Eskorte.

„Was hat der Christenhund vor? Er scheint ein Fest zu feiern?"

„So ist es, Abglanz des Schatten Gottes," antwortete der

Kolugasi dienstbeflissen, „das blindgeborne Töchterlein des Kürsch=
ners, Patila geheißen, erhielt heute das Licht der Augen wieder.
Ein geschickter Giaur, aus Kragujevatz verschrieben, hat dem Kinde
dazu verholfen."

„Ha, ich erinnere mich auf diese Geschichte!"

Nach diesen Worten rief der Pascha einen der Reiter herbei
und flüsterte ihm ein paar Worte in die Ohren. Der Reiter sprengte
wie besessen nach der Hauptstadt. Er schien nach seiner Eile einen
wichtigen, keinen Aufschub duldenden Auftrag erhalten zu haben.

„Kolugasi!" herrschte Juffuw.

„Hier bin ich, Stolz der Rechtgläubigen!"

„Laß vier bis fünf Reiter absitzen und begib dich dann in das
Haus des armseligen Wichtes. Bringe den Kürschner wie sein Töch=
terlein zur Stunde nach Serajevo vor mein Angesicht. Ich will diese
Glücklichen sprechen."

„Dein Wille ist Gebot in Stein gehauen!"

„Noch Eines! Sei fein artig. Den Leuten darf durchaus kein
Leid geschehen. Ich bin gut aufgelegt, Sie haben nicht zu zittern."

Damit ritt der Pascha in einem mäßigen, kurzen Galopp nach
der Hauptstadt.

„Er ist gut aufgelegt," murmelte der Kapitän der Eskorte be=
denklich vor sich hin, „das wird eine saubere Unterhaltung abgeben."

Damit schickte er sich an, den Befehl seines Gebieters zu
vollziehen.

Das Serail oder der Palast, den Mahomed der Zweite er=
bauen ließ, war das Absteigequartier des Pascha von Travnik für
die Dauer seines jeweiligen Aufenthaltes in der Hauptstadt von
Bosnien. Die Pracht und der Glanz, welche früher in diesen Räu=
men geherrscht haben sollten, gehörten, wie die Furcht vor der Un=
besiegbarkeit des Halbmondes, in die halbverschollene Türkenzeit.
Wir betreten ein Gemach, zwar geräumig, aber eben nicht sehr hoch,
dessen Fenster nach der Richtung gingen, in welcher das Bergschloß
Riswan's gelegen. Ein Sporn mehr für den stillen Ingrimm Juf=
suw's. Das erwähnte Gemach, aller Möbel entblößt, wie wir eine
solche Räumlichkeit bereits bei einer andern Gelegenheit beschrieben,
ward von einer braunen Holzdecke von alterthümlichem Schnitzwerk
bedeutend gedrückt, und an seinem Umfange durch eine Reihe ziem=
lich zierlicher Wandschränke zur Linken des Einganges noch mehr
geschmälert. Auch hier lagen unter einem Gestelle, das den dritten

Theil der Stube einnahm, seidene Decken ausgebreitet, auf welchem
sich ein rother breiter Sammtpolster elastisch wiegte. Ober diesem
Polster prangte der Namenszug des Sultans in einer schwarzen
Rahme, und auf einem Wandgestelle lag der Koran in Folio. Die
Wände waren mit Waffen aller Art, fast jedes Stück von besonderer
Schönheit, behangen. Schöne persische Teppiche, türkische Shawls,
andere Gewebe von hohem Werthe lagen, für den Reichthum des
Eigenthümers zeugend, in bunter Unordnung ringsumher. Jussuw
hatte auf dem rothen Sammtpolster mit gekreuzten Beinen Platz
genommen und schmauchte scheinbar behaglich aus einem kostbaren
Tschibuk, nur aus den Augen blitzte zuweilen ein Dämon, und die
Nasenflügel hoben sich fast sichtbar, wie die Schnauze eines Tigers,
der Blut wittert und verkosten will.

Der Kolugasi brachte die unfreiwilligen Gäste.

Der arme Kürschner, in die gewöhnliche Landestracht gehüllt,
zitterte vor Angst an allen Gliedern, gefaßter zeigte sich sein Töch=
terlein Patila, wie es gerade den schwächlichsten und gebrechlichsten
Naturen eigen, eben weil sie bereits viel gelitten haben und daher
mit dem Schmerze, so zu sagen, längst befreundet oder doch wenig=
stens vertraut geworden sind. Die Kleine war bis auf die dreifärbige
Schürze in weiße Linnen gehüllt, ein gleiches Gewebe bedeckte in
der Form eines Nonnenschleiers ihr Haupt und hing rückwärts bis
fast an die Hüften hernieder. Bringt man hiezu die schwarze Binde,
die ihre noch lichtscheuen Augen verhüllte, wie ihr bleiches Antlitz in
Betracht, so glich die Aermste fast einem Klageengel, der an dem
Grabe der altbosnischen Herrlichkeit trauert, und in Wehmuth um
das unglückliche Land nichts weiter sehen will von der übrigen wei=
ten Erde. Dazu kam noch das Halbdunkel, das in dem Gemache
herrschte, da es blos von einer einzigen Ampel erleuchtet wurde.

„Glaur," begann der Pascha mit ziemlich mildem Tone, „weißt
du, weshalb ich dich rufen ließ?"

Der Alte beugte sein Knie und schüttelte in Demuth vernei=
nend sein Haupt.

„Ich möchte die Geschichte," fuhr Jussuw fort, „wie dein
Töchterlein sehend wurde, aus deinem eigenen Munde erfahren."

Der arme Kürschner stutzte, eine unheimliche Ahnung zog durch
sein bekümmertes Gemüth, doch suchte er sich so rasch wie möglich zu
fassen, und erzählte dann, was unsere Leser bereits wissen, der
Wahrheit getreu, nur daß er sich weislich hütete, den Namen Buk

einfließen zu lassen, ein Name, der, wie er wohl fühlte, den Ohren des Pascha nichts weniger als angenehm klingen konnte.

„Und was mußtest du," verhörte der Muschir weiter, „dem britischen Wundermann bezahlen?"

Der Alte nannte erbleichend die Zahl der geforderten Beutel.

„Eine namhafte Summe! Ich hätte nicht geglaubt, daß sie ein armer Kürschner verausgaben könne!"

„Man hat sie mir vorgestreckt," lautete die zaghafte Antwort.

„Vorgestreckt? Geschenkt, willst du sagen! Ich weiß Alles! Sprich die Wahrheit Christenhund, oder ich lasse dir eine Bastonade verabreichen, daß du Zeit deines Lebens wie eine Schlange herumkriechen sollst, ungläubiger Schurke!"

Also gepreßt blieb dem armen Manne nichts übrig, als seine Geschichte zu ergänzen.

„Und du wagtest es," rief der Pascha aufspringend, mit einer Donnerstimme, „Gold aus den Händen eines Schuftes anzunehmen, der sich gegen den Halbmond auflehnte und die Fahne des Profeten zu besudeln gelobte?!"

„Erbarmen Herr, ich habe nichts verbrochen!"

„Erbarmen mit lebendigem Aase? Verbrochen? Genug Verbrechen, daß ihr Hunde lebt! Doch Geduld, nur Geduld, nur genügende Aufklärung über gewisse räthselhafte Worte aus Stambul, dann sollt ihr Jussuw Pascha kennen lernen, dann soll ein trockener thränenloser Blick für alle Zeit zum Märchen werden im Auge eines bosnischen Christen! Genug hievon! Für jetzt empfange den verdienten Lohn für deinen schamlosen Verkehr mit einem zum Tode reifen Hochverräther!"

Damit klatschte der Pascha in die Hände. Patila umklammerte mit einem Angstrufe ihren betagten Vater. Die Kleine glaubte, gleich jetzt müsse der Henker erscheinen und ihr das geliebte graue Haupt ihres Erzeugers zu Füßen legen. Es sollte jedoch noch weit grausamer kommen. Sklaven stürmten in zahlreicher Menge herbei, und jeder von ihnen trug eine lustig flammende Pechfackel. Das Gemach war im nächsten Augenblick mehr als tageshell, ja so grell beleuchtet, daß die weiland Blindgeborne unwillkürlich, auch sehr ängstlich nach der Binde griff, die ihre noch lichtscheuen Augen verhüllte; aber fast gleichzeitig sprang der Pascha an sie heran, riß ihr diese Binde gewaltsam, teuflisch grausam herunter, und hielt dann ihre beiden Händchen in seinen starken Fäusten wie in eisernen

Klammern gefesselt. Der verzweifelnde Vater wurde von mehren Sklaven gehalten. .

Patila stieß einen weithingellenden Schrei unsäglichen Schmerzes aus.

Der Leser wird wohl wissen, was nunmehr folgen mußte? Unheilbare, gänzliche Erblindung! Auseiterung beider Augen!

„So soll jedes Licht für alle Ewigkeit erlöschen, das die Hand eines Christenhundes zu entzünden wagt!"

Mit diesem Rufe stürzte der Pascha aus dem Gemache.

„Ich bin so traurig," murmelte der Kürschner, „daß der grünste Wachholder verdorren müßte, wenn ich mich hinter ihm versteckte!"

Dieses im höchsten Jammer übliche Sprichwort der Südslaven lautet:

Zalostan sam da, ako se za zelen borovic skrijem, se zelen posuši.

Und die Blinde? Diese seufzte nur leise:

„Patila, Patila!"

Armes unglückseliges Kindlein, ja wohl bist du Eine, die gelitten hat!

Der Pascha unterhielt sich.

Viertes Capitel.
Eine seltsame Brautnacht.

Die Nacht war hereingebrochen, finster und unheimlich wie ein todtbringendes Geheimniß, schwarze Regenwolken bedeckten den Himmel, und fern in Osten heulte zuweilen der Sturm auf, als der rastlose, pfeilschnelle Bote und Vorläufer einer entsetzlichen That. Zuweilen fielen schwere Tropfen zur Erde gleich Thränen, welche man zu lange verhielt, und durch die Bäume und das Buschwerk im Schloßgarten rauschte die Luft wie Seufzer eines Herzens, mit dessen Blödigkeit Verführung spielt. Die Gäste hatten sich seit Langem entfernt und tiefe Stille herrschte in der alten Herrenburg, diesem letzten Bollwerk des Kreuzes in Bosnien.

Treten wir in das prachtvolle Brautgemach!

Die Decke war geschmackvoll gemalt — ein Stück Kunstleistung aus neuerer Zeit — und wies Szenen und Bilder aus der südslavischen Sagenzeit. Die Tapezierarbeit aus weißem Gaze, die schweres Geld gekostet haben mußte, reichte an den Wänden bis zur Fensterbrüstung herab; das Tafelwerk, das rings um das Gemach lief und auch die erwähnten Fensterbrüstungen bedeckte, bestand wie die Gestelle der Armstühle aus Ebenholz, allen Zierrathes entbehrend und eben durch seine Prunklosigkeit einen behaglich schönen Anblick gewährend. An dem pompösen Portale von gleichem Holze wehten zwei riesige Fahnen mit den illyrischen Landesfarben. Blauer Sammet, oben von einer goldenen Krone zusammengehalten, bildete die weiten mystisch wogenden Vorhänge des Brautpfühles. Auch das Polsterwerk der Stühle war von demselben Stoffe und von gleicher Farbe.

Das kostbarste Stück mochte jedoch die Bedeckung der Dielen sein. Es war echtrömische Mosaik, die vor mehr als zwanzig Jahren in der Nähe von Salona aufgefunden worden. Das Dorf Salona in Dalmatien steht nämlich auf den Ueberresten der ehemaligen mächtigen Stadt gleichen Namens, in welcher weiland der Römerkaiser Diocletian, des Regierens müde, einzig der Muße lebte. Jene Mosaik bestand eigentlich aus zwei verschiedenen Stücken, welche in der Vorzeit wahrscheinlich die Flur zweier römischer Bäder gebildet haben mochten. Die eine Mosaik stellte das Urtheil des Paris vor. Venus, die reizende Liebesgöttin, in ein blau und weiß gestreiftes Gewand gehüllt, schwingt sieghaft den goldenen Apfel, ein maliciöses Lächeln spielt um ihre Lippen, während ihre Nebenbuhlerinen, die ochsenäugige Juno und die behelmte Minerva das finstere Gesicht gedemüthigter Eitelkeit weisen. Alle drei Figuren waren von meisterhafter Arbeit und von herrlichem Farbenspiel. Auf der andern Seite sitzt Paris als Preisrichter mit der phrygischen Mütze, hart hinter ihm steht der Götterbote Merkur. Beide letztere Gestalten waren jedoch beschädigt und offenbar von weit geringerem Kunstwerth; auch fehlte ein Stück vom Leibe des Merkur, das später von einer ungeschickten Hand durch weiße Mosaik ersetzt worden.

Eine deutsame Flur für ein Brautgemach!

Die zweite Mosaik schien weniger in eine Behausung der Liebe zu taugen, sie wies ja die Szene, wie Priamus den Achilles um die Leiche Hektors bittet. Merkur, kennbar durch seinen Stab wie durch seine Flügel, hat Priamus das Geleite gegeben. Die Gestalt des Trojerkönigs, zu den Füßen des Achilles knieend, ist schön entworfen und voll Ausdruck. Die Zeichnung des Merkur wie die Schattengebung zählen Kunstkenner zu den Meisterstücken der Vorzeit; nur wenige Antiken aus Rom und Pompeji besitzen höheren Kunstwerth. Das Haupt des griechischen Helden ist mit Lorbern bekränzt. Leider haben Kopf und Brust bedeutend gelitten; dagegen sind die Farben noch erträglich wohl erhalten, obgleich auch hier der einstige Glanz verloren ging.

Auf einem Armstuhle, der gerade auf dieser Mosaik stand, saß Gülnare, früher die Königin des Festes, jetzt ein Bild trostloser, aber majestätischer Entsagung. Ihr Antlitz wies wie am Altare auch nicht eines Lilienblattes Röthe, auf der Stirne aber lag unbeugsamer Trotz und aus den Augen leuchtete eine Wildheit, die alle sonstige Aehnlichkeit mit einer schmerzhaften Niobe Lügen strafte.

Leise Schritte wurden hörbar, Lascaris war durch eine geheime Seitenthüre in das Brautgemach getreten. Gülnare wies mit der Hand nach einem Stuhle, ohne jedoch aufzublicken, und begann dann mit Anfangs unsicherer bald aber fest werdenden Stimme:

"Ich habe Sie zu mir bitten lassen, um unsere Rechnung ehelicher Zärtlichkeit ins Reine zu bringen."

"Das heißt, dieselbe auf Null herabzusetzen," sprach Lascaris sich in einen Armstuhl werfend.

"Sie haben meine Hand erhalten," fuhr die Rose von Serajevo fort, "weil Sie nicht blos bei einer mir unbekannten Gelegenheit meinem Vater das Leben retteten, sondern auch um ein gefährliches Geheimniß wissen, dessen Veröffentlichung den Hals des greisen Riswan als Hochverräther an beiden Parteien mit der rothen seidenen Schnur in tödliche Berührung bringen würde."

"So ist es."

"War dieser Zwang eine ritterliche Handlung?"

"In unserer Zeit reitet man auf den Bazar statt in die Stechbahn."

"Das will sagen?"

"Es war keine Handlung, es war einfach ein Handel!"

"Und warum haben Sie diesen schmachvollen Handel nicht schon weit früher geschlossen?"

"Früher gab es in Bosnien nichts zu gewinnen, nur zu verlieren."

"Erklären Sie sich deutlicher! Eine innere Stimme, auf die ich vielleicht nicht hören sollte, raunt mir unablässig in die Ohren, daß der tapfere Lascaris seiner gemeinen Gesinnung fähig ist, nein, daß ein hochwichtiges Geheimniß seinem räthselhaften Benehmen zu Grunde liegt."

"Sehr schmeichelhaft für mich diese innere Stimme, um so mehr als sie die reine Wahrheit spricht! Es gibt allerdings andere Beweggründe, die mich zu diesem Schritte trieben, doch sind sie längst zum öffentlichen Geheimniß geworden. Hören Sie mich gefälligst an!"

"Ich höre!"

"Was hätte mich früher bewegen sollen, nach Ihrer Hand zu geizen? Ihre Schönheit? Ihr Geist? Ihr Rang? Ihr Reichthum? Weibliche Schönheit und Geist? Entschuldigen Sie gütigst, wenn ich hier offen gestehe, daß ich in diesen beiden Punkten der Lehre des Islam huldige, und ein Muselmann hat, wie Sie wissen, keinen Tempel, nur ein Serail für seine Liebe."

Die Neugierde in Gülnaren's Blicken wich dem Ausdrucke eisiger Verachtung.

Lascaris lächelte boshaft, fuhr aber gelassen fort:

„Ihr Rang? Er ging auch gegenwärtig nicht auf mich über. Ihr Reichthum? Ich verachte das Gold als Zweck, mir frommt es blos als Mittel, als Hebel der Allmacht. Lascaris besitzt so viel, um sein edelmännisches Wappen makellos durch die Welt zu tragen, was galten ihm da alle Schätze der Erde, wären sie auch mit der Hand einer Königstochter zu gewinnen gewesen?!"

„Und jetzt?"

„Jetzt geht ein neuer und doch uralter, bekannter Geist durch die südslavischen Lande! Mich haben die Symbole Kreuz und Halbmond auch nicht eine Minute getäuscht, obgleich man sie scheinheilig hier wie drüben im Munde zu führen pflegt. Ich glaubte auch nie, daß die bevorstehende bosnische Schilderhebung einzig gegen den muhamedanischen Adel im Lande gerichtet sei, und daß man sich mit dem dauernden Siege der türkischen Reformpartei begnügen werde. Nein, der Kampf entbrennt für die Selbstständigkeit und Unabhängigkeit der südslavischen Völker! Ich habe mein Geschick an den Halbmond geknüpft. Er wird auf so manches hochrothes Schlachtfeld herabschauen, wo die Standarte eines Seraskiers, die Bestallung als Großvezier, zu gewinnen, zu verdienen sein dürfte."

„Was brauchten Sie dann meine Hand?"

„Sehen Sie denn nicht, Sie die Malkontentin vom reinsten Vollblut, daß uns die Rajas geradezu über den Kopf zu wachsen drohen, daß sie derselbe Geist durchweht, der sie in der ältesten Vergangenheit wie einen Felsblock den römischen Schaaren entgegenschleuderte?! Er hat nur geschlafen, der bosnische Löwe, nun ist er erwacht!"

„Was weiter?"

„Der bosnische Löwe hat auch Schlangenblut in den Adern. Er konspirirt gern. Man sagt, dies sei Gemeingut der südlichen Volksstämme. Wo aber könnte ich das Getriebe der Emeute besser belauschen, als in dem einzigen christlichen Herrenhause, darin der tausendmal getäuschte Raja keinen Verrath befürchtet?! Was schaarte die christlichen Bosniaken dienstwilliger zu meinen Füßen als der Name · Gatte der Urenkelin des altserbischen Herrscherhauses?!

So harre ich wie die Spinne ruhig in meinem Gewebe, bis die Stunde schlägt, geeignet die Feinde des Halbmondes mit einem Zuge zu vernichten."

„Und das wagen Sie mir ganz unumwunden zu gestehen?"

„Sie sehen wenigstens, daß Gülnare mit keiner Schlange kopulirt wurde."

Gülnare wollte eben antworten, da erdröhnte lautes, ängstliches Lärmen in dem Hofe, und gleichzeitig wurde das Brautgemach, darin bisher einzig das milde Licht einer Ampel herrschte, von rothem hellen Feuerschein tageshell erleuchtet. Die Neuvermählten eilten in neugieriger Hast zu dem nächsten Fenster. Lascaris riß es stürmisch auf und bog sich weit über die Brüstung hinaus. Es brannte zwar nicht innerhalb der Mauern, aber denn doch in der unmittelbaren Nähe des alten Bergschlosses.

„Wo wüthet die Flamme?" frug die weiße Rose.

„Es ist nur eine leere Schafhürde," sprach Lascaris zurücktretend, „die Dank des heftigen Windes lustig abbrennt, aber die Wasserschläuche des Himmels werden sich gleich öffnen, was sehr wünschenswerth, zumal bei dem schlechten Zustande unserer Löschanstalten."

Seine Profezeihung ging auch in wenigen Minuten in Erfüllung. Ein letztes, heftiges Aufheulen des Sturmes, dann stand das Feuer fast lothrecht über der Hürde, und gleich darauf ergoß sich der Regen in Strömen. Dies, wie die Mitwirkung kraftvoller Menschenhände, machte die Flammen allmählig erlöschen, und bald herrschte die alte Stille in der Umgebung des Schlosses.

„Ein trauriges Zwischenspiel!" meinte Gülnare, die bereits wieder in dem Armstuhl lehnte.

„Ihr Autor war zweifelsohne," bemerkte Lascaris das Fenster schließend, „die abgeschmackte bosnische Sitte, bei jeder Festlichkeit Flinten und Pistolen wie blind abzufeuern, als ob das Schießpulver keine weitere Bestimmung habe, als nutzlos verpufft zu werden."

Wir bemerken bei dieser Gelegenheit, daß der rothe Hahn, wie man im Mittelalter Feuersbrünste zu benämsen liebte, in Folge dieses südslavischen Brauches schon manches schaurige Lied krähte, das sonst ungesungen geblieben sein dürfte. In der kroatischen Militärgrenze ist deshalb das erwähnte Abfeuern von Schießgewehren jeder Art seit Langem strengstens verboten, ein Verbot, das bei Märkten und Versammlungen auf den Kastellplätzen oder in der

Nähe der Kontumazanstalten dem jeweiligen diensthuenden Offizier
manchen Schweißtropfen auf die Stirne lockt, da es unsägliche
Mühe kostet, der lärmenden abgeschmackten Sitte zu steuern. Die
eigenen Leute gehorchen wohl, aber die Bosniaken, die bei derlei im
Freien improvisirten kleinen, aber demungeachtet meist sehr zahlreich
besuchten Messen herüberkommen, und unter Aufsicht der Kontumaz=
beamten ihre Käufe und Verkäufe mit den diesseitigen Unterthanen
abschließen, sind oft sehr schwer zur Achtung des Verbotes zu ver=
halten, und wenn sie sich auch dazu bequemen, so geht das blinde
Plänklerfeuer erst recht los, wenn diese trutzigen Nachbarn in be=
trunkenem Zustande nach Hause kehren.

Der Kordonsdienst, der jedes Mal volle acht Tage währt, ist
überhaupt sehr beschwerlich, namentlich zur Zeit der griechischen Fa=
sten, wo die strenggläubigen orientalischen Christen, die in der Nach=
barschaft der Csardaken oder Wachthütten an der Grenze hausen,
selbst ihren eigenen Offizieren auch nicht das Mindeste an Lebens=
mitteln verkaufen. Es heißt sich daher, so oft man an den Kordon
beordert wird, daheim wohl verproviantiren. Schwarzer Kaffee
bildet einen Hauptbestandtheil der Nahrung der Offiziere am Kor=
don. Türkische Nachbarschaft! Im Rastell oder auf dem Haupt=
mannsposten des Oguliner dritten Grenzregimentes, Prosicheni=
Kamen benannt, hing weiland ein artiges Gedicht unter Glas und
Rahmen, das die kleinen Leiden des Kordonsdienstes beschrieb und
den ritterlichen Banus Baron Jellachich — damals Kapitänlieute=
nant — zum Verfasser hatte. Es schloß mit den Worten:

> Der traurigste aller traurigen Namen,
> Es ist und bleibt Prosicheni Kamen!

Auch der Schreiber dieser Geschichte vertrieb sich einmal auf
dem Subalternoffizierssposten Gavranichunka — am rechten Flügel
des Oguliner Kordons bei Sadilovacz und Vaganacz gelegen —
die heillose Langeweile durch Abfassung eines ähnlichen Gedichtes.
Es war nach dem Muster eines bekannten alten Liedes — „Die
Welt scheint zur Freude gemacht, ich lache, du lachst, er lacht!" —
gefertigt und begann mit den Versen: „Der Tag der Wache er=
scheint, ich weine, du weinst, er weint!"

Doch genug der Abschweifung!

„Und was bietet uns der Halbmond," nahm Gülnare den
Faden des Gespräches wieder auf, „falls wir seine treuen Bundes=

genossen oder richtiger gesagt, seine blindgehorsamen, vielgequälten Unterthanen verbleiben. Vielleicht Sklaventhum für Slaventhum?!".

„Nein, die Theilnahme an dem Glanz und die Macht eines neu auslebenden riesigen Kaiserthumes."

„Neu auslebend? Mich bedünkt, es liege in den letzten Zügen! Zwei europäische Großmächte betrachten sich wenigstens schon als lachende Erben."

„Es frägt sich noch," bemerkte Lascaris, „ob England selbst nach dem Tode Mehemed Ali's nicht Anstand nehmen möchte, die scheinbar so glänzende Erbschaft Egypten abzutreten. Es würde sich dann am Nil eine rein europäische Niederlassung bilden, eine gefährliche Nachbarschaft für Ostindien, die es in ein paar Jahrzehnten möglich machen könnte, den Abfall der vereinigten nordamerikanischen Staaten in einer asiatischen Ausgabe oder Uebersetzung erscheinen zu lassen. Was die andere Großmacht betrifft, so darf man nicht vergessen, daß Konstantinopel der religiöspolitische Mittelpunkt des griechischen Katholizismus ist, wie Rom derjenige des lateinischen. Es gilt als Zaragrad, als „die Kaiserstadt" aller slavischen Nationen. Der Besitz von Stambul könnte sohin den Schwerpunkt jener Großmacht verrücken. Die Türkei dürfte daher noch Zeit haben, ihre reichen Hilfsquellen zu entwickeln und zur politischen Kraft wie Bildung zu erstarken."

„Türkische Selbstüberschätzung!"

„Ich wollte, unsere Leute besäßen einen Theil dieser Selbstüberschätzung! Sie ist, war und bleibt die Mutter glorreicher Dinge!"

„Ich bewundere," sprach Gülnare, „Ihr wahrhaft tiefes, mir rein unerkläriches politisches Wissen, ja selbst Ihre gewählte Sprache setzt mich in räthselhaftes Staunen; doch ist jetzt nicht Zeit darüber weiter nachzudenken, ich rathe Ihnen hier blos einfach, nicht zu vergessen, daß eine junge Forstanlage auch bei der sorgfältigsten Pflege nicht über Nacht zu etwas Bedeutendem wird, nein, daß es fast eines Jahrhunderts bedarf, soll sie zu einem wirklich großartigen Walde emporschießen. So geht es auch mit dem politischen Gehölze. Mutter Slava besitzt einen riesigen Urwald, der türkische Forst soll erst geschaffen werden. Der Südslave hat nicht länger Zeit zu warten und bleibt daher ein treuer Verbündeter der Völker, die bereits zur politischen Volljährigkeit gelangten."

„Wir bleiben sohin geschworne Feinde?"

„Leider muß ich diese Frage bejahend beantworten! Ich danke

gleichzeitig für Ihre Aufrichtigkeit und werde die Waffen, welche Sie mir so treuherzig überlieferten, so schonend als möglich zu Ihrem Verderben benützen."

„Thun Sie Ihr Schlimmstes, reizende Gegnerin, ich bin auf Alles gefaßt!"

„Was unser eheliches Verhältniß betrifft — — — —"

„So werde ich natürlich dies Gemach erst dann betreten, wenn Sie mich rufen lassen, also eigentlich: nie mehr wieder!"

Er stieß die letztern Worte schneidend, fast schmerzlich heraus.

„Schade," schloß er dann hastig, „sehr schade, daß sich da haßt, was sich innig lieben sollte!"

Und mit einem artigen Gruße verließ er die weiße Rose.

Gülnare blickte in einer seltsamen Aufregung nach der geheimen Thüre, hinter welcher ihr Gatte verschwunden. Er stand, räthselhaft genug, offenbar geistig weit höher, als sie es von dem wilden Heißsporn vermuthet hatte. Auch ging ihr die Melodie, in welcher Lascaris sein Lied während des Hochzeitsfestes gesungen hatte, und die ihr seit den fernen Tagen ihrer Kindheit wie ihres tiefgeheimen Jugendglückes fast aus dem Gedächtniß gekommen war, nicht aus dem Kopfe. Endlich schlug sie ein Kreuz, wie um böse Gedanken zu verscheuchen, und zog dann eine Art Medaillon aus ihrem Busenschleier, das sie zuerst mit Küssen bedeckte, später auch mit Thränen benetzte. Es war die Hälfte einer wundervollen, ihrer Zeit gleichfalls in Salona aufgefundenen, leider in zwei Stücke gegangenen antiken Kamee, einer erhaben geschliffenen Gemme — Gemma exsculpta — welche den zauberhaften Traum des Endymion auf den Höhen von Lathmos vorstellte. Obige Hälfte wies den schönen Schläfer. Wo aber befand sich das zweite Stück mit der keuschen Göttin der Nacht und ihrem Silbergespann?

„Ja, wenn ich den Namen wüßte?!"

So frug sich Gülnare oft selbst.

An den Eigenthümer der Kamee dachte sie wohl oft noch in Wehmuth und wie wir gesehen haben, auch in bittern Zähren, aber seinen Namen, den sie leider nur einmal vernommen, diesen lieben Namen hatte sie seit Jahren vergessen. Die weiße Rose war eine blumige, eine tief poetische Menschenseele! Als Kind liebte sie es, in den dichtesten Wald zu dringen, seltsame Gespräche mit seinen Bäumen und Kräutern zu führen, oder wohl auch auf einer abgelegenen Wiese auf dem Rücken liegend stundenlang nach dem tiefblauen Himmel zu starren und nach seinen ewigen Sternen. Ihr lebte der Strauch, die Blume war ihre Schwester, und jede Sternschnuppe, die leuchtend zur Tiefe schoß, galt ihr als der freundliche Gruß eines der Engel, mit denen sie einst gespielt hatte, als sie noch träumend, halb bewußtlos in der Wiege gelegen. An dem Bergbache weit hinter den letzten Bäumen des Gartens an dem alten Bergschlosse lauschte sie oft ganze Abende seinem geheimnißvollen Rauschen, und „was die Wellen alle Weile sagen möchten?"

Hart an diesem Wildbache starrten steile Felsenwände, hinter welchen, wie die klugen Leute meinten, die Wildniß der Gebirge beginne; die Kleine aber wußte das besser, und sagte sich oft im Stillen, wie dahinter das verlorne Paradies liegen müsse, mit seinen nie welkenden Blumen, mit unsterblichen Nachtigallen und goldstämmigen Zirgelbäumen. Vielleicht sei auch dort und nicht im fernen Arabien, wie ihre alte Amme behaupte, die mystische Stelle, wo der purpurne Vogel mit goldgestreiften Flügeln — Phönix heißt er — wenn sein Gefieder schneeweiß geworden vor hohem Alter, aus seltenem Gewürze den duftigen Scheiterhaufen aufthürme und in Flammen dahinsterbe, die aber nur sein Irdisches abstreifen, das Göttliche in ihm aber neu bekleiden mit den Farben der Jugend.

Einst kam ein verhängnißvoller Abend.

Sie hatte am Morgen das Mährchen von dem Engel vernommen, welcher der heiligen Jungfrau Maria die Verheißung des Herrn überbrachte, und auf der Heimkehr aus Stolz über seine Bothschaft der Sonne zu nahe flog, seine Fittige verbrannte und langsam zur Erde herab wirbelte. Sie hatte in Thränen der Erzählung gelauscht, wie er sich vor der sündigen Nachbarschaft der Menschenkinder in die Urgebirge flüchtete, durch Jahrhunderte demüthig Buße that, und erst, als seine Flügel durch die Gnade der verzeihenden Gottheit auf's Neue zu wachsen begannen, wieder aufwärts schweben durfte in seine lichte, freudenvolle Heimath.

So sehr übrigens die Kleine den gefallenen Engel betrauerte und beweinte, so war sie doch bitter böse, daß er sich von seinem Sturz erhoben, lang bevor sie auf die Welt gekommen. Sie hätte ihn gerne heimgesucht in seiner Einöde und gepflegt und getröstet wie eine zärtliche Schwester. In solche Gedanken verloren, schritt sie an jenem verhängnißvollen Abend zu ihrem Lieblingsruheplatz an dem schäumenden Wildbach. Herr des Himmels, täuschte sie ihr

Auge oder war in Wahrheit an jenen steilen Felsenwänden ein schmaler Pfad abwärts in die Tiefe zu gewahren?!

Das Blut wich aus ihren kleinen Wangen, der Athem stockte, und brennendes Verlangen wie geisterhafte Scheu theilten sich in das ungestüm aufpochende Herz. Ihre lauschende Seele durchzogen die seligen Schauer vor dem Weihnachtsabend, da man sich leise, gar leise frägt: wird er auch wirklich kommen, der weiße Christ mit seinen freundlichen Gaben, mit hellen Kerzen und grünen Tannenreisern? Muthig trat sie vor, und sah, wie in der That ein abschüssiger Weg durch die Felsen führe. Jenseits schimmerte es wie zauberhaftes Licht. Es war aber nur die Abendröthe, die sich in einem stillen Weiler an den entgegengesetzten Klippen spiegelte, und die Trauerweiden verklärte, die ihre grünen Zweige wie sehnsüchtig ausgebreitete Arme nach den silbernen Fluthen ausstreckten.

War diese einsame Strecke Erde wirklich das verschollene Paradies?

Eine Unzahl von weißen und rothen Rosen nickten dem Mägdlein freundliche Grüße zu, als wollten sie sagen, es habe hier Nichts zu besorgen, da es sich mitten unter hundert nur etwas jüngern, deßhalb auch kleinern Schwestern befinde. Ein Wäldchen von Tannen rauschte der Kleinen eben so traulich entgegen. Waren es ältere Brüderchen oder Spielgenossen aus dem Nachbarhause, zu dem man die Ruinen einer uralten Baute verwendet, die majestätisch auftauchte aus dem schweigsamen Gewässer? Im Dorngestrippe erzählte eine Nachtigall in ihrem schmerzhaft süßen Liede von der Schönheit und Herrlichkeit des Frühlings, wie von seinem frühzeitigen Tode, und über Alles goß der eben über den Bergen aufgehende Mond seine geisterhaften Strahlen gleich einem verirrten Schimmer aus dem lichten Jenseits.

Das Kind stand wie bezaubert.

Da erklang es von raschen Schritten und aus dem nächsten Laubengange brach ein hochaufgeschossener Knabe mit schönem schneeigen Gesichte und dunkeln, seltsam gelockten Haaren; er trug ein weißes Gewand von altrömischem Schnitte, lose um den Leib geworfen, antike Sandalen an den kleinen Füßen, und einen frisch gewundenen Rosenkranz in den Händen.

Seine schwarzen, wie Kohlen funkelnden Augen hafteten verwundert auf der kleinen Fremden.

Letztere sank halb beklommen, halb freudig bewegt in die Knie und flüsterte andächtig:

„Bist du der Engel, der weiland mit der schönen Mutter Gottes gesprochen?"

„Engel gibt es nur im Himmel? Ich habe noch einen weiten Weg da hinauf, ich armer, verlassener Knabe!"

„Wie nennt man dich dann?" frug sich bereits muthiger erhebend die Tochter Riswan's.

„Nenne mich du! Sie sagen, böse Menschen hätten meinen Namen gestohlen!"

„Vom Herzen gern!"

„Und wenn du mich etwas lieb haben willst, sollst du auch diesen Kranz von Rosen tragen dürfen, heute und immer."

Nach diesen Worten drückte der Knabe das duftige Geschenk in die Locken seiner neuen Freundin. Kinder werden bald vertraut, und so erfuhr die Fremde in Bälde, wie der Kleine hier seit Jahren in tiefer Einsamkeit lebe, und Niemand um sich habe, als einen zahmen Bären und einen alten finstern Mann, der schwarze Gewande trage, und noch viel Schwärzeres zu erzählen wisse von der bösen Welt da draußen und ihren häßlichen Bewohnern. Am Sabath jeder Woche entferne er sich Abends und kehre erst am nächsten Morgen wieder, meist noch trüber und grämlicher blickend als früher. Auch heute habe er sich auf den Wandergang gemacht, und wahrscheinlich den Stein vorzuschieben vergessen, der den abschüssigen Pfad verdecke und so fest in die Felswände schließe, daß bisher noch kein ungeweihtes Auge den geheimen Durchgang zu entdecken vermochte. An solchen Abenden solle sich das Mägdlein unbesorgt am Wildbache einstellen; er werde ihr leise die steinerne Pforte öffnen, da er das Hebelwerk, dem sie gehorche, zu gebrauchen verstehe.

Darauf ging es an kindische Spiele.

Mittlerweile war auch der zahme Bär, der gehorsame Callugu oder Eremit, wie ihn sein junges Herrlein nannte, brummend herbeigehumpelt, und streckte sich demüthig zu den Füßen der Kinder nieder. Der Knabe befahl ihm aber, sich rasch zu erheben, hob dann seine kleine Braut, wie er die kleine Freundin bereits nannte, auf den zottigen Rücken des gewaltigen Thieres und hurtig ging es nun fort im lustigen Trott durch die lachenden Fluren. Die Sterne standen schon tief am Himmel, als sich die Kinder selig, doch todmüde trennten. Der Knabe geleitete Gülnare bis an den Wildbach und schloß dann sorgfältig die geheimnißvolle steinerne Pforte. Er war auch später nie zu bewegen, einen Schritt weiter in die verbothene Welt zu wagen, wie er alles Land über den Felsen zu nennen pflegte.

Die weiße Rose ward daheim tüchtig ausgescholten. Fackelträger hatten sie überall, natürlich vergeblich gesucht, und waren so eben mit der traurigen Kunde heimgelangt zu dem verzagenden Vater Die Kleine gab vor, sich verirrt zu haben, und beschloß in Zukunft schon am frühen Abend Schlaftrunkenheit zu heucheln, um alsbald in die Kissen gebracht zu werden und dann unbemerkt entwischen zu können. Am Sabbathtage der nächsten Woche stand sie auch richtig vor dem Einbruche der Nacht an dem Bergbache, wo sie der Knabe, von dem treuen Callugu begleitet, bereits sehnsüchtig an den Felswänden erwartete.

Darauf erfolgten die alten kindischen Spiele.

So vergingen viele selige, ach, wie selige Nächte!

In der letzten dieser Nächte war der seltsame Knabe bleicher als gewöhnlich. Er trug einen Kranz von weißen Rosen in den Haaren, in den dunklen Locken und sah aus wie ein Kind, das eben sterben will oder wie ein Engel, der mit einer Bothschaft auf die rauhe Erde gesendet worden, aber nach Möglichkeit eilt, zurückzukehren in seine schöne unvergeßliche Heimath. Auch sprach der blaße trübe Fremdling verworrene Dinge von einem zertrümmerten alten Reiche, von einer versunkenen Kaiserkrone, und wie der Fluch, der auf ihr haste, übergehe auf die spätesten Enkel eines vom Schicksal geächteten Geschlechtes.

„Hast du," unterbrach er sich plötzlich, „jene Sternschnuppe am Himmel herabschießen sehen?"

„Wohl habe ich sie bemerkt und freute mich hierüber, denn jede Schnuppe gilt mir als ein Gruß des Himmels!"

„Du irrst dich groß! Sie sagen, jene Erscheinung bedeute einen bösen Geist, der zu den Thoren des Himmels schlich, um nach dem ewigen Lichte zu spähen, den aber die Wächter mit dem Flammenschwerte gewahrten und zurückschleuderten in die alte finstere Tiefe der Hölle. Das Blitzen des Flammenschwertes in der Hand des Cherub nennen aber die Menschen irrig eine Sternschnuppe."

„Wunderliche Sage!"

Leider fürchte ich, daß auch an unserm Paradiese ein böser Feind auf der Lauer liege."

„Du erschreckst mich!"

„Ich hatte gestern einen seltsamen Traum! Mir war, die Sabbathnacht sei herangekommen. Ich stand deiner lieben Erscheinung harrend an dem verschwiegenen Pfade; da brüllte Callugu, der in den Gebüschen umherstöberte, plötzlich schmerzhaft auf und begann dann wie verendend zu stöhnen und zu winseln. Plötzlich ergoß sich aus Norden eine wild aufschäumende Fluth, und überbrauste zuerst die blumigen Fluren, dann auch die stattlichen Wälder hart unter mir. Du aber warst leider nirgends zu sehen. Entsetzt wollte ich in das stille lachende Thal zurückeilen, aber auch dort hauste die häßliche Zwietracht, die starken Tannen entwurzelten die zitternden Weiden, und die rothen Rosen stürzten, mit Dolch und Fackel bewehrt, verheerend unter ihre weißen Geschwister. Schwimmen hatte ich dort in dem kühlen Weiher seit langem gelernt, so stieß ich denn kopfüber in die zischende, kochende See, aber wie ich sie berührte, ward all ihr Wasser roth und roch nach frisch vergoßenem Blute. Schaudernd drohte ich zu sinken, aber da sah ich dich am fernen Gestade mir zärtlich winken, und da kämpfte ich denn muthig weiter, und schwamm, und griff aus wie ein gewaltiger Schwan. Endlich, wenn auch mühsam, erreichte ich das bergende Ufer, aber da ich nach dir langte, flogst du als ein Engel zum Himmel, und ich sank ohnmächtig und verlassen nieder an dem Strand einer endlosen Wildniß."

„Träume sind Schäume!"

„Träume bedeuten die Zukunft! Eine innere Stimme sagt mir, daß unser süßes Glück zur Neige geht, denn sieh, als ich am Morgen erwachte, war diese Gemme hier auf meiner Brust, das letzte Angebinde meiner sterbenden Mutter, fast in Trümmer gegangen, in zwei Stücke zersprungen. Wir wollen theilen! Mir bleibe die Göttin mit dem Silbergespann zur Erinnerung an dein liebes mondlichtes Antlitz, du aber bewahre den schlummernden Hirtenknaben als Mahnung, daß du mein gedenken sollst in der Nacht der Trennung! Bewahre dies Andenken treu und zärtlich, es möge dich warnen in bösen Stunden irdischer Versuchung, auf daß du, wenn wir uns einst wiedersehen, nicht erröthest vor Scham, und ich nicht kreideweiß werde vor Ingrimm und Kummer!"

Die Kinder schieden in jener Nacht in schauriger Aufregung.

Die düstre Ahnung des Knaben ward nur zu bald zur traurigen Wahrheit. Als die Kleine sich am nächsten Sabbathabend dem Wildbache näherte, hörte sie unweit zwei Schüsse fallen. In Todesangst sprang sie vor. Um das Blut des Erlösers willen, was war geschehen? Da kniete der seltsame Knabe an der geheimen steinernen Pforte, und zu seinen Füßen wand sich in letzter Todesqual der treue Callugu, der gehorsame Bär.

Das Kind erzählte unter Thränen, wie das treue Thier in dem Buschwerke herumgeschnobert habe, nur plötzlich von zwei Kugeln von unsichtbarer, heimtückischer Hand abgesendet, tödtlich getroffen worden sein müsse, denn er hätte es Anfangs schmerzhaft aufbrüllen hören, dann habe es sich winselnd und stöhnend hieher geschleppt, um wenigstens zu den Füßen des geliebten Herrn zu sterben, den es im Leben nicht länger betreuen könne. Rührend war es anzuschauen, wie der arme Bär seine klugen Augen noch einmal wehmüthig nach dem Knaben aufschlug, nur dessen kleine Händchen im letzten Röcheln zu lecken versuchte.

Schmerzlich weinten die Kinder.

Da stürzte plötzlich ein alter finsterer Mann in schwarzen Gewanden in stürmischer Hast herbei. Sein Gesicht ward noch trüber, als er die kleine Gruppe, als er die offene Pforte gewahrte. Zürnend rief er Gülnaren zu:

„Hinweg mit dir, Schlange! Es heißt aus dem Paradiese ins Elend wandern! Komm — — —"

Hier nannte der Alte den muthmaßlichen Namen des Knaben, den die Kleine damals deutlich vernahm, ohne sich je wieder auf ihn besinnen zu können. Die steinerne Pforte flog ins Schloß. In der nächsten Nacht wurden die Bewohner der Bergveste durch Allarmruf und Gewehrfeuer geweckt. Am Morgen hieß es, eine Räuberbande habe in den Gebirgen geplündert, doch wollten viele fest behaupten, es seien nur wenige bosnische Schnapphähne darunter gewesen, und die Mehrzahl habe aus regulären türkischen Truppen bestanden. Als Gülnare später nach dem Wildbache eilte, waren die bergenden Steine zertrümmert, der geheime Durchgang lag offen, Tannen und Weiden bedeckten gefällt den Boden, die Blumen welkten im Staube zertreten, und aus der alten Baute auf dem stillen Weiler lohte zuweilen eine gespensterhafte Flamme. Den einzigen Wächter der einsamen Klause, den treuen Callugu, hatte man schon am Abend zuvor getödtet. Was aus den beiden Siedlern geworden, wußte Niemand zu sagen. Sie waren todt oder geflüchtet. Von dem Knaben hieß es in spätern Tagen, er sei der letzte von der männlichen einzig erbberechtigten Hauptlinie abstammende Sproße aus dem Hause des fabelhaften altserbischen Kaisers Nemagna gewesen.

Jahre, viele Jahre vergingen, und das zarte Mädchen war längst zur mannbaren herrischen Jungfrau geworden. Die Rose von Serajevo kannte und verachtete die Welt und die Menschen, darum sah sie so stolz und gebieterisch, und nur wenn sie an das verschollene Paradies hinter den Bergen gedachte, da zuckte und lag es um ihre Mundwinkel elegisch wie ein Lied von unglücklicher Liebe. Viel hatte sie erstrebt, Großes hoffte sie noch zu erringen, aber das Glück ihrer Kindheit fand sie nirgends mehr, und so oft ihr Auge plötzlich feucht geworden, dann wußte sie auch, der fremde Knabe sei bei ihr und frage sie, ob sie sich noch erinnere an die Sage von der Sternschnuppe, und ob sich kein böser Geist eingeschlichen habe in seinen Himmel, in ihr zärtliches Herz?! Dann aber zog sie leise die halbe Gemme hervor und sprach nichts weiter, als: Ich liebe dich noch immer!

Eine halbe Stunde mochte seit dem Scheidegruß des kriegerischen Lascaris verflossen sein, da hallten aufs Neue Schritte durch das Brautgemach, doch so leise, daß die Träumerin das unbedeutende Geräusch kaum achtete. Plötzlich aber frug eine dumpfe Stimme:

„Thränen im Auge der kühnsten Tochter Bosnien's?!"

Erschrocken fuhr die Angesprochene empor, und sah zu ihrem Entsetzen einen fremden klafterhohen Mann an dem Brautpfühl lehnen. Der Riese war in einen weißen Mantel gehüllt. Ein rother Vollbart umschattete sein geschwärztes oder von einer Halblarve bedecktes Antlitz.

„Wer seid Ihr? frug Gülnare mit unsicherer Stimme.

„Ich bin der Vuk!"

„Wer hat Euch eingelassen?!"

Die Thore und Thüren in den bosnischen Schlössern und Hütten springen von selbst aus dem Schloße, wenn ich mich nahe. Sie kennen meinen Schritt."

„Und was wollt Ihr in dieser späten Stunde?"

„Euch zuerst danken, daß Ihr den verrätherischen Worten jenes Renegaten Lascaris so tapfer Widerpart gehalten habt; auch versprach ich eine Bothschaft zu besorgen, die Euch durch lange Jahre ausgeblieben."

„Eine Bothschaft, die mir durch lange Jahre ausgeblieben?"

„So ist es! Der kleine Desche läßt Euch grüßen!"

Der Accent liegt bei diesem Namen auf der ersten Sylbe.

Wäre die Welt in diesem Augenblicke aus ihren Angeln gewichen, Gülnare hätte dies Getöse, ja selbst den Einsturz des Himmels überhört. Desche? So lautete ja der Name, den sie zwar einmal deutlich vernahm, auf den sie sich aber nie mehr besinnen konnte im Leben.

„Der kleine Desche läßt mich grüßen?! Wer seid Ihr, Mann, vielleicht gar — —"

„Was fällt Euch bei," fiel der Rothbart laut auflachend ein, „wie käme ich ungeschlachtes Halbding von Jäger und Landmann in die geheiligte Blutsverwandtschaft des unvergeßlichen Serbenkaisers?!"

„Doch wo ist er, wo weilt er?"

„Lügen anders Sterne und Zeichen nicht, so wird er bald offen und sieghaft das alte Banner seiner erlauchten Vorfahren entfalten! Doch Dank und Gruß sind ausgerichtet und meine Wege die weitesten. Gott mich Euch!"

In diesem Augenblick erlosch die Ampel, welche das Brautgemach erleuchtete, deren Lampen aber seit längerm dunkler, immer dunkler brannten, wie durch einen Zauberstreich. Es bedurfte ein paar Minuten Zeit, bis die Herrin in der tiefen Finsterniß so viel Besonnenheit und Muth gewann, um zu dem Pfeilertisch am Brautpfühle zu eilen, und eine der Kerzen seines Armleuchters zu entzünden. Bald ward es wieder Licht in dem stillen Gemache. Vergeblich! Der seltsame Bothe, der zweifelsohne auch das Zwiegespräch zwischen Gülnare und Lascaris belauscht haben mußte, war verschwunden, spurlos, fast geräuschlos, wie er gekommen war. Eine seltsame Brautnacht!

―――

Fünftes Capitel.
Vor und nach der Volksberathung.

Am letzten Mai sollte eine Art bosnischer Landtag Statt haben.

Während des Verlaufes des Blumenmonates sprachen nämlich die christlichen Bosniaken immer offener und lauter, wie es hoch an der Zeit sei, daß der Hatticherif von Gülhane, diese türkische Karte eine Wahrheit werde. Auch wollten sie keine Sterbenssylbe von dem unerträglich gewordenen Joch der Spahis wissen. Das slavische Sprichwort „ne'ma Turčina bes poturšeniaka" — es gibt keinen Türken, das heißt, keinen Tyrannen, wo sich nicht ein türkischer Christ findet — müsse seine Geltung verlieren.

Ihr Credo lautete:

„Wir wollen ebenfalls schöne Wohnungen, reiche Kleider, hübsche Schnurbärte haben, ein Zierrath, worauf der Serbier so stolz ist. Wir werden, wenn wir einem Muselmanne auf der Reise begegnen, nicht mehr vom Pferde steigen und ihm den höhern Theil der Straße überlassen. Mag er selbst bis an die Knie in Koth versinken! Ja, wir verbleiben im Sattel, auch wenn der reiche Spahi dem armen Raja nicht zuruft: „Jaschi mora!" — „bleib zu Pferde, armer Teufel!" — Wir gedenken auch unsere Waffen nicht länger zum Zeichen der Achtung unter dem Mantel zu verbergen, wenn wir an einem Muhamedaner vorüberkommen, noch weniger tragen wir fürder Lust zu entfliehen oder uns auf der Straße niederzuwerfen, um die Füße der vorüberschreitenden Aga's zu küssen!"

Man sieht, die Lehre, der man in Montenegro lauscht, hatte, von Buk's Lippen gepredigt, bereits zahlreiche und muthige Anhänger in Bosnien gefunden. Diese waren es, welche jene große Volksversammlung oder Volksberathung auszuschreiben wagten, die an dem obengenannten Tage in der Nähe des ehemaligen Sitzes der bosnischen Könige, des Städtchens Jaitza am Verbasflusse stattfinden sollte.

Im Schlafzimmer Riswan's, der dasselbe Unpäßlichkeits halber seit längerm nicht verlassen konnte, herrschte am Vorabend des bedeutsamen Tages tiefe Stille. Es wurde daselbst das Spiel getrieben, das ein deutscher Gelehrter eine halbe Wissenschaft und der Araber noch bezeichnender Szend-rengo, das ist, „hundert Sorgen" nennt, kurz das edle Schach. Ja wohl, Schach ist ein edles Spiel, und wenn es keine ganze Wissenschaft genannt werden darf, so kommt das daher, weil man seine Geheimnisse nie auslernt. Man muß zum Schachspieler geboren sein wie zum Poeten. Durch emsiges Studium von Meisterwerken, wie durch vieles Spielen mit Gegnern ersten Ranges bekommt man freilich eine gewisse Routine, einen rascherern und sicherern Ueberblick; hat man nun obendrein Geduld, jeden Zug eine kleine Viertelstunde zu überlegen, so kann man sogar einen Kampf mit einem wirklich großen Schachspieler mit einiger Ehre bestehen. Ich sah dies in vielen Schachklubbs, wie später bei dem großen Schachturniere in London. Da siegen oft eingeschulte Zugkauer oder Schachpedanten über einen genialen Schachspieler, der im angebornen Muß, geistvoll zu spielen, thun bei einem kühnen Zuge einen Vortheil bot. Dieser Vortheil wird festgehalten, wie Satan eine sündhafte Seele faßt, dann heißt es Figur um Figur tauschen, Bauer für Bauer hingeben, bis die Uebermacht keinen Hinterhalt des Genies mehr zu fürchten hat, und das Matt unvermeidlich heranschreitet. Ja, wenn die Boa den schwarzbraunen afrikanischen Löwen einmal umschlungen hat, dann nützt sie nichts mehr, die ritterliche Gewandtheit des Wüstenkönigs, aber die Boa bleibt demungeachtet ein häßliches Thier und der Löwe stärker als sie! Dies gilt vorzüglich in der Türkei, wo, wie Vinzenz Grimm, eine Schachautorität — er schlug, mit Szén und Löwenthal in Pest im Bunde, weiland den Pariser Schachklubb aufs Haupt — aus Aleppo schrieb, die allgemeine Versteinerung sich auch bis auf das Schachspiel erstreckt, und der Pion oder Bauer keineswegs von Hause aus zwei Schritte wie bei uns, sondern immer nur einen Schritt gehen darf, was natürlich das Gambit und alle Meisterzüge dieser genialen Spielart rein unmöglich macht.

• 6*

Lascaris und Gülnare spielten nach Löwenmanier, der alte Herr war stark Boa. Darum gewann er mehr Parthien und hielt sich für den Meister. Die Kinder hatten freilich eine andere Meinung, behielten sie aber weislich für sich. Mitsammen spielten sie nicht gern, denn wie wir wissen, mochten sich beide nicht recht leiden. Demungeachtet mußten sie oft eine Parthie des alten Knesen — also heißen bosnische Grundherren von fürstlichem Besitzthume — falls dessen rheumatische Leiden zu heftig wurden oder ihn der Schlaf befiel, gegen ihre Neigung ausspielen. Es war in einem solchen Falle fast komisch anzuschauen, mit welchem Eifer Gülnare das Brett und die Figuren bewachte, um ja nur nicht gezwungen zu sein, dem Feinde in das blitzende Auge zu blicken. Bei ihm war das anders. Sein Blick ruhte oft so forschend auf der blendend weißen Stirne seiner Gegnerin, als wollte er durch das Stirnbein durch ihre Gedanken errathen. Dabei vergaß er natürlich oft auf die Veränderung in der Stellung der Steine, und sein wirklich geniales Spiel würde ihn daher fast in keiner Parthie vor einer entschiedenen Niederlage bewahrt haben, hätte nicht auch die Rose von Serajevo, wie bereits erwähnt, im Geschmacke des schwarzbraunen afrikanischen Löwen gespielt. So saßen sie auch an jenem Vorabend lautlos am Schachbrett, sie in das Spiel, er in ihre Gedanken versunken. Selten wurde ein anderes Wort vernommen als Schach, dem später Matt, Patt oder Remise folgen sollte. Der alte Herr schlummerte in seinem Armstuhle.

„Schach dem König!"

„Sie haben mich da in einen gefährlichen Hinterhalt gelockt, Lascaris, aber ich decke mit dem Springer oder Ritter."

„Genommen! Schach!"

„Und später: Matt! Ich sehe das kommen, aber besagter mit Sturm genommener Ritter führt meine Gedanken zu etwas Wichtigerem, als zu einem aus blinder Hitze verlorenen Spiele. Ich ergebe mich auf Gnade und Ungnade."

„Nach Belieben!"

„Hören Sie mich an: Dieser mein elfenbeinerner Ritter erinnerte mich an einen lebendigen Ritter."

„Und der wäre?"

„Sie sind es selbst, verehrter Gegner!"

„Was soll es mit mir?"

„Sie sind zwar nicht mein Ritter, aber sie gelten vor der Welt als mein Gatte und tragen daher die Farben unseres Hauses. Es wäre mir daher zur Ehre dieses Wappens sehr wünschenswerth, wenn Sie den früher im Gespräche mit meinem Vater geäußerten tollen Gedanken aufgeben möchten, bei der bevorstehenden Volksberathung den Kämpen oder vielmehr den Redner des muselmännischen Halbmondes abgeben zu wollen."

„Ich habe Ihnen bereits gesagt, daß es meine Lebensaufgabe ist, die Standarte des Profeten in dem widerspenstigen Bosnien aufzupflanzen. Sie soll auch in Jaitza triumphirend prangen, und müßte ich auch unsere eigenen Farben in den Staub treten."

„Es war meine letzte Warnung! Selbst unsere Nachbarn und Unterthanen murren bereits gegen Sie."

Lascaris antwortete nicht, er streckte sich nur etwas und blickte auf seine herkulischen Glieder.

„Halten Sie es wie Sie wollen," fuhr die Rose von Serajevo fort, „unsere Pfade haben sich einmal durchschnitten, und ich habe Wege, die sich kreuzten, oft genug gesehen, um zu wissen, daß der Abstand dann immer größer wird und werden muß. Treten Sie unsere Farben immerhin in den Staub. Ein gewaltiger Kämpe wird sie bald wieder erheben!"

„Doch nicht etwa der bäurische Vuk?"

„Vielleicht, vielleicht auch nicht!"

Gülnare erhob sich majestätisch, und schritt langsam aus dem Gemache. Sie schien mit jedem Schritte größer zu werden. Lascaris blickte ihr halb spöttisch, halb wehmüthig lächelnd nach, und flüsterte dann in sich hinein:

„Die weiße Rose ist wirklich mehr Schwertlilie!"

Darauf verließ auch er die stille Erkerstube.

Riswan murmelte, aus dem Schlafe auffahrend, der wohl scheinbar gewesen sein mochte:

„Zwei unbeugsame Starrköpfe!"

Und Gülnare? Diese meinte:

„Gott sei Dank, diesmal hat mich jene wunderbare Aehnlichkeit in seinen Blicken mit gewissen unvergeßlichen Augen, die mich früher so oft verwirrte, nicht geblendet! Gott sei Lob, der kleine Desche läßt mich grüßen!"

Der sogenannte bosnische Landtag oder die Volksberathung zu Jaitza ging zwar tumultuarisch, doch ohne Störung von Seite der Türken vorüber. Pascha Jussuw hatte zwar mittlerweile Auf-

flärung über die seltsame Nachschrift aus Konstantinopel erhalten;
der Großvezier schrieb ihm nämlich geradezu, jenes Postscriptum
müsse ein Blendwerk des christlichen Teufels sein, und er solle daher
nur im Namen des Profeten mit scharfem Damaszener auf die
Rajas einhauen, falls sie sich mit bewaffneter Hand regten: aber
viel kostbare Zeit war mittlerweile verloren gegangen, auch lagen
die in Bosnien garnisonirenden regulären Truppen des Großherrn
im Lande zerstreut herum, meist durch viele Meilen Weges von ein=
ander getrennt; endlich konnte man sich, Dank der Bemühungen
Riswan's, Gülnaren's und ihrer Gesinnungsgenossen, auf den
Sukkurs der Landwehrreiterei der Spahis nicht recht verlassen;
ja es war Anfangs fast zu befürchten, letztere würden am Ende wie
anno 1831 ganz offen die längere Oberherrschaft der Türken in
Abrede stellen. Hatten doch mehre bosnische Grundherren unum=
wunden erklärt, sie würden bei dieser Gelegenheit wieder Christen
werden, wie ihre Voreltern ihres Vortheiles wegen Muhamedaner
geworden waren. Waffengewalt ließ sich daher vor der Hand durch=
aus nicht anwenden, zumal auch viele bis an die Zähne bewehrte
Gäste aus andern südslavischen Ländern, als Montenegriner und
Serben, Morlaken und Albanesen, zu dem Meeting herbeiströmten,
handfeste Leute, von denen man fast mit Gewißheit vermuthen
konnte, daß sie im Falle türkischen Einschreitens gemeinsame Sache
mit den aufrührerischen christlichen Bosniaken machen würden. Es
hieß daher die reguläre Kriegsmacht sammeln, die erbetene Ver=
stärkung aus den Donaufürstenthümern, wie aus Epirus, Salonichi
und Janina an sich ziehen, die Spahis durch gleißende Verheißun=
gen zu gewinnen und dann im nächsten günstigen Augenblicke unver=
muthet über die Aufständischen herzufallen und blutige Rache zu üben.

Aus allen diesen triftigen Gründen nahm die Volksberathung
zu Jaitza ungestört ihren Verlauf, zumal da es schon seit Jahren
üblich war — namentlich in Bulgarien — aus derlei Sobors oder
slavischen Volksversammlungen Deputationen an den Großherrn
abzusenden. Vuk ließ sich dabei nicht blicken. Es hieß, er habe sich
nach Csernagora oder Montenegro begeben, um seinen Verwandten,
den Vladika, zur bewaffneten Theilnahme an der christlichen Bewe=
gung in Bosnien zu bereden. Nach Andern suchte er die Bewohner
der Herzogewina aufzuwiegeln.

Der Beschluß der mehrerwähnten Volksberathung fiel demun=
geachtet weit gemäßigter aus, als die geheimen Leiter der bosnischen

Schilderhebung wie die Exaltados der weniger kirchlichen als nationalen Partei gehofft hatten. Die Bosniaken waren noch nicht reif zu einem echt volksthümlichen Gedanken. Beseitigung des Druckes von Seite der despotischen Spahis, Achtung vor ihrer Kirche und deren Gebräuche waren dermalen noch Alles, was die gereizten Christen in Bosnien entschieden zu fordern wagten; an eine Losreißung von der Türkei, an die Gründung eines selbstständigen und unabhängigen südslavischen Reiches dachte unter Tausenden kaum Einer dieser in Knechtschaft und Elend aufgewachsenen Nachkommen eines einst mächtigen, von allen seinen Nachbarn gefürchteten Volkes.

Man begnügte sich daher, die Einführung der neuen Organisation oder des Tanzimat in Bosnien zu verlangen, wie sie in dem am 3. November 1839 verkündigten, von uns bereits erwähnten Hatticherif von Gülhane enthalten. Dieser Hatticherif enthält, wie gesagt, die Grundzüge, nach welchen der Neubau des osmanischen Reiches begonnen werden sollte. Der Komplex der dadurch bedingten Administrativmaßregeln heißt Tanzimat-i-cheirie, nützliche Ordnung, oder kurzweg Tanzimat, Ordnung, und umfaßt alle Zweige der Staatsverwaltung, als Regierung, Verwaltung, Justiz und Wehrkraft, steht aber selbst in unseren Tagen noch weit entfernt von einer vollständigen Ausbildung. Die Hauptgrundzüge des Tanzimat sind vollkommene Sicherheit des Lebens, der Ehre und des Vermögens aller türkischen Unterthanen ohne Unterschied des Glaubensbekenntnisses, regelmäßige Vertheilung und Erhebung der Steuern, endlich auch regelmäßige Aushebung der Truppen.

Die Bitte um Einführung dieser gesetzmäßigen neuen Ordnung der Dinge in Bosnien sollte mit Umgehung des partheiischen Paschaliks zu Travnik durch eine eigene Deputation gleichzeitig mit der Versicherung unverbrüchlicher Treue und Anhänglichkeit an die geheiligte Person des Statthalters Gottes auf Erden unmittelbar dem Padischah zu Konstantinopel zu Füßen gelegt werden. Die Schlauheit des Muschirs wie die Ränke der muhamedanischen Grundherren vereitelten jedoch, wie wir später sehen werden, diese ruhigen Vorgänge auf halb gesetzlichem Wege, was die Rajas drei Jahre früher für die türkische Regierung gethan, erschien durch jene trügerischen Machinationen als gegen diese gerichtet, und die christliche Bevölkerung Bosniens war und ist sohin noch weit schlimmer daran als vor dreißig Jahren, wie die gegenwärtigen blutigen Schreckensszenen in jenem unglücklichen Lande zur Genüge beweisen.

Das Frühere erklärt die Unzahl grollender Mienen nach dem Aufbruche von dem mehrerwähnten Meeting. Ein also finsteres Gesicht zog auch der unsern Lesern bereits bekannte ehemalige Kourier Ali, welcher in neuester Zeit als Kolugasi eines regulären türkischen Reiterregimentes — gegenwärtig Dragoner genannt — in einer benachbarten Station hauste, als er nach jener Volksberathung auf seinem flinken Schimmel nach seinem gegenwärtigen Standquartiere sprengte. Trotz seiner finsteren Stimmung konnte er jedoch ein verwundertes Lächeln nicht unterdrücken, denn auf einer Wiese hart an den letzten Hütten eines, großen Theiles von Moorwalachen bewohnten Dorfes, das er eben durchritten, drehte sich ein Schwarm junger Bursche in einer Art fantastischen Tanzes, dessen überstürzte und seltsame Bewegungen, Sprünge, Gesten und Stellungen lebhaft an das rasende Gelüste Sankt Veit's, an den fanatischen lebendigen Kreisel in Gestalt eines türkischen Derwisches oder eines sonstigen morgenländischen Fakir's, ja in derber Lächerlichkeit zuweilen fast an die Drehkrankheit der Schafe erinnerten. Dieser seltsame Tanz ist eigentlich nur unter wirklichen Rumuni's heimisch, während der Bewegungszeit, die alle Bande der Sitte und Zucht löste, wagte er sich jedoch auch unter die Morlaken. Sonderbar war es ferner, daß die männlichen Bewohner des Dorfes das wunderliche Schauspiel mit einer Art religiösen Ehrfurcht zu betrachten schienen, während die Weiber und Dirnen mit einem halb schelmischen, halb besorgten Lächeln und mit einer etwas ängstlichen Koketterie Lebensmittel und Getränke aller Art herbeischleppten. Der Tanz mochte bereits mehre Stunden gedauert haben, denn die Tänzer waren in Schweiß wie gebadet und manchem dieser so rüstigen und lungenkräftigen Burschen hing die Zunge aus dem Munde wie einem Jagdhunde, den man über die Gebühr mit Laufen und Anschlagen belästigte.

Ali ließ sprachlos vor Erstaunen die Zügel auf den Hals seines Schimmels fallen.

„Was meint ein Rechtgläubiger zu dieser Frohnarbeit der Giauren?"

Also frug plötzlich eine sonore Stimme hinter ihm. Es war Lascaris, der Jaitza — weiland Baldasus — aus Gründen, welche wir bald hören werden, ebenso unzufrieden verlassen hatte und auf einem herrlichen Rappen turkomanischer Abkunft nach seinem Schlosse sprengte.

„Das ist ein Tanz von Gul's," entgegnete der Türke, „wie bei uns lebendige Vampyre heißen."

„Es sind auch: des Teufels Tänzer!"

„Die Tänzer des Sheïtan?"

„So lautet der Name. Es handelt sich hier um ein ganz eigenthümliches Gelübde der Bauernbursche. Eine Schaar junger Müssiggänger verschreibt sich, wie sie es taufen, dem Teufel auf die Dauer von drei, fünf oder sieben Jahren — es muß eine ungerade Zahl sein, sonst würde der Gottseibeiuns den Kontrakt nicht eingehen — und verpflichtet sich, wenige Stunden des Schlafes ausgenommen, die ganze Dienstzeit über rastlos zu tanzen; dafür hat der höllische Brotgeber verschwenderisch für Speise und Trank zu sorgen, auch seine Bursche in den Augen der rüstigen Dorfschönheiten unwiderstehlich, kurz zu sogenannten Weibertödtern zu machen. Diese Sitte ist eigentlich nur unter dem faulen und trägen Volke der Rumuni üblich, und ich begreife daher kaum, wie sie unter die fleißigen und reinlichen Morlaken gerieth. Böse Dünste in der politischen Atmosphäre erzeugen fast unglaubliche Narrheiten."

„Ein verrückter Brauch!"

„Ist der Kontrakt in Ordnung, so verlassen die lustigen Vagabunden in ihrem festlichsten Anzuge ihr heimathliches Dorf und tanzen dann buchstäblich durch das ganze Land. Ueberall werden sie mit offenen Armen aufgenommen. Die Männer, froh eine Entschuldigung für ausgelassene Heiterkeit zu haben, die Weiber und Dirnen, in begehrlicher Angst vor der bequemen Unwiderstehlichkeit vereinen sich alsbald, um die Tänzer des Satans nach Möglichkeit zu bewirthen, so daß es ganz erklärlich wird, warum sich die männliche Dorfjugend so willig zum Sklaven eines so lustigen Frohndienstes hergibt."

„Und holt der Sheïtan schließlich seine Tänzer?"

„Man weiß von keinem solchen Beispiele. Im Gegentheile kehren die Bursche, wenn die Kontraktzeit um ist, in ihren Geburtsort zurück, und geben sich all ihr späteres Leben lang als die ruhigsten und ernsthaftesten Landleute."

Der Tanz ging in Folge der allgemeinen Erschöpfung zu Ende.

„Nun kommt die Fütterung!" bemerkte Lascaris ironisch.

So war es auch. Die Bauern des nahen Dorfes trugen die bosnischen Leibgerichte herbei, als Kulia oder Kuwelian, eine aus dem Mehl von Mais oder Buchweizen bereitete und mit Milch oder

Fett vermischte Suppe, ferner Kascha oder Habergrütze, dann die
Pita oder Tanka, dieses eiförmige, sehr kleine, unmittelbar vor dem
Essen in irdenen Gefäßen oder auf gegossenen Platten gebackene
Brod, endlich Schaffleisch, das in freier Luft an hölzernen Spießen
gebraten worden. Die Tänzer ließen sich dazu den Wein und
Zwetschenbranntwein weidlich schmecken. Die Weiber kamen mit
Wassermelonen und Kürbissen, mit rothen und weißen Rüben herbei. Letztere sind meist von ungeheuerem Umfange. Die Dirnen besorgten den Nachtisch, der in Schafkäse bestand. Dazu kam frische
Milch. Bei den Rumuni's beschließt man das Mahl mit dem köstlichen Rahm der Büffelkühe. Diese Sahne ist wirklich die Blume
aller Milch, und nur wer solchen Rahm zu seinem Kaffee verkostet
hat, darf sagen, daß er wisse, was wahrer Café à la crême sei.
Die Sache ist leicht zu beleuchten. Erstlich schmeckt Büffelmilch weit
vorzüglicher als jene der gewöhnlichen Kühe, auch wird sie auf eine
ganz eigenthümliche Weise bereitet. Die Büffelmilch wird nämlich in
ein kleines dreifüßiges irdenes Gefäß gegossen, das „Cábos" heißt,
und dann über Nacht über ein schwaches Feuer gestellt. Steigt dann
die Sahne allmählig an die Oberfläche und ballt sich daselbst zusammen, so drückt man sie mit einem Löffel vorsichtig nach einer
Seite, so daß die leergewordene Fläche Raum für neuen Rahm
bietet. Die also gewonnene Sahne wird dann von dem Feuer entfernt, und am nächsten Morgen zur Stunde, da man sie braucht, auf
gewöhnliche Weise gesotten.

Als die Fütterung, wie es wenigstens Lascaris nannte, zu
Ende war, machten sich die Tänzer des Teufels an den zweiten Theil
ihrer Rolle, der auf verliebtem Gebiete spielt, und falls er glänzend durchgeführt wird, die Stunden des Schlummers bedeutend zu
schmälern pflegt. Es schien aber unter den männlichen Dorfbewoh-
nern einige Nachkommen des berühmten Mohren von Venedig zu
geben, denn halblaute Flüche und Drohungen wurden hörbar, kurz
es zeigten sich alsbald alle jene Anzeichen, welche man bei einer
Kirmeß als untrügliche Vorboten einer tüchtigen Schlägerei betrachtet.

„Machen wir, daß wir weiter kommen," sprach Lascaris seinen
Rappen in Galopp setzend, „denn es ist schon oft der Fall gewesen,
daß diese höllische Pantomime einen letzten Akt hatte, dessen Kata-
strophe in blutigen Köpfen und gebrochenen Hälsen bestand!"

„Ein unheimliches Volk," meinte Ali im Weiterreiten, „ich
wollte, ich wäre daheim in Stambul!"

„Ein verzeihlicher Wunsch!"

„Mir ist, als wäre ich in die Märchen der tausend und einen Nacht gerathen. Alle Berechnungen trügen hier zu Lande, es gibt in Bosnien keine vernünftige Schlußfolgerung mehr. Brachte da einen wahrhaft strengen Befehl an Jussuw in Travnik, denn unter vier Augen sei es gesagt, die strenggläubige Partei war nicht so kindisch jenen Ferman ohne Durchsicht über die Gebirge zu befördern, und was hat er trotz seiner Gemessenheit gewirkt, genützt, gefruchtet, ja wie wurde der Wortlaut desselben verstanden und demgemäß gehandelt? Im entgegengesetzten Sinne! Ich traute meinen Augen kaum, als ich in Jaiza wahrnehmen mußte, auf welchem vertraulichen Fuße die Landwehrreiter und Rajas zu stehen scheinen."

„Weiß Ali keine Sterbenssylbe von der verdammten Nachschrift?"

„Nachschrift?"

„Wie in früheren Zeiten die Berichte auswärtiger Gesandten an ihren Hof oftmals ein geheimes Zeichen trugen, das da dem Eingeweihten besagte, er habe gerade das Gegentheil des Inhaltes zu glauben; so soll sich am untern Rande des überbrachten Ferman, wie mir wenigstens mehre befreundete Aga's in Travnik einstimmig vertrauten, ein Nachwort befunden haben, das die größte Nachsicht gegen die gedrückten christlichen Bosniafen und ihre Klagen anempfahl."

„Unmöglich! Ich habe den Ferman selbst gelesen."

„Die Abendländer haben eine seltsame Tinte, die erst in einer gewissen Zeit lesbar wird. So etwas läßt sich nachmachen."

„Steht nicht! Das Papier ging durch die Hände von sachverständigen Spürhunden."

„So müßte die Nachschrift erst auf bosnischem Boden beigefügt worden sein."

„Doch wo und wann?"

„Die Antwort ist die Sache des Kouriers!"

„Während des Ueberfalles der Räuber," sprach Ali sinnend, „kann dieser Unterschleif nicht stattgefunden haben, denn ich verwendete keinen Blick von meiner Reisetasche. Es müßte in dem verwünschten Khan zur Kobasica während meines mehrstündigen Schlafes geschehen sein. Ich erwachte auch Morgens betäubt, als sei ich in einer langen Ohnmacht gelegen. Endlich roch es in der Stube ganz abscheulich nach widerlichen Dämpfen."

„Dann war die Hand des Flüsterers dabei im Spiele!"

„Wer ist der Flüsterer?"

„Ein alter Morlake Namens Abbas, ein Herenmeister und Giftmischer, kurz ein Erzschurke. Man nennt ihn ferner den Einschläferer, auch saß der Gauner, wenn ich mich recht entsinne, an jenem Abend in der vorderen Schenkstube."

„Könnte ich dem alten Schelm doch an den Hals kommen!"

„Dort jener schmale Pfad führt gerade zu seiner abgelegenen unheimlichen Behausung."

„Tausend Dank! Jetzt sehe ich, daß es doch noch mancher Bosnier warm mit uns Türken meint. Ich hegte nämlich, offen gestanden, den Verdacht, daß auch Lascaris auf beiden Schultern trage, denn seine Rede zu Jaitza, auf welche sich alle Muselmänner so innig freuten, besaß doch nicht die geringste Familienähnlichkeit mit den derben, überzeugenden Püffen, die er, wie alle Welt weiß, so überredend auszutheilen versteht. Mir kam sie wie ein Brandbrief vor, der vorsichtig in einen Selam gewickelt worden."

„Man vergesse nicht, daß, als ich auf den Höhepunkt meiner Beredsamkeit gelangte und eben mit einem unwiderstehlichen Janitscharenangriff gegen die Meuterer losbrechen wollte, ein solcher Heidenlärm entstand, daß sich der Trompetentusch vor dem Einsturze der Mauern von Jericho davor als säuselndes Gelispel verstecken mußte, und ich selbst keines meiner Worte zu verstehen mochte. Zudem drängten sich montenegrinische Stänkerer so dicht an mich heran, daß man mich schwerlich lebendig aus ihrer Mitte herausgeholt hätte, falls ich nicht, Gatt sei Dank, selbst kräftig genug gewesen wäre, den vordersten Burschen, einen halben Riesen, mit der bloßen linken Hand in die Knie zu drücken, und ganz freundlich kirschblau, ja halbtodt zu würgen. Wer steht mir dafür, daß die gereizten bosnischen Schurken uns nicht nächstens das alte Bergschloß über dem Kopfe anzünden, was mir schon der Rose von Serajevo willen nicht sehr erwünscht käme!"

„Ein Körnlein Wahrheit liegt in diesen Worten! Demungeachtet will ich dem Flüsterer das Fell über die Ohren ziehen."

„Glückliche Verrichtung!"

„Lascaris verläßt seinen türkischen Bruder?"

„Abbas ist ja nur ein alter Schwächling! Auch möchte ich noch ein paar Nächte ruhig unter dem Dache meines Schwiegervaters schlafen."

Die Reiter trennten sich.

Lascaris ritt im kurzen Galopp dem Bergschlosse zu, Ali aber setzte seinen feindseligen Ausflug auf dem schmalen Feldwege in stürmischer Hast fort, als befürchte er, der morlakische Schwarz= künstler könne seinem Verfolger bei geringerer Eile auf einem Wun= derteppich entfliehen, oder wohl gar auf dem bekannten persischen Zauberpferde durch die Lüfte nach den höchsten Kuppen des Balkan flüchten. Der einsame Pfad, kaum für einen schmalen Bauernwagen oder für zwei Reiter breit genug, lief ungefähr eine schwache halbe Stunde schnellen Rittes durch Steinschichten und Sandhügeln nach einem dichten Kastanienwald, der sich hart vor einer steilen Felsen= wand — aufgeschossen als eine hohe, nur auf der vordern Seite ein Thor weisende, natürliche Mauer — um ein altes steinernes Gebäude schloß, das gleichfalls an den Berg stieß, und wohl mit dessen verborgenen Höhlen und Schluchten in geheimer Verbindung stehen mochte. Etwa dreitausend Schritte vor dieser einer restaurirten Ruine gleichenden Behausung oder Granitklause des Einschläferers begann der Hohlweg eine bedeutende Biegung, einen gewaltigen Kreisabschnitt zu bilden, dessen abschneidende Linie den Saum oder die Grenze einer ungemein romantischen Au abgab, deren schwellen= der Rasen, deren saftiges Grün, von tausend Blumen durchwoben, an die schmucke Sage von dem Stück Himmel erinnerte, das weiland irgendwo durch Zufall oder Fügung des Himmels zur Erde gefallen. Hier besaß der Hohlweg auch rechts keine Seitenwand.

Ueberrascht von dem Anblicke dieses lachenden Paradieses ver= hielt der türkische Reiteroffizier unwillkürlich die Zügel seines wild= schnaubenden und lustig dahintanzenden Gaules. Sein Erstaunen sollte sich noch bedeutend steigern. Hundert Singvögel ließen auf den nahen Bäumen wie in den ferneren Gebüschen ihre lieblichen Wei= sen ertönen, weiter oben im Walde schnarrten Nußhäher und Spechte, erhoben die Sperber ihr banges Kreischen vor dem edlen Falken, der sich hoch über ihnen in den Lüften wiegte, in den bosnischen Einöden noch immer zu Hause ist und daselbst sein ritterliches Ge= werbe für eigene Rechnung zu treiben fortfährt; auf den Aesten der stolzen orientalischen Platanen, die zuweilen, wie man in Buyuk= Dere sieht, eine ungeheuere Größe erreichen, johlten ein paar Wildtauben in verbuhlten Klängen, kurz die Natur schien auf diesem artigen Fleck Erde ein Konzert veranstaltet zu haben, in das auch die Malibran der Baumwelt einstimmte, die Slavulj nämlich, wie die Südslaven die Nachtigall benennen.

Konzert?

Nein, wir irrten! Es war eine ganze Oper, ein Gallatag der schönen Künste, bei welchem natürlich das Ballet nicht fehlte.

Und die Tänzerinnen?

Eben die früher erwähnten tausend sich rastlos neigenden und bewegenden Blumen, da sie nicht blos von zahllosen Faltern kosend und tändelnd umgaukelt wurden, sondern auch fast zu leben schienen von einem Heere fleißiger und verliebter Bienen, deren zierlich geordnete Körbe eine doppelte Reihe oder Zeile von bedeutender Länge bildeten. Auch gab es eine Masse von wilden Thierchen dieser Art, die in den benachbarten hohlen Bäumen hausten, wie von ihren Feinden, den gewaltigen Hummeln und gefährlichen Wespen, die, seltsam genug, zwar ordnungslos aber friedlich durcheinander schwärmten. Man sieht, Abbas, der bekannte Bienenzähmer, war auch ein bedeutender, also wohlhabender Zeidler, wenn ihn auch das bosnische Klima nicht so unterstützte wie jenes im Banat, wo bekanntlich der süßeste Honig in ganz Ungarn zu Hause ist, und die walachischen Dörfler jährlich über fünfzigtausend Stück kleiner Wachskerzen zu verkaufen pflegen.

Zuhörer gab es vorderhand keinen als den überraschten Reiter, dafür aber eine reizende Königin des Festes. Es war Melissa — eigentlich ein griechischer Name, der gleichfalls eine Biene bedeutet, slavisch pčola — die Enkelin des Flüsterers, ein blutjunges morlakisches Mädchen von dreizehn bis vierzehn Jahren, also gerade in dem Alter, wo die Töchter südslavischer Race zu heirathen pflegen, ein verfrühter Eintritt in das heiße Gebiet ehelicher Zärtlichkeit, der es zur Genüge erklären dürfte, weshalb oft zwanzigjährige Südländerinnen zu den verblühten, übertragenen Weibern zählen.

Melissa war eine zierliche, anmuthige Gestalt, die über die Erde mehr zu schweben als zu gehen schien, deren hübsches Antlitz ein Miniaturbild aller Lieblichkeit des Lenzes gab, ja deren feurige, nächtig dunkle Augen fast zu dem Glauben vermochten, daß es auch schwarze Sonnen geben könne. Als eine seltsame Laune der Natur unter diesem Himmelsstriche wie unter dem morlakischen Volksstamme lag blondes, fast goldenes Haar in die üblichen, bereits erwähnten zwei Flechten gewunden um den zierlichen Kopf, um die weiße Stirne. Wir fügen hier bei, daß fast in jedem südslavischen Dorfe eine andere Art herrscht, diese stereotypen Flechten zu ordnen, ja daß jede Dirne in dieser Beziehung einen ganz eigenthümlichen koketten Handgriff zu besitzen scheint.

Die Enkelin des verschrienen Einschläferers trug zwar dieselbe Tracht wie ihre Landsmäninen, die wie wir wissen aus einem weißen, an dem Halse wie an den Aermeln gestickten Hembde, einer rothen Tuchmütze — bei Weibern fällt statt dieser Mütze ein weißer Schleier vom Haupte auf die Schultern herab — einem weißen Unterrock, einer bunten Schürze, weißen Strümpfen und Opanken mit ledernen Riemen besteht; doch waren die Linnen des Hembdes und Unterrockes ungemein fein, was auch von dem Gewebe des Vortuches galt, endlich ward der wollene, dicke, die Taille verderbende, mit vielen runden Knöpfen besetzte Gürtel, welcher das Letztere um den Leib befestigt, durch eine silberne Schnur mit schweren Troddeln ersetzt. Auch glänzten goldene Ohrgehänge unter den Flechten hervor, in welchen hie und da eine rothe Rose prangte.

So sah die Königin der Singvögel, Blumen, Falter und Bienen aus.

Seltsam war ihr Szepter anzuschauen. Es war zierlich aus Weichselholz geschnitten und glich einer langen Stampfe, deren umfangreicher Kolben dicht mit Honig bestrichen worden. Erhob Melissa dies Szepter in die Luft, so schwärmten tausende von Bienen, Hummeln und Wespen so dicht um dies Symbol des Honigbaues, daß die kleine Herrin in Bälde in einen fast undurchsichtigen Nebel, in eine lebendige Staubwolke eingehüllt schien. Die Thierchen gehorchten übrigens der schönen Gebieterin fast noch williger als dem wilden und finstern alten Bienenzähmer, vollführten alle Evolutionen wie eine gedrillte Truppe nach dem jeweiligen Kommando, bedeckten Melissa's Gesicht weicher als eine wächserne Larve und bildeten schließlich einen überaus seltenen, weil summenden und beweglichen Muff um den bloßen Arm des bezaubernden, wahrhaft reizenden Mädchens. Man glaubte eine morlakische Vila oder Fee, eine jener zauberhaften Jungfrauen zu sehen, die einem geliebten Mann — Bilénik genannt — in jeder Unternehmung schutzreich zur Seite stehen, ihm schon diesseits das Glück des Himmels bereitend.

Ali hielt wie versteinert bei dem Anblicke der freundlichen Erscheinung, und friedlichere Gedanken schienen durch seine Seele zu ziehen; zum Unglück begann aber die schmucke Zeidlerin ein Lied zum Preise des tiefen Wissens ihres Großvaters zu singen, und bei dem Klange des verhaßten Namens Abbas kehrte der alte Ingrimm in das Herz des Reiters zurück. Sein Pferd zusammennehmend frug er mit einem derben Fluche in türkischer Sprache, ob hier der Weg nach der Behausung des Flüsteres gehe? Melissa fuhr überrascht auf, und antwortete nach einer Pause in slavischen Worten, daß sie keine Sylbe türkisch wisse, und daher auch seine Frage nicht verstehe.

Ali, des Bosnischen ziemlich kundig, wiederholte seine Frage unmuthig in dieser Sprache.

Das Mädchen lächelte etwas freundlicher.

„Allerdings," erwiederte es, „geht hier der Weg nach der stillen Klause meines Großvaters Abbas, aber er hat sich eben in die finstere Zauberhöhle begeben, und da darf ihn niemand stören."

„Außer der Teufel!"

Also hohnlachte der muhamedanische Reiter, den es immer gewaltig wurmte, wenn man in einer türkischen Provinz seine geliebte Muttersprache nicht verstand, oder nicht verstehen wollte. Melissa blickte ihn halb verwundert, halb grollend an, und sprach hierauf mit etwas sarkastischem Tone, der aber Ali durchaus nicht zu munden schien:

„Wenn es wahr ist, daß der Großvater, wie die Leute wenigstens sagen, auch mit bösen Geistern Umgang treibt, dann habt Ihr freilich einige Hoffnung, bei ihm vorgelassen zu werden."

„Hüte dich kleine Here, daß du dir den Mund nicht verbrennst!"

„Here? Drohen?! Nun das schmeckt freilich stark nach der bekannten türkischen Höflichkeit! Nehmt Euch in Acht, daß Abbas den bösen Geist der Hoffart, der euch beseelt, nicht etwa auf empfindliche Weise auszutreiben versucht!"

„So Gott will, werde ich ihm in der nächsten Viertelstunde das Handwerk für immer gelegt haben!"

„Was wollt Ihr eigentlich von meinem Großvater?" rief plötzlich besorgt die Kleine.

„Ihm einfach den Hals nach dem Rücken drehen und so dem Teufel einen Liebesdienst erweisen, nach welchem er sich zweifelsohne seit Jahren brünstig sehnen dürfte. Dein Großvater ist reif zur Hölle!"

Damit setzte er sein Pferd aufs Neue in Galopp.

„Das sollst du bleiben lassen, Bösewicht!" murmelte Melissa.

Nach diesen Worten erhob sie ihr Szepter hoch in die Luft, und eilte dann so rasch vorwärts, als sie ihre flinken jugendlichen Füßchen nur zu tragen vermochten. Seltsam, ja fast schauerlich war es anzuschauen, wie sich eine ganze Heersäule von Bienen, Hummeln und Wespen neben und ober ihr fortzog, fast ein Seitenstück zu jener Wolke, die einst das auserwählte Volk Gottes aus der egyptischen Knechtschaft leitete. Die zierliche Gestalt der Dirne schien von diesen Stachelthierchen wie eingetrunken worden zu sein.

Wir haben bereits erwähnt, daß der Hohlweg an dieser Stelle eine bedeutende Krümmung beschrieb. Die innere gerade Linie betrug daher kaum den fünften Theil der ganzen Länge jener Biegung, und so kam es, daß Melissa mit ihrer wildsummenden Leibwache bereits mitten in dem sich hier wieder verengenden Hohlweg festen Fuß faßte, als der Schimmel Ali's in gewaltigen Sätzen dem Ausgangspunkte des einsamen Pfades zubrauste.

Roß wie Reiter stutzten bei dem bedrohlichen Anblicke.

„Nimm dich in Acht, böser Mensch," rief die schöne kleine Feindin, „meine Bienen können sehr böse werden!"

Ali zauderte nur einen Augenblick.

Sollte er sich von einem Weibe, von einem halben Kinde aus dem Felde schlagen lassen?! Hastig gab er dem Schimmel beide Schaufelbügel zu kosten, daß das Blut aus den Weichen floß. Der geängstigte Hengst machte einen rasenden Sprung vorwärts, aber da brach auch schon das wilde kleine Heer Verderben summend gegen Roß und Reiter los. Das arme Thier drehte sich von seinem richtigen Instinkt getrieben rasch auf den Hinterbeinen herum und flog dann in klafterlangen Sätzen den einsamen Pfad zurück. Ali, der beide Hände vor das Antlitz schlug, um das Licht seiner Augen zu wahren, dankte es weniger seiner allerdings beachtenswerthen Reitkunst als dem an und für sich festen Sitze in einem türkischen Sattel, daß er auf dem Rücken des Schimmels verblieb und nicht kopfüber auf einen Sandhügel oder eine Steinschichte am Hohlwege geschleudert wurde. Die siegreichen Bienen verfolgten den geschlagenen, gedemüthigten Feind noch eine weite Strecke, welche dem erschrockenen Renner wie seinem vor Ingrimm knirschenden Herrn eine halbe Ewigkeit lang erscheinen mochte. Später mußte Letzterer jedoch selbst über seine Niederlage lachen.

Während dieser übereilten Flucht sprang ein junger Morlake von gedrungenem Gliederbaue und stämmigem Wuchse in den Hohlweg hinab, die flügelförmige Mütze tief in das Gesicht gedrückt, und sich nach Möglichkeit eilend, in den Bereich von Melissa's schutzreichen Szepter zu gelangen. Die Kleine schwang auch dies Szepter bald schirmend über seinem Haupte.

„Guten Abend theurer Dane!" rief dann zärtlich das seltsame Mädchen.

„Ein Glück," entgegnete der Bruder Melissa's, eine zum Wurfe bereite Fangschnur wieder an seinem Gürtel befestigend, „ein Glück, daß deine Bienen so tapfer waren, holdes Schwesterlein, der türkische Hund läge sonst bereits erwürgt am Boden!"

Sechstes Capitel.
Im türkischen Hauptquartiere.

Wir haben bereits erzählt, daß an Travnik, den Sitz des bosnischen Muschir, ein Dorf von etwa dreihundert Häusern grenzt, das den Namen Dolaz trägt und von katholischen Christen bewohnt wird. Unfern von dieser Ortschaft befand und befindet sich eine Reihe oft sehr stattlicher Landhäuser, in türkischem Geschmacke erbaut. Es war der Sommeraufenthalt vieler zum Islam übergetretenen bosnischen Großen, die sich, wie früher um das Hoflager der einheimischen Könige, später mit gleich demüthigem Schranzenthum um den jeweiligen Gebieter im Ejaleth oder Paschalik drängten. Natürlich, daß sich in der Nähe ihrer Villen in Kürze auch andere Gebäude erhoben, wie sie türkischer Unternehmungsgeist in der Nachbarschaft reicher Kunden aufzuführen pflegt. Es gab daher hier auch ein Hamam oder Dampfbad, einen Khan und ein Kaffeehaus. Letztere beide Räumlichkeiten waren Anfangs Juni des Jahres 1843 den Tag über ungewöhnlich zahlreich besucht. Es wimmelte daselbst außer den gewöhnlichen Gästen von Spionen, Emissären, Zuträgern, Werbern und Bittstellern, kurz wie all das lungernde Gesindel heißen mag, das sich zur Zeit politischer Wirren um das Hauptquartier der beiderseitigen Machthaber in dichten Massen versammelt.

Wie sieht ein türkisches Kaffeehaus aus? —

In Stambul ist das berühmteste Kaffeehaus nicht so geschmackvoll und comfortable eingerichtet wie in Wien oder Pest ein derlei Vergnügungsort zweifelhaften dritten Ranges, und in einer Provinzstadt wie Travnik weisen alle diese Kaffeehäuser ein schmutziges und lumpiges Ansehen. Es sind wahre Rauchkneipen. Anstatt der bei uns üblichen eleganten Divans und Sophas mit weichen, elastischen, gefederten Kissen und Polstern findet man dort einzig nackte, zuweilen mit Matten belegte Holzbänke, auf welchen die Gäste mit übereinander geschlagenen Füßen nebeneinander kauern. Der Kafsidsi oder Kaffeesieder kocht nicht einmal eine größere Quantität für einen bestimmten Zeitbedarf, nein, er bereitet für jeden Gast insbesondere eine Tasse Kaffee, welcher, da der Koran den Weingenuß verbiethet, im treuen Bunde mit dem unerläßlichen Csibuk den höchsten Genuß eines Türken bildet. Der Möslim trinkt den Kaffee ohne Zucker, dick, satzartig, und wenn er reich genug ist, leert er jede Stunde eine Tasse, was vielleicht noch schädlicher für die Gesundheit sein dürfte, als der mäßige Genuß von unverfälschtem Rebensafte. In den Kaffeehäusern kommt noch die sogenannte Nargileh oder Wasserpfeife hinzu, deren starker Tabakrauch ungemein betäubend wirkt. Wer an die verschiedenen Zerstreuungen in unsern Kaffeehäusern, an das Geräusch des Billardspieles, an das Klapper der Dominosteine, an lebhafte Konversation wie an das laute Kannegießern bei der Zeitungslektüre gewohnt ist, muß bei dem Anblick eines türkischen Mokkatempels mit seiner Reihe stumm und leblos, fast andächtig neben einander sitzenden, wie gesagt, an Automaten oder Wachsfiguren mahnenden osmanischen Stammgäste beinahe unangenehm überrascht werden. Jeder gafft regungslos vor sich hin, bläst den Rauch in dichten blauen Wolken gegen die Decke, schlürft geräuschlos seinen Kaffee, kurz man glaubt sich in eine jener Gefängnißzellen versetzt, wo zwar mehre Verbrecher beisammen lagern, darin aber das Reden bei Todesstrafe verboten ist. Der Türke hält nun einmal fest an dem Sprichworte:

Sprechen ist Silber, Schweigen ist Gold!

Der übrigen Zugaben einer türkischen Kaffeestube als der jüdischen und griechischen Possenreißer wie der Medah's und Alme's oder der Märchenerzähler, Tänzer und Musikanten haben wir bereits früher erwähnt. Hier fügen wir noch bei, daß in der Türkei die ärmeren Leute ihren Kaffee selbst in den armseligen Mokkatempel mitbringen, welchen der Kaffidsi dann meist unentgeltlich zu kochen pflegt. Uebrigens gibt es hie und da für die dürftige Schichte der Bevölkerung eigene Kaffeehäuser oder vielmehr Zelte und Buden, welche ungefähr auf der tiefen Rangstufe unserer sogenannten Schmutzküchen stehen dürften.

In jenen Junitagen ging es jedoch in dem sonst so tristen Mokkatempel in der Nähe des Dorfes Dolaz so lebhaft und geräuschvoll zu, daß selbst ein Italiener oder Ungar mit dem Statt habenden Lärm zweifelsohne vollkommen zufrieden gestellt wäre. Leute, dem Schnitte ihres Gesichtes wie ihrer Tracht nach dem wahren Orientalen nicht einmal stammverwandt, sondern bloß durch die Hand der Politik wie des Eigennutzes in türkisches Costume, in muselmännische Gesinnung geschmuggelt, störten die übliche Stille in diesen Hallen, zankten und stritten, plauschten und fluchten so bunt und so laut durcheinander, daß die eigentlichen Stammgäste eben so verächtlich als trostlos vor sich hinstarrten und die geräuschvolle Nachbarschaft in den Pfuhl der Hölle verwünschten. Besondern Lärm verübte ein lederbrauner Mann mit einem kleinen Sacke, der seltsam gegen sein sonstiges, kriegerisches Aussehen abstach. Uebrigens herrschte unter diesen unruhigen Leuten ein stetes Kommen und Gehen, keiner verweilte länger als fünf Minuten in der Kaffeestube, kehrte jedoch in eben so kurzer Zeitfrist meist mit sehr befriedigter Miene zurück. Es schien, als ob eine wichtige Standesperson in der Nachbarschaft ein Stück Lever halte, wie man es im Abendlande zu nennen pflegt, und all diese unstäten Leute zur Audienz und Beschenkung der Reihe nach vorrufen lasse.

So war es in der That der Fall.

Eine der benachbarten Villen bewohnte eine reiche muhamedanische Witwe, Namens Zobeide. Die Herrin stammte von einem alten bosnischen Hause und hatte in ein eben so angesehenes und mächtiges Renegatengeschlecht geheirathet. Ihr seliger oder vielmehr unseliger Gatte war einer der despotischesten Spahis gewesen, christliches Blut klebte seit Jahren an seinen Händen, und sein Leibvergnügen hieß er den Anblick eines gespießten oder gepfählten ungläubigen Hundes. Renegaten wüthen immer am ärgsten gegen ihre früheren Glaubensgenossen, die verachteten Giauren. Auch jener grausame Spahi hatte sein Möglichstes geleistet, um die Erinnerung an seine christliche Abkunft durch Gräuel aller Art für alle Ewigkeit zu verwischen. Der Zorn des Himmels ereilte jedoch den Wütherich weit eher, als er es vermeinte. Er stand noch in den besten Mannesjahren, als der muhamedanische Adel im August 1840 gegen Travnik zog und den Vezier in die Gebirge trieb. Bei dieser Gelegenheit aber war es, wo er trotz seiner vollen Manneskraft von einem betagten christlichen Bosniaken im Einzelkampfe

besiegt und ungeachtet seines plötzlichen feigen Flehens schonungs=
los niedergemacht wurde.

Es läßt sich leicht denken, daß Zobeide in gleichem Geiste, in
verwandter Gesinnung aufgewachsen und erzogen, ihren christlichen
Landsleuten noch grimmigere Rache schwur, ja es heißt, daß sie den
Bewältiger ihres Gatten, jenen betagten Bosniaken, als er bei
einem spätern Gefechte in die Hände des muhamedanischen Adels
fiel, bei lebendigem Leibe habe schinden lassen, nachdem sie früher
an ihm mit eigener Hand die schimpflichste Strafe vollzogen, die
eine Frau über ein Glied der stärkern Hälfte des Menschengeschlech=
tes zu verhängen vermag. Die Wittwe war überhaupt ein kraft=
volles, fast riesiges Mannweib von hochstämmigen und üppigen
Wuchse, das mit seinen kohlschwarzen, wild und herrisch funkeln=
den Augen, mit der zur Zeit einer Aufregung dick anschwellenden
Zornader auf der Stirne, mit der Fieberröthe, die bei solchen Ge=
legenheiten ihre Wangen überflog, eine grausenerregende Familien=
ähnlichkeit mit jenen rasenden Dirnen wies, welche nach der alt=
griechischen Mythe den Thyrsusschwinger auf seinen Zügen beglei=
teten und die Feinde seines heitern und berauschenden Kultus ohne
Umstände in Stücke rissen.

Natürlich, daß Zobeide in der gegenwärtigen Bewegungszeit
fest auf der Seite des Halbmondes stand, und ihren Landsleuten
ein gewaltiges Hemmniß auf ihrem Weg zum Siege zu werden
drohte. Die tapfere Wittib erfreute sich selbst im türkischen Divan
oder Kriegsrathe eines hohen Rufes, sie zählte zu der kleinen
Schaar der Auserwählten, welche den rothen Faden, an welchem
sich die künftigen Begebenheiten abspinnen sollten, mit gleicher Ge=
wandtheit und Stärke in der Hand zu halten wußten. Es ist näm=
lich ein großer Irrthum zu glauben, daß die Frauen im Oriente
durchaus keinen Einfluß auf die Staatsereignisse üben, nein, gerade
in den morgenländischen Frauengemächern stand und steht oft die
Wiege einer gewaltigen, das Schicksal von hundert tausenden von
Menschenkindern entscheidenden That. Es geht sehr häufig ein
welthistorischer Geist durch die Mysteres des großherrlichen Se=
railes zu Konstantinopel. Auch Zobeide verstand sich meisterhaft auf
politisches Getriebe.

Betreten wir ihre Villa!

Wir treffen daselbst zudem ein Paar alte Bekannte. Die
Wittwe folgte bei der starken Anhänglichkeit an die Fahne des Pro=

pheten einfach dem blinden Triebe der Herrschaft wie des Hasses. Bei der zweiten Dame war nebstbei eine starke Dosis Leidenschaft und Eifersucht im Spiele. Und wie hieß diese weibliche Othello? Es war Leila, die angebliche Busenfreundin Gülnaren's.

Leila war nicht blos eine wirkliche Muhamedanerin, sondern auch die geheime und daher verläßliche Spionin der Statthalterei zu Travnik. Deßhalb sah auch der Scheich oder das Oberhaupt der Ulema's oder türkischen Priester in Bosnien, der um das Geheimniß wußte, bei Seite, wenn sie ihren Schleier seltener benützte, als es einer Bekennerin des Islam zukommt. Im tiefsten Herzen despotisch gesinnt, wußte Leila ihr religiöses wie politisches Glaubensbekenntniß so sorgfältig und schlau zu verhüllen, daß die weiße Rose von Serajevo auch nicht die leiseste Ahnung hegte, wie sie eine Natter an ihrem Busen wärme, ja, wie sie dadurch, ohne es zu wissen, einen lebendigen Telegraphen in Bewegung setze, der die genaueste Kunde ihrer verborgensten Pläne in das feindliche Lager hinüberspiele. Man sagt, daß anno dreizehn die Briefe des französischen Polizeiministers Fouché, die er am Fenstertische eines in eine schmale Gasse gehenden Gemaches eigenhändig niederschrieb, mit Hülfe künstlich angebrachter Spiegel in einer gegenüber liegenden Stube Wort für Wort kopirt wurden. Derlei Spiegel in Gestalt falscher Hausfreunde waren zu jener Zeit fast in allen Palanken oder Edelhöfen Bosnien's angebracht, deren Eigenthümer nicht im strengsten loyalen türkischen Geruche standen.

Leila spielte diese Rolle in dem Bergschlosse des alten Riswan.

Zu diesem politischen Verrathe gesellte sich später eine plötzliche heftige, echt morgenländische, also sinnliche Leidenschaft. Die männliche Schönheit des kraftvollen Abenteurers Lascaris, sein türkisches Credo in Sachen der Politik wie der Liebe zündeten wie eine brennende Lunte, die man in eine offene Pulvertonne geschleudert, augenblicklich in Leila's leicht erregbaren Herzen. Doch wußte sich Leila auch hier zu beherrschen, und die schlichte Maske schwesterlicher Gesinnung vor das Antlitz zu nehmen, um ihr Ziel auf tausend Umwegen um so sicherer zu erreichen. Gülnaren's Abneigung gegen Lascaris erstickte die letzte Regung ihres hektischen Gewissens. So ward Leila in liebender Beziehung die treueste Bundesgenossin des Vali oder Vicekönigs Jussuw, wie die Statthalter in der Türkei gegenwärtig heißen. Beide arbeiteten darauf hin, gewisse Brautringe zu zertrümmern. Auch der Pascha war nach Dolaz gekommen, aber so zu sagen im strengen Incognito, da er an dem kriegerischen Treiben der Witwe unmittelbar keinen Antheil nehmen wollte, gleichsam den unparteiischen Vermittler zwischen Spahis und Rajas heuchelnd. Leila begrüßte ihn freudig. Vor Zobeide, dieser Muhamedanerin vom reinsten Wasser gab sich das würdige Paar natürlich im Geschmacke der strengsten Zeloten.

Heute war in der Villa der Witwe große Revue. Letztere, wie Leila waren natürlich verschleiert.

Die geworbenen Streitkräfte wurden gemustert, und viele stattliche Recruten hatten bereits die Heerschau passirt, als sich der Vorhang, der den Eingang verhüllte, abermals hob, und ein betagter, aber immer noch rüstiger Mann mit militärischer Haltung und soldatischem Gruße vor den Mustertisch trat, an welchem die Herrin des Hauses die Stelle des prüfenden Miri-Liva oder Brigadiers vertrat. Der alte Haudegen stammte aus einer christlichen Familie in türkisch Kroatien, trat aber frühzeitig zu dem Islam über, kam dann in die Tophana oder Kanonengießerei zu Konstantinopel und war mit dabei, als Sultan Mahmud vorzugsweise mit Hülfe seiner Topschis oder Kanoniere in den Junitagen 1826 der Janitscharenherrschaft für immer ein Ende machte. Später kehrte er in seine Heimath zurück, verheirathete sich und setzte es als türkischer Missionär glücklich durch, daß die Bewohner seines Dorfes sämmtlich zu dem Koran schwuren, ein Uebertritt, der Anfangs von den Spahis, welche sich dadurch in ihrem Blutegelthume bedeutend geschmälert fanden, mit scheelen Augen betrachtet, in den Wirren der Gegenwart jedoch als ein hochverdienstliches Werk gepriesen wurde.

„Selam Aleikum, wackrer Hassan!" sprach der weibliche Brigadier.

„Aleikum Selam, Hanum!" antwortete der Veteran.

Hanum oder Khanum, da es von Khan abgeleitet worden, heißt „mein Herr," wie der Franzose „Monsieur" oder der Britte „Mylord" sagt. Dieser Titel wird in der Türkei nur Männern von sehr vornehmer Geburt gegeben oder in dem allerhöchsten Styl orientalischer Rede gebraucht, dagegen auf alle Frauenzimmer übertragen, ob verheirathet, ob ledig, auch ohne Unterschied des Ranges.

„Sprecht, wie steht es in der Kraina?"

Die nordwestliche Spitze von Bosnien, das türkische Kroatien wird Kraina genannt. Die Hauptstadt der Kraina ist Banjaluka, ein bedeutender Handelsort mit etwa 30,000 Einwohnern, sehr stark befestigt, wie alle Bollwerke in diesem Ländchen, bekannt als die unruhigste Gegend an der gesammten türkischen Grenze. Bihać, gleichfalls ein fester Waffenplatz, liegt unmittelbar an dieser Grenze.

„Die Kraina," entgegnete Hassan, „namentlich meine heimathliche Gegend prangt noch immer voll Blumen."

„Blumen?"

„So ist es, aber es rauscht wie altes Gewaffen dahinter, ein Trommelschlag, ein Trompetentusch, und meine Dörfler erheben sich als türkischer Landsturm wie ein einziger Mann. Auch die Weiber werden redlich zu dem kriegerischen Werke beitragen, was ihres Berufes ist."

„Vortrefflich!" rief die Kadun oder Frau vom Hause.

„Leider gebricht es an der Hauptsache! - An dem Athem Gottes!"

„An dem Athem Gottes?"

„An dem Donner des schweren Geschützes! Wir haben keine einzige Kanone."

„Und die Batterien in der Festung Bihać?

Davon ist nicht einmal eine zerbrochene Laffete abzubekommen. Man fürchtet sich in Bihać zu sehr vor den Ottochanern über der Grenze."

„Wie wäre diesem Uebelstande abzuhelfen?"

„Allah wird schon helfen! Was mich alte Fidel anbelangt, so hoffe ich den Giauren noch tüchtig zum Tanze aufzuspielen."

„Ja, alter Mann," warf Leila ein, die ihre Gleichnisse noch immer aus dem Abendlande zu beziehen liebte, „ihr sollt wie eine alte Geige erst Wunder wirken und begeisternd tönen in euern vorgerückten Jahren!"

„Darf ich gehen?" frug der geschmeichelte Veteran, nach türkischer Sitte gleichzeitig um die Erlaubniß dazu bittend.

„Saadet ileh — mit Wohlergehen —" antwortete Zobeide, „nehmt diese Goldstücke, mögen sie zu Kanonen werden!"

Nach diesen Worten grüßte Hassan abermals soldatisch und entfernte sich dann gemessenen Schrittes. Sein Nachfolger war ein Mann von lederbrauner Gesichtsfarbe, niedrer Stirn, mit schwarzem dichten Bart, geschornen Haaren und grünen unheimlich funkelnden Augen. Um seinen Mund lag es wie thierische Grausamkeit. Man dachte unwillkührlich an einen Stier, der etwas Rothes gesehen. In der einen Hand hielt er einen kleinen Sack oder Futterbeutel, in der andern seinen Feß.

Es war ein alter Bekannter unserer Leser, Marco der Wegelagerer.

Buk's schwerer Streitkolben hatte den Räuberhäuptling zwar zerschlagenen Hauptes, aber bloß besinnungslos zu Boden gestreckt. Besagter Streitkolben schien dem Galgen oder Pfahle nicht vorgreifen zu wollen. Natürlich, daß Marco nach diesem Empfange die Sache der Najas für immer verließ, und als blindes Werkzeug der Spahis wie der Rache zu dem Islam übertrat. Er hieß nunmehr Mustapha. Auch der Wegelagerer salutirte militärisch, aber mit einer gewissen scheuen Unbehaglichkeit, welche nur zu deutlich verrieth, daß der Mann in so vornehmer Gesellschaft sich nichts weniger als behaglich fühlte. Ein ironisches Lächeln flog über Jussuw's Antlitz, Leila hingegen rümpfte eckel die Nase, denn Mustapha roch abscheulich nach Branntwein; nur der stahlnervige weibliche Miri-Liva oder Brigadier verzog seiner Stellung gedenkend auch nicht eine Miene seines ersten Gesichtes.

„Wie stark ist deine Bande?" lautete seine Frage.

„Ueber dreihundert Köpfe."

„Verläßliche Leute?"

„Durchwegs! Ich habe meinen Adjutanten niedergeschossen, diesen Erbschleicher und Schuft, auch alle jene schurkischen Bosniaken zum Teufel gejagt, die weder das Kreuz anspucken, noch den Halbmond küssen wollten. Ich kann nur Muselmänner brauchen."

„Wir können also bei jeder Gelegenheit auf deine Leute bauen?"

„Meine Wölfe werden kaltblütig, wenn nicht gerade betrunken, stehlen, rauben, sengen, plündern, brennen, morden, schinden, natürlich, wenn ich es befehle. Sie tanzen mechanisch, je nachdem ich Ihnen vorpfeife."

„Es heißt sich also vorzugsweise deines Beistandes versichern. Höre also: für jedes Paar abgeschnittener Christenohren erhältst du zehn Fonduk's oder Sultaninen. Du wirst wissen, daß dieser Ohrenpreis die Summe von vierzig Piastern beträgt."

„Dann bitte ich gleich um diesen meinen Lohn! Ich habe weislich vorgearbeitet."

Damit erhob Mustapha seinen Sack und leerte ihn ohne Umstände auf den nächsten Teppich aus. Ein hübscher Inhalt! Es fielen nämlich über dreißig Paar abgeschnittener Christenohren aus dem unheimlichen Sacke. Sie waren mit Hülfe eines rothen Faden paarweise zusammengeheftet, wie man bei uns zu Lande Krammetsvögel zusammenbindet. Jussuw blickte gleichgültig auf die Gabe des Räubers, er war an diesen Anblick gewöhnt. Leila konnte sich jedoch eines leisen Schauers nicht erwehren, obgleich ihr eine innere Stimme sagte, sie werde wohl bald noch gräßlichere Dinge schauen, vielleicht auch selbst verüben. Zobeide hingegen klatschte entzückt in die Hände und wühlte dann behaglich in der blutigen Beute. Abendländische Leser dürfte dieser türkische Brauch, die feindlichen Todten oder Gefangenen zu zählen, freilich widrig befremden, besagte Sitte ist aber unter den Muhamedanern so lange heimisch und üblich, daß man uns wohl die Mühe erspart, hierüber historische Belege anzuführen, da ja die türkische Geschichte zumal zur Zeit des griechischen Freiheitskampfes nur zu überreich ist an derlei entsetzlichen Daten.

„Nimm diese Rollen Sultaninen," sprach Zobeide, „sie enthalten nicht bloß deinen Lohn, sondern auch einen Monatssold für deine Bande,"

„Und wie lautet Euer Ferman?"

„Suche mit deinen Leuten — die sich verkleiden mögen, falls es Noth thut — so weit als möglich vorzudringen und das feindliche Gebiet zu recognosciren. Die Meuterer in und um Serajevo, namentlich der geheimnißvolle Buk müssen sorgfältig und unablässig überwacht werden."

Mustapha erbleichte vor Wuth bei dem letztern Namen, in so fern es nämlich seine lederbraune Gesichtsfarbe zuließ.

„Euer Befehl soll pünktlich vollzogen werden!" murrte er dann mit vor Zorn zitternder Stimme.

„Was fehlt dir?"

„Wenn ich den Namen Buk höre, juckt es mich immer in den Händen, als ob ich einen erdrosseln sollte!"

„Um so mehr können wir auf dich zählen! Uebrigens werde ich mich selbst später nach Bosna Serai begeben."

In diesem Augenblicke erhob sich ein gewaltiger Lärm im Hofe. Ein Lieblingspferd der Herrin des Hauses war losgekommen und jagte in gewaltigen Sätzen auf dem spitzigen Steinpflaster umher. Zobeide, eine eben so verständige als verwegene Reiterin, fürchtete das edle Thier möchte Schaden nehmen und verließ daher mit hastigen Schritten das Gemach. Diese rasche Entfernung benützte der Pascha zum Abschluße eines Sonderbundes mit dem berüchtigten Wegelagerer, bei welcher Alliance die Tochter des Desterdar, aus später erhellenden Gründen in den Garten eilend, ihrem Bruder Othello auch nicht das mindeste Hemmniß in den Weg legte.

„Willst du dir," frug Jussuw, „außer deinem Sold noch zwei hundert ungarische Dukaten verdienen?"

„Um diesen Preis würde ich meinem eigenen Vater, wenn er noch lebte, den Hals abschneiden."

„Du scheinst auf Buk eben nicht gut zu sprechen?"

„Ich möchte den Hund bei gelindem Feuer rösten sehen!" antwortete Mustapha, sich unwillkührlich den weiland zerschlagenen Kopf reibend.

„Auch ich will eine alte Rechnung mit ihm mit Hülfe von zwei hundert vollwichtigen Kremnitzer Dukaten abschließen und frage dich daher nochmals, ob du dich mit diesem Abschluß als mein Mollah oder Advokat befassen willst oder nicht?"

„Sprecht!"

„Suche den geheimnißvollen Montenegriner in die Ewigkeit zu befördern, und zwar so bald als möglich!"

„Es sei," grollte der Räuber entschlossen, „der Schuft aus Cserna Gora soll wie ein Hund verenden!"

„So qualvoll als möglich!"

„Verlaßt Euch auf mich, Stellvertreter des Schatten Gottes, er wird nicht auf Blumen einschlummern!"

„Ich danke dir im Vorhinein!"

„Wie aber an den jungen Ueberallundnirgends gelangen?"

„Der Verrath eines seiner Genossen, der durch Zufall in eine Wolfsgrube fiel und durch meine Leute gerettet wurde, hat mich zum Theile in seine Pläne eingeweiht. Du wirst ihn zu Mostar in der Herzegowina treffen. Das Nähere seiner Zeit!"

„Ein Schreiben," meinte Mustapha stutzend, „an den dortigen Muschir thäte wohl dieselben Dienste?"

„Vergiß nicht, daß es der Pascha der Herzegowina mit den Rajas zu halten scheint, auch ist er ein Blutsverwandter des verdammten Riswan, also vermuthlich ein geheimer Protektor des montenegrinischen Schurken und seiner Sippschaft. Ich möchte mich kaum selbst in das Gebiet dieses abtrünnigen Hundes wagen. Möge er Koth durch all' sein Leben essen!"

Zum Verständniß dieser Antwort mögen nachstehende historische Daten dienen. In Folge der neuen Unterjochung des bosnischen Adels nach dem Aufruhre von 1826 und der bei dieser Gelegenheit bewiesenen Anhänglichkeit Ali Riswan Beyowich, des Aga von Stolaz wurde die Herzegowina von Bosnien, mit dem sie früher verbunden war, getrennt, und aus ihr ein neues Paschalik gebildet, zu dessen Vali der erwähnte Aga ernannt ward; auch erhielt er nach einigen Jahren den Titel Vezier und drei Roßschweife.

Seit dieser Zeit blieb die Herzegowina ganz in die Hand Ali's gegeben, und wenn er auch den Hatticherif von Gülhane später in seinem Paschalik so wenig einführte, als es in Bosnien geschehen, so that er dies nur zu seinen eigenen Gunsten, keineswegs aber zum Vortheile der muhamedanischen Gutsherren. Letztere setzten zwar in Folge dieser Halsstarrigkeit gegen das Tanzimat noch immer einige Hoffnung in den despotischen Vezier, der Pascha zu Travnik aber lebte der Befürchtung, Ali strebe insgeheim nach der Vereinigung beider Ejaleth's unter seiner Standarte, eine Befürchtung, darin Jussuw um so mehr bestätigt wurde, als ihm der Tyrann der Herzegowina die kürzlich erbetene Verstärkung unter dem Vorwande abschlug, er selbst lagere auf einem Vulkan, dessen Ausbruch nächstens erfolgen dürfte.

Ein Paar Worte der Aufklärung aus Jussuw's Munde beseitigten alle weitern Zweifel des Wegelagerers.

Mustapha entfernte sich mit vergnügter Miene. Er hatte seiner Meinung nach zwei glänzende Geschäfte abgeschlossen und sollte gleich darauf in einen noch bequemern Sold treten, bequemer, weil hiebei noch weniger Gefahr als bei dem Dienste unter der Fahne des Propheten, geschweige bei dem bevorstehenden Zusammenstoß mit dem gewaltigen Vuk zu befürchten war, und die Aufgabe, wie wir bald hören werden, in nichts weiterem bestand, als eine Art Leibwache mit der unbedeutenden Nebenrolle eines Spiones abzugeben. Als Mustapha nämlich lustig mit den Goldstücken in seiner Tasche rauschend durch den Garten eilte, um die Villa Zobeiden's wie alle Heimkehrlinge vom Mustertisch durch die Hinterpforte zu verlassen, trat ihm Leila mit dem Zeigefinger an den Lippen entgegen, winkte dem Wegelagerer nach einer dichten Laube und begann dort ohne weitere Vorrede, wie folgt:

„Kannst du mir sagen, wo die Behausung des Flüsterers zu finden?"

„Sie liegt in der Nähe von Serajevo, und jedes Kind daselbst wird Euch den Weg dahin zeigen."

„Ich habe mit dem Einschläferer zu sprechen."

„Nehmt Euch in Acht! Abbas ist sehr gefährlich, zudem ein Erzchristenhund."

„Deßhalb auch käuflich wie alle Hundeseelen!"

„So sagt man allerdings."

„Weißt du mir keine sichere Gelegenheit nach dem Obdache des Beschwörers?"

„Habt Ihr nicht selbst Wagen und Pferde?"

„Darf denn die Welt wissen, daß ich mit Abbas verkehre?"

„Dann nehmt Ive den bosnischen Saumthiertreiber und Fuhrmann!"

„Ist er verläßlich?"

„Er trägt zwar auf beiden Achseln, aber dafür ist er auch um Gold zu Allem zu haben."

„Eine ziemlich allgemeine Leidenschaft! Genug hievon! Nun zu einem Geschäfte mit dir!"

„Ich bin ganz Ohr!"

„Es trägt zwei Beutel, also fast hundert Gulden."

Der Leser wird sich erinnern, daß ein Beutel in Bosnien sechs und vierzig Gulden beträgt.

„Der Handel," rief Mustapha, „ist so gut wie geschlossen."

„Es ist zudem," fuhr Leila fort, „bloß der Lohn für einen Monat Dienst."

„Läuft also fort?"

„Am Ersten jedes neuen Monates erhältst du dieselbe Summe."

„Doch was habe ich dafür zu leisten?"

„Eine geheime Sicherheitswache für unsern Bundesgenossen Lascaris zu bilden, ihm auch rasch zu Hülfe zu eilen, wenn ihm die aufgebrachten Rajas an den Leib wollen! Bei seiner bekannten Tapferkeit und Stärke ist dein Dienst nicht sonderlich gefährlich."

„Ist das Alles?"

„Nebstbei magst du auch die Rose von Serajevo überwachen, doch nur als Spion, nicht etwa als Retter in der Noth."

„Also zwei Geschäfte?"

„Die letztere Wache wird, so hoffe ich, in wenigen Wochen zur Neige gehen. Willst du?"

„Ich bin bereit, es handelt sich bloß um den ersten Monats=sold."

„Im Vorhinein?"

„Ist Brauch in solchem Dienste!"

„So nimm!"

Nach diesen Worten übergab Leila dem Räuber die bedunge=nen zwei Beutel. Mustapha entfernte sich noch seelenvergnügter als zuvor, die Tochter des Defterdar aber versank in tiefes anhaltendes Brüten. Ihr Antlitz ward dabei sehr bleich, gab sich fast geisterhaft zu schauen, und dies um so mehr, als zuweilen unheimliche Blicke aus ihren Augen sprühten und ein dämonisches Lächeln um ihre Lippen zuckte, durch die sonst so anmuthigen Züge gleitete. Es war fast anzusehen, als ringle sich eine Schlange in eiliger Hast durch ein früh vergilbtes Lilienbeet. Nach einer langen Pause fuhr sie wie von einem tiefen Entsetzen geschüttelt empor, und hielt die kleinen Hände vor das erblaßte Gesicht, aus dem alles Blut nach dem Her=zen zurückgetreten schien, von dort aus alle Pulse wie in beginnen=der Fieberhitze stürmisch durchwallend.

„Leila," flüsterte sie, „du bist tief gefallen! Doch es muß ja sein!"

Nach diesem Aufrufe stürzte sie wie von dem bösen Feinde getrie=ben nach dem Landhause zurück. Es war die letzte Mahnung ihres fliehenden Schutzengels gewesen. — Ein leises Geräusch erhob sich, als sie der Laube den Rücken gewendet hatte, und aus dem benach=barten Dickicht, das bisher als Versteck gedient haben mochte, tauchte die Gestalt eines fast nackten Zigeunerknaben auf, wir sag=ten, fast nackt, denn der Aermste trug keine weitere Bekleidung als ein zerrissenes grobes und schmutziges Hemd. Sein zierlich geord=netes Haar, sein sauber gewaschenes Gesicht wie die Reinlichkeit der Hände und Beine taugte, seltsam genug, nicht im Geringsten zu seiner fadenscheinigen Hülle. Der Knabe sprang einige Schritte vor, wie um sich der Persönlichkeit Leila's zu vergewissern, eine Re=cognoscirung, mit deren Ergebniß der Kleine in Kürze vollkommen zufrieden gestellt zu sein schien.

„Es ist Leila," flüsterte er nämlich leise zwischen seinen herr=lichen weißen Zähnen hervor, „auch habe ich ihr Geheimniß zum Theile herausbekommen. Schade, daß ich, verdammt seien die er=

bärmlichen Wege, etwas zu spät kam! Vor jener Linde an der Erckerstube hätte ich auch den Kriegsrath belauschen können. Ein Schelm übrigens, der mehr gibt, als er hat!"

Während dieses Selbstgespräches kletterte der Junge mit der Gewandtheit einer Katze über die Mauer, ließ sich herabgleiten und hüllte sich dann hastig in einen alten Schafspelz, vermuthlich ein Erbstück, da es ihn weit über die Knie bedeckte. Eine Mütze von gleichem Stoffe, die er tief in die Stirne drückte, bildete den Schluß seiner neuen Bekleidung. Der Zigeuner entfernte sich hierauf mit auffallender Eile. Es war sein Glück! Ein paar Sklaven, welche an der Hinterthür des anstoßenden Gartens im traulichen Gespräche ihr Pfeifchen rauchten, hatten den Sohn der Wildniß erblickt, als er sich eben über die Mauer schwang, schlugen augenblicklich Lärm, und bald heftete sich ein kleiner Schwarm Verfolger an die Fersen des Abkömmlings von dem Volke Pharao's, wie man die Zigeuner hierlandes zuweilen zu nennen pflegt. Anfangs schien die Jagd ohne Beute ablaufen zu wollen.

Der Flüchtling hatte, Dank seinen flinken Beinen, einen zu bedeutenden Vorsprung gewonnen, und war auch bereits in einem benachbarten Walde verschwunden, ehe seine Verfolger den Saum des Gehölzes erreichten. Der Junge schien gerettet. Der Weg nach dem Walde lief jedoch in einer bedeutenden Krümmung hin, so daß ein paar gewandtere Bursche aus Dolaz, die mit der Gegend wie mit der Taktik der braunen Landstreicher vertraut einen gerade ausführenden Pfad eingeschlagen hatten, rasch hundert gegen eins gewettet hätten, daß sie dem muthmaßlichen Diebe die Rückzugslinie abschneiden würden und müßten. Deßhalb rückte auch das Hauptcorps auf dem krummen Wege ganz gemächlich gegen den Wald heran. In diesem entscheidenden Momente wurde der Hufschlag eines rasch herbei sprengenden Rosses hörbar und gleichzeitig brach ein anderer Zigeunerknabe auf jenem flinken Renner aus dem umstellten Gehölze hervor. Er trug die Farben eines geachteten Hauses.

Es war Mirra, der Diener des abentheuerlichen Lascaris.

Der hübsche Junge sprengte wie besessen mitten durch das Hauptcorps, das ihm aus Respekt vor seinem Herrn willig Raum gab, und dieß um so lieber, als der braune Reiter offenbar als Ueberbringer einer wichtigen Bothschaft herbeieilte, da er eine ziemlich voluminöse Depesche wie triumphirend über dem Kopfe schwenkte. Mirra hatte den Garten Zobeiden's beinahe umritten, als es den Verfolgern seines Stammgenossen erst beifiel, die Jagd auf den Dieb fortzusetzen. Der Wald ward vorsichtig durchstöbert, und jedes Dickicht wie jede Grube sorgfältig beaugenscheinigt. Fruchtlose Mühe! Der verfolgte Junge schien in den Boden versunken zu sein. Die abergläubischen Jäger waren noch mehr verblüfft, als sie mit ihrem Hinterhalt zusammen stießen, denn die erwähnten gewandten Bursche aus Dolaz hatten den Flüchtling zwar gleichfalls verfehlt, aber weiter oben in einer alten Hürde, in welcher weiland die Hirten aus der Umgebung ein zeitweises Obdach gegen plötzliches Regenwetter gefunden haben mochten, mehre Kleidungsstücke aufgefunden, welche frappante Aehnlichkeit mit dem Kostume des entwischten Spitzbuben darbothen. Diese Beutestücke bestanden ja gleichfalls aus einem zerrissenen alten Hemde, einem groben Schafspelze und einer Mütze von selbem Felle. Niemand aber wußte zu sagen, **wohin** der verdächtige Zigeunerknabe gekommen?

Der Junge war und blieb verschollen.

Kopfschüttelnd und **die Trophäen** seines verunglückten Jagdzuges mit abergläubischer Scheu betrachtend, kehrte das entmuthigte Streifcorps nach Hause, zeitweise nach einem Amulet langend. Hier mußte ja offenbar Zauberei im Spiele sein! Gelten doch die Zigeuner auch in Bosnien als geborne Hexenmeister, Teufelsbanner und Geisterbeschwörer.

Die Depesche, welche Mirra an Zobeide überbrachte, lautete:

„Blumig sei und verbleibe Euer Pfad! Im Städtchen Livno hat sich die Geschichte von der schönen Agapia*) wiederholt. Der

---

*) Die Geschichte von der schönen Agapia ist historisch und ereignete sich im Frühling 1841 in Bulgarien. Von der seltenen Schönheit dieser bulgarischen Helena oder Lucretia geblendet, ließ sie der Neffe des Pascha von Nischa mitten in einem Kolo entführen, und wollte sie, eine Heirath zu ermöglichen, zwingen, Muhamedanerin zu werden. Da sie allen Verführungskünsten widerstand, so wurde sie furchtbaren Martern unterworfen, die sie muthig aushielt. Wüthend über ihren Haß gegen den türkischen Glauben beschloßen die Richter, Agapia ihrer Jungfrauschaft zu berauben. Durch diese Drohung erschreckt, zog es die Bulgarin, wie man sich erzählt, vor, eine Türkin zu werden, und als ihre ganze Familie, der Vater an der Spitze, erschien, um sie aus den Händen des grausamen Pascha loszukaufen, so antwortete neue Aga daselbst verliebte sich in ein junges Christenmädchen und ließ es bei Nacht und Nebel entführen. Da aber die Dirne ihr Glück mit Füßen treten zu wollen schien, auch allen nothwendig gewordenen Züchtigungen ihrer Unart hartnäckig die Stirne both, so drohte ihr der Aga, die störrische Rose mit Gewalt zu brechen. Dies wirkte. Die Bosniakin trat zum Islam über. Die Männer von Livno schnaubten nach Rache, und hätten den Aga zweifelsohne in Stücke gehauen; zu seinem Glücke erschien jedoch der verdammte Csernagoraze Vuk, und beschwichtigte die empörten Gemüther. Es scheint also, als ob dieser geheime Leiter der bosnischen Schilderhebung die Zeit zur That noch nicht gekommen glaube. Die Rückkehr der Deputation, die sich nach Stambul begab oder hätte begeben sollen, dürfte er nach gewissen Wahrzeichen jedoch keineswegs abzuwarten gedenken, da er, wie ich aus verläßlicher Quelle erfuhr, nichts Geringeres bezweckt, als die Verbrüderung der Montenegriner, Bosniaken, Serben und Bulgaren zu einem einzigen selbstständigen und unabhängigen Volke. Diese Ansicht herrscht auch bereits in den benachbarten Paschaliks vor, weßhalb wir auf keine neuen Verstärkungstruppen von dort zu rechnen haben dürften. Nach meiner Meinung sollte man daher die Rajas zu irgend einem bewaffneten Tumulte reizen, und dann mit den bereits gesammelten Streitkräften ungesäumt über sie herfallen, bevor sie sich nämlich vollständig zu rüsten vermochten. Seid also auf Eurer Huth und wappnet Euch selbst bis an die Zähne! Ein paar überraschende Streifzüge, irgend ein Handstreich gegen die Rädelsführer der Abtrünnigen bedünkten mich bei der gegenwärtigen Sachlage sehr zeitgemäß, zumal die gefährlichste Revolution, wenn man ihr den Kopf

---

- man einfach, sie sei keine Christin mehr. Da ihre Verwandten dies Anfangs nicht glauben wollten, so rief man Agapia herbei, die natürlich trostlos in die Arme des Vaters stürzte und unter gemeinsamen Thränen und Wehklagen ihr jammervolles Loos beklagte. Die Kawassen oder türkischen Panduren machten jedoch der herzzerreißenden Scene bald ein Ende und jagten die christliche Hundefamilie, wie sie die Verwandtschaft Agapia's tauften, mit rohen Schimpfworten von dannen. Die reizende Bulgarin wurde in der Nähe der Stadt in sichere Haft gebracht, wo bereits mehre andere christliche Momas — junge Mädchen — demselben tristen Schicksal entgegensahen, nach erfolgter Apostase brutale Muselmänner zu heirathen. Die Bulgaren erhoben sich zwar in Massen, doch wurden sie nach blutigem Kampfe durch die türkische Uebermacht zur Flucht und Unterwerfung genöthigt.

abhackt, nur mehr noch Tage zählt und gleich darauf der Geschichte anheimzufallen pflegt. Möge das Schicksal Lorbeern auf den Pfad der Löwin von Travnik streuen!"

Lascaris.

„Melde deinem tapfern Herrn," sprach Zobeide zu Mirra, nachdem sie obiges Stück brieflichen Rapportes durchlesen, „daß wir Ihm für seine bedeutsame Mittheilung hoch verpflichtet sind und seine Rathschläge buchstäblich befolgen werden!"

„Meinen schwesterlichen Gruß an Gülnare," fügte Leila scheinheilig bei, „ich hoffe sie bald zu umarmen!"

Mirra nikte bejahend mit dem Haupte, verbeugte sich tief und verließ leichten Schrittes das Landhaus. Sonderbar! Die Richtung, in der er seinen Renner forttraben ließ, als er Travnik und Dolaz auf Kanonenschußweite im Rücken hatte, führte keineswegs unmittelbar nach dem alten Bergschlosse, in welchem die feindlichen Eheleute hausten.

Siebentes Capitel.

„Zigeunerdorf und Waldstraße.

Bosnien ist nach der von dem Franziskaner Franz Jukich von Banjaluka, Pfarrer in Bucar im Jahre 1841 zu Zara herausgegebenen, gewissenhaft abgefaßten Erdbeschreibung keineswegs arm an edlen wie unedlen Metallen. Man findet daselbst Golderz, Silber, Quecksilber, Blei, Kupfer und Eisen. Auch fehlt es nicht an Steinsalz und zahlreichen Mineralquellen. Mehre Flüsse führen Goldsand. Den gefeiertsten Namen in diesem wenig bekannten Kleincalifornien über der Save besitzt der Fluß Verbas, der unterhalb Alt-Gradiska in den oben erwähnten Strom fällt. Das Gold findet sich vorzugsweise in dem oberen Bette der Flüsse, ehe sich das Gewässer nach seinem Austritte aus den Gebirgen mit dem Schlamm oder Lehm in den fruchtbarern Thalgründen vermischte. Dieses Waschgold dankt seinen Ursprung zweifelsohne einer Auflösung metallführenden Gesteines, entweder in Folge des allmähligen Zerbröckelns einzelner losgerissener Maßen, oder als Ergebniß des Durchbruches einer Erzader durch zufälliges Sturzwasser. Da es mit vielem tauben Kiese vermischt ist, so verlohnt sich die Goldwäscherei natürlich nur dort, wo es in größerer Menge vorhanden, kurz wo die halbe Arbeit von selbst gethan worden. Dies geschieht nach starkem Hochwasser meist an dem Bug oder der Krümmung eines Flusses, indem das Wasser, das früher die gewaltigsten Lasten mit sich fortschleppte, bei dem spätern ruhigern Lauf seine schwerere Fracht daselbst absetzt und einzig mit der leichtern Bürde weiter strömt. Sobald also das Hochwasser zu sinken beginnt, eilen die Goldwäscher herbei, fassen den Sand mit hölzernen Schaufeln und schwenken ihn dann in kleinen Wasserbehältern so lange, bis sich all sein Goldhaltiges abwusch. Die Größe und das Gewicht des edlen Metalles wechselt von reinem Staub bis zur Größe eines Taubeneies. Reiner Staub trifft sich jedoch am häufigsten.

Die Goldwäscherei befindet sich in Bosnien fast gänzlich in den Händen der Zingani oder Zigani, wie hier zu Lande die Zigeuner genannt werden. Der Statthalter, mitunter auch ein Vornehmer aus der bevorzugten Klasse der Spahis, ertheilt einer Zigeunerbande die Bewilligung des Goldwaschens auf einer bestimmten Strecke eines Flusses oder in einem gleichfalls bezeichneten Bache, und zwar gegen einen jährlichen Lohn, der selten mehr als drei Dukaten unsern Geldes für jeden Goldwäscher zu betragen pflegt. Der Richter oder Hauptmann der Bande unterhandelt mit den Pachtgebern und ist dann demselben für die gesammte Frucht der Goldwäscherei seiner Sippschaft verantwortlich. Ebenso geht auch der Jahresgehalt durch seine Hände. Er ist also eine nicht unwichtige Person auf dem eigentlichen Lande.

Die Zigeuner wandern gewöhnlich aus den südlichern Provinzen der europäischen Türkei ein, und betreiben, wenn sie einzeln herumziehen, meist das Gewerbe eines Kesselflickers. Die Goldwäscherei hat jedoch dies wanderlustige Volk des Pharao hie und da zur Vereinigung bewogen, ja selbst zu dem Baue von Lehmhütten oder Holzhütten veranlaßt. Es gehörte der Pinsel eines Salvator Rosa dazu, um die wildromantischen Szenen in derlei Zigeunernestern, denn Dörfer wagt man sie fast nicht zu nennen, treffend zu schildern. Kinder beiderlei Geschlechtes gehen bis in ihr vierzehntes Jahr, ein kleines Stück Zeug ausgenommen, barfüßig bis an das Kinn, und selbst die ältere Bevölkerung bedeckt gerade nur so viel Blöße, als ein letzter Rest Schamgefühl gebietet. Schmutz hemmt die Schritte in jeder Hütte. Naht sich ein Fremder, so umschwärmen ihn hunderte von kleinen schwarzen Dämonen, die sein Mitleid mehr zu erzwingen als zu erbetteln versuchen. Das Lärmen und Zanken der Weiber und Männer, das Bellen der von den Muhametanern als unrein verschrieenen Hunde währt den ganzen Tag über, kurz die Bevölkerung des Nestes scheint fortwährend auf dem Kriegsfuße zu leben. Die Zigeuner verbleiben auch selten das Jahr hindurch in ihrer Niederlassung; die Meisten verschwinden im Laufe des Sommers und kehren erst wieder, wenn sie die Kälte und der Frost des Winters zwingt, ein Obdach zu suchen. Während der Wanderzeit, die übrigens bei Einigen durch das ganze Leben währt, ernähren sie sich wie in andern Ländern durch kleine Dienstleistungen, mitunter wohl auch durch Betrug und Diebstahl. Zudem sind sie auch in Bosnien so unverschämte Bettler wie anderswo, und besitzen dieselbe witzige und bestechende Manier, ein Almosen anzusprechen. So bettelte einmal ein Zigan mit einem Schwarm von völlig nackten Kindern den Schreiber dieser Zeilen an der Grenze der Kraina an und meinte, um seiner Bitte einen gewichtigen Nachdruck zu geben, er sei ein armer Mann und es koste ihn sehr viel, eine so große Familie zu kleiden. Der Zigeuner zeigt überhaupt selten eine Spur moralischen Selbstgefühles und läßt sich daher zu jedem noch so eklen Dienste gebrauchen. Dies erklärt die souveräne Verachtung des übrigen Landvolkes gegen den Flüchtling aus Egypten.

Unbekümmert um die verächtlichen Mienen ihrer Nachbarn hauste in einem der reizendsten Thäler Bosniens eine zahlreiche Zigeunerbande, deren Gewerbe einzig in der Goldwäscherei an einem mitunter ziemlich tiefen, doch nicht sonderlich breiten Bache bestand, welcher die Niederung jenes Thales durchfluthete und in Tagen von Hochwasser seinen vielfach gekrümmten Lauf mit betäubendem Geräusche bis zu seiner Mündung in den Verbasfluß fortsetzte. Die Hütten oder Hürden des Zigeunerdorfes, das etwa drei Fahrstunden von Riswan's Bergschlosse entfernt sein mochte, lagen auf einem geräumigen Plateau auf dem rechten Ufer des Baches, das sich etwa anderthalb Klafter über dem Spiegel des Wassers erhob. Dies Plateau war an der Stelle, an welcher ein schwankender schadhafter Steg nach dem entgegengesetzten Ufer führte, von einem Hohlweg durchschnitten, der in langsamer Steigerung nach einem Weideplatz für Büffel und sonstiges Hornvieh leitete und deshalb an seinem Ausgange durch eine Art Schranke gegen den willkürlichen Besuch der Herde gesichert wurde, da die Zigeuner das Erträgniß der Goldwäscherei auf diesem Pfade auf Schubkarren nach dem Dorfe zu bringen pflegten.

Der Büffel mit seinen tölpischen Bewegungen, seinem matten und gelben Auge, mit seinen über dem Halse umgebogenen Hörnern ist gewöhnlich zweimal so stark und beleibt als ein gewöhnlicher Stier und wird daher mit Vortheil zu dem Transport von Eisen, Salz und Steinen verwendet. Er gilt als das Kameel der europäischen Türkei; ist aber bei großer Sommerhitze und unvermuthetem Anblick von Wasser ein unverläßliches Saumthier, da er in Folge seiner übermäßigen Transpiration bei verlei Gelegenheiten unbekümmert um seine Fracht oder Last sich bis an das Maul in die ersehnte Pfütze oder Wasserfluth hineinwirft. Gereizt zeigt sich der Büffel wahrhaft fürchterlich und wehe dem menschlichen Gegenstand seines Grolles, wenn er ihn zu erreichen vermag! Der Unglückliche wird von der rasenden Bestie rein zu Tode getreten. Aus diesen Gründen hatte man auch die Büffel von dem Hohlwege abgeschnitten.

Das Dorf selbst zählte eine nicht unbedeutende Anzahl Hütten, welche aus besserem Materiale erbaut worden, und sich weit geräumiger und wohnlicher gaben als die gewöhnlichen Behausungen der Zigeuner. Namentlich zeichnete sich ein fast in der Mitte des Plateau befindliches Gebäude durch größeren Umfang wie durch einige Zierlichkeit der Außenseite vortheilhaft vor seiner Umgebung aus. Es war die Wohnung des Richters oder Hauptmannes, weshalb es auch das Rathhaus oder Hauptquartier genannt und von den übrigen Zigeunern nie anders als mit entblößtem und gebeugtem Haupte betreten wurde.

Der gegenwärtige Hauptmann war ein häßlich gelber betagter Zigeuner, der im Gegensatze zu seinem jungen im Dienste bei Lascaris stehenden Verwandten von den Bosniaken Marco, von den Moorwalachen aber Mirra der Aeltere benamset ward und in dem Rufe stand, ebenso pfiffig, abgetrieben und gewandt als betrügerisch, käuflich und abergläubisch zu sein. Mirra der Aeltere wurde in Folge dieser seiner Eigenschaften, wie Dank anderweitiger Talente eine sehr gewichtige Persönlichkeit, da er nicht blos seiner eigenen Bande gebot, sondern auch als Oberhaupt mehrer benachbarten Goldwäschereien über bedeutende Schätze zu verfügen hatte. Keine Rosen ohne Dornen! Seine glänzende Würde besaß auch eine trübe Schattenseite, da es in der Gegenwart seine Aufgabe geworden, das Wohl und die Sicherheit seiner Untergebenen im Getriebe der vielen politischen Parteien Bosniens zu wahren und zu fördern. Sein meist schelmisch schmunzelndes Antlitz gewann daher täglich einen trübern Ausdruck, namentlich zog der Alte bei der Ankunft Mirra des Jüngern, die am zweiten Morgen nach dessen Botenritt von Travnik erfolgte, ein sehr nachdenkliches und besorgtes Gesicht, kurz der Aermste schien auf Nadeln zu stehen.

„Du erwartest also deinen Herrn?" frug er mit unsicherer Miene.

„Mich wundert, daß er noch nicht eingetroffen ist!"

„Was will er von mir?"

„Das weiß ich nicht," antwortete der Junge mit einem verschmitzten Lächeln, das gerade das Gegentheil andeutete.

„Du lügst! Beichte oder ich lasse dich durchgerben!"

„Beides geht aus zwei Gründen nicht wohl an."

„Aus zwei Gründen?"

„Erstlich stehe ich nicht länger unter deiner abgeschmackten Zucht, zweitens kommt mein Herr so eben wie von einem Sturmwind getragen mitten durch deine Büffelherde dahergeflogen."

„Wohl mir, er ist allein!"

Also murmelte etwas heiterer der Alte und trat dann seinem hohen Besuche mit scheinheiliger Miene und demüthiger Haltung entgegen. Lascaris war an diesem Morgen herrlich anzuschauen. Er trug als Miri=Alai oder Obrist der Landwehrreiterei einen blauen, reich mit Gold verschnürten Dolmány, weiße Pantalons und hatte einen köstlichen Kalpak in die Locken gedrückt. Kein Maler der Welt hätte ein schöneres Abbild des Kriegsgottes zu liefern verstanden. Lascaris sprang ab, Mirxa dem Jüngeren die Zügel seines Hengstes zuwerfend.

„Hast du dich endlich entschlossen," frug er den Alten mit herrischem Tone, „deine Pflicht zu thun?"

„Ist es auch wirklich meine Pflicht?" antwortete zögernd der Zigeunerhauptmann.

„Du wirst doch dem Befehle des Pascha's von Travnik gehorchen?"

„In Serajevo ist man in diesem Punkte gegenwärtig sehr ungehorsamer Meinung."

Ein lebhafter Wortwechsel entspann sich.

Auch an dem andern Ufer des Baches gab es einen kleinen Wortstreit, und zwar an der Stelle, wo sich der oben erwähnte schwankende und schadhafte Steg befand. Dort hielt ein eben angekommener Wagen. Das Fahren ist zwar in den dortigen Gegenden nicht sehr in Gebrauch, doch pflegen die reicheren Muselmänner manchmal die lebendigen Rosen ihres Harem in einen eigenthümlich verzierten Wagen oder vielmehr in eine hühnersteigeähnliche Chaise zu setzen, welche äußerlich bemalt und vergoldet ist und gewöhnlich von Ochsen gezogen wird. Neben dem Joche der Ochsen ist ein hölzerner Bogen mit rothen Quasten und Franzen angebracht. Das **erwähnte** Fuhrwerk war jedoch etwas leichter gebaut, auch schnaubten

zwei tüchtige bulgarische Pferde an dem Gespanne. Ein wohlbe=
leibter Diener stand an diesem Wagen und wollte seiner Herrin
Gülnare wie ihrer Zofe Manda begreiflich machen, wie ihm der
Uebergang über den zwar nicht breiten aber ziemlich tiefen Bach sehr
gefährlich bedünke. Gülnare gab ihm keine Antwort, stieg ruhig aus
und eilte hastig nach dem Stege; Manda aber spottete des furcht=
samen Dieners und meinte, er fürchte in seiner Dicke, Schwere und
Unbehülflichkeit wohl nur einzig für seine eigene Sicherheit. Die
Worte waren profetisch, wie wir gleich sehen werden.

Auch die Rose von Serajevo nahm sich in ihrer Amazonentracht
wundervoll aus. Sie trug ein weißes Reitkleid, eine enganschlie=
ßende blaue, gleichfalls reich mit Gold gestickte und verbrämte
Servianka und einen köstlichen Gürtel von rothem Seidenstoffe, in
dem eine verschwenderisch mit Silber ausgelegte lange Pistole und
ein noch werthvollerer Handschar oder Yatagan staken. Anmuthig
nahm sich dazu das hübsche rothe Mützchen aus, das die Mädchen
der Morlaken in Montenegro und in Serbien zu tragen pflegen.
Es ist ein rundes, knappes, flachdeckeliges Käppchen von Tuch,
welches so hell und grell schimmert, daß man es schon von Weitem
wahrnimmt wie eine rothe Blume in der grünen Wiese. Der dalma=
tinische Dichter Tomaseo hat dieses rothe Mützchen zum Gegenstande
eines „il baretto rosso" — „das rothe Barett" — betitelten Ge=
dichtes gemacht. Es ist, wie gesagt, das Symbol der Jungfräulich=
keit, weshalb es die Bräute vor der Hochzeitsnacht für immer
ablegen. Die weiße Rose hatte freilich Grund, wie wir wissen, vor
der Hand mit dem Ablegen des Ehrenzeichens einer Blumenknospe
zu zögern.

Gülnare wie Manda gelangten rasch an das rechte Ufer, der
beleibte Diener gab aber eine zu gewaltige Last für die halbver=
morschten Bretter, der Steg brach ein und der Dickwanst verschwand
augenblicklich in den Gewässern des Baches. Der Aermste erhob sich
zum Glück rasch auf seine Beine und mühte sich halb schwimmend,
halb trippelnd nach dem eben verlassenen näher liegenden Ufer zu=
rückzugelangen, was er auch nach einiger Anstrengung in der That
bewerkstelligte, so daß er zwar mit einem nassen Bade, aber denn
doch mit heiler Haut aus der garstigen Klemme entwischte. Der
Lärm hatte die Zänker auf dem Plateau aufmerksam gemacht. Eine
flüchtige Röthe flog über das Antlitz des schmucken Lascaris, als er
Gülnaren erblickte.

„Es wird ein hitziges Scharmützel abgeben!" murmelte der alte Zigeuner bei Seite.

In diesem Augenblicke erscholl ein furchtbares Gebrüll. Auch die Herde auf dem oberen Weideplatze war durch das Getöse aufgeschreckt worden, und ein gewaltiger Büffel näherte sich, halb neugierig, halb unmuthig umherspähend, der Schranke, welche, den Hohlweg absperrte. Zum Unglück schimmerte die Schärpe wie das Käppchen Gülnaren's nur zu grell im heitern Sonnenlichte, und das ohnehin schon wuthschäumende Thier wurde bei dem Anblicke der verhaßten rothen Farbe wie des einladend blinkenden Wassers völlig rasend. Das mißgestaltete Ungethüm stürzte sich daher mit all seiner entsetzlichen Kraft auf das Holzwerk, und die Schranke, durch Zufall oder Nachlässigkeit schlecht befestigt, sprang auf und flog dann auf ihren Angeln nach der einen Seite des Hohlweges. Der Büffel stutzte ein paar Momente, bald aber setzte er sich mit gesenkten Hörnern und unheimlich funkelnden Augen in seinen raschesten Lauf.

Gülnare schien verloren!

Rückwärts der steglose Bach, zu beiden Seiten die Wände des Plateau, am Rande des Gewässers anderthalb Klafter hoch aufsteigend, vorn blind anstürmend der unerbittliche häßliche Feind! Schreckliche Lage! Wohl langte die Tochter Riswan's entschlossen nach der Feuerwaffe im Wehrgehänge ihres weißen Reitkleides, aber was sollte eine Pistolenkugel gegen das gewaltige Büffelthier, das selten aus einem Kugelstutzen auf den ersten Schuß eine tödtliche Ladung erhält?!

Und doch war Hilfe nahe!

In diesem gefährlichen und entscheidenden Augenblicke sprang ein hochgewachsener Mann von dem höchsten Kamme des Plateau in den Hohlweg, und warf sich nicht blos zwischen das reizende Weib und das abscheuliche Unthier, nein, er schritt dem schnaubenden vierfüßigen Satan hastig entgegen, eine Gluth im zornigen Blicke, welche den Büffel stutzen machte, ja seinen raschen Anlauf momentan hemmte. Der Zusammenstoß erfolgte demungeachtet mit furchtbarer Heftigkeit; es war aber nicht der Mensch, der umgestürzt wurde, nein, es war das ungeschlachte Thier, das der Retter in der Noth mit der Gewandtheit eines bosnischen Rinderhirten, aber mit zehnfacher Stärke an den kurzen Hörnern faßte und es — Anfangs weislich ein paar Schritte zurückweichend, dann aber um desto gewaltiger vorwärts drückend — mit umgedrehtem Halse zu Boden schleuderte. Der gestürzte Büffel ward im nächsten Augenblicke von einer Unzahl Hunde, welche die Zigeuner mittlerweile losgelassen, buchstäblich überdeckt und daher in Bälde gänzlich kampfunfähig. Der Retter hob Gülnaren wie ein Kind empor und trug sie auf seinen starken Armen nach dem Plateau. Ein Blick inniger Zärtlichkeit haftete auf ihrem Antlitze. Ward er erwiedert? Mich dünkt es fast so, obgleich die flüchtige beiderseitige Augensprache kaum eine Secunde währte und dann dem angelobten kalten und steifen Zwange für immer zu weichen drohte.

Es war Lascaris, welcher die verzweifelnde Lage seines Weibes gewahrend, ohne eine Minute zu zögern, sich zwischen Gülnare und ihren häßlichen Tod geworfen. Mirra der Jüngere leitete später die Zofe, welcher die bissigen Hunde fast noch mehr Seelenangst verursachten als der besiegte Büffel, schirmend nach der mehrerwähnten Anhöhe.

Dem Leser diene zur Nachricht, daß das Kraftstück, ein Rind bei den Hörnern zu fassen und durch hastiges Umdrehen des Halses zu Boden zu werfen, nicht blos von den bosnischen Rinderhirten und den Gulyás auf den ungarischen Pußten häufig ausgeführt wird, sondern auch von handfesten Bankknechten auf den Schlachtbänken in den Städten fast eben so oft mit gleichem sieghaften Schlusse nachgeahmt zu werden pflegt. Bei den kurzen Hörnern und dem gedrungenen Halse des Büffels braucht es dazu wohl noch etwas mehr Gewandtheit und Stärke.

Gülnare wußte nichts von schwachen Nerven.

Ihr Antlitz wies daher in der nächsten Viertelstunde den alten Stolz, die gewohnte Ruhe.

„Was führt Sie, Lascaris," frug sie mit fast eisigem Tone, „in dies abgelegene Zigeunerdorf?"

„Mein hassenswerthes Geschick!"

„Ihr hassenswerthes Geschick?"

„Zu dienen! Es scheint einmal mein Schicksal zu sein, überall als Gegner Ihrer Liebenswürdigkeit auftreten zu müssen."

„Also spielen Sie hier die Rolle eines außerordentlichen Botschafters?"

„Ja wohl! Ich stehe hier als Gesandte des Halbmondes wie Gülnare zweifelsohne die Ansprüche der Spahis vertritt."

„Dann haben wir feindlich abermals eine gewichtige Lanze zu brechen!"

„Ich höre bereits die Trompete erdröhnen!"

„Ich sitze gleichfalls bereits fest im Sattel!"

Nach diesen Worten wandte sich Gülnare an Mirra den Aeltern und frug mit herrischem Tone:

„Was fordert der Botschafter des Pascha von Travnik von dir?"

„Ablieferung des gesammten Gewinnes unserer Goldwäscherei zu Händen des Muschir!"

„Und wie lauten meine Wünsche?"

„Uebergabe dieses Gewinnes an die Spahis gegen Auszahlung der uns gebührenden Prämie."

Die Goldwäschereien, welche Mirra der Aeltere leitete und überwachte, waren seinen Zigeunern nämlich ursprünglich von mehren bosnischen Grundherren zur Ausbeutung übergeben worden; in der gegenwärtigen Geldklemme, einer Folge des Versiegens aller Einnahmen durch die meuterische Weigerung der Bosniaken, fand sich jedoch Bali Jussuw veranlaßt oder vielmehr gezwungen, den Gewinn sämmtlicher Goldwäschereien im Lande als Eigenthum des Staates zu erklären.

„So ist es! Ich kam," fuhr Gülnare fort, „den Goldsand im Namen meines Vaters Riswan wie unserer Nachbarn zu übernehmen."

Eine kurze Pause erfolgte. Lascaris lächelte ironisch vor sich hin, der Zigeunerhauptmann rieb sich verlegen die Hände.

„Hast du dich entschieden?" frug die Amazone mit ärgerlicher Stimme.

„Ich brauchte noch ein paar Tage Bedenkzeit."

„Kann nicht bewilligt werden! Jetzt oder nie! Wie lauten meine Beweggründe?"

„Vuk und seine Haiduken! Man nimmt im Weigerungsfalle mit Gewalt, was ich leider nicht zu vertheidigen vermag. Auch fällt dann die uns gebührende Prämie hinweg, so sauer wir sie auch verdienten."

„Lascaris," sprach Gülnare, „wollen Sie gefälligst Ihre Beweggründe angeben!"

„Ich meine, der Pascha von Travnik hat über ein paar tausend sehr spitzige Bajonette regulärer Truppen zu verfügen."

„Diese Bajonette," entgegnete die schöne Gegnerin höhnisch, „sind fern, Vuk aber ist nahe!"

„Das ist allerdings wahr," meinte Lascaris, „aber höre mich, wohlbestallter Zigeunerhauptmann, ruhig an: Vuk und seine Leute können dir freilich kraft des Faustrechtes den gewonnenen Goldstaub abnehmen, dann aber sind sie als Räuber dem Pfahle verfallen, zudem hast du überhaupt für deine eigene Haut nichts von diesen Landstreichern zu fürchten. Ich aber habe da zwei Papiere, welche dich noch mehr interessiren dürften. Sie sind freilich türkisch beschrieben, doch bin ich gerade in der Laune, dir ihren Inhalt bereitwilligst zu übersetzen, falls du jener Sprache wie des Lesens insbesondere nicht kundig sein solltest. Das eine Papier ist ein sehr sorgfältig ausgefertigter Steckbrief, wie man es in der Militärgrenze drüben nennt, der eine ganz genaue Beschreibung deiner anmuthigen alten Persönlichkeit enthält. Das zweite Dokument besteht in nichts Weiterem als in einem gemessenen Befehl an alle reguläre Truppen, Landwehrreiter und Kawassen in Bosnien, sich mit den Waffen in der Hand deiner als eines Veruntreuers großherrlicher Einkünfte zu versichern und im Falle des Flüchtigwerdens auf dich wie auf deine gesammte sonnenverbrannte Sippschaft hier sowohl wie bei den andern Goldwäschereien als auf räudige Hunde und vogelfreie Lumpe bei Tag und Nacht unaufhörlich Jagd zu machen. Du siehst, es ist ein für euch sehr schmeichelhafter Ferman."

Ein ängstliches Gemurmel lief bei dieser Drohung durch die Reihen der Zigeuner, die Widerspenstigkeit Mirra des Aeltern gegen die Wünsche des Vali zu Travnik schien besiegt, und Gülnare gab selbst den Zweck ihrer Gesandtschaft für verloren. Da erschien ein neuer Verbündeter zu Gunsten des Kreuzes auf dem Schlachtfelde. Es war der Bruder Melissa's, der Enkel des alten Abbas, der stämmige Dane. Der Morlake zog vor der Rose von Serajewo achtungsvoll die Mütze und überreichte ihr einen mit einer Rohrfeder ziemlich unleserlich beschriebenen Streifen Papier. Das Schreibzeug in der Türkei besteht nämlich in einem messingenen Tintenfaß, das die öffentlichen Schreiber auf den Bazars, meist Griechen, im Gürtel tragen, dem Kalem oder der Rohrfeder in einem Etui, nebst dem Kalemtrach oder Federmesser. Man schreibt gewöhnlich auf dem Knie. Gülnare las triumphirend mit lauter Stimme:

„Sollte die Drohung mit dem Zorne Vuk's den zähen Zigeunerhauptmann zur Uebergabe des Goldstaubes nicht zu bewegen vermögen, so beliebe man ihm einfach zu sagen, daß auch Abbas der Flüsterer dasselbe Verlangen hegt, ferner augenblicklichen Gehorsam fordert, widrigen Falles — — —"

Abergläubische Scheu ergriff bei dem Namen Abbas die Zigeunerbande. Mirza der Aeltere gab sich bei den Worten „widrigen Falles" als ein schauerliches Jammerbild der Angst und Verzweiflung. Seine Knie schlotterten, alle seine Glieder zitterten, das Antlitz wurde erdfahl, die Zähne schlugen hörbar zusammen.

„Ich bin verloren!" stöhnte er fassungslos.

„Ermanne dich, Alter," sprach Gülnare, „es folgt nichts weiter auf dies „widrigen Falles"!"

„Isis sei gepriesen!" keuchte der kleine Mann.

Dann gab er hastig den Befehl, das bisher gewonnene Waschgold gegen Empfang der Prämie eiligst über den von ein paar Zigeunern mittlerweile hergestellten Steg nach dem Wagen Gülnaren's zu schaffen, ein Befehl, der augenblicklich befolgt wurde.

„Herr," sprach hierauf Mirza der Aeltere, sich gegen Lascaris wendend, „wenn Sie mich erwürgen, schinden, bei lebendigem Leib verbrennen lassen, ich könnte doch nicht anders handeln! Thun Sie jetzt Ihr Schlimmstes!"

Der Knesin blickte mitleidig auf den verzagten Mann.

„Ich bin aus dem Felde geschlagen worden," begann Lascaris nach einer Pause ruhig und ohne den mindesten Anklang des Unmuthes in seiner Stimme, „aber ich hatte es mit meiner eigenen Frau zu thun, und das besagt viel bei Einem, der türkische Sitte liebt, denn selbst der Seraskier wagt sich nicht in Gegenwart der Gulis Khanum, wie seine Ehehälfte heißt, zu setzen, bis sie es erlaubt! Deshalb tröste dich, alte Memme, ich will dir ja noch obendrein aus der Klemme helfen und den Steckbrief wie den Ferman zur Stunde in Stücke reißen. Als Ausrede gelte meine eigene Saumseligkeit. Ich bin, also werde ich sagen, zu spät gekommen, und du hattest dein Waschgold nach einem verzweifelten moralischen Widerstande zu Händen der dafür haftenden Spahis abgeliefert. Gott zum Gruße!"

Nach diesen trostvollen Worten ergriff Lascaris den Arm seines ihn freundlich, ja fast bewundernd anblickenden Weibes und geleitete die sieghafte Gegnerin mit ritterlicher Artigkeit bis zu ihrem am jenseitigen Ufer harrenden Wagen.

„Darf ich Ihnen," frug er, „noch länger als Schirmwache dienen?"

„Danke höflich," entgegnete Gülnare mit der früheren, jetzt aber erheuchelten Kälte, „ich habe nichts zu befürchten!"

Lascaris entfernte sich mit achtungsvollem Gruße.

Der Wagen rollte hastig über die schmale einsame Straße durch die schweigsamen Wälder. Manda behauptete später in einem traulichen Gespräche mit der befreundeten Zofe Leila's, Gülnare habe sich ein paar Mal, zweifelsohne gegen ihren Willen, umgesehen, aber der bekannte herzliche Rappe wie sein Reiter sei leider nicht sichtbar geworden, wie ein leichter Seufzer der Herrin verrätherisch kundgegeben. Seltsame Räthselwelt in der weiblichen Brust!

Etwa anderthalb Stunden mochten vergangen sein, seit der Wagen das armselige Zigeunerdorf verlassen hatte, als sich der Himmel umwölkte, und ein kalter Wind von den Bergen zu wehen begann. Der Kutscher hieb fröstelnd in die Pferde, und im schärfsten Rennen ging es über den sogenannten Hals, der aus dem Gebirgswalde in den Thalgrund führte, durchwegs zerklüftetes Gestein, hier ein Felsblock breit und hoch, dort eine Kluft abschüssig und tief, zerrissener Boden mit Eisenschlaken bedeckt, ein ewiges, unveränderliches Denkmal der Stunde, in der hier einst die Brust der Mutter Erde erzitterte, und aus ihrem Munde zwar nicht Blut, aber Lava in Strömen floß, wenn anders die Sage, welche in diese Gegend einen längst ausgebrannten Vulkan verlegte, auf Wahrheit begründet ist. Der düstere Anblick trug noch mehr zur Verstimmung der Knesin bei. Auf der Mitte des Halses ragte ein hoher Felsen hart an der Waldstraße empor, hinter ihm zog sich ein breiter, aber nicht sehr tiefer Riß nach der Ebene hin. Die Reisenden hatten noch eine gute Fahrstunde nach dem Bergschlosse zurückzulegen.

„Wir werden entweder getauft oder angefallen," begann Manda kleinlaut, „der Regen droht in jeder Minute vom Himmel zu fallen, und die Spitzbuben könnten es nirgends bequemer haben als in dieser abgelegenen Gegend."

„Hasenfuß," entgegnete Gülnare, „regnen kann es freilich, aber türkisches Räubergesindel wagt sich schwerlich so weit in die Nähe von Serajevo herab. Von unsern heimischen Haiduken haben wir ja nichts zu besorgen."

In diesem Augenblicke erscholl ein gellender Pfiff und der Kutscher hielt bestürzt die Pferde an, denn etwa hundert Schritte vor dem Wagen, der eben um eine Ecke gebogen, sperrte eine frisch gefällte Buche die Waldstraße.

„Sie haben es doch gewagt, diese Lumpe," jammerte die Zofe, „vorwärts, was die Rosse laufen können!"

Umsonst!

Die Straße war, wie gesagt, gesperrt, auch wäre es viel zu spät gewesen. Aus allen seichteren Rissen, aus allen niederern Klüften kam es vorn und hinten, rechts und links um die Felsen herumgesprengt auf den kleinen unermüdlichen bosnischen Rossen. Es mochten an fünfzig Wegelagerer sein, grimmig blickend, bis an die Zähne bewaffnet, des drohenden Regens wegen in die warme Opaklia — Schafpelz — gehüllt. Ihr Anführer ritt einen Fleckenschimmel mit Glasaugen, führte zwei tüchtige Sackpistolen, hatte einen ungeheuern Korbsäbel am Wehrgehänge und einen Kugelstutzen über die Schulter hängen.

Es war Mustapha.

Der Schurke ritt ganz gemächlich heran und rief schon aus der Ferne:

„Den Goldstaub oder das Leben!"

Gülnare spannte zur Antwort den Hahn ihrer langen Pistole. Plötzlich erdröhnte der weithinschallende Hufschlag eines wie rasend dahinjagenden Rosses. Die Herrin blickte freudig überrascht nach rückwärts. Diese Unachtsamkeit wußte der erfahrene Mustapha augenblicklich zu benützen. Er sprengte wie ein Pfeil an den Wagen und schlug seiner schönen Gegnerin die Feuerwaffe aus der Hand.

„Der Ueberfall," hohnlachte er, „ist vollkommen gelungen!"

Der Räuber hatte kaum ausgesprochen, so flog auch schon ein Reiter im Dolmány um die früher erwähnte Biegung des Weges, und der Fleckenschimmel mit Glasaugen wälzte sich im nächsten Momente sammt seinem Eigenthümer überritten am Boden.

„Du hast schmählich gelogen," donnerte der Sieger, „es muß heißen, der Ueberfall wäre gelungen, wenn dieser Rappe hier den Spath hätte, oder sein Reiter Lascaris am Knieschwamme litte!"

Die Gefahr war aber noch lange nicht beschworen. Die berittene Bande ließ die Hähne ihrer Pistolen knattern. Nun kam es zu einem Seitenstück der Bravour, die Vuk unlängst bei der Rettung des türkischen Kouriers Ali bewiesen.

„Meuterei!" fluchte Lascaris mitten unter die Strauchdiebe sprengend, „habt ihr überhört, daß ich Lascaris heiße, also Mannes genug bin, euch Pfuscher sämmtlich zu Brei zu dreschen! Streckt die Waffen, oder der Satan zählt, ehe die nächste halbe Stunde um ist, um ein paar Dutzend höllische Handlanger mehr!"

Die Räuber stutzten.

Der gefürchtete Name wie die Obristenuniform der Landwehr= reiterei verblüfften sie bedeutend. Das Leben des tollkühnen Lascaris hing demungeachtet an einem Haare, denn Mustapha hatte sich mitt= lerweile aufgerafft und schlug bereits mit dem Kugelstutzen auf sei= nen Gegner an, als Mirra der Jüngere, der gleichfalls herbei= gesprengt kam und den aufgesprungenen, fast scheu gewordenen Fleckenschimmel auffing, dem erzürnten Wegelagerer die Worte in das Ohr flüsterte:

„Siehst du denn nicht, daß es Lascaris ist? Willst du deinen Monatssold von zwei Beuteln einbüßen?"

Mustapha setzte mechanisch ab.

„Den größten Theil des Waschgoldes," fuhr der Zigeuner= knabe leise fort, „müßtest du doch nach Travnik abliefern, und den unterschlagenen Rest noch obendrein mit deinen Leuten theilen. Der Monatssold verbleibt aber dir allein."

Der Renegat zögerte noch immer.

„Schließlich," meinte Mirra, „sind nicht wir, sondern ihr seid in einen garstigen Hinterhalt gerathen. Glaubst du, unsere Herrin sei ohne sichere Bedeckung gereist? Blicke einmal nach jener Höhe rechts! Dort wimmelt es bereits von drohenden Gestalten. Es sind Haiduken. Ehe fünf Minuten um, ist dein Leben keinen Schuß Pul= ver mehr werth!"

Die Angabe des Zigeuners hatte ihre volle Richtigkeit, wie sich Mustapha auf den ersten flüchtigen Blick überzeugte. Ein paar Minuten Zögern und die Bande war umgangen, mußte auf dem durchschnittenen Terrain, darauf sie sich als Reiterei nur schwerfällig bewegen konnte, schmählich, ja so zu sagen ohne Widerstand die Waffen vor den verhaßten ungläubigen Hunden strecken.

„Aufgeschoben," murrte der Räuberhauptmann, „ist nicht auf= gehoben!"

Dann warf er sich hastig auf den Schimmel, rief seine Leute zusammen und sprengte mit ihnen eilig die Bergstraße hinan. Er war in seine eigene Schlinge gefallen, denn die frischgefällte Buche sperrte den Weg thalabwärts jetzt seinen Reitern so gut als früher dem Wagen der Reisenden. Die Haiduken kamen näher heran, zogen sich aber, als sie alle Gefahr beseitigt sahen, ehrfurchtsvoll grüßend nach der waldigen Anhöhe zurück. Ein Dutzend derselben sprang jedoch auf die Straße, schleifte den Buchenstamm bei Seite und blieb, Plänkler ausschickend, mit scharfgeladenen Gewehren als

Sicherheitsposten zurück, was sehr nöthig, falls die versprengten Buschklepper anders einen zweiten Angriff hätten versuchen wollen.

„Es war doch sehr vernünftig von mir," sprach Lascaris, am Wagen Gülnaren's dahingallopirend, „daß ich trotz Ihrem ablehnenden Bescheide als geheime Sicherheitswache nachtrabte. Sie hatten zwar bereits früher, wie ich eben sah, für eine hinreichende Leibwache gesorgt, aber Fußvolk kommt meist zu spät, wenn der Ueberfall durch Reiterei geschieht."

Gülnare dankte mit einem freundlichen, fast zärtlichen Blicke.

Mit einem fast zärtlichen Blicke?

Und warum nicht?

Hatte ihr doch Lascaris an einem Tage, so zu sagen, zweimal das Leben gerettet!

Grimmiger lautete der Gedankengang Mustapha's.

„Ich habe Pech in Allem," grollte er, „seit ich mit diesem verdammten Buk zusammengerathen! Der wenigstens soll mir nicht entkommen! Ich wollte ihn früher blos bei gelindem Feuer rösten, jetzt aber soll er an seinem eigenen siedenden Athem verbrennen, oder ich will nicht Mustapha der türkische Schnapphahn, sondern Gusak, der Gänserich heißen!"

Achtes Capitel.

Kuß und Schuß.

In dem Städtchen Livno, dem alten Helunum mit etwa fünfzehntausend Einwohnern, herrschte um diese Zeit fast noch größere Aufregung, als an dem Tage, da der neu ernannte Aga, wie Lascaris in seinem Schreiben an Zobeide erzählte, jene schöne Bosniakin gewaltsam entführen ließ. Man hatte nämlich in Erfahrung gebracht, daß die Aermste keineswegs zu dem Islam geschworen, sondern sich nur zu diesem Uebertritt bereit erklärt habe, falls man ihr früher hinreichenden Unterricht in der muhamedanischen Religion ertheilen würde, ein Geschäft, was sich die türkische Geistlichkeit nunmehr äußerst zu Herzen nahm. Ein junger, ziemlich bemittelter christlicher Kaufmann, der die entführte Schönheit liebte, benützte die Galgenfrist, schlug fast sein halbes Vermögen in die Schanze und wußte so bei dem von Geldmangel gedrückten Pascha Jussuf einen Ferman zu erwirken, kraft dessen die erwähnte Moma — junges Mädchen —, da sie noch nicht zu dem Glaubensbekenntniß des arabischen Propheten übergetreten sei, augenblicklich in Freiheit gesetzt werden sollte. Der Aga aber verläugnete nicht nur diesen Ferman, indem er ihn Vorsichts halber fortwährend bei sich trug, sondern er ließ sogar den jungen Kaufmann fälschlich eines Verbrechens beschuldigen und vor sich schleppen. Der Bosniake verwarf die Klage mit Unwillen, ja er legte selbst Hand an den Barbaren. Als er aber auf Letztern lossprang, wurde er von den Wachen gehalten und die Balta — ein kleines metallenes Beil — des Aga riß ihm die Seite auf, von der Achselhöhle durch die Rippen. In diesem Zustande ward der Unglückliche in ein unterirdisches Gefängniß in Gestalt eines Käfigs

9 *

geworfen.*) Bald jedoch wurde der Kerker von den wüthenden Einwohnern umringt, und der bosnische Aufstand wäre, da der Beschwichtiger Buk nicht zugegen war, zweifelsohne zu Livno ausgebrochen. Zum Glücke oder Unglücke rückte in diesem Momente ein reguläres türkisches Bataillon, aus Bulgarien kommend, in dem Städtchen ein. Der Bimbaschi oder Major dieses Bataillons, ein Mann, der in Wien, Paris und London gewesen, gab sich, als er das wahre Sachverhältniß erfuhr, fast noch entrüsteter als die Bosniaken, und ließ den Verwundeten durch eine verstellte Flucht aus dem Kerker entspringen, ja er gelobte selbst die Moma aus ihrer Haft zu befreien, falls man ihm anders den Ferman des Pascha vorweisen würde. Dies hatte nun allerdings seine Schwierigkeit. Der junge Kaufmann suchte daher nach Serajevo zu gelangen, wo er Gülnaren's Hilfe in Anspruch zu nehmen wagte. Diese entschloß sich nach langem Kampfe Lascaris zu Rathe zu ziehen, um Beistand anzusprechen.

„Ich glaube, wir werden es durchsetzen," entgegnete dieser nach einer längeren Pause, „falls sich anders der Enkel des Flüsterers mit der Sache befassen will. Er ist mir zwar nicht grün, aber Ihnen zu Liebe wird er wohl seinen gewichtigen Einfluß in die Wagschale werfen."

„Danc? Welchen Einfluß kann er besitzen?"

„Er ist ein schmucker Bursche und in Klein-Madara sehr gut angeschrieben."

Gülnare erröthete bei diesem Namen bis über die Ohren. Pflegen doch die türkischen Dandy, wenn sie ihn hören, ihren Bart mit einer ganz eigenthümlichen Koketterie zu streicheln. In der Walachei und zwar in der Gegend von Schumla liegt nämlich ein großes Dorf, Madara oder Schamli geheißen, das zur Heimath eines orientalischen Don Juan geschaffen scheint, zudem durch langjährige Sitte als ein geheiligtes Asyl betrachtet wird. Es soll blos von

---

*) Keine Erdichtung! Nur fand diese Geschichte in dem Dorfe Atheto auf der griechischen Halbinsel statt. Das Mädchen hieß Aglaë und war die Tochter des dortigen christlichen Primaten. Der Verlobte, ein Sohn des Primaten von Talanti am Golfe Volo, ging später unter die Klephten. Unser Gewährsmann ist der berühmte Brite Dr. Urquhart Esquire, den man bei seiner bekannten Vorliebe für die Türken doch gewiß keiner Partheilichkeit bezichtigen darf.

zweihundert muhamedanischen Weibern bewohnt sein, die sich in Gemeinschaftsleben seit geraumer Zeit durch alle jungen und schönen Frauen und Dirnen aus der Nachbarschaft ergänzen, die sich der Rache eines betrogenen Ehemannes oder dem Zorne der Eltern entziehen wollen. Eine derlei sonderbare Kolonie hatte sich auch in der Nähe von Livno gebildet, die man daher Klein=Madara nannte. Die Frauen im Oriente, meint Urquhart, besitzen überhaupt Vorrechte, von denen man sich bei uns im Abendlande nichts träumen läßt. Dem Enkel des Flüsterers, einem derben schönen Burschen war es nun gelungen, eine der hochstämmigsten und kraftvollsten Schönheiten dieser Kolonie zu erobern, der auch der Aga des Städtchens, ein Freund der Vielweiberei, seit Längerem brünstig, jedoch vergeblich nachgestellt hatte. Lascaris hütete sich natürlich weislich, das Ohr seines keuschen Weibes durch Mittheilung dieser buhlerischen Geschichte zu verletzen. Er meinte einfach, die Sache werde und müsse sich machen. Dane sagte seinen Beistand auch ohne Widerrede zu.

An einem der nächsten Morgen erschien in der Wohnung des Aga eine weibliche Gestalt, welche einem Westländer als ein lebendig gewordener, herumwandelnder Rebus erschienen wäre. Jachmak und Feredschi, Schleier und Mantel umhüllten sie fast undurchdringlich. Der Türke kannte sie übrigens recht wohl. Es war die Dienerin jener kraftvollen Schönheit Fatimeh, ein Liebesbote aus Klein=Madara. Dieser seltsame Botschafter überreichte dem Freunde der Vielweiberei eine Blume, flüsterte „Heute Abend", und verschwand dann geräuschlos wie er gekommen. Der kleine Aga Ibrahim ward roth und bleich, er schien das Opfer einer unverhofften freudigen Aufregung. Besagte Blume war nämlich eine Muschirumi, auf welches Wort es in der ganzen türkischen Sprache nur den Reim Jbsferumi gibt. Ein Liebhaber oder eine Verliebte weiß also auf den ersten Blick, daß die Antwort auf diesen Selam nichts weiter als handgreifliche Zärtlichkeit, brautnächtige Liebe sein könne. Der Aga konnte das Herandämmern des Abends kaum mehr erwarten und schwang sich, als die ersehnte Stunde schlug, zitternd vor Sehnsucht und Begierde in den Sattel eines flinken Pferdes, das auch mit der Schnelligkeit des Blitzes nach dem Dorfe Klein=Madara hinbrauste.

Fatimeh war in der That ein kraftvolles, fast riesiges Weib von hochstämmigem und üppigem Wuchse, der durch das tuchene rehfarbene, auf dem Rücken und um die Mitte des Leibes reichgestickte Oberkleid, das sich dem Körper gleich einem Küraß anschmiegte, wie durch die weiten Hosen von zartgefärbtem Chali noch mehr hervorgehoben wurde. Dazu noch der hochwogende, üppige Busen, die schneeweißen schöngerundeten Arme, die dunklen Augen mit den durch Kunst noch schwärzer gewordenen Augenbrauen, die rothbemalten Nägel, kurz wie sie da lag in herausfordernder Stellung ihrer gigantischen Formen, gab sie ein vollendetes Musterbild einer Vollblutasiatin, und das reicht, wie uns bedünkt, hinlänglich aus für Sachverständige im Harem.

Sie schien ihre Reize auch fruchtbringend angelegt zu haben. In dem Gemache, wo sie den Aga erwartete, fehlte es keineswegs an weichen wogenden Divans, schweren und faltenreichen seidenen Vorhängen, vielfarbigem Glase und kristallenen Blumenbehältern. Selbst das unentbehrliche Manghal, ein oben offener, mit glühenden Kohlen gefüllter kupferner Kessel, an dem die Pfeife angezündet und der Kaffee gekocht wird, war von eleganterer Form, als man sie gewöhnlich in Bosnien zu treffen pflegt. Auch für den Magen und die Gurgel war bestens gesorgt. Es fanden sich alle jene türkischen Leibgerichte und Lieblingsgetränke, deren wir bei Gelegenheit der Hochzeitstafel auf Riswan's Bergschlosse erwähnt haben. Was Wunder, daß sich der kleine Ibrahim in Bälde in Mahomed's Paradies an die Seite einer unwiderstehlichen Houri verzaubert glaubte!

In einem Nebengemache geduldete sich indessen Dane auf den Rapport über das abgekartete Stelldichein. Nach einer Stunde peinlichen Harrens erschien endlich Fatimeh mit nachdenklicher, sorgenvoller Miene. Sie schien ihres Sieges nicht sicher zu sein.

„Bei meinen Augen," sprach sie mit ärgerlichem Tone, „wir haben es mit einem wundervollen Sheitan zu thun! Ibrahim ist ein Theriaki, ein Opiumesser. Das habe ich nicht gewußt. Bei diesem Manne greift kein Wein, nicht einmal mein stärkster Schlaftrunk an. Gewalt, mit Hilfe meiner Nachbarinen und Sklavinen, darf ich bei einem Aga nicht gebrauchen. Dies könnte das fernere Bestehen unserer jungen Kolonie gefährden. Mögen räudige Hunde auf dem Grabe seiner Väter verenden!"

„Teufel," entgegnete Dane, „sollte die Bestie auch zwischen den Rosen der Liebe so streitbar bestehen als unter Vater Noah's blühenden Reben?!"

„Du wagst mir doch nicht den Vorschlag zu machen," zürnte

die Türkin mit wetterleuchtenden Augen, „den Ball für diesen hündischen Schlegel abzugeben?! Mögen Geier deine Leber zerhacken!"

„Ich würde dich," rief Dane, seinen Verstoß gewahrend, mit erkünsteltem Ingrimm, „mit meinen eigenen Händen erdrosseln, aber der Wunsch unseres Gönners und Wohlthäters Riswan muß in Erfüllung gehen, koste es, was es wolle!"

Der Morlake, der die Eifersucht einer Türkin kannte, nannte weislich den Vater statt der Tochter.

„Hast du Gold bei dir?" frug Fatimeh.

„Im Ueberflusse!"

„Dann ist er geliefert! Des Teufels Großmutter wird helfen."

„Die Großmutter des Teufels?"

„Ja, so nennen ein paar entlaufene Renegatenweiber unter uns meine Nachbarin, eine Negerin mit freilich schon etwas grauen Haaren, aber mit Formen ausgiebig wie meine, drall genug für diesen Schatten eines Mannes!"

Mit diesen Worten verschwand Fatimeh. Für unsere abendländischen Leser sei hier beigefügt, daß Negerinen auch in den Harems der nördlichsten europäischen Türkei keine Seltenheit sind. — Mit den Ränken, wie sie in den morgenländischen Serails oder Frauengemächern üblich, seit seiner frühesten Jugend vertraut, war der Aga durch das längere Ausbleiben Fatimeh's argwöhnisch geworden und beschloß auf seiner Huth zu sein, beruhigte sich aber, als die rückkehrende Schönheit ihre Zärtlichkeit verdoppelte, ja auch dem Schiraswein trotz des Verbotes des Profeten sehr gewaltig zusprach, sei es aus angeborner Neigung, sei es um ihrem Athem zu gleichem Beigeschmack wie Ibrahim zu verhelfen. Beide begaben sich dann in das eigentliche Schlafgemach.

Der Aga ward mit jeder Minute unverschämter und zudringlicher. Fatimeh hatte sich vollständiges nächtiges Dunkel ausbedungen. Ibrahim stutzte aufs Neue, verriegelte und untersuchte daher das Gemach seiner Herzensdame mit lobenswerther Vorsicht. Also beruhigt hatte er dann nichts weiter gegen das gänzliche Verdunkeln des Zimmers einzuwenden, und lagerte sich aufgeregt auf die weichen und wogenden Kissen. Fatimeh trat nun unter irgend einem Vorwande hinter eine Art Schrank. Da ertönten Liebeslieder und türkische Melodien auf einer der Viole d'amour ähnlichen Geige, auf Tambura's, Lauten und sogenannten Derwischflöten. Fatimeh's Dienerinen waren die vor den Fenstern aufgestellten Musikanten.

Gleichzeitig aber öffnete sich ein Fallboden, eine geheime Versenkung leistete geräuschlos das Ihrige, und ein kolossales halbergrautes Negerweib übernahm die Rolle der abwärts sinkenden Herrin des Hauses. Auch diese handfeste Schönheit schien dem Schiraswein gewaltig zugesprochen zu haben.

Die Nacht ist finster und schweigsam. Wir wissen daher nicht mit Bestimmtheit anzugeben, wie viel Scharmützel geliefert wurden, so viel steht jedoch fest, daß zuletzt der Sieg der Negerin verblieb, und Ibrahim auf das Haupt geschlagen das Schlachtfeld räumte. Ein tiefer wohlthätiger Schlummer befiel die Augenlider des bezwungenen Fechters. Die Negerin benützte diese Frucht ihres Sieges, um den bewußten Ferman Jussuw's, den der Aga in einem Lederüberzug auf seiner Brust trug, mit einem in derselben gewöhnlichen Form zusammengefalzten leeren Blatte zu vertauschen und dann ihre Beute an Fatimeh auszuliefern. Dane eilte damit sturmhastig zu Lascaris, der sich gleichfalls nach Livno verfügt hatte, und den Ueberbringer in der Nähe des Quartieres jenes edelmüthigen Bimbaschi oder Majors des kürzlich eingerückten regulären türkischen Bataillons erwartete. Lascaris hatte ein noch schwierigeres Kunststück als Buk's Nachschrift glücklich zu Stande gebracht.

Bald darauf dämmerte ein herrlicher Morgen.

Man kann sich den Aerger, ja das Entsetzen Ibrahim's denken, als er erwachend seine schwarze Bewältigerin erblickte. Thätliche Rache war an diesem Riesenweibe, zumal bei dem nahen Sukkurse so vieler Waffenschwestern, nicht zu nehmen; es hieß also gute Miene zum bösen Spiele machen und unter dem Hohngelächter der Schönheiten und Nichtschönheiten von Klein-Mabara nach Livno zurückreiten. Dort erwartete den geprellten Aga eine noch schlimmere Enttäuschung. Das Erste, was er hörte, war die unliebsame Kunde, daß die christliche Moma in Freiheit gesetzt worden sei und in der nächsten Stunde nach Montenegro abzureisen gedenke. Aus dem Sattel springen, zu dem Bimbaschi eilen und ein Veto gegen diese Abreise einlegen war das Werk eines Augenblickes. Der türkische Stabsoffizier wies ihm gelassen den gemessenen Ferman Jussuw's. Man denke sich das Entsetzen des kleinen Mannes, als er nach der Ledertasche auf seiner Brust griff und ein leeres Blatt hervorzog. Er war wie aus den Wolken gefallen. Das mußte ein Blendwerk des Teufels sein! Lascaris aber näherte sich dem Verstörten und frug leise und ironisch:

„Muschirumi?!"

Nun war Alles klar. Ibrahim fiel in Ohnmacht, die christliche Moma aber begab sich von Lascaris geleitet nach Serajevo, von wo sie später mit ihrem wackern Brautwerber unter warmen Thränen und Worten des Dankes gegen Gülnare nach dem freien Land der schwarzen Berge aufbrach.

Das Familienleben auf dem alten Bergschlosse gestaltete sich nach der Szene im Zigeunerdorf wie auf der Waldstraße, ferner in Folge des bereitwilligen Beistandes gegen Ibrahim allmählig, aber unwiderstehlich weit freundlicher, behaglicher, täglich vertraulicher. Lascaris wußte die Bresche, welche seine bezaubernde Persönlichkeit, sein reicher Geist, sein unbeugsamer Muth im Herzen Gülnaren's eröffnet, nur zu rasch zu gefährlichen Stürmen auf die jungfräuliche Vestung zu benützen. Auch die Proben seiner körperlichen Stärke waren nicht unbeachtet geblieben. Es ist Natur und Brauch bei Rosen, sich am Liebsten an die starke Eiche anzuschmiegen! Vor Allem aber waren es seine geistreichen Worte und Gleichnisse, welche in dem abendlichen Familienkreise — Riswan war noch immer unwohl — so schmeichelnd, so tief, so berauschend in das Ohr der Knesin drangen, daß sie oft gegen ihren Willen seiner berückenden Rede fast andächtig lauschte, und dem alten Vater einmal, freilich ganz insgeheim, vertraute, Lascaris rede eigentlich Blumen, und diesen Schatz an Geist, Laune, Poesie und Wissen hätte sie in diesem streitbaren Abenteurer nicht zu finden vermuthet.

Riswan lächelte seelenvergnügt.

In einsamen nächtigen Stunden prüfender Selbstbeschauung schalt sich zwar Gülnare tüchtig aus oder läugnete ihre Schwäche, aber unvermuthet klang eine liebe, gern gehörte Stimme durch ihre verschämte Seele, und sie fühlte jenen flammenden Blick, der so viele Aehnlichkeit hatte mit gewissen unvergeßlichen Augen, gleich einem Blitzstrahl schlagen in das Tiefste ihres Herzens. Wohl dachte sie dann hastig an den kleinen Desche und konnte es nicht begreifen, wie sie eben jetzt, wo sie den herrlichen Jugendgespielen wiedersehen sollte, abgöttischen Dienst treibe vor einem fremden Bilde. Ach, daß sich das Weib so selten, so wenig auf Seelenkunde versteht! Eben weil ihr die Botschaft des Wiedersehens gekommen war, wurde sie schwach, dachte sie abtrünnig. In der Erinnerung hätte Desche ewig sieghaft fortgelebt als himmlischer Engel. Nun aber sollte er aufs Neue in Wahrheit und Klarheit vor ihr Auge treten. Wie

wenn der schöne freundliche Knabe häßlich geworden wäre, wenn er in Folge seines siedlerischen Daseins ein lebendiges Abbild darbieten würde von kümmerlicher Armuth an Geist?! Auch zitterte Gülnare, der ungeschlachte Buk mit seinem abscheulichen rothen Vollbart sei trotz seines Läugnens weiland der einsame Wandler hinter den Felsenwänden gewesen. Wie unwiderstehlich tauchte bei diesem Gedanken das ritterliche Konterfei ihrer neuen Liebe auf! Neue Liebe? Ja so war es! Zog sie auch bei diesem so garstigen und doch so süßen Worte augenblicklich die halbe Kamee mit dem Bilde Endymion's aus dem Busenschleier hervor, ach, der schöne Schläfer auf Lathmos wie der kleine artige Desche verschwammen allmälig in eine, dieselbe rührende Menschengestalt, und diese hieß:
Lascaris!

Eines Abends saß die kleine Familie wie gewöhnlich bei dem Vesperbrode, nicht etwa wie früher im Saale Riswan's, nein, wie in der neuesten Zeit üblich geworden, in einem prachtvollen Gemache Gülnaren's, das gegenwärtig alle jene aus Serajevo herbeigeschafften Verzierungen und Geräthe enthielt, die wir im ersten Kapitel dieses Romans beschrieben. Auch ein bedenkliches Zeichen! Der gefährliche Feind hatte bereits festen Fuß im Hauptquartiere der weißen Rose. Lascaris war liebenswürdiger denn je, und Gülnare verrieth durch manchen zeitweisen Bick oft mehr, als hundert zärtliche Worte kundgegeben hätten. Da wurde die Tochter des Defterdar gemeldet, die erst kürzlich nach der bosnischen Hauptstadt zurückgekehrt war. Gülnare zog ein verdrießliches Gesicht, dessen Ausdruck auch die Mienen des alten Knesen wiederspiegelten. Nur Lascaris blieb heiter wie früher, was die Knesin zwar zu einem schmollenden Blicke veranlaßte, ihr hingegen die schwere Aufgabe bedeutend erleichterte, aus Angst vor dem Spotte ihrer Busenfreundin die alte Maske eisiger Kälte gegen ihren ritterlichen Gatten aufs Neue vorzunehmen.

Leila musterte die kleine Tafelrunde mit feinem Takte.

Die listige Schlange hatte es augenblicklich weg, daß sie etwas ungelegen komme, und daß nicht Alles mehr so stehe, wie sie es vor Kurzem verlassen. Leila wußte sich jedoch zu verstellen, überging die Verstimmung Gülnaren's mit meisterhaft gespielter Unachtsamkeit, und frug, um das seit ihrem Erscheinen auffallend stockende Gespräch aufs Neue zu beleben, von was doch eben die Rede gewesen. Es handelte sich um die Dichtungen eines jungen Arabers, der damals zu Stambul verweilte und durch seine Verse selbst am türkischen Hoflager Aufsehen erregte. Die Hofsprache zu Konstantinopel ist bekanntlich die Arabische. Lascaris war auf seinen Streifzügen und Irrfahrten auch dieser Sprache mächtig geworden, und hatte Gülnaren so eben eine türkische Uebersetzung eines neuen Ghasel jenes arabischen Dichters vorgelesen. In deutscher Uebertragung lautete dies Ghasel:

> Nimmer mir das Wort behagt: Wohin!
> Frägt die Sonne, wenn es tagt: Wohin?
> Ewig zieht die Sternenkaravane,
> Doch der Sterne keiner fragt: Wohin?
> Macht es Sorge sausendem Orkane,
> Wenn er durch die Wüste jagt: Wohin?!
> Schwalben eilen südwärts um die Wette,
> Doch kein Wandrer ruft verzagt: Wohin?
> Selbst der Wogensturz im Felsenbette,
> Hat zu forschen nie gewagt: Wohin?
> Einer hat den Sternen, Wogen, Schwalben
> Wie dem Sturme längst gesagt: wohin!
> Auf der Pilgerreise, auf der halben
> Nur der Sohn des Staubes klagt: Wohin?!

Lascaris wiederholte nunmehr den Vortrag dieser Dichtung.

„Ein schönes Ghasel!" meinte Leila.

„Nur herrscht darin," sprach Riswan, „wenigstens nach meiner Ansicht, zu viel abendländische Anschauungsweise."

„Das gefällt mir eben," entgegnete Gülnare, „zumal ich nie eine sonderliche Verehrerin der morgenländischen Muse gewesen, dieses selbstgefälligen, von allen Oelen des Orientes triefenden, ja prahlerischen Weibes, das mit der berechneten Gluth seiner Farben und der gekünstelten Pracht seiner Reize zu blenden weiß. Es ergeht mir in den Ziergärten türkischer Dichtkunst wie in unsern Treibhäusern, darin man bei dem allzustarken Blumenduft von Kopfschmerz und Schwindel befallen wird. Namentlich ist mir die orientalische Prosa zu schwulstig."

„Und doch hat sie Perlen ersten Ranges aufzuweisen," rief Lascaris, „denken Sie an Osmans herrlichen Traum!"

„Ich kann mich auf diesen erhabenen Traum nicht recht mehr entsinnen," warf Leila ein, die sich recht wohl erinnerte, aber das Gespräch auf politisches Gebiet zu spielen suchte, um die zwei alten Gegner Lascaris und Gülnare aufs Neue in den Harnisch zu jagen.

„Osman," erzählte Lascaris, „schaute in diesem Traume sein künftiges Reich gleich einem laubigen Zelte, über das der Halb= mond emporsteigt, und welches auf vier großen Säulen dem Hä= mus, dem Kaukasus, dem Taurus und dem Atlas ruht. Dieses grüne Zelt bestand aus einem einzigen Baume, der aus den Lenden des asiatischen Nomaden hervorging; zu seinen Füßen wogten die Donau, der Tigris, der Euphrat und der Nil, mit Schiffen bedeckt wie das Meer. Die Felder waren mit Aehren beladen und die Wäl= der mit riesigem Gehölze; in den Thälern erhoben sich Städte mit Pyramiden, Thürmen und vergoldeten Kuppeln gekrönt, und unter den Rosenstauden und Cypressengebüschen mischte sich der Gesang der Nachtigallen und das Geplauder purpurfärbiger Papageien mit den Gebeten der Imans; Schaaren von fremden Singvögeln ließen sich zwitschernd unter der duftigen Wölbung dieses Zeltes nieder, dessen ineinander geschlungene Aeste sich gleich scharfen Damaszener= klingen ausdehnten. Endlich wendete ein heftiger Sturm all diese Schwerterspitzen gegen verschiedene Städte des Erdbodens, na= mentlich gegen Konstantinopel, das, wie Osman sagt, an der Ver= einigung zweier Meere und Welttheile wie ein zwischen zwei Sa= phire gefaßter Diamant liegt, um den Hauptring der Kette zu bil= den, welche die Welt umschlingt. Dieser Ring fiel in die Hände Os= man's und das türkische Reich wurde gegründet."

„Wie poetisch!" sprach Leila.

„Mir gefällt," fuhr Lascaris fort, „an diesem Traume beson= ders die echt türkische nationale Färbung."

„Und was verstehen Sie unter Nationalität," frug lauernd Gülnare.

„Ein Geschichtschreiber meinte einmal," begann Lascaris nach kurzem Nachdenken, „die Nationalität sei der Schatten der Völker. Demnach wäre ein Volk, das seiner Nationalität verlustig gewor= den, ein Mensch ohne Schatten. Im Abendlande soll hierüber ein artiges Mährchen im Umlauf sein. Ich aber glaube, daß besagter Historiker durch jenes Gleichniß eine Todsünde an der Nationalität beging, denn diese zeigt sich nie schöner und glorreicher, als eben in jener Zeit, wo sonst der Schatten verschwindet, in den sonnenlosen Tagen des Unglückes und des Kummers. Nationalität ist das Athemholen eines Volkes. Wenn es jene verliert, ist es so gut wie gestorben, wenigstens in der Weltgeschichte. Deßhalb kann man ein tapferes und ritterliches Volk wohl besiegen, aber nun und nimmer seiner Nationalität berauben. Sie ist mit seinem innersten Leben verwachsen, mit den Bergen und Ebenen, mit den Wäldern und Fluren der Heimath verschwistert, mit allen seinen Haben und Wissen, Thun und Lassen innig, unzertrennlich verknüpft, zusammengeschmiedet."

„Vortrefflich!" lispelte die Tochter des Defterdar.

„Vortrefflich? Ja, so sage ich auch," rief Gülnare, „aber eben mit dieser schönen Erklärung haben Sie gleichzeitig die Klippe bezeichnet, an der sich der Träumer Osman die Stirne wundstoßen muß, zur rauhen Wirklichkeit erwachend. Diese Klippe ist die südslavische Nationalität. Möglich, daß wir in dem bevorstehenden Kampfe den Kürzern ziehen. Was läge daran? So lange noch ein Felsblock auf unsern heiligen Bergen — dem Olymp und Athos der Griechen, dem Agrafa oder Pindus der Albanesen, dem Rylo und Wysoka der Bulgaren, dem Rudnik der Serben und dem furchtbaren Montenegro an unserer Grenze — zu schauen, gibt es noch einen Zeugen, welcher den spätesten Enkeln von den tapfern Reken und Seekönigen, von unsern Haiduken und Reitern erzählt. Jede Klippe, jede Strombiegung in der untern Donau wie in der Bosna, Drina und Narenta berichtet den neu ankommenden Wellen von den Thaten und Leiden, Sitten und Gebräuchen der griechisch slavischen Kriegerschaft; jede Rose, jede Blüthe, jeder Halm flüstert dem Stromgott süße Sagen von der Schönheit unserer Frauen in das Ohr, und die freudig erstaunten Wogen tragen die erlauchte Kunde durch alles Land, in alle Ferne bis an den Strand der adriatischen See wie des schwarzen Meeres. Jeder Rebenhügel am Berge Athos, an unsern westlichen Küsten, zu Smederevo in Serbien ist ein aufgeschlagenes grünes Blatt slavischer Geschichte. Dort lernen die Trauben wissen, was sich an jenen Hügeln Großes oder Entsetzliches begeben, und so kommt es, daß der Gräco-Slave, wenn man ihre Beeren keltert, aus den vollen Bechern nicht bloß feurigen Wein, nein, auch die noch feurigere Geschichte seiner Väter zu trinken vermeint. Und wenn er sich dann im Kolo wiegt und uralte Schlachtlieder erklingen läßt, wer raubt ihm da aus dem Gedächtniß die Erinnerung an Scanderbeg, Marco Kraljewitsch und die andern Kraftgestalten unserer Vorzeit! Sein Mädchen aber, das in einem noch ältern Tanze bald trotzig flieht, bald zärtlich immer nähere Kreise zieht, ist es nicht ein lebendes Abbild des innersten Lebens des slavischen Volkes, das zwar grimmig hassen, aber auch innig lieben kann, wie nicht leicht eine zweite Nation auf Erden. Und erst die Musik! Die Klänge der Gusla sind meist gesungene Flammen oder tönender uralter Wein. Wer sie lange hört, dem wird schwindelnd heiß und uralte wetterschwüle Gedanken steigen ihm zu Kopfe. Ja, der Balkan und Csernagora müßten zu Staub zermalmt werden, die Bosna, Drina und Narenta austrocknen, alle heimischen Blumen und Reben verdorren, die jüngsten Füßen erlahmen und die letzte Gusla in Splitter zerfallen, ehe Bosnien und seine Nachbarschaft der Nationalität verlustig gehen, und die Erinnerung an den doppelten, zwei Kronen führenden schwarzen Adler auf dem Schilde Nemagna's, an das altserbische Kaiserwappen verlieren könnte, das aus den Schildern von neun Reichen zusammengesetzt und nach einer Sage mit den noch aus der Römerzeit herübergekommen bedeutsamen fünf Buchstaben umschrieben war, die da heißen : S. J. ad A., so gelangt man zu den Sternen!

Dies Wahrzeichen bedeutete : sic itur ad astra!

Leila biß sich ärgerlich in die Lippen, Riswan lächelte beifällig.

„Sie haben Recht," rief Lascaris, sichtbar ergriffen, „Sie haben mehr Recht, als Sie vielleicht ahnen!"

Damit sprang er auf und trat nachdenklich an das offene Fenster. Die Nacht war still und heiter, und der Mond warf sein freundliches Licht in tausend magischen Strahlen auf die lachenden Thale. Lascaris mochte etwa eine Minute an der Fensterbrüstung gestanden haben, da blitzte es krachend im Garten auf, da sauste es schaurig pfeifend an seinem linken Ohr vorüber, und eine gewichtige Bleikugel schlug an der Rückwand in das, wie Eingang dieses Romanes erwähnt, mit einem Trauerflor verhüllte Bild „Christus am Oelberg", den Kopf eines der schlafenden Jünger durchbohrend. Leila und Riswan fuhren entsetzt empor.

„Herr des Himmels," frug Gülnare bleich bis in die Lippen, „was soll dies bedeuten?!"

„Einen verunglückten Meuchelmord!" antwortete kaltblütig Lascaris.

Dann schwang er sich hastig aus dem Fenster, ließ sich seiner ganzen riesigen Länge nach am Gesimse herab, und vollbrachte nun glücklich den jetzt nicht mehr bedeutenden Sprung in den Schloßgarten. Man hörte ihn im wüthigsten Laufe durch die Laubengänge eilen — ein drohender Fluch — ein gellender Jammerschrei — darauf tiefe Stille wie früher!

Gülnare war jetzt nicht mehr zu halten, so flehentlich sie auch Riswan zu verweilen bath. Wie eine Löwin, der man den Gegenstand ihrer mütterlichen Liebe entrissen, eilte die stahlherzige Knesin durch ein paar Gemächer in den großen Saal und von da über die fliegende Treppe ins Freie. Mirra und drei oder vier Diener stürzten von dem Lärm aufgeschreckt mit Fackeln in den Garten. Leila folgte hastig, selbst der alte Riswan sputete seine halb gelähmten Glieder nach Möglichkeit.

Es gab eine wild romantische Scene.

Lascaris hatte den muthmaßlichen Meuchelmörder — die abgeschossene Flinte lag an einem Kastanienbaum am Boden — bald überholt, erfaßt und ihm mit seiner gewaltigen Faust die Kehle so derb zugeschnürt, daß der Gedrosselte selbst noch, als bereits die letzten Nachzügler der Gesellschaft angelangt waren, zu ersticken befürchtete, obgleich ihn sein Bewältiger schon lange losgelassen hatte. Es war ein untersetzter, von der Sonne gebräunter Bursche in bosnischer Tracht, dem die Todesangst in kalten Schweißtropfen auf der Stirne zu lesen stand.

„Sie sind doch nicht verwundet?" frug selbst mühsam nach Athem ringend Gülnare mit zärtlicher Stimme.

„Es bedarf eines gewaltigern Gegners," antwortete Lascaris freudig überrascht, „um mir auch nur ein Haar zu krümmen."

„Bekenne Bösewicht," rief die weiße Rose, „wer dich zu dieser Missethat gedungen?!"

„Als man einem hochherzigen Sultan, dessen Name mir leider entfallen," fiel ihr Gatte ein, „das Verzeichniß vieler Großen des Landes überreichte, welche sich in eine Verschwörung gegen ihn eingelassen, warf er das Papier ungelesen mit den Worten in das Kohlenfeuer des Manghal, er verlange die Namen seiner verirrten Kinder nicht zu erfahren. Und verstehen Sie, Gülnare, es handelte sich damals um ein wichtigeres Leben, als mein abenteuerliches, geringes Dasein!"

„Sie wollen den Schurken," sprach Leila ärgerlich, „doch nicht laufen lassen!"

Gülnare blickte Lascaris bewundernd an.

„Und warum nicht?" entgegnete dieser, „geh erbärmlicher Pfuscher, du hast nicht ausgelernt! Verlege dich auf ein ehrenhafteres Gewerbe, du scheinst mir ohnehin kein Talent zum Scharfschützen zu besitzen."

Der angebliche Bosniake entfernte sich mit hastigen Schritten.

Zwei Diener begleiteten ihn auf den Wink ihres Herrn, um in Erfahrung zu bringen, auf welche Weise der Meuchler in den Schloßgarten gedrungen, eine Maßregel, welche zu der Entdeckung führte, daß ein Theil der Mauer an einer abgelegenen und durch hohes Gestrippe verdeckten Gartenstelle halb eingestürzt war, so daß es eben nicht der Gelenkigkeit eines gelernten Seiltänzers bedurfte, um ohne sonderliche halsbrecherische Sprünge über die Umfriedung zu gelangen. Es versteht sich bei einer so stürmisch bewegten Zeit wohl von selbst, daß der Schaden bereits am nächsten Morgen beseitigt wurde. Ein starker Posten Landwehrreiter hielt die Nacht über daselbst Wache.

„Es ist mir sehr unliebsam," nahm Gülnare das Wort auf, „daß man nach der bosnischen Tracht zu schließen, die übrigens eben so gut eine schlau gewählte Maske sein kann, die mißglückte Schandthat den armen Rajas zuschreiben dürfte."

„Kein Muselmann," versetzte Leila, „hätte sich zum Meuchelmord herbeigelassen!"

„In den Tagen politischer Wirren," meinte Riswan, „ist das Gewissen aller Völker sehr dehnbar und schmiegsam."

Lascaris flüsterte Gülnaren leise in das Ohr:

„Wenn mich eine gewisse innere Stimme nicht gänzlich trügt, so war es keineswegs die Politik, welche den meuchlerischen Schuß mit schwerem Gold erkaufte, nein, jene Flinte wurde einfach von der Hand der Eifersucht geladen."

„Wem aber," antwortete diese eben so leise, „sollte diese Hand gehören?"

„Einem alten Nebenbuhler!"

Gülnare erschrack, als sei sie auf eine Schlange getreten, und alles Blut wich aufs Neue aus ihren Wangen. Sie dachte an Desche. Lascaris rieth weit richtiger, als er vermuthete, Jussum könne den Schuß des Landstreichers mit Gold oder Silber aufgewogen haben. Es war auch so. Der Pascha hatte nicht bloß Kunde von der Scene im Zigeunerdorf und auf der Landstraße, sondern auch von den gefährlichen traulichen Vesperstunden unter sechs, oft sogar unter vier Augen erhalten, eine Nachricht, welche allen seinen verliebten Plänen einen unübersteiglichen Damm entgegen zu setzen drohte. Er beschloß daher den hemmenden ehelichen Felsblock am **Eingang** seines irdischen Paradieses in die **Luft** zu sprengen. Sein

erkauftes Werkzeug war einer der berüchtigten Kerdschalis, jener
privilegirten, muhamedanischen, militärischen Landstreicher, welche
Paswan Oglu schon im Jahre 1792, als er sich in sein Lehen
Kerdsche zurückgezogen, in ganzen Banden organisirt hatte, und zu
solchen Gräuelthaten antrieb, daß der Sultan ihren Anführer für
„fermanlia" — excommunicirt — erklärte. Sie galten noch in un=
seren Tagen als die Gottesgeißel der Christenheit. Man kann sie
als die Kommunisten und Sansculottes — Ohnehosen — des
Orientes betrachten.. Die Städtebewohner nannten sie Golatschanen
oder nackte Kinder. Der Kerdschali erhielt die Weisung, in bosni=
scher Tracht aufzutreten, um, wie Gülnare richtig ahnte, jeglichen
Verdacht zu beseitigen, von welcher Seite der Schuß wirklich abge=
feuert worden. Lascaris durchschaute seinen Nebenbuhler, hielt es
aber für durchaus nicht an der Zeit, dem Halbmond ein solches
Brandmal anzuheften und das Haupt des Islam in Bosnien als
Wandler auf Pfaden zu bezeichnen, die in zivilisirten Ländern als
verbothen mit rothen Kreuzen versehen werden, auf daß Jeder=
mann wisse, es sei das Hochgericht, zu dem sie führten.

Desche ein Meuchelmörder!

Dieser entsetzliche Gedanke lähmte den Muth im Herzen Gül=
naren's, ihr Mund, der sonst Dolchklingen zu sprechen pflegte,
wurde kreideweiß und zuckte gichtisch, ihre Nerven bebten fieberhaft,
und sie hatte Mühe, sich aufrecht zu erhalten. Dazu kam der lange
Kampf zwischen alter und neuer Liebe, wie die frühere Todesangst
um den tollkühnen Gatten. Ihre geistige Kraft war aufgerieben und
ihre reizende Gestalt wankte sichtbar wie eine Tanne, welche dem
Sturme zu lange Trotz biethen mußte und endlich zu zersplittern
droht. Lascaris both ihr zum Glück den Arm und geleitete sie ehr=
furchtsvoll bis an ihr Schlafgemach. Dort küßte er zärtlich die
kleine weiße Hand, sie leise drückend, ein Druck, der zwar noch
weit leiser, aber denn doch erwiedert wurde. Dann befahl er einen
seiner bulgarischen Renner zu satteln. Er habe noch einen kleinen
Ritt vor, werde aber hoffentlich noch vor der Mitternachtsstunde
zurückkehren. Und warum nicht den Rappen satteln lassen? Wir
wissen den Grund, dürfen aber nicht vorzeitig aus der Schule
schwätzen. Riswan schlief an diesem Abend früher und heiterer ein
als gewöhnlich. Auch Leila verabschiedete sich in der nächsten halben
Stunde von ihrer Freundin, und zwar mit dem Versprechen, mor=
gen wieder nachsehen zu wollen. Ihr Wagen, ein Seitenstück zu

dem unsern Lesern bereits bekannten Gespanne Gülnaren's rollte rasch von dannen.

„Sie liebt ihn bereits," murmelte sie leise, „und er beginnt nun auch zu schwanken! Der Würfel liegt!"

Auf dem halben Wege nach Serajevo hieß Leila den Kutscher halten und ihrer harren. Dann schlug sie einen Waldpfad ein, der nach einem mit der eben verlassenen Straße einen stumpfen Winkel bildenden Feldweg führte. An der Mündung des Waldpfades zeigte sich das armselige Fuhrwerk eines bosnischen Landmannes. Es war Ive, der Leila mit gezogener Mütze erwartete. Die Tochter des Desterdar stieg hastig ein.

„Nun vorwärts zur Klause des Flüsterers," rief sie, „laß die Pferde rennen, Ive, was sie laufen können!"

Und vorwärts ging es in sausendem Galopp. Kehren wir vorderhand in Riswan's Schloß zurück!

Gülnare lag mit verzagendem Herzen auf dem Divan, in düsteres Nachdenken versunken.

„Nein," sprach sie endlich," Desche kann nicht zum Meuchler herabgesunken sein! Es war sicher kein christliches Werg, mit welchem jene heimtückische Kugel gepflastert worden. Ja, freundlicher Jugendgespiele, ich bitte dir in Thränen jenen schmählichen Verdacht ab, und will mich durch den Anblick jener Reliquie aus deinen kleinen Händen stärken und stählen zur ausdauernden, felsenfesten Treue!"

Nach diesem Stoßgebete zog sie die halbe Kamee aus ihrem Busenschleier und bedeckte sie mit brünstigen Küssen. Thörichtes Kind! Schlimm betrogene Gülnare! Der gefährliche schöne Feind steckt in deinem eigenen verliebten Herzen, und ach, der holde Schläfer auf Lathmos und der kleine Desche verschwimmen auch heute in eine, dieselbe rührende Gestalt, und diese heißt: Lascaris!

„Armer Desche," schluchzte die Knesin schmerzhaft, „es ginge noch an, wenn Er nur deine lieben Augen nicht besäße!"

Noch ein anderes Menschenkind im Schloße befaßte sich nachdenklich mit Lascaris. Es war Mirra der Jüngere. Daß dieser Leibdiener des Abenteurers und jener über die Schicklichkeit nackte Zigeunerknabe, welcher das Gespräch Leila's mit dem Wegelagerer Mustapha in der Laube belauschte, eine und dieselbe Person waren, hat der geneigte Leser wohl schon in dem früheren Capitel errathen. Mirra der Jüngere kam damals im doppelten Solde nach Dolaz

als Bothe seines Herrn Lascaris, wie als Spion des alten Ris=
wan. In letzterer Eigenschaft hatte er einen alten Schafpelz, eine
ähnliche Mütze und ein zerlumptes Hemd als Maske mitgenommen,
seinen flüchtigen Gaul in jener abgelegenen Waldhürde eingestellt
und sich dann als Bettelbube verkleidet, eigentlich entkleidet, glück=
lich in den Garten Zobeiden's geschlichen. Seine Rolle als Spion
wäre jedoch, wie wir gesehen haben, bald sehr schlimm für ihn ab=
gelaufen, und er dankte es nur der Raschheit seiner Beine wie sei=
ner Schnelligkeit im Umkleiden, daß er noch zur rechten Zeit in die
Steigbügel kam und hoch zu Roß, unerkannt mitten durch seine Ver=
folger nach dem katholischen Dorfe gelangte. Obgleich er nun da=
mals offenbar hinter dem Rücken seines Herrn gehandelt hatte, so
wurmte es ihn doch gewaltig, daß er heute Abend in die Pläne des=
selben nicht eingeweiht worden.

„Möchte doch wissen," flüsterte er grämlich vor sich hin, „wo
er heute hingeritten sein mag? Eine Liebschaft vermuthlich? Lächer=
lich! Sonst pflegen die großen Herren in diesem Punkte kein Ge=
heimniß vor ihrem Diener zu haben. Uebrigens hört man es ja
weithin schallen, sagen die Jäger, wenn sich der Auerhahn in der
Pfalzzeit befindet, und Mirra wird sohin in wenigen Tagen erfah=
ren, in welchem Busche die schöne Henne lauert, welcher dies ver=
liebte Locken gelten dürfte!"

Mit diesem Troste begab er sich einstweilen zur Ruhe.

Neuntes Capitel.

Der Flüsterer und sein Kindeskind.

Bosnien erlebte so manche Tage, wo ein geheimer Zufluchtsort, ein verborgener Schlupfwinkel seine friedlichen Bewohner wünschenswerther bedünken mochte, als alles gemünzte wie ungeschmolzene Gold und Silber der Erde. Fremdes wie heimisches Heervolk wüthete wie der leidige Gottseibeiuns in den gesegneten Gefilden. Das barbarische Hausen der Golatschanen oder nackten Kinder steht noch jetzt im frischen, unverwischbaren Andenken. Diese soldatischen Landstreicher metzelten Alles vor sich nieder, was zum männlichen Geschlechte zählte, brannten die Dörfer ab und schleppten Weiber und Dirnen als Sclavinen mit sich fort. Die Turbanträger preßten die Blüthe der bosnischen Jugend als Ruderer für ihre Flotille, und die meisten der Bursche starben auf dem Wege, lange bevor die türkischen Galeeren in den Bosporus eingelaufen waren, wo man sie erst in ihre Heimath zu entlassen gedachte.

Niemand war seines Lebens, seines Eigenthumes sicher.

Bei so tristen Zuständen war es kein Wunder, daß man jede Hütte in ein Blockhaus verwandelte. Ein hartes Muß für den Bosniaken, der sich nur im Winter an den massiven, stubenhohen, an deutsche Oefen erinnernden Babura's von gebrannter und glasirter Erde erwärmt, bei dem Beginne des Frühlings aber seine großen mit Stroh und Lindenbast bedeckten Hütten von Holz und Thon freudig verläßt und in seinem Garten, auf dem Wege oder im freien Felde Zelte von Laubwerk errichtet, um darin sein Mahl einzunehmen und die Stunden der Nacht unter dieser luftigen Bedachung zuzubringen. Bei größeren Gehöften nahm man seine Zuflucht zu einer ganz eigenthümlichen Bauart. Die Ställe wurden nämlich gerade unter dem Wohngebäude angebracht, und eine geheime Thüre führte mit Hilfe einer Wendeltreppe in das Standquartier der flüchtigen Rosse hinunter. Wurde das Gehöfte nun von einem Haufen Marodeurs von vorn angegriffen, so hatten die Bewohner Zeit zu ihren Pferden zu gelangen und sich mit ihren besten Schätzen durch ein anderweitiges nach der Rückseite gehendes Vorgemach im Erdgeschosse nach den benachbarten Wäldern zu flüchten, lange bevor die hölzernen Thorflügel zertrümmert und die Gitterfenster erbrochen waren.

Auch Abbas der Einschläferer hatte sich in seiner, wie wir wissen an eine steile Felsenwand stoßenden Behausung oder Granitklause, einer restaurirten Ruine gleichend, an diese mittelalterliche Bauart gehalten und die Stallungen seiner wenigen Pferde, sein Laboratorium, Zauberhöhle genannt, wie vielleicht auch seine verborgene aber zweifelsohne reichgefüllte Schatzkammer nach dem Erdgeschosse verlegt, während das obere Stockwerk nach bosnischem Brauche von dem Flüsterer, seinen beiden Kindeskindern Dane und Melissa wie von dem spärlichen Gesinde als bequeme und luftige Wohnung benützt wurde. Dies obere Stockwerk bestand wie üblich aus mehren Gelassen, die sich alle nach einer mittleren größeren Stube öffneten. Dieser Raum enthält gewöhnlich den Herd, der bei den Armen nichts anderes als ein weiter mitten im Zimmer in die Erde gegrabener Kreis zu sein pflegt. Hier setzen sich alle, Brüder, Schwestern und Verwandte, Abends auf Bänke um zu plaudern, um den Großvater oder den Alten der Familie zu umgeben, der als natürlicher Wächter des Herdes gilt. **Bei den Reichen und in den Städten liegt diese Art Saal gewöhnlich im ersten und einzigen Stock des Hauses, auch befindet sich daselbst ein weicher von Fenstern umgebener und in einem die Straße beherrschenden Vorsprung angebrachter Divan.**

So hielt es auch Abbas.

Sein erstes Stockwerk zählte außer dem Saale noch ein halbes Dutzend Gelasse oder Stuben. Zwei derselben wiesen jenes unscheinbare Ansehen, das man in allen Gesindegemächern zu treffen gewohnt ist, und diente die größere Stube zum Quartiere für die wenigen Knechte, die kleinere hingegen als Schlafstätte einer stämmigen Magd. Die Schlafstube Dane des Neffen nahm sich bereits wohnlicher aus, namentlich fand sich manches nette Stück

Schnitzwerk von Holz an Thüre, Fenster und Gesimse, das der junge Morlake mit eigener kunstfertiger Hand angefertigt hatte. Düsterer war die Ansicht des Gemaches, in welchem der Flüsterer die Nacht über, selten am Tage zu hausen pflegte. Man würde an die mit Staub bedeckte und mit Büchern gestaute Studierstube eines deutschen Gelehrten erinnert worden sein, wäre die Aussicht durch das Fenster nicht nach einem kleinen Friedhofe gegangen, der zu lebhaft an die türkischen Begräbnißplätze mahnte. Viele Bewohner der südöstlichen Halbinsel Europa's lieben es nämlich, ihren Gottesacker gleich den Türken mit Bäumen zu schmücken, und an dem Kopfe wie an dem Fuße jeden Grabes einen Stamm zu pflanzen; nur wählen sie statt der Cypressen junge Zwetschkenbäume, wie hier zu Lande die Pflaumen tragenden Fruchtstämme genannt werden. Derlei Bäume sind eine blühende Illustration des armseligen Trostes, den die gedrückten Rajas an den Gräbern suchen. Es wird ja aus diesen Zwetschken ein sehr starker Branntwein gewonnen, der Sliwowitza heißt und gleichmäßig von Christen wie Türken durch die Gurgel hinabgeschwemmt wird, als sei es bloßes Wasser. Nur die Kinder werden bei dem letzteren Getränke aufgezogen, obgleich es gewöhnlich sehr kalt ist und heftige Kolikleiden veranlaßt.

Der kleine Friedhof war übrigens der uralte Begräbnißplatz, unter dessem grünen und kühlen Rasen eine lange Reihe von Vorfahren des Einschläferers beerdigt worden. Die Familie, aus welcher Abbas stammte, zählte nämlich zu den ältesten Häusern des Landes und besaß in der Vorzeit Reichthum und Rang, ja es hieß, daß der Ahnherr des Geschlechtes ein Würdenträger an dem Hofe eines der einheimischen bosnischen Könige gewesen sein sollte. Derlei Fälle von Verarmung kommen dort zu Lande häufig vor.

Die Zierde des oberen Stockwerkes war aber die Wohnung des reizenden kleinen Engels Melissa. Hierüber später! Gegenwärtig haben wir es meist mit reifen und gewiegten Kindern des Satans, wahren Teufelsanbetern zu thun. Darum zu dem Erdgeschosse! Das unterirdische Gemach, das auf der Rückseite in eine schmale Schlucht hinter der Felsenwand und aus dieser nach einem Gebirgspfade leitete, führte durch eine der beiden Thüren an der Vorderseite nach den Stallungen; durch die andere Pforte aber gelangte man in den sogenannten Wartesaal des Flüsterers, in welchem er seine Kunden zu empfangen und zu sprechen pflegte. Ein kurzer unterirdischer Gang verband die erwähnten Stallungen mit dieser

morlakischen Antichambre. Dieselbe war schwarz ausgeschlagen und
wies alle jene mystischen Geräthe und Gegenstände, als Todtenköpfe, ausgestopfte Vögel und Schlangen, Räucherpfannen, geheimnißvolle Apparate, mit welchen die Beschwörer aller Völker und
Zeiten die abergläubische Stimmung ihrer Klienten zu steigern, zu
erhöhen hoffen. Nur drei Stücke verdienen eine nähere Beschreibung, da sie keineswegs zu dem üblichen Trödelkram in der Behausung eines angeblichen Zauberers gehörten und vorzugsweise be-
rechnet waren, die Kinder der südslavischen Race in abergläubischer
Scheu zu erhalten.

Eines dieser Stücke glich einem Eselshufe, das Zweite war
eine Düte mit Farrenkrautsamen.

Als Perle aber galt eine borstige menschliche Schädelhaut.

Der Huf stammte, hieß es, von einem durch Abbas erlegten
Oreo. Der Oreo scheint dem Phuka oder Gespensterpferde der Ir-
länder verwandt zu sein. Er erscheint in der Gestalt eines Esels,
entführt die Leute, rennt mit ihnen über Abgründe und plötzlich in
einem Sumpf verschwindend, läßt er den Reiter im Schlamme stecken.
Die Düte mit Farrenkrautsamen sollte der Flüsterer nach langem
Kampfe einer Vistize entrissen haben. Die Vistize oder Vistize,
Hexen, sind verheirathete Weiber, die einen schlechten Lebenswandel
geführt und einen Bund mit dem Teufel geschlossen haben. Selbst
bei Lebzeiten verlassen ihre Seelen den Leib, und in der Nacht wie
Feuerfunken umherfliegend, beschädigen sie diejenigen, die ihnen zuwider sind. Sie versammeln sich zahlreich und halten unter einem
großen Wallnußbaume Berathschlagungen über den Schaden, den
sie ihren Feinden zufügen wollen. Man behauptet, daß diese Hexen
zuweilen die Gestalt eines Schmetterlinges annehmen. Viele erzählen, die Vistize seien meist alte Jungfrauen, die in einem gewissen
Alter daran verzweifeln, noch Männer zu finden, und aus Aerger
sich der Zauberei ergeben, wobei sie ein besonderes Vergnügen
daran finden, die Herzen verhaßter Feinde zu zerschneiden. Ihre
allgemeinen Versammlungen werden an den Vorabenden des Georgs-
tages und des Johannisfestes — 23. April und Juni — abgehalten. Wer sich in der letzteren Nacht Farrenkrautsamen zu verschaffen vermag, kann dadurch Kenntniß von allen Begebenheiten
erlangen, ja die Gedanken eines jeden Menschen erforschen. Deßhalb
verbergen die Hexen diesen Samen, um nicht selbst erkannt und
durchschaut zu werden. Abbas kam natürlich durch den Besitz dieses

zauberhaften Farrenkrautsamens in den Ruf der Allwissenheit und wußte diesen Wahn reichlich auszubeuten.

Der borstige Skalp hing nach der Sage weiland an dem Schädel eines Wehrwolfes.

Der Bukodlak, wörtlich Wehrwolf, schläft in seiner Gruft mit offenen Augen und starrem Blicke, seine Nägel und Haare wachsen wie bei lebendigen Menschen, doch fließt kaltes Blut durch seine Adern. In Vollmondsnächten kommt er heraus, um nach Beute zu gehen und das Blut der Lebenden auszusaugen, indem er ihnen die Rückenader öffnet. Wenn man von einem Todten vermuthet, er verlasse auf diese Art sein Lager, so gräbt man ihn feierlich aus: ist er in Verwesung übergegangen, so besprengt ihn der Pope blos mit Weihwasser; sieht er aber roth und blutend, so wendet man den Exorcism an, treibt ihm einen Pfahl durch die Brust, damit er sich nicht mehr rühren kann, und begräbt ihn aufs Neue. Nach dem Volksglauben fliehen selbst die hungrigsten Raben einen solchen lebendigen Leichnam und wagen sein Fleisch nicht einmal mit der Spitze des Schnabel zu berühren. Sonst durchschossen die Serben den Kopf eines Bukodlak mit einer Kugel und verbrannten ihn hierauf. Der Besitzer einer solchen Schädelhaut ist der Gebieter aller Wehrwölfe in seiner Umgebung.

Man kann sich denken, wie Abbas und seine Zauberhöhle, die wir bald betreten werden, gefürchtet ward.

An jenem Abend, an welchem jener meuchelmörderische Schuß gefallen war, befand sich der Flüsterer seit vielen Stunden einsam in dem großen Wartesaal, welchen eine an der Decke hängende Ampel fast tageshell erleuchtete, obgleich ihr antikes irdenes Gefäß aus der längst in Grabesnacht versunkenen Römerzeit stammte. Abbas ergab sich einer seltsamen Beschäftigung, und erinnerte dabei an die Tödin oder das Weib des Todes, das nach dem Volksglauben den Sand für die Stundenuhr ihres beinernen Gatten auszuklauben pflegt, und weislich die größten, am schwersten ins Gewicht fallenden Sandkörner auswählt, auf daß Freund Hein in seinem schläfrigen Berufe bei keinem Menschenkinde über die Gebühr zu säumen brauche. Der Einschläferer prüfte nämlich eine Unzahl Mohnköpfe, von welchen er jedoch keineswegs wie die Tödin die größten und gewichtigsten auslas, nein er hielt sich dabei, Stück für Stück mit Kenneraugen musternd, einzig an den Reichthum an trefflichem, weil narkotischem Safte. Trotz der Aufmerksamkeit, mit der er sich dieser seltsamen

Arbeit hingab, bewies doch ein zeitweises Aufhorchen und Lauschen, daß er heute noch wichtigere Geschäfte zu verrichten gedenke. Auch stand das Pförtlein, das aus dem Wartesaal in das Vorgemach führte, angelweit offen. Die Thüre an der Rückwand des Letzteren war jedoch wie immer sorgfältig von innen verriegelt.

Der Alte erwartete offenbar einen späten Gast. Dieser Gast ließ aber ziemlich lange auf sich warten, denn die Nacht begann bereits hereinzubrechen, als sich endlich in der Ferne ein Geräusch erhob, und bald darauf schwere Tritte in der Schlucht hinter der Außenpforte erdröhnten. Abbas warf den eben ausgelesenen Mohnkopf in einen Mörser und eilte dann schleunigst in das Vorgemach. Ein eigenthümliches Pochen erfolgte.

„Wer da?" frug der Einschläferer.

„Der Sohn der Vergangenheit!" antwortete eine bekannte Stimme.

Der Alte öffnete und Buk trat in der montenegrinischen Landestracht, doch ohne Maske in die Vorderstube. Beide begaben sich wortlos in den Wartesaal, wobei Abbas dem Haidukenhäuptling die Ehre des Vortrittes gönnte, und dann vorsichtig das Pförtlein in das Schloß drückte. Kaum daß Buk den Saal betreten hatte, so ließ sich auch schon in dem kurzen Gange, der nach den Stallungen führte, ein begehrliches Scharren und demüthiges Winseln vernehmen. Auch in diesem Gange schien man sehnsüchtig geharrt zu haben.

„Es ist Zigan," meinte der Flüsterer.

„Laß es ein, das treue Thier!"

Gleich darauf sprang ein kleiner überaus zottiger Pintscher von silbergrauer Farbe freudig, fast wüthig bellend in den Saal, und verschwendete an Buk alle jene Liebkosungen, mit welchen ein wackerer Hund seine Anhänglichkeit an den Herrn und Brotgeber kundzugeben pflegt. Der gewaltige Mann hob das kleine Thier schmeichelnd empor. Er hatte es noch in seiner Heimath von einem englischen Touristen, dem er auf einem gefährlichen Gebirgsgange hilfreiche Hand bot, zum Geschenke erhalten. Der Hund hieß früher Gipsy, hatte jedoch seitS angem auf die slavische Uebersetzung des Wortes Zigeuner, auf den Namen Zigan hören gelernt.

„Ich weiß es, Zigan," sprach Buk, „daß du mich lieb hast, aber deine Treue und Anhänglichkeit soll auch belohnt werden. Uebermorgen haben wir einen weiten Weg zurückzulegen. Du gehst mit mir in die Herzegowina hinüber."

„Nach Mostar?" frug Abbas.

„Ja, es ist dort Pferdemarkt und ich will selbst nachsehen, wie sich unser Roßtäuscher nimmt. Die letzte Koppel Hengste war nur wenig nach meinem Geschmacke, und es gilt den regulären Reitergeschwadern, welche die Muselmänner nächstens ins Feld schicken dürften, einen tüchtigeren, wuchtvolleren Gegner entgegenzuwerfen als unsere flinken, aber kleinen bosnischen Pferde."

„Am hellichten Tage? Im Feindesland?"

„Man fahndet," hohnlachte der Häuptling, „begehrlich nach dem Buk, aber unter Pferdemäklern werden ihn die scharfnäsigsten Spürhunde der Türken schwerlich suchen. Sie halten uns für ein Gebirgsvolk, das einzig in seinen Bergen zu raufen versteht und gedenkt, aber bei dem heiligen Georg, sie sollen auch bei diesem Glauben die Rechnung ohne den Wirth gemacht haben!"

„Nur nicht zu tollkühn! Ich habe die Sterne befragt, sie erzählen von Unheil."

„Kindischer Mann! Wirst du deinen Aberglauben nie ablegen?"

Abbas schüttelte hochmüthig sein Haupt.

„Du erwartest, vermuthe ich," fuhr Buk nach einer Pause fort, „die Tochter des Desterbar?"

„Ivo der Fuhrmann hat so berichtet."

„Er war auch bei mir. Ein treues bosnisches Herz!"

„Lauteres Gold!"

„Was mag aber die kleine Schlange von dir haben wollen?"

„Einen Liebestrank vermuthlich."

„Vielleicht etwas Schlimmeres!"

„Möglich! Muhamed's Anhang pflegt unter seinen Waffen auch Gift zu führen."

In diesem Augenblicke hielt ein Wagen an der Vorderseite der Behausung des Flüsterers, es wurde heftig an einer Fensterscheibe gepocht, und die Stimme des obengenannten Fuhrmannes bat um Einlaß für seine Herrin. Es war die Tochter des Desterbar.

„Du wirst dich zu nehmen wissen," sprach Buk, „handle genau so, wie ich es früher mit dir ausgemacht habe, falls sich ein solcher Besuch einfinden sollte. Still Zigan! Wir sind auf geheimen Pfaden, und da darf ein kluger Hund nicht anschlagen wie auf einer Rattenjagd."

Der Pintscher kuschte sich demüthig.

„Soll ich öffnen?" frug der Einschläferer.

„Allerdings! Ich will in dem kurzen Gange euer Zwiegespräch belauschen."

„Und wenn ich die Schlange in das Beinhaus führe?"

„Dann horche ich an jenem Zugloche."

Buk wies nach einer verborgenen Oeffnung an der Wand des Wartesaales, welche den Stallungen gerade gegenüber lag, dann begab er sich mit dem Hunde in den mehrerwähnten Gang, und Abbas bereite sich seinen späten vornehmen Besuch zu empfangen.

Leila trat ein.

„Du hast mich lange warten lassen," sprach sie mit zornigem Tone, „seit wann hat der bosnische Adel in der Behausung eines Raja am Rocken der Geduld zu spinnen?! Die Ahnfrau meines Hauses, heißt es, lebte in einer Zeit, wo sie ihre Schuhe auf den kothigen oder sandigen Steinen im Schiffe der Kirche nie zu beschmutzen brauchte, weil sie auf dem Rücken manches demüthig auf sein Antlitz hingestreckten bosnischen Bauern zu ihrem Betschemel hinzuschreiten gewohnt war."

Buchstäblich wahr!

Leila spielte dabei drohend mit dem goldenen Griffe eines langen Dolches, der an ihrem Gürtel hing.

„Es ist spät, Gospoja — Herrin —," meinte Abbas, „ich war auf meinem Stuhle eingenickt."

„Komisch," begann die Tochter des Desterbär mit milderem Tone, „der Einschläferer schläft selbst ein!"

„Ich bin sehr alt."

„Genug hievon! Zur Sache! Man nennt dich einen Giftmischer?"

„Giftkrämer, sollte es heißen, ich verkaufe meine Wundermittel, bedarf ihrer aber nie zum Selbstgebrauche."

„Das läuft so ziemlich auf Eins hinaus! Doch wir wollen nicht um Worte mäkeln; verstehst du das fürchterlichste und feinste aller Gifte zu bereiten? Ich meine das seltene, auch in Dalmatien übliche italische Wasser, Aqua Toffana geheißen!"

„Darüber darf ich nur im Beinhause Aufschluß geben."

„Was meinst du mit diesem Beinhause?"

„So heißt die Zauberhöhle, welche an diesen Saal stößt."

„Ein Hinterhalt vermuthlich!"

„Ich bin ein schwacher Greis und führe keine blanken Waffen."

Abbas warf einen furchtsamen Blick auf den Dolch seines trotzigen Besuches.

„Oeffne," sprach Leila entschlossen, „ich folge dir heute selbst in die Hölle!"

Beide traten in das Beinhaus. Gleich darauf trat Buk aus dem Gange und schlich behuthsam an das Zugloch. Zigan kroch gleichfalls herbei.

„Ich ahne, was der kleine Satanas sucht!" sprach der Montenegriner.

Die Zauberhöhle des Flüsterers nahm sich in Wahrheit so schauerlich aus, als wäre sie ein älteres Geschwisterkind des berühmten Gebäude von Pais de Vaud — das Beinhaus genannt —, darin die Gebeine der fünfundzwanzigtausend Burgunder, die unter Herzog Karl dem Kühnen die Schweiz unterjochen wollten und bei Murten auf dem Schlachtfelde blieben, zum ewigen Denkmal helvetischer Tapferkeit aufgeschichtet wurden, im Laufe der Jahre aber durch Diebstahl von Seite fremdländischer Touristen nur zu bedeutend zusammenschwanden. Daher auch ihr Name! Auch sie barg die Gebeine zahlloser Opfer des Kriegsgottes, die in der Vorzeit in einer der vielen hochrothen Schlachten zwischen den Römern und dem Urvolke, das weiland hier hauste, gefallen sein mochten. Auch diese Knochen wiesen die Spuren der kurzen römischen Schwerter, der schweren dakischen Keulen, der beiderseitigen scharfen Sichelwägen. Wer dies Monument aufgethürmt haben mochte, das wußte schon seit Langem niemand mehr zu sagen, aber der Aberglaube erzählte sich haarsträubende, entsetzliche Dinge, welche sich in diesem Beinhause in der Vorzeit zugetragen haben sollten, obgleich es angeblich durch Jahrhunderte unter der Obhut eigener Priester gestanden. Was Wunder also, daß dieser Schreckensplatz ganz vorzugsweise zum Allerheiligsten oder besser gesagt, zum Allerschauerlichsten in der spukhaften Behausung des Flüsterers taugte?!

Die Gebeine reichten, durch keine fremde diebische Hand an Anzahl geschmälert, bis an die Decke des unterirdischen Gewölbes und bildeten, an allen vier Seiten aufgeschichtet, nach innen zu ein geräumiges etwas längliches Viereck; doch gab es hier leider keine umfriedenden Mauern und dämmenden Gitter wie in Murten, so daß man jede Minute befürchtete, nun werde und müsse das morsche Gebein mit Wahnsinn erregendem Getöse durcheinander kollern. Zudem war die Zauberhöhle nur durch ein schwaches bläuliches

Feuer erleuchtet, das auf einem antiken Altar aus einem Todten=
kopf flammte, so daß riesiger Schatten seinen Trauermantel über
das halbe Beinhaus gebreitet hielt. Die bange Scheu des Laien zu
erhöhen, rauschte es oft seltsam an der Decke, als nistete daselbst
unheimliches Gevögel; bisweilen schallte auch aus der Ferne unsäg=
liches Wehklagen, ein Winseln, Seufzen und Stöhnen, als ob ein
bleiches Opfer am Marterpfahle erliegen, oder eine verstoßene Seele
in den Abgrund Abaddona's geschleudert würde. Selbst der uner=
schrockene Dane, der Neffe des Einschläferers, pflegte sich zu befreu=
zigen, wenn er die Zauberhöhle betreten mußte. Vermochten schließ=
lich doch selbst die Dämpfe bei den chemischen Versuchen des Flüsterers
wie die frische Luft, welche aus den vielen Zuglöchern als aus na=
türlichen Rauchfängen in das Gewölbe strömte, nicht gänzlich den
Moderdunst der Verwesung zu verscheuchen, welcher noch immer aus
den brüchigen Gebeinen qualmte, obgleich sie um mehr als tausend
Jahre früher bestattet sein mochten, als es auf der Schedelstätte bei
Murten geschehen.

Auch Leila fühlte den letzten Rest von Muth in ihrer Seele
erlahmen, und sie schwankte ein paar Sekunden zwischen eiligem
Rückzuge und männlichem Ausharren, aber da flüsterte ihr der Dämon
der Eifersucht leise ins Ohr:

„Sie liebt ihn bereits, und er, er beginnt zu schwanken!"

Und herzhaft trat die kleine Gospoja näher an den Altar heran.

„Nach Narden oder Rosenöl," sprach sie dann die Nase rüm=
pfend, „riecht es hier eben nicht!"

„Satan," dachte Abbas, „das Weib hat eiserne Nerven!"

„Wie dem sei," fuhr Leila fort, „zur Sache, zur Frage, ob du
Aqua Toffana zu bereiten verstehst?!"

„Wissen Gospoja auch um die Geschichte dieses schrecklichen
Giftes?"

„Es heißt, daß seine Erfinderin Toffana zum Lohn ihres
Treibens auf Befehl des Vizekönigs von Neapel im Stillen er=
drosselt wurde."

„Es war also damals gefährlich die Bereitung dieses Giftes
zu kennen?"

„Toffana verkaufte es deshalb auch unter dem Namen „Manna
von Sankt Nikolaus von Bar" in kleinen Flaschen, denen sie das
Bildniß jenes Heiligen aufklebte. Aus dem Grabe desselben zu Bar
soll nämlich ein in vielen Krankheiten wunderthätiges Oel triefen,"

Leila wußte diese Daten aus einem alten Manuscripte, das sie in der Büchersammlung Gülnaren's aufgestöbert.

„Man soll noch heute zu Tage," begann der Flüsterer, „in Neapel Handel mit dem italischen Wasser treiben, aber insgeheim, da es auch gegenwärtig gefährlich ist, darum zu wissen. Die Vergiftung damit läßt nämlich oft sichtbare Spuren zurück, und es hat sich, wie man mir erzählte, sogar ereignet, daß bei dem Begräbniß eines seiner Opfer ein Bein, das sich von dem Leichnam abgesondert hatte, zu dem offenen italischen Sarge heraushing und zur Erde herabgefallen wäre, hätte es nicht jemand wieder hineingestoßen."

„Gottes Donner, zu was diese Abhandlung?"

„Um zu beweisen, daß es zweckdienlicher sein dürfte, ein anderes Gift zu benützen!"

„Unmöglich! Aqua Toffana ist das einzige Gift, bei dessen Bereitung man es so weit gebracht hat, das Jahr, ja selbst den Tag zu bestimmen, wo der Tod erfolgen müsse. Auch hat es weder Farbe noch Geschmack. Man trinkt es für reines klares Wasser."

„Gospoja bestehen also auf Aqua Toffana? Dann sollen sie auch früher sehen, wie es in Wahrheit bereitet wird."

„Was soll diese Verzögerung?"

„Weil Sie mir das Hauptgeheimmittel dazu liefern müssen."

„Es sei!"

Abbas warf nunmehr ein paar seltsam geformte dürre Kräuter in das Feuer auf dem Altare, und murmelte dann einige Zaubersprüche. Dicke, betäubende Dämpfe stiegen zur Decke empor und füllten allmälig das Beinhaus, als ob der Rauch aus dem Pfuhle der Hölle keinen weiteren Abzug habe und einzig in das unterirdische Gewölbe münde. Die Dämpfe waren anfangs so dicht und legten sich so beklemmend auf die Brust, daß die Tochter des Desterbar, böswillige Hinterlist befürchtend, den Griff ihres Dolches unwillkürlich fester umklammerte. Die Dünste wurden aber nach und nach dünner, erst weißlicher, halb durchsichtig und gestalteten sich endlich zu jenem bläulichen Nebel, mit dessen Hilfe man auf abendländischen Bühnen verschwimmende Bilder zu erzeugen pflegt. Leila hatte während ihres Aufenthaltes in Konstantinopel, wohin sie vor ein paar Jahren mit Gülnaren einen Ausflug unternommen, ähnliche Kunststücke gesehen, und frug Abbas daher mit boshaftem Lächeln, bei welchem Gaukler er in die Lehre gegangen sei.

„Nije svaki dan bozič!" — „es ist nicht alle Tage Sonntag!" meinte der Flüsterer ärgerlich den Kopf schüttelnd.

In der That und wie als Rechtfertigung seiner Worte zeigte sich bald darauf eine Szene der Qual und Peinigung, wie sie kaum die Grausamkeit und Härte eines nordamerikanischen Wilden fürchterlicher erfinden könnte. Der Zauberer schien nämlich als handelnde Person in das sich nunmehr rasch gestaltende Nebelbild zu gleiten, und gleichzeitig begann eine Pantomime so entsetzlichen Inhaltes, daß sie selbst unter boshaften Dämonen und bösen Geistern auf stürmischen Beifall hätte rechnen können. Der Schauplatz der Handlung war ein Stück chemischen Laboratoriums, schwarz verhangen und mit Todtenköpfen und Folterwerkzeugen symbolisch ausgelegt. In der Mitte befand sich eine lange, gleichfalls mit schwarzem Tuche verhängte Tafel in Gestalt einer Drehscheibe, welche sich langsam neigte, so daß Abbas von allen Seiten freien Zutritt und Spielraum gewinnen konnte. Auf der Tafel aber lag ein bis auf die mit einem schmalen Leilach bedeckten Hüften gänzlich entblößter bleicher, blutbespritzter, sterbender Mensch, der entweder gekreuzigt oder doch wenigstens an seinen Marterpfühl so fest geschnürt worden, daß er auch nicht mehr ein Glied zu regen vermochte. Entsetzen und Schmerz, Jammer und Verzweiflung in dem brechenden Blick, drehte sich der Unglückliche langsam um sich selbst, blutig gefärbter Schaum stand an seinen gichtisch zuckenden kreideweißen Lippen, Thränen quollen aus seinen Augen, Blut schoß aus Nase und Ohr, und der kalte Todesschweiß rieselte in schweren Tropfen von seinem fiebernden Haupte. All dies entsetzliche Naß sickerte in ein kupfernes Becken unter der Drehscheibe, und der Flüsterer trat zeitweise boshaften Blickes an den Sterbenden heran, ihn mit glühenden Nadeln stechend, sengend und brennend, auf daß noch mehr Schaum, Blut und Schweiß abfließe als Hauptgeheimmittel zur Bereitung der tödtlichen, verrufenen, infernalischen Aqua Toffana.

Auch Leila fühlte den Angstschweiß eiskalt auf ihre Stirne treten, ein halbunterdrückter Schrei entrang sich den Lippen und das frühere Mannweib hatte Mühe sich auf den Füßen zu erhalten. Abbas lächelte satanisch. Doch auch das Opfer erlag dem Uebermaße des Schmerzes. Ein letzter Seufzer, ein dumpfes Röcheln, ein krampfhaftes Zittern des ganzen Körpers, dann streckten sich die gepeinigten Glieder, so viel es die Bande erlaubten, ein gurgelnder Laut und Alles war für den Unglücklichen vorüber. Der Einschläferer faßte ruhig das Becken mit dem höllischen Naß und goß es in ein anderes kupfernes Gefäß, mengte verschiedene Kräuter, Wurzeln und Mineralien bei, bespritzte sie mit anderweitigen Giften aus verschiedenen Phiolen und ergriff dann einen Blasebalg, um das Feuer des kleinen Herdes anzufachen und bei dessen Flammen die berüchtigte Aqua Toffana zu brauen und abzuziehen. Darauf ward der bläuliche Nebel bleicher und bleicher, verdichtete sich allmälig, dicke, betäubende Dünste erfüllten aufs Neue das unterirdische Gewölbe, hoben sich allmälig, zerstoben wie gewöhnlicher Rauch, und die schauerliche Pantomime war zu Ende.

Leila glich einem weiblichen Laokoon, sie schien ein von Schlangen umwundenes Schreckbild des Entsetzens geworden zu sein.

Abbas trat mit triumphirender Miene heran.

„Wie steht es," frug er höhnisch, „mit dem Verlangen nach der verschrienen Aqua Toffana?"

Eine lange Pause!

„Wozu dies abscheuliche Gaukelspiel?" rief Leila sich gewaltsam bemeisternd.

„Gospoja wollen ja wissen, wie das italische Wasser in Wahrheit bereitet werde!"

„Und läßt es sich auf keine andere Weise gewinnen?"

„Es gibt keinen andern Weg."

„Ein Menschenopfer ist also unerläßlich?"

„Unerläßlich."

„Schwöre!"

„Tako mi Boga! Tako mi duše!" — „Bei Gott! Bei meiner Seele!" —

„Dann sollst du dies Opfer haben!"

Mit diesen Worten warf die Tochter des Defterdar dem Flüsterer ein paar Goldstücke vor die Füße, und eilte hastig, wenn auch etwas wankenden Schrittes nach dem Wartesaal, von da ins Freie. Gleich darauf hörte man das Rollen eines Wagens. Abbas blickte Leila erstaunt, fast bewundernd nach. Ein paar Sekunden später trat Buk aus dem kurzen Gange, wohin er sich bei den letzten Worten der Gospoja geflüchtet. Sein Antlitz war bleich, seine Miene nachdenklich, das Auge sah halb düster, halb zürnend.

„Die kleine Schlange," sprach er, „hat wirklich den Teufel im Leibe!"

„Sie dürfte uns gefährlich werden."

„Zum Glücke wissen wir um ihre Pläne. Doch ehe wir scheiden, ein paar Worte an dich! So viel ich von der schauerlichen Szene an meinem unbequemen Standorte gewahren konnte, bist du in Wirklichkeit zehnmal schlechter als dein Ruf. Deine Wege sind krummer als ich fürchtete. Sie münden in Sünde und Verbrechen. Darum höre mich: hast du wirklich jemals jenes Giftwasser bereitet, dann sind wir geschiedene Leute für hier und dort! Wagst du die Aqua Toffana noch einmal zu brauen, dann drehe ich dir mit diesen meinen Händen den Hals um wie einem räudigen Hunde! So viel zu deiner Richtschnur!"

Damit verließ er grollend die Behausung des Flüsterers.

Abbas folgte ihm mit ergrimmtem Blicke, aber der Ausdruck satanischer Bosheit wich bald der Miene der Demuth und Ergebung.

„Ruhe, Gehorsam, Treue bis in den Tod," flüsterte er leise vor sich hin, „es war ja der Vuk, der also sprach, und ein . . . ." — hier verschluckte der Alte ein paar Worte, — „darf mir Alles sagen, darf mir das Schlimmste bieten!"

Während dieser spukhaften Szene fand in der zierlichsten und freundlichsten Stube des oberen Stockwerkes gleichfalls ein inhaltsschweres Gespräch statt, das nicht minder all die schlimmen Hebel der Trauer und des Entsetzens in Bewegung setzte und leider vollkommen ausreichte, ein frommes und keusches Weiberherz ängstlich, ja fieberhaft schlagen zu machen.

Dies Gespräch führte des Flüsterers Kindeskind, seine Enkelin mit ihrem Bruder Dane.

Melissa ist wie gesagt ein griechisches Wort und bedeutet eine Biene. Bei Bienen denkt man an Blumen. Wer aber auch die Bedeutung jenes griechischen Wortes nicht wußte, dachte bei dem Anblicke der reizenden jungen Morlakin unwillkürlich an den Frühling und an dessen einzige Sorge: die Rose. Denkt euch ein Marienbild von irgend einem frommen italischen Meister gemalt, ein andächtiges Antlitz, das euch wie von einem Strahl aus Jenseits überflogen bedünkt, mit gläubigen, vertrauensvollen Augen, die trotz ihrer Dunkelheit nicht wissen, daß Sünde und Betrug hausen könne auf Gottes schöner Erde, eine schlanke Gestalt, die mehr zu schweben als zu gehen scheint, wie der herumhüpfende Vogel nur zeitweise den Boden berührt; dann habt ihr ein treues Abbild dieses lieblichen Wesens, das viel von einem Engel besaß, der nur eine kurze Botschaft in der irdischen Welt auszurichten hat, bald aber zurückfliegen wird und soll in seine lichte, ewige Heimath.

Nur das mitternächtige Auge wollte nicht recht taugen zu diesem Madonnenbildniß, denn so fromm sein Blick auch schaute, oft lag darin demungeachtet eine so zärtliche Gluth, als ob eine Nonne von sehnsüchtigen Gedanken nach den Freuden und Blumen außer ihrer Zelle überkommen werde. Die Aehnlichkeit einiger Maßen wieder herzustellen, umflossen jedoch blonde, fast goldene Haare die makellose Stirne, Haare wie Seide, so lang, daß sie entfesselt bis auf die kleinen Füße herabwogten. Melissa war zudem ein unverdorbenes Kind der Allmutter Natur. Das tiefe vielseitige Wissen ihres Großvaters — den Vater hatte sie frühzeitig verloren — ward dem Kindeskinde von hohem Nutzen, und so blieb Melissa's Geist nicht brach liegen, wie es meist der Fall ist bei ihren armen, stiefväterlich vernachlässigten Schwestern der morlakischen Race. Die Kleine lernte lesen, schreiben und rechnen, wußte auch Dank der Sorge und Lehre ihrer erst unlängst verstorbenen Mutter, der Tochter eines Tergovac oder Handelsmannes aus Serajevo, ihre Nadel geschickt und emsig zu führen gleich einem deutschen Bürgerskinde. Man wirft ihren Landsmänninen mitunter Mangel an Sinn für Sauberkeit, auch Trägheit oder doch Langsamkeit bei der Arbeit vor. Anders war es mit Melissa der Fall. Alles ging ihr so rasch von der Hand, in wenigen Minuten glich die staubigste Stube einem Festgemache, darin man hohe Gäste auf Besuch erwartet; Ordnung und Reinlichkeit waren der Kleinen zur zweiten Natur, ja so unentbehrlich geworden wie der Forelle frisches klares Wasser.

Betrachtet nur einmal ihre eigene Behausung!

Alles ist in dem jungfräulichen Gemache so sauber, so nett, so wohnlich; an dem Fensterlein, das nach der Wiese mit den Bienenkörben geht, prangen Blumengeschirre, und die duftigen Kinder des Sommers scheinen ihre Pflegerin freundlich zu begrüßen als ein älteres Schwesterlein, das Mutterpflicht übt an den jüngeren verwaisten Kleinen. Die Dielen sind blank gescheuert, selbst die Stubengeräthe weisen einen erfreulicheren Anblick, als man es sonst in morlakischen Wohnungen zu treffen gewohnt ist; kurz man sieht es in der ersten Sekunde, ein wohlhabender Vater oder Großvater habe das Gemach seines Lieblings nach Gebühr schmücken und verzieren lassen, und die Tochter oder Enkelin wisse diese Güte und Sorgfalt zu würdigen, durch ihre Nachlässigkeit werde auch nicht das kleinste Stück von allen diesen hübschen Dingen verwahrlost oder wohl gar beschädigt.

Und wie stand es mit Melissa's Herzen?

Es war ein Tempel der Jungfräulichkeit, Keuschheit und Frömmigkeit! Erst in späterer Zeit, kurz vor dem Tode der Mutter, stahl sich zu dem Bilde der Heiligen auch ein irdisches Konterfei mit muthigen, doch treuherzigen Augen, mit gebräunten Wangen, mit einem gewaltigen schwarzen Schnurbarte. Der Name Arslan stand unter diesem Bilde, das einmal in dies kleine Herz eingedrungen sich nicht mehr daraus verdrängen lassen wollte. Vielleicht gab sich Melissa auch nicht die mindeste Mühe.

Arslan war der Sohn eines mächtigen albanesischen Häuptlinges aus dem edlen und berühmten Volksstamme der christlichen Dschegen, der Mirditen. Wir haben dem geneigten Leser bereits erzählt, daß bei dem Aufstande im Jahre 1831 Mustapha, der Rebell von Scodra, mit seinen Skipetaren dem bosnischen Adel zu Hilfe eilte. Einige halten das Wort Skipetaren, diesen Beinamen der Albanesen, für eine Bezeichnung dieses Volkes im Allgemeinen und übersetzen es mit: Bewohner der Felsen. Andere erklären es für einen bloßen Spitznamen, von dem die Albaneser selbst nichts wissen wollen, für eine italienische Erfindung und Ableitung von Schioppo, das ist, Flinte, wornach ein Skipetare wälisch Schioppetario, zu deutsch Büchsenschütze genannt würde. Wie dem sei, die Albanesen fochten zu Gunsten des bosnischen Adels wie immer wie die Löwen und richteten mit Hilfe ihrer weithintragenden Flinten so manches Blutbad unter den Türken an. Arslan's Vater, ein Verwandter jenes berühmten Mirditenbeg gleichen Namens, der weiland jene verwegene Tscheta — Streifzug — an der Spitze von fünftausend Braven bis in das Herz von Griechenland unternommen hatte und später auf der Flucht von der verrätherischen türkischen Vesper bei Monastir erschlagen wurde, bedeckte sich bei jenem Hilfszuge nach Bosnien gleichfalls mit Ruhm, und schloß damals, selbst ein wunderthätiger Mann, geheimen Wissens mächtig, eine Art Freundschaft mit Abbas dem Flüsterer. Auch Arslan kam einmal, jedoch viele Jahre später mit dem Einschläferer in Berührung. Es war zur Zeit, als er nach seines Vaters plötzlich erfolgtem Tode sich nach Serajevo begeben mußte, um einige Forderungen bei den dortigen Spahis einzutreiben.

Zwanzig Jahre alt, schön, tapfer, leidenschaftlich für Ruhm

und Poesie begeistert, selbst ein gefeierter Dichter, der albanesischen wie der slavischen und griechischen Sprache gleich mächtig, gelang es ihm nur zu bald, Bresche in das jungfräuliche Herz Melissa's zu schießen und sein Konterfei mitten unter den Heiligenbildern, die darin thronten, sieghaft aufzuhängen. Natürlich daß Arslan nicht ermangelte, die Reize seiner Geliebten in glühenden Worten zu besingen, und noch jetzt bewahrte das Kindeskind des Flüsterers in dem geheimsten Fache seines Schrankes ein Liebesgedicht, das der junge Albanese nach einem morlakischen Volksliede zum Preise Melissa's gefertigt hatte. Es lautete:

Wie bist du schön! Die Lippen roth,
Ach, wenn ich sterben müßte,
Welch selig Ende, wenn zu Tod
Der süße Mund mich küßte!

Der Busen halb verhüllt, halb frei,
Scheint Lilien zwei zu tragen;
Hier müßte, daß sie schläfrig sei,
Die Unschuld selber sagen.

Im Auge brennend und verliebt
Glüht zärtliches Begehren;
Daß es auch schwarze Sonnen gibt,
Dies wollen sie mich lehren!

So ruht sie unter Blumen weich
Und harrt des Auserkornen;
Ein Knabe tritt vor Sehnsucht bleich
Zur Maid, zur traumverlornen. —

„Gib deine liebste Blume mir,"
So flüstert sie, „zur Stunde!" —
Da neigt er sich herab zu ihr,
Mund liegt am duft'gen Munde.

Sind Rosen doch die Lippen roth —
Ach, wenn ich sterben müßte,
Wie selig, wenn damit zu Tod
Mich rasch die Liebste küßte!

Es herrschte zwischen den Verliebten wohl ein kleiner Religionsunterschied, denn die christlichen Dschegen oder Mirditen zählen zu dem katholischen Ritus, doch ist derselbe mit vielen griechischen Gebräuchen vermischt, auch beugen sie sich nicht vor dem Statthalter Gottes in Rom, in der Siebenhügelstadt an der gelben Tiber. Der Religionsunterschied galt daher nur als ein kleines Hinderniß. Leider aber nahm Arslan aus Gründen, die wir später hören werden, Partei für den Halbmond, wie dies tausende seiner kühnen Landsleute während des griechischen Freiheitskampfes gethan. Es war die einzige Gewitterwolke, die drohend an dem Horizonte der beiden Liebenden stand. Melissa besaß zwar keine Fühlfäden für das Getriebe nationeller Wirren, sie hielt sich einfach an den Spruch des Heilandes, man solle seinen Nächsten wie sich selbst lieben; anders aber dachten ihr betagter Großvater wie ihr jugendlicher kraftvoller Bruder Dane, und beide runzelten daher ärgerlich die Stirne, als sie vernahmen, ein in einen türkischen Halbmond eingerahmtes Bildniß prange in dem Herzen der reizendsten Tochter der morlakischen Race. Zu noch größerem Leidwesen Melissa's mußte sich Arslan nach Stambul begeben, um einige Zerwürfnisse seines Stammes mit der ottomanischen Pforte zu schlichten. Manche freundliche Botschaft, mancher geschriebener Selam tröstete zwar die Verlassene in den Tagen der Trennung, und doch war es gerade die Fahrt nach Konstantinopel, welche jenes Gespräch zwischen Bruder und Schwester bedingte, das all die gewaltigen Hebel der Trauer und des Entsetzens in Bewegung setzte und leider vollkommen ausreichte, Melissa's Herz ängstlich und fieberhaft schlagen zu machen.

„Arslan," meinte die Kleine, „wird ewig der wärmste Freund meiner Angehörigen bleiben!"

„Das verstehst du nicht," eiferte Danc, „in der Zeit eines Unabhängigkeitskampfes reißt sich der Sohn von dem Herzen des Vaters los, und es gab selbst schon manche Tochter, die kaltblütig zusah, wenn ihr Mütterlein den Kelch des Leidens leerte."

„Ein furchtbares Bild!"

„Und doch weiß die Welt um viele solche Beispiele!"

„Könnte Arslan dies von mir fordern?"

„Wer weiß es zu sagen? Er ist ein warmherziger, trefflicher Junge, aber sein Umgang in Stambul zählt zu des Teufels Sippschaft, wenigstens in meinen Augen. Es sind gerade die Todfeinde der Reform, also auch des bosnischen Volkes, mit denen er am liebsten, am häufigsten verkehrt."

„Wer hat es dir erzählt?"

„Der herrlichste Sohn der Csernagora, der prachtvolle Vuk."

„Ein böser Mensch!"

„Weshalb?"

„Wer über den guten Arslan Schlimmes spricht, der lügt, und ein Lügner ist ein schlechter Mensch!"

„Du weißt nicht, wen du lästerst! Ich gäbe meinen linken Arm, wenn Vuk gelogen hätte, lügen könnte!"

„Schrecklich! Wie soll das enden? Sprich, Bruder, rathe, hilf!"

„Am klügsten, du schreibst ihm so bald wie möglich! Eine Warnung von deiner Hand vermag den Abtrünnigen vielleicht noch zu bekehren, zu retten. Du weißt, daß ich dich, also auch dein Glück liebe, aber hoch über der Lust am häuslichen Herde steht der Glaube und das Vaterland, und ich würde Arslan, sei es selbst in deinen Armen, erdolchen, wenn er die Fahne des Profeten in Bosnien zu erheben wagte!"

Alles Blut wich aus Melissa's Wangen, und sie schlug die kleinen Hände entsetzt vor das bleiche Antlitz.

„Ach, welche fürchterlichen Worte!" seufzte sie fassungslos.

„Beherzige sie wohl, denn so wahr ein Gott über uns lebt, jede Sylbe ist mein innigstes Glaubensbekenntniß!"

„Mutter Gottes erbarme dich meiner betrübten Seele!"

„Ermanne dich, armes Schwesterlein! Der liebe Herrgott kann noch Alles zum Besten wenden. Schreibe, schreibe bald! Arslan hat südslavisches Blut in seinen Adern fließen. Vielleicht kehrt er auf deine Worte zum Heervolk des Kreuzes zurück, und es ist mehr Freude im Himmel um einen reuigen Sünder als um zehn Gerechte. Ich bin der Erste, der ihm dann freudig aufs Neue den Bruderkuß reicht, und mit eigenen Händen Blumen streut, wenn mein süßes Schwesterlein bräutlich geschmückt zum Altare schreitet."

Darauf küßte er sie zärtlich an den rosigen Mund.

Eine lange innige Umarmung und Dane verließ beruhigter das jungfräuliche Gemach. Aus Melissa's nächtigen Augen stahl sich noch manche Thräne der Besorgniß, dann aber ergriff sie den Kalem — Rohrfeder — und entwarf eines jener schlichten und doch so ergreifend tiefrührenden Liebesschreiben, wie sie nur aus einem zärtlichen, ängstlichen Weiberherzen zu fließen vermögen. Der Morgen graute bereits mächtig, als sie ihr stilles Lager suchte und mit einem Gebete auf den Lippen und dem Bilde Arslan's in der zärtlichen Seele einschlief in der Obhut des Herrn. O daß er seine frömmsten und gewaltigsten Engel zur Erde niedersenden möge, dich zu bewachen, zu beschirmen, auf Rosen zu betten, schönes, unschuldvolles, blumiges Kind!

Zehntes Capitel.
Scherawitza-Grad.

Bosnien wie die Herzegowina sind ein wildromantisches Stück Erde. Zwei Worte, Planian und Liwada, waldiges Gebirge und von Bächen bewässerte Prairie schildern und umfassen den pittoresken Charakter des Landes. In seinen ungeheuern Wäldern, die an Reichthum der Vegetation mit den amerikanischen Savannen wetteifern, kann man ganze Tage reisen, ohne etwas anders zu sehen als die wirren Säulengänge alter Eichen. Ueber dem Haupte des Touristen ragen Guirlanden von Lerchenbäumen und Tannen zu den Wolken empor, welche durch ihre Zweige die schwarzen Granitzacken der Berge durchschimmern lassen. Unter diesen grünen Gewölben, wo das geringste Geräusch in tausendfachem Echo wiederhallt, zieht der Treiber mit seinen Saumthieren träumend dahin, zeitweise den Schritt seiner Karavane durch die monotone Melodie einer Piesma, eines Gesanges zum Preise eines Haiduken, beschleunigend; dort schlägt ein Fremder sein Zelt auf einer Anhöhe auf, welche als gemeinsames Eigenthum des Eingebornen wie des Reisenden gilt; frei in den Bergen läßt er sein kleines bosnisches Pferd weiden, das daran gewöhnt ist, wie ein treuer Hund auf den leisesten Pfiff seines Herrn zurückzukehren. Hier zeigt sich plötzlich eine **Brücke** in einem kühnen Bogen über einen wildrauschenden Bach gethürmt, aber sie ist so schmal und mit so spitzigen Steinen gepflastert, daß nur die Pferde des Landes, ohne einen Fehltritt zu thun, hinüber zu kommen vermögen. Entfernter inmitten einer traurigen Stille zeigen sich geschwärzte Karbonari in einer Lichtung, wo sie unter dichten Rauchwolken Kohlen brennen oder Pottasche sieden, zwei Dinge, womit in Bosnien seit Jahren ein ziemlich starker und einträglicher Handel getrieben wurde und wird. Im Westen der Herzegowina findet man auch Pflanzungen von Oelbäumen, Gebüsche von Tamarisken, Mastirbäumen, Erlenstauden, Eschen, Föhren, wie von der in Griechenland so häufigen kleinen Eiche mit Blättern gleich der Stechpalme.

Eine der größten Flächen ist die Ebene von Mostar, welche gegen sechs Meilen lang und britthalb breit ist. Fast durch die Mitte dieser Ebene strömt die Narenta, ein Fluß hinlänglich tief für Dampfboote, ja selbst für größere Fahrzeuge, durch keine Sandbank in seinem raschen Laufe gehemmt. Oberhalb der Höhen streckt sich der hohe Rücken des Berges Velleg in einer ununterbrochenen Linie. Auf den niederer gelegenen Gebirgen sieht man die Ueberreste des Schlosses und der Stadt Blagai, jetzt in Trümmer zerfallen, aber einst merkwürdig in der Geschichte der Herzegowina.

Es war am Morgen eines heiteren Sommertages bei früher Stunde, als diese Ebene von Gewieher und Hufschlag geräuschvoll widerhallte, als sei sie der Standplatz eines Lagers gewaltiger Reitergeschwader. Eine Herde wilder Rosse wurde durch ihre fast noch wildern Treiber zum Aufbruche geschaart; das Ziel des heutigen kurzen Rittes oder Zuges war Mostar, wo sich hunderte von Neugierigen bereits lebhaft auf den Beginn des großen Pferdemarktes freuten. Die Nomaden oder Roßhirten kamen jedoch aus weiter Ferne, aus Bulgarien nämlich und zwar von jener endlosen sumpfigen Ebene, die sich im Norden von Varna unter dem Namen Dobrudscha ausbreitet. Es ist dies eine Steppe mit niedrigen Hügeln, ohne Bäume, aber bedeckt von einem zuweilen so hohen Grase, daß sich der Reisende darin verirren kann. Dieses Grasmeer der europäischen Türkei hat seinen Namen von den Dobrudschi erhalten, einer Art Kosaken, welche, stets zu Pferde, ihr Leben auf den Weiden zubringen. Es sind Bulgaren, welche sich mit den Nogai-Tataren vermischten, da letztere bis zum achtzehnten Jahrhunderte dortlandes herrschten; von allen bulgarischen Stämmen haben diese Mischlinge die Reinheit ihrer Race am wenigsten treu zu bewahren gewußt.

Die Roßhirten dieses Stammes, deren wir oben erwähnten, standen in Bälde am Ziele ihrer langen Wanderschaft.

Da lag es vor ihnen, das aus längst vergangenen Zeiten stammende Mostar, wie alle türkischen Wohnplätze ersteren Ranges unsere abendländischen Städte an äußerer Schönheit weit übertreffend. Seine Minarets und Kuppeln, seine Cypressen, die vielen zwischen den Gebäuden liegenden Gärten, die vorspringenden Dächer, das hölzerne Gitterwerk, die angestrichenen Mauern, die Mannigfaltigkeit der Umrisse gaben sich im Glanze der Morgensonne überaus malerisch, ein Anblick, der fast befremdend wurde durch die Häuser der reicheren Osmanen, die da aussahen, als ob man sie eben ganz fertig aus Asien herübergebracht und neben ihre verwunderten Nachbarn aus Frangistan hingestellt hätte. Glichen sie doch meist Zelten aus Stein gehauen, wie man dies auch bei den Gebäuden und Kiosken in Stambul erschaut. Pittoresk nahm sich vorzugsweise der Haupttheil der Stadt aus, der auf dem östlichen Ufer — Mostar liegt an beiden Seiten der Narenta — unter einer schroffen Bergspitze zu einem Abhange emporsteigt, und die beiden Marktplätze, den Palast des Wessirs mit großen vorspringenden Dachrinnen, im türkischen Style gebaut und die größten Moscheen enthält. Eine gesunde Luft strich von den Bergen, die namentlich von Wanderern, die aus der Gegend von Vido oder dem Fort Opus, kurz aus den sumpfigen Landstrichen kamen, mit sichtbarem Behagen eingeschlürft wurde. Zudem schien der Zauber des Friedens über der Stadt ausgegossen zu liegen, da Mostar keine Befestigungen besitzt und nur hie und da wenige Ueberreste eines unbedeutenden Walles aufzuweisen hat. An der rechten Seite des Einganges zum Hofe des Palastes steht zwar ein runder Thurm mit Schießscharten für Kanonen versehen, scheint aber eher gegen einen Volksaufstand als zur Vertheidigung der Stadt bestimmt. Er war es übrigens nicht allein, der sich störend in das heitere Gemälde drängte, denn auf seiner ganzen Brustwehr zeigten sich unzählige scharfe hölzerne Pfähle, auf die man die Köpfe der bei Raubzügen getödteten oder gefangenen Montenegriner aufzustecken pflegt. Fünf dieser hölzernen Pfähle prangten auch in diesem ihrem häßlichen und fürchterlichen Schmucke.

Emsiges Regen und Treiben herrschte auf den schlechten, meist ungepflasterten Straßen, ein Uebelstand, der noch dadurch erhöht wurde, daß die Fleischer zu Mostar, wie fast in allen türkischen Städten üblich, die Rinder und Schafe auf offener Gasse schlachten. Man denke sich nun das Gewühl der Metzger und ihrer Bankknechte, der Kunden und ihrer Sklaven an solchen Stellen. Gleiches Gedränge wogte über die zwei Hauptmarktplätze, durch diese sogenannten Budenstraßen, obgleich dieselben nicht so besucht waren, als es an unfreundlichen Tagen der Fall ist, wo man des Regenwetters halber den mit einem vorspringenden Schirmdache versehenen erhöhten Fußpfad dieser Bazar's als eine Art Promenade zu benützen liebt. An dem heutigen heiteren Morgen jedoch hatte sich der Schwall der Spaziergänger nach der berühmten Brücke über die Narenta gezogen, die aus einem einzigen Bogen von fünfundneunzig Fuß drei Zoll Spannung besteht und sich bei geringem Wasserstand siebzig Fuß über den Spiegel des Flusses erhebt. Sie soll von Kaiser Trajan, nach Andern von dem römischen Imperator Hadrian erbaut worden sein. Die Türken nennen Suleiman den Prächtigen als den Erbauer, was aber eine schnöde Fabel ist, wie schon der Name der Stadt zu beweisen scheint. Brücke heißt nämlich im Slavischen Most, und stare bedeutet alt; daher die Benennung Mostar oder die alte Brücke.

Besonders lebhaft ging es auf dem Pferdemarkte zu.

Da gab es ein Drücken und Drängen, Keifen und Feilschen, Fluchen und Lärmen, wie es sonst auf türkischen Handelsplätzen durchaus nicht Herkommen und Sitte ist. Es befanden sich aber auch viele Reiter von der Landwehr wie von den regulären Regimentern auf dem Markte, und die Herren von der Klinge sind nirgends zu Lande sonderliche Freunde von geduldigem Mäkeln und schmeichelndem Flüstern. Uebrigens bot die Szene wirklich einen sehr anziehenden Anblick dar. Die wilden Pferde Bulgariens, diese scheuen und zornig schnaubenden Thiere schaarten sich in einer Ecke, mit den Köpfen nach innen, aber aufmerksam um sich blickend, die Hinterfüße zur Vertheidigung bereit, kurz wie es eine Heerde Pferde auf jeder ungarischen Pußta zu halten pflegt, die Front nach rückwärts formirend und die Wölfe, falls sie dennoch anzugreifen wagen sollten, ausschlagend mit einem tödtlichen Willkommen begrüßend. Es bedurfte aller Erfahrung ihrer fast noch wilder blickenden Treiber, der verwegenen Dobrudschi, um dieses oder jenes Pferd nach dem Wunsche des Käufers zur näheren Besichtigung herbeizutreiben. Die Güte der bulgarischen Pferde wie der eben nicht übertrieben hohe Kaufschilling verlockte so manchen Zuschauer als handelnde Person aufzutreten und um diesen oder jenen pfeilschnellen Renner zu feilschen. Jegliches Gelüste verstummte aber nur zu rasch, denn ein riesiger Mann mit gewaltigem rothen Vollbart, der Tracht nach ein griechischer Roßkamm oder Pferdemäkler, stach bald seine Mitbewerber bei den Bulgaren aus, und brachte weniger durch die Höhe seines

Angebothes als durch die Masse des Ankaufes die Mehrzahl der besten
zugetriebenen Wildfänge in seinen rechtmäßigen Besitz, worüber sich
jedoch ein paar Halbzuschauer innig zu freuen schienen. Es war der
Saraf — buchstäblich Wechsler — des Veziers zu Mostar, seine
Gehilfe und sein Diener, die einzigen drei Jüden, die sich damals
in der Hauptstadt der Herzegowina aufhalten durften. In Serajevo
hingegen sind die Bekenner des mosaischen Glaubens sehr zahlreich.
Der Saraf sah nämlich mit jedem Pferde, das von einem Fremden,
also nicht für Rechnung des Pascha angekauft wurde, die Zahl der
Anweisungen auf seinen Beutel behufs des Ankaufes und der Aus=
zahlung sich verringern. Fesselnd und spannend war der Anblick,
wie die scheuen Thiere Stück für Stück so zu sagen mitten aus der
Heerde herausgeholt und eingefangen wurden.

Kaum daß der Käufer eines der Pferde sein eigen zu nennen
wünscht, so stürzt sich ein stämmiger Treiber mitten unter die Heerde,
faßt den bezeichneten Renner bei den Ohren, bei der Mähne und
hängt sich wie eine Klette an den gefährlichen Wildfang. Das er=
schrockene Thier scheut, bäumt sich, schlägt aus, sucht zu beißen,
kurz es verschwendet alle seine Stärke und List, um sich seines Pei=
nigers zu entledigen. Vergeblich! Der Bursche hält fest, fliegt nach
oben, stürzt nach unten, aber Mähne und Ohr läßt er nicht los!
Kein Bulldogg vermag sich fester zu verbeißen. Der Kampf währt
so lange, bis das wilde Roß von seiner eigenen Anstrengung er=
schöpft, einen Augenblick ruhig hält und nach Athem schnaubt. Dann
wird ein gewaltiger Strick mit einer Art Nasenleine um den Hals
des Thieres geworfen und drei oder vier Mann ziehen mit aller
Kraft so lange an dieser einfachen Halfter, bis es ihnen endlich ge=
lingt, den schäumenden, von Schweiß triefenden Gaul aus der
Heerde herauszuschleppen. Nunmehr trabt ein starkes rittiges Pferd
herbei, einen bügelfesten Reiter in seinem Sattel, und der von An=
strengung, Furcht, Ermattung und Qual des Drosselns halbtodte
Renner wird haftig an seinen ausgeruhten kraftvollen Nachbar ge=
fesselt. Der angeborne Instinkt läßt ihn nichts Angenehmes von
dieser gefährlichen Nachbarschaft erwarten, und in Kürze hebt ein
neuer heftiger Kampf um die gewohnte Freiheit an, dessen Aus=
gang jedoch meist keine Minute zweifelhaft erscheint. Hier die volle
Ruhe und Stärke unter der verständigen Leitung des Reiters, dort
gänzliche Erschöpfung und wachsende unheimliche Angst! In den
meisten Fällen reichen wenige Stunden aus, um die schlimmsten

Remonten vollkommen zu zähmen. Viele traben noch am selben Tage, mitunter sogar an einen Wagen gespannt, ruhig nach ihrer neuen Heimath. Man weiß jedoch auch Beispiele, daß sich Wildfänge von besonderer Stärke und ungewöhnlicher Hartnäckigkeit oft noch ein paar Mal sammt dem mächtigen Gaule, an den sie gefesselt, um die Erde schlugen.

Das anziehende Schauspiel lockte natürlich auch auf dem Pferdemarkte zu Mostar eine Masse von Zuschauern herbei, eine Neugier, welche dem Rothbarte durchaus nicht zu behagen schien, wie er denn überhaupt seine hohe und breite Mütze tief in das Antlitz gedrückt hatte und jegliche nähere Besichtigung seine über die Gebühr gebräunten — weil absichtlich gefärbten — Züge zu vermeiden suchte. Oft bückte er sich bei solchen Gelegenheiten nach einem kleinen überaus zottigen Pintscher von silbergrauer Farbe, der sich lustig zwischen seinen Füßen herumtrieb und so einen willkommenen Vorwand darboth, den Gaffern nicht immer geradezu in das Gesicht starren zu müssen.

Unter den Zuschauern befand sich ein überaus alter Derwisch mit schneeweißem Barte, dem auch das Auge bereits die früheren Dienste zu versagen begann, wenigstens ließ er sich von einem muntern Knaben von etwa vierzehn Jahren nach dem Pferdemarkt leiten. Letzterer hätte der ritterlichen Scene wohl gern bis zum Schluße beigewohnt, der Alte ward jedoch des Schauspieles bald überdrüssig, und humpelte zum großen Verdruße des Kleinen nach kurzem Verweilen durch die nach der bosnischen Berggrenze führende Straße der Stadt ins Freie. Am Ende derselben und zwar hinter einer ärmlichen Hütte verborgen, stand ein stattlicher Hengst, von einem zweiten Knaben gehalten, dessen armselige Tracht wie die schlechte Zäumung und der abgenützte Sattel des Gaules gegen die herrliche, schlanke Gestalt des prachtvollen Thieres von asiatischem Vollblut auffallend abstachen. Der alte tiefgebückte Derwisch richtete sich plötzlich hoch auf und drohte mit geballter Faust nach dem Pferdemarkt zu Mostar hinüber:

„Es ist wirklich der Buk," murrte er, „ich muß Mustapha in Kenntniß setzen; du aber kleiner Dieb und Gaukler begehe mir keine Dummheit und schaffe mir das bewußte Ding im rechten Augenblicke, keine Minute früher oder später, bei Seite, sonst ersetzt er den Verlust in der nächsten Bude, und es gibt mehr blutige Köpfe, als mir lieb wäre."

„Es wird schwer halten!"

„Weßhalb?"

„Der kleine Pintscher scheint mir verdammt wachsam zu sein."

„Nimm deinen pfiffigen Bruder da mit! Er mag den Hund beschäftigen. Auch kann er im entscheidenden Momente als wandernder Krämer in den Khan treten und seine Waare an den rechten Mann bringen."

„Trefflich ausgedacht!" entgegnete der Junge.

Der betagte Derwisch würdigte den Knaben keiner weitern Antwort, sondern schwang sich mit überraschender jugendlicher Rüstigkeit in den Sattel des ungeduldig harrenden Pferdes, gab dem Thiere die Schaufelbügel zu kosten und im schärfsten Ritte ging es gegen die Berge zu, während die beiden Jungen sich vorsichtig rings umschauten, und dann auf einem Umwege nach Mostar zurückeilten. Auch dort ward ein geheimes und leises Zwiegespräch auf dem immer leerer werdenden Pferdemarkt, und zwar zwischen dem Rothbart und einem seiner Roßwärter, einem überaus stämmigen und kraftvollen Burschen geführt, der bei dem Einfangen der wilden Pferde eine bewundernswerthe Stärke an den Tag gelegt und einen Wildfang sogar ganz allein aus der Heerde herausgerissen hatte. Es war Melissa's handfester Bruder Dane als Troßknecht verkleidet.

„Der Abend wird in Kürze hereinbrechen," begann sein Herr, der angebliche Roßtäuscher, mit sorgfältig gedämpfter Stimme, „es ist also die höchste Zeit zum Aufbruche. Ich glaube zwar an kein Mißgeschick, obgleich es mir dein Großvater prophezeite, der Vorsicht und Sicherheit wegen mag der Zug jedoch zwar die Brücke über die Narenta in der Richtung nach dem Fort Opus überschreiten, aber bei der untern Furt, um welche nur wenige Eingeborne wissen dürften, führe du sämmtliche Pferde an das alte Ufer zurück, und suche so schnell als möglich die Grenzgebirge zu gewinnen. So laufen wir nicht die geringste Gefahr, falls man uns irgend einen Hinterhalt gelegt haben sollte."

„Reitet Ihr nicht mit uns, Kapitän?"

„Ich folge in ein Paar Stunden, denn ich denke aus demselben Grunde einen bedeutenden Umweg zu machen und erst in den Bergen zu dem Zuge zu stoßen. Vorderhand muß ich mit meinen Zunftgenossen aus Bulgarien, soll meine Weigerung anders nicht

Verdacht erregen, dem üblichen Halfterschmause beiwohnen. Ein langweiliges Gelage! Wollte, es wäre schon vorüber!"

„Nehmt Euch in Acht, wir sind in Feindesland!"

„Ich weiß es und bin auf meiner Huth."

„Man pflegt oft den Wein mit Mohnsaft und anderm Teufelszeug zu versetzen."

„Sorge dich nicht, dem Buk reicht man keinen Schlaftrunk!"

Mit jener wohlgemeinten Warnung und dieser vermessenen Antwort trennten sich Roßkamm und Troßknecht. Letzterer setzte seine Karavane in Bewegung, und zog dann ganz gemächlich über die lange und hochgewölbte Narentabrücke, in der Richtung der Straße, die nach dem Fort Opus führt, natürlich um später den Befehl seines Herrn in Ausführung zu bringen und an das kürzlich verlassene Ufer zurückzukehren. Buk aber begab sich nach einem Khan in der untern Stadt, in welchem die Pferdehändler gewöhnlich einzusprechen pflegten, und wo er auch die bulgarischen Nomaden und mehre andere Handelsgenossen bei dem Halfterschmause versammelt fand, tüchtige Stücke Lammbratens zu Leibe nehmend und manchen vollen Becher rothen Dalmatinerweines hinabschwemmend. Der verkleidete Roßtäuscher überzeugte sich in wenigen Augenblicken, daß der Schenkwirth zu ehrlich, wo nicht zu dumm sei, Arges im Schilde zu führen; demungeachtet vernachlässigte er auch nicht die mindeste Vorsichtsmaßregel, prüfte Glas wie Naß und hütete sich irgend eine Sorte Wein zu kosten, die ihm nicht von einem gänzlich unverdächtigen Zechgesellen vorgetrunken worden.

Das Gelage ward immer lustiger und es gewann den Anschein, daß man sich schwerlich vor der Mitternachtsstunde trennen werde. Buk, der bekanntlich noch vor dem Einbruche der völligen Dunkelheit aufzubrechen gedachte, klopfte daher seine Pfeife aus, leerte seinen Becher und befahl einem Wärter im Khan, während er seine Zeche berichtigte, sein Pferd zu satteln und aufzuzäumen. Die Tischgenossen meinten jedoch, der Mond müsse in der nächsten halben Stunde aufgehen, und Bruder Rothbart, wie sie den angeblichen griechischen Roßkamm nannten, thäte am klügsten, seine Abreise so lange zu verschieben, bis ihm besagter Silberschimmer am Himmel ganz traulich heimleuchte. Buk ließ sich durch diesen letztern gewichtigten, bei den dortigen steinigen Wegen um so stichhaltigern Grund in der That bewegen, noch eine kleine halbe Stunde zu verweilen, hütete sich jedoch weidlich, dem angebothenen Weine über die Gebühr zuzusprechen. Das Gelage nahm seinen Fortgang.

Mittlerweile traten zwei griechische Knaben, die sich jedoch nicht zu kennen schienen, in kurzen Zwischenräumen in die Trinkstube der elenden Herberge. Der Erstere bath die Gäste um die Erlaubniß, sie mit seinen Gaukelkünsten unterhalten zu dürfen, welche ihm auch bereitwilligst ertheilt wurde, während der Andere seinen Kramladen ruhig auf eine entfernte Bank oder Erhöhung stellte, wie um zu warten, bis die Reihe an seine Wenigkeit kommen werde.

Buk beachtete weder den einen noch den andern der verschmitzten Spitzbuben.

Der kleine Zauberer erschöpfte sich in allen den Kunststücken, welche griechische Gaukler in den Khans und Kaffeebuden der europäischen Türkei vorzuführen pflegen, kurz er erwarb sich den ungetheilten Beifall der Zuschauerschaft, namentlich war der Führer der Bulgaren, welcher derlei Gaukeleien wohl selten oder gar nie gesehen haben mochte, ein sehr dankbares und freigebiges Stück Publikum. Der Knabe, dieser griechische Bosco schien von den vielen Beweisen von Bewunderung und Großmuth eben so geschmeichelt als gerührt zu sein; ein aufmerksamerer Beobachter als die vom Weindunst betäubten Zecher hätten jedoch wahrgenommen, daß sein Auge fortwährend auf einem und demselben Punkt hafte, und zwar auf einem Gegenstand, der einer weiland goldenen, abgeschossenen Schnur glich und aus Buk's offener Ledertasche kaum Zoll lang heraushing. Kaum bemerkte dies der junge Hausirer, als er ein Stück Speck und Käse, ferner eine Rinde Brod aus seinem Kramladen hervorzog und scheinbar einen bescheidenen Nachtimbiß zu sich nahm, eigentlich aber nur den Pintscher an sich zu locken suchte, der hinter dem Stuhle seines Herrn Platz genommen hatte und seine klugen Augen fortwährend im Kreise herumrollen ließ. Dies Manoeuvre gelang dem Hausirer in so ferne, als Zigan für einen Moment seiner Wachsamkeit vergaß, sich vorsichtig erhob und mißtrauisch gegen die Bank oder Erhöhung, auf welcher der Kramladen stand, heranschlich, wie um sich zu überzeugen, was man denn eigentlich von ihm wolle. Armer Zigan! Es war wie gesagt, nur ein Moment, daß du der Pflicht der Wachsamkeit vergaßest, aber er reichte vollkommen hin, um den gewandten Gaukler in den unbemerkten Besitz jenes Gegenstandes gelangen zu lassen, dessen ab=

geschossene Schnur kaum Zoll lang aus der Ledertasche deines Herrn heraushing.

Der Dieb entfernte sich bald darauf in sichtlicher Hast.

Auch Buk hieß nunmehr sein Pferd vorführen und schickte sich an, den Khan zu verlassen.

„Teufel," rief er plötzlich, „wo ist denn mein Tabaksbeutel hingekommen?!"

Der Montenegriner wollte sich nämlich im Abgehen eine Pfeife stopfen, fand aber seine Ledertasche ihres Inhaltes beraubt.

„Den hat sicher jener griechische Schlingel gestohlen!" meinte der **Führer** der Dobrudschi.

„Ein Diebstahl in meinem ehrlichen Hause!" rief entsetzt der Schenkwirth.

„Hat nicht viel zu sagen," beruhigte Buk den letztern, „es war ein alter türkischer Tabaksbeutel, ein wahrer Bettel, keine sechs Piaster werth! Wenn ich nur wüßte, wo ich jetzt Tabak herbekommen könnte?"

Bei dieser Frage trat der kleine Hausierer bescheiden mit seinem Kramladen herbei.

„Ja el jahudi mat!" — „O der Jude ist todt!" — rief ein vielgereister Pferdehändler.

Dieser drollige arabische Ausdruck wird in der Türkei häufig auf einen sorglosen Menschen angewendet, falls er plötzlich eine unerwartete Aufmerksamkeit auf etwas verwendet. Ein schallendes Gelächter auf Kosten des bisher so theilnahmslos auf jener entfernten Bank gekauerten Hausirers erfolgte, in das auch Buk vom Herzen einstimmte. Der Junge kam übrigens dem Montenegriner wie gerufen. Buk liebte es auf einem Ritte, namentlich in nächtiger Stunde, ein Pfeifchen zu schmauchen und griff daher hastig nach dem fein geschnittenen türkischen Tabak des Hausirers. Hierauf warf er sich hastig in den Sattel.

Der Griechenknabe verfolgte mit triumphirender Miene seinen eiligen Ritt.

Es war eine schöne und heitere Sommernacht. Der Mond ging eben auf und goß sein freundliches Licht auf die steinige Straße, die von der eben verlassenen Stadt Mostar nach einer der merkwürdigsten Bergschluchten in der Herzegowina leitet. Diese Gebirgsschlucht liegt hinter jenem Theile der Ebene an der Narenta, auf welchem weiland eine große Schlacht zwischen den Römern und den damaligen Bewohnern Bosnien's Statt gefunden haben soll. Alterthumsforscher verlegen zwar die eigentliche Fundgrube von Ueberresten aus jener längst verschollenen Zeit mehr östlich und etwas entfernter von dem Narentaflusse, aber es gibt auf dem Wege von Mostar nach der Gebirgsschlucht so viele bedeutende Hügel und Erhöhungen, welche durch Umfang und Lage wie durch grabähnliche Gestalt unwillkührlich zu dem Glauben hindrängen, sie seien nichts geringeres, als die endliche Friedensstätte, darin römische wie slavische Helden von den Drangsalen des langen und erbitterten Kampfes ausruhen.

Natürlich, daß dies alte Schlachtfeld verwandte Gedanken in Vuk's Seele erwecken mußten.

Er hing auch derlei kriegerischen Träumen so tiefsinnig nach, daß er sich allmählich in den sonderbaren Zustand wachen Delirirens, halb Schlaf, halb Wirklichkeit, mehr als billig hineingedacht zu haben glaubte und sich daher ernstlich Mühe gab, aus diesem Somnambulismus loszukommen.

Vergebliche Anstrengung!

Seine Gedanken verwirrten sich immer mehr und mehr, seine Augen schlossen sich schlaftrunken, sein Kopf sank nach vorwärts, das ermunternde Bellen seines Hundes wie der Hufschlag des zuletzt im Schritte dahinstolpernden Rosses tönte immer undeutlicher in seine Ohren, endlich fiel er förmlich auf den Hals seines Gaules, nur aus langer Uebung und Gewohnheit den Sattel mit den langen Beinen umklammernd. So gelangte der seltsame Reiter bis an das kleine Thal, das den Eingang in den riesigen Hohlweg in einem Halbkreise umgibt und als Weideplatz für die Kühe weniger dort hausender armer herzegowinischer Rajas zu dienen pflegt.

Ein seltsamer Anblick diese Gebirgsschlucht!

Man denke sich eine Kette niederer Berge etwa sechs deutsche Meilen lang und der ganzen Länge nach gerade bis zur Tiefe der Thäler, welche sie durchzieht, wie mit dem Richtscheit durchschnitten und man hat einen schwachen Abklatsch von dieser wild romantischen Bergschlucht. Es heißt, daß sie ihren Ursprung einem gewaltigen Erdbeben verdankt. Diese riesige Felsenspalte ist am Grunde nirgends **breiter als** höchstens zwanzig englische Ellen, obgleich die Entfernung der obern Felsenkanten mitunter ein Bedeutendes mehr betragen dürfte. Ein schmaler Bach, der sein Dasein von zwei oder drei Quellen in dem früher erwähnten Thale fristet, rauscht durch die fast gräberstille Schlucht, und erschwert das Weiterkommen ungemein, da man ihn in Folge seiner Windungen wenigstens zwanzig Mal überschreiten muß, was bei den nassen Steinen und dem schlüpfrigen Rasen meist einige Schwierigkeit darbietet.

Wie sollte Vuk in seiner Schlaftrunkenheit hindurchkommen?

Dafür sorgten hellere Augen und mehr als eine regsame Hand! Hart hinter dem kleinen Thale, also unmittelbar an dem Eingange in die Gebirgsschlucht weckte das heftige, wüthige Anschlagen des kleinen Zigan den Schlummernden, aber nur für ein paar Sekunden, auch hörte er das Gebell nur schwach und leise wie im Traume, wie aus weiter Ferne. Gleichzeitig fiel es auf ihn wie eine Fangschnur oder ein schweres Riemzeug. Ein peinliches Zerren und Schnüren an seinen Gliedern folgte. Darauf verlor Vuk aufs Neue das Bewußtsein.

Einige Klippen der mehrerwähnten Schlucht gewähren einen halb bezaubernden, halb schreckhaften Anblick. An manchen Stellen steigen sie von der Tiefe senkrecht bis zu einer unglaublichen Höhe empor. Auch gibt es an dem einen Ausgange ein wunderliches Spiel der Natur zu schauen. Es ist dies ein Bogengang, welchen die Hand des Zufalles nach dem Vorbilde gothischer Architektur in die Felsen gehauen und mit einem Dachgewölbe und einer Fensternische von demselben Bauschnitte versehen zu haben scheint. Was Wunder, daß das Landvolk diesen Bogengang die Kapelle zu nennen pflegt. Auch darf hier nicht unerwähnt bleiben, daß der Aberglauben diese merkwürdige Schlucht auf noch merkwürdigere Weise entstehen läßt. Wie der fränkische Roland nicht blos Heldenthaten verrichtete, sondern nach der biscaischen Sage die Pyrenäen, Felsenthäler ausgrabend, an mehren Stellen mit seinem guten Schwerte spaltete, so wird auch in Bosnien dasselbe von dem fabelhaften serbischen Krieger Marko Kraljewitsch und seinem gewaltigen Säbel bei mehren Gebirgseinschnitten, also auch bezüglich dieser Schlucht erzählt. Es gibt auch in diesem Lande einige weit von einander abstehende Felsen, die man Skákala Kraljewitscha, das sind, die Sprünge des Kraljewitsch nennt. Hat es mit diesen Sagen anders seine Richtigkeit, so sind wir dem mythischen Serben für manche der schönsten Gebirgsszenen zu einigem Danke verpflichtet.

Eine der bizarrsten Launen der Natur offenbart sich jedoch auf dem halben Wege durch die absonderliche Schlucht. Es ist dies eine merkwürdige Höhle, welche den Namen Scherawitza-Grab führt und etwas höher liegt als die eigentliche Straße. Ein Fußpfad von einem doppelten Wall vertheidigt und mit Ramparts wie mit Schießscharten für Musketen versehen leitet zu dem Eingange. Die Höhle gleicht einer geräumigen gothischen Halle und dürfte über hundert Gäste fassen. Auch gibt es mehre kleine, ohne Licht jedoch kaum auffindbare und schwer zugängliche Nebenhöhlen von weit geringerem Umfange, aber nicht unbedeutender Höhe. Seltsam erscheint es, daß man auf der auswärtigen Seite der Schlucht und zwar dem Scherawitza=Grab gerade gegenüber auf eine ähnliche Höhle mit gleich schwierigem Zugange stößt, so daß es selten bezweifelt ward, wie beide Felsengewölbe weiland in inniger Verbindung standen und nur bei irgend einer gewaltigen Erderschütterung durch den Einsturz massenhafter Schichten von Kalkstein für immer von einander getrennt wurden.

Die früher erwähnte Höhle soll in der Vorzeit der Zufluchts= ort und das Bollwerk des berühmten bosnischen Haiduken Scherawitza, dieses furchtbaren Nachfolgers und Rächers Mijat's gewesen sein, nach welchem ersteren Räuber sie auch noch heutigen Tages benannt wird. Hundert Historien sind über diesen beispiellos verwegenen Wegelagerer im Umlaufe, und besitzt nur jede zehnte Sylbe in den Märchen von seiner Tollkühnheit und Stärke ihre Richtigkeit, so bedurfte es eines überaus tapfern Herzens und fast eiserner Nerven, um diesen Haiduken in seinem fast uneinnehmbaren Schlupfwinkel anzugreifen.

Doch zurück zu unserer Geschichte!

Als Buk endlich aus seiner Betäubung erwachte, war die Sonne längst aufgegangen, und warf ihre heißen Strahlen bereits versengend in die Gebirgsschlucht. Gräßlicher Anblick! Der Schauplatz der Handlung befand sich gerade vor dem Fußpfade zum Scherawitza=Grab. Der Eingang der Höhle schien bereits vor ein paar Tagen vermauert worden zu sein, und wies außer einer schmalen sich nach innen öffnenden Thüre, durch welche sich ein nur einigermaßen robuster Mann nur mit Mühe zu zwängen vermochte, keine weitere Oeffnung als zwei Fenster, die man zudem mit überaus starken Gittern versehen hatte.

Was sollte dies bedeuten?

Buk selbst lag an Händen und Füßen gebunden mitten in einem Haufen gefangener, theilweise auch gefesselter Rajas. Die Zahl derselben möchte sich auf anderthalbhundert Köpfe belaufen, darunter sich auch einige Weiber befanden. Es waren durchwegs unschuldige Leute, die man auf dem Heimwege von dem Markte zu Mostar angefallen, nach mitunter tapferer Gegenwehr verwundet, ausgeplündert und ihrer Freiheit beraubt hatte. Die Gefangenen wurden von ungefähr zweihundert bis an die Zähne bewaffneten Räubern bewacht, davon etwa ein Dutzend die letzte Hand an das Einhängen und Verwahren jener schmalen Thüre anlegte. Die Buschklepper sprachen bosnisch unter sich, doch schienen Einige auch der türkischen Sprache mächtig zu sein. Sie zählten übrigens durchwegs zum Islam, wie ihr häufiges Insch-Allah — so Gott will — bewies. Ihr Anführer war bis jetzt nicht sichtbar geworden.

Welches Schreckensdrama sollte hier in die Szene gehen?

Buk machte nicht den mindesten Versuch seine Bande zu sprengen, denn er wußte, daß er in Folge des so lang gehemmten Blutumlaufes nicht den geringsten Gebrauch von seinen sonst so gewaltigen Händen und Beinen würde machen können. Er harrte ruhig wie seine Umgebung, ja fast neugierig der Dinge, die nun kommen mußten. Es ging auf die Mittagsstunde, als die Thüre endlich mit hinreichend starken Bändern und Riegeln versehen war. Die Gefangenen wurden nunmehr einzeln in die dumpfe schwüle Höhle getrieben. Buk war der Letzte, welcher seiner Bande entledigt und dann wie ein Sack in den Scherawitza-Grab geworfen wurde. Es währte auch lange, bis er von einigen Rajas, Ansiedlern an der Grenze der Herzegowina, die ihn erkannt hatten, unterstützt sich mühsam auf die Füße zu erheben und gleichsam den Oberbefehl über seine eingekerkerten Landsleute zu übernehmen vermochte. Der Schauplatz seiner obrigkeitlichen Herrlichkeit war zudem sehr beschränkt, denn die Höhle, durch das Mauerwerk bedeutend eingezwängt, betrug nicht mehr Flächeninhalt als etwa eilf Fuß Länge und drei Klafter Breite, so daß auf jeden Gefangenen nicht über anderthalb Fuß der Erstern und etwa achtzehn Zoll der Letztern Raum zu rechnen kam.

Die Sonne brannte entsetzlich.

Die dumpfe Luft wurde immer schwüler, was um so unerträglicher, als bei dem heitern Himmel und der laufenden Jahreszeit kaum auf den leisesten Windhauch zu hoffen sein durfte. Dieser Gedanke brachte die Meisten gleich Anfangs zur Verzweiflung, und sie suchten in ihrer Raserei, wiewohl vergeblich, die Thüre zu erbrechen. Es war ein fürchterliches Gegenstück zu jener schauerlichen

Szene in der sogenannten schwarzen Höhle bei Kalkutta, in welcher die Engländer im Juni des Jahres 1756 ein so schreckliches Schicksal erduldeten. Buk hatte sich an ein Fenster gedrängt, er war daher mehr gelassen und lief, so lang er diesen Platz behaupten konnte, nicht die mindeste Gefahr des Erstickens. Auch befahl er wie weiland der englische Kommandant Hollwel, daß jedermann sich so viel als möglich ruhig verhalten und durch unnützes Regen und Abmühen seine Kräfte nicht unnöthiger Weise erschöpfen sollte. Dieser Befehl erzielte eine zeitweise, leider jedoch von den Klagen der Verwundeten und dem Röcheln der Erstickenden schauerhaft unterbrochene Stille.

Die Hitze steigerte sich aber mit jeder Minute.

Der riesige Montenegriner rieth nunmehr den Gefangenen, sie sollten, um mehr Raum zu gewinnen, sich nackt oder doch wenigstens bis auf das Hemd ausziehen. Es geschah, verhalf aber nur zu einer sehr unbedeutenden Erleichterung. Man suchte dieselbe durch Wehen mit den Mützen zu mehren, doch ward diese Arbeit für die sich immer mehr erschöpfenden Kräfte der Eingekerkerten bald zu mühsam. Ein Herzegowiner meinte darum, alle sollten sich, um der Luft mehr Zutritt zu gestatten, auf die Knie niederlassen. Man nahm den Rath an, kam aber gleichzeitig überein, um jede Verwirrung zu beseitigen, auf ein von Buk gegebenes Kommandowort zugleich niederzuknien und aufzustehen. Dies Manöver wurde Anfangs mit günstigem Erfolge ausgeführt, fruchtete aber nicht auf die Dauer. Man blieb zwar, so lange man es in dieser unbequemen Stellung aushalten konnte, ruhig auf seinen Knien liegen, aber jedesmal da die Gefangenen in die Höhe schnellten, wurden Einige, die sich nicht rasch genug zu erheben vermochten, todt getreten. Ein entsetzliches, zum Himmel um Rache schreiendes Loos! Dies geschah bereits Nachmittags, während die ersten Stunden der Einkerkerung verliefen.

Gegen Abend erschien der Anführer der Räuber. Es war Mustapha, wie die Leser wohl schon errathen haben werden. Der Renegat und sein Begleiter, jener Derwisch mit weißem Barte, den wir auf dem Markte zu Mostar getroffen haben, traten gelassen vor die Höhle des Jammers. Der Erstere rauchte wie gewöhnlich ganz behaglich aus seiner riesigen Pfeife. Beide begrüßten Buk mit höhnischem Lachen, teuflische Bosheit, thierische Grausamkeit im Blicke.

„Kennst du mich, Todtschläger?" frug der Räuber.

Buk schwieg, unsägliche Verachtung in jeder Miene.

„Ich wollte dich Anfangs," fuhr Muſtapha fort, „bei gelindem Feuer röſten, nun aber hoffe ich es beſſer getroffen zu haben; du ſollſt mir an deinem eigenen glühend werdenden Athem von innen heraus verbrennen!"

Der Montenegriner ſtarrte gelaſſen vor ſich hin.

„Auch wir ſind quitt," ſprach der alte Weißbart, „du wirſt mich nicht mehr von der Straße nach Serajevo abſchneiden!"

Buk ſtutzte, blickte aber dann noch verächtlicher auf ſeinen neuen Feind.

Er hatte die Stimme des Paſcha Juſſuw erkannt.

„Wie hat dir," höhnte der angebliche Derwiſch, „mein türkiſcher Tabak gemundet?"

„Er war etwas zu ſtark," ergänzte Muſtapha, „für den montenegriniſchen Schädel."

„Man kann auch Tabakblätter mit Opium verſetzen," ſchloß Juſſuw, „nur haſt du dieſe Erfahrung etwas zu ſpät gemacht, rothbärtiger Schurke, morgen rauchſt du ja ſelbſt ſchon in der Hölle. Glück auf die Reiſe!"

Der Montenegriner verharrte in ſeinem alten Schweigen.

„Ja, auf Wiederſehen bei der Großmutter des Teufels!" rief der Renegat.

Beide Böſewichte entfernten ſich mit ſataniſchem Gelächter, wie ſie gekommen waren.

Um neun Uhr Abends ſchien die Qual der Gefangenen aufs Höchſte geſtiegen. Der Durſt nahm mehr und mehr überhand, und verſetzte die gelaſſenſten Männer, ja die bisher echt ſlaviſch geduldigen Weiber in einen Zuſtand völliger Raſerei. Sie bemühten ſich nochmals, natürlich wieder vergeblich, die Bänder und Riegel der Thüre zu ſprengen, ja ſie ſchmähten, höhnten und beſchimpften die aufgeſtellten Wachen, um ſie durch Zorn und Entrüſtung dahin zu bringen, endlich herein zu feuern und ſo dem Elende mit einigen Schüſſen ein Ziel zu ſetzen.

Thörichte Hoffnung!

In kurzer Zeit verfielen die Meiſten, ſo ſich im rückwärtigen Theile der Höhle befanden, in gänzliche Athemloſigkeit, zum Theile auch, was noch ſchlimmer war, in wirklichen Wahnſinn. Das Raſen der Verrückten, die bangen Klagen der Angſt, die laute Stimme der Verzweiflung erfüllten den Schauerort, aber alles übertäubte und überbrauſte zuletzt der jammervolle Ruf nach Waſſer. Die Wache brachte endlich welches herbei. Buk und zwei noch rüstigere Rajas saßten es am Fenster in ihren Ledertaschen und reichten es den Gefangenen; aber das Drängen nach der ersehnten Labe war zu groß, es entspann sich rasch ein erbitterter Kampf und das Gewühl wurde so gewaltig, daß viele Eingekerkerte, auch jene zwei dienstwilligen und menschenfreundlichen Rajas dabei zu Tode gedrückt wurden, wobei leider eine Masse des Labetrunkes verschüttet werden mußte. Nur Buk's eiserne Kraft hielt aus, und er mußte sich als barmherziger Samaritaner von neun bis eilf Uhr Nachts mit dem Fassen und Zureichen des übelriechenden Wassers. Rings um ihn war der Boden mit erdrückten oder erstickten Menschen überstreut.

Man hatte bisher noch einige Achtung für ihn als das Oberhaupt und den Wohlthäter sämmtlicher Unglücklichen bewiesen, nunmehr aber hörte aller Unterschied der Persönlichkeit auf. Die ganze noch lebende Sippschaft drang nicht nur auf ihn zu, sondern viele ergriffen mittelst eines verzweifelnden Sprunges die Fensterstangen über seinem Haupte, arbeiteten sich, da er zu menschlich war, seine noch immer überwiegende Stärke geltend zu machen, auf seine Schultern und drückten ihn durch ihre immer wachsende Last so sehr, daß er sich gar nicht mehr bewegen und gleichwohl nicht länger auf diesem Platze verbleiben konnte. Er rief daher den Selbstsüchtigen, die auf seinen Schultern, ja selbst auf seinem Kopfe fußten, zu, sich in Obacht zu nehmen und nicht unsanft zu Boden zu stürzen, da er sich von dem Fenster entfernen und ruhig sterben wolle. Seine entfernteren Haftgenossen forderten keine Beweggründe, ihm behülflich zu sein, einen Platz zu verlassen, den ein jeder selbst zu erobern suchte.

Die nächsten Reihen öffneten sich so weit, daß Buk, wenn gleich mit großer Mühe, endlich in den Mittelpunkt des Gefängnisses gelangen konnte. Der dritte Theil der unfreiwilligen Gesellschaft war nunmehr todt, und die übrigen Lebenden drängten so sehr nach dem Fenster, daß der Montenegriner allerdings ein wenig mehr Raum fand, aber die Luft war so faul und stinkend, daß ihm das Athemholen binnen wenigen Minuten schwer und schmerzhaft wurde.

Er drang daher über die todten Leidensgefährten hinweg und lehnte sich dem zweiten Fenster gegenüber an einen der dort zusammengeballten Haufen Leichen, willens hier seine Auflösung zu erwarten; aber nach ungefähr zehn Minuten überfiel ihn ein solcher Schmerz auf der Brust und ein so heftiges Herzklopfen, daß er nochmals genöthigt war, sich an die freie Luft durchzuzwängen. Es standen bereits sechs Reihen Lebender zwischen ihm und dem Fenster. Angeborne Kraft half ihn durch vier Schichten, steigende Verzweiflung endlich durch die letzten zwei Reihen. In wenigen Minuten schwand zwar nunmehr Buk's entsetzliches Herzleiden, aber er fühlte gleichzeitig einen unaussprechlichen Durst und schrie daher mit gleicher Ungeduld wie die Uebrigen nach Wasser. Diese faulige Labe vermehrte jedoch die Qualen des Durstes. Er beschloß deßhalb nicht mehr davon zu trinken, sondern begann den Schweiß aus seinem Hemde zu saugen, was ihm für kurze Zeit einige Erleichterung verschaffte; wir sagten für einige Zeit, denn eine blutjunge neben ihm stehende nackte Bosniakin ergriff den einen Aermel von Buk's Hemde, beschwor ihn um das Blut Christi willen um Menschlichkeit und beraubte den Gutmüthigen bald auch des zweiten Aermels, sohin der letzten Quelle der Linderung in seiner gräßlichen Noth und Erschöpfung.

Es ging auf die Mitternachtsstunde.

Die wenigen noch Lebenden, die am Fenster stehenden Unglücksgefährten ausgenommen, befanden sich nunmehr auf dem Gipfel der äußersten Raserei. Alles schrie nach Luft, da das Wasser, welches die Wache einzig zur Verlängerung ihrer teuflischen Kurzweile gereicht hatte, nicht mehr helfen wollte. Man fügte den Unmenschen draußen alle nur denkbare Beschimpfung bei, auf daß sie von Aerger übermannt, endlich zu den Gewehren greifen und hinein feuern sollten.

Alles umsonst!

Man hörte wohl hie und da einen Hahn spannen, aber es war gleichfalls nur satanischer Scherz. Bald darauf hörte mit einem Male aller Lärm auf. Viele der Verzweifelnden, die noch ein paar Athemzüge zu verhauchen hatten, legten sich des letzten Funken Kraft beraubt nieder und gaben über die Todten ausgestreckt ruhig ihren Geist auf. Andere frischere und kräftigere Menschenkinder suchten Buk abermals von seinem Platze zu verdrängen. Ein plumper Ansiedler von der bosnischen Grenze stieg auf eine seiner Schultern, ein anderer Raja auf die andere; sie umklammerten dabei die Fensterstangen so krampfhaft, daß sie Buk hätte todtschlagen müssen, um sie von sich abzuschütteln. Das wollte er nicht. Er trug sie in Geduld. In dieser peinlichen Lage verblieb der simsonhafte Montenegriner von halb zwölf Uhr Nachts bis zwei Uhr Morgens.

Endlich sank mit seinen Kräften auch sein Muth.

Er suchte nach seinem Dolchmesser, fand es auch, erhob es mühsam, willens sich eine Ader zu öffnen und zu verbluten. Da fiel es ihm aber bei, wie es sich für einen Abkömmling des montenegrinischen Stammes wie für das Haupt seiner Haftgenossen nicht gezieme, feig von der Leidensstätte zu flüchten, bevor es dem Herrn gefällig, ihn abzuberufen. Deßhalb senkte er das Dolchmesser und entschloß sich das Fenster zu verlassen. Dann both er seine Stelle, die er nicht länger behaupten mochte, jener blutjungen Bosniakin an, die in der nächsten Reihe stand und wie durch himmlischen Beistand muthig und ungefährdet Qualen ertragen hatte, an denen stärkere Herzen gebrochen waren. Die Aermste nahm es wohl mit unendlichem Danke an, aber von dem plumpen Gränzansiedler augenblicklich verdrängt, zog sie sich mit Vuk zurück, streckte sich nieder und starb, ohne daß ein Wort der Klage über ihre Lippen rauschte. Auch der Montenegriner verlor für einen Augenblick die Besinnung. Man erfuhr überhaupt nie deutlich, was von dieser Zeit bis zu Tagesanbruch in Scherawitza-Grad vorging.

Plötzlich stieß es kalt, klebrig und feucht an Vuk's rechte Hand.

Was war das? Die Hand ward geleckt, gleichzeitig ließ sich ein freudiges Winseln vernehmen.

Das konnte nur Zigan sein!

Wohl hatte Vuk den treuen kleinen Hund, als er zum ersten Mal an das bis zum Einbruch der Nacht standhaft behauptete Fenster trat, wahrgenommen, wie er ängstlich und bellend umherlief, und nach der versperrten Höhle schnoberte. Bald aber verlor er ihn aus dem Gesichte und fürchtete anfangs, das arme Thier sei zweifelsohne wegen seiner Anhänglichkeit von einem der rohen Wegelagerer erschlagen worden, zumal die Muhamedaner den Hund als ein unreines Thier verabscheuen. Später hörte er ihn jedoch zornig heulen, ein Zeichen, daß ihn einer der weniger strenggläubigen Renegaten angebunden haben mochte. So war es auch! Zigan schleppte noch jetzt ein langes Stück einer durchgebissenen Schnur nach sich.

Wie kam er aber herein?

186

Wer konnte es sagen?!
Und was wollte er in dem dumpfen Verließe?
Gleichfalls ersticken? Mit seinem Herrn sterben?!
Einfältiger Zigan!
So lautete Buk's Gedankengang.
Vielleicht sollte es auch heißen:
Kluger Zigan!

Eilftes Capitel.

Albanesische Sühne.

Ein herrlicher Anblick diese prachtvolle Wassermasse des See's von Scutari! Ein lichtes Auge, aus dunkeln Brauen blickend, breitet sich sein sonnig vergoldeter Spiegel weithin aus, rings von Erinnerungen an die classischen Tage des Alterthymes umgeben, namentlich was sein westliches Ufer anbelangt. Im Norden lagert, bespült von den Wogen tief einschneidender Buchten, ein dunkler Kranz der hier zum Theile dicht bewachsenen Höhen von Csernagora. Wurden diese Wälder seit den dritthalb Jahrhunderten, wo Bolizza sie sah, auch stark gelichtet, so schmücken doch noch immer viele stattliche Bäume den Scheitel der schwarzen Berge. Im Osten zeigt sich eine weite mit Weinreben und Olivenbäumen besäte Ebene, welche der Fleiß des albanesischen Landmannes schon längst zu einem Eden umgestaltet hätte, falls die Raublust der islamitischen Horden gesättigt und die Feindschaft der Montenegriner zur alten verschollenen Sage werden könnte.

Trübe stimmt die Aussicht nach Süden.

Dort liegt es ja mit seinen spitzen Thürmen, seiner einem gewaltigen Dulbend gleichenden Citadelle das feste Skadar, dies alte Scodra des Königs Pyrrhus wie der Römer, italienisch Scutari genannt, türkisch Iskenderiah geheißen, weiland die Residenz des Beg Alexander, des großen Skanderbeg, die Vormauer Albaniens. Aus der Ferne erscheint diese halbslavische Hauptstadt der Dschegen und Mirriten wahrhaft reizend; ihre Bazars und Moscheen erheben ihre Kuppeln gleich einem Amphitheater bis zu dem felsigen Gipfel, auf dem das Kastell des Rosapha emporragt, dieser alte, auf einer

Höhe von dreihundert und fünfzig Fuß in den Lüften schwebende, heilige serbische Grab.

Ein trübes Bild?

Ja, so ist es! Kein poetisches Gemüth, das nicht trauert mit verweinten Augen, wenn man erzählt von den letzten Tagen albanesischer Herrlichkeit und der schmachvollen Waffenstreckung des alten Löwen Mustapha. Glich doch jenes tapfere Volk, zum Theile selbst muhamedanischen Glaubens, seinen Geistesverwandten über den Pyrenäen, und all die bittern Gefühle des Schmerzes über den Untergang der Maurenherrschaft in Spanien, welche unsere Brust in der träumerischen Knabenzeit beklemmten, lagern als düstre Falten auf der Stirn des Mannes und verdüstern seinen Blick, wenn er von den Zinnen der Bergveste Skadar hinunterblickt nach Osten, nach dem grünen lachenden Thale. Dort wo einst das schlanke Roß des Dschegen in unglaublichen Sätzen seinen braunen Reiter umhüpfte, welcher sinnend im weichen Grase lag, mit seiner langen Lanze spielte, und wie einst Achill vor seinem Zelt, seine Thaten wie die seiner Palikaren besang; dort üben sich jetzt die Taktiki in fränkischen Hosen, diese auf europäische Art disciplinirten türkischen Truppen in Gebrauch der plumpen Feuerwaffen, und ihr strenger Führer raucht, behaglich aus der Ferne zuschauend, stumpf und blöde wie sie, aus seinem Csibuk, gewaltige Dampfwolken in die Lüfte blasend. Ja, ein poetisches Gemüth hat sie nie leiden gekonnt, diese ungeschlachten Taktiki, die da mit einem Kartätschenhagel die Blume der albanesischen Ritterschaft während des verrätherischen Versöhnungsfestes bei Monastir zu Boden streckten. Sie haben die blühenden albanischen Gärten im Doublirschritte zerstampft, die goldenen Gitter der Harems mit frevelnder Hand erbrochen und ihre luftigen blumengeschmückten Hallen verödet und niedergestürzt.

Wann, unglückliches Skadar, werden die Rosenzeiten der Albanesenherrschaft für dich wiederkehren? Wann wirst du wieder einen Selamlik — Audienzsaal — in deinen Mauern sehen, darin schlanke, rabenhaarige Frauen, in deren Blicken ein Meer von Liebe und Zärtlichkeit schwimmt, und ritterliche, waffengewandte Dschegenhäuptlinge, von deren Wangen die Gluth jener Blicke wiederstrahlt, den in Purpur gebornen Statthalter Gottes wie Sterne die Sonne umstehen?! Kommt nochmals jener stolze Augenblick, wo dein mächtiger Löwe Dschelaldina durch sieben Schüsse der Lärm=

kanone siebenhundert Mal hundert Skipetaren in die Waffen rief und mit diesen Braven das Heimathland vor einem doppelten Einfalle der Osmanen und Bosniaken rettete, die weiße Erde von ihren fremden Tyrannen befreiend?! — — Nie! — — Vergebens rauscht dein See und erzählt dem an seinem Gestade ruhenden Wanderer von Welle zu Welle fortgepflanzte Traditionen von den Tagen deines Glückes und Endes. Sie werden nie mehr kommen diese Tage, so wenig als der ewige Schnee auf den acroceraunischen Gebirgen schmilzt; zerbrochen ist die schmeichelnde Mirditenleier, welche die Liebe der albanesischen Ritterschaft besang, und nie mehr erhebt sich zu seinem alten Glanze der königliche Rosapha!

Der Anblick der Wassermasse des See's von Scutari ist wie gesagt, prachtvoll; ist man aber genöthigt, darüber zu setzen, um nach der Stadt zu gelangen, so verschwindet der Zauber seiner Ufer und macht der unheimlichen Furcht Platz, welche der aus einem einzigen Baumstamm gezimmerte Caique einflößen muß, ein Schifflein, das die geringste falsche Bewegung umstürzen würde, was bei dem gefährlichen Schilfgrase im See selbst für den besten Schwimmer eben so viel sagte als verloren sein. In einem solchen Caique schiffte an einem heiterem Morgen im Hochsommer 1843 ein junger Mann in türkischer Militärtracht über die Fluthen, ein Abgesandter des Muschir Jussuw aus Travnik, der eben den Pascha von Skadar verlassen hatte und gleichfalls in trüber Stimmung, aber aus ganz andern Beweggründen, nach dem königlichen Rosapha zurückblickte. Man sah es an seiner verdüsterten Miene, daß seine Sendung verunglückt sei.

Es war unser alter Bekannter Ali.

Jussuw sandte ihn als Bothen und Kundschafter nach Mostar und Skadar wie nach Albanien und Csernagora. Der Pascha der Herzegowina hatte die erneuerte Bitte um hilfreichen Zuzug trocken abgeschlagen, er blieb bei seiner frühern Ausflucht, wie er selbst auf einem Krater stehe, dessen Ausbruch mit jeder Minute zu erwarten sein dürfte. Mit diesem trostlosen Bescheid eilte Ali, Montenegro vorderhand umgehend, über Dalmatien nach Scutari. Hier wurde der bosnische Abgesandte zwar mit mehr Herzlichkeit und Theilnahme aufgenommen, doch meinte auch der Herr von Skadar, von Beistand mit bewaffneter Hand könne dermalen keine Rede sein. Er traue den Montenegrinern nicht. Sie hätten sich zwar gegenseitig „Wiera" bis zu dem nächsten Michaelstag gegeben, das heißt, sie

hätten sich bis zu dem genannten Termin freies Geleite und unge=
hinderten Verkehr zugeschworen; aber die kürzlich im Namen Aller
abgeschlossene Wiera habe nicht zu hindern vermocht, daß noch einige
Rachescenen und Raubzüge zwischen Türken und Montenegrinern
vorgekommen wären, ja man habe sogar erst in neuester Zeit einen
türkischen Beg — Grundherrn — überfallen, getödtet und seinen
Kopf nach Csernagora geschafft.

Der Pascha von Skadar wollte sich daher durchaus zu keiner
Schwächung seiner Streitkräfte zu Gunsten Jussuw's verstehen.
Auch warf er gleichzeitig ein düsteres Licht auf die Zustände in Al=
banien. Es lag ein großes Körnlein Wahrheit in seiner Schilde=
rung. Die muhamedanische Bevölkerung befand sich im vollen Auf=
ruhre gegen den Hattischerif von Gülhane, namentlich verweigerte
sie die Aushebung von Recruten. Wir fügen noch bei, daß die Be=
wältigung dieses Aufstandes der ottomanischen Pforte viel Gold
und Blut kostete, und daß es erst im nächsten Jahre gelang, mit
Hilfe des aus den Engpässen des Libanon herbeiberufenen, im Ge=
birgskriege bewanderten Omer Pascha die Ruhe herzustellen und
die Einführung des Tanzimat in Albanien zu erzwingen. Es war
daher fast hundert gegen eins zu wetten, daß sich auch die Mirditen,
diese christlichen Krieger des Landes erheben und gemeinsame Sache
mit den Rajas in Bosnien machen würden.

Ein flüchtiger Blick auf das Staatsleben der Albanesen thut
hier unumgänglich Noth.

Die bürgerliche Autorität gründete sich in diesem Lande — in der
damaligen Zeit — bloß auf das Recht des Säbels, jeder Kriegs=
häuptling der Albanesen — buchstäblich der Weißen — wird Rich=
ter in Friedenszeiten und nimmt, so jung er auch sein mag, die
Würde und das Ansehen eines Greises, den religiösen Charakter
eines antiken Patriarchen an. Alle Glieder seines Stammes folgen
ihm mit gleicher Ergebenheit nach der Kirche wie in das Feldlager,
weßhalb er sie auch wie seine Kinder zu betrachten gehalten ist. Je=
der Phis oder albanische Clan hat ein Hauptdorf, einen Mittel=
punkt, Phar oder Dscheta genannt; ersterer Ausdruck ist griechisch,
der andere slavonisch, Wörter, welche Herd oder Familie bedeuten.
Jedes Haus in diesem seltsamen Lande ist wie ein kleines Bollwerk
mit Schießscharten versehen, die zuweilen zugleich als Fenster dienen.
Die Wohnungen, meist aus Thon gebaut, stehen vereinzelt und wo
möglich auf einem Hügel, wohin man nur auf einer Treppe gelangt,

an die sich gewöhnlich eine Leiter, das einzige Mittel, diese Geiernester zu erreichen, anschließt. Die Stuben sind beinahe von allem Geräthe entblößt, und haben zuweilen nicht einmal Thüren. Der Rauch findet seinen Ausweg nur durch ein Loch im Fenster. Die Fenster werden nie mit Scheiben versehen, doch verschließt man sie im Winter mit Papier. Die Serails der vornehmsten Bei's zeigen sich allein etwas stattlicher; an der Außenseite mit bunten Farben bemalt, bieten sie im Innern, Dank der Geschicklichkeit der griechischen Rajas, eine Verschwendung von hübschen Arabesken, Zeichnungen orientalischer Architektur, Seestücken, Jagdszenen und Landschaften.

In Folge eines zu ausschließlichen Familiengeistes haben sich die Albanesen gleichsam in eine Menge von kleinen Pharen eingepfercht. Jede dieser Gruppen schließt ihre Kula — ihren befestigten Thurm — ein, glaubt im Schutze ihrer Bollwerke den Andern Trotz bieten zu können und weigert sich dem von einem ihrer Glieder beleidigten benachbarten Pharen Gerechtigkeit angedeihen zu lassen. So macht das Uebermaß von Freiheit und Macht im Familienleben die Ausübung einer Art gegenseitigen Lynchjustiz nothwendig; ein einziger Mord zieht deshalb hundert andere als Werke der Blutrache nach sich. Diese häuslichen Gräuelszenen nennt man Tscheta, ein tartarisches, noch jetzt bei den Turkomanen in Anatolien übliches Wort, das einen Angriff auf eine Handelskarawane bedeutet. Was gegenwärtig in Algerien zwischen den für Frankreich freundlich oder feindlich gesinnten Stämmen vorfällt, gibt ein treues Bild der Razzias Albaniens, in der Herzegowina wie auf Montenegro. Die im Kriege begriffenen Phare rauben sich gegenseitig ihre Heerden, zerstören ihre Häuser und entwurzeln ihre Obstbäume. Man verschont nur die Kirchen und die Frauen. Ein Weib bleibt heilig mitten im Gewühle der blutigsten und wüthendsten Tscheta, und kann frei von einem Dorf zum andern gehen.

Dagegen nähern sich zwei Albanesen von verschiedenen Clans beinahe immer mit der Frage „Kum phis?" — von welchem Herde? —, und sie sprechen diese Worte mit der Hand am Griffe der Pistole aus, weil ein jeder denkt, der Stamm des Unbekannten könnte seiner eigenen Familie einen Kopf schuldig sein. Das moralische Glaubensbekenntniß dieses Volkes lautet einfach „Ko ne so asweti, on ne se posweti" — wer sich nicht rächt, der heiligt sich nicht — das heißt, er wird verdammt werden, weil er durch seine Feigheit

Andere zur erneuten Gewaltthätigkeit ermuthigt. Der nächste Verwandte des Opfers ist verpflichtet dasselbe zu rächen; tödtet einer von zwei Brüdern den eigenen Vater, so muß der andere Bruder die geschwisterliche Neigung dem Durste nach Blutrache opfern und ein zweiter Kain werden. Die Verpflichtung zur Blutrache geht von Glied zu Glied über. Vermag der nächste Verwandte den blutigen Akt nicht zu vollbringen, so ersetzt ihn sein Sohn in Erfüllung des entsetzlichen Gelübdes, und so fort bis zum letzten Sprößling der Race. Auf dem Sterbebette noch zählt der Greis die in seinem Clan abgeschnittenen Köpfe und empfiehlt seinen Söhnen im frommen Tone die Rache, die sie zu vollziehen haben. Ist der angegriffene Phar sehr beträchtlich, so sieht man sehr oft Hunderte von Menschen sich bis „auf Messerstiche" bekämpfen. Wird endlich ein schwächerer Clan von seinem stärkeren Gegner mit gänzlicher Ausrottung bedroht, so vereinigen sich die benachbarten Phare und zwingen den Sieger einen glimpflichen Frieden zu unterzeichnen.

Die Tschetas sind übrigens wie weiland die Fehden — dortlandes Faidas genannt — des feudalen Ritterthumes nach dem Koder albanesischer Ehre vielen Beschränkungen unterworfen. So darf man sich während der Weinlese, der Saatzeit und anderer ländlichen Verrichtungen nicht angreifen. Man schießt sich dann nur in den Dörfern nieder. Ruft der Besiegte „Nu wras!" — tödte nicht! — so muß sein Bewältiger sogleich seinem Grimme entsagen. Zieht ein Reisender während eines solchen Scharmützels vorbei, so stellt man das Feuer augenblicklich ein, ja man gibt ihm sogar ein sicheres Schirmgeleite.

Die Albanesen zerfallen in vier Hauptstämme, in die Tosken, die Schapen, die Dschamen und Dschegen. Letztere Konföderation zählt zwei gesonderte Zweige, der eine ist muselmänisch — Sunniten —, der andere vom christlich katholischen Ritus. Letzterer führt vorzugsweise den Namen: Mirditen. Wir haben es vorderhand nur mit dieser Race zu thun. Dies königliche Volk von Albanien wohnt an den Ufern des Drin, der sich längst den unzugänglichen Bergketten, Ora-Laka — Geisterberg — genannt, hinzieht und gleichfalls der Sultan der albanesischen Flüsse geheißen zu werden verdient. Der Name Mirdit stammt von dem persischen Marvait, das ist, brav ab und scheint wie weiland die Wörter Germane, Slave, Franke ursprünglich ein Ehrentitel gewesen zu sein. Diese katholischen Dschegen sind wegen ihrer Redlichkeit und Tapferkeit wie wegen

der außerordentlichen Tragweite ihrer ungeheuren Karabiner be=
rühmt. In der Zeit, in welcher unser Roman spielt, bildeten sie drei
Phare und vermochten zwölftausend wohl bewehrte, in der Hand=
habung der Waffen geübte Krieger ins Feld zu stellen.

Dies erklärt zur Genüge, weshalb man in Travnik vor
Allem ein Schutz= und Trutzbündniß zwischen den Mirditen und den
bosnischen Rajas zu hintertreiben suchte. Leider war der Abschluß
dieser Alliance nur zu wahrscheinlich. Einer dieser gewaltigen Phare,
dessen Häuptling der junge Arslan durch den frühzeitigen Tod sei=
nes Vaters geworden, schien wohl geneigt, wenigstens eine strenge
Neutralität bezüglich der bosnischen Schilderhebung beobachten zu
wollen; dagegen hatte Veli, das greise Oberhaupt des zweiten
Stammes nicht blos diesen, sondern auch den dritten Phar zu
Gunsten des Kreuzes gewonnen. Diese Politik war jedoch keines=
wegs von einer persönlichen Abneigung gegen die türkische Ober=
herrlichkeit diktirt worden, sondern ihr letzter Grund lag in dem
Gebote der Blutrache, welche seit mehr als einem Jahre zwischen
Veli's und Arslan's Stammgenossen im Gange war und schon zu
mancher grimmigen Tscheta geführt hatte. Letzterer erschoß noch vor
seiner Reise nach Stambul einen Neffen des greisen Gegners. Da
nun Veli die Hinneigung Arslan's zur Fahne des Profeten kannte,
so gedachte er um so entschiedener für die bosnischen Rajas in die
Schranken zu treten. Ali, der Arslan noch aus früheren Zeiten
kannte und bei einem kühnen Streifzuge dessen Waffenbruder ge=
worden war, wußte genau um den Zustand der Dinge im Mirditen=
lande, und hatte es, zumal da er seinen jungen Freund noch in
Konstantinopel glaubte, Jussuw im Voraus rund herausgesagt, wie
er daselbst auf keinen günstigen Erfolg seiner Sendung hoffe. Der
Pascha von Skadar bestärkte ihn noch mehr in dieser seiner Mei=
nung, und Ali gab deshalb seinen Ruderern, als sich das Schifflein
jener bekannten östlichen, tief nach Albanien einschneidenden Bucht
näherte, den Befehl, gerade aus gegen die Berge von Montenegro
zu steuern. Er wollte bei dem Vladika den letzten Versuch wagen,
und damit seine diplomatische Rundreise beenden. Der Mensch denkt,
Gott lenkt!

Ali saß im finstern Brüten in dem schwankan Caique.

Wasserhühner und Wildenten tummelten sich lustig in den
grünen Wogen des Sees. Ergötzlich war es anzusehen, wenn die
behenden Thierchen, zum Auffliegen und Untertauchen gleich bereit,

wenn der Caique bis auf Schußweite herankam, mit einem Male wie durch einen Zauberschlag unsichtbar wurden, und plötzlich an einer andern Stelle wieder auftauchten, vielleicht um dies Manöver im nächsten Augenblicke abermal zu wiederholen.

„Ich wollte," sprach plötzlich ein Ruderer, „wir könnten es wie diese Wasservögel halten!"

„Wohl hast du Recht," entgegnete sein Gefährte, „jenes weiße Wölkchen in Nordosten will mir gar nicht gefallen!"

„Narren," rief Ali aus seinem tiefen Nachsinnen auffahrend, „bei heiterem Himmel gibt es weder Sturm noch Ungewitter!"

„Das Wölkchen," meinte der zweite Ruderer, „hält stetig in seinen Umrissen aus, Gott gebe, daß es kein albanesisches Segel sei!"

Die Albanesen der Küste pflegen nämlich auch zur See Tschetas vorzunehmen, und ihre Tartanen — Barken mit lateinischen Segeln — bringen, mit erstaunlicher Geschwindigkeit die Wellen streifend, diese gefürchteten und grausamen Freibeuter des mittelländischen Meeres wie des Sees von Scutari, oft so rasch herbei, als seien diese gewandten Tummler der Meere so zu sagen aus den Fluthen aufgetaucht. Diese Tartanen verbergen ihren blutigen Beruf meist unter den zarten Namen „Hindin, Taube oder Gazelle", das Schicksal der Gefangenen bleibt leider dasselbe. Daher die Angst der beiden Ruderer.

Und es war wirklich ein albanesisches Segel!

Es stieg immer höher am Horizonte empor, bald zeigten sich die schlanken Segelstangen und endlich tauchte der Rand des Rumpfes wie eine scharf abgeschnittene schwarze Linie über die weißlich schäumende Fluth empor. Kein Entrinnen war möglich. Die Tartane, Melissa geheißen, schoß wie ein Pfeil daher. Die Barke war ziemlich stark bemannt. Der Befehlshaber der Freibeuter, falls sie wirklich diesem Berufe lebten, war ein schöner, schlanker Mann von einigen zwanzig Jahren. Er trug ein prachtvolles, echt albanesisches Kostume. Seine mit vergoldeten Knöpfen und vielfarbigen seidenen Stickereien geschmückte Jacke reichte vom Halse bis an den Gürtel, die herrliche Taille des Trägers noch mehr hervorhebend. Die Aermel waren offen und flatterten wie zwei Flügel hinter den Schultern. Das charakteristischeste seiner Tracht war jedoch der berühmte albanesische Phistan, der an den Kilt der alten Celten oder an den kurzen Rock der Römer erinnerte.

Dieser Phistan, auch die Fustanelle benamset, besteht aus hunbert und zwanzig schräge geschnittenen Stücken Leinwand, welche an dem unteren Ende sehr breit sind und unzählige Falten bilden. Dieses Kleidungsstück, eine Art von Tunika, ist mit einem gestickten Feston von Seide verziert und um die Hüften befestigt. Es verleiht dem Ganzen einen leichten, kräftigen Charakter, der den Fremden in Erstaunen setzt. Zur Schande der albanesischen Krieger muß man hier beifügen, daß weiße reinliche Fustanellen sehr selten sind; ein Braver rühmt sich nur eine zu besitzen, er trägt sie auch, bis sie in Lumpen zerfällt und glaubt dadurch seine Verachtung gegen türkische Weichlichkeit, gegen morgenländischen Luxus an den Tag zu legen. Auch seine Fußbekleidung befindet sich oft in einem sehr kläglichen Zustande.

Dies war jedoch bei dem muthmaßlichen Seeräuber keineswegs der Fall, auch trug er weder wie seine Landsleute das Haupthaar bis auf einen Büschel geschoren, noch hatte er sich mit dem türkischen Feß bedeckt, nein, seine dunkeln Locken quollen unter einer Chlamide oder kurzen Kepe von schwarzer Wolle in Pelerineform hervor, was ihm einige Aehnlichkeit mit den Rittern zur Zeit der Kreuzzüge verlieh. Seine Bewaffnung bildeten ein Handschar mit einem mit Perlmutter verzierten Griffe, drei sehr lange Pistolen und die große albanesische zwölf Pfund schwere Flinte, deren Lauf von drei Ringen gehalten wird und auf dreihundert Schritte trägt. Zu seinen Füßen lag das Abzeichen eines Häuptlings, die reiche Toka des Mittelalters, dieser bosniakische Panzer mit Ringen von Silber oder Vermeil wie mit einer Art von Flügeln an den Schultern. Die Metallplatten, aus welchen dies Prachtstück besteht, sind jedoch meist so dünn, daß sie kaum einen Säbelhieb auszuhalten vermögen. Neben der Toka befand sich der Abas, ein Mantel aus Ziegenfellen.

Ali gab sich für verloren, beschloß aber lieber in den Fluthen des Sees zu sterben als sich einem so gefürchteten Gegner auf Gnade oder Ungnade zu ergeben. Wer aber malt sein freudiges Erstaunen, als der stattliche Seekönig jubelnd seinen Namen rief, und er näher herankommend die freundlichen Züge seines Waffenbruders Arslan erkannte! Beide lagen sich im nächsten Augenblicke am Borde der Tartane in den Armen, deren Namen Melissa nunmehr auch in den Augen der Leserinnen gerechtfertigt sein dürfte. Nur die beiden Ruderer trauten dem Seefrieden nicht recht und sputeten sich, als sie die Erlaubniß erhalten, so schnell wie möglich aus der gefürchteten Nachbarschaft zu kommen. Arslan erzählte dem

13*

Türken mit kurzen Worten, daß er Stambul auf einer englischen Fregatte verlassen habe und an der albanesischen Küste einzig aus dem Grunde gelandet sei, um auch die streitbaren Anwohner an diesem Strande für den osmanischen Halbmond zu gewinnen. Er habe sie auch dahin gebracht, vor der Hand alle Feindseligkeiten zur See einstellen zu wollen.

„Und wie kommst du auf diesen See?" frug Ali.

„Das erklärt sich leicht! Ich legte die kurze Strecke Landweg, etwa sieben Meilen, zu Pferde zurück und begab mich dann auf diese flinke Tartane, die einem meiner Freunde gehört, eben von Stapel lief und mir so zur Ehre verhalf, Taufpathe einer der raschesten Barken zu werden, die je die Wogen des Sees von Scutari durchschnitten. Nunmehr geht es rasch in die Heimath, leider zu einer trüben Szene!"

Eine Wolke unendlicher Schwermuth lagerte sich bei den letzten zwei Worten auf Arslan's sonst so heitere Stirne. Ali bat um nähere Aufklärung, der Albanese aber meinte mit den Zähnen knirschend, er werde dieser Szene der tiefsten Schmach und Erniedrigung seines Waffenbruders nur zu bald selbst beiwohnen. Keine weitere Frage wurde beantwortet. Arslan versank in wortkarges Brüten, und sein Freund mußte sich trotz seiner lebhaften Theilnahme und Neugierde auf eine geeignetere Stunde vertrösten. Bald hatten sie den Strand der gewaltigen Bucht erreicht, prachtvolle Renner harrten daselbst der Reiter, und wie im Fluge ging es fort nach den weiten Ebenen, die vorzugsweise unter dem Namen Mirdita bekannt geworden. Ali dankte bald seinen guten Sternen, die ihn durch geheime Ahnung abgehalten hatten, sich allein in das Land des kriegerischen Volkes der Albanesen zu begeben. Keine andere Provinz in der europäischen Türkei bietet nämlich dem Reisenden so bedeutende Gefahren. Es sieht dort Alles wie ein Hinterhalt aus und setzt den Fremden in Schrecken, der von dem eigentlichen Leben und Treiben dieser furchtbaren Stämme bisher keine genaue Kunde besaß. Er zittert sogar, wenn er sich den Karaul's nähert, wie hier zu Lande die üblichen Polizeithürme heißen. Solche militärische Posten bestehen theils in einfachen Kolibas, Hütten aus Astwerk, theils in Kulas, viereckigen steinernen Thürmen mit zwei Stockwerken, die auf Felsenspitzen gebaut sind und die Bergpässe beherrschen.

Als Schildwache sitzt hier der Kawasse mit gekreuzten Beinen auf seiner luftigen Gallerie, spielt die Tambura und besingt die

Thaten der Klephten, seiner ehemaligen Waffenbrüder oder seiner erlauchten Ahnen, während aus dem Erdgeschosse der Kula das Klagegebet der Räuber, die er gefangen genommen, zu ihm empor steigt und sich mit seinen Gesängen vermischt. Auch die freien Bezirke sind von wachsamen Haiduken besetzt, die stets bereit stehen, jeden Osmanli zu ergreifen, der es wagen sollte, als Herr und Gebieter in diese Zufluchtsstätte einzudringen. Selbst der Reisende bedünkt sie, falls er nicht griechisch oder irgend eine christliche Sprache des Orientes spricht, also verdächtig, daß er weder Obdach und Speise erhält. Ali dankte deshalb wie gesagt seinen guten Sternen, daß sie ihn durch eine dunkle Warnung von einer Sonderwanderung nach dieser Heimath der Fremdenfurcht und des Mißtrauens abgehalten.

Ein paar Tage verliefen, ohne daß der Türke in das drückende Geheimniß Arslan's eingeweiht wurde.

An einem spätern freundlichen Vormittag gab es, vor wie in dem Phar, darin der greise Veli wohnte, emsiges Regen und Treiben, geschäftiges Schalten und Walten. Das gesammte Dorf glich einem Bienenkorbe, dessen geflügelte Insassen eben im Schwärmen begriffen sind. In dem lieblichen Thale, das die Bollwerke des mächtigen albanesischen Dorfes beherrschten, wurden Rasensitze errichtet, Triumphbögen von Weinreben aufgethürmt, kurz alle Vorkehrungen zu einer bedeutsamen ländlichen Feierlichkeit getroffen. Auf einem kleinen Hügel in der Mitte der Rasensitze breiteten festlich geschmückte Dirnen einen reichgestickten Teppich und vierundzwanzig Matten von Palmblättern aus. Bald darauf schlug die entscheidende Stunde. Die Glocken des Dorfes ertönten, andächtige Gebete wurden vor der mit Fahnen geschmückten Kirche gehalten; endlich erdröhnte der in seiner Wirkung wahrhaft furchtbare Brokowolas, jener albanesische Militärmarsch, welchen schon die Waffengefährten Scanderbegs sangen, wenn sie in die Schlacht zogen, und der vielleicht bis auf den König Pyrrhus zurückgeht.

Bei den Klängen dieser kriegerischen Weise begann ein stattlicher breiter und langer Zug in Festkleidern aus dem Phar zu wogen. Er wurde durch eine Schaar von vierundzwanzig der ältesten und ehrwürdigsten Pliaks oder Greise des Stammes eröffnet, an deren Spitze sich der Papas oder Pope des Dorfes befand, ein uralter Mann, dessen eisgrauer Bart den ganzen Brusttheil des kirchlichen Ornates bedeckte, und seinem Eigenthümer das Ansehen eines Patriarchen des Alterthumes verlieh. Der fromme Geistliche

ließ sich mit großer Würde und salbungsvoller Miene auf den reich=
gestickten Teppich nieder; die Pliaks lagerten sich rings um ihn auf
den zierlichen Matten, und wußten in ihre Haltung einen Anstand
zu legen, der unwillkürlich an jene betagten Senatoren der unver=
geßlichen Römerzeit mahnte, die nach der Erstürmung Roms durch
die Gallier, mit stummer Ergebung in das Gebot der eisernen Noth=
wendigkeit, in ihren Stühlen auf dem Forum Platz nahmen, gleichsam
andeutend, daß der wilde, übermächtige Feind wohl das lateinische
Schwert zerbrechen, keineswegs aber das römische Recht vernichten
könne.

Sie bildeten den majestätischen Kreis, den der Albanese den
Krweno Kolo, die Runde des Blutes nennt.

Der Papas führte wie üblich den Vorsitz und forderte mehr=
mals mit lauter Stimme Vergeltung oder Sühne.

Nun kam eine Reihe Kinder beiderlei Geschlechtes, gleichfalls
festlich geschmückt, die in der rechten Hand einen kleinen Handschar,
in der linken aber einen Kranz, aus den Blättern des Olivenbaumes
geflochten, hoch in der Luft schwangen, gleichfalls nach Rache riefen,
zeitweise jedoch den Wunsch nach albanesischer Sühne vernehmen
ließen. Die Kleinen schaarten sich rechts und links zu den Füßen der
Blutrichter.

Die heisere Stimme des Papas ertönte aufs Neue, dies Mal
aber ein Gebet murmelnd.

Dann nahten die Frauen und Dirnen in ihrer reizenden, der
männlichen jedoch ganz ähnlichen Tracht, nur daß sich ihr Kopfputz
von jenem der Männer durch eine Masse von Goldstücken unterschied
wie durch die üppigen Haarflechten, welche von allen Seiten unter
dem rothen Feß hervorquollen. Auch sie schwangen einen Kranz,
nur war er aus Weinreben gewunden, auch waren sie nicht blos mit
dem Jatagan bewaffnet. Verweichlichenden Vergnügungen fremd
und abhold wissen ja die Frauen der Mirditen zur Noth zu fechten
und dem Tode Trotz zu bieten; von ihrem sechzehnten Jahre an
schreiten sie mit Pistolen im Gürtel einher, begleitet von furchtbaren
Doggen, den Abkömmlingen der alten treuen Molosser von Ephesus.
Wenn man sie schlank und stolz durch ihre dichten endlosen Wälder
wandeln sieht, so erinnert man sich der keuschen, hehren Diana, und
zweifelt auch nicht eine Minute, daß sie so gut als jene Göttin der
schweigsamen Nacht im Stande wären, die Verwegenheit eines neuen
unvorsichtigen Aktaeon mit grausamer Härte zu bestrafen.

Der Papas stieß eine Verwünschung der Feinde seines Phars aus.

Die männliche Bevölkerung des Dorfes in der bereits beschriebenen albanesischen Tracht und Bewaffnung machte den Beschluß des Zuges. Wir tragen hier nur nach, daß die Fußbekleidung der Krieger in einer Stiefelette von Tuch besteht, die mit Spangen und seidenen Galonen verziert ist und als eine Nachahmung des alten Kothurnes erscheint; sie geht vom Knie bis auf den Fuß, der bald mit einem Schuh von rothem Maroquin, bald mit einem einfachen Stück ungegerbten Leders bedeckt ist, das wie eine Sandale mit Schnüren um das Bein gebunden wird. An der Spitze dieser Albanesen stand ihr Häuptling, der greise Veli in all seiner kriegerischen Pracht, mit der Toka, diesem bosnischen Panzer bedeckt, wie herkömmlich bewaffnet, nur daß die große albanesische Flinte fehlte. Wo mag sich diese Flinte befinden? Geduld! Die Zeit bringt nicht blos Rosen, sie bringt auch Aufklärung und Lösung! In Veli's Antlitz waren wilder Trotz, unheimliche Schadenfreude, unersättliche Rachlust, triumphirender Stolz zu lesen. Bald überflog die Röthe des Zornes, bald die Leichenblässe des Grames seine Wangen. Aehnlichen Wechsel der fremdartigsten Gefühle wiesen die Mienen der übrigen Männer und Greise. Stürmische Worte des **Grolles** wurden hörbar, zeitweise von dem Gebete des Priesters unterbrochen, von dem Flehen der Weiber und Kinder übertäubt. Die Krieger sammelten sich in einem Halbkreise um die tagenden Pliak's, denen allein das Recht zukommt, Verträge mit Nachbarn und Feinden abzuschließen.

Also bildete Veli's Phar als der beleidigte Theil die **Runde des Blutes!**

Von der andern Seite nahten nunmehr die Schaaren der Beleidiger. Es waren, wie der Leser wohl schon geahnt haben dürfte, die Bewohner des Phar's, darin der jugendliche Arslan als Häuptling schaltete und waltete. Voran schritten zwölf Mütter, zwar in die geschmackvolle Landestracht gehüllt, doch fehlte die Masse der Goldstücke in dem Kopfputze, auch wogten die Haare nichts weniger als zierlich geflochten, fast in wirrer Unordnung unter dem Feß hervor. Die trauernden Frauen warfen sich dem Beleidigten zu Füßen, und stimmten in dieser Stellung, ihre Säuglinge als Bild der Unschuld in dem Schoße haltend, wehmüthige Klagen der Trauer und Reue an. Hinter diesen zwölf Müttern flehten die Kinder des feindlichen

Dorfes um Nachsicht und Verzeihung, Weiber und Dirnen wiederholten diese Bitte mit ängstlicher Stimme; ja selbst die Männer, die auch hier den Trauerzug in einem Halbkreise beschlossen, stammelten zeitweise milde Worte der Versöhnung, die sich jedoch mit sichtlicher Mühe auf die Lippen drängten und seltsam gegen die unmuthigen, finsteren, kampflustigen Mienen abstachen. Auch Ali befand sich, nach dem Rathe und Wunsche seines Waffenbruders als Albanese verkleidet, unter diesen Kriegern, ein Bild sprachlosen Staunens, brennender Neugierde, inniger Theilnahme. Nur der jugendliche Häuptling war nirgends zu sehen.

Also nahte Arslan's Phar als der beleidigt habende Theil der Runde des Blutes!

Während dieser Zeit verhandelten die Richter des Kolo die berühmte Krwina, den herkömmlichen sogenannten Blutpreis. Alle Todesfälle, alle Wunden, die kleinste Schramme, jedes abgebrannte Haus, das schmächtigste Stück der geraubten Heerden, der dürrste entwurzelte Obstbaum, kurz alle Beleidigungen, seit Jahr und Tag empfangen, wurden genau nachgerechnet und zu einem Preise angeschlagen, der an die Buße für Mordfälle nach dem alten germanischen und fränkischen Kodex wie an die ersten russischen Gesetze, Prawda russkaia genannt, erinnerte. Man hielt sich streng nach dem Spruche, nach dem jeder Sperling auf dem Dache, jedes Haar auf dem Haupte des Sterblichen gezählt ist.

Endlich war die Krwina bestimmt!

Eine kurze, beiden Parteien jedoch eine halbe Ewigkeit bedünkende Pause erfolgte, dann öffneten sich die Reihen der Beleidiger wie auf einen Zauberschlag, eine breite Gasse der Schmach und Erniedrigung bildend, und Arslan erschien waffenlos, die große albanesische Flinte Veli's, des Beleidigten ausgenommen, die an dem Hals des jungen Häuptlings hing, und obgleich sie nicht mehr als zwölf Pfund wog, doch in diesem Augenblicke das Gewicht der Sündenlast eines Verdammten zu besitzen schien. Arslan's Antlitz wies nicht eine Spur von Blut, sein Mund bebte krampfhaft wie die Lippen eines Sterbenden, seine Augen waren halb geschlossen, als wollten sie die Erniedrigung ihres Eigners nicht schauen, und eine heiße Thräne des Ingrimmes und Zornes perlte langsam über die farblosen Wangen. Der Häuptling schleppte sich, als er die Gasse der Schmach durchwankt hatte, mit unsäglicher Anstrengung auf den Knien zu dem Papas im Kolo. Dieser schwankte ein paar Momente wie uneins mit sich selbst, dann aber faßte er entschlossen die Waffe des Beleidigten, die Flinte Veli's mit beiden Händen und schleudere sie im nächsten Augenblicke weit von hinnen. Hierauf ergriffen die Verwandten des greisen Häuptlings dieses Feuergewehr und zerbrachen es mit stürmischer Hast in viele Stücke. Arslan nahte sich nunmehr, noch immer auf den Knien vorwärts schwankend, dem Haupte des beleidigten Phars. Veli zitterte sichtlich an allen Gliedern, der Wechsel in den Farben seines Antlitzes wie in seinem Mienenspiele ward immer lebhafter, auch blickte er fragend bald zum Himmel empor, bald auf seinen gedemüthigten Gegner nieder, der stehend seine Knie umklammerte.

„Meine Seele ist noch nicht zur Verzeihung bereit!" stammelte der Greis mit leiser Stimme.

„Vergebung, Nachsicht, Barmherzigkeit!" wimmerte Arslan gleichfalls an allen Gliedern zitternd, vor unterdrückter Wuth wie eine Espe bebend.

„Wie ist er selbst noch in seinem Falle schön," rief plötzlich Veli, „mein junger Feind!"

„Auch Gott zürnt nicht ewig, sei mild und gnadenvoll wie der Herr des Himmels!"

„Ja, er sprach: die Rache ist mein!"

„Richtet nicht, auf daß ihr nicht gerichtet werdet!"

„Bruder, Sohn, Liebling meines Herzens, das dich auch in den Tagen des Grolles bewunderte, ich — vergebe dir von ganzer Seele!".

Ein Strom von Thränen stürzte bei diesen Worten aus den Augen des betagten Mannes, er hob seinen freudig überraschten Feind zärtlich auf, drückte ihn innig an die Brust und warf sich dann mit ihm in die Arme des versöhnenden Papas, dessen Blick sich freudig gegen den reinen blauen Himmel richtete, von dessen Lippen ein frommes Gebet des Dankes rauschte. Ein weithin hallender Jubelruf erscholl von jedem Munde, die Kinder beider Dörfer reichten sich schmeichelnd die kleinen Händchen, Weiber und Dirnen stürzten sich wonnig aufjauchzend in die Arme, viele der Krieger und Greise lagen Herz am Herzen, während die Uebrigen ihre gewaltig dröhnenden Flinten und Pistolen abfeuerten, die scharfen Handschars in den Lüften schwangen, und Lieder zum Preise der Tapferkeit ihrer ehemaligen Gegner anstimmten.

Das aber nennt man: eine albanesische Sühne!

Nach einer solchen Sühne wird ein ewiger Frieden von beiden

Pharen geschlossen, die sich um so inniger befreunden, als sich, wie sie sagen, ihr Blut vermischt hat; man erwählt den Beleidigten zum Taufpathen des ersten Kindes, das in dem Dorfe des Beleidigers geboren wird.

Arslan, nunmehr wieder heiter blickend, lud seine neuen Freunde wie herkömmlich zu einem fröhlichen Mahle.

Dieser glänzende Versöhnungsschmaus fand um die fünfte Nachmittagsstunde im Phare Arslan's vor dessen Behausung statt. Der junge Häuptling hatte alles aufgeboten, um dies feierliche Mahl so verschwenderisch als möglich zu gestalten. Da gab es doppelte Suppe von Reis wie von Maismehl, mit Milch eingerührt. Dann folgte, wie sonst nur an Festtagen gebräuchlich, der Jahni, ein Ragout von gekochtem Fleisch mit trockenen Erbsen, der türkische Pilau und endlich der Kotsche oder große Braten, der diesmal nicht blos aus einer Ziege und einem Schöpsen, sondern auch in einem Ochsen bestand, der auf einer riesigen Platte von Eichenholz den im Kreise herumsitzenden Gästen vorgesetzt wurde, die ihn mit ihren Dolchen zerstückten und ohne der Gabel zu bedürfen in unglaublicher Schnelligkeit verzehrten. Wein und Branntwein floß in Strömen. Das großartige Bankett schloß, wie es auch bei den Bosniaken Sitte ist, mit Honig, der früher mit Sahne vermischt ward. Trotz dem barbarischen Anscheine fehlte es diesem Feste durchaus nicht an einem erhabenen patriarchalischen Anstriche. Es herrschte durchwegs eine freie, ungezwungene Heiterkeit, welche feine Manieren durchaus nicht ausschloß. Eine Reihe von Dienern, die, auf jeden Wink lauernd, die Arme über die Brust gekreuzt dastanden, die mit Gold gestickten Servietten, welche von einem Gast zum andern aufgerollt wurden, die großen mit Edelsteinen geschmückten Becher, die unter lebhaften Toasten im Kreise umhergingen, die Gefäße von Vermeil, warmes Wasser enthaltend, das die jungen Frauen nach dem Mahle den Gästen über die Hände und den Kopf gossen, endlich die mimischen, schon von Vater Homer so plastisch beschriebenen Tänze, die von der gesammten Gesellschaft aufgeführt wurden, Alles mahnte unwillkürlich an die in ihrer Einfalt so großartigen Sitten und Gebräuche des klassischen Alterthumes, alles trug dazu bei, Ali trotz seines trägen türkischen Blutes rein zu bezaubern, zumal er sich in seiner albanesischen Tracht für heute an das Weinverbot des Koran nicht gebunden, nein berechtigt glaubte, dem herrlichen Rebensafte nach Behagen zuzusprechen.

Die Heiterkeit eines gebildeten und aufgeklärten fremdländischen Gastes hätte höchstens in jenem Momente einem geheimen, fast schmerzlichen Mitleiden Platz gemacht, als Veli und Arslan als Väter beider Clans die Schulterblätter der geschlachteten Lämmer mit abergläubischer Ehrfurcht sammelten und sie forschend gegen das Licht der eben untergehenden Sonne hielten, um darin wie ein römischer Aruspex die Geschicke ihrer Stämme zu lesen. Auch dürfte der Fremde schwerlich ein verschmitztes Lächeln unterdrückt haben, als Veli als Barde seines Clans — jeder derselben besitzt mehre solche Barden, als welche gewöhnlich die Greise oder Aeltesten der Familien betrachtet werden — nach einer eintönigen, in geregelten Zwischenräumen von schrillem Aufschreien unterbrochenen, psalmartigen Melodie mehre Gesänge anstimmte, darin er seinen Kindern und Enkeln die Heldenthaten ihrer Vorfahren wie seine eigenen erzählte, Heldenthaten, nur zu oft also von Handlungen der Grausamkeit und Treulosigkeit befleckt, daß ein Sohn der Civilisation sich gewiß unwillig die Ohren zugehalten haben würde. Auch Arslan, der Festgeber, der Pliak oder Lerr schlug, während die griechischen Weine, welche in Albanien für französische gelten, lustig umherkreisten, mit gekreuzten Beinen auf einem herrlichen Teppich sitzend, wacker und emsig die Leier der Mirditen. Andere Barden folgten dem Beispiele der beiden Häuptlinge. Auch ein paar Hirten und Bienenzüchter aus einem der benachbarten, sich mitten durch die Wohnplätze der Albanesen hinziehenden bulgarischen Dörfer ließen die friedlichen Töne des Lituus erschallen. Diese alterthümliche, von ihrem Bläser selbst gefertigte Flöte erinnert genau an die Schalmei der Hirten des Theokrit, deren Sitten sich hierlandes erhalten zu haben scheinen.

Zum Schlusse ertönten abermals die kriegerischen Klänge des Brokowalas, dieses albanesischen Militärmarsches. Es ging schon tief in die Nacht hinein, als sich die von Freude und Rebensaft halb trunkenen Gäste endlich zum Aufbruche entschlossen. Beide Stämme trennten sich unter herzlichen Worten des Dankes, Veli und Arslan umarmten sich noch einmal warm und innig Angesichts ihrer beiderseitigen Krieger. Der Greis gab seinem jungen früheren Rivalen großmüthig die ganze Summe des geforderten und erlegten Lösegeldes zurück. Gewöhnlich wird nur die Hälfte desselben zurückerstattet. Arslan geleitete seinen ehrwürdigen Gast und Bundesgenossen bis an die Grenze des Dorfes.

Endlich waren die beiden Freunde allein.

„Was sagst du zu dem heutigen Schauspiele?" frug Arslan träumerisch in die Leier greifend.

„Bei dem Barte des Profeten," entgegnete der verkleidete Türke in orientalischer Bilderfülle, „ich wußte nicht, war es Schnee oder Sonnenschein, was bei diesem Anblick durch meine Seele zitterte! Wessen Hund ist mein Waffenbruder, dachte ich, daß er sich also selbst besudeln mag?!"

„Es geschah des Halbmondes willen, daß ich mich also tief erniedrigte."

„Des Halbmondes wegen? Hat Sheïtan deinen Sinn umnebelt?!"

„Begreifst du denn nicht, daß Veli und jener dritte Mirditenclan, falls die Versöhnung nicht erfolgt wäre, die Waffen zu Gunsten der bosnischen Rajas ergriffen und euch eine Wallnuß zu knacken gegeben hätten, an der sich Jussuw sicher alle Zähne ausgebissen haben würde!"

„Und jetzt?"

„Gegenwärtig werden sie die strengste Mitte halten und weder für die Fahne des Profeten noch für das Wahrzeichen des Kreuzes Partei nehmen, ja sie hätten sich vielleicht selbst zu einer Tscheta zum Vortheile des Paschas von Travnik entschlossen, aber da haben unsere zum Islam übergetretenen aufständischen Landsleute kürzlich alle in ihrem Bereiche liegenden christlichen Dörfer ausgeplündert und niedergebrannt, ein Schicksal, das selbst einer bedeutenden Stadt, Vrana heißt sie, widerfuhr; die dortigen Kirchen wurden entweiht und zerstört, die männliche Bevölkerung niedergemetzelt und Weiber und Kinder mitleidlos, unter grausamen Mißhandlungen als Sklaven fortgeschleppt. Muhamedanische Barbarei!"[*]

„Die albanesischen Flinten werden also verrosten?"

„Nein, sie bleiben zum Schutze unseres eigenen Herdes geladen! Was mich anbelangt, so gedenke ich Buluk Baschi zu werden."

„Der Name klingt mir bekannt."

---

[*] Buchstäbliche Thatsache! Der damalige russische Gesandte in Stambul machte es bei der Kunde von diesen Gräuelszenen der Pforte zur strengsten Pflicht energisch dagegen einzuschreiten, was auch später, wie wir bereits **angedeutet** haben, unter Omer Pascha's Kommando geschah.

„Bei uns zu Lande hat jeder reiche Mann das Recht, sich zum Buluk=Baschi oder Kapitän zu machen; er wirbt Leute mittelst eines gemeinschaftlich abgemachten Handgeldes und führt sodann diese Bande Wagehälse, die nunmehr seine angenommene Familie heißen, wohin es ihm beliebig ist. Jedes Jahr finden derlei freiwillige Werbungen meist zum Dienste der osmanischen Pforte bei uns in Albanien statt. Der Vater dieser angenommenen Familie theilt alles, Freude wie Leid, Anstrengung wie Ruhm mit seinen kriegerischen Kindern, von denen er sich nur durch prachtvollere Waffen wie durch den Schmuck von Gold= oder Silberbrokat in seiner Tracht unter= scheidet. Der Sold dieser Buren oder Braven beträgt achtundzwan= zig bis sechsunddreißig Piaster monatlich, ohne Nahrung, welche letztere sich diese raublustigen Wildfänge mit geringer Mühe in dem nächsten besten Dorfe zu erbeuten wissen. Leider wird es daher den armen Rajas in Bosnien schlimm ergehen, wenn ich mit meiner Freischaar einbreche. Die Bursche fallen über den Besiegten ewig mit dem Rufe her: Aspra, aspra, ixilon, xilon, kainilon!"

Diese historische Losung lautet zu deutsch: Geld, Geld! oder Hiebe, Hiebe!

„Treuer Epheu an der türkischen Palme," rief Ali freudig aus, „möge Thau und Sonne dich gleichfalls betreuen! Sage mir aber unumwunden, wackerer Arslan, was dich so fest an unsere Roß= schweife bindet, da du doch den Koran verläugnest und es vorziehst, christlichen Koth zu essen?!"

„Siehst du denn nicht," begann der Albanese nach einer Pause mit nachdenklicher Miene, „daß es uns Mirditen den Serben, Mon= tenegrinern und eigentlichen Griechen gegenüber fast wie den Drusen im Kampfe gegen die Maroniten auf dem Berge Libanon ergeht. Die Zeit drängt, die Slaven und Griechen werden mächtig im Oriente, und nur die Mirditen leisten noch heldenmüthigen Wider= stand. Man kennt das einst mit so vieler Geringschätzung sich frem= den Heeren gegenüberstellende, brausende Toskarien nicht mehr, dessen Begs wie Achill, der einer von ihren Ahnherren gewesen sein soll, mit den hellenischen Kämpen um den Sieg wetteiferten und den Tod in weite Ferne verbreiteten. Die schönen Dschamiden, welche in ihrem goldenen Waffenschmuck erblickt von dem Brande von Troja oder von einem andern antiken Siegeszug zurückzukehren schienen, diese poetischen Krieger sind tief gesunken unter dem Joche der ge= fährlichen Nachbarschaft. Ihre Frauen mit den zarten Füßen, mit dem anmuthreichen, geschmeidigen Wesen in Gang und Haltung, mit dem gebieterischen Blicke verschmachten im Elende, glücklich, wenn sie sich aus Mangel an Zugthieren nicht selbst an den Pflug spannen müssen. „Unsere Väter," sagen sie, „haben gesündigt, und wir büßen ihre Fehler!" Die Männer weniger schmiegsam wandern in Masse aus; ihr Landsmann Mehemed Ali lockt sie gleißnerisch nach Egypten, wo sie vielleicht zu seinem eigenen Verderben später ein neues Mamelukenthum unter den trägen dortigen Fellah's bilden dürften. Ja, die Zeit drängt, Slaven und Griechen werden mächtig im Oriente; noch ein paar Jahre und sie werden auch die Mirditen zwingen, sich auf Gnade und Ungnade zu ergeben!"

„Mein Waffenbruder ist ein Dichter, er quält sich mit selbstgeschaffenen Schreckgebilden!"

„Es ist leider nackte Wahrheit! Die Albanesen sind bedroht ganz aus der Reihe der Völker zu verschwinden, im Norden gehen sie in dem Slaventhum auf, während sie sich im Süden mit den Hellenen verschmelzen. Unser einziger Rückhalt ist der Stamm Osman's, fester Anschluß an die Streiter des Halbmondes deshalb unser einziges Heil! Ich kämpfe darum auch für Mahomeds heilige grüne Fahne, bis mir die Klinge am Griffe abspringt. Dies grüne Banner gilt mir als Sinnbild des Lenzes, der Wiedergeburt meines herrlichen Volkes, und deshalb gibt es kein Opfer, das ich nicht schon in seinem Dienste brachte und auch in der nächsten Zukunft mit blutendem Herzen zu bringen gedenke."

„Ein Opfer in der nächsten Zukunft?"

„Melissa!" jammerte Arslan aus der Tiefe seiner wunden Seele.

„Auch dieser Name ist kein Fremdling in meinem Ohre!"

„Hast du in Bosnien nicht einen wunderthätigen Mann kennen gelernt, der sich Abbas nennt? Melissa heißt sein reizendes Kindeskind."

„Ich habe leider beide kennen gelernt!"

„Beide? Leider?"

Ali erzählte gutmüthig lächelnd sein Abenteuer, wie er es mit dem Flüsterer und der Zeidlerin bestanden hatte. Arslan beichtete nunmehr um so williger. Er vertraute dem Freunde seine Liebe wie seine gerechten Befürchtungen.

„Kann dies," frug der Türke, „einen bärtigen Mann zum schwanken Rohre machen?"

„Nein, aber verargen darf man es ihm nicht, wenn sein Herz im Stillen blutet!"

„Bleib ein Löwe, wackerer Arslan!"

„Es ließe sich Alles ertragen, wenn nur der verdammte Traum nicht wäre!"

„Ein Traum? Erzähle doch!" bat Ali, der wie alle Muhamedaner im Punkte derlei Gebilde abergläubisch dachte.

„Er ist aber sehr lang dieser Traum!"

„Beginne immerhin! Meine Seele liegt in meinem Ohre!"

„Ich entschlief jüngst eines Abends in Stambul," begann Arslan, „und träumte, und da war es mir, als ob es Morgen würde und ich in Wahrheit erwachte. Ich lag auf einem reich geschmückten Feldbette in einem kostbaren Zelte. Zu den Füßen dieses Pfühles stand eine altgriechische Rüstung, welche mir äußerst bekannt vorkam; ich hätte geschworen, sie sei das von Homer besungene Meisterstück des Vulkan, das herrliche Panzerwerk des Peliden mit den unnahbaren Händen. Ich staunte. Da rief eine bekannte Stimme in das Zelt herein:

„Erwache schnellfüßiger Achilles! Die Fackel Hymens brennt, die Thore Ilion's stehen friedlich offen, und des Königs Priamus schönste Tochter erwartet bräutlich geschmückt den geliebten Freier am Altare!"

Da kam ich zu voller Besinnung, da wußte ich genau, ich sei der furchtbare Pelide, dessen schrecklich mordendem Eisen der rossetummelnde Hektor erlag. Vor meinen sehnsüchtigen Blicken gaukelte die zauberische Gestalt der anmuthigen Trojanerin, und Männerrache wie Völkerhaß waren vergessen, ich glich dem Alciden am Spinnrocken der schönen Fürstin aus Lydien. — „Zürne nicht Patroklus," murmelte ich in mich hinein, „ich kann ja doch nicht anders; ich habe dich blutig gerächt und dem feindlichen Oheime Ares zum Trotze seine Günstlinge zu Hunderten als Sühnopfer an deinem Grabe geschlachtet — — aber nun hat meine buhlerische Base Anadyomene mein Herz gewendet und in dem Tempel des Musengottes erwartet mich bräutlich geschmückt die schwarzäugige Polyxena!"

Da nahte der Mann, dessen Stimme mich ermuntert hatte, der Greis, welcher viele Menschengeschlechter entstehen und vergehen sah, der silberhäuptige Nestor; da traten sie herein die fremden und doch so bekannten Gestalten: der völkerlenkende Agamemnon, der mir die schöne Briseis entrissen, der gewaltige Ajax, der listige Sohn des Laërtes, ja selbst der häßliche Thersites fehlte nicht. Vor dem Zelte schaarten sich meine Myrmidonen und besangen in Hexametern das Hochzeitsfest ihres Fürsten. Noch einmal öffnete sich das Zelt, und meine rosige Mutter Thetis stürzte selig lächelnd in meine Arme. Sie trug ein wunderherrliches Kleid, das alle Völkerfürsten laut bewunderten und ihre Kebsweiber und Sklavinen im Stillen verwünschten; mir aber kam es vor wie geschossener schlechter Brokat, in Wasser getränkt. Ich hütete mich jedoch weislich es zu sagen. Ihre holden Augen waren in Zähren gebadet, aber es waren Freudenthränen; sie glaubte ihren geliebten Sohn gerettet und zu Schanden gemacht das unbeugsame Schicksal, das seinen frühen Tod beschlossen, dies eiserne Fatum!

Und wir gingen hinaus und zogen zum Tempel. Die Thore Troja's standen offen und waren mit Kränzen geschmückt; auf den Wällen standen fröhliche Menschen, klatschten freudig in die Hände und glaubten den langen Hader beendet. Vom Himmel lächelte Sol als entschuldige er seine säumende Schwester Diana, welche, wie er vermuthe, sich auf der Jagd verspätet haben müsse; Kronion faßte freudetrunken den Arm der ochsenäugigen Here, ja selbst Ares reichte der jungfräulichen Pallas die Hand zur Versöhnung und hatte ihren furchtbaren Steinwurf vergessen.

Da nahte sich der hochzeitliche Zug.

Voran ging der alte Priamus, mehr vom Schicksal als von den Jahren gebeugt, und die alte Hekuba, welche mich scheel ansah und mir den Tod ihres starken Sohnes nicht vergessen konnte. Schmachtend und buhlerisch blickend schritt die falsche Helena an dem Arme ihres Entführers durch unsere Reihen, und alle Griechen neigten sich vor ihrer Schönheit; nur einer ward zornbleich und entfernte sich eilig — er hieß aber auch Menelaus. Der bildschöne Paris blickte mich höhnisch an und seine Lippen zuckten gichtisch, als ringe er nach einem freundlichen Worte und der Haß ersticke es im Munde. Seine rechte Hand trug einen Bogen und spielte mit ihm; er mochte es jetzt selbst noch nicht wissen, warum er ihn mitgenommen hatte. Zwei verschleierte Weiber folgten. Die Eine, Andromache, starrte mich durch den Schleier bitterböse an, als wollte sie mich verklagen bei meinem Großvater, dem donnernden Zeus, daß ich sie zur trostlosen Wittib machte. Die Zweite sah traurig vor sich hin, und Thränen rollten über ihre geisterblassen Wangen; sie galten dem nahen nur ihr bekannten

Leide, es war die kalte Liebschaft Apollos, die Unglücksprofetin Kassandra!

Ich aber sah nichts von dem Allen, mein Herz pochte stürmisch, das Blut rollte heiß durch meine Adern, als wäre es geschmolzenes Erz; denn sie stand zärtlich grüßend vor mir, das Mädchen meiner Seele, die bräutliche Polyrena, blaß wie eine sterbende Lilie. Schon stand ich am Altare, darauf die Statue Apollo's thronte, schon begann die bindende Feierlichkeit, und ich glaubte ihren Schluß nicht zu erleben, drückte die Sammethand der Trojanerin und weinte fast vor Ungeduld, daß ich noch nicht wund küssen dürfe ihre Nelkenlippen: da klirrte es seltsam, wie wenn ein Bogen gespannt wird, ich empfand einen stechenden Schmerz in der linken Ferse, und wie ein Nebel schwamm es vor meinen Augen. Paris hatte mich tödtlich getroffen. Ich wankte, schrie laut auf, blickte noch einmal der farblosen Tochter Ilion's ins weinende Sonnenauge und sank bewußtlos und sterbend an ihre stürmisch wogende weiße Brust." — —

Also erzählte der Albanese.

„Nun, was sagst du zu diesem Traume?" frug er seinen Waffenbruder.

„Es ist ein buntes Märchen der tausend und einen Nacht," entgegnete Ali, „nur kann ich den Zusammenhang dieses wunderlichen Gebildes mit deiner Angst vor dem Zuge gegen die bosnischen Rajas durchaus nicht herausarbeiten."

„Höre mich an: Melissa's Oheim meinte eines Abends, als die Rede auf die Seelenwanderung kam, an welche einige Völker Hinterasiens glauben, sie sei keine Fabel, diese Wanderung, doch wisse sie nichts von dem Unsinne jener fernen Stämme; nein, alles was einmal lebte, kehre blos einfach nach vielen Jahrhunderten wieder in das Dasein zurück, um sein altes, früheres Schicksal zu erleben, versteht sich, geändert durch Zeitalter, Klima, Geburtsort, Erziehung, Bildungsstufe, Sitten und Gebräuche, und wie alle die tausend Dinge heißen mögen, welche bedeutenden Einfluß auf die Gestaltung des menschlichen Geschickes nehmen."

„Nun erkläre ich mir," fiel der Türke ein, „deinen träumerischen Selam! Ich kenne das griechische Heldenbuch des Homer. Die Hellenen haben es uns während des langen Befreiungskrieges stellenweise so oft vorgesungen, daß wir Osmanlis es endlich nothgedrungen auswendig lernen mußten. Deßhalb ahne ich auch, wovor mein Waffenbruder bangt, weshalb er in das Fell des Hasen gekrochen! Er lebt der unheimlichen profetischen Angst, in Bosnien als türkischer Achilles von dem Bruder seiner Braut erschossen zu werden!"

„Du bist der Wahrheit nicht zu unsanft auf die Füße getreten."

„Eines verspreche ich dir und gelobe es bei meinem Barte!"

„Das wäre?"

„Ich will den häßlichen Bruder niederbrennen, sobald dein Leib das Ziel seiner Kugel geworden."

Arslan lächelte gezwungen, suchte jedoch dem Gespräche eine lustigere Wendung zu geben, und ließ deshalb eine neue Batterie griechischen Weines auffahren. Die frühere Heiterkeit wollte aber nicht recht aufkommen, zudem hatte sich ein kühler Nordwestwind erhoben, und wehte derselbe so fröstelnd durch die ängstlich aufrauschenden Bäume, als ziehe eine neue Warnung unheimlich über die bosnischen Berge herüber. Die Freunde suchten daher bald darauf das ärmliche Lager. Aermlich? Die Albanesen kennen nämlich kein anderes Bett als die Erde oder den mitunter gedielten Fußboden, darauf sie eine Matte von Palmblättern oder einen bei der Plünderung einer Stadt erbeuteten Teppich ausbreiten; auch pflegen sie angekleidet zu schlafen, nachdem sie den Abas, diesen Mantel aus Ziegenfellen oder Schafhäuten zu einem Kopfkissen zusammengefaltet haben.

Zwölftes Capitel.

Auf Montenegro.

Die Wachteljagd ist gegen Ende des Sommers wie tief in den Herbst hinein an der Bocca, in Montenegro, in Dalmatien, an dem Gestade des Sees von Scutari wie überhaupt an der Nordostküste des adriatischen Meeres ein allgemeines Vergnügen, und selbst die Osmanlis haben allmälig an derlei abendländischen Sportfreuden Geschmack und Behagen gefunden. Da in Folge des dortigen Klima viele Erntearbeiten erst in diese späte Zeit fallen, so ist es in jenen Gegenden kein seltener Anblick, die Unterthanen, Knechte oder Sklaven eines türkischen Grundherren im Schweiße ihres Angesichtes im Felde frohnen zu sehen, während der Beg selbst sich in der Nähe der vornehmeren und unterhaltenderen Beschäftigung der erwähnten Jagd auf Geflügel hingibt, und nur zeitweise zur Ueberwachung seiner Arbeiter herbeieilt.

Eine solche Moba, wie man in Bosnien eine Versammlung von Frohnpflichtigen benennt, welche beschäftigt sind, für den Grundherrn zu ernten, eine solche Moba rüstete sich an einem heiteren Morgen im Hochsommer des Jahres, in dem unser Roman spielt, nach den Feldern ihres türkischen Gebieters aufzubrechen, und lagen diese Ernteplätze am östlichen Gestade des Sees von Scutari in der Nähe der montenegrinischen Grenze. Auch der Sohn des Beg, ein bildhübscher Junge griff nach seiner Flinte, um das Vergnügen der Wachteljagd mit der Aufsicht über die Feldarbeiter seines Vaters zu vereinigen. Dieser gab ihm in der Besorgniß seines väterlichen Herzens noch manche gute Lehre mit auf den Weg und warnte ihn, sich ja nicht zu weit von seinen Arbeitern zu entfernen. Der Alte war im

Rechte, denn die Ermordung jenes Beg, von welcher der Pascha von Scutari unserm Bekannten Ali erzählte, hatte troß der Wiera böses Blut unter den Csernagorazen und den Türken gemacht, letztere zu einem ähnlichen Streifzuge bewogen und so Anlaß zu gegenseitigen schlimmen Razzias gegeben.

„Die Montenegriner," sprach der Alte, „sind Brüder des Fuchses. Weißt du, was sie neulich in Spuß gethan?"

„Habe wohl davon gehört," entgegnete der Sohn, „weiß mich aber nicht recht zu entsinnen."

„Einige ihrer Leute stahlen aus dieser Vestung kürzlich bei Nacht und Nebel uns Türken eine große Kanone, so zu sagen vor der Nase hinweg. Diese Kanone war den Montenegrinern schon lange ein Dorn im Auge. Sie gaben daher ihren Weibern, denen wir aus dummer Artigkeit zur Zeit einer Wiera nichts anhaben, zumal sie in unsere Grenzdörfer Lebensmittel zum Verkaufe zu bringen pflegen, den geheimen Auftrag, die Lage der Kanone auf dem Walle, die Stellung unserer Schildwachen wie die bequemeren Zugänge zu den Mauern, genau auszukundschaften. Als sie dies alles erfahren, machten sich ein paar Wagehälse auf, erstiegen bei Nacht die Mauern, ließen die Kanone mit Hilfe mitgebrachter Stricke herab und schleppten sie glücklich in ihre Berge, ehe sich ein Ottomane rührte, oder ein Hahn krähte. Sei also vorsichtig!"*)

Der Junge schüttelte etwas ungläubig den Kopf, gelobte jedoch auf seiner Huth zu sein, und folgte dann hastig der bereits aufgebrochenen Moba. Leider vergaß er über den Freuden der Jagd nur zu bald die wohlgemeinte Warnung seines greisen Vaters. Der junge Gutsherr that mehre glückliche Schüsse und schoß ein paar Wachteln so rasch herab, daß es eine Lust war zuzusehen, aber das Verderben stand bereits auf der Lauer und die Brust des Jünglings war selbst die Zielscheibe zweier gefährlicher Waidmänner geworden. Es waren dies zwei montenegrinische Brüder, welche die Liebhaberei des jungen Beg ausgekundschaftet hatten. Sie schlichen aus den wildesten und verstecktesten Klüften ihres Berglandes nach dem türkischen Gebiete hinab und näherten sich gegen Abend ungesehen den Erntefeldern, da sie sich vorsichtig in den Felsengräben und Erdrissen fortbewegten, welche das Gewässer eines kürzlich

---

*) Dieser Kanonenraub geschah, aber bereits einige Jahre früher, in Wirklichkeit.

gefallenen Regens in dem Boden ausgehöhlt hatte. Mit Lebensmitteln, die sie in einem Sacke mitgenommen, wie mit einem möglichst großen Vorrath an Pulver und Blei versehen, mit Gewehren, Pistolen und langen Messern bewaffnet, übernachteten sie ruhig in einem Felsengraben und zwar an einer Stelle, wo, wie sie wußten, die meisten Wachteln sich herumzutummeln pflegten.

So kam der Morgen und mit ihm das Opfer.

Der junge Türke hatte sich etwas von seinen Leuten entfernt, feuerte scharf zielend nach einer Wachtel und sah seine unschuldige Beute eben mit großer Freude fallen, als er selber plötzlich, wohl durch Herz und Kopf getroffen, zusammenbrach und auf der Stelle lautlos seinen Geist aufgab.

Die Montenegriner gaben sich aber mit seinem Tode keineswegs zufrieden. Es galt seinen Kopf zu erbeuten. Dieß war der offenbar gefährlichste Theil ihrer verwegenen Tscheta. Lag doch der Leichnam auf offenem Felde. Zudem waren die Knechte des erschossenen Beg wie alles Landvolk hier zu Lande wohl bewaffnet. Hätte sie auch nur einer derselben wahrgenommen, so wären die beiden Söhne des schwarzen Berges so gut wie verloren gewesen. Die Montenegriner warteten daher ruhig die Nachwehen ihres Schusses ab, aber auch nicht der Vorsichtigste der türkischen Frohnpflichtigen blickte forschend von seiner Erntearbeit auf. Die Leute dachten erstlich im Vertrauen auf ihre große Anzahl durchaus an keinen Ueberfall, auch waren sie gewohnt, den jungen Gutsherrn in seiner Liebhaberei Schuß auf Schuß abfeuern zu hören, so daß sie nicht einmal auf den Gedanken geriethen, einige dieser rasch auf einander folgenden Schüsse könnten wohl auch etwas Wichtigeres als eine gewöhnliche Wachteljagd zu bedeuten haben.

Diese Sorglosigkeit benützend krochen die Csernagorazen, leise wie Schlangen, auf dem Bauche zu dem Leichnam heran, und gelangten so unbemerkt nicht blos durch die Gräben und Gebüsche, sondern selbst über den Acker hinweg. Liegend langten sie nun nach dem noch warmen Körper, schnitten ihm auf der Erde kauernd den Kopf vom Rumpfe und machten sich dann mit ihrer Beute auf die frühere Weise, geräuschlos gleich der Wildkatze aus dem Staube. Mühsam, aber unentdeckt gelangten sie endlich zu den ersten Höhen ihrer bergigen Heimath.

Ein Rückzug ohne Siegesgepränge liegt aber durchaus nicht in der montenegrinischen Natur und Fechtweise. Auch unsere beiden

Wagehälse mochten deßhalb dem Vergnügen nicht entsagen, sich an dem Entsetzen ihrer Feinde zu weiden. Als sie daher einen steilen Abhang in der Nähe der Grenze erreicht hatten und jeder Verfolgung spotten zu können glaubten, steckten sie das blutige Haupt ihres Opfers auf einen ihrer Alpenstöcke und schwenkten es hoch in den Lüften, indem sie gleichzeitig ein lautes Jubelgeschrei erhoben und ihre Pistolen den Türken so zu sagen über die Köpfe weg abfeuerten. Die Feldarbeiter wurden endlich aufmerksam, blickten umher, entdeckten den Rumpf ihres jugendlichen Gebiethers und ahnten nunmehr augenblicklich den Hergang der Schreckensgeschichte. Sie rüsteten sich deßhalb zur schleunigen Verfolgung. Es war jedoch viel zu spät! Die Montenegriner schlüpften mit heiler Haut in ihre waldigen Berge wie der Fuchs in seinen unterirdischen Bau.*) Auch erhielten sie daselbst namhafte Verstärkung. Ihre beiden ältern Brüder wußten nämlich um das Wagestück der beiden Tollköpfe, und eilten daher im Geleite ihrer Schwester, der handfesten Zusa zum Beistande herbei. Den Türken blieb sohin nichts übrig als unter Wehklagen mit der schaurigen Kunde zu dem trostlosen Vater heimzukehren.

Die Montenegriner waren aber nicht so ungesehen geblieben, als sie sich schmeichelten. Ein Dutzend Kawassen aus der am Rande des Marschlandes am See gelegenen Türkenfestung Zsabliak, die in unsern Tagen zu einer so traurigen Berühmtheit gelangen sollte, hatten die Schwarzgebirger, wie Lindau das Wort Csernagorazen zu verdeutschen wagte, nicht bloß wahrgenommen und beobachtet, sondern auch erkannt und deßhalb, mit der Oertlichkeit vollkommen vertraut, den Entschluß gefaßt, die kühnen Bursche von ihrem heimathlichen Dorfe abzuschneiden. Sie gaben daher ihren gegen ein paar entsprungene Diebe unternommenen Streifzug auf, in der süßen Hoffnung, die mitgeführten Stricke auf eine in türkischen Augen rühmlichere Weise verwenden zu können. Ihr Plan war auch sehr klug entworfen. Sieben Kawassen eilten auf dem beschwerlichsten, aber kürzesten Wege in die Berge, während der Rest scheinbar von vorn zur Verfolgung herbeistürmte, dieselbe aber absichtlich sehr langsam und nachlässig betrieb.

Die Schwarzgebirger wiegten sich daher in Bälde in falschen Träumen vollkommener Sicherheit. Sie sollten jedoch schlimm ent-

---

*) Gleichfalls Thatsache, nur wurde das Wagestück von zwei Kriwoschianern, den Nachbarn der Bucht von Risano vollbracht.

täuscht werden. Die kleine Schar bog eben um die Ecke eines von
Felsen eingeengten Fußpfades, und mochte noch ein paar hundert
Schritte von der eigentlichen, von Dorf zu Dorf führenden Land=
straße entfernt sein, als sie plötzlich aus einem Hinterhalt mit einem
mörderischen Kugelregen begrüßt wurden, der einen der Brüder
tödtlich, den zweiten gefährlich verwundet zu Boden streckte. Es
waren die sieben Kawassen, die den montenegrinischen Fuchs in die=
ser Felsenschlucht beschlichen hatten. Fliehen gehört nicht zu den
Leidenschaften der Söhne der Csernagora. Die beiden unverwun=
deten Brüder rückten daher unerschrocken vor, das Feuer erwiedernd,
und tödteten zwei Türken, während der Verwundete sich zu einem
Felsen schleppte und an diesen gelehnt zwei andere erschoß, aber
dabei selbst durch einen Schuß in die Ewigkeit gesendet wurde.
Seine Schwester nahm ihm das Gewehr ab, lud und feuerte dann
gleichzeitig mit ihren noch lebenden Brüdern. Auch ihr Schuß zer=
schmetterte einem Türken den Schädel. Leider stürzte gleich darauf
auch ein Montenegriner todt und regungslos nieder. Die beiden
unverletzten Kawassen drangen nunmehr wüthend auf den einzigen
noch übrigen Bekenner des Kreuzes ein, der aber einem von ihnen
mit seinem Yatagan das Haupt spaltete, ehe er selbst den tödtli=
chen Schuß in die Brust erhielt.

Die verlassene Schwester, die mittlerweile unablässig aber er=
folglos gefeuert, stand im ersten Augenblicke rathlos und unschlüssig
vor dem zornrothen Sieger, bald aber gewann ihre Miene einen
erschrockenen und flehenden Ausdruck, und sie bath den wuthschäu=
menden Muhamedaner demüthig und fußfällig um Erbarmung und
Schonung. Der Türke, tief entrüstet über die Niederlage seiner Ge=
fährten, war grausam genug, die Angst und Hilflosigkeit der Dirne
zu benützen, und versprach daher zwar ihr Leben, aber einzig um
den Preis ihrer jungfräulichen Ehre zu schonen. Zusa zögerte bei
diesen schamlosen Worten und schien den Antrag des Elenden zu
überlegen, kaum aber bemerkte sie, daß ihr Gegner nicht mehr so
sorgfältig wie früher auf seiner Huth war, als sie ihn mit ihrem
Dolchmesser durchbohrte. Tödtlich verwundet suchte der Türke seine
schwindenden Kräfte zu sammeln, langte gleichfalls nach seinem
Dolche und wankte auf das muthige Mädchen zu; aber zur Ver=
zweiflung getrieben warf sich Zusa pfeilschnell auf ihren unbarm=
herzigen Feind, und stürzte ihn mit übermenschlicher Kraft in den
am Ausgang der Schlucht sich öffnenden Abgrund.

Die Montenegrinerin glaubte sich gerettet, aber ihre eigentliche Lebensgefahr sollte erst beginnen. Die fünf Kawassen, welche die Verfolgung der Csernagorazen von vorne aufgenommen hatten, waren während des erbitterten Kampfes bis auf Schußweite herangedrungen und gelangten in dem Augenblicke in die Schlucht, als der siebente Türke von der handfesten Schwarzgebirgerin in den Abgrund geschleudert wurde, an den Klippen desselben zerschellend. Der Anblick ihrer erschossenen sechs Gefährten, wie das Kollern und Poltern des siebenten Leichnams an den Felsen machte die Ungläubigen fast rasend, und sie stürzten sich, verliebten Gedanken auch nicht im Entferntesten mehr Raum gebend, mit hochgeschwungenen Handschars auf die unglückliche Tochter Montenegro's. Zusa's Leben hing an einem Haare. Dies Haar war einer der Kawassen, dessen boshafte Miene an eine Hyäne mahnte, die er auch an Grausamkeit weit übertraf. War es doch bekannt, daß er selbst die Leichen beerdigter Feinde auszugraben pflegte, um damit teuflische Kurzweile zu treiben.

Dieser Unmensch schirmte die Montenegrinerin.

Sein Falkenblick hatte am Ausgange der Felsenschlucht eine kleine Waldlichtung entdeckt, auf welche die Sonne freundlich aber versengend niederbrannte. Dort gab es daher auch reges, wenn auch winziges Leben, wie wir gleich hören und sehen werden. Er rief deßhalb seinen Gefährten in türkischer Sprache einen Vorschlag zu, der ganz nach dem Geschmacke seiner barbarischen Landsleute zu lauten schien, denn die Kawassen brachen in ein lautes, weithin schallendes Jubelgeschrei aus, und stürzten sich dann, die Handschars versorgend, zwar unbewaffnet, aber in der alten teuflischen Lust auf die nunmehr ernstlich bangende Dirne. Man riß ihr die Kleider vom Leibe, fesselte ihre Füße, band ihr die Hände auf den Rücken und umwand sie noch obendrein so fest mit den mitgebrachten Stricken, daß die Aermste auch nicht der mindesten Bewegung mehr fähig war, über keines ihrer gewaltigen Glieder zu gebiethen vermochte.

Dann trug man sie nach der Waldlichtung.

Der Unmensch schnitt mittlerweile den gefallenen Montenegrinern die Köpfe ab, und wälzte dann die Leichen seiner eigenen Landsleute nach dem Rande des Abgrundes. Sie stürzten häßlich polternd in die entsetzliche Tiefe. Dann eilte der Kawasse gleichfalls nach der Lichtung. Zusa wurde auf seinen Befehl flach auf den Rücken gelegt und mit Schmähungen überhäuft, ja, mancher dieser

Barbaren stieß den größten Schimpf, den man einer Tochter Montenegro's anzuthun vermag, mit den Worten aus, er kenne ihre Sippschaft, alle ihre Vorfahren seien in ihrem Bette gestorben, die vier hier erschossenen räudigen Hunde ausgenommen, deren erbeutete Köpfe dafür noch heute auf den Wällen von Zsabliak prangen würden.

Schließlich schob man die Unglückliche mit dem Kopfe tief in einen ungeheuern — Ameisenhaufen.

Wohl schloß Zusa augenblicklich Auge und Mund, aber die winzigen zürnenden und gierigen Thierchen bedeckten im nächsten Momente nicht bloß ihr Antlitz, wie später den ganzen Leib, nein, sie krochen ihr in die Nase, in die Ohren, auch wenn sie des Athemholens willen zeitweise die Lippen bewegte, bis in den Schlund, Gaumen wie Zunge quälend und peinigend. Ein entsetzliches Prikeln und Brennen lief über ihren schmerzhaft zitternden Körper, auch wurde die Qual mit jeder Sekunde unerträglicher; hat man doch Beispiele, daß Ameisen in wenigen Stunden selbst das Gerippe eines Pferdes oder Rindes so nett und rein zu säubern, bloß zu legen vermochten, wie es kaum die scharfen Werkzeuge des geschicktesten Anatomen in so kurzer Zeit zu bewirken im Stande wären.

Die Kawassen weideten sich geraume Zeit an den krampfhaften Zuckungen ihres Schlachtopfers.

Dann aber entfernten sie sich unter rohem Lachen mit etwas hastigen Schritten. Ein längerer Aufenthalt in den unheimlichen schwarzen Bergen schien die Unmenschen nicht recht geheuer zu bedünken. Zusa blieb allein mit ihrer Qual. Hilfe schien unmöglich. Lag doch die Waldlichtung, wie unsere Leser wissen, ein paar hundert Schritte von der eigentlichen Landstraße entfernt, war sie doch mit dicht stehenden Bäumen und struppigem Buschwerke umgeben. Die Fußtritte der Kawassen verhallten allmählich, tiefe Stille herrschte ringsumher, denn das entsetzliche Prikeln und Brennen lief ja geräuschlos, unhörbar für jedes menschliche Ohr über den qualvoll zitternden Körper der halbohnmächtigen Tochter des freien Gebirges. Geräuschlos? Ungehört? Wir irrten! Wir vergaßen das Gehör — der allmächtigen Gottheit!

Hufschlag erdröhnte.

Vier Reiter wurden bald darauf auf der Landstraße sichtbar. Es war ein seltsamer Zug, der sich mit nur hierlandes üblicher Vorsicht vorwärts bewegte. Zwei der Reiter, welche die Herren zu sein schienen, hielten die Mitte, schienen auch sorglos mit einander zu schwatzen und zu plaudern. Der vorderste Reiter jedoch, ein Albanese nach seiner Tracht zu schließen, zog im Schritte, langsam und mit äußerster Vorsicht vorwärts, erhob sich zuweilen spähend im Sattel, lugte wachsam umher und rief an jeder verdächtigen Stelle mit lauter Stimme in slavischer Sprache:

„Wenn hier ein Krieger des Csernagora auf der Lauer liegen sollte, so hüte er sich weislich, heimtückisch auf uns zu feuern, denn wir sind seines Wladika, möge Ihn Gott erhalten, sehnlichst erwartete, geheiligte Gäste!"

Auch der Hintermann beobachtete dieselbe Vorsicht und Wachsamkeit, ließ auch zuweilen einen ähnlichen Warnungsruf erschallen. Die Reiter in der Mitte waren Arslan und Ali. Letzterer zog bekanntlich als Jussuw's Gesandter zu dem Wladika von Montenegro; Arslan gab ihm aus ähnlichem Grunde das Geleite, und hoffte, wie es in der Wirklichkeit auch später geschah, durch seine Gegenwart dem türkischen Waffenbruder bedeutend zu nützen. War er doch wie der Beherrscher von Csernagora ein gefeierter Dichter, und durfte daher eines doppelt freundschaftlichen Empfanges von Seite jenes hochgebildeten, bekanntlich für Poesie und Kunst glühenden Mannes gewärtig sein. Auch hatten die Waffenbrüder die Vorsicht gebraucht, den Wladika früher von ihrem Besuche zu verständigen, ein Besuch, dem ihr künftiger Gastfreund, wie er sich in seinem Antwortschreiben ausdrückte, mit großer Sehnsucht entgegen sah.

Der Zug gelangte endlich in gleiche Höhe mit der abgelegenen Waldlichtung. Da zitterte es wie ein schwacher Seufzer aus dem Buschwerke herüber, aber so leise, daß es weder Ali, noch die albanesischen Krieger vernahmen. Zum Glücke besaß der Mirditenhäuptling ein überaus feines, durch lange Uebung im Kriege, wie auf der Jagd noch mehr geschärftes Gehör. Er verhielt augenblicklich seinen Renner.

„Drüben im Buschwerk," flüsterte er mit Bestimmtheit, „ist eine Gräuelthat geschehen!"

„Ich hörte nicht das mindeste Geräusch," entgegnete Ali.

Auch die beiden andern Albanesen sprachen sich im gleichen Sinne aus.

„Mein Ohr," entgegnete Arslan ruhig, „ist ein zuverläßlicher Freund!"

So war es auch! Das schwache Seufzen erschallte noch einmal, aber etwas lauter, so daß es auch die albanesischen Krieger deutlich vernahmen. Nur der Türke wollte abermals nichts gehört haben, obgleich Zusa, die von dem Hufschlag aus ihrer Betäubung geweckt worden, den letzten Rest Athem zu dieser leisen Bitte verschwendet hatte. Arslan war nicht länger zu halten. Er sprang vom Pferde und drang entschlossen in das Dickicht. Ali, dem es durchaus nicht an Muth fehlte, folgte beherzt seinem Beispiele, während die zwei Albanesen als Rückhalt die Landstraße besetzt hielten. Bald gelangten die Waffenbrüder zu dem unglücklichen Opfer türkischer Barbarei. Zusa ward mit möglichster Schnelligkeit aus dem Ameisenhaufen gezogen. Dann entledigte man sie ihrer Bande und trug sie auf die Straße, wo sie gleich darauf in den kühlen, labenden und stärkenden Fluthen eines ziemlich tiefen Bergbaches gewaschen und gereiniget wurde. Der Mirdite hüllte sie dann in angeborner Schamhaftigkeit sorgfältig in seinen Abas oder Mantel.

Die Montenegrinerin kam langsam, aber denn doch zu sich.

Schrecken leuchtete aus ihren Augen, als sie sich in den Armen eines Albanesen und Türken, dieser beiden geschwornen Todfeinde ihres Stames erblickte. Arslan beschrieb jedoch eilig das heilige Zeichen des Kreuzes, und beschwichtigte die erneute Besorgniß der hilflosen Dirne mit milden, wie Balsam in ihr so lang gequältes Ohr traufenden Worten. Die barmherzigen Samaritaner legten die Aermste, nachdem sie sich etwas erholt hatte und ihr Heimatdorf bezeichnen konnte, auf eines der Pferde ihrer Diener und geleiteten sie dann mit großer Schonung, also langsam nach ihrer dürftigen, aber sichern und schirmenden Behausung. Es war kein unbedeutender Umweg, und es ging daher am nächsten Tage bereits gegen die Abenddämmerung zu, als sich der kleine Zug endlich dem Ziele seines Rittes näherte.

Die Sonne war niedergegangen und der Halbmond — ein günstiges Vorzeichen — strahlte bereits heiter am Himmel, als abwärts von der Anhöhe, welche die Reisenden so eben erreichten, eine weite Thalebene vor ihren Blicken sich ausbreitete. Riesenhafte Gestalten hielten Wache rings um die grauen Felsenschanzen und zogen von allen Seiten in größern und kleinern Schaaren, bald auch einzeln gegen eine weitläufige Veste hin, die hellbeglänzt vom Mondenlichte gleichsam als steinerne Gebieterin all der zerstreut sie umlagernden Warten erschien. Aus ihrer Nähe schallte es herüber wie

jubelnder Kriegsgesang, und jede Pause unterbrachen Schüsse, ohne
Regel und Ordnung sich wiederholend und jedesmal vielfältig wie=
dergegeben von den benachbarten Felsenhöhen.

„Wo sind wir?"

Also rief Ali überrascht wie jener deutsche Poet, dessen „Besuch
auf Montenegro" so vielen Beifall in der Lesewelt gefunden. Die
Frage des Türken war an seinen Freund gerichtet, der eben nach
einem Thurm hinwies, der eigen fabelhaft von seiner Höhe nieder=
blickte.

„Vor Cetinje!"

„Und was ist das für ein Thurm da droben auf der Höhe?"

„Das ist der Wartthurm über der alten Klosterveste."

„Und der durchbrochene Kranz auf seiner Spitze, den die dün=
nen Säulen mit den runden Knäufen bilden?"

Arslan seufzte.

„Welcher Baumeister," fuhr der Türke fort, „hat diesen Kranz
so künstlich gebildet?"

„Alle jene Montenegriner, welche an dem letzten Kampfe gegen
deine Landsleute Theil genommen. Er besteht, dieser Kranz, durch=
wegs aus Türkenschädeln, die auf Stangen dort im Kreise aufge=
stellt sind. Viele sind vom Winde herabgeworfen und von den Hun=
den weggeschleppt worden, aber doch noch immer müßten mehr als
fünfzig Türken kommen, wollte jeder seinen Kopf herunterlangen
und nach Hause tragen."

Die Freunde sprangen aus dem Sattel und stiegen den selt=
sam geschmückten Hügel hinan. Bald stießen sie an einen Stein,
bald an die Wurzeln eines Strauches, bald auch an einen Schädel=
knochen, den die Hunde abgenagt und Regen und Sonne wett=
eifernd gebleicht hatten. Schaurig hoben sich die noch oben prangen=
den Häupter mit ihrem vom Schopfe fallenden Haarbüscheln gegen
das Tiefe vom Monde verklärte Blau des Himmels ab, und durch
die Luft zitterte es als wie Begleitung zu dem Reigen

„Nun tanzten rings im Mondenglanz
„Die Geister einen Kettentanz."

und unten knallte Schuß auf Schuß und hallte wieder im Echo der
Gebirge, und die Gesänge, welche den Reisenden früher wie Sie=
geshymnen geklungen, schienen in ihren trüben Molltönen in Grab=
gesänge verwandelt. Der Zug kam näher. Die Riesenwächter in der
Ebene verwandelten sich, näher gerückt, vor dem Blicke in Bäume,

durch deren Laub der Abendwind säuselte, und deren Schatten schwankte wie die vom Lufthauch bewegten Wipfel. Glockengeläute ertönte wie ein Ruf zum Gebete an einer riesigen Gruft.

Es war ein getreues Seitenstück zu den Erlebnissen und Eindrücken jenes deutschen Poeten vor Cetinje.

Die Freunde erblickten nunmehr in der Mitte des Thales unter einem großen Baume eine Menge Männer oder um einen montenegrinischen Ausdruck zu gebrauchen, eine Woiska, das ist, einen Kriegerhaufen. Er bestand zum Theile aus bewaffneten müßigen Zuschauern, doch sah man auch viele zur gastlichen Begrüßung beorderte Reiter in glänzender Tracht, mit bunter Kopfbedeckung ihre kleinen weißen Pferde im Schatten des großen Baumes herumtummeln. Der kleine Zug feuerte nunmehr seine Gewehre und Pistolen ab, ein landesüblicher Gruß, der aus dem Thale lebhaft erwiedert ward. Rasch ging es dann in den Sattel, und hierauf im kurzen Galopp auf dem bereits leidlicher gewordenen Wege auf den „Baum des Willkommens" zu. Die Schimmelreiter empfingen die Gäste ihres Wladika mit lautem Jubelruf, schüttelten ihnen auch herzlich und freundlich die Hände, und schossen, je näher man der Residenz des Oberhauptes von Csernagora kam, ihre Pistolen unter muthwilligen Reiterkünsten um so häufiger und freudiger ab. Endlich wurden die Reisenden der Häuser ansichtig, welche das Kloster des Wladika umgeben, und mit diesem zusammen die sogenannte montenegrinische Hauptstadt Cetinje bilden.

Der Zug hielt nunmehr unmittelbar an dem alten vierkantigen Thurme mit dem garstigen Schädelkranze. Unter ihm zeigte sich die Kirche von Cetinje und daneben ein steinernes, vorn mit einem offenen Portikus versehenes Gebäude, das früher Zellen für die Mönche enthielt, damals aber von Männern aus der Umgebung des Wladika Peter des Zweiten bewohnt wurde. Weiter hinaus, fast ganz in der Thalebene gelegen, ragte ein längliches großes Haus darin das Oberhaupt Montenegro's selbst zu hausen pflegte. Dies Alles war von ziemlich hohen Mauern umgeben, die außerdem noch die weitläufigen Höfe dazwischen umfingen. Vor dem Kloster lag ein großer weiter Platz, den ein paar Dutzend Häuser in einiger Entfernung umstanden, und von dem ein paar breite Straßen ausliefen, gleichfalls von einer gleichen Anzahl Hütten und Häuser gebildet. Dieser theilweise mit Gras bewachsene Platz, in dessen Mitte sich eine Cisterne befindet, galt seit jeher als das Forum von Cetinje, auf dem sich zu Zeiten die Bevölkerung des Landes vor den Thoren der Behausung ihres Beherrschers versammelt. Er war auch an jenem Abende mit Zuschauern und Gaffern wie besäet. An dem einen Ende desselben und zwar am Fuße der Klostermauern lagen ein paar Kanonenläufe ohne Gestell und Laffetten auf Steine und Holzpflöcke gestützt, von denen es hieß, daß sie der Wladika in Triest gekauft habe. Schon von Weitem hatten die Reisenden diese Kanonen mitten in den Lärm des Kleingewehrfeuers mit Donnerstimme hineinreden hören. Sie wiederholten ihre gastfreundlichen Grüße so schnell, als die montenegrinischen Kanoniers nur zu laden vermochten, und schleuderten ihre letzten Blitze gegen die Ankömmlinge, als sich diese unter den Freudenbezeigungen einiger anderer von Peter dem Zweiten ihnen entgegengesandten Männer aus dem Sattel schwangen.

Der Wladika empfing seine Gäste mit würdevoller Freundlichkeit.

Der schwarze Kaluga oder Priester, wie die Türken das Haupt von Csernagora nennen, war ein ungemein hochgewachsener schöner Mann in den besten Lebensjahren. Er hielt einen breitrandigen italienischen Strohhut in der Hand, war im Uebrigen in ein enges schwarzseidenes Gewand gehüllt, hatte ein leichtes Mäntelchen von gleichem Stoffe umgeworfen und stützte sich auf einen langen schmucken Stab. Er glich weniger einem Bischofe oder dem Beherrscher eines verwegenen Bergvolkes als vielmehr einem venetianischen Patrizier oder des flachen breiten Strohhutes wegen einem reichen spanischen Pflanzer auf den westindischen Inseln. Auch seine Wohnung wies sich sehr einfach und bescheiden. Er selbst benützte in seinem Kloster nicht mehr als drei Gemächer, die nahe bei einander lagen. Erstlich das ziemlich große Billardzimmer, welches zugleich als Audienzsaal, Staatsgemach und Salon diente. In dieser Stube stand auf der einen Seite des Billards bei der Eingangsthüre eine lange Bank, auf welcher sich einige Senatoren und Perianizen — eine Art adeliger Leibwache — niedergelassen hatten, auf der andern Seite ein kleines Sopha, auf dem später der Wladika Platz nahm, einen kleinen Teppich unter seinen Füßen. Die Wände waren mit Waffen und mit den Porträts Napoleons und Lord Byrons, ferner mit einem alten großen Oelgemälde von Peter dem Großen, das etwas nachgedunkelt hatte, verziert. Die weiteren Gemächer der Behausung bestanden aus einer kleinen Stube, darin der größere Theil der Bibliothek des Wladika stand — ein kleiner Schrank befand sich auch in dem Billardzimmer — in welcher außerdem noch Waffen hingen und wo auch einige schöne Früchte zum Trocknen aufgehängt waren; endlich aus einem Schlafgemache mit einer stattlichen Bettstelle nach italienischer Weise und dem Porträt des Kaisers von Rußland zu Pferde nach Krüger.

Das Billardzimmer ward jedoch an jenem Abend nicht als Salon benützt. Die Gesellschaft begab sich nämlich durch eine seiner Thüren nach einer freien und erhöhten Veranda, welche über der Eingangspforte des Klosters lag. Auf dieser Veranda wurden Bänke und Stühle um eine große Tafel zurecht gesetzt, und Alles ließ sich zu einem schlichten Mahle nieder. Rasch wurden die Speisen aufgetragen, bestehend in einem sehr fett zubereiteten Pilau, einem breiten Napf voll Castradina stark gezwiebelt und gepfeffert, einer Schüssel voll Kartoffeln, einem Gericht von kleinen Weißfischen, jenen vielbeliebten Skoranzen — slavisch Ukliewas — die in den benachbarten Flüßchen namentlich zur Herbstzeit in bedeutender Menge gefangen werden, einer aus ihren Eierstöcken bereiteten Poutargue, endlich aus einem Hammelbraten, wobei der Wladika wie zu Odysseus Zeiten die Fleischstücke bei den Knochenstücken ergriff und sie rings umher nach Rang und Würde vertheilte, den Gästen das Stück reichend, wo das „blühende" Fleisch und Fett hart am Rückenknochen „am süßesten" ist. Dazu kreiste feuriger Dalmatiner.

Auf dem großen Platze, der unten Angesichts der Veranda lag, lagerte eine Masse bewaffneter Montenegriner. Zwei derselben legten nunmehr ihre Waffen ab und begannen, während die Uebrigen Raum gebend sich im Kreise zurückzogen, in der Mitte des letzteren Ringübungen, wie man sie in Frangistan nur von den geübtesten Athleten ausführen sieht. Mit der größten Schnellkraft und Gewandtheit wußten sie einander auszuweichen, während einer den andern zu fassen suchte; war dies gelungen, dann warf der andere sich plötzlich an die Erde und hob mit einer Hand oder dem vorgestreckten Fuße den Gegner in die Höhe, der dann schwebend über ihm hing, bis der Liegende mit einem schnellen Sprunge empor sich dem andern an seiner Stelle niederfallenden Gegner in die Hand warf und nunmehr die Szene wechselnd, kaum von einigen Fingern gehalten über ihm in der Luft schwebte. Bald löste sie ein zweites Paar ab, ein drittes und viertes folgte, und jeder Krieger bewährte in mannigfachem Wechsel auf seine Weise, wie diese Uebungen von Kindheit an ihm zur andern Natur geworden. Nach kurzer Pause und gegenseitigem Zutrinken stellten sie sich zu dem landesüblichen Rundtanz an. Drei bis vier bildeten mit verschlungenen Armen einen lebendigen Kranz und bewegten sich in kreisförmiger Bewegung rechts und links; bald griff ein fünfter und sechster Bursche ein, und so ward der Kolo oder Kreistanz geraume Zeit fortgesetzt, bis die Arme sich lösten, und dann zwei Paare einander gegenüber mit vorgestreckten Händen wie zum Angriffe erst gegeneinander losstürmten, dann an einander vorüberstreiften, und so immer von neuem herüber und hinüber bei taktmäßigem Zujauchzen der übrigen Zuschauer und unter begleitendem Tone der Gusla.

Das Mahl auf der Veranda war beendet.

Nun führte ein Stück Herold daher „den erfreuenden Sänger, welchen das Volk hoch ehrte, Demodokos, setzte darauf ihn mitten im Kreise der Gäste, an die ragende Säule gelehnt." Es war ein langgewachsener rauher Gebirger mit halb geschorenem Kopfe. In einer Ecke der Umfangmauern der Veranda Platz nehmend, ließ er nicht lange auf sich warten, strich alsbald seine Saite aus Pferdehaar und stimmte mit dumpfem wilden Klange ein Lied von der Länge eines ganzen Kapitels von Homer an. Dies Lied pries die Thaten des großen Janku — der Hunyady János Ungarns — es rühmte seinen starken Neffen Sekul, des um des Trenbruches der schönen Dragoman willen heiß ergrimmten Paschawürgers auf der Ebene von Grahowo. Gepriesen ward der hochherzige Milosch Obilitsch, der den Sultan in seinem Zelte aufsuchend ihm den scharfen Dolch in das nach der Freiheit Serbiens lüsterne Herz stieß; Fluch und Verachtung traf Vuk Brankowitsch den treulosen Verräther. Daran reihte sich die Schlacht auf dem Amselfelde, auf der blutgetränkten Ebene von Kossowo, wo die Blüthe der serbischen Ritterschaft erlag und mit dem Untergange des ehrwürdigen Lasar, des letzten großen Serbenfürsten, das alte stolze Reich machtlos zusammenbrach. Nun ward der Schatten des unüberwindlichen Skanderbeg heraufbeschworen. Schließlich ging es über auf Iwan Csernojewitsch, dem Montenegro eigenst angehörigen Heroen. Wie er herrlich gethront auf Zsabliak, wie er verrathen von Neid und Eifersucht die Bergveste vertauschte mit den ewigen Felsenschanzen Gottes, sein Volk begeisternd zu immer neuen Thatenwundern, zugleich väterlich sorgend für dessen geistiges und leibliches Wohl wie für seine Unabhängigkeit und Freiheit: diese Züge, in welche auch die prächtige Hochzeit seines Sohnes Georg mit der schönen Venetianerin verwoben war, bildeten die Grundlage zu der Verheißung seiner einstmaligen Rückkehr an der Spitze zahloser Geisterschaaren, um die alte Herrlichkeit des Serbenreiches wieder herstellen zu helfen.

Es war sehr spät, als die Gesellschaft sich endlich trennte.

Der Wladika hatte mit seinen Gästen noch eine kleine geheime Unterredung, in der er ihnen vertraute, daß er die Wirren mit dem Großherrn zu Stambul auf diplomatischem Wege zu schlichten gedenke und sich deshalb nächstens nach der Kaiserstadt Wien an der obern Donau begeben werde, eine Reise, die er auch wirklich — aber erst im nächsten Jahre — antrat.

Am nächsten Tage fand eine Volksberathung statt.

In einem Halbkreise, den die Felsen auf einer Seite der Ebene von Cetinje bilden, und ungefähr eine halbe Meile südlich von der Stadt liegt ein ebenes Grasland, von einigen niedrigen Pappeln beschattet. Hier werden die jeweiligen Volksversammlungen gehalten, woher der Platz den Namen Mali Sbor — die kleine Versammlung — erhalten hat. Soll irgend eine Angelegenheit besprochen werden, so kommt das Volk theils auf dieser Ebene, theils auf den umliegenden Felsen zusammen und erhält von dem Wladika Nachricht über die zu verhandelnde brennende Frage. Die Berathung dauert eine bestimmte Zeit, nach welcher die Entscheidung erfolgt, und sobald die Klosterglocke Stille gebietet, wird selbst bei der lebhaftesten Verhandlung die Ruhe augenblicklich hergestellt.

Auch heute hatte sich eine zahllose Menschenmenge eingefunden.

Die Mali Sbor gewährte einen malerischen Anblick. Hier die Krieger, die lebhaft an die Kampfgenossen des Pelayo mahnten. Die Aehnlichkeit der Verhältnisse der Montenegriner mit denjenigen der Gebirgsbewohner von Kastilien, welche die Mauren bekämpften, mußte auch hier mehre Züge des spanischen Karakters hervorrufen. Diese Aehnlichkeit offenbart sich selbst in der Tracht, in der weiten Struka, einem über die Schulter hängenden Mantel mit langen Haaren, in der Opanka, einer elastischen Sandale, welche besonders dazu geeignet ist, um die Berge zu erklimmen und von einem Felsen zum andern zu springen. Eine Blouse von weißer Wolle, welche den Hals und die Brust bloß läßt, und sich an kurze orientalische Beinkleider anschließt, als Kopfschmuck das rothe Tuch, das an den Türken erinnert und stets eine kräftige, bisweilen ausnehmend schöne Gesichtsbildung beschattet, dazu Flinte, Pistole und Handschar: dies ist die Tracht und Bewaffnung des griechisch slavischen Ritters, des Csernogorazen!

Dort die Weiber und Dirnen mit der buntfarbigen Struka in eben so kleidsamer Tracht! Diese besteht aus einem Rock oder Pelz von weißem Tuche ohne Aermel und ist vorn offen wie der Männerkittel, aber weit länger — beinahe bis an die Knöchel reichend — und mit verschiedenen Schnüren, buntem Tuche, Troddeln, vorn auch mit goldenem Zierrath geschmückt. Um den Hals tragen die Frauen viele Ketten, Goldmünzen und Halsbänder; sie prunken mit Ohrringen, und an die Haarflechten sind bunte Anhängsel befestigt. Die rothe Mütze der Mädchen ist vorn mit sehr vielen kleinen türkischen Münzen, meist Paras, bedeckt, die wie Schuppen geordnet sind. Darüber wogt ein gestickter Schleier, der auf die Schultern herabfällt. Die rothe Mütze Verheiratheter weist statt der Paras einen Rand von schwarzer Seide und an festlichen Tagen wie heute eine Binde mit goldenen Verzierungen, gewöhnlich halb bedeckt durch einen bunten Schleier, den eine Nadel mit goldenem Kopfe auf dem Wirbel befestigt. Das Hemd ist vorn und auf den langen weiten und offenen Aermeln mit buntfarbiger Seide in verschiedenen Mustern oder mit Goldfäden durchwirkt; es reicht oft bis an die Fußknöchel, zuweilen aber nur bis an den Schoß, und die Schürze ersetzt dann den unteren Theil. Diese Schürze ist bunt gewirkt oder von Tuch, unten mit einem breiten Rande, während der Gürtel drei bis vier Reihen echter oder falscher Karneole schimmern läßt. Kurze buntgewebte Socken werden über die groben weißen Strümpfe gezogen; den Beschluß machen die Opanken mit der Sohle von ungegerbter Ochsenhaut mit der enthaarten Seite nach Außen.

Hier um die Tribüne, wo die Senatoren saßen und der Wladika Platz nahm, die Krieger mit den Federbüschen, diese dreißig Perianiki oder Perianizen, diese neugeschaffene adelige Leibwache, aus den angesehensten Familien des Landes gewählt, in ihrem prachtvollen, vermuthlich nach der Form eines uralten, vorchristlichen Kleidungsstückes geschaffenen Kostume, mit köstlich ausgelegten und geschmückten Waffen! Dort auf der Tribüne der Senat, aus zwölf Mitgliedern bestehend, in weißem mit Goldschnüren besetzten Rocke, goldbesetzter Weste, weiten aber kurzen blauen Beinkleidern, der bunten seidenen Schärpe mit Pistole und Jatagan, den weißen Kamaschen und Sandalen, der schwarzen Kappe auf dem Haupte, den kurzen rothen Pelz mit aufgeschlitzten Aermeln über dem Arme hängend! Auf einem erhöhten Sitze endlich der Wladika Peter der Zweite selbst mit seiner majestätischen Gestalt von beinahe sechs Fuß und acht Zoll Höhe — englisches Maß — dabei schön und ebenmäßig gebaut, mit dem kleinen Bart und dem langen bis auf den Nacken herabfließenden dunklen Haare, in seinem bischöflichen Ornate, diesem langen, vorn offenen, über einem andern Gewande von gleicher Länge, wie um den Leib mit einer Schärpe gegürteten Kleide, in den blauen Beinkleidern, weißen Strümpfen und schwarzen Schuhen, in der schwarzen Halsbinde und den bocksledernen Handschuhen von derselben Farbe, das Haupt bedeckt von einer schwarzen runden aufrechtstehenden Mütze, wie sie die griechischen Priester gewöhnlich tragen, und von welchen hinten ein Schleier über die Schultern fällt! Wahrlich der Anblick war malerisch, hochromantisch, fast großartig.

Dumpf läutete die Klosterglocke von Cetinje!

Der Wladika belehrte das Volk über die zu erörternde und zu beantwortende brennende Frage, die da lautete: soll Csernagora den christlichen Schilderhebern in Bosnien zu Hilfe eilen oder Wiera bis zum nächsten Georgstage mit dem Padischah in Stambul sich beiderseitig geben?! Lebhafte, hitzige Verhandlungen begannen. Mehr als ein Redner erhob sich zu Gunsten der bosnischen Brüder, aber auch gar manche Stimme wollte den Waffenstillstand abgeschlossen und den goldenen Frieden bewahrt wissen. Namentlich sprachen sich die älteren Männer in diesem Sinne aus. Auch die Mehrzahl der Sowietnik's oder Senatoren stand auf der Seite der Wiera. Dagegen eiferte die Jugend für den Krieg, namentlich galt dies von dem jüngst aufgenommenen Staatsbürger Stanicha, jenem jungen Kaufmann aus Livno, der kürzlich mit seinem dem Koran mit Mühe entrissenen Weibe aus Bosnien nach Csernagora ausgewandert war. Er schilderte die unerhörten Leiden der Rajas, und hob vorzugsweise die türkische Manier heraus, Christenweiber für die Harem's zu pressen, da er mit Recht vermuthete, daß dies in einem Lande, wo das schönere Geschlecht als unverletzlich und heilig gilt, Oel in die halberloschenen Flammen gießen würde. Auch führte er die Leiden seiner eigenen Liebe als Beleg für die Wahrheit seiner Worte an.

„Laßt Bosnien," fuhr er begeistert fort, „dieses letzte christliche Bollwerk an dem Abhange des schwarzen Berges in Schutt und Trümmer fallen, dann wird der Zwingherr der Christen, der seit

15*

Jahrhunderten bis an die Knöchel in Blut watet, unserm Wladika aufs Neue hochmüthig und befehlend schreibend: Schwarzer Mönch, schicke mir den Haradsch — Kopfsteuer — des Gebirges mit zwölf der schönsten Jungfrauen von zwölf bis fünfzehn Jahren; wo nicht, so schwöre ich bei dem Barte des Profeten dein Land zur Wildniß zu verheeren, und alle jungen und alten Männer in die Knechtschaft abzuführen!*) — — Also wird sein gebieterischer Ferman lauten!"

Der Schluß dieser Rede wirkte wie eine brennende Lunte in den leicht entzündbaren, offenen Pulvertonnen ähnlichen Herzen der montenegrinischen Krieger. Drohende Worte wurden hörbar. Schlachtruf erdröhnte, entblößte Klingen funkelten in den Lüften. Die Freunde der Bosniaken träumten gewonnenes Spiel zu haben, und der türkische Gesandte sah trostlos wie ein geschlagener Mann nach seinem albanesischen Waffenbruder. Dieser wechselte einen Blick des Einverständnisses mit dem Wladika, der, wie wir wissen, schon seiner Reise nach Wien wegen für die Verlängerung des Waffenstillstandes Partei nahm. Der Wladika winkte.

Da läutete die Klosterglocke von Cetinje.

„Du hast deine Worte schlecht gewählt, Stanicha," begann Arslan, die augenblicklich eintretende Stille benützend, „denn es war eben ein bosnischer Vezier, ein ehemaliger Christ, der jenes Schreiben an den Wladika Wasil Petrowitsch richtete. Dieser aber antwortete, stark durch die Eintracht der Seinen: Wie kannst du, Abtrünniger, der du dich mit den Pflaumen der geknechteten Lande Bosnien und der Herzegowina mästest, den Haradsch von den Kindern des freien Gebirges fordern? Der Tribut, den wir dir senden werden, wird ein Stück von unseren Felsen sein, und statt der zwölf Jungfrauen, sollst du zwölf Sauschwänze erhalten, womit du deinen Turban schmücken kannst, auf daß du daran gedenkst, daß in Csernagora die Dirnen weder für die Türken, noch für die Abtrünnigen wachsen, und daß wir alle lieber lahm und blind werden und ohne Gnade sterben wollen, als eine einzige derselben auszuliefern. Wenn du uns angreifen willst, so komm immerhin heran! Ich hoffe, du wirst deinen Kopf bei uns lassen, auf daß er in jene Thale hinabrollt, die bereits seit Jahren mit Türkenschädeln gebielt sind!"

---

*) Buchstäblich zu lesen im zweiten Bande der Grlista oder Grliza, einer in Cetinje gedruckten Schrift, einer Art montenegrinischen Staatsalmanaches, Jahrgang 1836.

Ein Jubelruf geschmeichelten Stolzes lief durch die Reihen der Montenegriner.

„Und doch wagt der Türke," hub Stanicha an, der sich gegen eine solche Wendung der Verhandlung im Vorhinein gerüstet hatte, „noch heute zu Tage, die Jungfrauen Montenegro's mitten im schwarzen Gebirge mit schmählichen Liebkosungen zu bedrohen, sich an ihren schamlos entblößten Reizen mit geilen Blicken zu weiden, sein Opfer qualvoll zu Tode zu martern! Sprich Zusa! Erzähle, was dir geschehen!"

Vier Csernagorazen trugen eine mit schwarzem Tuche behangene Bahre herbei. Allgemeines Staunen und Entsetzen! Auf dieser Bahre lag nämlich eine schlanke, hochgewachsene Tochter des freien Gebirges, aber ihr Antlitz glich frisch gefallenem Schnee, die Augen loderten unheimlich wie zwei Todtenfackeln und ein leises Zittern flog zuweilen über die ganze halbgeknickte Gestalt. Es war Zusa, durch Zufall die Nachbarin Stanicha's in seiner neuen Heimath. Die Aermste erhob sich mühsam und erzählte mit flüsternder Stimme die schauervollen Erlebnisse des gestrigen Tages, und wie sie nur durch sichtlichen Beistand Gottes dem schmerzhaften Martyrtode entgangen sei.

„Ich war eine stolze Tanne des schwarzen Berges," stammelte sie, „aber eine türkische Faust hat mich beinahe entwurzelt!"

Ein weithin gellender Schrei der Entrüstung ging durch die Mali Sbor. Die ganze Versammlung schien sich wie ein einziger Mann zum Kampfe gegen die grausame türkische Nachbarschaft erheben zu wollen. Viele mahnten zum augenblicklichen Aufbruche, drohende Worte, gegen den Abgesandten des Islam gerichtet, wurden hörbar, und selbst Arslan gab für einen Augenblick die Sendung seines Waffenbruders für verunglückt.

Da läutete die Klosterglocke von Cetinje.

„Allah's Sonne," sprach Ali, der seine Zeit gekommen glaubte, „wirft in allen Landen ihre Strahlen auf Gerechte wie auf Sünder! Eine türkische Faust — mögen Hunde ihre Knochen hastig nagen — hat sich in Koth getaucht, aber das Blatt, darauf die Wiera mit dem Pascha von Skadar verzeichnet, hat auch, wie ich eben vernahm, als Pflaster zweier montenegrinischer Läufe gedient. Der erste Schuß fiel von dem schwarzen Berge. Es war ein Sturm, der aus Zsabliak herüberwehte und die stolze Tanne Csernagora's zu entwurzeln drohte, aber der Schirmpfahl, an dem sie sich zu neuem Leben und Grünen aufrankte, wurde aus türkischem Holze geschnitten. Kennst du mich, Zusa?!"

Mit diesen letzteren Worten trat er im Geleite Arslan's hart an die schwarzverhangene Bahre heran. Eine feierliche Stille folgte. Man hätte eine Eichel zu Boden fallen hören. Die Leidende richtete sich mühsam, mit forschendem Blicke auf, bald aber nahm ihr Antlitz den Ausdruck unsäglicher Dankbarkeit und rührender Freude an; sie suchte sich zu erheben, glitt langsam von der Bahre herab, umklammerte die Knie der Waffenbrüder, und stammelte mit leiser aber tief zum Herzen dringenden Stimme:

„Möge die Mutter Gottes Euch segnen, ihr barmherzigen Retter zur Stunde der höchsten Noth!"

Darauf brach sie ohnmächtig zusammen. Man hob sie sanft auf die Bahre und trug sie dann auf den Wink des Wladika nach dessen Behausung. Ali erzählte nunmehr in gedrängten Worten, wie er noch zur rechten Zeit gekommen, um die Nachwehen einer Schandthat zu verhüten, die, wie er sich schlauer Weise ausdrückte, den Halbmond für immer mit Schmach besudelt hätte. Daß er dabei vorzugsweise sein Verdienst hervorhob und die Beihilfe Arslan's so viel wie möglich in tiefen Schatten gestellt sein ließ, dies versteht sich bei einem morgenländischen Diplomaten wohl von selbst; auch lag es allzusehr in den eigenen Plänen des Albanesen, als daß er nicht selbst der türkischen Ruhmredigkeit die Stange gehalten hätte. Beifälliges Gemurmel ward allseitig vernehmbar, als der Türke schloß, und das hohe den Csernagorazen wie bekannt angeborne Rechtlichkeitsgefühl ließ manche Wange beinahe über den Umstand erröthen, daß es Landsleute gewesen, welche den Waffenstillstand zuerst gebrochen. Ferner waren mit dem jungen Beg acht Muhamedaner gegen vier Montenegriner geblieben, sohin bedünkte sie auch die blutige Rechnung, die in Wahrheit wie zwei gegen eins stand, vollkommen ausgeglichen. Die Friedenspartei erhob aufs Neue sieghaft ihre Simme, und Stanicha hielt es daher für unerläßlich, seine letzte gewaltigste Mine springen zu lassen.

„Es ist nicht Bosnien allein," begann er, „für das sich meine christlichen Brüder in jenem unglücklichen Lande erheben. Die Sage geht, daß ein Urenkel des großen Kaisers Stefan Duschan oder Nemagna im Verborgenen durch die Berge und Thale zieht, und jung wie alt, arm wie reich in die Waffen ruft, zum Kampfe begeistert. Es gilt also die Wiederherstellung des alten serbischen Reiches!"

Seine Rede fiel wie eine Bombe in die Grasebene bei Cetinje, aber es war bereits eine gewaltige Hand ausgestreckt, um ihr gefährliches Zündrohr abzureißen. Diese Hand erhob der Wladika Peter der Zweite. Eine Wiederherrstellung des serbischen Reiches in den alten Grenzen, wie sie im vierzehnten Jahrhunderte bestanden, auch Montenegro als Bestandtheil des sogenannten romanischen Kaiserthumes umfassend, konnte unmöglich in seinen Plänen liegen, da sie ja offenbar seine Macht als Selbstherrscher enden und den unabhängigen schwarzen Mönch des freien Gebirges in die Reihe gewöhnlicher Kirchenfürsten verbannen mußte. Er hatte zudem den bosnischen Aufstand nur nach dem alten Wahlspruch „theile und herrsche" — „divide et impera" — anfachen helfen lassen, aber sein Missionär Buk war, wie er jetzt mit Besorgniß gewahrte, viel weiter gegangen, als es ihm vortheilhaft, also wünschenswerth bedünkte. Der Wladika erhob sich aus diesen Gründen nach Stanicha's Worten in seiner ganzen majestätischen Größe, und begann mit gewaltiger Stimme, wie folgt:

„Am Fuße der zerstörten Veste Obod liegt zwischen Felsen verborgen eine geheimnißvolle Höhle. Dort schläft der heldenmüthige Ivo, der Vater der Csernagorazen am Busen der Vilas, dieser christlichen Nymphen und weiblichen Schutzgeister des serbischen Volkes, welche den großen Todten hüthen und ihn eines Tages auferwecken werden, wann Gott beschlossen haben wird, seinen geliebten Montenegrinern Cattaro und das blaue Meer zurückzugeben. Dann wird der unsterbliche Held vom Neuen an der Spitze seines Volkes einherschreiten, dann wird eine dichte Wolke schwarzer Krieger von den Bergen auf das schlafende feindliche Lager stürzen und den Regen des Todes zu einer andern Zarew Laz, zu einer zweiten Niederlage des Sultans entladen! Bis dahin Ruhe und Eintracht im eigenen Lande, Friede mit den Nachbarn, auf daß einst der Streiter der Allmacht, der schwarze Ivo die Reihen unserer Krieger nicht durch fruchtlosen Kampf gelichtet findet, nein, daß er sein tapferes Volk zahlreich wie der Sand am Meere und die Sterne am Himmel zur letzten hochrothen Schlacht zu führen vermag, die das altserbische Reich herstellen wird in seiner früheren Herrlichkeit! Ich stimme für die Wiera!"

Ein donnernder Beifallssturm folgte dieser ergreifenden Rede.

Von Abstimmung war fürder keine Rede, denn von allen Seiten erdröhnte es ja donnerähnlich:

"Wiera mit dem Padischah zu Stambul, Wiera!"

Dumpf läutete die Klosterglocke von Cetinje.

Der Fürstbischof frug, als Stille und Ruhe eingetreten war, sein Volk noch einmal, wie die Entscheidung laute, und ob man seinem Antrag beistimme oder nicht? Die Antwort erfolgte wie gewöhnlich mit den üblichen weithinschallenden Worten:

"Budi po tu ojemu, Vladika!" — "Es sei, wie Du es wünschest, Wladika!" —

"Dann im Namen des esernagorazischen Senates und Volkes," sprach der schwarze Kaluger, "Wiera bis zu dem Sankt Georgstag kommenden Jahres mit dem Großherrn in Konstantinopel!"

Arslan und Ali jauchzten freudig auf, Stanicha verhüllte trauernd sein Haupt.

Wir aber rufen mitleidsvoll und schmerzlich:

Geopferter Vuk, armer Märtyrer zu Scherawitza-Grab!

Dreizehntes Capitel.

Das Blatt hat sich gewendet

Es ist hohe Zeit, daß wir uns nach dem eigentlichen Schauplatz unseres Romanes zurückverfügen und nähere Nachricht über die letzten Stunden oder das weitere Schicksal des verwegenen Buk einzuholen suchen. Wir haben ihn in dem Augenblicke aus den Augen gelassen, als er durch die Liebkosungen des kleinen Zigan aus seiner kurzen Betäubung erwachte und sich aufs Neue zu dem verzweifelten Kampfe gegen den Tod des Erstickens rüstete, der in dem furchtbaren Scherawitza=Grab so viele unschuldige Opfer hinwegraffte. Wir haben ferner gleichzeitig bei dieser Gelegenheit erwähnt, daß man nie deutlich erfuhr, was von diesem düstern Momente bis zum Anbruch des Tages in dieser herzegowinischen schwarzen Höhle eigentlich vorfiel. Die wenigen Ueberlebenden wußten nämlich später nichts weiter zu erzählen, als daß sie halbbetäubt ihrer allmäligen Auflösung entgegenharrten.

Die wenigen Ueberlebenden?

Gab es welche? Allerdings! Die Sache kam so:

Bald nach Anbruch des Tages weckten nämlich ein paar hastig rückkehrende Vedetten den ruhig schlummernden und von dem unsäglichen Leid so vieler Schlachtopfer gänzlich unberührten Wegelagerer und Renegaten Mustapha mit der unliebsamen Meldung aus seinen angenehmen Morgenträumen, es zeige sich ein verdächtiges Regen und Treiben in den benachbarten Wäldern, man habe Waffen blitzen sehen, kurz, es unterliege fast nicht mehr dem geringsten Zweifel, daß irgend ein böser christlicher Geist einen Schwarm wohlbewehrter bosnischer Haiduken zur Befreiung der Gefangenen herbeigerufen habe. Mustapha schüttelte zwar ungläubig den Kopf, gab aber aus Angst, der gehaßte Vuk könne seinem gerechten Zorne denn doch noch entrissen werden, schleunig den Befehl, in der Höhle nachzufragen, ob sich der montenegrinische Riese noch am Leben befinde. Sein eiliger Auftrag wurde eben so hastig in Vollzug gesetzt.

Die Antwort lautete, man wisse es nicht mit Bestimmtheit anzugeben, wahrscheinlich liege er aber bereits unter den Todten; eine Nachfrage und Rundschau sei jedoch einzig nur dann möglich, wenn die Thür so bald wie möglich geöffnet würde. Mustapha begab sich, plötzlich von einer unheimlichen Ahnung befallen, persönlich zu dem Scherawitza-Grad, um, natürlich mit aller Vorsicht, die nöthigen Maßregeln zu dieser gewünschten Nachforschung anzuordnen. Die Thür mußte von inwendig geöffnet werden. Die noch lebenden Gefangenen waren aber sämmtlich so kraftlos, daß mehr als zwanzig Minuten vergingen, ehe sie die todten Körper zu beseitigen und den Zugang zu säubern vermochten. Ein Viertel nach fünf Uhr Morgens kamen endlich die elenden Ueberreste von anderthalbhundert gestern noch so kraftvollen und lebensfrohen Menschenkindern, etwa noch fünfzig Köpfe an der Zahl, in einem kaum zu beschreibenden jammervollen Zustande an das rosige Licht des Tages. Die meisten der Opfer sanken wie ohnmächtig zusammen, als sie die frische, freie Gottesluft in vollen durstigen Zügen tranken. Vuk befand sich nicht unter ihnen.

Der Montenegriner war verschwunden.

Der Wegelagerer ließ nunmehr die Leichen Stück für Stück aus der Höhle herausschleppen und dann sorgfältig mustern und zählen. Die Rechnung stimmte bis auf den vermißten riesigen Mann, schon von Weitem durch seine gigantischen Formen kennbar. Auf keinem Schlachtfeld der Welt wurde noch nach schwer erfochtenem Siege eine Liste des erlittenen Verlustes genauer und ängstlicher abgefaßt, als in jener Morgenstunde in der, wie die Sage geht, von Marko Krajlewitsch gespaltenen Felsenschlucht.

Fruchtlose Mühe! Vuk war und blieb verschollen.

Mustapha schäumte beinahe vor Wuth, als er sich mit eigenen Augen von dieser räthselhaften Flucht überzeugte; auch hatte der lederbraune Mann hohes Recht, vor Aerger aus seiner häßlichen Haut fahren zu wollen; denn kostbare Zeit war über dieser Leichenschau verflossen, und die Vergeltung stand bereits mit hochgeschwungener Waffe am Eingange des Felsenpasses. Gewehre blitzten, ein paar Schüsse fielen, der alte Schlachtruf der Bosniaken ertönte und die Vorposten der muhamedanischen Räuber wurden trotz ihres äußerst hartnäckigen Widerstandes in die Schlucht zurückgeworfen. Wüthrich Mustapha überlegte noch, ob es nicht gerathener sei, da denn Vuk einmal entkommen und der Hauptzweck des schlau ange= legten Hinterhaltes sohin vereitelt worden, sich auf die bereitstehen= den Pferde zu werfen und den gefährlichen Paß mit verhängten Zügeln zu räumen. Bevor er jedoch den Befehl zu diesem in der That rathsamen Rückzug zu ertheilen vermochte, lief eine noch weit schlimmere, zudem gleichfalls gänzlich unerwartete Meldung einer Gefahr ein, welche alle und jede Hoffnung auf das Gelingen dieser schleunigen Retirade mit einem Male verschwinden machte. Die bosnischen Haiduken hatten nämlich den Gebirgspaß umgangen und standen den grausamen Wegelagerern bereits im Rücken. Beide Ausgänge der Schlucht waren durch eine namhafte Uebermacht ge= sperrt worden, zu beiden Seiten aber starrten steile, unersteigliche Klippen.

Die Lage der Räuber war verzweifelt, keine Rettung schien mehr möglich.

Ihr kampfergrauter Häuptling erwies sich jedoch in diesem höchst kritischen und gefahrvollen Augenblicke als ein gewandter Haudegen. Er beschloß nach beiden Seiten hin Front zu machen, sich im äußersten Nothfall in den Scherawitza=Grad zu werfen und dort so lange Stand zu halten, bis er von dem nächsten an der bos= nischen Grenze gelegenen Dorfe, wo ihn Muschir Jussuw erwartete, Verstärkung erhalten würde. Er wußte, daß der Pascha dort auf die Nachricht von dem Tode seines Feindes harre und bei der blu= tigen auf dem Boden der Herzegowina spielenden Geschichte dem Vezier in Mostar gegenüber viel zu sehr compromittirt sei, um nicht alles zum Entsatze seines Raubgefährten und Mordgenossen aufzu= biethen. Demgemäß traf Renegat Mustapha die nöthigen Anstalten, befahl die Pferde ihrem Schicksale zu überlassen, und bildete dann rechts und links vor der fürchterlichen Höhle einen doppelten Harst zum Empfange des Feindes. Er selbst verblieb commandirend im Centrum. Dank der Höhe und fast senkrechten Lage der Klippen, welche die Schlucht umstarrten, hatten die Räuber einen vernich= tenden Flankenangriff, so zu sagen, nur aus den Lüften zu be= fürchten.

Die Haiduken brachen wuthschnaubend vor.

Die eine dieser gefürchteten Schaaren befehligte der stämmige Dane, die andere Abtheilung leitete ein zweiter Vertrauter des verschollenen Montenegriners. Es waren fast durchwegs sogenannte Voskos, diese grimmigen griechisch-slavischen Rinderhirten. Bei einem solchen Gegner hatten die Räuber noch weniger auf Gnade zu rechnen und rüsteten sich daher zur hartnäckigsten Gegenwehr. Was aber führte jene wilden Gebirgswanderer und zwar im entscheidenden Momente zur Rettung wie zur Rache herbei? Nur Geduld! Wir werden schon hören. Alles zu seiner Zeit! Der Anprall geschah mit ungemeiner Heftigkeit. Mustapha, der seine Leute nach europäischer Kriegsweise geschult und daher zum Theile mit Bayonneten versehen hatte, ließ die Haiduken bis auf wenige Schritte herannahen.

Dann commandirte er mit gewaltiger Stimme:

„Erstes Glied fällt das Bayonnet! Drittes Glied die Gewehre zum Wechsel in Bereitschaft! Zweites Glied: Fertig! An! Feuer!"

Ein Hagel von Kugeln lichtete auf beiden Seiten die Reihen des blind anstürmenden kampflustigen Feindes. Wohl drangen demungeachtet wenige Wagehälse bis hart an den lebendigen eisernen Wall heran, aber die langen scharfen und spitzigen Bajonette des ersten Gliedes hemmten jeden weitern Schritt vorwärts. Was nicht im Kugelregen gefallen war, verblutete an Bayonnetstichen und Kolbenschlägen. Ein dämonisches Lächeln spielte um die höhnisch verzogenen Lippen des kriegskundigen lederbraunen Mannes. Sieben Mal erneuerten die Haiduken ihren ungestümen Angriff, wie toll in die Felsenschlucht prallend, sieben Mal wurden sie trotz ihrer zähen Tapferkeit durch das mörderische Kleingewehrfeuer ihrer kaltblütigen Gegner zurückgeworfen. Einige Voskos, von Jugend auf an das Erklimmen der steilsten Bergrücken gewöhnt, suchten nun die nächsten Felsenwände am Scherawitza-Grad zu erklettern, aber nicht einmal eine Gemse wäre an diesen fast senkrecht abgeschnittenen Klüften emporgekommen.

Die Wegelagerer schienen vorderhand das Feld behaupten zu wollen.

Im Buche des Schicksales war jedoch bereits in der nächsten halben Stunde die Kunde von ihrer gänzlichen Niederlage in rothen Lettern zu lesen. Die bosnischen Haiduken brachen eben zum achten Male im Geschwindschritt vor, Mustapha wollte gleichzeitig seine

Stimme zu seinem frühern Kommando erheben, da krachte es in das Centrum, da fielen fünf bis sechs tödtlich-genaue Schüsse aus dem Schlunde des Scherawitza-Grab und gleich darauf stürmte der grimmige Buk mit hochgeschwungenem Streitkolben im Geleite von wenigen aber riesigen Getreuen unter die entsetzten Buschklepper. Beide Harste wurden im nächsten Augenblicke durchbrochen. Ein grauenhaftes Handgemenge begann. Mustapha hatte sich an eine Klippe zurückgezogen, ein Pistolenschuß streckte seinen gefährlichsten Gegner zu Boden, und eben wollte er sich durch einen tüchtigen Säbelhieb eines zweiten Haiduken entledigen, da fiel eine mächtige Fangschnur über seinen Nacken und Dane's kraftvolle Faust riß den Bluthund, der vergeblich nach Athem schnappte, als eine hilflose, halb leblose Fleischmasse zur Erde. Der Kampf währte nur mehr wenige Minuten, dann war alles vorüber.

Alles?

Ja wohl, von den grausamen Wegelagerern, obgleich viele derselben zitternd die Waffen weggeworfen hatten und demüthig um Schonung baten, war den halberstickten Mustapha ausgenommen, auch nicht Einer mehr am Leben. Die mit Recht ergrimmten Haiduken hatten vollwichtige Rache genommen. Die Felsenschlucht starrte wie die dumpfe Höhle von Blut und Leichen.

Und Buk? Wie war er entkommen?

Seine Rettung, so wundervoll sie die Leser bedünken mag, konnte nicht einfacher und natürlicher bewerkstelligt werden, obgleich sie allerdings mit einigen bedeutenden Schwierigkeiten verknüpft war. Man höre den Vorgang! Wir haben den Montenegriner verlassen, als ihn die schmeichelnden Liebkosungen seines zottigen kleinen Freundes Zigan, der, wie wir wissen, ein langes Stück einer abgebissenen Schnur an seinem Halse nach sich schleppte, aus seiner momentanen Erstarrung erweckten. Wie kam der Hund hieher? Durch die verschlossene Thür konnte der kluge Vierfüßler unmöglich in die Höhle gedrungen sein. Es mußte also noch einen andern Zugang geben. Buk erinnerte sich an eine alte Angabe, wie einmal ein Gänserich, der von einem die Schlucht passirenden Wagen entsprungen, in diese Höhle gerieth, nicht mehr zu finden war und verschollen blieb, bis man später erfuhr, er sei nach einiger Zeit auf der andern Seite des Gebirgspasses von Federn entblößt, fast ganz nackt unvermuthet zum Vorschein gekommen.

Diese Sage von dem kühnen Pfadfinder warf freilich wenig

Trost in Buk's bekümmerte Seele, denn auf einem Wege, auf dem selbst ein Gänserich seine weißen Federn läßt, ist nur wenig Heil für einen Menschen zu hoffen, zumal von der riesigen Statur des Montenegriners. Demungeachtet mußte der Versuch gewagt werden. Buk hütete sich jedoch weislich, seine Leidensgefährten von seinem Vorhaben in Kenntniß zu setzen, und schritt daher schleunig aber so geräuschlos als möglich, zu dem verzweifelten Werke der Rettung. Er rief den zottigen Zigan leise und behuthsam an, wie es ein Waidmann mit seinem Spürhund zu halten pflegt, und folgte dann, die abgebissene Schnur erfassend, vertrauungsvoll seinem vierfüßigen Wegweiser.

Das kluge Thier schien seine Absicht zu errathen.

Es eilte freudig wedelnd, doch ohne einen Laut von sich zu geben, noch tiefer in den Hintergrund der Höhle. Buk traf daselbst eine Oeffnung in den Felsenwänden des Scherawitza-Grab leider kaum groß genug, um seinen Kopf durchzulassen. Zigan kroch in diese Oeffnung. Der Montenegriner zögerte. Seine breiten Schultern erfüllten ihn mit gerechten Besorgnissen. Wie, wenn er stecken bliebe, hilflos in dem Geklüfte ersticken müßte? Was hatte er aber in der Höhle zu gewarten? Dasselbe entsetzliche Loos! Frisch gewagt ist halb gewonnen! Und seht, es ging, zwar schwer und langsam, aber denn doch! Bald fand Buk so viel Raum, um sich freilich tief gebückt, aufrichten zu können. Was ihn noch mehr erquickte, war ein frischer, fast eisiger Luftzug, der von oben herabzustreichen schien und seine langgequälte, erschöpfte Lunge ein himmlisches Labsal bedünkte.

Nun kam ein schweres Stück Arbeit.

Der Pfad ging keineswegs in die Tiefe, wie der Montenegriner vermuthet hatte, nein, Buk mußte fast eine Viertelstunde in die Höhe kriechen — steigen konnte man dieß unmöglich nennen — ehe er in eine Art Felsenhalle gelangte, in der er sich vollkommen aufrecht zu bewegen vermochte, deren etwas dumpfe, eckle Luft jedoch zur hastigen Fortsetzung der beschwerlichen Wanderung dringend ermahnte. Die Halle war schief und ihr Boden mit Wurzeln bedeckt. Zur Rechten befand sich eine kleine Höhle, welche aber nicht tief in die Felsen ging, und deßhalb von Buk um so eiliger verlassen wurde, als Zigan sich ängstlich bellend zur Linken wandte.

Der unterirdische Weg wurde nunmehr lebensgefährlich.

Von einem abschüssigen Abhange ging es ungefähr zwei

Schritte breit in eine entsetzliche Tiefe, um so grauenhafter, als der
Montenegriner bei dem mitternächtigen Dunkel, das ihn umgab,
weder die Gefahren noch das Ziel seines tollkühnen Wanderganges
zu erspähen vermochte. Buk verlor jedoch keinen Augenblick, weder
seine angeborne Entschlossenheit noch seine kaltblütige Besonnen=
heit. Das ängstliche Gebell des treuen Hundes war ihm mit Recht
als Warnung erschienen, daß hier ein einziger Fehltritt und die
rasche, unvermeidliche, eisige Umarmung des Todes gleichbedeutend
seien. Der Montenegriner hätte in dieser verzweifelten Lage eine
Tonne Goldes, falls er sie besessen, für ein paar Spannen Strick
mit tausend Freuden losgeschlagen. Weßhalb? Einfältige Frage
eines Städters! Bis auf das Hemd entkleidet, blieb Buk nichts
übrig, als die Linnen desselben zu zerreißen und mit Hülfe der
einzelnen Stücke die abgebissene Schnur am Halse des kleinen Zi=
gan so weit zu verlängern, daß er das freie Ende noch mit den
eigenen gewaltigen Zähnen zu erfassen und festzuhalten vermochte,
ohne diese gebrechliche Leine zu straff anzuziehen, obgleich er sich
seiner ganzen riesigen Länge nach auf den Rücken geworfen hatte,
und nun mit den Füßen voran, um den Schwerpunkt so weit als
möglich nach rückwärts zu bringen, seine starken Hände als Hebel
und Schutzpfeiler benützend, die entsetzliche Rutschbahn zu beschlei=
sen begann. Eine Thalfahrt, welche eiserne Nerven und die Ge=
wandtheit eines Bergmannes erheischte!

Der feuchte, schlüpfrige Pfad wand sich wie gesagt, kaum zwei
Schritte breit in nur zu gähen, meist auch rein lebensgefährlichen
Krümmungen in die nachtverhüllte Tiefe. Seine Länge mochte an
dreißig Klafter betragen. Etwa auf der Mitte dieses wahrhaft
haarsträubenden Weges riß plötzlich die gebrechliche Leine bei einer
unvermutheten Wendung des Pfades in drei Stücke. Buk gab sich
für verloren. Wohl kehrte der kluge Hund, als er keinen Widerstand
mehr fand, augenblicklich zurück, ja er kroch bis an die Brust seines
geliebten Herrn heran, dessen Angstschweiß liebkosend von der kal=
ten Stirn leckend, aber das Mittelstück der zerrissenen Leine war
verloren gegangen, schien unwiederbringlich in die Tiefe gefallen
zu sein. Eine qualvolle Minute verging. Endlich faßte sich der ta=
pfere Montenegriner und ermahnte das zottige Thier durch einen
leisen Pfiff zu eifrigem Suchen. Zigan kroch hinweg — abermals
ein paar grauenhafte Sekunden — jede von der Dauer einer Ewig=
keit — da schnobert es aufs Neue heran — Gott hat den Verzwei=

felnden nicht verlassen — der Hund fand und bringt das Mittelstück herbei — die Leine wird mit unsäglicher Mühe und Vorsicht festgeknüpft — abermals beginnt die martyrhafte Grubenfahrt!
Und sie ward von dem glänzendsten Erfolge begleitet!
Buk gelangte endlich an eine schmale Felsenspalte, die links von dem entsetzlichen Abgrund in die schirmenden Wände von Kalkspath führte. Wie tief dieser Abgrund noch sein mochte, verrieth das etwa erst nach Minutendauer erfolgende Aufschlagen eines Steines, der sich unter der gewaltigen Last des Montenegriners losgerissen hatte und donnernd in das scheinbar Unermeßliche sauste. Die Felsenspalte war zwar sehr schmal, so daß sich Buk nur nach der Seite durchzuzwängen vermochte, aber sie lief dann eben fort, auch drang ein Schimmer rosiges Licht und frische Gottesluft in die unterirdischen Räume, die noch schwerlich je der Fuß eines Menschen betreten haben mochte, es wäre denn, daß der Haiduk Scherawitza weiland von diesem geheimen Ausgang aus seinem uneinnehmbaren Grab gewußt hätte.
Der Montenegriner betrat nun eine zweite, wahrhaft gigantische, schwach von oben erleuchtete Felsenhalle.
Der Anblick dieses von der Hand der Natur gebildeten Saales setzte Buk, als er ihn später, wie wir hören werden, bei Fackelschein betrat und daher genauer besichtigen konnte, in gerechtes Erstaunen. Man glaubte hier, besonders auf der linken Seite, einen künstlichen Vorhang zu erblicken, der eine unermeßliche Höhe hatte, mit Demanten besäet schien und die schönsten Falten warf. Versteinerte Wasserfälle, einige weiß wie Email, andere gelb, drohten in gebrochenen Wellen auf den Zuschauer herabzustürzen. Man erbebte im ersten Augenblicke vor dem wildromantischen Schaustücke. Verschiedene Säulen, einige wie Obelisken gestaltet, das Gewölbe mit Festons und Kränzen behangen, diese durchsichtig wie Glas, jene weiß wie Alabaster oder Krystall — und doch war es meist nur Kalkspath, freilich von der schönsten Art — mit einem Worte die scheinbar auserlesenste, seltenste Sammlung von Edelgestein, alles dies wirkte zusammen, um an die Erzählungen von den Palästen der Vila's oder Schutzgeister der Csernagorazen zu erinnern.
Ein Todtenkopf war das einzige, was den herrlichen Anblick störte.
Wie kam er hieher? Es läßt sich wohl nichts Anderes annehmen, als daß ihn die Wässer hieher geführt haben müssen, welche

die steilsten Klippen wie die geheimsten Klüfte alljährlich im Winter zu überströmen pflegen. Auch zeigte sich hinter drei kleinen Pfeilern von der gewöhnlichen Form der Stalaktiten ein riesiger Wasserbehälter. Seine Fluth schmeckte zwar etwas salzig, demungeachtet aber stärkte sie die erschöpften Kräfte des Montenegriners, als er seine wie abgebrochenen Glieder gleich bei dem ersten Besuche der Halle Dank der erwähnten schwachen, zu diesem Behufe aber ausreichenden Beleuchtung von oben mit großer Vorsicht in den kühlen Wogen badete. Der weitere Wandergang konnte nunmehr mit neuer Ausdauer angetreten werden. Buk säumte auch nur wenige Augenblicke.

Wohl ging es noch an so manchem tiefen, zackig starrenden Abgrund hinweg, wo der mindeste Fehltritt das Leben gekostet haben würde, aber der Pfad lief fast immer aufwärts, und bot daher weit weniger Gefahr als eine schlüpfrige Rutschbahn, die sich thalwärts durch die Klüfte windet. Wohl hemmte zuweilen ein vorspringender Felsblock das Kriechen auf den Knien, und man mußte an seiner scharf abgeschnittenen Kante auf einer abhängigen Fläche, mit den Füßen zeitweise in der Luft schwebend, mehr hinüber gleiten als schreiten, aber die schlimmste Stelle, jene haarsträubende Strecke war ja doch glücklich zurückgelegt, und endlich zeigte sich den Blicken des Montenegriners eine halbrunde Oeffnung gleich jener im Scherawitza-Grad, durch welche das rosige Licht des Tages dem tollkühnen Wanderer freundlich entgegenlächelte, das Ziel seiner Leiden, Mühsale und Prüfungen verkündend.

Schreckliche Täuschung!

Diese Oeffnung, welche in jene schon früher erwähnte und dem Scherawitza-Grad gegenüberliegende Höhle führte war leider so schmal, daß der riesige Haidukenhäuptling nicht einmal seinen Kopf durchzuzwängen vermochte. Qualvolle Entdeckung! Wie wenn er hart an dem Ausgange seines felsigen Kerkers hilflos verschmachten müßte? Wenn er mühsam dem Tode des Erstickens entronnen eine Beute des gierigen Hungers oder seines noch schrecklicheren Gefährten, des unbarmherzigen Durstes werden sollte? Doch den Muth nicht verloren! Erstlich konnte er Seele und Leib durch einen friedlichen Schlummer kräftigen und stählen, und dann blieb ihm im schlimmsten Falle noch immer der Rückweg auf dem eben verlassenen Pfade übrig. Er bot freilich seine Gefahren, dieser Weg, aber sie wogen weit geringer denn zuvor. Der Wanderer wider Willen war stärker geworden, auch war jene hochnothpeinliche Stelle hart an dem unermeßlichen Abgrunde bei der nunmehr bergaufführenden Rückkehr weit müheloser zurückzulegen. Endlich stand hundert gegen eins zu wetten, daß er den Scherawitza-Grad verlassen, unbelagert, unbewacht finden würde. Die Wegelagerer konnten ja schon ihrer eigenen Sicherheit wegen den Gebirgspaß nicht zum stetigen Tummelplatze ihres lichtscheuen Gewerbes erwählen; sie mußten sobald wie möglich ihre sicheren Schlupfwinkel drüben in den bosnischen Bergen zu gewinnen suchen.

So lautete Buk's trostreicher Gedankengang.

Die Stunde seiner Rettung stand aber weit näher, als er zu glauben wagte. Zigan, der durch die schmale Oeffnung gekrochen war, lustig umherschnoberte, zeitweise jedoch zu seinem Herrn zurückkehrte, wie fragend, warum er denn keine Miene mache, ihm vollends ins Freie zu folgen, Zigan, das kluge zottige Thier schlug plötzlich wachsam an, sprang vor und horchte; sein Bellen ging bald in jenes freudig wüthige Winseln über, mit welchem treue Hunde die Nähe lieber, gern gesehener Bekannten zu verkündigen pflegen. Auch schlug gleich darauf eine befreundete Stimme an das Ohr des laut aufjauchzenden Montenegriners.

Es war Dane, welcher den Hund erkennend mit einem Ausruf der Freude wie der Verwunderung in die Schwesterhöhle des berüchtigten Scherawitza-Grab stürzte. Wenige Worte genügten, um den treuen Schildträger, welchen eine namhafte Streitmacht wohlbewaffneter Boskos oder Gebirgshirten begleitete, in Kenntniß der verworrenen Sachlage zu setzen. Die Boskos machten sich nunmehr hastig an das nöthige Werk, um ihren geliebten Häuptling aus seinem halbnächtigen Verließ zu befreien. Keule und Hammer arbeiteten unter einem fröhlichen slavischen Rundgesang lustig darauf los, und in wenigen Minuten war die Oeffnung nunmehr geräumig genug, um dem gewaltigen Montenegriner einen bequemen Durchgang zu gestatten.

Die Erklärung dieses unerwarteten Zusammentreffens ist leicht zu geben.

Dane, dem es, wie wir gesehen haben, schon früher schwante, der Ausflug nach dem Mostarer Pferdemarkte könne schlimm ablaufen, setzte zwar nach der Weisung des Kapitan über den Narentafluß, beschloß aber an dem Landungsplatze der Furth anzuhalten und die Ankunft Buk's abzuwarten. Dieser wollte aber nicht erscheinen. Dane's Besorgniß wuchs mit jeder Minute, und er war bereits gegen die erste Morgenstunde entschlossen, die Karawane Pferde der Obhuth weniger Roßknechte zu überlassen, mit der Mehrzahl derselben aber dem vermißten, zweifelsohne verunglückten Häuptling zu Hilfe zu eilen. Zum Glücke stieß er gegen Tagesanbruch mit einem Streifkorps von Boskos zusammen, wie sie der umsichtige und kriegskundige Montenegriner bereits Ende des Hochsommers zur Uebung für die bevorstehenden ernsteren Tage auszusenden beliebte. Leider zwang ein numerisch überlegener türkischer Heerhaufen, den der Wessir der Herzegowina eine Art Uebungsmarsch um die Hauptstadt seines Paschaliks antreten lassen, die Freischärler der bosnischen Gebirge fast den ganzen Tag in einem ihrer waldigen Schlupfwinkel zu verweilen. So kam es, daß sie erst am nächsten Morgen ihren Streifzug fortsetzen konnten.

Vuk entwarf augenblicklich den später auch vollkommen gelingenden Plan, die unmenschlichen Freibeuter zu überrumpeln und in ihrer eigenen Falle zu fangen. Da er nicht mit Unrecht vermuthete, Mustapha werde sich in der äußersten Noth in die Schauerhöhle werfen; so beschloß er dem Bluthund auch in dem Besitze dieses natürlichen Bollwerkes zuvorzukommen, stärkte sich deshalb an den Vorräthen in den Waidtaschen und Holzflaschen seiner Genossen und brach dann mit einigen der geübtesten und verwegensten Bergschützen nach dem unterirdischen Pfade auf, der natürlich bei Fackelschein nicht den zehnten Theil der Gefahr bot, der sich Vuk einzeln, verlassen, waffenlos und erschöpft ohne Leitstern und Lichtschimmer so eichenherzig ausgesetzt hatte. Der glänzende Erfolg ist unsern Lesern bekannt.

Das Blatt hatte sich vollkommen gewendet, und Mustapha der Renegat sah sich gerade jenem Manne auf Gnade und Ungnade geliefert, welchen er noch vor wenigen Glockenstunden die grausamste aller Todesarten erdulden lassen wollte. Das Schicksal des blutdürstigen Unmenschen schien sich noch fürchterlicher zu gestalten. Wohl hätte sich Vuk in seiner rauhen aber hochherzigen Natur mit einem niederen Strafmaße begnügt. Ein Strick um den Hals und der nächste Baum als Galgen bedünkte ihn hinreichende Vergeltung; anders aber dachten die Rinderhirten, deren Blutrache bis in das letzte Glied geht; ihnen galt selbst die Todesweise, die sie dem Wegelagerer zudachten, fast zu mild, zu gering für das Verbrechen des häßlichen Sünders.

Er sollte an einen Spieß gebunden und lebendig gebraten werden.

16*

Buk kannte seine Landsleute zu genau, um auch nur einen Versuch zu machen, dem Renegaten zu einem sanfteren Ende zu verhelfen. Auch wäre hier Milde am unrechten Orte gewesen. Riefen doch die dichtgeschaarten Leichen, die Mustapha, wie wir wissen, aus der Höhle hatte schaffen lassen, obgleich das Siegel des Todes auf ihren Lippen lag, laut und ungestüm zum Himmel um Rache; hatte doch der Unmensch all die Folterqualen zu übertreffen gewußt, mit welchen die barbarischesten Völker die eisernen Nerven ihrer Kriegsgefangenen zu erschüttern suchen. Buk trat daher bei Seite und gab Dane, der gleichfalls keine Augenweide an derlei bluttriefenden Szenen zu finden schien, die nöthigen Befehle zur Beerdigung der Todten wie zu der Musterung und dem Transport der erbeuteten Pferde.

Mustapha sah inzwischen sein entsetzliches Schicksal mit jeder Sekunde näher heranschreiten.

Er gewahrte mit stieren Blicken und bebenden Lippen, wie die Berghirten eine junge Tanne fällten, der Rinde entkleideten und dem Stamme mit Beil und Messer die Gestalt eines gewichtigen Spießes verliehen. Der zitternde Bösewicht hörte das Feuer lustig knistern, an dem er geröstet werden sollte, und wie das Ausholen der Todesstunde schlug das Niederprallen des schweren Schlägels, mit dem man die Unterlagen des Spießes in den Boden trieb, an sein ängstlich lauschendes Ohr. Er glaubte nie in seinem Leben so rüstige Hände, so flinke Arbeiter gesehen zu haben. Der Marterpfahl stieg wie auf einen Zauberruf aus der Erde.

Vier handfeste Boskos traten nunmehr zu dem lederbraunen Manne.

Ein fürchterlicher Angstruf des Gefangenen gellte durch die Lüfte. Er weinte, er bat, er flehte, er winselte um Erbarmen. Umsonst! Er war in die Hände von Männern gefallen, denen Blutrache als Pflicht und Tugend galt, welche die milden Worte Mitleid und Vergebung nicht einmal vom Hörensagen kannten. Mustapha ward in wenigen Minuten splitternackt entkleidet, auf den Rücken gelegt und trotz seines verzweifelten Widerstandes mit Händen und Füßen an den verderblichen Spieß gebunden.

Gleichzeitig wälzte ein Berghirt ein Faß mit Schweinefett herbei. Es stammte aus dem Nachlasse eines in dem Scherawitza-Grab erstickten Bosniaken, der gleich den übrigen Haftgenossen auf der Heimkehr von dem Markte zu Mostar von den Räubern überfallen und ausgeplündert worden war. Mustapha wußte recht wohl, wozu man des Schweinfettes bedürfe. Sein Körper wurde auch gleich daranf über und über damit eingerieben.

Die Stunde der Vergeltung drohte zu schlagen.

Der Freibeuter wurde an dem Spieße aufgehoben und letzterer auf seine mächtigen Unterlagen gebracht.

Lustig knisterte das Feuer!

Für weichherzige Leserinen, welche derlei Szenen gegenseitiger Barbarei in das Mittelalter oder in die Fabelwelt verweisen dürften, diene zur Nachricht, daß Schreiber dieser Zeilen selbst um ein derlei Auto da sé weiß, das Anfangs der dreißiger Jahre in dem Dorfe L. in der kroatischen Militärgrenze stattfinden sollte und nur durch das flehentliche Bitten der Dörflerinen verhindert wurde. Die Rolle Mustapha's vertrat damals ein Zollwächter — damals war die jetzige Finanzwache in Kroatien noch nicht eingeführt worden — welcher im Dienste des königlich ungarischen Dreißigstamtes einen bedeutenden Transport eingeschmuggelten sizilianischen Salzes aufheben wollte, den Beistand des Kompagniekommando in Anspruch zu nehmen vergaß und deshalb bei diesem Versuche ohne die Vermittelung der weinenden Grenzerinen bald eines schauerlichen Todes gestorben wäre.

Lustig knisterte das Feuer!

Selbst ein Nabob hätte keinen Deut mehr für das Leben des Renegaten geboten. Die Vergeltung war fürchterlich. Mustapha's Haare und Bart waren bereits versengt, der Rauch drohte den Wegelagerer zu ersticken, und der brennende Schmerz am Rücken, im Antlitz wie an den Seitentheilen machte den Unglücklichen laut aufbrüllen vor Leid und Verzweiflung.

Lustig knisterte das Feuer!

In diesem entscheidenden Augenblicke kam ein Bosniake auf einem kleinen Gaule wie rasend daher geflogen. Es war ein Bote, der dem Streifkorps der Boskos mit einer hochwichtigen Nachricht aus Bosnien nachgesendet worden war. Besagter Kourier traf glücklicherweise auf die harrenden Roßknechte des Montenegriners und so erfuhr er beiläufig, welche Route er einzuschlagen, welchen Weg er zu nehmen habe, was auch schließlich zu einem um so erfreulicheren Ergebniß führte, als besagte Nachricht eigentlich vorzugsweise für Vuk zur Wissenschaft und zur Vermittelung bestimmt war. Und in was bestand diese dringende Botschaft?

Sie lautete traurig genug.

Abbas der Flüsterer war auf einem seiner botanischen Wandergänge verunglückt. Als er nämlich von einem Ausfluge in die Gebirge heimzukehren gedachte, traf er in der Ebene auf eine Abtheilung türkischer Reiter. Sie gehörten zu der regulären Kavallerie der ottomanischen Pforte, führten aber damals noch nicht wie in unsern Tagen den für eine morgenländische Streitmacht sehr befremdend klingenden Namen: Dragoner. Als Elite des muselmännischen Heervolkes in Bosnien wurden sie nur bei besonders wichtigen Gelegenheiten zum Dienste verwendet, meist lungerten sie müßig in und um Travnik herum, weshalb sie sich auch eigenmächtig den Namen oder Titel „Leibwache des Pascha" beigelegt hatten.

Der Volkswitz taufte sie jedoch: Mastschweine Jussuw's.

Ihr Anführer, ein alter Bekannter von uns, Namens Ali — er hatte damals gerade seine Reisefahrt als Gesandter angetreten und wurde von den Dragonern bis an die Grenze der Herzegowina geleitet — ritt ganz höflich an den Einschläferer heran, und frug ihn, ob er nicht eine kleine Reise nach Travnik unternehmen wolle. Auf die bescheidene Aeußerung des Flüsterers, jener Ort sei nicht recht nach seinem Geschmacke, meinte der türkische Offizier, dies müsse er um so mehr bedauern, als sich der Pascha Jussuw schon lange nach der Bekanntschaft des alten Morlaken sehne, da er von ihm nähere Auskunft zu erhalten hoffe, wie man Ferman's verfälsche. Abbas fand diese Sehnsucht sehr überflüssig und schien deshalb durchaus kein Gelüste zu tragen, sie durch seinen Besuch zu stillen; ein Wortstreit entspann sich, und die sonderbare Konversation endigte auf ungemein dramatische Weise, indem die Reiter von der Leibwache des Pascha den Flüsterer auf einen Wink ihres Führers ergriffen, sehr vorsichtig banden und mit einem noch größeren Aufwand von Aufmerksamkeit nach der mehrerwähnten Stadt geleiteten.

Buk erkannte augenblicklich die gefährliche Lage des Alten.

Gewalt war hier durchaus nicht zu gebrauchen. Der Grad Travnik, den man seit einiger Zeit auf europäische Weise zu befestigen gesucht hat, liegt zwanzig Meilen — französische Lieus — von Serajevo entfernt und zwar auf einer von gewaltigen Schlünden umgebenen Stelle, durch deren Tiefen die grünen Wogen der Bosna fluthen. Obgleich das Innere zum Theile in Trümmer liegt und selbst das Serail des Wessirs mehr das Aussehen einer großen

Meierei zeigt, so ist doch die von der Laskva bespülte, von einer ungeheueren muselmännischen Nekropolis — Todtenstadt — umschlossene, mitten zwischen zwei Schluchten gelagerte viereckige Citadelle ein gar gewaltiges Felsennest, das nicht so leicht durch einen Handstreich zu nehmen ist, an dem sich der aufrührerische bosnische Adel schon oft die Köpfe blutig rannte. Auch lag in der damaligen Zeit eine überaus starke Besatzung in diesem festen Bollwerk. Gewalt war daher wie gesagt durchaus nicht anzuwenden, hier konnte einzig der Weg der Vermittelung eingeschlagen werden.

Vuk's Plan war auch diesmal rasch gefaßt.

Er beruhigte den in Zorn und Angst zerfallenen Dane und trat dann schnellen Schrittes zu dem bratenden lederbraunen Manne.

„Bindet den Schuft augenblicklich los!"

Also lautete seine gemessene Ordre.

Die Voskos machten jedoch keine Miene diesem Befehle zu gehorchen, nein, ein unwilliges Murmeln lief durch ihre Reihen.

„Ich brauchte Euch," fuhr der Kapitan fort, „die Gründe meiner Handlungsweise eben nicht anzugeben, ihr habt mir blindlings zu gehorchen! Ich berücksichtige jedoch Eure aufgeregte Stimmung und theile Euch deshalb zur nöthigen Sänftigung Eures empörten Gemüthes die traurige Nachricht mit, daß Abbas in die Hände der türkischen Feßträger gefallen ist, in Travnik in sicherer Haft sitzt, und falls er nicht heute oder morgen ausgewechselt wird, an dem Gerichtspfahl in die Ewigkeit klettern dürfte."

Der Name Abbas wirkte auch hier blaue Wunder, Mustapha ward losgebunden und mit frischem Wasser gelabt. Er erholte sich jedoch nur langsam.

„Dein Leben," begann Vuk, „ist vielleicht noch zu retten."

Ein tiefer Seufzer war die Antwort.

„Weißt du, wo gegenwärtig der alte Derwisch zu treffen wäre, jener eisgraue Schelm, der mir gestern in deinem Geleite vor den Gitterfenstern des Scherawitza=Grab einen so höflichen Besuch abstattete? Es ist überflüssig dir zu sagen, daß ich den Mann genau kenne."

„Er verweilt in dem nächsten bosnischen Grenzdorfe."

„Hüte dich! Eine Lüge oder Ausflucht kostet dir in wenigen Stunden den Hals."

„Er ist in jenem Grenzdorfe, so wahr mir Allah in dieser entsetzlichen Stunde aus den Flammen half!"

Der Kapitan trat mit Dane ein paar Schritte zur Seite und vertraute ihm dort unter vier Augen, wen er eigentlich in Kürze in der Maske des alten Derwisches treffen und sprechen werde. Dann befahl er dem freudig nickenden Neffen des Flüsteres drei der besten Beutepferde auszuwählen und mit zwei haubfesten Berghirten auf Tod und Leben nach dem nächsten bosnischen Grenzdorfe zu jagen. Sein Auftrag, falls er den Pascha Jussuw auffinde, laute dahin, letzterem zu melden, daß Buk aus dem Scherawitza-Grab entkommen sei, und nicht blos den Wegelagerer Mustapha seinen erschlagenen Gefährten nachsenden werde, sondern auch dem Wessir zu Mostar kundzugeben gedenke, wer dessen Recht über Leben und Tod innerhalb der Grenzen der Herzegowina sich angemaßt habe. Abbas würde ferner zum Islam übertreten und dann als berechtigter Zeuge den Ullemas zu Travnik beichten, wer von den hochgestellten muhamedanischen Frauen Bosniens zur ehrlosen und entmenschten Giftmischerin herabzusinken drohe. Hier sei nur ein Ausgleich denkbar. Er heiße: Austausch der beiderseitigen Gefangenen.

„Mustapha für Abbas," schloß Buk seine Rede, „also lautet die Losung, auch gebe ich dem schlauen Pascha nicht mehr als zwei Mal vier und zwanzig Stunden Frist, die Auswechselung des Einschläferers gegen den Wegelagerer ins Werk zu setzen. Und nun rasch zu Roß, und reite, als sei der leibhafte Gottseibeiuns hart an deinem Nacken. Es gilt deinen alten Ohm vom Pfahle retten!"

Dane ließ sich diesen Befehl nicht erst nochmals wiederholen. Er frug einzig um Ort und Stelle, wo er dem Montenegriner die weitere Meldung überbringen könne, wählte seine Leute und Pferde, und sprengte dann wie besessen durch die verhängnißvolle Gebirgsschlucht. Die Leichen waren mittlerweile bestattet worden, und die Voskos traten mit kriegerischer Vorsicht, nach allen Seiten Plänkler ausschickend, ihren wohlgeordneten Rückzug an. Mustapha ward in ein paar Opaklia's — Schafpelze — gewickelt, auf ein Pferd gebunden und als Geißel in die sicheren Schlupfwinkel der Berge geführt. Satan sollte seines Leibdieners dermalen noch nicht verlustig gehen.

Buk blieb ein paar Augenblicke allein zurück.

„Ach," seufzte er, „wie viel edles Blut wird noch fließen, ehe der goldene Friede seine **Blumen** aufs Neue ausschütten darf über dies unglückliche Land! Was werde ich noch schauen müssen an Gräuelszenen und Verbrechen, ehe die große Aufgabe gelöst ist und das arme, geknechtete südslavische Volk wieder eintritt in die Reihen der berechtigten Menschheit! Und mein eigenes Glück? Liegt es nicht in endloser Ferne, wie die Sterne schön aber fern, wie die Sonne, wenn sie aufgeht, prächtig, aber unerfaßbar! Wie dem aber sei, ich bin und bleibe ein gehorsames, demüthiges Kind des Herrn. Sein, nicht mein Wille geschehe! Eines steht mir ja im schlimmsten Falle noch immer offen, ich meine sein ewiges, lichtes paradiesisches Reich!"

Nach diesen Worten warf sich der Montenegriner auf sein wiedergewonnenes Roß.

Dies Mal fühlte es, daß sein Reiter wache und zürne.

Vierzehntes Capitel.

Sonnenschein und Regenschauer.

Man irrt sich sehr, wenn man den Bosniaken Mangel an häuslichen Tugenden zuschreibt.

Dies gilt auch von den Renegaten, ja man trifft bei denselben noch viele Anklänge und Reminiscenzen des verlassenen Christenthumes. So hat jede Familie den von ihren christlichen Voreltern erwählten Heiligen als Schutzpatron beibehalten. Man feiert den Tag des heiligen Peters, des heiligen Elias, des heiligen Georg; ein muselmännischer Vater, dessen Kind krank ist, läßt in einem benachbarten Kloster Messen für dasselbe lesen; ein junger Beg führt insgeheim die Popen auf das Grab seines Vaters und heißt sie hier Gebete verrichten. Die Bosniaken haben auch nicht wie die andern Muhamedaner die Vielweiberei angenommen, und in einigen Bezirken treiben sie sogar die Anhänglichkeit an die frühere Landessitte so weit, daß sie ihre Frauen wie die Christinnen unverschleiert oder wenigstens mit theilweise entblößtem Gesichte ins Freie gehen lassen. Man muß sogar anerkennen, daß die bosnischen Muselmänner wie fast alle dortigen Großen mehr Achtung vor ihren Frauen haben und mehr Rücksicht auf sie nehmen als die christlichen Serbier. Wo man aber das Weib achtet, da fehlt es auch nicht an traulichen Stunden am häuslichen Herde.

So war es namentlich in Riswan's Bergschloß der Fall.

Leider herrschte in diesem Bergschlosse in neuerer Zeit trotz des beginnenden Herbstes wahres Aprilwetter. Regen folgte auf Sonnenschein, und umgekehrt. Lascaris war nach jenem denkwür=

bigen Abend im Gemache Gülnarens wie nach seinem geheimnißvollen nächtigen Ritte geraume Zeit abwesend; Geschäfte, vermuthlich im Dienste des türkischen Halbmondes riefen ihn, meinte Vater
Riswan, nach Travnik, ja selbst nach der Kraina. Der Unmuth der
weißen Rose von Serajevo erwachte aufs Neue, und sie betrieb auch
ihrerseits die Rüstungen zum Aufstande der gedrückten Rajas mit
doppeltem Eifer. Namentlich ließ sie alle ihre goldenen Hebel spielen,
um Vuk's streitbare Schaaren mit trefflichen Feuerwaffen und hin-
reichender Munition zu versehen.

So ward sie zum Abgott der christlichen Bosniaken.

Als Penthesilea, als Heerführerin unter südflavischem Banner
konnte sie natürlich mit Lascaris nichts weniger als eines Sinnes
sein, und die momentane Annäherung der seltsamen Ehegatten schien
einer noch bittern Entfremdung weichen zu wollen. Was jedoch der
Tag feindlich zu scheiden drohte, einte und versöhnte mancher trau-
liche Abend. Lascaris besaß das, was der Deutsche Gemüth nennt,
im schönsten Sinne dieses oft mißbrauchten Wortes, und Gemüthlichkeit ist ein Zauber, dem eine Männerseele nur selten, ein Weiberherz, namentlich im häuslichen Zusammenleben, nie zu widerstehen vermag. Umgekehrt mangelt dem Kreise, wo sie dem Hausherrn
fehlt oder abhanden gekommen, der Freude rosigster Segen; sie welkt
dahin und stirbt, diese Freude wie eine Blume, der es zu lange an
Thau gebricht. Wo aber Gemüthlichkeit heimisch schaltet und waltet,
da spricht er auch sicher ein, jener gute Geselle, welchen der herrliche
Dichter aus Csátad so schön besang, jener heimliche, unbekannte
namenlose Wohlthäter der leidenden Menschheit. Es ist der Glaube
zweifelsohne sein Vater, die Liebe gewiß seine Mutter, die Hoffnung seine nächste Blutsverwandte, und Glück oder Zufriedenheit
sein rosiges, trostreiches einziges Kind! Und eben die unsichtbare
Nähe dieses guten Gesellen war es zweifelsohne, welche sich an solchen traulichen Abenden gar wunderthätig offenbarte und Gülnare
das Treiben der Welt über den stillen, träumerisch schönen Frieden
der Häuslichkeit vergessen machte.

Vater Riswan lächelte da stets seelenvergnügt vor sich hin.

Und Lascaris?

Der gab sich oft ganz eigenthümlich! Oft lag es auf seinen
Lippen wie ein himmlisches Versöhnungswort, das ja Alles aus-
gleichen würde und müßte, aber da überschlich ihn die trostlose Erinnerung an die Gegenwart und ihren unseligen Völkerzwist, und

das zauberhafte Wort der Verheißung erstarb in seinem Munde wie in einem Sarge von verbleichenden Rosen.

So kam die Zeit der Weinlese heran.

Der Ritter von der Rebe, der starke Noahide Wein ist auch in Bosnien heimisch, namentlich ward Serajevo durch den Weinbau in seinen Umgebungen bekannt. Leider läßt das rauhe Klima die Trauben nicht immer zur vollen Reife gelangen, was naturgemäß den Rebensaft, den man aus ihnen gewinnt, bedeutend an Süße und Blume schädigt. Doch bietet auch hierlandes das Fest des Vaters Noah einen gar heiteren Anblick. Man sieht da oft an hundert Dörfler beiderlei Geschlechtes, alt wie jung, gewaltige Körbe voll Weintrauben nach einem kleinen unansehnlichen Preßhause schleppen. Die Lese bietet die malerischesten Gruppen von jetzt auftauchenden, gleich darauf hinter den hohen Rebengewinden verschwindenden Gestalten. Das Dorf scheint seine gesammten Streitkräfte zu diesem heiteren Treffen ausgesendet zu haben, bei dem, Bacchus sei gelobt, kein Blut aber desto mehr flüssiges Gold verspritzt wird. Am lebhaftesten ist das Treiben in der Nähe des Preßhauses. Da ertönt die Gusla, da wird zeitweise der Kolo getanzt, da trägt man Piesmas oder Volksgesänge zum Preise berühmter Haiduken vor, da frägt man, wißt ihr:

„Was das Vergnügen kostet?" *)

Alles horcht und lauscht.

„Ich will es euch erzählen," spricht der Mann an der Gusla, „aber hört mir achtsam zu! Der Pascha von Zwornik schreibt an Nikolas, den Knesen der Stadt Zmiale; er befiehlt ihm, für seinen Durchzug dreißig Lämmer nebst dreißig verschleierten und bekränzten Jungfrauen bereit zu halten, welche noch nicht wüßten, was ein Mann ist, und überdies seine eigene Gattin Helene, die er, der Pascha, nach seiner Gemächlichkeit genießen wolle. Nachdem Nikolas diesen Brief gelesen hat, zerfließt er in Thränen und theilt seiner Gattin sein Unglück mit. Helene aber ersinnt eine List, sie räth dem Knesen an den Harambaschi Tomitsch Mijat zu schreiben und ihn einzuladen mit seinen Haiduken herbeizukommen, um Pathe zu sein und zwei so eben geborne Zwillingssöhne über die Taufe zu halten. Der Knese schreibt. Mijat steigt mit dreißig Gefährten vom Gebirge herab und begibt sich nach Zmiale, wo ihn Nikolas auf das Beste bewirthet. Da er aber die Zwillinge nicht erscheinen sieht, so

---

*) Diese Frage ist der Titel nachstehender origineller Piesma.

sagt Mijat zu Helena: „Meine goldene Gevatterin, wo sind denn
die Neugebornen? Verbirgst du mir sie, oder sind meine Augen ver=
hert?" — Helene bricht in ein lautes Gelächter aus. — „Beruhige
dich Bruder in Gott," meint sie, „die alten Frauen bekommen keine
Kinder mehr, aber sie haben oft große Wehen." Und sie übergibt
ihm den Brief des Pascha. Nachdem er diesen Brief gelesen hat,
spricht Mijat zu seiner angenommenen Schwester: „Arme Schwe=
ster! Rufe geschwind einen Barbier, daß er uns den Bart abnimmt,
und bringe uns dreißig Kränze und eben so viele Brautgewande,
um meine Haiduken damit zu schmücken."

„Helena gehorchte schleunig, und brachte dem Beschützer Alles,
was er verlangte. Nachdem das Messer des Barbiers sein Geschäft
verrichtet hatte, sahen die Haiduken, mit Blumen geschmückt, wie
frische kräftige Jungfrauen aus. Jedem von ihnen gab man ein fet=
tes Lamm, und sie legten sich zur Ruhe unter den Tschartaken nieder.
Mijat selbst nahm die Kleider Helena's und legte sich in ihre Schleier
gehüllt mit schmachtender Miene auf den Divan des ehelichen Ge=
maches. Die Nacht brach herein, als der Beg von Zwornik mit
dreißig furchtbaren Delis — Krieger mit glänzenden Feuergewehren
bewaffnet — vor der Behausung des Knesen ankam. Er vertheilte
seine Leute unter die dreißig Tschartaken, wo er die Jungfrauen
liegen sah; er selbst begab sich geradezu in die Stube Helena's und
wurde von dem verkleideten Mijat auf das Artigste empfangen.
Bald umfaßte der Pascha ganz verliebt die angebliche Helena, die er
auf den seidenen Polstern sitzen ließ, indem er sprach: „Schöne
Freundin, nimm mir meinen Gürtel ab!" — Mijat löst ihm sanft
den Gürtel und hängt dessen Mordwaffen an der Wand auf. Dann
umarmt der Pascha seine Schöne und beißt sie in die Schultern; sie
entschlüpft seinen Armen und erwiedert seine Liebkosungen mit an=
dern Neckereien. Er will ihre Brust suchen, sie weigert sich erröthend.
— „Mein Herr, rauche zuerst," sagt sie zum Pascha, „der Rest der
Nacht gehört der Liebe."

„Glücklich über seine Eroberung will der Ungläubige endlich
zum Genusse schreiten; aber indem seine Hand nach den zarten
Brüsten tastet, findet sie den harten Panzer des Haiduken. Fast starr
vor Schrecken will er entfliehen; es ist vergebens, denn Tomitsch
Mijat hält ihn mit festen Armen und donnert: „Ehrloser Pascha,
der du es für ein Leichtes hieltest, dir die Frau eines Andern zuzu=
eignen, du sollst hier dein Paschalik verlieren!" — Und mit einem

Säbelhieb schlägt er ihm den Kopf ab. Beinahe um dieselbe Zeit wiederholt das Echo dreißig Pistolenschüsse, und am andern Tage bei Sonnenaufgang versammeln sich dreißig Haiduken in der Tracht der Frauen von Zmiale, jeder mit einem Türkenkopf in der Hand, um Helena's Kula. — Die Gattin des Knesen überhäufte sie mit Geschenken, gab ihrem Gevatter Mijat einen goldenen Apfel, und alle kehrten nach den Schneegebirgen von Rusten zurück, wo sie ihr freies Leben fortsetzten und den Bedrängten Beistand leisteten."

Also erzählte der Mann an der Gusla während der Winzerfreuden.

Eine solche heitere Lese ward auch in Riswan's Weingebirgen gefeiert.

Hunderte von Dörflern und Dörflerinen waren im Dienste des Thyrsusstabes beschäftigt und aus jeder Kehle tönte ein weithinschallender Bewillkommungsgruß, als Gülnare am Arme ihres Gatten die fröhlichen Gruppen durchwanderte. Freudige Blicke folgten jedem ihrer Schritte. Lascaris gegenüber gab man sich weit ernster, mitunter mürrisch. Man wußte zu genau, daß er es wärmer mit dem Türken als mit den Kindern der südslavischen Race meine. Verbissener Unmuth, galliger Zorn lag auf so manchem bosnischen Antlitze. Lascaris, gleichgiltig wie immer, schien es nicht zu bemerken, um die zarten Lippen der Knesin aber lag es bei dieser Wahrnehmung wie unendliche Bitterkeit oder ängstliche Traurigkeit.

An einem Rebenhügel ward die Herrin besonders festlich empfangen.

Eine Schaar artiger Kinder in frischgewaschenen Linnen eilte ihr mit Körbchen voll der schönsten und schmackhaftesten Trauben entgegen. Auch bildeten die Kleinen mit Hilfe von zierlichen Rebenguirlanden eine liebliche Laube um die rührende Gestalt der Gebieterin. Gülnare hatte einen der Rebenkränze in das Haar gedrückt. Sie sah aus wie Ariadne auf Naros, nur schöner, weit majestätischer. Ein paar Silbermünzen, die sie den Mädchen zuwarf, steigerten die kindliche Anhänglichkeit zum stürmischen Enthusiasmus. Die Kleinen küßten ihr Hände und Füße. Sie konnte sich ihrer ungestümen Liebkosungen kaum erwehren.

Das Paar schritt weiter.

"Es ist doch etwas Schönes um die Liebe eines Volkes!" sprach Lascaris gerührt.

"Weshalb verschmähen Sie denn diese Liebe?"

„Ich verschmähe sie nicht, ich suche sie im Gegentheile zu erringen."

„Ja, aber in Herzen, die für den Halbmond schlagen?"

„Der Mond ist der älteste Vertraute der Liebe."

„Gut parirt! Eine meisterhafte Finte! Wären sie ein geborner Osmane, hätte ich vielleicht weit weniger dagegen einzuwenden. So aber fließt slavisches Blut in Ihren Adern. Ach, Lascaris, weshalb wurden Sie abtrünnig?!"

„Ist meine slavische Abkunft so gewiß."

„Sind Sie nicht mit unserm Hause verwandt?"

„Liebe," entgegnete Lascaris ausweichend, „ist eine Weltbürgerin. Ihre Heimath, ihr Fürstensitz, ihr Gulistan ist das menschliche Herz. Echte Liebe pflegt den Gegenstand ihrer Zärtlichkeit nie zu fragen, wo seine Wiege gestanden sei?"

„Das mag in friedlichen Tagen seine Geltung haben. Wenn der Krieg aber sein blutiges Schwert durch die Thale schickt, dann kennt ein wackeres Herz nur eine Losung, und diese heißt: Vaterland und Glaube. Dann weist der fromme Pope dem Schützen das Ziel mit dem Kruzifixe, und die zarte Dirne wird zur Eisenjungfrau, die im Umarmen tödtet und wie jene Neugriechin Boblina keine Blumen mehr, nein einfach blos Messerstiche feilbietet für die Feinde ihrer Heimath."

„Es wäre ein entsetzlicher Anblick!" fiel Lascaris gedankenvoll ein.

„Die Neugriechin Boblina?"

„Nein, Sie Gülnare, blutbespritzt, der Rache eines erbitterten Feindes preisgegeben!"

„Ich? Träumen Sie?!"

„Bitte um Entschuldigung, aber bei ihren glühenden Worten übersprang ich unwillkürlich im Geiste ein paar Blätter der nächsten Geschichte des Landes Bosnien, und da war es mir, als sehe ich Sie einer zahllosen Menge Türken bewaffnet gegenüberstehen und plötzlich am Portale dieses Schlosses bleich und rettungslos zusammenbrechen. Die Osmanlis wissen nichts von Gnade."

„Würden Sie sich denn über meinen Tod grämen?" frug die Knesin leicht hingeworfen.

„Gülnare!"

Also rief Lascaris und weiter sprach er nichts, aber in der Betonung dieses Namens lag mehr Antwort, als tausend Schwüre besiegelt haben würden. Die Knesin drückte dankbar seine Hand, und damals war es, wo der Fittig des Engels der Eintracht noch ein Mal hörbar um das Ohr des seltsamen Ehepaares rauschte; aber die Schlange schlich leider auch schon leise herbei, welche das Thor des blumigen irdischen Paradieses, das sich vielleicht erschlossen haben möchte, aufs Neue fest und unaufsperrbar in das alte Schloß zurückfallen machte. Es war eine schöne, bunte, zierliche Schlange!

Der Störenfried hieß nämlich Leila.

Leila befand sich in rosiger Laune. Sie hatte einen schweren Gang weit leichter zurückgelegt, als sie Anfangs zu glauben wagte, obgleich er über Moorgrund und Sumpfboden in das unheimliche Reich der Sünde und Blutschuld führte. Die Tochter des Desterdar begab sich nämlich am Morgen der Weinlese auf Riswan's Besitzung zu einem Mäkler, der, wie wir bald hören werden, auf der Leiter der Moral noch um ein paar Sprossen tiefer stand als der hartherzigste Sklavenhändler oder Seelenverkäufer an irgend einem Meeresstrande. Um desto merkwürdiger war auch die Unterredung Leila's mit diesem abgefeimten Schurken. Besagtes Gespräch fand in der Nachbarschaft eines Gebäudes statt, das auf der Mitte eines geräumigen Plateau stand und das Rathhaus oder Hauptquartier genannt wurde.

Der Eigenthümer des Gebäudes war Mirra der Aeltere.

Was aber mochte Leila zu dem häßlichen, betagten, übelberüchtigten Zigeunerhauptmann führen? Seine auffallende Furcht vor Abbas! Der geneigte Leser wird sich wohl noch erinnern, welches Entsetzen, welche namenlose Seelenangst die förmlich einfallenden Gesichtszüge Mirra des Aeltern verriethen, als weiland Gülnare den Zigeunerhauptmann im Namen des Flüsterers zum blinden Gehorsam aufforderte, widrigen Falles der Letztere — — ja, was derselbe widrigen Falles thun würde, das wußte man freilich nicht anzugeben, so viel aber war der Tochter des Desterdar aus der damaligen Erzählung ihrer vertrauensvollen Freundin klar geworden, wie der Einschläferer um ein bedrohliches Geheimniß wissen müsse, dessen Enthüllung den alten Mirra zweifelsohne in die Hände des Henkers liefern konnte. Leila beschloß daher auf den Strauch zu schlagen.

Der Besuch der heimlichen Muhamedanerin überraschte Mirra den Aeltern sehr angenehm. Er rieb sich seelenvergnügt die Hände, da ihm seine angeborne Schlauheit augenblicklich die Vermuthung

in das Ohr raunte, man bedürfe seiner Dienste und gedenke sie auch
standesgemäß zu belohnen. Seine Ahnung schien ihn auch nicht zu
trügen. Leila ließ nämlich gleich bei ihrer Ankunft, mit einem kleinen
Beutel spielend, wie zufällig ein Goldstück fallen, und meinte, als es
der Zigeuner hastig aufhob, er möge diese Kleinigkeit nur als Ver=
gütung für die Mühe des Bückens behalten, zumal sie hoffe, er
werde dann, falls ihr in dem nachfolgenden geheimen Zwiegespräche
ein verfängliches Wort entschlüpfen sollte, dasselbe wohl eben so
sorgfältig und eilig aufklauben und aufbewahren. Der Hauptmann
der goldwaschenden Kinder des Pharao in Bosnien schmunzelte noch
behaglicher und wollte nunmehr seinen vornehmen Gast in sein
Prunkgemach führen, wie er es nannte, obgleich man es selbst in
einem nur etwas bedeutenderen deutschen oder ungarischen Bauern=
gehöfte mit einer Rumpelkammer verglichen haben würde. Die
Tochter des Desterbar meinte jedoch, die Wände hätten mitunter
Ohren, und jene kleine, spärlich mit Bäumen bewachsene Au an dem
goldhältigen Gewässer ließe am wenigsten die Nähe eines ungebete=
nen Lauschers befürchten.

Der Zigeuner gehorchte, und beide begaben sich in die be=
sagte Au.

„Abbas läßt dich grüßen!" begann Leila ohne weitere Ein=
leitung.

Ein Blitz aus blauem Himmel hätte nicht vernichtender wirken
können.

Die Wangen des kleinen Mannes wurden aschfarben, die
Augen schienen aus ihren Höhlen treten zu wollen, sein ganzer Kör=
per bebte konvulsivisch. Seine Bestürzung war um so größer, als er
diesen gefürchteten Namen schon aus dem Munde eines armen Bos=
niaken nur mit Zittern vernommen hätte, denselben aber auf den
Lippen einer so hochgestellten Dame mit Recht, also auch mit billigem
Entsetzen als den Vorläufer einer höchst bedenklichen und gefährlichen
Kunde betrachten zu müssen glaubte. Leila ließ ihm nicht Zeit sich zu
fassen, sie gedachte das Eisen zu schmieden, so lang es warm verblieb.

„Hast du mich verstanden," sprach sie, „der Flüsterer läßt dich
grüßen?"

„Was verlangt er von mir?" stotterte Mirra kaum hörbar.

„Ein Geheimmittel!"

„Ein Geheimmittel?" frug der Zigeuner fast zusammen=
brechend.

„Allerdings! Ein Arcanum, das lebendig ist und sich auf seinen eigenen Beinen in das Laboratorium zu verfügen vermag, so daß man die Mühe erspart, es erst in den steilen Gebirgen und ihren dichten Wäldern langweilig aufzusuchen."

„Ich verstehe Gospoja nicht recht," äußerte der kleine Mann, dessen Haare bereits kerzengerade in die Höhe standen, „habe auch Zeit meines Lebens von einem solchen Wundermittel keine Sterbenssylbe vernommen."

„Du wirst mich gleich verstehen."

„Ich lausche gehorsamst."

„Auf der Drehscheibe im Beinhause ist ein Platz leer geworden?"

Mirra sank in die Knie und hielt sich zitternd beide Ohren zu. Seine Quälerin hatte auf den wahren Strauch geschlagen.

„Gnade! Barmherzigkeit!" stöhnte er aus der Tiefe seines gepeinigten Herzens.

„Man will das Arcanum ja theuer genug bezahlen," fuhr Leila lakonisch fort.

Eine kleine Pause beiderseitigen Schweigens folgte.

„Ich habe den entsetzlichen Handel," rief der Zigeuner entschlossen aufspringend, „längst aufgegeben und für alle Zeit verschworen. An meinen Händen klebt ohnehin mehr Blut als Goldsand."

„Dann wirst du so gefällig sein mich nach Travnik zu begleiten!"

„Weshalb?"

„Um dem dortigen Groß-Kadi, dem Haupte der bosniakischen Ulemas bezüglich dieses Arcanum wie deiner früheren Handelsgeschäfte damit Rede und Antwort zu stehen. Man sagt, du habest auch ein paar lebendige Geheimmittel muhamedanischen Glaubens verkauft."

„Dann flüchte ich über die Grenze!"

„Dürfte zu spät sein!"

„Noch heute!"

„Unmöglich! Siehst du dies Pfeifchen an meinem Gürtel? Ein Zeichen damit und du bist geliefert!"

„Ich will es darauf ankommen lassen."

Mirra glaubte nämlich nicht recht an die Wirksamkeit des Pfeifchens. Er hielt das Zeichen für einen bloßen Schreckschuß.

Leila pfiff leise.

Gleich darauf zeigten sich an beiden Ufern des Baches einige sehr verdächtige berittene Gestalten. Sie trugen einen blauen Dolmány mit rothen Schnüren, weite Plunderhosen mit einem Besatze von gleicher Farbe, einen Feß und waren mit Säbel, Karabiner und Pistolen bewaffnet, also vollkommen geeignet, die Drohung der Tochter des Desterdar zu verwirklichen.

„Jammer und kein Ende," kreischte der Zigeuner, „das ist die berittene Landwehr der Spahis."

„Willst du dich fügen?" frug Leila.

„Ich gehorche!"

Seine Besiegerin winkte mit dem Pfeifchen, die verdächtigen Gestalten verschwanden.

„Was verlangst du als Blutpreis?" nahm Leila den Faden des Gespräches wieder auf.

Der kleine Mann überlegte geraume Weile.

„Nichts weiter," sprach er endlich mit gefaßter Stimme, „als das Versprechen und Gelöbniß, nie wieder zu diesem schauerlichen Handel gezwungen zu werden. Alles Gold der Erde wiegt nicht so lastend als die Erinnerung an seine Opfer."

„Es sei! Abbas wird sich deinen Wünschen fügen."

„Wollte, der Hund," murmelte Mirra zwischen den Zähnen, „steckte bereits am Pfahle, dem er ohnehin nicht entläuft!"

„Und wann gedenkst du das Arcanum abzuliefern?"

„Heute über acht Tage!"

„Einverstanden! Nimm diesen Bettel als Abschlagszahlung!"

Mit diesen Worten warf ihm Leila ihren Beutel vor die Füße. Das Gold und Silber darin rasselte so verlockend und verführerisch, daß der Zigeunerhauptmann mechanisch darnach langte und die gewichtige Zugabe hastig in seine Tasche gleiten ließ.

„Noth bricht Eisen!" meinte er dann achselzuckend.

„Warum sollte sie dann nicht auch Gold und Silber einstecken! Gewohnheit ist zudem ein eisernes Ding."

„Was befehlen Gospoja noch weiter?"

„Nicht das Mindeste, als Pünktlichkeit bei der Ablieferung. Schwöre nicht! Ich weiß ein weit verläßlicheres Mittel mir deine Genauigkeit zu verbürgen. Jene berittenen Gestalten bleiben hier volle acht Tage auf der Lauer liegen, und verschwinden erst dann, wenn das Geheimmittel die Schwelle des Beinhauses auf seinen eigenen Beinen überschritten. Ich mag die Katze nicht im Sacke kaufen. Es muß Leben in diesem Arcanum sein."

Mirra geleitete Leila schweigend zu ihrem Wagen.

Gewisser ängstlicher Leser halber glauben wir hier einschalten zu müssen, daß Abbas der Einschläferer durch die energische Vermittelung des Pascha Jussuw wie durch die Dazwischenkunft der bei seiner allenfallsigen Generalbeichte nicht minder betheiligten, auch nach dem Aqua Toffana lüsternen Tochter des Desterdar gegen den Wegelagerer Mustapha ausgewechselt worden war. Natürlich daß die Auslösung insgeheim betrieben und ins Werk gesetzt wurde. Beide Parteien giengen damals noch in Maske herum. Die türkische Willkür blieb noch in den Mantel des Meuchlers gehüllt, hier am Altare eine Hostie im Munde des Priesters vergiftend, dort einen alten Verbrüderungsschwur ins Meineidige übersetzend, heute irgend einen ehrlichen Namen in einen Beutel voll Piaster einwickelnd, morgen in der Stille der heiligen Nacht scharfe Dolche für irgend eine unheilige Schandthat am nächsten Tage schleifend. Bald aber sollte die Stunde schlagen, in welcher türkische Willkür und christliche Verzweiflung den Mantel des Bravo abwerfen und grimmig aber offen kämpfen gehen, kurz sich in ihrer imposanten wilden Schönheit aufrichten mußte, wie Gülnare von der streitbaren Neugriechin Boblina sagte, eine rückgekehrte Eisenjungfrau des Mittelalters, in der bräutlichen Umarmung mitleidslos tödtend.

Der Kutscher Leila's schlug den Weg nach dem Bergschlosse **Riswan's ein.**

In der Nähe desselben sprengte ein Reiter auf der Straße von Serajevo herbei, ehrfurchtsvoll grüßend. Es war Mirra der Jüngere, den sein Herr mit einem Auftrage zu einem Spahi in der bosnischen Hauptstadt abgesendet hatte. Der Junge zog ein ziemlich verdrossenes Gesicht. Er war erstlich am Morgen wegen einer Saumseligkeit von Lascaris ausgescholten worden, ferner hatte er in Serajevo keinen Heller Rittgeld erhalten, endlich wurmte es ihn weidlich, daß er nicht um alle Geheimnisse seines räthselhaften Gebieters wußte, ja in dieser Beziehung in neuester Zeit auffallend vernachlässigt wurde.

Leila verstand sich auf Physiognomik.

Sie wäre im Abendlande eine würdige Schülerin Lavaters geworden. Die falsche Muhamedanerin errieth daher bei dem ersten Anblick, daß in der Seele des Zigeunerjungen ein kleiner Zwiespalt herrsche, besaß auch hinreichende Seelenkunde, um eine solche Stimmung als die tauglichste Gelegenheit zu betrachten und zu benützen, jemand fast wider Willen geschwätzig zu machen. Sie rief Mirra deshalb an den Wagen und befrug den kleinen Leibdiener um die gewöhnlichen Dinge, nach welchen man die Lakaien seiner Freunde und Bekannten auszuhorchen und auszuforschen beliebt.

Mirra war aber weit durchtriebener, als sein Alter verrathen mochte.

Er hatte zudem, wie wir wissen, das Gespräch Leila's und Mustapha's in der Laube im Garten Zobniden's belauscht, und wußte daher, daß sich die Tochter des Defterdar um das Wohlergehen und die Sicherheit seines Herrn weit mehr kümmere, als sie vielleicht ihrer angeblichen Freundin im Leben und wirklichen Gegnerin in der Politik, der Knesin Gülnare anzuvertrauen für rathsam und ersprießlich befunden haben würde. Darnach beschloß er auch seine Antworten einzurichten. Das Gespräch nahm auch bald die Wendung, die er vorausgesehen hatte. Es richtete sich auf die häufigen, mitunter sehr geheimnißvollen Ausflüge des kühnen Lascaris. Was Mirra hierüber berichtete, werden wir etwas später, jedenfalls aber noch in diesem Capitel erfahren. Vorderhand theilen wir unsern neugierigen schönen Leserinnen blos einfach mit, daß Leila einmal roth wie Scharlach wurde, aber vor geheimem Aerger, nicht etwa vor plötzlicher Scham, daß ferner Mirra bei der Ankunft im Schloßhofe eine weit vergnügtere und zufriedenere Miene wies als vor seinem Zusammentreffen mit der kleinen insgeheim feurigen Bekennerin des Islam, ein sicheres Anzeichen, daß Letztere seinem älteren Namensbruder nicht alle ihre Goldstücke als Zugabe zu dem Blutpreise vor die Füße geworfen haben mochte, ja daß sie bezüglich des Botenlohnes weit freigebiger dachte als jener filzige Spahi in Serajevo.

Beide Gespräche veranlaßten Leila's rosige Laune.

Und jener vorübergehende geheime Aerger?

Er sollte, wie wir weiter unten sehen werden, als vergifteter Dolch für ein anderes weibliches Herz verwendet werden.

Keine Rose ohne Dornen! Nach Sonnenschein Regenschauer!

Wir verließen Lascaris und sein hochherziges Weib in dem Augenblicke, wo der Fittig des frommen Engels der Eintracht noch einmal hörbar um das Ohr des seltsamen Ehepaares rauschte, aber die listige Schlange bereits herbeischlich, welche das Thor am Paradiese, das sich eben erschließen wollte, aufs Neue fest und unaufsperrbar in das alte Schloß zurückfallen machte.

Die schöne, bunte Schlange hieß bekanntlich Leila.

Ein flüchtiges, doch merkbares Lächeln des Unmuthes zeigte sich um Gülnaren's Lippen, auch Freund Lascaris wies ein Mienenspiel im Antlitze, das unwillkürlich an einen Neuling im Zechen mahnte, der zum ersten Male bittern Wermuth statt süßen Weines kostet. Die Tochter des Defterdar gewahrte beides, das Lächeln wie das Mienenspiel; sie wußte sich aber als gewandtes Weltkind trefflich zu nehmen, und bald entspann sich ein lebhaftes Gespräch, zuerst natürlich über die Weinlese, später über die laufenden Tagesneuigkeiten. Die geringe Aufmerksamkeit, welche das Ehepaar so mancher „brennenden Frage" zollte, ging für Leila's Scharfblick gleichfalls nicht verloren; sie benützte ihren Tageskourier auch schlauer Weise blos als Vorläufer und Wegweiser nach einem Gebiete, das sie im Voraus zum eigentlichen Schauplatze ihres kurzen Streifzuges ausersehen hatte.

„Sie waren längere Zeit abwesend?" frug sie gegen Lascaris gewendet.

„Zu dienen!"

„Im Auftrage des Halbmondes?"

„Allerdings!"

„Sie sollen auch in Travnik, ja selbst in der Kraina gewesen sein?"

„So ist es!"

„Sonderbar, weder Pascha Jussum, noch Zobeide wollen Sie gesehen haben!"

Gülnare horchte befremdet auf, Lascaris suchte dem Gespräche eine andere Wendung zu geben. Der Zufall führte jedoch in seiner boshaften Laune der muhamedanischen Schlange einen gar mächtigen Verbündeten zu. Riswan's Weinlese, bei der es immer offene Tafel nicht blos für die eigentlichen Insassen in der Umgegend des alten Herrenschlosses, sondern auch für die weitere Nachbarschaft gab, hatte viele Gäste bosniakischer wie stammverwandter Abkunft aus Nähe und Ferne herbeigelockt. Unter diesen Gästen befand sich auch der stämmige Morlake Dane und sein wunderliebliches Schwesterlein Melissa. Der Unstern, der heute über Lascaris fast sichtbar schwebte, führte dieses Paar gerade im obigen Augenblicke vorüber. Melissa's Anblick war tieffrührend. Ein Stück blumigen Lenzes schien durch die herbstliche Gegend zu gleiten. Die weiße Rose von Serajevo begann ein kurzes Zwiegespräch mit dem schönen Kinde, und

auch Lascaris richtete ein paar freundliche Worte an die wunder=
holde Gestalt. Melissa fuhr bei dem Klange seiner Stimme unwill=
kürlich zusammen, und heftete einen langen, forschenden Blick auf
seine edlen Züge. Beide Damen stutzten. Leila biß sich in die Lippen.

„Wer ist die Kleine?" frug sie später, als das Paar vorüber=
geschritten.

„Melissa," entgegnete Gülnare, „die Enkelin Abbas des Flü=
sterers."

„Eine hübsche Dirne!"

„Auch weit gebildeter," fuhr die Knesin fort, „als die Morla=
tinen gewöhnlich zu sein pflegen."

„In der That?"

„Melissa stammt aus altem Hause, die Liste ihrer Vorfahren
reicht bis in die Tage des serbischen Reiches hinauf."

„Also hoffähig, falls es noch ein bosnisches Königthum geben
würde!"

„Spotte nicht, Leila, du weißt, ich bin gut slavisch gesinnt.
Halte dich lieber n Lascaris."

„Angesichts hübscher Kinder hat der männliche bosnische Adel
keine politische Gesinnung."

„Vielleicht bin ich eine Ausnahme von der Regel!" meinte
Lascaris.

„Früher hätte ich dies augenblicklich zugegeben. Jetzt ist das
anders geworden."

„Wie so?" frug Gülnare.

„Melissa ist zu reizend," antwortete die boshafte Tochter des
Defterdar, „auch will die böse Welt jene glänzende Ausnahme von
der Regel in der neuesten Zeit zwar weder in Travnik, geschweige
in der Kraina, wohl aber sehr häufig, vorzugsweise bei nächtiger
Zeit, in der Nachbarschaft von der Behausung des Einschläferers
gesehen haben. Schläfrig muß man dort freilich bald werden."

Eine flüchtige Röthe überflog das Antlitz des armen Lascaris.

„Unmöglich!" meinte er etwas verlegen.

Die Knesin heftete nun ihrerseits einen langen, durchdringen=
den Blick auf ihren Gatten, dieser aber blickte ihr so treuherzig in
das Auge, daß der momentane häßliche Verdacht aus Gülnarens
Herzen fast noch rascher flüchtete, als er gekommen war. Die weiße
Rose lehnte sich noch fester an Lascaris, gleichsam zum Pfande, wie
felsenfest sie in dieser Beziehung auf ihn vertraue.

„Ich habe gute Kundschafter!" meinte Leila gereizt.

„Bezweifle es nicht," äußerte sich Gülnare ironisch, „übrigens ist es von einer neutralen, vielleicht eher noch gut muselmännisch gesinnten Dame nicht schön, wenn sie einem treuen Verbündeten des Halbmondes, falls er irgend ein Hauptquartier seiner politischen Gegner belauert, verliebte Gedanken unterschiebt. Spione in der Maske des Adonis wären freilich doppelt gefährlich!"

Leila biß sich abermals in die Lippen.

Ihr wohlgezielter Schuß war fehlgegangen. Es konnte auch gar nicht anders kommen. Gülnare hatte in dem traulichen Zusammenleben mit Lascaris in dem Herzen ihres Gatten wie in einem offenen Buche lesen gelernt, und darin so viel Adel des Gemüthes wie Keuschheit der Gesinnung gefunden, daß es ihr nur doppelt schmerzlich fiel, alle diese reichen Schätze einer wahrhaft reinen Seele, eines erhabenen Geistes, einer vielseitigen Bildung wie eines tiefen Wissens dem Dienste der verhaßten Fahne des Profeten zugewendet zu sehen. Die Knesin wußte, sie habe nur eine gefährliche Nebenbuhlerin zu bekämpfen und diese hieß: der Traum Osmans.

Leila hingegen, welche selbst vor ihrem neuesten entsetzlichen Sündenfalle auf einer weit tiefern moralischen Stufe als ihre Freundin gestanden, konnte freilich von ihrem Ketzerglauben nicht geheilt werden, und so warf sie in ihrer geheimen eifersüchtigen Galle fortwährend hämische Worte in den Rundgesang der Freude und Heiterkeit, den die frohsinnigen Theilnehmer der Weinlese nach vollbrachtem Tagewerke so lebhaft anstimmten. Das Fest ging daher für die Königin desselben etwas trübselig zu Ende.

Regenschauer nach Sonnenschein!

Es sollte noch düsterer kommen. Die Nacht war weit vorgerückt, es mochte auf die erste Stunde des neuen Tages gehen. Die Knesin lag auf dem weichen Divan ihres Schlafgemaches, halb wachend, halb träumend, die Augen geschlossen, sie zeitweise in lichtern Momenten wie mechanisch öffnend. Auf dem Tische am Divan prangte der Kranz von Weinlaub, den sie am Abend vorher in ihre Locken gedrückt. Plötzlich war es ihr, als lange eine gewaltige Hand nach dem abgestorbenen Kranze. Gülnare fuhr empor. Eine riesige Gestalt zeigte sich, um noch schneller zu verschwinden. War es anders nicht gänzliche Täuschung ihres noch träumerischen, also ungewissen Blickes, so trug der späte Besuch die Landestracht der Montenegriner.

Die Knesin schrack sichtbar zusammen.

Eine gewaltige Anstrengung, und sie war vollkommen bei Sinnen.

Siehe da, der Kranz aus Weinlaub war in der That verschwunden!

Ein Streifen beschriebenes Papier lag an seiner Stelle.

Gülnare faßte hastig nach dem Streifen Papier.

Es war ein warnendes Schreiben des Inhaltes:

„Vertrauensvolle Seelen pflegen oft eine Schlange an ihrem Busen groß zu ziehen. Hüthe dich, Gülnare, deine Natter heißt Leila! Es ist Natur der Blumen, sich um die nachbarliche starke Eiche als um einen Schirmpfahl zu ranken. Hüthe dich, blumiges Weib, nicht alle Eichen sind von wahrhaft grünem Holze! Unsere Feinde führen bereits vergiftete Waffen. Denke an Buk's entsetzliches Loos im Scherawitza=Grab! Es war ein hochgestelltes Menschenkind, das dich liebt und doch so tief fallen konnte, seinen Gegner, den Montenegriner, meuchlings an den Marterpfahl zu schlagen. Hüthe dich, Abgott meines Herzens, Rose meiner Jugend, Perle meiner Zukunft! Fern liegt aufs Neue der schöne Tag des Wiedersehens! Wir stehen allein im Kampfe gegen die Uebermacht. Unsere Freunde, unsere Stammgenossen haben uns verlassen und verkauft!

Desche."

Der Erbe des Nemagna wußte also bereits um die Vorfälle in Albanien wie auf Montenegro.

Gülnare ließ das Schreiben mit einem Schreckensrufe fallen.

Konnte Lascaris, in dessen Herzen sie so richtig gelesen zu haben wähnte, sich jener brandmarkenden Schandthat schuldig gemacht haben?! Ach, auf dem Pfade bürgerlicher Wirren trügt jeder Kompaß! Dort lügt oft der ewige Stern am Pol! Er heißt Achtung vor der Menschheit! Unselige Verblendung! Entsetzliche Zeit!

Arme Gülnare!

Fünfzehntes Capitel.

In Travnik.

In den stürmischesten Tagen Bosniens war Serajevo eine autonome Freistadt geblieben, die ihren Senat besaß, ihre Behörden wählte, und selbst den kaiserlichen Statthalter wegschicken konnte, wenn er dem Volke mißfiel. Die Landesverfassung gestattete, wie wir bereits erzählt haben, dem jeweiligen Bezier von Bosnien nur einen dreitägigen Aufenthalt in dieser Stadt. Obgleich er sich Bezier von Ungarn, Begler-Beg, das ist, Fürst der Fürsten, wie den obersten Aufseher aller serbischen Lande nannte, so war doch dieser Stellvertreter Mahomed's in partibus infidelium genöthigt, sich in dem Grab oder Bollwerk Travnik einzuschließen. Seit der großen Niederlage, welche der bosnische Adel im Jahre 1840 an dem Berge und dem Dorfe Vitez — es liegt an der Serajevo und Travnik verbindenden Straße — erlitten, war zwar die Macht der Spahis nie wieder zu ihrer früheren Blüthe gelangt, doch konnte sich die Residenz des Pascha in dem kurzen Verlauf von drei Jahren unmöglich zu dem Range einer sieghaften Rivalin Serajevo's, dieser alten bosnischen Hauptstadt emporschwingen. Ihre Citadelle mahnte noch immer an ein Geiernest.

Die ungeheuere muselmännische Nekropolis oder Todtenstadt, welche dies Felsennest umgibt, verleiht Travnik einen gräberhaften Anblick, der durch die engen, schmalen, meist schmutzigen Gassen, die sich nach der Citadelle hinziehen, wie durch die vielen im Innern des Weichbildes in Trümmern liegenden Gebäude wahrlich nicht geschmälert wird. Dazu kam noch, daß sich zur Zeit unseres Romanes an den Schlünden, durch welche die Bosna und Laskna ihre grünen Wogen wälzen, eine Horde Zigeuner angesiedelt hatte, deren Wohnungen nicht im Geringsten einem europäischen Stadttheile glichen. Es waren größten Theiles Höhlen, die man in den weichen Sandstein gegraben und mit einen Strohdach ober der vorgeneigten Thür versehen. Dieser Nothplatz wurde bloß von diesen Zigeunern und ihren Hunden bewohnt. Letztere waren in der Mehrzahl, und ein Fremder hätte sehr unweise gethan, sich in die Nähe dieser bissigen Bestien zu wagen. In der Nähe von Travnik liegt ferner das uralte Dorf Slanitza, das im Alterthume zu Dalmatien gehörte und in der Römerzeit ergiebige Goldminen besaß, deren weite Aushöhlungen der Volksglaube mit spuckhaften Gestalten belebt, was daher die Rajas veranlaßt, bei allenfallsigem Vorübergehen das Zeichen des Kreuzes zu beschreiben.

Obgleich Travnik daher eigentlich keinen Anspruch auf den Beinamen einer europäischen Hauptstadt machen könnte, so besitzt es doch viele stattliche Gebäude oder vielmehr Räumlichkeiten, da die Fenster derselben nach türkischer Sitte meist nur nach den innern Höfen gehen. Die Besitzer dieser Gebäude sind oder waren zum Theile die ehemaligen Großwürdenträger am bosnischen Hofe, als der Großwoiwode, der selbst unter der Türkenherrschaft das Obercommando über die nationale Armee führte und die Vollstreckung der Urtheile der bosniakischen Tribunale leitete, der bereits genannte Groß-Kadi, das Haupt der dortigen Ulemas und der Kadi's in den verschiedenen Bezirken, an den jeder Raja von den Sprüchen der untergeordneten Richter appelliren kann, ferner die Herren der festen Schlösser im Lande, die sogenannten Kapetani, deren Anzahl Pertuissier, der Gesandte Napoleon's auf acht und vierzig feststellte, endlich jene Art von bosnischen Rittern, welche Spahilik's oder Lehen gegen die Verpflichtung erhalten hatten, die Waffen zu ergreifen, so oft das Reich bedroht war. Alle diese adeligen Schranzen wohnten zwar meist in Serajevo oder in ihren festen Schlössern, kamen aber zeitweise nach Travnik, um den Glanz des türkischen Statthalters zu mehren.

Auch das alte Geschlecht, dem Riswan entsprossen, besaß daselbst ein eigenes Haus.

Der Bazar oder Besestan bietet gleichfalls einen nicht unerfreulichen Anblick. Man sieht hier freilich keine Demanten aus Golkonda, keine Rubinen aus Bedaschan, weder theure Perlen aus Bahrein, noch Klingen aus Damaskus, Mouseline aus Indien,

Shawls aus Angora, Kachemire aus Persien und andere zu einem ungeheuern Preise feilgebotenen Schmucksachen, als geschnittene Steine und Talismane; doch findet man in diesem überdachten Besestan die gewöhnlichen Handelsartikel in großer Anzahl und Auswahl, auch herrscht unter den Verkäufern, Käufern und Gaffern, die sich um die größeren wie kleineren Buden herumdrängen, eine bedeutende Lebhaftigkeit. In mancher dieser Buden wird zudem nicht bloß verkauft, sondern sie dient zugleich dem Handwerker als Werkstätte. Die Verkäufer einer und derselben Waarengattung stehen alle nebeneinander, was als Zeichen des zünftigen Zusammenhaltens dient, denn nicht nur bei uns gibt es Innungen, sondern auch in der Türkei, und haben auch die türkischen Gilden wie die Unsrigen ihre eigenen Schutzpatrone, zum Beispiele die Schneider den Enoch, die Fischer den Jonas, die Zimmerleute den Joseph, die Handelsleute den Mohamed, die Reisenden den Jesus, die Feldbauern den Adam. Es gibt ein großes Buch zum Blättern, vom Harze bis nach Stambul nichts als Vettern!

Im Spätherbste des Jahres 1843 waren noch viele anderweitige sehenswerthe Dinge zu schauen.

Da sah man einen Haufen junger Bursche im Rocke der Landwehrreiter oder in der Uniform des Nizam von der Musikbande von Jussuw's „berittener Leibwache", geleitet unter dem Rauschen eines ohrenzerreißenden Marsches, also mit fliegenden Fahnen, klingendem Spiele und brennenden Pfeifen durch die Straßen ziehen. Zeitweise hielt der Zug und man schritt mit Hilfe eines verlockenden Kolo wie einer stets neugefüllten Branntweinflasche zu einer mitunter ergiebigen Werbung. Der Nizam ward dabei meist schlecht bedacht. Es stand nämlich unter den muhamedanischen Bosniaken noch in zu frischem Andenken, was der böse Nivelleur=Sultan, wie man den verstorbenen Großherrn Mahmud nannte, gegen die hierlandes sehr beliebten und geehrten Janitscharen verübte. Die regulären türkischen Regimenter tragen zudem die Kuppeln der Säbel und Patrontaschen nach europäischer Manier über der Brust gekreuzt; im bosniakischen Dialekte aber bedeutet kreuzen — kerstiti — auch taufen. „Wie," sagten die Bosniaken, „uns taufen lassen? Wozu in diesem Falle der Sultan? Der Kaiser zu Wien und der russische Czar werden bessere Pathen für unsere Taufe sein, als ein Sohn von Othman!" — Die berittene Landwehr machte hingegen schon bessere Geschäfte. Und konnte es anders sein? Der

Tanz, die Musik, der Branntwein, die kleidsame Tracht, die geliebten kleinen Pferde mit den zottigen Mähnen, kurz all der Stolz und der Schmuck im Leben eines Haiduken zeigte sich da so zu sagen mit den Händen greifbar.

Ja, die flinken Pferde gaben einen verlockenden Köder!

Es ist auch was Vortreffliches um das bosnische Pferd. Im freien Zustande durchstreift es nach eigner Willkühr die Berge, bis man es zum Gebrauch tauglich findet und daher — mitunter mit Lebensgefahr — einfängt, um es für den Dienst zuzureiten, gleichsam zu — civilisiren. Wie eine Katze in dem Hause, wo sie als Kätzlein das Licht der Welt erblickt hat, jeden Schlupfwinkel vom Boden bis zum Kellerloche kennt, so weiß das bosnische Pferd aus Instinkt und Erfahrung Weg und Steg durch Felsen und Klüfte zu finden. Es könnte den Eiertanz inmitten der furchtbarsten Risse und Abgründe mit verbundenen Augen tanzen, und der Reiter, der im Sattel auf seinem Rücken sitzt, kann bei Tag und Nacht nichts Besseres thun, als das Pferd selber seinen Weg wählen lassen. Das sucht dann nicht wie der Bergesel oder das Maulthier auf dem steilen Fußpfad der Gebirge vorsichtig den Fleck Erde aus, wohin es mit Sicherheit seinen Fuß setzen könne. Das schnaubt und spielt wie die Gemse im Rennen und fehlt dennoch nie!

Auch war die türkische Partei sehr freigebig in Betreff des Handgeldes.

Die Actien derselben standen um diese Zeit überhaupt sehr günstig, denn Ali hatte bereits die Nachricht von der Neutralität der Albanesen und der Wiera mit Montenegro nach Travnik gebracht. Auch war Arslan als Buluk-Baschi an der Spitze einer starken Schaar Buren oder Braven zum Sukkurse im Anmarsche. Jussuw Pascha hatte sich ferner nach Belgrad begeben, weniger um den dortigen Muschir um Beistand anzusprechen, als sich der friedlichen Gesinnung des von der Pforte bereits anerkannten neuen serbischen Fürsten Alexander und der beiden Häupter der zu dessen Gunsten bewirkten Revolution, Vucsich und Petronevich zu vergewissern. Diese friedliche Gesinnung sicherte die Türken vor einem Angriff im Rücken wie in der linken Flanke, und gestattete die Verwendung aller Streitkräfte des Halbmondes zur Unterdrückung der aufständigen Rajas. Buk predigte den Letzteren daher einstweilen strenge Ruhe.

Außer dem obigen kriegerischen Schauspiele herrschte übrigens ungewöhnliche Stille in Travnik.

Nur wenn der Muezzin vom Minaret wie eine lebendige Glocke mit furchtbarem Gebrülle die Gläubigen zur Verherrlichung Allah's ermahnte — was fünfmal im Tage geschieht — sich nach allen vier Weltgegenden wendete und den Ezan, das Gebet sprach, so eilte jeder gottesfürchtige Muselmann, wenn es ihm nur irgend möglich war, vor Allem seine Waschung vorzunehmen, und verrichtete dann, wo er sich immer befinden mochte, ohne Rückhalt sein Gebet. Auf der Straße legte er den Csibuk nieder, im Kaffeehause schob er die Tasse bei Seite, war er in einem noch so viel versprechendem Handel begriffen, er unterbrach ihn und erhob unter den drolligsten Körperbewegungen und Verneigungen seine Stimme zu dem Herrn des Himmels, zu seinem einzigen Gotte. Solche, die sich in der Nähe des Dschami oder Gebethauses befanden, hielten in dessen Vorhalle die Waschung, legten dann ihre Pantoffel ab und traten in ihren ledernen Socken in die Moschee, wo sie nach einer tiefen Verbeugung gegen den in einem Schrank aufbewahrten Koran ihre Blicke gegen die auf Mekka deutende Mihabra richteten. Hier und dort fand auch ein Leichenbegängniß Statt. Der Todte ward, statt des Sarges in ein großes leinenes Tuch gehüllt und zur Vertreibung der bösen Geister mit Weihrauch beräuchert, im Geleite seiner Verwandten nach dem mit Bäumen und Blumen bepflanzten bereits genannten türkischen Friedhof zu Grabe getragen, dessen weite Höhlung erst mit Brettern, dann mit Rasen bedeckt wurde. Auf das Kopfbrett oder den Grabstein der Männer ward ein Turban, bei Frauen ein weiblicher Kopfschmuck gemahlt oder ausgehauen und mit Hinzusetzung des Namens die Unterschrift beigefügt: „Dame Allah hu teala Raemeti!" das heißt: „Gott sei ihm in Ewigkeit gnädig!"

Und was war die Ursache dieser gewöhnlichen Stille?

Der Ramazan oder die Fastenzeit war noch nicht zu Ende und der Beiram, dies Laubhüttenfest der Türken sollte erst später beginnen. Der Ramazan ward auch in Travnik wie in der ganzen Türkei mit großer Andacht gefeiert. Die frommen Muselmänner blieben den ganzen Tag ohne Speise, Trank und Tabak, vermieden ihren Harem wie alle andern Genüsse und brachten den größten Theil der sonnenlichten Stunden mit Bethen zu. Die Entbehrungen der Fasttage sollten aber durch die heitern Freuden der darauf folgenden Abende und Nächte reichlich ersetzt werden. Kaum daß die Sonne untergegangen war und die Sterne am Himmel aufstiegen,

wurden die Thürme der Moscheen mit unzähligen Lampen beleuch=
tet, und sobald die Kanonen der Citadelle das übliche Zeichen ge=
geben, jagte Jedermann, alt wie jung, reich wie arm mit gieriger
Hast nach den so lang entbehrten Vergnügungen und Genüssen, und
kannte, als wollte er das Versäumte doppelt einholen, in der zum
Tanz umgezauberten Nacht weder Maß noch Ziel in seinen Ergö=
zungen. Auf den beleuchteten Straßen herrschte die größte Lebhaf=
tigkeit, in den Höfen der Behausung des Pascha wurde das Volk
trotz seiner Abwesenheit mit Musik und Feuerwerk unterhalten, die
Kaffeehäuser und Khans wimmelten von Gästen, die Sänger,
Tänzer und Märchenerzähler hatten die Kehlen, Füße und Zungen
vollauf zu thun, und selbst die lebendigen Blumen des Harem
schwebten in zahlreichen Schaaren über die Straßen, meist so schnell,
als wenn ihre weibliche Ehre von Gefahr bedroht werde, oder es
um ihr Gewissen in Sachen der Treue eben nicht am besten be=
stellt sei. Dieß hinderte sie aber nicht im Geringsten, mit den türki=
schen Offizieren, namentlich von der Landwehr zu kokettiren, deren
Herzen mit ihren großen Augen wie mit Pfeilen zu beschießen und
selbst manches Mal ihren höchst unbequemen und störenden Feredschi
derart auseinander fliegen zu lassen, daß dem Beschauer Gelegenheit
genug gegeben wurde, den reizenden und üppigen Wuchs, welcher
bei den türkischen Frauen durch die fest anliegenden Jacken und Ho=
sen noch mehr hervor gehoben wird, ferner die schön gerundeten,
schneeweißen Arme und den hochwogenden Busen zu bewundern.

Die allgemeine Aufmerksamkeit, die sich jedoch nicht bloß durch
befremdende Blicke, sondern auch durch unwilliges Gemurmel und
leise Flüche kundgab, heftete sich jedoch an die Schritte und Tritte
einer christlichen Dame hohen Ranges, die unverschleiert, mit ver=
ächtlicher Miene an dem Arme eines stattlichen Mannes durch die
Straßen Travnik's dahinzog. Und wer war diese Dame? Eine
hohe schlanke Gestalt, Majestät in jedem Zuge des schönen, etwas
bleichen Gesichtes, die zwei Rosen ausgenommen, die auf ihren
Lippen lagen. Rosige Lippen? Allerdings! Und doch sprach dieser
feingeschnittene Mund meist Handschars und das mächtige Auge der
Herrin blitzte wie ein scharf geschliffener Dolch. Zuweilen aber flog
es wie unsägliche Wehmuth durch das gebieterische Antlitz und um
die Mundwinkel lag und zuckte es dann elegisch wie ein Lied von
unglücklicher Liebe, die sich ihr Stelldichein erst hinter den Gräbern
geben durfte!

Gülnare?

Sie war es in der That, die heute dem gesammten Islam Bosnien's den Fehdehandschuh vorgeworfen. Die Sache kam so. Man hatte kürzlich in Travnik drei verdächtige Rajas aufgegriffen, die nächstens als angebliche Aufwiegler und Spione gepfählt werden sollten. Unter diesen Gefangenen befand sich auch Dane, der Enkel des Flüsterers. Er konnte in den Augen der Muhamedaner allerdings als schuldig gelten, da er in Aufträgen Gülnaren's nach Travnik gekommen, welche das Aufpflanzen des Kreuzes bezweckten. Natürlich, daß sich Dane eher die Zunge abgebissen, als seine Herrin verrathen hätte, noch natürlicher, daß die Rose von Serajevo auf die erste Kunde von seiner Verhaftung nach Travnik eilte, sich selbst angab, und dem Richter — es war der leider unbestechliche Groß-Kadi, der in Abwesenheit Jussuw's allein in dieser Angelegenheit entscheiden konnte — dabei Dinge ins Antlitz schleuderte, welche einem unbedeutendern Menschenkinde selbst bei uns zu Lande in Ermangelung der Guillotine zu einer sehr nahen Berührung mit dem vaterländischen Surrogat aus Hanf verholfen haben dürften.

Trotz der bekannten schnellen türkischen Justiz berücksichtigte man jedoch den hohen Rang der Knesin, die gefeierte Stellung ihres Vaters als Resident einer auswärtigen Großmacht wie die muhamedanische Gesinnung ihres Gatten, und ertheilte ihr daher bloß einfach den klugen Rath, sich so rasch wie möglich aus Travnik entfernen zu wollen. Gülnare beschloß im Gegentheile der Hinrichtung beizuwohnen und ihren verhaßten politischen Widersachern allüberall eisernen Trotz zu bieten. Daher ihr Erscheinen auf den festlich beleuchteten Straßen!

Und Lascaris?

Lascaris benahm sich in seiner zweideutigen Lage so entschieden als es die Umstände erlaubten. Er vertrat zwar die Sache seiner Gattin wie ein gereizter Löwe, übernahm aber als Commandant des ersten berittenen Landwehrregimentes, das sich bereits unbedingt für Jussuw ausgesprochen hatte, in Gemeinschaft mit Ali, der in Folge seiner so erfolgreichen Gesandtschaft mit Ueberspringung einer Charge zum Kaimakan, das ist Oberstlieutenant, befördert worden war, die Bewachung der eingefangenen bosnischen Aufwiegler, was ihm zwar in den Augen der islamitischen Damenwelt ein sehr bestechendes türkisches Kolorit verlieh, Gülnaren aber fast noch mehr stutzen und bangen machte, als jenes geheimnißvolle

Schreiben, das ihr Desche auf so räthselhafte Weise zukommen lassen.

Die allgemeine Aufmerksamkeit blieb wie gesagt an die Schritte der Knesin gefesselt.

Die neugierigen Blicke der Spaziergänger nahmen aber nach und nach einen sehr unheimlichen Ausdruck an, das drohende Gemurmel wurde immer lauter und die früher leise geflüsterten Flüche rauschten bereits ziemlich hörbar durch die Lüfte. Weibliche Eifersucht, die in den morgenländischen Harems so zu sagen erfunden worden sein dürfte, schien gleichfalls redlich das Ihrige beigetragen zu haben, um Oel in die Flammen des allgemeinen Unmuthes und Grolles gegen die reizende Gülnare zu gießen.

„Ich fürchte, es wird heute noch ein Donnerwetter absetzen!"

Also sprach jener mittlerweile zu dem Obergerichte in Travnik versetzte türkische Rechtsgelehrte, den wir in einem früheren Capitel im Gespräche über die Phrase „der Pascha unterhält sich" im Dampfbade zu Serajevo belauscht haben, zu dem Kaimakan Ali, der neben ihm stand, und über die beispiellose Verwegenheit Gülnaren's gleichfalls sehr bedenklich den Kopf schüttelte.

„Schwarze Wolken," entgegnete dieser, „stehen freilich am Himmel!"

„Auch beginnt der Sturm bereits zu heulen. Arme weiße Rose!"

„Zum Glücke schlingt sie sich um einen festen Schirmpfahl."

„Lascaris?"

„Ja wohl, der Mann führt eine prächtige Klinge und schießt einem ein Goldstück zwischen den Fingern heraus."

„Er ist ein wundervoller Rostem, wie die Perser sagen, aber Turči ima kao trava!"

„In der That gibt es hier Türken wie Gras, auch dürfte der Lärm gleich losgehen!"

Gülnare'n stand in der That eine herbe Prüfung bevor. Sie mußte, um zu ihrer Behausung zu gelangen, einen kleinen etwas abgelegenen Platz überschreiten. Dort aber hatte sich ein zahlreicher Haufe Pöbel beiderlei Geschlechtes und jeglichen Standes, denn man gewahrte darunter auch goldgeschmückte Kaftans und zierliche Feredschis, gesammelt und harrte mit unheimlicher Miene auf die stolze, feindlich gesinnte Fürstin; auch erhob sich augenblicklich ein Unheil verkündendes Gemurmel, als sie endlich spät Abends am Arme ihres Gatten langsam, mit majestätischer Haltung herbeikam.

Der Montenegriner.

Es war offenbar auf eine politische Demonstration abgesehen.

Gülnare blickte kaltblütig auf die drohende Menge, in ihrem Auge lag tiefe Verachtung, ja sie warf im Vorwärtsschreiten ein paar zündende Worte im Geschmacke des berühmten Wusein hin, wenn dieser „Drache Bosniens" die Vertilgung des Nizam predigte, und die Feinde der Reform zum höchsten Grimme aufstacheln wollte. Muth imponirt jedem Gegner in jeder Zone.

Auch der buntscheckige Janhagel auf dem abgelegenen Platze zu Travnik gab verblüfft Raum, als die Knesin so entschlossen in seine Mitte trat. Viel trug auch die Achtung vor der Uniform des beliebten Lascaris wie die Furcht vor seiner bekannten ausgiebigen Faust bei, und das stattliche Ehepaar erreichte endlich ungefährdet die schirmende eigene Behausung, vor der noch obendrein eine starke und wohlbewaffnete Abtheilung bosnischer Landwehr aufgeritten war. Es fehlte jedoch leider nicht an hämischen Bemerkungen, ja es wurden sogar von Seite des sich nur langsam zerstreuenden Pöbels ein paar gemeine Schimpfworte laut, als sich das Thor jener Behausung geschlossen hatte, und eine bedenkliche Rückkehr des simsonhaften Lascaris nicht mehr zu befürchten war. Grund genug, daß sich Gülnare in der tiefsten Seele aufgeregt fühlte und in der unmuthigsten Stimmung von der Welt in den Hof jenes ihrem Vater Riswan gehörigen Gebäudes gelangte, darin sie seit gestern ihr Hauptquartier aufgeschlagen hatte, willens es auch bis zur Stunde der Hinrichtung zu behaupten.

Wer schildert ihre zornige Ueberraschung!

Ueberraschung? Weßhalb?

Im Hofe stand ihr Wagen gepackt und mit flüchtigen Rossen bespannt zur Abfahrt bereit.

„Was soll der Wagen?" frug sie grollend, als sie Lascaris nach ihrem Gemache geleitete.

„Es war meine Pflicht," entgegnete Lascaris zärtlich, „theure Knesin, diese Vorsichtsmaßregel zu ergreifen."

„Wozu?"

„Gülnare muß Travnik in der nächsten halben Stunde im Rücken liegen haben."

„Träumen Sie?"

„Die Aufregung der Bevölkerung ist fürchterlich und wächst mit jeder Minute. Es hat sich nämlich das Gerücht verbreitet, die Rajas beabsichtigten die Gefangenen zu befreien. Buk soll an ihrer

Spitze stehen. Man fürchtet einen Gewaltstreich zur Rettung Dane's. An den andern zwei Bosniaken scheint übrigens weder den Türken noch den Christen bedeutend viel zu liegen. Es sind wahrhafte Gauner und Diebe, welche Rad und Pfahl schon zehnmal verdient hätten."

„Ein Gewaltstreich meines Volkes? Dann bleibe ich um so mehr an Ort und Stelle!"

„Sie irren sich, Gülnare! Das Gerücht ist falsch, ist rein aus der Luft gegriffen. Dane's Freunde, selbst sein Oheim haben alle Hoffnung auf seine Rettung aufgegeben. Wir wissen dieß durch verläßliche Spione ganz genau. Der Pöbel läßt sich aber in sturmbewegten Zeiten durch den Schall eines Katzentrittes, obgleich er eigentlich unhörbar ist, zu der blutigsten Schandthat treiben. Denken Sie um des Himmels willen an so manche Gräuelscene in den Blättern der bosnischen Geschichte! Dane ist unrettbar verloren!!"

„So will ich seiner Hinrichtung beiwohnen."

„Was könnte dieß frommen?"

„Der treue Diener soll im Tode wenigstens ein befreundetes Antlitz erblicken."

„Unmöglich!"

„Wer könnte mich hindern?"

„Sie würden jedenfalls zu spät kommen. Dane wird des Pöbels wie jenes Gerüchtes wegen noch heute um die Mitternachtsstunde im Hofe seines Haftortes hingerichtet, doch Dank Ihrer wie meiner Vorbitte nicht gepfählt, sondern einfach enthauptet werden. Mit seinen beiden Genossen allein rechnet die Justiz erst morgen ab."

„Entsetzlich!"

In diesem Augenblicke wurde in der einen Ecke des Gemaches ein gellender Angstschrei hörbar. Ein schwerer Fall folgte. Eine weibliche Gestalt war dort in Ohnmacht dahingesunken. Gülnare und Lascaris sprangen überrascht und erstaunt zur Hilfeleistung hinzu.

Es war Melissa, das bleiche Schwesterlein des stämmigen Dane.

Melissa war in der Angst ihres Herzens um den geliebten Bruder nach Travnik geeilt, um sich der Knesin nochmals zu Füßen zu werfen und sie bei Allem, was der Menschheit heilig, zu beschwören, den geliebten Bruder vor dem marterhaften Tode, der seiner

18 *

harrte, zu bewahren. Spät Abends angelangt, eine wohlbekannte und allgeliebte Erscheinung, wurde sie von der Dienerschaft nicht bloß eingelassen, sondern auch nach dem Gemache Gülnarens mit der Weisung gebracht, daselbst die Rückkehr der Herrin in Geduld abwarten zu wollen. Gülnaren's stürmische Eile bei dem Anblick des reisefertigen Wagens hatte die bezügliche Meldung verhindert.

Lascaris war um die Ohnmächtige beschäftigt.

Die Knesin eilte zu dem nächsten Divan und wollte eben ein Metallbecken, das sich auf dem daneben stehenden Tische befand, als Ruf für die Dienerschaft erklingen lassen, als eine wohlbekannte Stimme sehr leise, aber deutlich an ihr Ohr schlug. Es war die Stimme Buk's und schien dieselbe so zu sagen aus dem weichen Kissen des erwähnten Divans zu kommen. Ihre Worte lauteten:

„Reisen Sie augenblicklich ab! Ich wache über Dane und Melissa."

Gülnare schwankte.

„Blinder Gehorsam oder Alles ist verloren!"

Also mahnte die frühere Stimme leise verhallend, die Knesin zögerte nicht länger und man denke sich daher die Ueberraschung unseres Freundes Lascaris, als sich seine sonst so hartnäckige Gattin, nachdem sie Melissa den Händen einer bewährten Dienerin übergeben hatte, plötzlich zur augenblicklichen Abreise bereit erklärte. Lascaris betrachtete Gülnaren natürlich mit argwöhnischen Blicken, aber auch nicht eine Miene in ihrem früher so stürmisch sehenden Antlitze verrieth einen geheimen Plan, einen verrätherischen Gedanken an unbesonnene Rückkehr. Melissa hatte sich mittlerweile etwas erholt, äußerte aber auch nicht eine Sterbenssylbe der Bitte oder Besorgniß, nein, sie starrte — den Wunsch der Knesin, die Kleine solle sich gleichfalls zur Abreise anschicken, kaum beachtend, fortwährend verneinend den Kopf schüttelnd — stier und theilnahmslos vor sich hin, zweifelsohne über eine entsetzliche That schwesterlicher Verzweiflung brütend.

Das Erstaunen des argwöhnischen Lascaris wuchs mit jeder Minute.

Gülnare schien plötzlich den Entschluß des Mädchens zu billigen und begab sich mit wahrhaft auffallender Eile nach ihrem Reisewagen. Ein Zug berittener Landwehr diente der Knesin als Escorte. Lascaris blickte dem Wagen lange nach und kehrte dann etwas beruhigter nach dem Gemache zurück. Melissa lag bleich wie

Marmor auf dem weichen Divan, und ihr Auge, das in Thränen schwamm, heftete einen langen, seltsamen, forschenden Blick auf das Antlitz des eintretenden Abenteurers. Es wäre schwer zu schildern, was Alles in diesem Blicke zu lesen stand. Neugierige Frage, bange Scheu, stilles Vertrauen, demüthiger Vorwurf! Lascaris betrachtete die trostlose Kleine mit wehmüthiger Miene, sprach aber kein Wort der Beruhigung, sondern begab sich, unwillführlich mit den Achseln zuckend, langsamen Schrittes nach der offen stehenden benachbarten Stube. Er wollte daselbst den Befehl für die Landwehr betreffs der morgigen Hinrichtung ausfertigen, und gedachte sich dann zur Besichtigung seiner Posten im Innern, wie in der Umgebung des städtischen Haftortes zu Travnik zu begeben. Während er also beschäftigt war, entfernte sich die oben genannte Dienerin auf ein paar Augenblicke, um eine volle Tasse labenden Trankes für die leidende Enkelin des Flüsterers zu besorgen. Melissa starrte vernichtet, noch trüber wie früher vor sich hin.

Plötzlich klang es von der Stubendecke herab, sehr leise, aber deutlich:

„Hörst du mich, Melissa?"

„Ich höre!" stammelte diese freudig aufschreckend.

„Kennst du meine Stimme?"

„Du bist der gewaltige Kapitan der Haiduken!"

„Willst du mir gehorsamen?"

„Bis in den Tod!"

„In der Nähe von Travnik liegt der Ort Slanitza. Kennst du seine alten Goldgruben?"

„Ich kenne sie!"

„Wenn morgen in der Frühe die letzte Stunde der armen Sünder schlägt, mußt du daselbst zu treffen sein."

„Was weiter?"

„Du wirst in den Gruben eine verschlossene Thür finden. An diese poche leise, sobald die grausame Hinrichtung vorüber ist und die Streifschaaren und Vorposten vor der Stadt eingezogen worden sind. Sprich nichts als die Worte: es ist Zeit!"

„Und weiter?"

„Das Weitere wird man dir an Ort und Stelle sagen. Bist du bereit?"

„Ich bin es!"

„Noch Eines! Wenn heute der Muezzin von dem Minaret

die Mitternachtsstunde verkündet, dann verzage nicht, denn die lieben Engel des Himmels wachen. Deßhalb sprich ein andächtiges Vater unser. Gott sei mit dir und mir!"

Die Stimme verhallte. So leise das Gespräch aber auch geführt worden, so schien doch Lascaris durch die wispernden Töne aufmerksam zu werden, denn er sprang plötzlich hastig auf und eilte mit stürmischem Schritte an die bekanntlich offen stehende Thüre.

„Wer spricht hier?" frug er mißtrauisch.

„Ich bethe," antwortete Melissa mechanisch.

Gleichzeitig trat die Dienerin mit einer Tasse labenden Trankes in das Gemach. Der Ritter begab sich zu seinen Papieren zurück. Als er bald darauf Stube und Haus verließ, war eine auffallende Veränderung in Melissa's Antlitz vorgegangen. Die Todesangst schien geheimer Freude weichen zu wollen, auch lag in dem Blicke, mit welchem sie den Schritten des fortstürmenden Lascaris folgte, weder Neugierde noch Vorwurf, eher ironische Bosheit. Der Mann schien ihr wieder gänzlich fremd geworden zu sein.

Einige Zeit später, etwa gegen halb eilf Uhr Nachts bewegte sich ein kleiner Zug Saumthiere oder Packpferde, die ein geübtes Kennerauge nach sorgfältiger Prüfung ausgesucht zu haben schien, von dem Ufer des mehr genannten Flusses langsam gegen die Stadt Travnik empor. Die Thiere waren mit gefüllten Säcken beladen und hielten zeitweise an, denn die Last, feiner Sand, war von bedeutendem Gewichte. Voran schritt ein breitschulteriger Führer oder Eigenthümer der Karavane, hinten nach keuchten vier bis fünf Treiber oder Packknechte, mitunter wohl auch eine Hand anlegend, um die Sandsäcke an einer beschwerlichen Stelle auf dem Rücken der Pferde stützen zu helfen. Eine vorübergehende Streifschaar hielt den Führer an, entfernte sich aber raschen Ganges, da die Antwort befriedigend ausfiel und dahin lautete, die Sandsäcke seien nach dem städtischen Hafforte bestimmt, und zwar zur allenfalsigen Verrammelung und Verschanzung bei Gefahr eines verwegenen Handstreiches der Rajas. Auffallend war übrigens die Länge und Breite wie Neuheit der Säcke, was übrigens das Dunkel der Nacht den Blicken der Streifschaar verborgen.

Einmal hielt der Zug ein paar hundert Schritte vor einer verrufenen und abgelegenen Kneipe, die in dem bösen Leumund stand, den Schlupfwinkel glaubensschwacher Muhamedaner abzugeben, ffalls dieselbe das Gelüste hegten, die Gebote des Koran zu übertreten und den edlen Rebensaft zu kosten. Auch bekam man daselbst vorzüglichen Zwetschkenbranntwein. Die Rast währte dort länger als gewöhnlich. Endlich kam ein sechster Treiber oder Packknecht aus der Schenke herbeigelaufen und meldete dem Führer des Zuges, der bewußte Mann werde sogleich in der öden Gasse erscheinen. Er sei furchtbar angetrunken und suche daher seine Kaserne noch früher zu erreichen, ehe er vollends fertig geworden. Eine kurze Pause folgte. Gleich darauf taumelte ein stämmiger Kriegsmann aus der Thüre der Kneipe. Der Betrunkene trug jene den strenggläubigen Türken so verhaßte Tracht nach fränkischem Schnitte, kurz die vielverschriene gekreuzte Uniform des Nizam, einen blauen Waffenrock und Pantalons von gleicher Farbe, endlich den rothen Feß, unter welchem sich jedoch der orientalischen Sitte zuwider ein reicher Haarwuchs Luft zu machen strebte. Ein silberner Stern oder Halbmond auf der Brust bekundete die Charge eines Tschausch oder Feldwebels. Der Trunkenbold vermochte sich kaum auf seinen schwankenden Füßen zu erhalten.

Es war jener verrätherische Bosniake, der Vuk zu Mostar ins Verderben gestürzt, dann Dane den Händen des Henkers überliefert und sich endlich vor dem Zorne seiner christlichen Landsleute in die gekreuzte Uniform des Nizam geflüchtet hatte. Als er an dem Zuge Packpferde, fast ohne ihn zu sehen, vorüberwankte, faßten ihn die Packknechte von rückwärts, während ihr Führer dem Betrunkenen von vorn mit ungemeiner Geschicklichkeit einen Knebel in den Mund zwängte. Alles geschah mit überraschender Schnelligkeit, mit einer der schweigsamen und dunklen Nacht würdigen Stille und Geräuschlosigkeit. Dann wurde der Ueberwundene mit den Füßen voran in einen Sack geschoben, und der letztere, nachdem man den Feß gleichfalls vorsichtig hineingedrückt hatte, über dem Haupte des Verräthers zusammengebunden und gleich den übrigen Sandsäcken auf dem Rücken eines der Pferde befestigt.

Die Entführung war ein kleines Meisterstück.

Der Zug setzte sich nunmehr in weit raschere Bewegung und gelangte in der nächsten Viertelstunde an die streng bewachten Thore des Kerkers, in welchem Dane, abgesondert von seinen beiden Todesgefährten, in einer wohlvergitterten, spärlich von dem Schimmer einer armseligen Kerze beleuchteten Stube die letzten bangen Stunden eines Verurtheilten verseufzte. Lascaris kam eben mit der Runde heran, als der Kerkermeister oder Beschließer der Karavane den Einmarsch gestattete.

„Was soll dieser Zug?" frug Lascaris barsch.

„Er bringt die Schanzsäcke," entgegnete der Schließer.

„Hätte auch früher kommen sollen! Schafft die Säcke laut Befehl an Ort und Stelle!"

Dieser Befehl wurde augenblicklich vollzogen, auch schleppte man ein paar Säcke nach der Stube des stämmigen Morlaken. Lascaris begleitete die Träger der letzteren und prüfte gleichzeitig die Festigkeit der eisernen Gitterstäbe an dem Fenster. Dane würdigte den Gatten der weißen Rose keines Blickes; er saß stumm und brütend vor den Ueberresten jenes schwelgerischen, übel gegen Ort und Stunde abstechenden Mahles, das türkischer Hohn dem armen Sünder vor der letzten Stunde seines Lebens aufgetischt hatte. Leider herrscht auch bei uns im Abendlande diese, gelinde gesagt, befremdende Sitte. Plötzlich ließ sich das leise Zischen einer Schlange vernehmen und einer der Treiber wies bedeutsam nach dem zu oberst liegenden Sacke. Dane lächelte wie im stillen Einverständnisse, Lascaris hingegen drehte sich argwöhnisch um; es war aber nichts weiter zu hören, noch zu sehen.

Kommandant und Packknechte verließen die Kerkerstube.

Nach einer halben Stunde erschien der ehrwürdige Pope, der Dane den Tag über den frommen Trost der Kirche gespendet hatte, und ihm nun das letzte Liebesgeleite auf dem harten Gange zum Tode zu bieten kam. Auch der Diener des Herrn, ein noch rüstiger Mann mit dichtem dunklen Vollbart wurde ohne Anstand zu dem armen Gefangenen geführt, doch schloß Lascaris Vorsichts halber eigenhändig die Thüre hinter ihm ab, den Schlüssel hierauf dem Kerkermeister überreichend.

Eine qualvolle zweite halbe Stunde verlief ohne weiteres Ereigniß.

Endlich verkündete der Ruf des Muezzin von dem Minaret die verhängnißvolle mitternächtige Stunde. Gleichzeitig erschien Ali mit der von dem unerbittlichen Groß-Kadi ausgefertigten Weisung zum schleunigen Vollzug der Todesstrafe. Lascaris empfing sie mit soldatischem Ernste, durchlas die wenigen Zeilen und ertheilte dann mit leiser Stimme die nöthigen Befehle. Der Trommelwirbel rasselte, die Wachmannschaft trat ins Gewehr, die üblichen Posten wurden ausgestellt und eine dichte Kette von gefällten Bayonetten umgab das im Hofe befindliche Blutgerüst, an dessen Stufen bereits der Henker und seine Freiknechte mit grimmigen Blicken auf das ihren Händen verfallene Opfer lauerten. Wenige Fackeln brannten, den Schatten ringsum noch dunkler und unheimlicher gestaltend. Es war eine unfreundliche, bitterkalte Nacht, die wenig zu den vorhergehenden wie nachfolgenden heiteren, für den Spätherbst allzuwarmen Tagen stimmte. Die Natur selbst schien um den Tod eines unschuldigen Menschenkindes zu trauern.

Lascaris wie Ali rieben sich fröstelnd die Hände.

Der Kerkermeister und ein paar Wachen eilten in die Kerkerstube.

Der Pope stand mit zagenden Blicken vor dem Verurtheilten, der, wie sich der Streiter des Herrn äußerte, nichts von dem Troste der Religion wissen wolle und mehr Lust zum Schnarchen als zum Beten zu hegen scheine. Dane trug das gewöhnliche morlakische Kostume, bestehend aus einem Hembe mit weiten und langen Aermeln, einem blautuchenen Beinkleid, das an den Knieriemen — Patschanizza — endete, wollenen Strümpfen, Opanken, einem Gürtel — Pascanizza, das ist, Waffenträger genannt —, einer rothen Weste oder Jazerma, einem wollenen Ueberrock, Kapora geheißen, endlich aus dem weiten rothen Tuchmantel, der berühmten Kabanizza von einem etwa fußbreiten Gewebe, dessen schmale Streifen grob an einander genäht worden. Auch hatte er sein Haupt in die spitze Kapotte dieses Mantels gehüllt und dieselbe tief in das Gesicht hinabgezogen. Der Mann schien in seinem besten Sonntagsstaate zu Grabe gehen zu wollen.

Der Schließer rüttelte den Gefangenen unsanft am Arme.

Dieser stöhnte, streckte sich und frug dann mit lallender Stimme:

„Djavole, koliko ima satih?" — „Teufel, wie viel Uhr ist es?" —

„Gerade an der Zeit für einen armen Sünder," meinte der Kerkermeister, „um in die Ewigkeit zu wandern."

Dane schien den Sinn dieser Worte nicht recht zu fassen, denn er entgegnete lakonisch:

„To se bude zgodilo kad bude u petak nedėlja!" — „Das wird geschehen, wenn am Freitag Sonntag sein wird!" — niemals —

„Der Kerl ist stockbesoffen," zürnte der Schließer, „man kann doch nie genug Wache stehen!"

„Kakva nesreća!" — „Welcher Unfall!" — entgegnete spottend der Morlake.

„Wie steht es mit deiner Seele?" frug der Pope.

„Veselo kaho u svetom raju!" — „So fröhlich wie im Himmelreiche!" lautete die Antwort.

„Lassen wir ihn," fiel der Kerkermeister ein, „mit dem Trunkenbolde ist nichts mehr anzufangen."

Er gab das Zeichen zum Aufbruche. Ein Soldat und der Priester ergriffen den Verurtheilten unter den Armen. Dane taumelte von ihnen mehr geschleppt als geführt in den Hof hinunter. Der Henker und seine Helfershelfer faßten ihr Opfer, der Beschließer trat ein Kreuz schlagend zurück, nur der Pope, das Krucifix in der Hand, verblieb bei dem armen Sünder.

„Noćas se je smerznulo, zima mi je odveća!" — „Die Nacht hat es gefroren, die Kälte ist mir zu empfindlich!" —

Also stammelte der Betrunkene, als ihm der Henker die Kabanizza vom Leibe riß und seinen Hals entblößte. Die Kälte schien jedoch belebend auf seine Nerven zu wirken. Der Mann kam etwas zu sich und blickte gleichzeitig ganz verdutzt umher. In diesem Augenblicke band ihm der Henker die Hände rückwärts zusammen. Die rauhe Behandlung, der Schmerz des Schnürens, endlich der Anblick des Blutgerüstes ernüchterten den armen Sünder. Er begann alles zu begreifen.

„Was will man von mir," rief er erschrocken, „bin ich nicht bei meinem lieben Bruder, dem Türken? Kann, darf mich dieser zum Tode verdammen?! Hilfe! Schmählicher Verrath!"

Der Pope trat dicht an den Verurtheilten heran, ihm leise in das Ohr flüsternd:

„Bete dein letztes Vaterunser! Nicht der Türke, nein, dein eigenes Volk verdammt dich, Verräther, zum Tode!"

„Otče naš!" — Vater unser! — Pomagaj! — Zu Hilfe! — Zum Tode? Das darf nur der Kapitan!"

„Ich bin hier! Stirb Verräther!"

Die Worte schienen leise vom Himmel herabzuschallen. Es war offenbar Buk's Stimme.

„Ich bin verloren!" stöhnte der arme Sünder.

„Was gibt es?" frug Lascaris voreilend.

„Was geht hier vor?" rief Ali gleichfalls herbeischreitend.

Der Diener des Herrn hatte aber bereits das letzte Zeichen gegeben, der Verurtheilte war während des letzten Zwiegespräches an den Pflock gebunden worden, das Schwert des Henkers blitzte, der Kopf rollte zur Erde und Alles hatte sein Ende.

„Der Verstockte," meinte der Pope, „ist leider betrunken hinüber gewandert."

Diese einfache Antwort beschwichtigte den Argwohn Ali's wie seines Gefährten Lascaris. Beide verließen hastigen Schrittes den Hof. Der Hauptakt des blutigen Drama war vorüber und bezüglich der beiden andern Gefangenen als wirklicher Gauner kein Gewaltstreich von Seite der Rajas zu fürchten. Man schaffte daher auch die unnöthig gewordenen Sandsäcke hinweg.

„Das war vor einer halben Stunde noch," sprach Ali im Nachhauseschreiten schaudernd, „der stämmigste und entschlossenste Bursche im gesammten bosnischen Lande, der Stolz und die Blüthe seiner offenkundigen wie geheimen Haiduken!"

„Man wird ihn auch blutig rächen," entgegnete ahnungsvoll Lascaris, „armer Dane!"

Beide trennten sich kopfschüttelnd.

Ein paar Stunden nach dem Anbruche des Tages erdröhnte der Trommelwirbel abermals und zwar als Todesruf für die andern beiden Bosniaken. Ihre Hinrichtung ging ohne die mindeste Störung vorüber. Der Pfahl that seine Schuldigkeit.

Begeben wir uns nach den alten Minen bei Slanitza!

Die weiten und tiefen Höhlungen in der Nähe dieses Dorfes stammen wirklich noch aus der alten Römerzeit. In einer derselben befindet sich ein alterthümliches, zerfallenes Gebäude. Gelehrte halten es für Ueberreste eines unterirdischen Bollwerkes, wie sie im Verlaufe der vielen Stürme, die über das unglückliche Land dahinbrausten, so viele in Bosnien aufgethürmt und niedergerissen wurden. Einer alten, gänzlich unverbürgten Sage nach, die aber bald gänzlich verschollen sein dürfte, da sie schon vor einem halben Menschenleben einzig im Munde einiger eisgrauen Bosniaken lebte, soll jedoch dies Gemäuer in der römischen Vorzeit einen Tempel der Ceres umschlossen haben. Wir als Dichter lassen die Gelehrten hadern, übergehen ihre grübeltiefen Forschungen und halten uns einfach an die verschollene sagenhafte, uns um so glaublicher erscheinende mündliche Ueberlieferung, da ja Ceres bekanntlich die Schwiegermutter des Gottes der Unterwelt gewesen.

Melissa verbrachte eine qualvolle Nacht der Qual und der Hoffnung.

Die Zeit, die Schnecke des Trübseligen, der Pfeil des Freudigen, gelangt ob kriechend, ob fliegend an Beiden vorüber. Auch die Enkelin des Flüsteres erlebte ihren Verlauf und begab sich noch vor der angegebenen Stunde mit lautaufpochendem Herzen nach den steinernen Ueberresten der versunkenen römischen Fabelwelt. Als wir die junge reizende Morlakin im Geiste begleiteten und mit ihr den eingefallenen Tempel betraten, fühlten wir die Worte durch die Seele ziehen:

> Wie an einer Mutter Grabe
> Weint mein Herz in Ewigkeit,
> Zieh' ich bang am Wanderstabe
> Durch den Schutt der Götterzeit!

Arme Ceres! Auch deine Herrlichkeit ist zur Neige gegangen. Niemand glaubt mehr an deine goldenen Haare, noch an die trübe Sage von deiner schönen Tochter, welche der abscheuliche Gott der Unterwelt entführte und zur Herrin seines weiten, aber nächtlich finstern Reiches erhob. Dein Altar sank in Trümmer, und bildeten häßliche Schulweise die rebellischen Rotten, welche den Olymp erstürmten und stärker als die felsenthürmenden Giganten deinen hundertjährigen Kultus über den Haufen warfen. Tröste dich bleiche Mutter der Proserpina! Es ist vielen Göttern noch weit schlimmer ergangen als dir, aber auch ihre Bezwinger werden nicht ewig ausdauern, der Krieg der Nüchternheit gegen die Welt des Wunderbaren wird nicht immer mit der blutrothen Mütze über die Erde laufen, und einst kehren sie wieder die Tage der Märchen und deiner Herrlichkeit!

Möglich daß Melissa, wie wir wissen weit gebildeter als die übrigen Kinder der morlakischen Race, in den Ruinen des angeblichen Cerestempels ähnliche Gedanken hegte, doch wichen sie bald der Musterung des Schauplatzes, auf dem ihr Fuß in banger Scheu umherirrte. Es war ein düsterer Anblick, und rechts und links die eiserne Handschrift der Zeit zu lesen. Die Kuppel oder Wölbung lag in Stücke gebrochen auf dem Schutte eingestürzter Säulen und Pfeiler, hier und da erinnerte ein zerschmettertes Steingebilde an die Vergänglichkeit irdischer Schönheit, und nur der grüne Epheu, der liebend die Ruinen der Vergangenheit selbst in diesem unterirdischen, nur hier und da von der Gottessonne beschienenen Raume umschlang, er allein mahnte an Bleibendes, an Treue bis an das Grab und Jahre darüber hinaus.

Der Epheu im Menschen ist die Erinnerung!

Man weilte wirklich auf uraltem Trümmerwerk, nur an einer Stelle führte ein ziemlich wohl erhaltener Gang einige Stufen abwärts an jene von der Stimme des Montenegriners bezeichnete, jedoch verschlossene Thüre. Peinvolle Stunden verliefen. Melissa glaubte die Dauer eines Jahrhunderts im Cerestempel verbracht zu haben, denn die Streifschaaren und Vorposten vor den Ringmauern Travniks wurden durch ein Versehen weit später, als die Morlakin gehofft hatte, eingezogen. Es ging nahe an die zwölfte Tagesstunde. Tiefe Stille herrschte ringsum, kein Laut ward hörbar, Slanitza und seine Umgebung lag wie ausgestorben, nur die Sonne, wärmer strahlend, als nach dem kalten Morgen zu erwarten, schien ihre goldenen Fäden blendender zu spinnen, kurz man hätte der Sage Glauben schenken können, daß der Mittag wie die Mitternacht die gesetzliche Stunde zu einem Stelldichein mit Geistern und Gespenstern abgebe.

Endlich verschwanden die letzten Vorposten.

Melissa pochte an die Pforte und zwar mit den eingelernten Worten:

„Es ist Zeit!"

Da erdröhnte ein Geräusch, das aus dem erwähnten Gange zu hallen schien, und Melissa's Blick fast zauberhaft an die verschlossene Thüre bannte. Das Blut in ihren Adern gerann zu Eis — die Glieder versagten ihr den Dienst — ihre Seele lag im Ohr und Auge — das Geräusch wird stärker — es sind offenbar die Tritte eines Mannes — eine bekannt klingende Stimme murmelt brüderliche Worte — es ist kein Zweifel mehr — es lautet „Gott zum Gruße Schwesterlein!" — das Pförtlein springt knarrend auf — Dane wie er leibt und lebt — blühend und stämmig wie immer — nur in die gekreuzte Uniform des Nizam gehüllt — steht vor der aus Freude zu Marmor erstarrten Enkelin des Flüsterers.

Buk hatte Wort gehalten.

Sechszehntes Capitel.

Liebesdienst und Schergengang.

Die Morgenländer wissen nichts von Klubbs und Kasino's, und ihr geselliges Leben außer den Mauern des Harem beschränkt sich auf den Besuch gewisser Bäder und Kaffeehäuser. Auch in den Letztern trifft man zuweilen eine bestimmte Gesellschaft, kurz, was man im Abendlande tägliche Gäste zu nennen pflegt. Es sind meist Muselmänner von gleicher Rangstufe und verwandtem Geschmacke. So besaß auch Travnik eine Mehana oder ein orientalisches Kaffeehaus, das nur vornehme Kunden zu besuchen pflegten, und wo man daher bei dem hohen Range aller Gäste von Seite des Kasidschi weder die Worte „Kaweh smarla" oder Mokkatrank für hochstehende Osmanlis, noch „Kaweh dschetur", das ist, Kaffee für Leute niederer Klasse, ertönen hörte, nein, wo derselbe selbst auf beiden flachen Händen in der Höhe der Brust das Präsentirbrett hielt, worauf die von einer reichen Decke ganz verhüllten kleinen Kaffeekannen standen. Auf einen Wink seiner Augen nahmen dann rasch herbeistürzende Diener diese Decke herab, hingen sie dem Kasidschi über Kopf und Schultern, drehten sich gleichzeitig um und eilten nun, vorher ihre Schritte abmessend, auf die harrenden Kunden zu. Die kleinen Tassen, Flindschan genannt, befanden sich in silbernen Untertassen, Zarf's, von gleicher Form wie die Obertasse, nur etwas weiter am Boden. Diese bestand aus durchbrochenem Silberzeug, kurz es herrschte ein Luxus wie bei reichen Moslimen, wo man jedoch auch Obertassen von Filigran, zuweilen von feinstem Porcellan, ja selbst von Gold mit Edelsteinen findet. Dies Kaffeehaus hatte daher auch den bezeichnenden Beinamen Srebrom Mehana im Munde der Bosniaken erhalten. Srebrom bedeutet: mit Silber.

Es besaß zudem außer der geräumigen Vorderstube auch ein trauliches Nebengemach, darin im Laufe des Tages die Opiumraucher und Theriaki zu hausen liebten. Letztere verschluckten daselbst meist vier Pillen, größer als Oliven, tranken ein Glas darauf und lauschten im Stillen der gewohnten Entzückung entgegen. Nach Verlauf einer Stunde etwa fühlte sich diese blasse verzerrte Gesellschaft meist rachitischer Schwelger auf den rechten Ton gestimmt, und nun begann eine stumme Szene voll wunderbarer Pantomimen und Gestikulationen, um sich allmälig in einen wilden Lärm zu verwandeln. Sämmtliche Schauspieler glaubten sich Sultane in ihrer Haut, und gingen später von ihrem Glücke berauscht im vollen Wahnsinn nach Hause, um mit Reue, aber ohne nachfolgende Buße der Enthaltsamkeit zu erwachen. Wächst doch in den binnenländisch bewachsenen Gegenden von Bosnien und der Herzegowina, namentlich an den Ufern der Narenta, wie schon Plinius berichtet, jene berühmte Iris, die man bei der Bereitung des Theriaks allen anderswo grünenden Pflanzen vorzieht.

Abends fanden sich in diesem Nebengemache die vornehmen Uebertreter des islamitischen Weinverbotes ein, und auch der Kaimakan Ali, der bekanntlich zu dieser Schaar Sünder zählte, liebte es, die dunklen Feierstunden in der silbernen Mehana bei einem vollen Becher edlen Rebensaftes zuzubringen. So hielt er es auch an dem Abend nach der Hinrichtung jener angeblichen bosnischen Kundschafter. Er wurde jedoch in seiner Einsamkeit bald durch den rascher als gewöhnlich einherschreitenden mehrerwähnten türkischen Rechtsgelehrten gestört, der ihm mit lauter Stimme die Temana, jenen erhebenden orientalischen Gruß bot, bei dem man die Hand auf das Herz legt, und sich zurückbeugt, während man sie nach der Stirne führt, als wollte man sagen: Freund, mein Herz ist dir geweiht, und mein Geist erhebt dich zum Himmel! Der Rechtsgelehrte schien jedoch trotz dieser würdevollen Begrüßung äußerst aufgeregt.

„La illaha, illallah, Mahomed rosul Allah!" — „Es gibt nur einen Gott, und Mahomed ist sein Profet!" —

Also antwortete der Kaimakan.

„Bei meinem Barte," fuhr sein Freund fort, „was habe ich vor ein paar Stunden gesehen!"

„Doch keine Gul's?" — Gespenster —

„Nicht viel besser, nämlich den Schurken Dane, obgleich er gestern geköpft worden, wie er leibt und lebt!"

„Ein Traum oder ein Rausch!"

„Ich bin wach und nüchtern!"

„So deute man diesen Selam!"

Der Rechtsgelehrte leerte einen Becher Wein und erzählte dann wie folgt:

„Als ich heute Nachmittag durch den hügeligen Wald in Südwesten ritt, sah ich einen starken Haufen bewaffneter Rajas mir singend und jauchzend entgegenkommen. Ich zog mich vorsichtig in ein Dorngesträuppe an der Straße zurück, denn diesem bissigen Volke ist gegenwärtig nicht mehr recht zu trauen. Was sah ich? In der Mitte des Zuges stolzirte Dane in der Uniform des Nizam, sein hübsches Schwesterlein Melissa zur Seite. Wie ich aus einigen Worten ihres ziemlich laut geführten Zwiegespräches entnahm, waren die Rajas wohlberitten den Geschwistern bis in die Nähe von Slanitza entgegengeschickt worden."

„Doch wie sollte Dane entronnen sein?"

„Offenbar hatte Lascaris die Hand dabei im Spiele. Er scheint sich vor den Dornen der Rose von Serajevo gefürchtet zu haben."

„Vielleicht ward er selbst getäuscht? Jedenfalls soll er uns Rede und Antwort stehen!"

„Uns? Ich mag nichts zu schaffen haben mit diesem ungeschlachten Giauren. Ein zweiter Rostem Todtschläger!"

„Dann will ich ihm den Fez lüften, um besser in seinen Gedanken lesen zu können!"

„Dies kann sogleich geschehen, denn Lascaris ist vor mir in die Mehana getreten."

„Also in den Sattel!"

Beide eilten in die Vorderstube des Kaffeehauses. Lascaris war eben im Begriffe sich in einen Schachkampf einzulassen, als Ali schnellen Schrittes an ihn herantrat, und den Abenteurer höflich bat, ihm eine kurze Unterredung unter vier Augen zu gewähren, da er über wichtige Dienstangelegenheiten zu sprechen habe. Lascaris nickte ohne Zeichen der Neugierde bejahend mit dem Kopfe und der Kaimakan kehrte in seiner Begleitung in das vor ein paar Minuten verlassene Nebengemach zurück. Der Rechtsgelehrte hütete sich weislich den Dritten bei diesem Stelldichein abzugeben. Der Gatte Gülnarens warf sich in den Divan, den früher der Mann der türtischen Justiz eingenommen hatte, und harrte mit großer Seelenruhe der Meldung, die man ihm abstatten wollte.

„Lascaris," begann Ali ohne Umschweife, „hat schmählich an uns gehandelt!"

„Fiebert Freund Ali?" frug verwundert sein Gegner.

„Im Gegentheile, ich halte die Zügel meiner Zunge fest beisammen."

„Und was spricht denn eigentlich diese Zunge?"

„Daß man Dane entwischen ließ, daß ein Ersatzmann statt ihm geköpft wurde, und wenn ich an eine gewisse im Walde gesehene Uniform des Nizam denke, so glaube ich, daß jener unfreiwillige, zweifelsohne stockbetrunkene Stellvertreter niemand anderer war als einer unserer verläßlichsten Kundschafter und Angeber. Wenigstens ist dieser Bursche seit gestern Abend verschollen."

Lascaris vernahm die überraschende Nachricht mit ungläubigem Lächeln.

„Sie sind nicht recht bei Sinnen," sprach er dann kopfschüttelnd, und thäten besser sich statt mit mir, mit dem Lekar oder Arzte des Nizam zu besprechen."

„Groß geirrt, meine Zunge ist eine Wage!"

„Ali behauptet also," brauste Lascaris auf, dem das Blut zu Kopfe zu steigen begann, „daß es meine Wenigkeit war, welche jenes unglaubliche Märchen auftischte, das ich so eben mit großer Salbung erzählen hören mußte."

„Seit der Volksberathung zu Jaiza schwankt mein Vertrauen zu Lascaris wie ein Rohr."

„Ist das Ernst?"

„Voller Ernst!"

„Dann bedauere ich Ali, der in Paris einen Theil seiner militärischen Bildung gewann und daher um abendländische Sitte unter hadernden Männern wissen muß, von ganzem Herzen! Der Aesklulap des Nizam wird nicht genug Pflaster aufzutreiben wissen, um die garstigen Risse zu verkleben, die ich in den Kaftan, welchen Mutter Natur dem türkischen Kaimakan gnädig verliehen, zu hauen, zu stechen oder zu schießen gedenke. Säbel, Handschar oder Pistolen? Die Wahl steht frei."

„Letztere sind meine Lieblingswaffen, so abgeschmackt jene abendländische Sitte auch bleibt."

„Gut, also morgen auf Pistolen!"

„Morgen müssen wir beide bei dem großen Jagdzuge erscheinen. Es heißt den Gang auf übermorgen verschieben."

„Stunde und Ort? Ich überlasse dies Ihrem Ermessen."

„Uebermorgen in der Frühe um die zehnte Stunde in der Kaserne, in meiner eigenen Stube daselbst, mehr Saal als Gemach, also lang genug. Ohne Zeugen! Niemand soll um den Zwiespalt im Lager der Anhänger des Profeten wissen."

„Nach meinem Geschmacke!"

Nach diesen Worten trennten sich Beide mit großer Artigkeit. Der Kaimakan begab sich gemessenen Schrittes nach Hause. Lascariß nahm seinen Platz am Schachbrette ein. Weder seine ruhige Miene noch sein meisterhaftes Spiel ließen eine so ernste Unterredung vermuthen.

Nur der Rechtskundige wußte um ihren Inhalt.

Bezüglich des Jagdzuges fügen wir bei, daß Pascha Jussuw n Belgrad von Seite der serbischen Regierung die unzweideutigsten Beweise friedfertiger Gesinnung erhalten hatte, ja es gaben sogar zwei Großwürdenträger am serbischen Hoflager dem Muschir von Bosnien eine Art Ehrengeleite nach seinem festen Grab Travnik. Diesen hohen Gästen zu Ehren sollte nun morgen ein zweifaches Waidmannsfest gefeiert werden. Jussuw, der nunmehr im Rücken wie in der Flanke gedeckt, behaglich seine Arme in die Seite stemmte und, um den türkischen Ausdruck für Vollkommenheit zu gebrauchen, vier und zwanzig Karat Selbstzufriedenheit zu besitzen schien, dachte bei diesem Jagdzuge zuerst seine in Kleinasien erworbene Meisterschaft in der Handhabung des Dscherid oder Wurfspießes zu beweisen, und blos mit dieser Waffe statt der Feuergewehre, wie es in jenem Lande des zweiten Welttheiles der Waidmannsbrauch ist, einige der in Bosnien so häufig umherstreichenden Hirsche und Rehe zu erlegen. Das zweite Prachtstück des Festes sollte eine Falkenjagd sein. Der Edelfalk ist nämlich, wie wir schon weit früher erwähnten, noch immer in Bosnien heimisch, nur daß er gegenwärtig sein ritterliches Gewerbe für eigene Rechnung betreibt. Lascariß, der Vielgereiste, hatte einem Sklaven des Pascha, einem jagdkundigen Burschen die nöthige Anweisung, natürlich schon vor geraumer Zeit, ertheilt, und dieser einen jener edlen Stoßvögel in dem schaukelnden Ringe nach bestem Wissen auf diese Art mittelalterliche Jagd abgerichtet, so daß der Pascha auch mit diesem Waidmannsstück Ehre einzulegen und seine hochgestellten Gäste aus dem Nachbarlande freudig zu überraschen hoffte. Wir wissen, auf welchen eigennützigen Gründen seine Gastlichkeit beruhte. Er that auch weise, denn die kriegerische, waffenkundige Bevölkerung jenes Nachbarlandes ist ein gefährlicher, furchtbarer Feind, und nicht umsonst meint ein südslavisches Sprichwort:

„Serbiji idu kao mravi!" — „Die Serben kommen wie die Ameisen." —

Der Morgen des nächsten Tages dämmerte in Osten. In der Umgebung von Travnik herrschte reges Leben. Der ohrenbetäubende Lärm, den die angebliche türkische Musikbande erregte, machte die Hunde in dem benachbarten Zigeunerlager wie rasend anschlagen, Lieder ertönten, Rosse wieherten, lustige Jagdklänge hallohten durch die Wälder. Man wollte noch vor dem ersten Kanonenschusse des nunmehr von türkischer Seite sehnlich herbeigewünschten bosnischen Aufstandes den Kelch der Waidmannsfreude in vollen Zügen leeren.

Es war ein stattlicher Zug, der sich an jenem Morgen wohlberitten nach einer in der Nachbarschaft von Travnik gelegenen Waldebene hinwälzte, welche nur wenig von Hügeln, Klüften, Bodenrissen und Gestrippen durchschnitten war, und daher vorzugsweise zu einer glänzenden Jagd zu Pferde taugte. Auch Leila, die gestern Abend angelangt war, und am nächsten Morgen ihre Fahrt nach Serajevo fortsetzen wollte — sie hatte eine Kundschaftsreise nach der Kraina unternommen — fand sich ein und nahm sich in der Tracht einer albanesischen Amazone oder Diana trotz ihrer kleinen Gestalt sehr hübsch aus. Dagegen schien sich der türkische Rechtsfreund und Bekannte Ali's, der die Tochter des Defterdar begleitete, nicht recht behaglich zu fühlen. Jagen galt ihm Zeit seines Lebens als ein überflüssiger, ja höchst gefährlicher Zeitvertreib; kam er dennoch, so geschah es einzig, um sich bei Leila, auf die er seit längerer Zeit schon um des Reichthumes ihres Vaters willen ein verliebtes Auge warf, nach Möglichkeit einzuschmeicheln. Auch die kleine Muhamedanerin hegte verwandte Nebengedanken, denn Lascaris war der Köder, der sie lockte, er mochte der Kapitalhirsch sein, den sie gern gefangen hätte. Es gab ferner eine Masse Treiber bei dem Jagdzuge, denn man hatte unten im Moore die Spur eines Wolfes frisch aufgefunden; dieser sollte durch ein paar kundige Leute sicher ausgemacht, und dann durch Pulver und Blei in die Ewigkeit befördert werden. Deshalb hatte man gegen türkische Sitte ein Rudel zottiger und gewaltiger Wolfshunde mitgenommen, die ungeduldig und kampflustig an der fesselnden Leine zerrten.

Die Jagd begann.

Bald waren mehre Rehe, auch ein paar Hirsche erlegt. Der Pascha that sich zwar rühmlich hervor, doch mußte er die Ehre des Tages mit Lascaris theilen, dessen Dscherid wie mit unfehlbarer Hand geschleudert immer fest und tödtlich in den Nacken oder in die Flanke seines auserlesenen Opfers sauste. Der Mann der türkischen Themis wurde hingegen viel verspottet und gehänselt, da er bei seiner Unbeholfenheit und Aengstlichkeit fast nie zum Wurfe kam, und geschah dies endlich, seinen Wurfspieß immer ins Blaue versendete. Endlich schien ihn das Glück begünstigen zu wollen. Hart in seiner Nähe brach nämlich ein Kapitalhirsch, ein Sechzehnender in fast klafterlangen Sätzen aus dem Dickicht. Der kleine Mann schleuderte den Dscherid hastig, also vergeblich nach dem nahen stattlichen Gegner, stieß aber dabei seinem Hengste die scharfen Schaufelbügel so unsanft in die Weichen, daß das gepeinigte Thier nach einem rasenden Sprunge wüthig ausschlug und seinen unglücklichen Reiter über den Kopf dem zornigen Hirsche gerade vor die Füße warf. Man gab den Rechtsgelehrten für verloren, denn das gereizte Thier machte Miene, den verunglückten Pfuscher mit seinem mächtigen Geweihe zu fassen; aber da sprengten auch schon zwei Reiter wie besessen zu seiner Rettung herbei und veranlaßten den Hirsch durch ihr Erscheinen, sein Heil und Glück aufs Neue in blitzschneller Flucht zu suchen. Jussuw sendete seinen Wurfspieß mit geübter Hand nach dem fliehenden Thiere, doch die Entfernung war zu groß, und die spitzige Waffe fuhr unschädlich in den hier weniger steinichten Rasen. Noch ein Satz, und der Hirsch mußte abermals im Dickicht verschwinden. Da erhob sich Lascaris im Sattel, ein kraftvoller Wurf und der Dscherid saß im Herzen — das edle Thier bot dem Abenteurer zum Glücke eben die linke Flanke dar — des Sechzehnenders, noch ein gewaltiger Sprung und der Kapitalhirsch brach verendend zusammen.

Allgemeiner Beifall! Jussuw schäumte im Stillen vor Wuth und Aerger.

Nun sollte das zweite Prachtstück der Waidmannslust in die Szene gehen. Der jagdkundige Sklave des Pascha erschien mit stolzer Miene, und mahnte in seiner malerischen Tracht mit dem goldgestickten Bandelier allerdings an die stattlichen Falkner des Mittelalters. Seine Falkeniertasche enthielt ein paar lebendige Tauben zur

Beize für den Stoßvogel; der Falkenierhandschuh bestand aus tüchtigem Hirschleder, auf daß der Edelfalke, der auf der Faust des Sklaven saß, nicht durchgreife mit seinen gewaltigen Fängen. Auf einen Wink des Pascha wurde eine der Tauben losgelassen. Sie flog an einem nachgiebig abrollenden Faden hoch in die blauen Lüfte. Jetzt kam die Reihe an den Falken, seine Schule zu zeigen. Die Kappe fiel von seinem Haupte, er selbst ward ein paar Mal geschwenkt, wie um ihm seine Beute zu weisen; im nächsten Augenblicke gewahrte er auch die Taube, breitete die Flügel aus, stieß ab und stieg zu einer unglaublichen Höhe empor. Bald schwebte er im Schaukelkreise über der zitternden Botin der Liebesgöttin. Endlich hielt er in senkrechter Linie. Jetzt und jetzt glaubte man, nun werde und müsse er, vormordend mit dem Blicke, auf sein Opfer herabschießen; aber nein, war es nun Mangel an Abrichtung von Seite des Sklaven, war es die frische Bergluft, die aus Südwesten herüberwehte, auf einmal wendete er sich, und stürmte hastig, weder Ruf noch Locken beachtend, wie ein Pfeil nach dem schwarzen Hochgebirge Montenegro's. Der Edelfalke hatte seine Freiheit wiedergewonnen. Allgemeine ärgerliche Ueberraschung!

„Das ist bosnisches Blut!" flüsterte Lascaris leise vor sich hin.

Und Jussuw?

Der Pascha langte wüthend nach einem Dscherid und schleuderte ihn mit aller Kraft seiner Faust, auch weit sicherer als auf der Fährte des Hirsches, nach dem armen Sklaven, diesem verunglückten Falkenier. Der Aermste stürzte zu Tode verwundet mit einem Schmerzensschreie zu Boden. Niemand im Jagdzuge verzog eine Miene hierüber. Was galt einem Türken oder einem Spahi das Leben eines Sklaven?! Alles langte wenige Minuten später sorglos nach kalter Küche, und lustig kreisten die Schalen mit Scherbet, der in Mostar wie in andern bosnischen Orten durch einen Aufguß von Wasser auf Honigwaben bereitet wird, vielleicht dieselbe Gattung Hydromel, das bei dem illyrischen alten Stamme der Taulantier, die in der Vorzeit dieses Land bewohnten, gebräuchlich gewesen. Daß es noch viele Witze auf Kosten des Themisjüngers absetzte, versteht sich wohl von selbst. Der Mann litt geduldig, ja in Freuden, sah er doch Leila lächeln, und lächelnde Frauen haben ein williges Ohr für schmeichelnde Rede. — Später schritt man zum dritten, zum ernstesten Theile der Jagd. Verläßliche Meldung war eingelaufen, die Wölfe steckten richtig noch im Gestrippe des tiefer unten liegenden Moores; es müßten ihrer nicht, wie man Anfangs glaubte, nur einer, nein zwei oder drei sein.

„Unerhört," flüsterte es in den Reihen, „sich in dieser Jahreszeit schon so weit herabzuwagen!"

Der türkische Rechtskundige wurde bleich und zog sich von dem Schauplatze seiner Waidmannsthaten in ein ländliches Stillleben zurück; er konnte dies mit um so mehr Seelenruhe bewerkstelligen, als auch Leila und noch ein paar Frauen wie Zobeide und ihre Gesinnungsgenossinnen, welche der Jagd beiwohnten, auf dringendes Anrathen ihrer männlichen Begleiter auf den höher gelegenen sicheren Standplätzen zurückblieben. Mit desto froherem Muthe eilten Lascaris, Ali und die zwei serbischen Gäste dem Jagdzuge voran.

Da lag es öde und fahl das feuchte Röhricht. Unschöne Weiden, stachlichte Dornhecken, halb aufgeschossene Fichten bildeten den Verhau. Zahllose Schlingpflanzen machten das Gestrippe fast undurchdringlich. Es wurde also umstellt. Die Hunde an der Leine wurden unruhig, ihre Augen funkelten unheimlich, denn der Wind trieb ihnen die Witterung ihres Erbfeindes gerade in die schnobernde Nase. Nun waren alle Vorkehrungen getroffen. Die Jäger hatten die Wurfspieße mit Kugelstutzen vertauscht; zwischen je vieren gab es ein kleines Feuer oder standen Treiber mit Pechfackeln, um das Wolfsgezücht von dem Durchbruche abzuschrecken. Endlich ward die Meute Hunde in Dianens Namen losgelassen. Sie sprangen ungestüm in den Verhau, und bald verkündete ihr wüthendes Heulen, daß die Hetze begonnen habe. Hei, wie abscheulich rasselte und praßelte es in dem Dickicht! Den jüngeren Schützen stieg das Blut zum Kopfe. Mordlust sprühte aus ihren Augen und in jedem Blicke stand zu lesen, wie gern man es sehen würde, wenn die Bestien gerade hier ausbrechen möchten. Die älteren Jäger machten sich bedächtiger schußfertig; sie wußten, die Sache werde sich nicht so rasch machen; sie kannten den kurzen Gallop des Wolfes, der, wie Mazeppa meinte, zu ermüden weiß des Jägers Zorn und des Hundes Haß. Das Gebell der Hunde erscholl jedoch immer näher, zuweilen vernahm man ein klägliches Winseln.

Es war eine haarsträubende Szene.

„Teufel," meinte einer der serbischen Gäste, „die Luder werden doch nicht standhalten und zerreißend sich zerreißen lassen?!

Armer Hund! Wie er heult! Der muß es tüchtig ab bekommen haben!"

„Sie werden sogleich die Ehre haben zu erscheinen," antwortete sein Nachbar, der zweite Serbe, „es kracht schon im Gehölze, keine sechzig Schritte mehr von uns. Jetzt heißt es die Kugelbüchse in Anschlag bringen."

Derselben Meinung waren weiter unten Lascaris und Ali, und richtig die unfreiwilligen Gäste debutirten in der nächsten Minute. Senkrecht auf den Stand der Serben stürmte ein Wolf mit blutigem Rachen aus dem Röhricht. Der Eine schoß übereilt und fehlte, der Andere zielte achtsamer, und die Kugel streifte das schnaubende Thier, das nun wüthend gegen ihn aufsprang. Nun, zwei Serben werden mit einem Wolfe auch noch fertig! Der Erstere rannte der Bestie im selben Momente den scharfen Handschar in den Leib, als ihr sein Landsmann und Nachbar mit dem Kolben den Schädel einschlug.

„Du hast slavisches Blut getrunken," meinte dieser, kaltblütig auf den derben Biß und Riß in seinem Oberarme hinweisend, „es ist billig, daß du die Zeche mit deinem Leben bezahltest, und möge es allen Feinden Serbiens so ergehen!"

Eine gräßlichere Szene ereignete sich auf dem nächsten Stand, den wie wir wissen Lascaris und der Kaimakan Ali inne hatten. Dicht vor Lascaris brach ein Wolf hervor, prallte zurück und setzte dann mit einem gewaltigen Sprunge quer an ihm vorbei. Der Abenteurer legte ruhig an, zielte scharf, und die Felsen dort drüben am Berge lagen nicht ruhiger als seine Büchse, da sein Finger den Drücker berührte; darauf fiel sein Schuß, und die Bestie stürzte, ohne einen Laut von sich zu geben, todt zu Boden, die Kugel war ihr gerade im Genicke in den Kopf geschlagen. Ali bewunderte eben den Meisterschuß, da kam auch an ihn die Reihe seine Geschicklichkeit als Waidmann zu bewähren. Ein ungeheueres Wolfsthier, heulend, schnaubend, mit feurigen Augen, mit weit geöffnetem Rachen sprang gerade auf ihn zu; der Kampf mit den Hunden, das Feuer, die vielen Schüsse hatten es rasend gemacht. Ali drückte ab, leider hitzig wie der eine Serbe, fehlte, und nun faßte ihn das Unthier an der Brust und riß ihn zu Boden. Sein Tod schien verbrieft. Noch bannte er den Wolf für den Moment, wie Stifter so schön sagt, mit der Wuth seiner in Angst und Wildheit funkelnden Augen, aber schon fletschte das Raubthier die Zähne, und gleich darauf wollten sie sich tödtlich eingraben in seine Kehle.

Da erschien der Retter in der Noth.

Lascaris, der keine Zeit mehr zum Laden fand und unvorsichtiger Weise, sich auf sein scharfes Auge und seine sichere Hand verlassend, keine andere Waffe mitgenommen hatte, sprang wie der Blitz herbei, als der Angstruf des Kaimakan an sein Ohr schlug. Auf den Schädel durfte er den Wolf nicht schlagen, da er den gestürzten Waidmann mitzutreffen fürchtete; so schmetterte er ihm den Kolben so furchtbar über den Rücken, daß der Schaft allein in seinen Händen verblieb. Der Wolf stieß ein entsetzliches Geheul aus, ließ seinen ersten Gegner los und wendete sich dann gegen seinen neuen Feind. Ein wüthender Kampf begann. Das Unthier, obgleich durch den Kolbenschlag halb gelähmt, war noch immer riesenstark, und ein schwächeres Menschenkind dürfte bald aus tödtlichen Wunden geblutet haben. Selbst Lascaris hatte Anfangs einen bösen Stand, bis es ihm gelang, den Wolf am Genicke zu ergreifen und zu Boden zu drücken. Nun ging es schon besser, nun kniete er auf dem Ungethüme und würgte es, daß der Bestie die Augen weit aus den Höhlungen traten; später kamen die Hunde herbei und Meister Isegrimm verhauchte unter ihren Zähnen und Tatzen den Rest Leben, den ihm die derben Fäuste des Abenteurers übrig gelassen.

Die Jäger sammelten sich.

Die beiden Serben wurden gebührend belobt, aber der auserlesene Held des Tages war unser ritterlicher Freund. Bewunderte man den Meisterschuß als Waidmann auch noch so sehr, der Mensch behauptete den Rang vor dem Jäger, und man fand kein Ende den kühnen Muth und die rücksichtslose Aufopferung zu preisen, mit der Lascaris für den Kaimakan sein Leben in die Schanze geschlagen hatte. Hätte man erst um ihre gegenseitige Stimmung und Stellung gewußt! Nur Einer knirschte im Stillen vor Ingrimm, es war Pascha Jussuw. Ali hatte sich von dem ersten Schrecken erholt, sprach aber kein Wort; nur ein heftiger, krampfhafter Händedruck und ein langer tiefsinniger Blick besagten, was er für den edelmüthigen Retter in der Noth empfand, und wie er sich seines politischen Verdachtes schämte. Von dem Duelle war natürlich fürder keine Rede. Ein solcher Liebesdienst wiegt alle politischen Bedenken auf.

Und Leila?

Es versteht sich wohl von selbst, daß sie alle Künste der Koketterie bei dem Abendschmause aufboth, um wenn nicht ihr Bild, doch wenigstens ihre Silhouette in das Herz des verwegenen Lascaris zu schmuggeln. Es gelang ihr zwar nicht, den schönen Mann zu einer außerordentlichen Aufmerksamkeit zu bezaubern, doch nahm er sich gegen die Busenfreundin seiner Frau weit zuvorkommender als es sonst in der Anwesenheit Gülnaren's sein Brauch zu sein pflegte. Leila glaubte also nur die Fesseln der Ehe lösen oder sprengen zu müssen, um ihren endlichen Sieg unter Trommelschlag verkünbigen zu können. Dieß befestigte sie noch mehr in ihren schwarzen Entschlüssen.

Nach dem Liebesdienst kam der Schergengang!

Um die Abenddämmerung des nächsten Tages rollte ein Wagen über die Straße, die von dem Bergschloße Riswan's nach Serajewo führte. Die Witterung war ziemlich rauh, feuchter und kalter Nebel gestaltete die einbrechende Dämmerung zur halben Nacht, und die Eigenthümerin des Wagens hüllte sich schauernd in ihren prachtvoll mit Pelzwerk ausgeschlagenen Mantel. Wie düster und unfreundlich der Anblick der gesammten herbstlichen Umgegend aber auch sein mochte, noch trüber, ja fast grauenhaft wogte und gestaltete es sich in dem Innern der fröstelnden Reisenden. Ihr Herz war zu einem Schlachtfeld geworden, darin ihr Schutzgeist mit dem Erbfeinde der Menschheit im letzten entscheidenden Kampfe zusammengestoßen, in einem um so gefährlichern Kampfe, als der abgefallene Engel eine mächtige Verbündete an seiner Seite wußte. Man nennt sie wilde eifersüchtige Leidenschaft.

Es war die Tochter des Defterdar.

Noch wenige Minuten und ihr Schergengang sollte beginnen, ein Schergengang, nach welchem es keinen Rücktritt mehr gab in das Land der reinen schuldlosen Geister. Schwer und entsetzlich lastete die Stunde der häßlichen Versuchung, Schutzgeist und Dämon maßen ihre letzten Waffen. Da tönte von einem fernen Kirchlein leiser Glockenklang herüber, jener Andacht erweckende Glockenschall, welcher selbst in dem rauhen Mittelalter den Gottesfrieden — treuga Dei — verkündete und die erbitterteste Schlacht plötzlich stehen machte. Auch in dem Herzen der Renegatin erwachte die Erinnerung an ihre fromme Jugend. Der Sturm in ihrer Seele schien sich beschwichtigen zu wollen. Ein reuiger Blick zum Himmel, und Leila's Schutzgeist schickte sich freudig an, zur Gottheit empor zu

fliegen und den schönen schweren Sieg eines verliebten und eifersüchtigen Menschenkindes über sich selbst zu verkündigen.

Plötzlich hielt der Wagen.

In einer Entfernung von ein paar hundert Schritten zeigten
sich verdächtige Gestalten, und der Kutscher meinte daher leise, es
dürfte nicht gerathen und geheuer sein, weiter zu fahren. Ein Blick
genügte der Tochter des Defterdar, um des wahren Charakters
jener unheimlich aus dem Nebel auftauchenden Gestalten gewiß zu
werden. Es waren ihre eigenen Diener und Helfershelfer, eine
Schaar wohlberittener bosnischer Landwehr, ein Schwarm verwegener Söhne der Wildniß, welche Leila mit der Ueberwachung
Mirra des Aeltern betraut hatte. Wie kamen sie hieher? Hierüber
werden die nächsten Blätter dieses Buches hinreichenden Aufschluß
geben.

„Vorwärts!"

Das Wort klang schrill wie zerspringendes Glas und doch so
bang wie das Verhallen eines Sterbeglöckchens. Es war auch so
eben Jemand gestorben oder er hatte eigentlich bloß das irdische
Jammerthal für immer sieglos verlassen. Es war der Schutzgeist
Leila's. Jenes Wort rauschte ja von ihren krampfhaft zuckenden
Lippen, der Wagen rasselte weiter, und ehe sich die Räder auch nur
einmal umgedreht, da stand auch schon, Leila, verlornes Kind, dein
guter Engel mit verweintem Angesichte vor dem Throne des Ewigen, und wies dem Herrn einen versengten, welken Kranz von
Lilien. — „Er ist verdorrt!" — Sonst sprach er nichts. Und wie
im Morgenlande die Sitte herrscht, daß man an eines theuern
Lieblings Sterbepfühl die Gewande in tausend Stücke reißt im al-
lererften Schmerze: so Leila, riß auch bei dir das schneeige Altar-
tuch der Gewissensreinheit in diesem Augenblicke mitten durch, und
jede Hälfte schlang sich darauf als Leilach um eine bleiche Todte —
Menschlichkeit hieß die Eine, und die Andere wahres Glück!

Die Sünde hatte gesiegt! Der Würfel war gefallen!

Die Landwehrreiter zogen lautlos voran und schwenkten später
etwa auf dem halben Wege zwischen Riswan's Schlosse und der
bosnischen Hauptstadt geräuschlos auf. Die Tochter des Defterdar
befahl ihrem Kutscher zu halten, und sprang stürmisch aus dem
Wagen.

„Hat er sein Wort gehalten," frug Leila mit leiser Stimme,
„ist er zu Zweien gekommen?"

Die Antwort lautete bejahend.

„Und wo hält eure Reserve, um im Falle eines Hinterhaltes Luft zu machen?"

„Außerhalb Serajevo," entgegnete ein Reiter, „auf der nach Travnik führenden Straße."

„Vermuthlich im türkischen Wirthshause," murmelte die Muhamedanerin, „Mustapha Pascha Han genannt."

Mit diesen Worten schlug sie den unsern Lesern bereits bekannten Waldpfad ein, der mit der Straße einen stumpfen Winkel bildete und zu einem abgelegenen Feldweg führte. Als Leila in den schmalen, aber hochstämmigen dichten Wald gelangte, trat ihr Mirra mit kriechender Unterwürfigkeit entgegen, einen bleichen, ungefähr zwölfjährigen Knaben am Arm mehr zerrend als führend. Der arme Junge schien vor Angst mehr tot als lebendig zu sein, und zitterte wie eine Espe an allen seinen Gliedern. Er war armer Leute Kind, israelitischer Abkunft; sein Name lautete Benoni. Der Zigeunerhauptmann hatte den Knaben seinen Eltern zu Serajevo durch die zweite oder dritte Hand so zu sagen abschmuggeln lassen, freilich unter dem verlockenden Vorgeben, er wisse Benoni in einem vornehmen Hause als Laufbursche vortheilhaft unterzubringen. Sein elastisches Gewissen, anfangs etwas aufgeschreckt, zog sich, sobald die Schandthat wenigstens von seiner Seite aus gelungen, zu seinem gewöhnlichen Winterschlaf zusammen, und er hegte gegenwärtig nur mehr einen Kummer, lebte nur einer Besorgniß, ob nämlich die reiche Tochter des Defterdar auch ihrerseits Wort halten und eine namhafte Anzahl Goldfüchse zum gänzlichen Abschlusse des abscheulichen Handels großmüthig losschlagen werde. Dagegen nagte eine schauerliche Furcht am Herzen des verlassenen Benoni.

Mirra war zwar so klug und vorsichtig gewesen, den Knaben, als man ihn nach seiner Behausung brachte, so mild und zuvorkommend als möglich zu behandeln; aber er suchte die Anwesenheit Benoni's seinen Dorfgenossen mit großer Sorgfalt zu verbergen, und ermahnte den Jungen daher gleich in der Stunde seiner Ankunft, sich ja nicht im Freien sehen zu lassen. Seine Beweggründe zu diesem Abschließen lauteten dahin, daß es in den gegenwärtigen Wirren zwischen Christen und Moslimen für ein Judenkind gleich gefährlich sei, dieser oder jener Partei in die Hände zu fallen. Eigentlich war es nur übertriebene Klugheit, die Mirra zu dieser Er=

mahnung bewogen. Eine weitere Nachfrage über das spätere Schicksal des Knaben konnte dem Zigeunerhauptmann nach dem Ausbruch des politischen Sturmes nicht mehr gefährden; in solchen Zeiten stehen ja einem Schlaukopf tausend Nothlügen zu Gebothe, hier endet alle menschliche Justiz. Diese übertriebene Klugheit gerade aber machte Benoni stutzen und weckte eine leise Stimme in seinem Herzen, die ihn unaufhörlich vor nahem Unheil warnte und häßliche Dinge für die ungewisse Zukunft weissagte. Es lag daher wie Blei in den Gliedern des Knaben, als ihn Mirra am heutigen Nachmittage zu einem Gange ins Freie aufforderte, freilich unter dem trostreichen Beifügen, seine künftige Herrin erwarte sie an einer verabredeten Stelle. Der Weg dahin bedünkte Benoni ewig lang, und wahrlich der Anblick des Stelldichein, die abgelegene Gegend, der hochstämmige Wald, die zunehmende Dunkelheit, jene zeitweise aus dem Nebel auftauchenden Reiter waren nicht geeignet, die Herzensangst des blöden kleinen Juden zu verscheuchen, zu beschwichtigen. Man denke sich daher seine geheime Seelenfreude, als er endlich wirklich eine vornehm gekleidete Frauengestalt langsam heranschreiten sah, und in dieser seiner zukünftigen Gebieterin nach wenigen Blicken und Worten die in seiner Vaterstadt Serajevo allgemein beliebte Tochter des Defterdar erkannte.

Die kleine Schlange war ja weich und schön anzuschauen.

„Hier bringe ich den bewußten Knaben," sprach Mirra, „er ist ein wackeres demüthiges Kind, Benoni lautet sein Name."

Leila durchsah die List, durch welche der Zigeuner das gemeinsame Opfer geködert hatte, und müßte kein Weib gewesen sein, um nicht ihre Rolle in diesem entsetzlichen Trauerspiele augenblicklich zu begreifen und meisterhaft durchzuführen. Sie begrüßte den Kleinen daher mit herablassender Freundlichkeit und meinte huldvoll, der Knabe solle bei eigener Thätigkeit und Sittsamkeit eine zweite Mutter in ihr finden. Benoni glaubte sich bei diesen trostvollen Worten in den **Himmel** versetzt, und es war rührend zu schauen und zu hören, wie er die Hände der Seelenverkäuferin mit Küßen und Thränen bedeckte, gleichzeitig alles gelobend und verheißend, was ein unschuldiges Kinderherz bei einer solchen Gelegenheit, zumal bei einem so jähen Umsprung von banger Todesangst zur beseligenden Freude hervorzubringen vermag.

„Ein Jude, ein Kind?" flüsterte Leila dem Zigeuner verstohlen in das Ohr.

„Heißes, jugendliches, morgenländisches Blut," meinte dieser eben so leise, „taugt am Besten zu dem bewußten Arcanum."

„Um so besser," sprach die Tochter des Defterdar, „hier dein Lohn!"

Der Zigeuner fühlte eine volle Börse in seine Hand gleiten. Der geliebte Klang erstickte den letzten Seufzer seines fluchbeladenen Gewissens, und er sah Benoni so ruhig an Leila's Seite von hinnen schreiten, wie kaum ein Lastträger einem Waarenballen nachblickt, den er richtig abgeliefert hat, und den man nun unter Verschluß schafft. Darauf schlug er hastig den Heimweg ein, nicht ohne zeitweise umher zu spähen, ob die verdächtigen Reiter noch auf seiner Ferse seien. Diese aber gaben zu seiner größten Freude der Tochter des Defterdar ein weiteres Schirmgeleite. Der Judenknabe tanzte so zu sagen vor Entzücken hinter seiner neuen Herrin einher.

Armes, thörichtes Kind!

Leila eilte nach dem Feldwege. An der Mündung des Waldpfades harrte ein wohlbekannter Fuhrmann mit seinem Wagen. Es war der verschlagene Ive. Das armselige Fuhrwerk machte Benoni aufs Neue stutzen, doch dachte er nichts besonderes Arges. Wer malt jedoch seine geheime haarsträubende Angst, als man endlich statt vor dem Hause des Defterdar, vor der verrufenen Klause des Einschläferers still hielt. Tausend verdächtige Sagen waren über den alten Mann im Umlauf, entsetzliche Dinge sollten sich in seiner gespensterhaften Behausung zugetragen haben, ja, unter den Juden zu Serajewo ging selbst ein leises Gerücht über so manches dort vorgefallenes Seltenstück zu dem bethlehemitischen Kindermorde. Leila sprach dem Kleinen jedoch Muth zu, meinte, sie wolle den Alten bloß wegen eines Herzleidens zu Rathe ziehen, dann aber werde es in rascher Fahrt nach ihrem schönen Landsitze gehen.

Benoni blieb trotz diesen Trostworten im tiefsten Innern beklommen.

Der Flüsterer empfing den vornehmen Besuch wie früher im Wartesaal. Die schwarze Stube, die Todtenköpfe, die ausgestopften Vögel und Schlangen, die unheimliche Beleuchtung waren nichts weniger als geschaffen, die spuckhaften Besorgnisse eines aberglaübischen Gemüthes zu beseitigen, und der arme Judenknabe fühlte sein Herz sinken, den kalten Angstschweiß wie ehedem in schweren Tropfen auf seine Stirn treten und sämmtliche Glieder wie im heftigsten Fieberfroste erzittern.

• Es sollte noch weit schlimmer kommen.

Abbas begrüßte Leila mit kriechender Unterwürfigkeit, warf einen forschenden boshaften Blick auf den Kleinen und schritt dann mit einem Winke nach dem Beinhause, der Benoni und seine Herrin zu folgen aufforderte. Der Knabe bezeugte nicht die mindeste Lust dieser bedenklichen Aufforderung Folge zu leisten. Leila machte jedoch nicht viel Federlesens, ergriff Benoni mit überraschender Kraft am Arme und zerrte ihn, wie früher der Zigeunerhauptmann nach der schauervollsten aller Grüfte. Ein dämonisches Lächeln spielte um die Mundwinkel des Einschläferers. Der kleine Jude schrie laut auf vor Seelenangst, und sank dann kreideweiß in die Knie, die kleinen Händchen bald scheu vor das Antlitz schlagend, um sich den schauerlichen Anblick der unzähligen Todtengerippe zu ersparen, bald sie bittend und flehend gegen seine hartherzige, nunmehr äußerst zornig blickende Gebieterin ausstreckend.

„Ist dies," begann Abbas, „das lebendige Arcanum, das mir verheißen worden?"

„Ich glaube," antwortete Leila verdrossen, „das begreift sich wohl von selbst."

„Ging das Opfer freiwillig mit?"

„Alter Narr, wer geht freiwillig zum Marterpfahle?!"

Benoni kreischte nochmals laut auf, eine kalte Hand griff nach seinem Herzen, er sank ohnmächtig zu Boden.

„Dann haben Gospoja," sprach der Alte seltsam lächelnd, „noch eine neue Verpflichtung einzugehen."

„Und diese wäre?" frug stutzend die Tochter des Defterdar.

„Sie müssen die Sündenlast des Opfers auf sich nehmen."

„Bist du verrückt?"

„Ich mag und darf nicht zugleich die Seele mit dem Leibe verderben."

„Wozu diese Narrenpossen?"

„So verlangt es der durch Jahre geheiligte Brauch bei Bereitung der Aqua Toffana."

„Unsinn über Unsinn!"

„Die Uebernahme der Sündenlast des Opfers von Seite des Käufers muß sogar in Gegenwart eines Priesters vor sich gehen. Da Gospoja schwerlich dafür gesorgt haben dürften, so habe ich selbst einen verläßlichen altgläubigen Diener des Herrn bestellt.

Der Unterschied des Credo thut nichts zur Sache, es handelt sich bloß um einen beeideten Vertreter der griechischen Kirche."

„Ich mag nichts von dieser Albernheit wissen."

„Dann vermag ich das kostbare Wasser auch nicht zu bereiten."

„Ich zahle dir den doppelten, den dreifachen Preis!"

„Unmöglich!"

„So sei es denn, aber spute dich!

Wie schwer konnte auch die Sündenlast eines blutjungen Kindes wiegen, zumal für die Seele einer unbußfertigen Muhamedanerin?!

Abbas schritt zum Werke.

Er warf wie bei Leila's erstem Besuche ein paar dürre, seltsam geformte Kräuter in das Feuer auf dem antiken Altare und murmelte dann ein paar kauderwälsche Zaubersprüche, die aber diesmal fast wie ein südslavischer Zuruf klangen. Die Gospoja war aber zu aufgeregt, um darauf sonderlich zu achten. Dicke betäubende Dämpfe stiegen gegen die Decke empor und füllten allmählig das Beinhaus, wurden nach und nach dünner, weißer, halb durchsichtig und gestalteten sich endlich zu einem schwachen künstlichen Nebel. Aus diesem Nebel tauchte später die Gestalt eines Popen auf. Es war ein noch rüstiger Mann mit dunklem Vollbart, und die Leser kennen ihn bereits, denn wir haben ihn dem falschen Dane das letzte Liebesgeleite geben sehen. Die Gestalt sprach jedoch kein Wort.

„Verlangen Gospoja," frug Abbas, „noch immer nach Aqua Toffana?"

„So ist es!" antwortete Leila.

„Hat sich jener Knabe, das lebendige Geheimmittel, freiwillig oder gezwungen hieher begeben?"

„Es konnte nicht ohne Zwang ablaufen."

„Gospoja aber schleppten das Kind freiwillig herbei?"

„Freiwillig!"

„Wollen Sie auch die Sünden des Opfers vor dem Throne des Ewigen vertreten?"

„Ich übernehme diese Sündenlast."

„Schwören Sie!"

„Ich schwöre!"

„Du hast den Schwur vernommen, Vertreter der Kirche?!"

Die Gestalt nickte bejahend mit dem Kopfe und verschwand

dann im Nebel. Dieser ward bleicher und bleicher, verdichtete sich dann allmählich, dicke betäubende Dämpfe erfüllten aufs Neue das unterirdische Gewölbe, hoben sich langsam, zerstoben wie gewöhnlicher Rauch und die schauerliche Scene eines die Gottheit lästernden Eidschwures war vorüber. Benoni lag noch immer ohnmächtig am Boden.

„Sie haben starke Nerven, Gospoja," sprach seltsam blickend der Flüsterer.

„Was kümmern dich meine Nerven? Wann erhalte ich die gefüllte Giftphiole?"

„Heute über acht Tage! Es ist die alte übliche Zeitfrist."

„Ich werde pünktlich erscheinen!"

Nach diesen Worten stürmte Leila trotz ihrer gerühmten starken Nerven mit scheuer Hast aus dem Beinhause in den Wartesaal und von da ins Freie. Hätte sie sich in diesem Wartesaal etwas sorgfältiger umgeblickt, so würde sie in einem Winkel die Tracht eines Popen und einen falschen dunklen Vollbart liegen sehen haben. Der Mann aber, der beides zu seiner Verkleidung benützt hatte, war niemand anderer gewesen als Leila's gemietheter Fuhrmann, der schlaue Ive. Die Maskerade war natürlich schon früher zwischen ihm und Abbas verabredet worden. Der Leser weiß nunmehr auch, wer Dane in dem Kerker zu Travik zuerst in die gekreuzte Uniform des betrunkenen bosnischen Verräthers und später in den nunmehr leer gewordenen Sack des Letztern schlüpfen half; er gab auch Dane das Geleite nach dem verfallenen Gemäuer, darin sich der stämmige Enkel des Flüsterers bis zu dem spät erfolgenden Abmarsch der türkischen Streifschaaren und Vorposten verborgen hielt.

Und sein Oheim?

Abbas blickte der Tochter des Desterbar mit dem Ausdruck der tiefsten Verachtung, des größten Hasses nach.

„Ein weiblicher Teufel!"

Also murmelte er, sich zu Benoni niederbückend.

Siebzehntes Capitel.

Die Bluttage an der Bosna.

Die Hinrichtung der drei Rajas zu Travnik als angebliche politische Aufwiegler und Spione gab, wie Lascaris richtig geahnt hatte, das Zeichen zum wirklichen Ausbruche des bosnischen Aufstandes. Vergebens bat und beschwor Vuk der Montenegriner seine Glaubensgenossen, einen günstigern Augenblick abzuwarten, fruchtlos bewies er, wie die Bosniaken von den Serben, Csernagorazen, Albanesen und Herzegowinern im Stich gelassen, im Kampfe gegen die türkische Uebermacht erliegen würden und müßten. Er predigte tauben Ohren, ja er gerieth beinahe in den Verdacht, für den Halbmond gewonnen worden zu sein. Ein souveräner Kriegsrath, darin es natürlich auch an ein paar Verräthern nicht fehlte, ward gebildet und mit unumschränkter Machtvollkommenheit bekleidet. Dies raubte den Schilderhebern im Vorhinein Einheit im Plane, Zusammenklang in der Ausführung.

Jussuw Pascha wußte diese Uneinigkeit wie seine eigene Uebermacht trefflich auszubeuten. Der bosnische Muschir ließ dem christlichen Kriegsrathe auch nicht viel Zeit zum Ueberlegen, sondern brach, die Offensive ergreifend, im Sturmschritt gegen die Aufständischen vor. Letztere wurden gleich bei dem ersten Anprall von ihrem linken Flügel getrennt und mit dem Gros des Heeres gegen den Berg Vitez gedrängt, wo sie sich wie weiland der bosnische Adel verschanzten, um die Straße nach Serajevo wie diese Hauptstadt zu decken; während der abgeschnittene linke Flügel in die westlichen Gebirge eilte und unter Vuk's Leitung die dortigen Engpässe zu vertheidigen suchte. So fielen fast zwei Dritttheile des Landes in die grausamen Hände der Anhänger des arabischen Propheten.

Darauf erfolgten die sogenannten Bluttage an der Bosna.

Jussuw Pascha erwarb sich dabei den Beinamen „Christenbluttrinker.*) Entsetzliche Gräuelthaten gingen an diesen Tagen in die Scene, und die frommen Engel der Menschlichkeit und Barmherzigkeit verhüllten weinend ihr kummerbleiches Angesicht. Die gefallenen Geister hielten damals großen Festtag. Noch jetzt erbebt der Geschichtsschreiber in der tiefsten Seele, soll er dem Zuge der türkischen Horden als getreuer Berichterstatter folgen. Mordlust und Grausamkeit hohnlächelten an der Spitze dieser beschnittenen Barbaren, hinter ihren Fußstapfen und Roßhufen blieb nichts als Verderben und Verzweiflung. Grimmig wüthete die türkische Gottesgeißel.

Ueberblicken wir einige dieser Schauerscenen!

Dort hart an fruchtbaren Weideplätzen liegt ein armseliges Dorf. Jede seiner dürftigen Familien unterhält auf jener Weide eine Kuh und einige Ziegen, mit deren Milch sie ihr Leben kümmerlich fristet. Da ruft Jussuw eine Schaar frischgeworbener Golatschanen oder nackter Kinder herbei, und läßt Feuer an die zweihundert erbärmlichen Hürden legen, welche diese Dorfschaft bilden. Wer soll löschen helfen? Die Männer und Jünglinge sind alle längst erschlagen. Weiber, Greise und Kinder werden von den Flammen überrascht, ergreifen die Flucht, und suchen einige Trümmer ihrer elenden Habe zu retten. Umsonst! Sie werden mit Gewalt in die Flammen zurückgetrieben und bald verschlingt sie das Meer aus Gluth, Rauch und Asche. Auf den einstürzenden Giebeln aber sitzt der rothe Hahn, wie man im Mittelalter Feuersbrünste nannte, kräht sein häßliches Lied, schlägt lustig mit den Flügeln um sich, und schleudert wie ein Verschwender all sein rothes Gold, die hellen Flammen in die Luft. **)

Ein reinigendes Fegefeuer für die Giauren nennt es ironisch der Christenbluttrinker.

Hier dieser kleinere Flecken ist gänzlich ausgestorben. Nicht ein Glied seiner Bevölkerung entrinnt dem qualvollen Tode, alles, ob jung oder alt, ob Mann oder Weib, wird grausam hingeschlach-

---

*) Christenbluttrinker, italienisch bevitore del sangue cristiano hieß nach dem Osservatore Triestino der grausame Pascha Dervis in der Herzegowina.

**) So wurde die Sava-Mahala oder Vorstadt an der Save bei Belgrad abgebrannt.

tet, keiner der Leichname bleibt ungeschändet, die Köpfe prangen auf Piken und Handschars; endlich verschlingt eine frisch aufgeworfene Grube wie auf einem Schindanger die blutigen, zerfetzten Ueberreste, schon fällt die erste Scholle darauf, von einem mitleidigen Renegaten geworfen: da ertönt neues Jubelgeschrei in den türkischen Reihen, man hat ein bildschönes Kind in irgend einem Verstecke aufgefunden, rohe Hände reißen es hervor, tragen es durch die Lüfte, spielen Ball damit; vergebens ringt das kleine hilflose Wesen seine zarten Händchen unter rührendem Flehen, fruchtlos netzen seine Zähren die ungeschlachten Fäuste seiner Peiniger, von Gnade und Mitleid nirgends eine Sterbenssylbe hörbar — armes Kind — schon fliegt es in die blutdampfende Grube — schon ruht es auf den noch zuckenden Gliedmaßen seiner Angehörigen — ein letzter Angstruf — schauerliche Stille folgt — der kleine blonde Engel ward lebendig begraben!

„Ein Christenhund weniger," ruft hohnlachend ein Imam.

Dort hat sich ein tapferer Haiduke mit seinen zwei Söhnen und ihrer Mutter in eine Höhle geflüchtet. Drei Tage bleiben die Unglücklichen daselbst ohne Nahrungsmittel belagert. So oft sie hinausbrechen wollen, sind hundert Karabiner auf sie angeschlagen; sie haben nichts zu trinken als ein wenig Wasser, das in den kleinen Gruben der ausgehöhlten Felsen stehen geblieben, und der Durst greift die Unglücklichen also quälend an, daß ihre Zungen anschwellen und schwarz werden. Nach drei Tagen betet die erschöpfte Mutter der Haiduken im Sterben, Gott möge sich ihrer Kinder erbarmen und sie rächen an ihren Feinden, und damit haucht sie ihren letzten Seufzer aus. Der Gatte schaut den Leichnam mit trockenen Augen, aber die beiden Söhne vergießen Thränen, so oft der Vater bei Seite blickt. Der vierte Tag beginnt und die brennende Sonne saugt den letzten Tropfen Wasser aus den Felsen. Da wird der Aelteste von den Söhnen wahnsinnig, er legt die Hand an den Yatagan und heftet zwei Augen, glühend wie die eines ausgehungerten Wolfes, auf die Leiche der Mutter. Bei diesem Anblicke sticht sich der jüngere Bruder von Schreck erfaßt mit seinem Dolche in den Arm, wendet sich gegen den Wahnsinnigen und meint, der Unglückliche solle seinen Durst in dieses Armes Blut stillen, aber keine Schandthat begehen. Da aber erhebt sich der Vater,[*]) und heißt die Söhne mit ihm aus

---

[*]) Dieser tapfere Haiduke hieß Christenitsch und stammte aus der reichen bosnischen Familie Mladen.

der Höhle brechen, denn besser sei es durch die Kugeln als durch den Hunger zu sterben. Und sie stürzen wie Löwen hervor; jeder erhält zehn Kugeln in die Brust, aber auch jeder tödtet zehn Türken, ehe er stirbt. Noch jetzt preist ein Volksgesang ihr hochrothes Ende!

„Der Pascha unterhält sich!" Also heißt es im türkischen Lager.

Hier in der Nähe des muselmännischen Lagers befindet sich ein Bazar ganz eigener Art, seltsam anzuschauen! Renegat Mustapha führt dort Buch und Rechnung, er hat den französischen Korbsäbel mit dem Kalem, mit dieser türkischen Rohrfeder vertauscht. Seine neugeworbene Freischaar allein schleppte sechshundert abgehauene Menschenköpfe*) aus der Umgegend herbei. Ein osmanischer Feldscheerer ist eifrig beschäftigt, die Ohren von diesen Häuptern sauber abzuschneiden; dann werden sie mit einem rothen Faden sorgfältig paarweise zusammengeheftet und der Mäkler Zobeiden's greift eben so thätig in einen mit klingender Münze gefüllten Sack, um vertragsmäßig jedes Paar Christenohren mit vierzig Piastern zu bezahlen. Ein Bazar ganz eigener Art, wahrlich gar seltsam anzuschauen!

„Eine gesegnete Messe!" jubelt Mustapha, der Abtrünnige.

Auch im Lager selbst unterhält man sich vortrefflich. Ein bosniakischer Spahi, der berüchtigte Kapitän von Grabaschatz**), ein mit riesiger Kraft ausgestatteter Unmensch, der des Freitags willen — man schrieb gerade diesen türkischen Sonntag — sein Gebet eben mit noch inbrünstigerer Andacht als gewöhnlich verrichtet hat, läßt seine zitternden Gefangenen vorführen, speit Mann für Mann ins Antlitz und ergötzt sich damit, jeden der Unglücklichen Dank der eigenen trefflichen Damascenerklinge mit einem einzigen Hiebe entzweizuhauen.

Der Mann meint, so müsse man den Freitag heiligen.

Seine Untergebenen bleiben nicht zurück in diesen anmuthigen Ergötzlichkeiten und Leibesübungen. Es gilt eine sehr eigenthümliche, unerhörte Wette! Auf dem Rasen liegen nämlich gefangene und gebundene Fischer von den Ufern der Bosna in einem Halbkreise, mit den Köpfen nach innen gewendet. Neben jedem Kopfe

---

*) Besagte Schandthat wurde bereits 1839 in der albanesischen Ortschaft Hoti begangen.

**) Diese Leibesübung fand schon vor 1807 statt, in welchem Jahre der Unmensch von Grabaschatz endlich von den Rajas erschlagen ward.

steht ein Muselmann und lauscht auf das Kommando eines Onbaschi oder Korporals, der an der Außenseite des lebendigen Halbkreises Platz genommen. Sein Kommando wird in drei Tempo's ausgeführt. Erst fährt man eilig in einen der plumpen mit Nägel beschlagenen Stiefel, welchen gestern noch dieser oder jener Ribar — Fischer — bei der Ausübung seines Gewerbes getragen; zweitens erhebt man den also bekleideten rechten Fuß; drittens sucht man schließlich mit einem einzigen gewaltigen Tritte den vor sich liegenden Kopf des stöhnenden Gefangenen zu zerschmettern. Das eben ist die schauerliche Wette! Es frägt sich, wer mehr Schädel solcher ungläubiger Hunde auf das einzige dritte Tempo zu zermalmen vermag?!*)

Treue Diener ihres Herrn!

Selbst der Grad Travnik geht nicht leer aus bei der allgemeinen Freude und Lustbarkeit. Auf dem Walle der Citadelle**) ragen dreihundert Pfähle empor. Man hat eben so viele Bosniaken daran gespießt. Diese Unglücklichen haften bereits drei Tage auf diesen Pfählen, leben noch immer und können nicht sterben; noch zuckt ihr Herz, obgleich viele Rudel hungriger Hunde gierig an ihren Beinen nagen, und die wehklagenden Mütter anfallen und zurückscheuchen, welche den letzten Athemzug ihrer gemarterten Söhne zu belauschen kamen. Am vierten Tage erst schlägt endlich die Stunde der Auflösung, und der Fittig des bleichen Todesengels rauscht hörbar um ihren Häuptern. Schwächer wird nach und nach das Gewimmer, schließlich neigt auch das letzte Opfer sein blasses Haupt und flüstert: „Herr vergib ihnen, sie wissen nicht, was sie thun!"

Es war der fromme Seelenhirt der katholischen Bevölkerung eines benachbarten Dorfes. Darauf ging er ein zu Gottes ewiger Herrlichkeit. Arme, thörichte katholische Mütter! Was wollt ihr in der Höhle des Tigers? Ja, wäret ihr noch so schön und jung wie die Blumen auf der Haide, möglich, daß ihr noch Glück und Rang finden möchtet in irgend einem Harem! So aber schirmt euch kein Zauber der Sinne gegen die türkische Mordlust. Flieht! Hört ihr nicht schwere Tritte erschallen, gleichmäßig wie bewaffnete Krieger-

---

*) Die That ist historisch. Also wurde 1834 ein Serbe auf dem Marktplatze zu Belgrad getödtet.

**) Ort der Handlung war abermals Belgrad; sie begab sich auf den Befehl des Wessir Soliman im Dezember 1814.

Tempel des Herrn, die geweihten Gotteshäuser? Doch! Seht, dort in jener alten griechischen Kirche wird ein großes Fest gefeiert. Das Schiff des Gotteshauses ist von allen seinen Ampeln beleuchtet, hundert Wachskerzen flammen auf dem Altare. Ein alter Muselmann mit eisgrauem Barte hat den Ornat des Popen angelegt, ein paar türkische Knaben ergreifen den Weihwedel, schwingen die Gluthpfanne mit dem Weihrauche. Was aber sollen bei einer kirchlichen Feierlichkeit jene zwei Dutzend riesigen Kessel voll siedenden Wassers, die in doppelter Reihe vom Portale bis zum Altare reichen? Schon folgt die hastige Antwort! Man trägt auf den Kirchenpolstern lallende Säuglinge, man schleppt auf den Armen ängstlich weinende kleine Mädchen herbei. Was will man mit den Kindern? Man schleudert sie einfach in die Kessel voll siedenden Wassers! Ein Jammerruf, ein weithin gellender Schrei entsetzlichen Schmerzes, dann ist das kirchliche Fest zu Ende. Auch der Türke liebt Spottgesänge, Schmählieder, satirische Dichtung. Es war die Verhöhnung des ersten Sakramentes der Christenheit, es war eine türkische Parodie — der Taufe!*)

Die Bosna ward zum siedenden Jordan!

Endlich breitet die heilige Nacht ihren bergenden Schleier über all dies Elend. Tiefe Stille herrscht im türkischen Lager, nur der Pascha wacht mit seinem Basch-Kiatib, mit seinem Geheimschreiber. Das weiße Zelt ist spärlich und schauerlich beleuchtet. Es ist nicht die Wunderlampe Aladdin's, die hier schimmert, aber das Gefäß der Licht verbreitenden Ampel weist sich gleichfalls uralt, angenagt vom Zahn der Zeit, halb verrostet. Sechs greise bosnische Haidukenhäuptlinge bilden, gefesselt der Länge nach hingestreckt, einen zeitweise laut aufstöhnende Runde. Man stach den betagten Männern die Augen aus, füllte die Höhlungen mit frischem Oel und setzte dann achtsam einen brennenden Docht hinein. In dem Kreise aber sitzt der Geheimschreiber, und horcht den Worten des Pascha Jussum, und schreibt auf seinen Knien getreulich nieder, was sein wachsames Ohr erlauschte von dem letzten Siegeszuge in Bosnien. Eine würdige Beleuchtung zu einem Bulletin für den Divan in Stambul!

Habt ihr genug an dieser Reihe blutiger Bilder?!

Natürlich, daß auch die zur Verzweiflung getriebenen Rajas

---

*) Also hielten es die muselmännischen Horden im sogenannten heiligen Kriege der Türken gegen die serbischen Giauren.

vollwichtige Vergeltung übten, wo sie es vermochten, und keinem Gefangenen mehr Quartier gaben, es auch nicht fürder für sich verlangten. Es war ein Krieg bis auf Messerstiche! Entsetzliche Gräuelthaten gingen im Verlaufe der Bluttage an der Bosna in die Szene, und die frommen Engel der Menschlichkeit und Barmherzigkeit verhüllten weinend ihr kummerbleiches Antlitz. Die gefallenen Geister hielten damals großen Festtag. Der ganze Himmel aber ging in Trauer.

Wo aber trieb sich Lascaris herum?

Er war mit einer fliegenden Schaar zur Verfolgung des nach den westlichen Gebirgen flüchtenden linken Flügels der Aufständischen aufgebrochen.

Und wie gab sich Gülnare?

Als Engel des Trostes und der Barmherzigkeit! Weiter unten ein Näheres hierüber! Wir haben es vorderhand mit ein paar andern Personen unseres Romanes zu thun. Während der bosnischen Vesper, im Verlaufe dieser südslavischen Bartholomäustage zitterten zu Travnik wie in Serajevo zwei als geistige Antipoden geschaffene, durch eine weite Kluft der Jahre, des Ranges und der Bildung geschiedene Menschenkinder in gleicher unheimlicher Angst, fast wie die Espe, wenn der Abendwind durch ihre Zweige rauscht. In seinem Frauengemache zu Serajevo zitterte ein hohes Weib in den reifern Jahren, nicht für sich selbst, nein für die Standarte des Profeten, und betete zu Allah, er möge eine neue Gottesgeißel für ihre Feinde, die Rajas erschaffen. In der Küche eines jüdischen Berber — Barbier — zu Travnik zitterte ein blutjunger Knabe, nicht für sich selbst, sondern für die armselige Hütte seiner Eltern in der Nähe von Serajevo, für das alte, morsche Leben seiner Erzeuger, obgleich die Letzteren den Kleinen so zu sagen verkauft hatten. Das Gebet des Weibes war Rache, die Quelle der Thränen im Auge des Kindes war ein einfacher, erschütternder Schmerz. Der unglückliche Knabe wollte mitten durch die kriegerischen Haufen, wollte zu seinen Eltern in der bosnischen Hauptstadt; er war furchtlos geworden in der heiligen Trauer, die durch seine Seele zog, und man mußte ihn wie seine Leidensgenossin im fernen Serajevo mit Gewalt von dem gefährlichen Wandergange zurückhalten. Ein paar Tage vergingen in schwerer, unbegreiflicher Angst. Endlich ersah das Kind seine günstige Gelegenheit zu heimlichem Entwischen. Es lief nach Serajevo, sah seine Eltern wie ihre armselige Hütte unversehrt, banden einherschreiten? Flieht! Es ist zu spät! Die muselmännische Besatzung haust unter hochbusigen Dirnen wie der Marder unter den zitternden Tauben, wie wird er es erst halten in der Einöde verfallener Schönheit! Fühlt, da ihr mich nicht hören wolltet! Man reißt euch zu Boden, man entblößt euern Schoß; es ist nicht die Liebe, es ist der Haß, der eure welken Reize schamlos betastet, und ihr werdet wie Rehe, wie Hirschkühe, nur bei lebendigem Leibe und im Namen Allah's und seines Profeten einfach — ausgeweidet! Eine neue freie Tafel für die gierigen Hunde!*)

Türkischer Waidmannsbrauch seit uralten Zeiten!

Tröstet euch! Euern betagten Schwestern, den abgelebten Töchtern der griechischen Kirche ergeht es noch schlimmer. Seht ihr dort das flammende Dorf?! Sein Feuerschein beleuchtet eine entsetzliche Szene. Eine Schaar Weiber ist mühsam der Lohe entronnen, aber da ereilt sie die Eisenfaust der Spahis, und erstickt hier eine silberhärige Greisin unter einem Steinhaufen, treibt dort einer Matrone den Wurfspieß in den Leib und verbrennt sie an der Gluth der eigenen eingestürzten Hürde. Noch lebt ein Rest verblühten Liebreizes. Darauf beginnt ein furchtbares Wettrennen zu Pferde. Wozu die mit Asche gefüllten Habersäcke bei dem stürmischen Ritte? Was schnallt man sie an den Hals der schäumenden Rosse? Entsetzlicher Anblick! Man steckt die übriggebliebenen Frauen mit dem Kopfe in diese Säcke.**) Und weiter? Darauf besteigt jeder Reiter seinen Hengst und fort geht es in rasender Eile nach dem bestimmten Ziele. Die Weiber ersticken, aber der Sieger auf der blutigen Rennbahn erhält das Anrecht auf die abzuschneidenden Ohren. Auch Jussuw zahlt vierzig Piaster für das Paar. Das heißt noch heute zu Tage in Bosnien:

Das Wettrennen des Satans!

Doch auch die Blumen der Jugend und Schönheit sind kein Schild und Talisman gegen das hereinbrechende eiserne, unbeugsame Geschick. Blickt einmal nach jener andern Ortschaft hinüber! Hei, da geht es lustig zu! Da tönt die slavische Gusla und die türkische Derwischflöte! Da gibt es Klang und Tanz! Hausen hier Adamiten? Selbst die unzüchtige Bajadere geht nicht ohne Busen-

---

*) Historisch, eben daselbst geschehen.
**) Die Reiter waren die Delis oder die Leibwache des obengenannten Wessir Soliman.

schleier zum Reigen. Hat ein zauberhafter Sturm die nackten Tänzerinnen der Mitternacht, die geisterhaften Willis an das Ufer der Bosna verschlagen? Nein, es sind lebende, reizende, heißblütige Dirnen, die sich da drehen im wirbelnden Kolo, barfüßig von der Zehe bis zum Scheitel! Die Osmanlis weiden ihr lüsternes Auge an der splitternackten Schönheit, schlagen den Takt mit den Säbeln und Handscharö, und die Töchter südslavischer Race müssen fort rasen in erzwungener Tanzlust,*) und später, ja später werden sie zu Tode — geliebt!

Eva ohne Feigenblatt in Bosnien!

Doch nicht blos der Panther, der Türke, nein, auch die Hyäne, die Bula, sein Weib büßt ihr Gelüste an den wehrlosen christlichen Dirnen. Dort im Harem jene gesinnungsverwandte Glaubensgenossin Zobeidens, himmelhoch aufgeschossen, aber dürr, alt und häßlich, liebäugelt mit einer Zange, einer garstigen Zange und mit einem Mädchen, einem sehr hübschen Mädchen, das wegen seinen zwei Reihen schneeweißer Zähne den Beinamen Sněg-zub, Schneezahn erhalten. Was will sie mit der garstigen Zange, was hat sie mit dem Schneezahn vor? Nun das begreift sich wohl leicht! Die Alte hat brandiges, angefressenes Gebiß, zählt mehr Schwarzstifte als Zähne, und so versucht sie die allzugroße Verschiedenheit auszugleichen. Freiheit und Gleichheit wollten ja die aufständischen Bosniaken, deshalb ist sie so frei, dem hübschen Kinde das schneeweiße Gebiß Stück für Stück auszubrechen,**) und bei seinen Wehklagen ein buhlerisches Lied zu summen. Auch ihre Sklavinnen sind nicht müßig, sie haben eine bralle Dirne in der Arbeit, wegen ihrer Körperfülle auch gusta děvojka genannt. Was treibt man mit ihr? Die weiblichen Unholde schneiden der Aermsten Riemen Fleisches vom schmerzhaft zuckenden Leibe, und gießen dann der Unglücklichen geschmolzenes Blei oder Wachs in die Wunden, treiben wohl auch mitunter glimmende Holzsplitter in den Busen des vor unsäglicher Qual ohnmächtig, bald auch sterbend zusammenbrechenden Opfers.

Wie man sich im Harem die Zeit verkürzt!

Nichts bleibt ungefährdet, nichts ist heilig! Auch nicht die

---

*) Solche nackte Rundtänze waren schon zu Paswan Oglu's Zeiten an der Tagesordnung, namentlich liebte sie der Renegat Widaitsch zu Zwornik.

**) Dies grausame Loos erduldete, um ein historisches Beispiel zu geben, der Knese Elias im Dorfe Bobovo.

und kehrte später glücklich, wenn auch mit rothen Augen, aus denen noch immer Freudenthränen rollten, in die Stube und Küche seines Lehrherrn, des Barbierers zurück. Die Hülle rohen Aufwachsens war durchbrochen, und die gottgeschaffene Seele strahlte aus dem sonnenverbrannten Antlitze des Knaben. War doch das alte abgemühte Leben seiner Eltern unversehrt geblieben! Den hellen, rührend natürlichen Jubel des Kindes zu schildern ist unmöglich. Auch das hohe reiche Weib ließ endlich sein schnellstes Pferd satteln — zu einem Spazierritt in der Nachbarschaft angeblich — und hatte, kaum den Augen der besorgten Dienerschaft entschwunden, die beispiellose Verwegenheit, mitten durch das aufgeregte, in Waffen stehende Land nach Travnik, nach ihrer Villa zu Dolaz zu reiten.

Wer war das hohe Weib?

Das hohe reiche Weib war die stahlherzige muhamedanische Wittwe Zobeide, die sich, wie wir bereits im sechsten Capitel dieses Romanes erfahren haben, nach Bosna Serai begab, um die dortigen Spahis zu beobachten, und daselbst durch den raschen Gang der sich fast überstürzenden Ereignisse von ihrem eigenen Heerlager abgeschnitten wurde.

Und wie hieß jener Knabe?

Der arme kleine Jude Benoni! Wie kam er nach Travnik in die Lehre des jüdischen Barbieres? Durch die dringende Vermittelung der schönen und mildherzigen Melissa. Abbas, dessen eigentliche Pläne wir noch im Verlaufe dieses Capitels auskundschaften werden, wollte den Kleinen, obgleich er sein Leben schonte, in sicherer Haft zurückhalten, die Bitten seiner Enkelin bewogen ihn jedoch, Benoni gegen einen Eid unverbrüchlichen Schweigens frei zu geben, ja ihn sogar im Hause jenes Barbiers, mit dem er in geheimer Geschäftsverbindung stand, ein schirmendes Obdach zu verschaffen.

Weib wie Knabe schritten einer harten Prüfung entgegen.

Benoni verließ schon bei der Morgendämmerung sein Lager, und eilte auf abgelegenen, also auch weniger betretenen Fußpfaden nach dem Vaterhause. Das Glück schien ihn geleiten zu wollen. Freundlich blaute der Himmel, lustig zwitscherten die wenigen zurückgebliebenen heimischen Vögel, traulich rauschte der Bach, der sich längs des schmalen einsamen Weges in mehrfachen Krümmungen fortwand. Schon hatte der Kleine ein großes Stück seines Wanderganges zurückgelegt, da öffnete sich vor seinen Blicken ein dichtverwachsenes Wäldchen, das den Fußpfad eine geraume Strecke wie mit schirmenden Armen umfangen hielt. Das Wäldchen lachte dem jüdischen Knaben so grün, so reizend entgegen, als sei es ein Stück Kanaan, und gleich dahinter werde das ärmliche Erbe seiner Eltern wie das blumige Land der Verheißung auftauchen.

Armer Benoni! Unter Blumen lagern die Schlangen am liebsten und häufigsten.

Kaum, daß er das Dickicht betrat, ertönte ein verdächtiges Rauschen in dem Buschwerke; auch war es dem erbangenden Kinde, als schlüpfte eine männliche Gestalt in ein unweit gelegenes fahles Gestrippe. Benoni stutzte. Eine unheimliche Angst bemeisterte sich aufs Neue seiner vielgeprüften Seele. Tiefe Stille folgte. Der Knabe glaubte sich getäuscht zu haben, und schritt muthiger, aber auch hastiger weiter.

„Ewige Mutter Isis!"

Also ließ sich plötzlich eine zitternde männliche Stimme vernehmen, die wie vom Himmel zu kommen schien.

Der Knabe hielt unwillkürlich an.

„Hinweg bleiches Gespenst! Erbarmen Benoni!"

Der Aermste glaubte die Stimme zu erkennen und beschleunigte daher wie ein zitterndes Reh seine Schritte. Diese furchtsame Eile drohte das scheue Kind in das Verderben zu stürzen. Gespenster fürchten sich nicht, was hätten sie also die Flucht zu ergreifen?!

„Er flieht? Also lebt er! Verrätherei!"

Gleich nach diesen Worten stürzte ein kleiner gelber Mann aus dem Dickicht, und eine kurze Verfolgung begann, die zweifelsohne mit dem Entkommen des Kleinen geendet haben dürfte, schien doch Angst und Jugendfrische den Füßen Benoni's die Schnelligkeit des Blitzes zu verleihen; da strauchelte er aber zufällig über einen quer im Wege liegenden Ast, gleichzeitig fiel es schwer auf seinen Nacken, schlang sich wie eine Schlange um seinen Hals, ein Ruck, der Aermste lag athemlos am Boden. Sein Verfolger hatte einen langen mit einer Schlinge versehenen Strick, mit dessen Hilfe er früher ein gewaltiges Bündel Habseligkeiten fortschleppte, mit großem Geschick als Fangschnur benützt.

Der kleine gelbe Mann war Mirra der Aeltere.

Der Zigeunerhäuptling überlieferte zwar, wie wir gelesen haben, seiner Zeit Gülnaren ein bedeutendes Ergebniß mehrer Goldwäschereien, fürchtete aber nicht mit Unrecht einen neuen Besuch der Rajas, welche nach dem mittlerweile gewonnenen Goldsand lüstern sein dürften, und machte sich daher mit der neuern köstlichen Ausbeute weislich aus dem Staube, willens die Rückkehr des Friedens, kurz ruhigere und blauere Tage abzuwarten. Benoni's Unstern führte Mirra in das abgelegene Wäldchen. Der Zigeuner vermuthete, der Kleine sei dem Flüsterer entsprungen und befinde sich eben auf dem Wege, dem Kriegsrathe in Serajevo eine Anzeige zu erstatten, welche Mirra's Hals bedeutend gefährdet haben möchte. Er beschloß daher dem Knaben zuvorzukommen, und seinen Ankläger kurzweg zu erwürgen. Zeit und Ort schienen günstig. So entspann sich nachstehendes Zwiegespräch, das trotz seiner kurzen Dauer Entsetzen in das Herz jedes mitleidigen Zuschauers gebannt haben dürfte.

„Erbarme dich, guter Mirra!" stöhnte der halb erdrosselte Kleine.

„Daß ich ein Narr wäre," murrte der Unmensch. „du sollst mir nicht aus der Schule schwatzen."

„Ich habe unverbrüchliches Stillschweigen beschworen."

„Ein Knabenschwur wiegt nicht einen Gran Sicherheit!"

„Erbarmen! Hilfe!"

„Verstumme auf ewig kleine Schlange!"

Damit wollte Mirra den Strick vollends zuziehen, aber da rasselte und prasselte es ringsum in den Büschen, da brachen von allen Seiten grimmig blickende Gestalten hervor, und der Zigeuner ward im nächsten Augenblicke von einer kräftigen Faust am Genicke ergriffen und wie ein Stück Holz zu Boden geschleudert.

„Haben wir dich, egyptischer Hund!" donnerte sein Besieger.

Ein Freudenschrei folgte diesem Ausrufe. Man hatte das schwere Bündel Goldsand aufgefunden. Eine Schaar Rajas hatte sich in der That nach dem Zigeunerdorfe begeben, war auch spornstreichs zur Verfolgung des schlauen Flüchtlings aufgebrochen, als sie die Behausung Mirra des Aeltern leer stehend gefunden und von den übrigen Zigeunern durch Drohungen wie durch Versprechungen Kunde von dem muthmaßlichen Wege erhalten, welchen der gelbe Häuptling eingeschlagen haben mochte. Natürlich, daß die Rajas keines ihrer Versprechen hielten, wohl aber zur Ausführung der Drohungen schritten. Das Zigeunerdorf loderte in Flammen auf.

„Also, betrügen wolltest du uns?" sprach derselbe sieghafte Bosniake.

„Wozu viel Worte," meinte ein Anderer, „rasch zur That!"

„Du hast Recht," rief ein Dritter, „Eile thut Noth, es spukt in der Nähe von Reitern!"

Mirra und Benoni, der sich mittlerweile aufgerafft hatte, sahen mit unbestimmter Angst, wie ein gewandter Bosniake an einem jungen, schlanken Baume emporkletterte. Ein zweiter und dritter Raja folgte. Der Wipfel des Baumes wurde dann bis zu dem Rasen herabgezogen, und dort mittelst Pferdesträngen und Halftern sorgfältig befestigt. Gleichzeitig ergriff der erste Bosniake den Strick, den Mirra nach dem Judenknaben geworfen, und schlang ihn um den höchsten Ast des erwähnten Baumes, der gleichsam einen grünen lebendigen Galgen abgeben mußte. Bald darauf faßten zwei Rajas den Zigeuner, und hingen ihn trotz seines Sträubens, Bittens und Winselns an denselben Strick. Ein flüchtiger Augenblick, dann wurden die Pferdestränge und Halftern durchschnitten, und der Baum schnellte mit seiner Last empor, den Wipfel wie früher nach aufwärts gerichtet.

Die Leiche des Zigeuners hing zwischen Himmel und Erde.

„Vor allem heißt es jetzt," meinte ein Bosniake, „den Goldsand in Sicherheit bringen."

Diese ängstliche Weisung wurde augenblicklich in Vollzug gesetzt. Ein Schwarm Rajas trat mit der allerdings köstlichen Beute einen sehr beschleunigten Rückzug an. Die Reiter, die in der Ebene spuken sollten, hatten die Mörder Mirra's etwas zaghaft gestimmt.

„Und was machen wir," frug ein Zweiter, „mit dem kleinen Juden?"

„Es ist ein putziges Ding, aber hundsjung. Laßt ihn laufen! Was wollt ihr mit der unreifen Frucht?"

„Unreife Frucht? Gleichviel," meinte ein Freund türkischer Gelüste, „Birne bleibt Birne! Ich möchte sie anbeißen."

Benoni riß sich von dem Bosniaken, der ihn nach diesen Worten umfaßte, mit Aufgebot all seiner schwachen Kraft los und versuchte unter gellendem Hilfsrufe zu entfliehen. Flucht wie Ruf würden jedoch dem Aermsten wenig genützt haben, denn er war Männern in die Hände gefallen, die mit dem Rehe um die Wette liefen, die ein Kind nicht viel besser als ein Stück Lamm betrachteten, dessen ängstliches Blöken auch nicht die geringste Beachtung verdient. Zum Glücke tönte in diesem Augenblicke Hörnerklang durch das Wäldchen, Hufschläge wurden hörbar, und einem Haufen berittener, bis an die Zähne bewaffneter Haiduken weit voran kam eine herrisch blickende Amazone auf einem wildschnaubenden Rosse wie der Blitz dahergeflogen. Es war Gülnare. Der Enkel des Flüsterers, der kraftvolle Dane folgte an der Spitze der bosnischen Reiter der muthigen Herrin. Ein Blick genügte der Knesin, um sie von der Sachlage zu unterrichten. Hohn und Zorn, Verachtung und Schwermuth funkelten aus ihren Augen.

„Würdige Abkömmlinge der Mutter Slava," begann Gülnare, „die ihr seid! Einen alten Zigeuner aufknüpfen und einen wehrlosen Knaben unverschämt quälen, das sind eure Heldenthaten! Ich schäme mich des bosnischen Blutes!"

„Retten Sie mich, erlauchte Frau!" wimmerte Benoni.

„Sei ohne Sorge armes Kind! Wo bist du heim?"

„In Serajevo!"

„Dane nimm den Kleinen vor dir aufs Pferd, und geleite ihn nach seinem Vaterhause! Ein paar Haiduken sollen dir als Bedeckung folgen. Du bürgst mir mit deinem Kopfe, daß das Kind ungefährdet in die Hände seiner Eltern gelangt."

Gülnaren's Befehl ward augenblicklich ins Werk gesetzt.

Benoni war gerettet und schied unter heißen Thränen des Dankes von dem weiblichen Engel und Helfer in der Noth.

„Was euch anbelangt," fuhr die Amazone fort, „ihr feigen grausamen Lumpe, so hätte ich große Lust, euch hier auf dem Schauplatze der verübten Schandthat niederhauen zu lassen, aber ich mag dem Henker nicht ins Handwerk pfuschen. Geht und hütet euch, mir nochmals mit räuberischen, blutigen, unheiligen Händen in den Weg zu kommen! Euer Maß ist voll!"

Die räuberischen Rajas, durchwegs Bewohner des Thales, hegten vor den Haiduken, diesen gewaltigen Söhnen der Berge viel zu große Scheu, als daß sie auch nur eine Minute daran gedacht hätten, ein Stück Emeute in die Szene zu setzen. Sie zogen demüthig ab wie ein bissiger, aber feiger Hund, der von seinem Herrn so eben Schläge erhalten. Gülnare warf einen Blick gegen den Himmel, aus welchem Seelenpein und Gewissensangst zu leuchten schienen.

„Lascaris hat Recht," murmelte sie leise, „diesem Volke ist nicht zu helfen, und mir ergeht es wie jenem Beschwörer, der die Viechtitsa, dieses wüthige Gespenst mit feurigen Flügeln wohl herbeizurufen, aber nicht zu bändigen verstand! Armes Bosnien!"

Da erdröhnte hastiger Hufschlag.

Mirra der Jüngere kam wie besessen daher gesprengt und

flüsterte der Knesin ein paar Worte in das Ohr. Gülnare schrack zusammen, als ob sie wirklich von einem Gespenste angesprochen worden wäre. Todtenblässe wechselte mit Scharlachröthe auf ihrem Antlitze.

„Mir nach," donnerte sie, „müht die Pferde, was sie laufen können!"

Das Geschwader stürmte wie der Wirbelwind von dannen.

Mirra warf einen Blick innigen Mitleides auf den gehenkten gelben Mann.

„Morgen, Vetter, sollst du beerdigt werden!"

Nach diesem frommen Versprechen folgte er der Knesin, er mußte ja dem Zuge als Wegweiser dienen. Bald bot sich den Blicken des Geschwaders eine neue Schreckensszene dar. Die Schaubühne war ein kleines anmuthiges Thal. Die Heerstraße, welche nach Travnik führte, ging mitten durch dies reizende, gegenwärtig freilich etwas herbstlich welke Gefilde, und ward am Eingang in die Niederung von einer überaus steilen, tiefen, fast noch breiteren Schlucht durchschnitten, über welcher eine baufällige Brücke schwankte. So sah der Schauplatz aus. Nun zu den handelnden Personen in diesem Schreckensdrama! Die Heldin war Witwe Zobeide, die wie wir wissen in beispielloser Verwegenheit mitten durch das in Waffen stehende Land nach der obengenannten Türkenfestung reiten wollte. Mirra, der wie mehre Haiduken von der Knesin als Plänkler vorgesendet worden, traf mit dem beherzten Weibe hart an der schwankenden Brücke zusammen. Seine Warnung sich nicht weiter zu wagen fand keine Beachtung. Die kühne Frau sprengte bewildert vorwärts und gerieth in dem anmuthigen Thale in einen Hinterhalt nackter Kinder. Diese Golatschanen machten bekanntlich keinen Unterschied zwischen Koran und Bibel, sobald die Losung einmal Raub, Plünderung oder Nothzucht hieß. Es war daher vergeblich, daß sich Zobeide als Muhamedanerin zu erkennen gab. Die nackten Kinder drohten demungeachtet Gewalt zu gebrauchen. Die Witwe fuhr auf, schmähte die Golatschanen, bedrohte sie mit der Rache des Nizam, und ward zur Strafe ihres maßlosen Trotzes nach tapferer Gegenwehr vom Pferde gerissen. Ihr Leben, ihre Ehre hing an einem Haare. Mirra übersah dies mit einem Blicke. Was konnte er, mehr Knabe noch als Mann, gegen einen bewaffneten Haufen blutdürstigen, halbbetrunkenen Gesindels ausfechten? Hier konnte nur mächtigerer Sukkurs ausreichen. Daher sein hastiger Botenritt.

Eben dieser Ritt aber war das Verderben Zobeiden's.

Die Golatschanen erriethen Mirra's Absicht, wußten sie auch zu vereiteln. Nicht das Recht, aber das Terrain war auf ihrer Seite, So kam es, daß die Rose von Serajewo und ihre streitbaren Gefährten, als sie an den Eingang in die Niederung gelangten, auf ein Hemmniß stießen, das kein Renner der Welt zu übersetzen vermochte. Steil, tief und breit gähnte die entsetzliche Schlucht.

Die baufällige Brücke war abgebrochen worden.

Nun zeigte sich ein Schreckensbild würdig des Pinsels eines Salvator Rosa! Hier eine adelige Frauengestalt, fast bis auf das feine Hemd entkleidet, die vor Scham und Zorn zu vergehen meinte, bedroht von den eklen Küssen und Liebkosungen halb betrunkener Unmenschen! Drüben eine vor Mitleid und Entrüstung zitternde Herrin, furchtbar schön wie der Erzengel anzuschauen, als er den Abtrünnigen in die Tiefe schleuderte, nur daß man ihm das Schwert der Rache aus den Händen gewunden! Im Thale wild und satanisch aufjohlende Gräuelgestalten, welche die entblößten Reize ihres hilflosen Opfers in derben ungeschlachten Worten rühmten, und um die Vorhand in dem scheußlichen Spiele barbarischer Buhlschaft stritten! Auf dem Hügel vor Zorn knirschende Vertreter des Rechtes und der Ehre, welche das grauenhafte Schaustück nur durch wüthige, aber ohnmächtige Flüche und Verwünschungen zu stören vermochten! Wahrlich es war eine Szene, darüber die Engel im Himmel weinten und die Abgefallenen im Abgrunde jauchzten, eine Szene, die unter irdischen Zuschauern nicht lange währen konnte, falls sie nicht alle über den Anblick wahnsinnig werden sollten.

Vergebens drohte, vergebens bat und flehte die weiße Rose.

Unanständige Worte waren und blieben die schamlose Antwort.

Das Schlachtopfer sprach nicht eine Sterbenssylbe mehr, aber in seinen Blicken stand zu lesen:

„Das ist dein Werk, Schwester Gülnare!"

Das Schreckensdrama schloß jedoch noch rascher als es begonnen.

Man hatte um die erwähnte Vorhand förmlich gewürfelt. Der Gewinner ein riesiger, häßlicher, zerlumpter Golatschane rüstete sich lüstern schmunzelnd zu dem schmählichen Liebeswerke. Zobeide solle eben vollends zu Boden gerissen werden, noch ein flüchtiger Augenblick und ihr marmorbleiches Antlitz mußte hinter den wilden Männergestalten für die Zuschauer am Abgrunde gänzlich verschwinden. Fürder keine Rettung! In diesem entscheidenden Momente sprang die weiße Rose vom Pferde und riß einem ihrer Haiduken den verläßlichen, weithintreffenden Kugelstutzen aus der Hand. Gleich darauf stand sie hart an der steilen und breiten Schlucht.

„Verzeihe Zobeide deiner reuigen Schwester Gülnare!"

Darauf blitzte es flammend auf, die Kugel schlug zerschmetternd in die marmorblasse Stirne des krampfhaft zuckenden Opfers, Blut und Hirn bespritzten die Wange ihres häßlichen Peinigers, heulend stiebten die nackten Kinder auseinander, Zobeide war nicht mehr, ohnmächtig brach die Knesin zusammen. Lassen auch wir den Vorhang über das grauenvolle Schaustück fallen! — —

An dem Abend desselben Tages schlich sich ein bosniakisches Weib, der rauhen Herbstluft wegen in den Schafpelz eines ihrer männlichen Anverwandten gehüllt, langsam, auffallend unsichern Schrittes längst des uns wohlbekannten Feldweges hin, der zur Klause des Flüsterers führte. Die nächtige Wanderin war von kleiner Statur, schien auch des Fußgehens nicht sonderlich gewohnt zu sein, wenigstens benöthigte sie fast das Doppelte der gewöhnlichen Zeit, um an das Ziel ihres verdächtigen Ausfluges zu gelangen. Viel trug auch wohl die übertriebene Vorsicht und Aengstlichkeit bei, mit welcher die Bosniakin ihren Weg zurücklegte. Blieb sie doch bei dem mindesten Geräusche achtsam lauschend stehen, zuweilen sogar in den ziemlich tiefen Graben am Rain der Aecker und Wiesen hinabschlüpfend, so daß sie für Momente gleichsam in die Erde zu versinken drohte. Uebrigens war auch der Himmel ziemlich umwölkt, und es bedurfte eines scharfen Auges, um auch nur zehn Schritte vor sich hin klar und deutlich wahrzunehmen. Plötzlich aber, die scheue nächtliche Wanderin mochte noch ein paar hundert Schritte von der Behausung des Einschläferers entfernt sein, brach der Mond durch den Wolkenschleier und warf seinen bleichen, forschenden Strahl auf ein weibliches Angesicht, dessen edle Züge seltsam gegen die armselige, dürftige Tracht der angeblichen bosnischen Bäuerin abstachen. Das Kostüme war offenbar eine einfache Verkleidung.

Seine Trägerin hieß auch Leila.

Was wollte sie in so später Zeit auf dem abgelegenen Feldwege?

Waren heute nicht acht Tage seit ihrem zweiten Besuche bei Abbas verflossen?

Richtig, es handelte sich um die Giftphiole, welche der Flüsterer an diesem Tage abzuliefern versprochen. Deshalb verließ auch Leila, von Liebe und Eifersucht, von wilder Leidenschaft und tiefem Grolle getrieben, ihre sichere Behausung zu Bosna Serai, sicher, da sie in der Hauptstadt erstlich als Busenfreundin Gülnarens wenig von dem Hasse der Bevölkerung zu befürchten hatte, da ferner die Knesin eine kleine Abtheilung Haiduken nach dem Hause Leila's zu beordern für rathsam fand. Anders war es der Fall im Freien, zumal in den Stunden der Dämmerung und Nacht, und unser weiblicher Othello that daher sehr weise, das feindliche Land in Christentracht zu durchschreiten. Die Tochter des Defterdar gelangte auch ungefährdet an die Granitklause des Einschläferers, prüfte noch einmal, ob der bewußte lange Dolch auch noch fest an ihrem Gürtel hänge, und pochte dann entschlossen, wenn gleich von einem geheimen Grauen befallen an die Pforte. Abbas öffnete die Thüre mit gut geheucheltem Erstaunen, als könne er es gar nicht glauben, wie eine also zarte Frauengestalt in so sturmbewegter Zeit sich zu einem derart gefährlichen nächtigen Wandergange entschließen könne. Leila schien jedoch wenig aufgelegt diesen schmeichelhaften Beifall, welchen man ihrem Waglingsmuthe zollte, nach Gebühr zu würdigen.

„Ist die Giftphiole gefüllt?" frug sie mit kurz angebundenem Tone.

„Bitte gehorsamst, Gospoja, mir zu folgen!"

Abbas schritt leuchtend voran, die Tochter des Defterdar folgte langsam, mißtrauisch umherspähend, die rechte Hand fortwährend am Griffe ihres langen Dolches. Die Zauberhöhle oder das Beinhaus war dies Mal unbeleuchtet geblieben, und Leila konnte sich daher eines gespensterhaften Schauers nicht erwehren, als sie der Alte durch das unheimliche Viereck aus uralten Todtengerippen nach einem kleinen schwarzen Pförtchen führte, das knarrend aufsprang, aber so niedrig war, daß sich selbst Leila trotz ihrer kleinen Statur bücken mußte, als sie über die Schwelle schritt. Auch schloß sich das schwarze Pförtchen seltsam ächzend hart hinter ihr und zwar noch obendrein mit dem wohlbekannten Geräusch, als ob ein Riegel vorgeschoben würde. Besorgt prüfte sie den einfallenden Riegel. Da er sich aber von innen zurückschieben ließ, so eilte sie leichtern Herzens vorwärts. Das Gemach, darin sich nun beide befanden, wies auch durchaus keinen verdächtigen oder unheimlichen Anblick. Es glich einem gewöhnlichen chemischen Laboratorium, war schwarz verhangen, mit mehren Todtenköpfen und Folterwerkzeugen symbolisch ausgelegt, und wurde durch eine röthlich schimmernde Ampel an der Decke hinreichend erleuchtet. In der Mitte befand sich eine lange gleichfalls mit grobem schwarzen Tuche bedeckte Tafel in Gestalt einer Drehscheibe, die sich langsam neigte, so daß man von allen Seiten freien Zutritt und Spielraum gewinnen konnte. Die kleine Tochter des Desterdar erinnerte sich des Gemaches noch aus der Zeit ihres ersten Besuches bei dem übelberüchtigten Flüsterer. Es befand sich in seinem früheren Zustande, nur der dichte brustbeklemmende Nebel wollte sich nicht erheben, auch fehlte das gemarterte blutende Opfer, so daß man nunmehr deutlich sehen konnte, wie die bewegliche Drehscheibe am obern Rande in zwei Arme auslief und eine Art breiten Kreuzes bildete. In der Nähe dieses obern Randes stand ein eiserner Armstuhl.

„Spute dich, Alter," begann Leila, „ich werde mit dem Lohne auch nicht zögern!"

Abbas griff, ohne ein Wort zu erwiedern, nach einer kurzen Treppenleiter aus schwarzem Holz rückte sie an einen offenen Wandschrank voll Tiegeln, Retorten und Phiolen, wies höflich nach dem bewußten eisernen Armstuhl und stieg dann ein paar Stufen der Leiter hinan, wie um die Phiole mit dem italischen Giftwasser herabzulangen. Sein boshafter Blick gewann einen fast ängstlich lauernden Ausdruck, den die Tochter des Desterdar aber nicht wahrnehmen konnte, da ihr der Alte den Rücken zuwendete.

Leila warf sich sorglos in den dargebotenen Armstuhl.

Kaum daß sie den Polster berührte, da klirrte und rasselte es auch gar seltsam, Federn, Klammern und Spangen griffen und schnappten blitzschnell ein, und die Muhamedanerin sah sich in derselben Sekunde gefesselt, in eine Art eiserne, gitterförmige Zwangsjacke vom Nacken bis an die Fußknöchel hilflos eingeschnürt. Ein Angstschrei entfuhr ihren Lippen.

„Was soll das Possenspiel?" frug sie dann, sich mühsam fassend.

„Possenspiel," rief der Flüsterer von der Leiter springend und herbeieilend, „Possenspiel, meinst du? Du irrst dich weiblicher Satan, es ist furchtbarer Ernst und der Tag der Zahlung gekommen! Meine Brüder werden an der Bosna geschlachtet, deshalb sputet sich auch Abbas, seine Hand in muhamedanisches Blut zu tauchen. Auch sagt ihm sein zweites untrügliches Gesicht, daß ein hochge=

fährlicher Mann*) in wenigen Wochen von der Narenta aufbrechen werde, ein Ungläubiger, den weder Kugel noch Schwert zu tödten vermögen. Der hochgefährliche Mann soll seinen Meister an dem alten Schüler der klugen Gospoja Toffana finden."

„Erbarme dich, Abbas! All mein Schmuck sei dein!"

„Erbarmen?! Fühltest du Mitleid mit Benoni, dem kleinen Judenknaben? Weihtest du den Aermsten nicht grausam dem entsetzlichsten Tode! Warst du nicht sündhaft genug, selbst seine Schuld vor dem Richterstuhle des Ewigen auf deine Seele nehmen zu wollen? Schmuck?! Was soll er mir? Abbas besitzt vielleicht hinreichend Gold, um dich und deine Sippschaft auszukaufen!"

Nach diesen Worten eilte der Alte wieder an den offenen Wandschrank. Leila, hilflos wie sie war, ergab sich zitternd aber schweigend in ihr Schicksal. Sie hatte den Kelch des Entsetzens und der Todesangst noch nicht bis zur Neige geleert. Abbas kehrte mit einem schweren Hammer und vier langen, gewaltigen, spitzigen Nägeln zurück. Die Tochter des Defterdar belauschte furchtsam sein bedrohliches Treiben. Der Flüsterer trat nun gemächlich an den Armstuhl heran, drückte an einer geheimen Feder, und die Gefangene rollte in ihrer eisernen Zwangsjacke auf den Boden des Laboratoriums. Abbas erfaßte die fest eingeschnürte Feindin und hob sie mit mehr Kraft, als man seinem Alter zugetraut hätte, auf die schwarz verhangene Drehscheibe; dann ergriff er den mächtigen Hammer und einen der spitzigen Nägel. Leila schrie bei diesem Anblick laut auf vor unsäglicher Furcht und Besorgniß. Jetzt erst kam die volle gräßliche Wirklichkeit über sie, jetzt erst ahnte sie ihr schmerzhaftes Geschick.

Die Muhamedanerin sollte gekreuzigt werden.

Sie bat, sie weinte, sie betete, sie fluchte, sie raste! Alles umsonst. Der Alte drückte abermals an der Feder, und der eine Arm der Sünderin ward frei, um im nächsten Momente an die Drehscheibe gedrückt zu werden. Ein entsetzlicher Schrei!

Leila war mit der rechten Hand an die Scheibe genagelt.

Ein zweiter, ein dritter, ein vierter Mark und Bein durchdringender Schmerzensruf!

Abbas hatte sein Opfer gekreuzigt.

---

*) Ali Rizwan Begowich der Vezier der Herzegowina wurde in Folge seiner langjährigen ungefährdeten Herrschaft für stich-, hieb- und kugelfest gehalten.

Kaltblütig, mit satanischem Grinsen löste der furchtbare Alte nunmehr die fesselnde Zwangsjacke, dann erfaßte er Leila's langen Dolch an dem funkelnden Goldgriffe — zum Todesstoß? — so hoffte das hilflose, an Händen und Füßen festgenagelte stöhnende Menschenkind — o nein -- Abbas zerschnitt langsam den Schafpelz und die dürftigen bosniakischen Gewande der gekreuzigten Tochter des Desterdar. Bald lag sie entblößt, in all ihren Reizen, bleich und blutbespritzt auf der schwarzen Tafel, ein treues Konterfei jenes sterbenden Opfers, wie sie es weiland im Nebelbilde gesehen. Die Folterqual war noch nicht zu Ende. Es sollte noch weit schlimmer kommen. Der Einschläferer setzte die Drehscheibe in Bewegung, sein banges Opfer gleichzeitig mit einer langen Nadel kitzelnd und stechend. Entsetzen und Schmerz, Jammer und Verzweiflung in dem brechenden Blicke drehte sich die Unglückliche langsam um sich selbst, blutig gefärbter Schaum stand an ihren gichtisch zuckenden kreideweißen Lippen, Thränen quollen aus ihren Augen, Blut schoß aus Nase und Ohr, und der kalte Todesschweiß rieselte in schweren Tropfen von ihrem fiebernden Haupte. All dies entsetzliche Naß sickerte in ein kupfernes Becken unter der Drehscheibe, und der Flüsterer trat zeitweise boshaften Blickes an die Gemarterte heran, sie mit nunmehr glühend gemachten Nadeln stechend, sengend und brennend, auf daß noch mehr Schaum, Blut und Schweiß abfließe als Hauptgeheimmittel zur Erzeugung des tödtlichen, verrufenen, schlimmen Giftes, das die böse Frau aus Wälschland erfunden.

„Weißt du nunmehr, wie man Aqua Toffana bereitet?"

Also frug dämonisch auflachend Abbas der Einschläferer.

Die bleiche Tochter des reichen Desterdar gab keine Antwort, die Aermste drohte dem Uebermaße des namenlosen Schmerzes zu erliegen. Ein banger Seufzer, ein dumpfes Röcheln, ein krampfhaftes Zittern des ganzen Körpers, ein wehmüthiges Schließen der müden Augen! Dann greift eine eiskalte Hand nach dem furchtsamen Herzen!

Leila verlor das Bewußtsein.

Achtzehntes Capitel.

Rothbart überall und nirgends.

Wir haben unsern Lesern bereits erzählt, daß sich der linke Flügel der geschlagenen Bosniaken in die westlichen Gebirge geworfen hatte, und zuerst von einer Streifschaar, die Lascaris befehligte, verfolgt und beobachtet wurde. Gegenwärtig fügen wir noch bei, daß ein regulärer türkischer Heerhaufen, über britthalb tausend Mann stark, diesem fliegenden Korps langsam nachrückte, um dem Feinde jede Hoffnung und Aussicht auf Wiedervereinigung mit dem am Berge Vltez gelagerten Gros der christlichen Streitkräfte zu benehmen, zu vereiteln.

Und doch war diese Wiedervereinigung der einzige Weg zum Siege.

Getrennt mußten die Abtrünnigen einzeln der islamitischen Uebermacht erliegen. Buk, der eben so tapfere als kriegskundige Sohn des schwarzen Berges, sann Tag und Nacht, wie diese schwierige Aufgabe erfolgreich zu lösen wäre. Dies wußte der Befehlshaber jenes regulären türkischen Heerhaufens auch recht wohl. Es war unser alter Bekannter, der Kaimakan Ali. Seiner ganz richtigen Ansicht nach konnte sein Feind, der Montenegriner, einzig durch eine überraschende, rein verblüffende Umgehung den Durchbruch ermöglichen. Ali hatte sich daher durch das Verschanzen der Straßen und Wege, so wie durch das Abbrechen der Brücken und Stege, endlich durch das Aufreißen der Defiléen auf jede nur denkbare Weise zu schirmen gesucht, ja überdies seine Vorposten nach allen Seiten der Tête wie der beiden Flanken seiner Streitmacht so weit und so umsichtig vorgeschoben, daß ein Ueberfall auf der Hauptstraße platterdings unmöglich wurde, während eine Umgehung über die höchsten Gebirge zu einem Angriffe im Rücken bei der gegenwärtig herrschenden an Sibirien mahnenden Kälte als ein Wagestück erscheinen mußte, das höchstens eine neue Scheherazade ersinnen und behaglich auf weichem Divan gelagert erzählen konnte, dem aber nicht einmal ein anderer Sultan Schariar, geschweige ein vernünftiger Kriegsmann Gehör und Glauben geschenkt haben dürfte.

Es befanden sich bei diesem Heerhaufen noch zwei Personen, die unsern Lesern bereits im Verlaufe dieses Romanes vor die Augen traten. Eine dieser Personen war der kühne Mirditenhäuptling Arslan. Der nunmehrige Buluk-Baschi war seiner noch auf dem Anmarsch befindlichen kleinen Schaar Buren oder Braven vorangeeilt, und hatte sich seinem Freunde und Waffenbruder Ali angeschlossen, da er einem Gegner wie Buk gegenüber am ersten ins Feuer zu kommen hoffte. Das zweite bekannte Antlitz wies Mustapha, der Bluthund.

Trotz der großen Kälte herrschte an einem heitern Nachmittage große Lust im türkischen Lager. Die alte Geige Hassan hatte wirklich, wie es Leila prophezeihte, in ihren alten Tagen Wunder gewirkt. Die Kraina war vorzugsweise Dank der nach seiner Angabe gefertigten Holzkanonen von den Aufständischen gesäubert worden. Hassan eilte dann mit einer Batterie dieser Kanonen nach dem ihm zunächst liegenden rechten Flügel des türkischen Heeres, also zu Ali's Schaaren. Die Benützung von hölzernen Wurfgeschossen ist eben nichts Neues, die Holzkanonen aber, die der alte Geschützkundige verwendete, da er über kein Kanonengut zu verfügen hatte, zeichneten sich durch Zweckmäßigkeit des Rohres wie des Gestelles gleich vortheilhaft aus. Ersteres war nicht aus einem Stücke gemacht, gebohrte Holzstämme hätten der Ausdehnung des Pulvers schlechter widerstanden; darum ließ Hassan die Röhren aus mehren Stücken verfertigen, welche durch eiserne Reifen nach Art gewöhnlicher Kufen zusammengehalten wurden. Innen steckte eine einfache Blechfütterung, die ohne viel Mühe und Kosten durch eine neue ersetzt werden konnte. War Mantel und Futter nicht mehr brauchbar, dann wurden beide weggeworfen. Die Laffette war eben so einfach als wohlfeil. Vier Holzblöcke zu zweien in ein schiefes bewegliches Kreuz verbunden bildeten das Gestell, ähnlich demjenigen, auf dem man gewöhnlich Brennholz entzwei sägt. Durch die Beweglichkeit der beiden Holzkreuze war es möglich, dem Rohre jede nur beliebige

Richtung zu geben, und kam es durch den Rückstoß des Schusses aus dieser Richtnng, so war dieselbe ebenso schnell als leicht wieder herzustellen. Vier Menschen trugen ein solches Geschütze ohne viele Mühe die steilsten Bergpfade hinan. In der Ebene konnten die leichten Holzröhren zu Dutzenden auf einem Wagen transportirt werden. Es ist daher leicht begreiflich, daß diese so leicht transportablen Kanonen bei dem hartnäckigen Gebirgskriege von allen Kampfgenossen im türkischen Lager mit großem Beifalle begrüßt werden mußten. Zudem hatte Hassan an jenem Nachmittag den letzten Einwurf, den seine Gegner, namentlich der kriegsgelehrt sein wollende Mustapha gegen die Brauchbarkeit dieser Holzkanonen erhoben, durch eine einfache wenn gleich scheußliche That beseitigt und widerlegt. Die Gegenpartei meinte nämlich, man würde aus dem besagten Blechrohre eben nicht viele Schüsse rasch nach einander abfeuern können. Statt aller mündlichen Antwort ließ nunmehr die alte Fidel ein Dutzend Kriegsgefangene vorführen, diese armen halbverhungerten Leute auf eine gewisse Entfernung, mit dem Rücken gegen die Mündung seiner Kanonen gewendet, aufstellen, und feuerte nun eigenhändig auf die Unglücklichen also schnell und mörderisch los, daß ihm Mustapha gänzlich bekehrt und freudig gerührt um den Hals fiel. Man sieht, Hassan war ein würdiger Bundesgenosse dieses Bluthundes. Der Lohn blieb für beide Unmenschen nicht aus.

Wir wollen jedoch dem Gange unserer Geschichte nicht vorgreifen.

So kam der Abend heran. Bei einem mächtig gegen den Himmel emporlodernden Bivouakfeuer saß eine Schaar mannhafter Zecher. Der Albanese Arslan zahlte, wie man es in der Kasernensprache benennt, seinen Einstand. Deshalb war auch Küche und Keller im Geschmacke seiner Heimath bestellt. Auf einen Teppich wurde zuerst eine Schüssel gesetzt, bedeckt mit Zwiebelschnitten, gesalzenem Fisch, Käse und Pflaumen, um die Eßlust zu reizen. Vor jedem Gaste stand ein kleiner Becher und hinter ihm ein Sklave mit einer Flasche Raki. Dieser Vorschmaus währte eine volle Stunde und verlief in einer ununterbrochenen Reihenfolge eines Bissens aus der Schüssel, einiger Züge Tabakrauches und eines Schlückchens Raki. Dann wurde ein wie ein Netz zusammengeschnürtes Stück Leder hereingebracht, in der Mitte ausgebreitet und dann geöffnet; es enthielt ein rauchendes Lamm, das in Stücke geschnitten oder vielmehr gerissen war, ferner Schnitte eines trefflichen Weizenbrodes, dünn und biegsam, womit man das Fleisch zierlich anfassen konnte, das durch eine eigene Art des Kochens sich leicht von den Knochen loslösen ließ. Mitten auf den Teppich ward endlich eine Schüssel mit milchweißer Sauce gestellt, worein, um die Eßlust noch mehr zu erregen, die ersten Stücke Brod getunkt wurden. Diese Sauce bestand aus Knoblauch und Salzkäse, mit Oel und Essig angerührt, nebst den nie fehlenden obenauf schwimmenden Zwiebelschnitten. Auf das Lamm folgte eine große Rahmpastete von wenigstens drei Fuß im Durchmesser mit drei oder vier Stücken Fleisch, so daß sich ein abendländischer Tourist ganz gewiß im Stillen verwundert befragt hätte, wie an einer so abgelegenen Gebirgsstelle ein solches Prachtstück bereitet werden konnte? Starker und edler Wein, wie in Riswan's Bergschlosse bei der Hochzeit Gülnarens religiösen Anstandes wegen auch hier persischer Bergthau benamset, ging während des Nachtmahles so reichlich umher, als der Raki vorher, und hörte auch dann nicht auf zu kreisen, als bereits mancher Gast, den keine weitere Dienstpflicht zur Mäßigkeit mahnte, die Pfeife aus dem Munde fallen ließ und selbst einnickend in die Arme seines Sklaven oder Dieners sank, der hierauf den Betrunkenen sorgfältig nach seinem Zelte schaffte. Alles war zufrieden, nur Mustapha beklagte sich ein wenig über die Menge Salz, die in alle Gerichte geworfen worden, erhielt aber die gewöhnliche albanesische Ausflucht zur Antwort:

„Wenn ihr kein Salz eßt, wie könnt ihr trinken, und wenn ihr nicht trinkt, wie könnt ihr essen, und wenn ihr nicht eßt, wie könnt ihr schlafen?!"

Nach dem Mahle ging es an das Erzählen.

Kriegerische Erlebnisse, gefährliche Abenteuer wurden zum Besten gegeben; natürlich, daß sich das Gespräch vorzugsweise um die Gegenwart drehte.

„Dieser Buk," begann Arslan, „muß doch ein halber Wundermann sein. Wenigstens erzählte man uns unglaubliche Dinge von seinem Waglingsmuthe. Seine Leute, heißt es, sind für den Montenegriner fanatisirt. In der Schlacht geht er blos mit einem uralten Streitkolben bewehrt im größten Kanonenfeuer voran; ihm schadet nichts, es trifft ihn kein tödliches Geschoß, keine verderbliche Waffe ereilt ihn. Zwar trägt er an allen Theilen seines Körpers Wunden, doch darum schert er sich nicht, er läßt sie nicht einmal verbinden.

Oft, sagt man, hat er zwei Kugeln in seinem Leibe stecken. Der Haiduke verehrt ihn wie einen Halbgott und ist jeden Augenblick bereit, darauf zu schwören, daß einmal eine zwölfpfündige Kugel durch Buk's Leib ging, bei der Brust hinein und bei dem Rücken heraus und hat ihm doch nicht geschadet. Der Haiduke schwört hierauf Stein und Bein, und erzürnt sich, wenn ihm Jemand nicht glauben will. Ein Dorf, dessen Namen die Bewunderer freilich vergessen zu haben vorgaben, brannte lichterloh, und dennoch brachte der Montenegriner seine Pulverwagen ungefährdet durch die flammenden Gassen. So etwas gränzt wohl an die Mythologie! Buk ist übrigens auch sehr freigebig; er würde den Schatz des Darius an seine Leute verschwenden."

„Daher stammen auch die Piesmas," fiel Mustapha ironisch ein, „diese bosnischen Lobgesänge."

„Auch sind die Erzählungen der Rajas," meinte ein Bimbaschi, „meist handgreifliche Fabeln!"

„Ein wunderbarer Scheitan," sprach ein alter türkischer Aga, „bleibt er doch immer, dieser Montenegriner. Sein Rückzug nach den westlichen Bergen war ein Meisterstück. Man erinnere sich, wie er, von der Hauptmacht der bosnischen Giauren abgeschnitten, von allen Seiten verfolgt und bedrängt, die Brücke über die Bosna demungeachtet ungefährdet zu überschreiten wußte. Um drei Uhr Morgens hatte er sich derselben bis auf eine Stunde Weges genähert. Hier ließ Buk seine Leute in einer verdeckten Aufstellung und in größter Ruhe halten, er selbst eilte ganz allein, erfuhren wir später durch Gefangene, gegen die Straße vor, um sie auszuspähen. Eben rückte eine Colonne des Nizam im Geschwindschritt vorüber. Der Montenegriner ließ sie gleichsam wie zur Musterung vorbeiziehen, dann brach er gleichfalls mit seinem Heervolk so zu sagen in den Fußstapfen dieser Colonne auf. Sein Heerhaufen überschritt rasch die Brücke und bezog jenseits eine feste Stellung, nach Norden und Süden Front machend; nun folgten seine wenigen Kanonen nebst dem Trosse, gedeckt durch eine Schaar Scharfschützen und Reiter. Unaufhaltsam ging es dann nach dem letzten Thaldorfe, das um acht Uhr Morgens erreicht wurde. Die Zerstörung der dortigen Brücke vereitelte jede weitere Verfolgung. Buk's Weg ging, wie gesagt, durch den Troßzug unseres Heeres, wobei seine Leute noch zwei unserer Troßknechte abfingen. Es war ein glänzender Waffengang."

„Ein zweiter Xenophon!" warf Arslan der Albanese hin.

„Die Rajas haben sich überhaupt," begann der Bimbaschi, seinen Bart streichelnd, „sehr wacker gehalten. Ihr Ali Emini oder Feldkriegsverpfleger, wie sie es nennen, weiß davon eine denkwürdige Geschichte zu erzählen. Hört nur, was mir hierüber, gleichfalls von einigen später eingefangenen Christenhunden mitgetheilt wurde. Dieser Ali Emini befand sich, Dank der hitzigen Verfolgung von Seite der fliegenden Schaar des Giauren Lascaris, mit seinem kleinen Streithaufen, in einer garstigen Klemme. Seine Freischaar war nämlich in der Front wie in den beiden Flanken von einem dreifach stärkern Feinde bedroht, und mit dem Rücken an das unwegsame schneebedeckte Hochgebirge gepreßt. In dieser wahrhaft bedrängten Lage boten sich mehre Rajas an, den Ali Emini mit der Kasse des unter dem Befehle des Montenegriners stehenden Heervolkes über die Berge nach dem von Vuk bezeichneten Sammelplatze zu führen. Die Uebrigen erklärten, sie würden nur nach Hause eilen, um ihre Familien im Gebirge zu verbergen, dann aber über ihnen wohl bekannte Hochpfade wieder einrücken. Der Vorschlag ward angenommen, und der Streithaufen zerstreute sich, nachdem die einzige Kanone, die er mit sich führte, vergraben worden, da man über die Berge nur zu Fuß durchkommen konnte. Ein kleines Häuflein blieb bei dem Verpfleger zurück. Dieser vertheilte den Inhalt der Kasse, volle zweihundert Beutel — neuntausend zweihundert Gulden — ohne irgend eine Vormerkung an seine Leute, und dann eilte die entschlossene Schaar bei einer Kälte von zwanzig Graden durch das beinahe unwegsame Hochgebirge binnen zwanzig mühevollen Stunden nach dem Hauptquartiere des Montenegriners. Hier aber lieferten die Rajas das anvertraute Geld zu großer Freude des Ali Emini auch pünktlich und redlich wieder ab."

„Das will freilich," fiel Mustapha sarkastisch ein, „bei Christengesindel viel besagen!"

„Wie meint dies Held Mustapha?" frug Arslan mit zorniger Stimme, das erste Hauptwort ironisch betonend.

„Ich wollte Sie nicht beleidigen," fuhr der Renegat begütigend fort, „ich spielte nur auf eine bekannte bosnische Erbsünde an, gestehe aber sehr gerne, daß sich die Rajas in der That wie helle Teufel raufen; der leibhafte Satan ist und bleibt aber der riesige Vuk, der wahrhaftig kugelfest auf die Welt gekommen zu sein scheint. Der Mann hat zäheres Leben als eine Wildkatze. Auch weiß ich selbst hierüber ein klägliches Lied anzustimmen. Damit verbindet er die Schnelligkeit einer Schwalbe. Bald ist er hinten, bald vorn, jetzt wird er in der Flanke sichtbar, um plötzlich mitten zwischen den beiderseitigen Vedetten spurlos zu verschwinden. Man will ihn gleichzeitig in der Nähe unseres Lagers an der Hauptstraße, wie auf dem höchsten Gipfel der westlichen Berge gesehen haben, kurz unsere eigenen Leute nennen ihn schon gar nicht mehr anders als den Rothbart überall und nirgends. Zudem führt er einen ausgiebigen, unnahbaren Streitkolben. Habe leider die Ehre, die Wucht dieses Kolben zu kennen."

„Wir besitzen," sprach Arslan, „zum Glücke ein würdiges Seitenstück an dem tollen Sprudelkopf Lascaris; dieser ist auch überall und nirgends und dabei so riesenstark, daß ich es dem Vut kaum rathen möchte, Mann an Mann mit ihm anzubinden."

„Leider treffen sie nirgends zusammen," schaltete Mustapha höhnisch ein, „ja sie scheinen mit einander Verstecken zu spielen. Der türkische und der bosnische Teufel maßen sich noch nicht im Kampfe. Wo sich der Eine zeigt, hat man den Andern gewiß nicht zu fürchten, und befände sich Lascaris nicht bei unserm Corps, ich hätte mich aus Hochachtung vor dem abscheulichen Streitkolben des Montenegriners schon längst aus dem Staube oder besser gesagt aus dem Schnee gemacht."

„Das hätte Mustapha," rief plötzlich eine Männerstimme, „heute Morgen thun sollen!"

Es war Ali, der die Posten besichtigt hatte und nunmehr zu dem Bivouakfeuer zurückkehrte.

Die türkischen Offiziere begrüßten ihn nach Vorschrift.

„Weßhalb?" frug Mustapha verwundert.

„Weil Lascaris," entgegnete dieser, „in der Frühe auf meine Bitte als Courier an Jussuw abging, um von dem Hauptcorps einige Verstärkung herbeizuholen. Ich vermuthe nach gewissen Bewegungen, daß wir in wenigen Tagen angegriffen werden dürften. Dem verwegenen Montenegriner ist trotz unserer günstigen und wohlverschanzten Stellung nicht zu trauen."

„Da hätte ich auf Ehre Lust," spottete Mustapha, „meinem Worte gemäß das Hasenpanier aufzustecken!"

„Auch dazu," sprach Ali, „kann Rath werden, zumal es mich reut, daß ich Lascaris allein abreiten ließ. Wie leicht kann ihm trotz seiner Gewandtheit und Stärke ein Unfall begegnen. Man sollte im Feindeslande immer zwei auch drei Couriere absenden, und es wäre mir daher sehr lieb, wenn Mustapha im Geleite eines des Weges kundigen Mannes als zweiter Bothe aufbrechen wollte."

„Einer meine Leute," meinte der Renegat, „ist mit der hiesigen Gegend wohl vertraut."

„Dann spute man sich in den Sattel zu kommen!"

Mustapha ließ sich diesen Befehl nicht zwei Mal ertheilen und sprengte bereits in der nächsten Viertelstunde in Gesellschaft eines zum Islam übergetretenen, in einem benachbarten Dorfe gebornen Bosniaken wie besessen aus dem Lager. Sein Begleiter wies gleichfalls ein abschreckendes Bild. Der unheimliche Mann sah aus, als ob er eben noch zur rechten Zeit von irgend einem Galgen oder Pfahle herabgefallen wäre. Er hatte sich auch gleich nach dem ersten Siege über die Aufständischen mit so unmenschlicher Grausamkeit an den Kriegsgefangenen vergriffen, ja auch also barbarisch gegen die Weiber und Kinder christlichen Glaubens gewüthet, daß sich Mustapha in verjüngter Ausgabe nochmals zur Welt gekommen glaubte.

„Ein würdiges Paar!" meinte deßhalb Arslan, als beide vorüber trabten.

„Ja wohl," meinte Ali, „Mustapha hat einen trefflichen Geleitsmann erhalten."

„Eine Krähe," sprach Arslan, „hackt der andern die Augen nicht aus."

„Mich widert er auch," rief der Bimbaschi, „dieser blutrothe Mustapha!"

„Ich sorge mich nur um Lascaris," begann Ali, „der Renegat scheint ihm nichts weniger als gewogen zu sein."

„O, Lascaris ist Mannes genug," tröstete der Mirdite, „beide abscheulichen Gäste, und zwar den Einen mit dem Andern zu erschlagen!"

„Das hoffe ich auch!"

Mit diesem Ausrufe machte der Kaimakan Miene, sich zur Ruhe zu begeben, ein Beispiel, das allgemein nachgeahmt wurde. Es war aber Ali nur darum zu thun, noch ein paar Augenblicke im traulichen Zwiegespräche mit seinem albanesischen Waffenbruder zuzubringen, und denselben aufzufordern, er solle zu Gunsten des verwegenen Lascaris ein Seitenstück zu einer Piesma oder einem Volksgesange liefern, der damals unter den Rajas die Runde machte und in schwülstiger Nachahmung jenes von dem blinden **Christen** Pawel Tschurno zu Novibazar zu Ehren des berühmten Wusein gedichteten Liedes die neuesten Thaten des tollkühnen Montenegrines Buk pries, ihn den Zmai od Bosna — Drache Bosnien's — ja den Säbel des südslavischen Reiches taufend. Arslan schien aber nicht zu hören, starrte wortlos vor sich hin und zeichnete mit seinem Handschar den Namen Melissa in die Asche des mählig verlöschenden Bivouakfeuers. Seine Seele war in der Klause des Flüsterers.

„Träumender Buhle," rief Ali ärgerlich, „denkst du noch immer an die bosnische Polyrena!"

Keine Antwort!

„Fürchtest du dich noch immer," fuhr der Kaimakan fort, vor ihrem tollen Bruder, Dane-Paris geheißen?!"

„Spotte, so viel du willst," antwortete endlich Arslan aus seinen wachen Träumen auffahrend," aber ich freue mich trotz meiner Sehnsucht nach der Geliebten, daß mich der Sturm des Krieges in diese Engpässe und nicht in die Nähe von Serajevo verschlagen!"

„Man soll den Teufel," sprach Ali nachdenklich, „nicht an die Wand malen, meinen freilich die Giauren!"

„Leider gleicht der Krieger," seufzte der Albanese, „einem unstäten Winde, der jede Minute umspringt. Wer weiß, wo wir morgen lagern?"

Die Freunde trennten sich nach diesem Stoßseufzer, um ihre Schlummerstätte aufzusuchen, und bald herrschte tiefe Stille und Ruhe in den Zeltgassen des türkischen Lagers. Keines so behaglichen Seins erfreute sich eine zahlreiche bosnische Kolonne, die sich in dieser grimmig kalten unfreundlichen Nacht über die fast unwegsamen Hochgebirge wagte. Ihr Leiter und Führer war der gewaltige Buk. Die Haiduken hatten einen eben so langen als gefährlichen und beschwerlichen Weg zurückzulegen. Ihr Pfad lief oft an Abgründen von unermessener Tiefe hin, während sich auf der andern Seite himmelhohe Felsen so senkrecht aufthürmten, als seien sie mit Hilfe des Senkbleies von einem riesigen Meisel behauen worden. Zuweilen stieß der Fuß auf der mit Eis bedeckten schlüpfrigen Fläche auf eine hinterlistig hervorragende Wurzel einer längst vom Sturme niedergeworfenen Zwergeiche, so daß der Sturz ins Bodenlose fast unvermeidlich schien. Dann hieß es plötzlich bei einer jähen Wendung des Bergpfades einen klafterlangen Sprung über einen Felsenriß oder eine Schneeschlucht wagen, kurz es gehörte die Gewandtheit und Körperstärke erprobter Gebirgsbewohner dazu, um mit Waffen und Munition belastet, bei nächtiger Zeit durch all diese Hemmnisse durchzudringen. Die Kolonne war kurz vor dem Einbruche der Abenddämmerung aufgebrochen, es dunkelte daher zwar sehr bald, doch warf der Mond sein freundliches Licht auf das starre Eisgefilde, und so hegten die Wanderer, trotz der schlimmen Kälte wohlgemuth und heiter, auch nicht die geringste Ahnung von dem unfreundlichen Unwetter, das sie am Ziele ihres gefahrvollen Streifzuges erwartete. Viel ernster und nachdenklicher gab sich der Montenegriner, so daß Dane, der trotz einer bedeutenden Kontusion, die er bei dem letzten Scharmützel erhalten, den Waffengang mitmachte, sich bemüßigt fand, den geliebten Führer um die Ursache seiner sichtlichen Besorgniß zu befragen.

„Jene graue Wolkenschicht im Nordosten," entgegnete mit leiser Stimme der gefürchtete Buk, einen scharfen, prüfenden Blick nach dem Himmel werfend, „will mir nicht recht gefallen! Ehe wir es uns versehen, kann sie heran sein, und dann gibt es einen Schneeschauer, daß wir kaum die Hand vor den Augen, geschweige den Weg in das türkische Lager sehen dürften!"

Die Besorgniß des gefürchteten Parteigängers schien sich jedoch nicht bestätigen zu wollen. Seine Schaar gelangte nach stundenlanger mühsamer Wanderung an die Ausläufe des Hochgebirges. Buk befahl seinen Leuten ohne Aufenthalt rüstig bis der noch etwa eine starke halbe Stunde fernen sichern Niederung fortzuschreiten. Er selbst blieb mit Melissa's Bruder auf dem letzten bedeutenden Bergkamm zurück, um sich über die Stellung der Osmanlis im Thale nochmals zu orientiren. Es bedurfte eines Falkenblickes und einer Terrainkenntniß, wie beides nur der montenegrinische Goliath besaß, um sich bei der zunehmenden Dunkelheit in diesem Labyrinthe von Schluchten, Pässen und Thälern zurechtzufinden. Das Recognosciren nahm daher eine gute Viertelstunde in Anspruch. Mittlerweile hatte sich jedoch das Wetter auf wahrhaft bedrohliche Weise geändert. Der Mond war hinter dichten schweren Wolken mälig verschwunden, und die früher noch erträgliche Luft verströmte eine eisige durchdringende Kälte. Eine Schneewehe war im Anzuge, was für die einsamen Wanderer sich um so bedenklicher gestaltete, als Dane, wie der Haidukenhäuptling jetzt erst bemerkte, weniger aus Anhänglichkeit als aus Erschöpfung, einer Folge seiner Kontusion, bei dem Führer der Christenschaar zurückgeblieben war.

„Rasch vorwärts, armer Dane," rief Buk daher, „und alle deine Kraft mannhaft zusammen genommen! Wir müssen die Niederung erreichen, bevor das Unwetter losbricht und uns beide unter Massen von Schnee zu begraben trachtet."

Dane sah zwar die Nothwendigkeit der möglichsten Eile nur zu gut ein, und strengte daher seinen ganzen noch übrigen Rest Stärke an, um mit dem gewaltigen Kapitan gleichen Schritt zu halten; aber schon nach wenigen Minuten fühlte er sich völlig erschöpft und mußte mühsam nach Athem ringend stehen bleiben. Eine kurze Pause im Wandergange erfolgte.

„Es geht nicht weiter, Kapitan," sprach Melissa's Bruder keuchend, „lassen Sie mich hier zurück und fliehen Sie so schnell als Sie können! Warum sollten wir beide dem Unwetter ausgesetzt bleiben? Ein paar Bursche können mir ja später aus der Niederung zu Hilfe kommen."

„Mittlerweile erfrierst du mir in der Eiswüste," entgegnete besorgt der Riese, „deßhalb Muth, mein Dane, stemme dich auf mich, und dann mit Gott so hastig vorwärts, als es anders deine müden Beine erlauben!"

Der Enkel des Flüsterers that sein Möglichstes und legte mit großer sichtbarer Anstrengung noch ein paar hundert Schritte zurück, aber langsam, ach, wie langsam, und schon begannen die ersten Schneeflocken unter fernem Heulen und Brausen vom Himmel zu fallen. Das Unwetter schien ärger werden zu wollen, als man gedacht, und Buk ermahnte daher seinen Begleiter nochmals zur Eile. Der Aermste verdoppelte seine Anstrengung. Noch hundert Schritte kamen beide weiter, dann aber sank Dane in die Knie und gestand die Unmöglichkeit ein, dem Kapitan weiter zu folgen. Das war eine peinliche Lage! Der Himmel verdüsterte sich mit jedem Augenblicke mehr, die Flocken fielen dichter, bald kam auch das ferne Heulen und Brausen näher und näher herangebraust, mit immer verstärkter Gewalt und Heftigkeit, und plötzlich faßte der Sturm die Wanderer mit so grimmiger Wuth, mit so eisiger Kälte, daß er selbst Buk den Athem zu verschlagen drohte. Weilen hieß sterben, und Dane konnte doch keinen Schritt mehr weiter. Das war eine entsetzliche Stunde! Der Montenegriner besann sich kurz, lud den

Erschöpften trotz seines Widerstrebens auf seine herkulischen Schultern und keuchte mit ihm davon, so schnell es der nunmehr in dichten Wirbeln fallende Schnee und der erstarrende Hauch des Sturmes gestatteten. Eine Viertelstunde hoffte Buk auszuhalten und mittlerweile die Niederung zu erreichen, aber die Aufgabe, die er mitleidig zu lösen gedachte, ward mit jeder Minute schwieriger, denn nicht einen Schritt weit konnte er mehr vor sich sehen, so dicht fiel der Schnee, so sehr verdunkelte er die Luft; auch raste der Sturm mit solcher Heftigkeit, daß dem gewaltigen Drachen Bosnien's der Athem endlich wirklich ausging, und er stehen bleiben mußte, um frische Luft zu schöpfen, um nicht mälig unter seiner Bürde zu erliegen. Auch verursachte ihm der gerade ins Gesicht wehende schneidende Wind unsägliche Schmerzen.

Das war eine verzweiflungsvolle Lage!

Nach kurzer Rast ging es weiter. Die fallenden Schneemassen häuften sich nunmehr mit solcher Schnelligkeit, daß Buk bald bis an die Knie durch die nassen Schichten waten mußte, was natürlich seine Mühsal steigerte, und die Hast seines Ganges oder besser gesagt seines Taumelns durch Eis und Unwetter bedeutend hemmte. Dennoch hielt er mannhaft aus. So war gewiß eine starke Viertelstunde vergangen, der Weg war weniger abschüssig, und die Niederung konnte nicht mehr fern liegen. Es war aber auch die höchste Zeit; denn Dane, der früher vor Kälte stöhnte, verstummte allmählich, ein trauriger Beweis, daß ihm der Tod des Erfrierens an der Kehle saß. Plötzlich fühlte der Montenegriner den Schnee unter seinen Füßen weichen, stürzte und versank in eine Tiefe, die er nicht gleich ermessen konnte. Bald mußte das Schicksal der Wanderer entschieden sein. Entweder sie fielen in eine unbedeutende Schlucht oder in einen unermeßlichen Abgrund! Im letztern Falle fürchtete der Kapitan jeden Augenblick im zerschmetternden Sturze an irgend einer Felsenkante zerschellt zu werden, aber auf einmal war Alles vorüber, beide lagen weich und sicher gebettet mitten im Schnee.

Der Sturz brachte die Rettung.

Buk sorgte mit seiner gewohnten Besonnenheit vor Allem dafür, sich und seinen Gefährten, den der Schreck aus seiner Betäubung erweckt hatte, Luft zu verschaffen, um nicht etwa im Schnee zu ersticken. Dies war so schwierig nicht. Der Schnee wich ja zur Rechten und Linken unter seinen starken Händen. Dane mußte seinen Pelz über den Kopf ziehen, um sich so vor dem neu fallenden Schnee zu schützen, der Kapitan der Haiduken that dasselbe, und es dauerte keine sechs Minuten, so saßen die Leidensgenossen in ihrer Schneegrube bald so warm, wie sie es vor ein paar Augenblicken nimmer erwartet hätten. Sie gewannen auch in Kürze den vollen Gebrauch ihrer halberstarrten Glieder. Die Schneewände ringsum schirmten sie vor dem durchbringenden Eishauche des Sturmes, und die Flocken, die auf sie niederstürzten, waren von Zeit zu Zeit mit leichter Mühe, ohne Anstrengung abzuschütteln. Buk schritt zur Prüfung der Schneegrube.

„Breit kann die Schlucht," sprach er, „schwerlich sein, obwohl sie sich rechts und links der Länge nach in der Strecke von einer halben Meile hinziehen mag. Auch dürfte der Rand gegen die Niederung zu kaum klafterhoch emporragen. Wir sind ja Gottlob zu nahe an dem ersehnten Thale! Es heißt also gerade aus durchbrechen, mein armer Dane!"

Rasch begann er nach diesen Trostworten den Versuch, erweiterte die Grube nach vorwärts mit Hilfe seiner Hände wie seines wuchtigen bisher am Gürtel hängenden Streitkolbens, stampfte den herabfallenden Schnee mit den Füßen fest, und drang rüstig weiter. Seine Vermuthung täuschte ihn nicht, einige Minuten Anstrengung und er stand am jenseitigen, wirklich kaum klafterhohen Rande der Schlucht, in die sie gefallen waren. Auch fiel es dem Riesen bei seiner bekannten Kraft und Gewandtheit eben nicht schwer, sich über diesen Rand emporzuschwingen. Ein mächtiger Sprung und der Montenegriner stand oben auf einer weiten ebenen Fläche, also in der ersehnten Niederung. Sein scharfes Auge sah auch in einem Momente, als der Mond durch die von der Heftigkeit des Sturmes zerrissenen Wolken herablugte, in geringer Entfernung die Gewehre seiner zahlreichen Kolonne blitzen. Buk rief sie leise und vorsichtig an, und in wenigen Augenblicken war auch Dane aus der Schneegrube gezogen. Der Enkel des Flüsterers sprach kein Wort des Dankes, als man ihn auf eine von Flintenläufen gebildete Art Tragbahre hob und behutsam forttrug, aber aus seinem Auge leuchtete es andächtig wie ein Gebet, das zum Preise seines Retters durch seine Seele ging.

Nunmehr ward Alles zu dem beabsichtigten Ueberfalle vorbereitet.

Es mochte etwa gegen sechs Uhr Morgens gehen, als Buk

von rückwärts in das Lager des sorglosen Feindes brach, die bei den Gewehren aufgestellte schlaftrunkene Schildwache niederstieß, und dann an der Spitze seiner rasch folgenden Leute mitten unter die schlafenden Türken trat, plötzlich mit seiner Donnerstimme drohend ausrufend:

„Anhänger des Halbmondes, ich nehme euch im Namen des Kreuzes gefangen!"

Die Bestürzung und Verwirrung der Muhamedaner war gränzenlos, Niemand dachte an Widerstand, nur Ali und Arslan griffen entschlossen nach ihren Waffen, aber der riesige Montenegriner warf einfach seinen heimathlichen Pelz ab und trat dem unwillkührlich zurückweichenden Kaimakan mit den Worten unter die Augen:

„Kennen Sie mich?"

„Ja," antwortete Ali kleinlaut, „Sie sind der Buk! Alles ist verloren!"

So war es auch. Von den umzingelten Truppen des Nizam entkam nicht ein Mann. Gefangen wurden der Kaimakan, Arslan und noch drei Stabsoffiziere, sämmtliche Oberoffiziere, der Militärarzt und dritthalb tausend Mann vom Wachtmeister und Feldwebel — Tschausch — abwärts. Die Beute bestand in der Kasse des Corps mit 500 Beuteln oder 23000 Gulden, tausend Pferden, sämmtlichen Kanonen, allen Gewehren und sonstigen Waffen, wie aus den namhaften Vorräthen an Montur und Munition. Endlich fielen auch drei türkische Roßschweife den Siegern in die Hände. Es war eine wahrhaft glänzende Waffenthat!

Bald aber wäre dieser glorreiche Sieg des Kreuzes über den Halbmond nur zu theuer bezahlt worden. Hassan, die alte Geige aus der Kraina schlich sich nämlich mit brennender Lunte hinter eine seiner Holzkanonen, gerade als sich der Montenegriner mit dem Rücken hart an der Mündung dieses Geschützes befand und von dem knieenden Bariaktar Bekir oder Fahnenträger die erbeuteten drei türkischen Standarten übernehmen wollte. Zum Glücke riß ein Haiduke, der diesen Versuch zum heimtückischen Meuchelmord noch zur rechten Zeit gewahrte, den riesigen Kapitan im entscheidenden Augenblicke von der gefährlichen Stelle hinweg. Die Kanone entlud sich ihres todtbringenden Inhaltes, und der arme Bariaktar Bekir, der sich eben aufrichten wollte, stürzte als eine zerrissene Masse Fleisch zu Boden. Gleichzeitig regnete es Handschars

22 *

auf den Leib des hinterlistigen Renegaten aus der Kraina nieder. Auch er wurde buchstäblich in Stücke gehauen. Die alte Fidel aus türkisch Kroatien ging darüber in Trümmer.

Buk verzog keine Miene.

Es sollte aber noch ein zweites Stück meuchlerischen Anfalles in die Scene gehen.

Dane, der mittlerweile in Folge der längern Rast einen großen Theil seiner alten Kraft gewonnen hatte, musterte die Kriegsgefangenen mit emsig forschenden Blicke. Plötzlich funkelten seine Augen grimmig auf, und die Röthe des Zornes flog über seine blaßen Wangen.

„Habe ich dich endlich, Verräther an Gott und Glauben!" rief er auf Arslan zustürzend.

Der Mirdite erbleichte und flüsterte Ali leise zu:

„Es ist Melissa's Bruder!"

Schrecken lähmte alle Hände und Dane wollte seinen Gegner eben niederstoßen, als ihm Buk in die Arme fiel, ruhig sprechend:

„Bist du ein türkischer Bluthund? Ist dies der Dank für meinen Liebesdienst?"

Der stämmige Morlake trat wie vernichtet zurück.

„Muth, Söhne des Islam," fuhr der Montenegriner gelassen fort, „wir haben in dem frühern Treffen gleichfalls viele Gefangene, an denen uns viel gelegen, in den Händen Jussuw's zurücklassen müssen. Ihr dürftet daher binnen wenigen Tagen ausgewechselt werden, vielleicht noch eher, als ihr nach der bosnischen Hauptstadt gebracht werdet."

Nach diesem Troste ordnete er alles zum Abzuge.

„Ein höflicher Löwe, dieser Buk!" meinte der Bimbaschi.

„Mir kommt Antlitz und Stimme des Montenegriners," sprach Arslan, der bekanntlich ein ungemein feines Gehör besaß, „sehr bekannt vor, nur weiß ich mich nicht zu entsinnen, wo ich jenes gesehen, wo ich diese zum ersten Male vernommen? Letztere klingt zudem offenbar verstellt."

Diese letztere Bemerkung hatten übrigens Freunde wie Feinde schon längst gemacht.

„Ein werthvoller, wenn auch ungeschliffener Demant, dieser Kapitan!" flüsterte der alte türkische Aga.

„Den Paris im montenegrinischen Pelze," sagte Ali zu Arslan mit halblauter Stimme, sich gewaltsam zum Scherze zwingend,"

„habe ich nunmehr die Ehre zu kennen, und wenn auch sein sonnenverbranntes Antlitz keineswegs jene regelmäßigen fast weibischen griechischen Züge weist, wie man den buhlerischen Hirten von dem Berge Jda zu schildern liebt, so darf dein künftiger Schwager doch an Wuchs und Haltung ein hübscher Mann genannt werden. Es ist also wirklich ein schöner Tod, Bruder Arslan, der an deinem Hochzeitstag auf dich lauert!"

Die Vorbereitungen zum Aufbruche gingen zur Neige. Ein Theil der bosniakischen Kolonne machte sich als Vorhuth mit den üblichen militärischen Maßnahmen auf den Marsch, dann folgte der lange Zug der Gefangenen, in beiden Flanken von Patrouillen und Plänklern coloyirt oder eingerahmt; später folgte das Gros unter dem Commando eines alten kriegskundigen Haiduken, dem Buk, den Oberbefehl übergeben hatte; den Beschluß machte ein namhafter Nachtrab, der die Avantgarde, da sich der Zug aus dem von den Schaaren Jussum's besetzten Theile des Landes nach der befreundeten Gegend von Serajevo bewegte, natürlich an Vorsicht noch weit überboth. Das Alles ging so soldatisch wie am Schnürchen, daß die gefangenen türkischen Offiziere ihre Bewunderung durchaus nicht verhehlen konnten. Buk hatte sich mittlerweile auf eines der erbeuteten Pferde geschwungen, und ließ Train wie Eskorte an sich vorüber defiliren. Seine gewandte Haltung, sein kavalleriemäßiger Sitz setzte die Türken noch mehr in Erstaunen.

„Auf baldiges Wiedersehen auf dem Schlachtfelde!"

Damit flog er militärisch grüßend in einer dem Wege, welchen der Zug eingeschlagen hatte, fast entgegengesetzten Richtung im schärfsten Gallopp von dannen, und war auch bald zwischen den beschneiten Bäumen und Gebüschen verschwunden.

„Ein räthselhaftes Kind der Wildniß!"

Also sprach Ali leise, während der türkische Aga laut ausrief:

„Wie mannhaft er zu Pferde sitzt!"

„Ich weiß nur Einen," murmelte Arslan vor sich hin, „der so zu reiten versteht!"

„Ja wohl," meinte der Bimbaschi, der die Worte des Letztern verstanden, „die Sache fängt auch mir an verdächtig zu werden!"

„Rothbart überall und nirgends!"

So lief es in den Reihen der kriegsgefangenen Türken von Mund zu Munde.

Neunzehntes Capitel.

Christlicher und türkischer Teufel.

Vuk's Trostworte gingen buchstäblich in Erfüllung.

Ali, Arslan, die drei Stabsoffiziere wie der alte Aga wurden binnen wenigen Tagen — das städtische Weichbild von Serajevo hatten sie übrigens seit Langem betreten — ausgewechselt und brannten vor Begierde, die empfangene Scharte auszuwetzen. Jussuw ärgerte sich grimmig, als er die Kunde von der Waffenstreckung in den Engpässen erhalten, aber es ließ sich an den kriegerischen Vorsichtsmaßregeln, welche Ali getroffen hatte, selbst in den mißtrauischen Augen des Muschir von Bosnien auch nicht das Mindeste aussetzen. Zudem hatte der Kaimakan ja Lunte gerochen und zwei Boten mit der Bitte um Verstärkung nach dem türkischen Hauptquartiere abgesendet. Daß Lascaris, der erste Bote den Weg verfehlte, zwischen die feindlichen Vorposten gerieth und mit genauer Noth erst am andern Morgen bei dem Hauptcorps anlangte, war ein Unfall an dem der Befehlshaber des überfallenen Theiles des Nizam auch kein Quentchen Schuld trug; daß Renegat Mustapha, der Dank seinem wegkundigen Geleitsmann die Pfade besser wählte und daher mit dem Letztern noch vor dem Gatten Gülnaren's im Hauptquartiere eintraf, mit der augenblicklich disponirten Verstärkung dennoch zu spät kam, konnte gleichfalls nicht als haftender Makel in die Conduiteliste irgend eines der betreffenden Offiziere des Halbmondes eingetragen werden, denn der beispiellos verwegene Uebergang über das Hochgebirge durchkreuzte jede menschliche Berechnung, kurz die Haiduken waren so zu sagen vom Himmel herabgeschneit worden. So finden wir Freund Ali aber=

mals an der Spitze eines staatlichen Heerhaufens wie gesagt vor Begierde brennend, die erlittene Schmach zu tilgen, den garstigen Flecken von seinem Waffenrocke wegzubrennen.

Wir haben es jedoch vorderhand mit einem andern alten Bekannten zu thun.

Es ist der Pascha Jussuw.

Wir treffen ihn in einem baufälligen Bauernhause in einem halb verbrannten griechischen Dorfe. Der Muschir befand sich in einer sehr aufgeregten Stimmung, wenigstens schritt er mit stürmischen Schritten in der niedern aber geräumigen ungedielten Schlafstube des ermordeten Popen jenes Dorfes auf und ab, zeitweise einen forschenden ungeduldigen Blick durch das kleine Fenster werfend. Jussuw lag auf der Folter des Erwartens. Erwartete Leute pflegen gewöhnlich sehr spät einzutreffen. So war es auch hier der Fall, und der Vezier vor Ungarn in partibus infidelium meinte fast vor Aerger zu vergehen. Endlich ließ sich ferner Hufschlag vernehmen. Ein seltsam bis an die Zähne bewaffneter Mann von lederbraunem Teint, der einen Fleckenschimmel mit Glasaugen ritt, hielt an den Vorposten, gab die richtige Losung, sprengte heran, saß ab und trottete dann mit schwerfälligem Tritte nach dem baufälligen Hause, das ihm zu dem verabredeten Stelldichein bezeichnet worden sein mochte.

Der lederbraune Mann war der Bluthund Mustapha.

Der Renegat hatte nach seiner Auswechselung gegen Abbas den Flüsterer, in welche er auch seinen geliebten Fleckenschimmel einschließen zu lassen wußte, sein altes Metier mit schönem Erfolge weiter betrieben und an der Spitze eines neugeworbenen Haufens Buschklepper die Bluttage an der Bosna, wie wir gesehen haben, gar tüchtig zu seinem Vortheile ausgebeutet. Uebrigens schlug sich der lederbraune Mann, dem es an persönlicher Bravour wie an militärischem Scharfblicke keineswegs mangelte, bei allen Gelegenheiten ganz mannhaft und ehrenvoll herum, so daß ihn der Muschir von Bosnien, der Leute, welche sich auf den kleinen Krieg verstanden, namentlich den Haidufen gegenüber, sehr hoch schätzte, mit vollem Vertrauen zu manchen wichtigen Streifzügen verwendete. Seinen letzten Ritt hatte er daher gleichfalls im besondern Auftrag und Sold des Pascha unternommen.

„Abglanz des Schatten Gottes," begann der ehemalige Wegelagerer die Unterredung, „ich bin dem sogenannten christlichen Teufel glücklich auf die Fährte gekommen. Freilich hat es meinem armen Fleckenschimmel vielen Schweiß und mir Aermsten selbst manchen blanken Piaster auf Seifengeist für seine müden Beine gekostet, aber was liegt daran, mein Handwerk als Kundschafter hat sich ausgezahlt, ich habe endlich das Lager oder besser gesagt den Versteck des grimmigen Währwolfes aufgespürt!"

„Sprich, ich wäge dir jedes wahrhafte Wort mit einem ungarischen Dukaten auf!"

„Das läßt sich anmuthiger hören als der Schuß, welchen der verdammte Buk auf meinem letzten Streifzuge auf mich abfeuerte."

„Zur Sache! Wie kamst du auf die rechte Fährte?"

„Mustapha hat Grütze im Kopfe! Ueberlegte nämlich lang und brachte endlich folgende Dinge heraus: Thatsache ist es, daß der Rothbart überall und nirgends meist erst zwischen den beiderseitigen Vorposten verschwindet. Daraus folgert sich leicht, daß es zwischen dieser beiderseitigen Vorpostenkette einen Schlupfwinkel geben muß, wo sich dieser leibhafte Satanas verbirgt, darin er, scheinbar für das abergläubische Soldatenpack unsichtbar geworden, den günstigsten Augenblick abpaßt, uns eine Kugel ganz unerwartet aus der nächsten Nähe auf den Pelz zu brennen. Wie aber diesen verborgenen Schlupfwinkel auffinden?"

„Das war ja eben der versteckte Schlegel des Ballspieles!"

Also meinte Jussuw mit einer echt orientalischen, dem allbeliebten Ballspiele entlehnten Redeweise.

„Und ein ganz unverdaulicher Schlegel obendrein," fuhr Mustapha fort, „glaubte ihn nicht finden zu können! Ritt deshalb meinen Gaul Glasauge fast zu Schanden, entdeckte aber endlich in der schmalen Schlucht, die uns von den Vorposten der Rajas trennt, welche durch viele über ihren beiderseitigen Rand hinüberhängende Sträuche und Wurzeln gegen jede Schneeverwehung geschützt ist, eine geräumige Höhle mit zwei schmalen und niedern, ein paar hundert Schritte von einander entfernt liegenden Zugängen. War aber nichts Verdächtiges in dieser Höhle aufzustöbern, und wollte sie daher auch sorglos verlassen, schoß es mir da plötzlich wie ein Blitz durch das Gedächtniß, wie der Buk, möge er bald am Pfahle stöhnen, aus dem Scherawitza=Grab durch unterirdische Gänge nach der jenseitigen Schwesterhöhle entkam! Ritt daher spornstreichs heim, kehrte aber schon am nächsten Tage mit einer Pechfackel versehen zurück, die ich natürlich erst in dem unterirdischen Gewölbe anzündete. War wirklich alles beschaffen, wie ich mir dachte. Führt ein geheimer ziemlich steil aufsteigender Gang nach der jenseitigen Höhe. Läßt sich kein bequemerer Fuchsbau denken!"

„Mustapha, du bist eine Perle! Möchte dich küssen!"

„Ein paar Dukaten Abschlagszahlung wären mir lieber!"

„Nimm! Du weißt, ich bin kein Knauser!"

Mustapha las nach einem soldatischen Gruße die zugeworfenen Goldstücke auf.

„Noch ein türkischer Vezier vom alten freigebigen Schlage!" lautete seine halblaute schmeichelhafte Antwort.

„Wie aber kommen wir dem christlichen Teufel tödtlich an die Kehle?"

„Habe eine eigenthümliche Ansicht."

„Meine Seele brennt vor Neugierde nach deinen weitern Worten!"

„Vor Allem müssen wir wachsam lauern und harren, bis sich der Montenegriner zwischen den Vorposten zeigt, und dann durch den Eingang auf der Höhe verschwindet. Dann heißt es ihm dies Rückzugsloch durch einen raschen Angriff auf die christlichen Schaaren abschneiden, während gleichzeitig die Zugänge in der Schlucht durch bewaffnete Macht abgesperrt werden. Dann ist der geheimnißvolle gefährliche Vogel nicht länger flügge, sondern in einer prachtvollen Mausfalle gefangen."

„Wer wird sich aber in die Höhle wagen? Buk ist allgemein gefürchtet!"

„Auch dafür ist gesorgt. Den einen Zugang will ich mit einem Dutzend herzhafter Kerle im Rücken selbst bewachen."

„Und der andere Zugang?"

„Dort soll der türkische Teufel in den Fuchsbau brechen! Lascaris ist der Einzige von uns, der es mit dem Rothbart aufzunehmen vermag."

„Wird er sich auch hineinwagen?" frug Jussuw mit einem seltsamen Lächeln.

„An Muth dazu fehlt es ihm gewiß nicht, und sollte er auch wirklich schwanken, so erlaubt es ihm sein Waffenruhm im türkischen Heere nicht, zumal er den früher genannten Beinamen führt, die Zumuthung abzulehnen und den Zusammenstoß mit dem wilden Montenegriner zu vermeiden. Auch ist hundert gegen eins zu wetten, daß der wehrhafte Lascaris sieghaft aus dem Kampfe hervorgeht.

Dort zwar riesenhafte Leibesstärke, hier aber derselbe Simson und
nebstbei ein vollendeter Fechter!"

„Du hast Recht! Einen werden wir auf diese Weise jedenfalls
los, vielleicht brechen sich auch beide das Genick!"

„Mir auch recht! An Lascaris ist ohnehin nichts mehr zu verdienen" — Mustapha dachte an den frühern goldhältigen Auftrag
der verschollenen Tochter des Defterdar — „und so wäre es mir
angenehm, wenn die große Rechnung zwischen uns beiden, noch von
der Szene auf der Waldstraße her, sei es auch durch eine fremde
Hand, endlich einmal berichtigt würde."

Der Plan wurde nochmals ernstlich besprochen, dann trennten
sich die würdigen Leute.

Mustapha begab sich nach seinem Zelte im Lager, Jussuw aber
eilte zu dem Kaimakan Ali, da sich die bewußte Höhle gerade dem
Heerhaufen gegenüber befand, welchen Letzterer befehligte. Ali empfing ihn mit der seinem Range schuldigen Achtung, doch mit einer
grämlichen Miene, denn der Kaimakan war, im Gegensatze zu dem
Christenbluttrinker, in Folge seiner sprichwörtlichen Milde gegen die
Gefangenen der hochrothen türkischen Partei abhold geworden, obgleich er in der That ihre blinde fanatische Begeisterung für den
Halbmond theilte. Der schlaue Muschir, ein Diplomat jeder Zoll,
ließ jedoch nicht die mindeste Verstimmung oder Empfindlichkeit über
den streng bemessenen Empfang vermerken, sondern meinte überra-
schend zuvorkommend, es sei ihm leid, falls er den Kaimakan in
seiner Muße und Behaglichkeit störe, er habe jedoch in wichtigen
Dienstangelegenheiten mit ihm zu verkehren.

„Was haben wir Neues?" frug Ali, erstaunt über diese Artigkeit Jussuws.

„Die zweifelsohne willkommene Kunde, daß die Todesstunde
Vuk's in wenigen Tagen schlagen dürfte."

„Kaum glaublich!"

„Und doch richtig! Man hat den Schlupfwinkel des montenegrinischen Rothbartes endlich aufgespürt."

„Wie heißt der Spürhund mit der trefflichen Nase?"

„Mustapha!"

„Ein Name, der mir immer widrig klingt. Der Mann ist mehr
Räuber als Soldat, und seine Leute sind die schlimmsten Mörder
und Diebe in unserm ganzen Heere, leider dabei so ungemein lächer-
liche Bursche, daß man vor Lachlust nicht dahin kommt, die Diszip-

lin wenigstens in befreundeten Gegenden streng und rücksichtslos zu handhaben."

Ali gedachte hiebei eines neuerlichen drastischen Vorfalles. Es war nämlich wegen einiger benachbarten, durchwegs von Muhamedanern bewohnten Dorfschaften ein strenger Tagesbefehl erlassen worden, darin das Plündern bei hoher Strafe verboten wurde. Demungeachtet erklärte ein auf Vorposten stehender Reiter von Mustapha's fliegender Schaar ein herumirrendes Schaf für gute Prise und warf es auf den Sattelknopf, wurde jedoch gleich darauf von Ali überrascht und suchte daher seine Beute mit seinem kurzen Mantel so gut als möglich zu verdecken. Vergebene Mühe! Die Extremitäten des Schafes wurden bald hier, bald dort sichtbar, auch meckerte der entführte Vierfüßler auf unverschämte Weise. Auf die donnernde Frage des Kaimakan, was dies bedeuten solle, gab der Reiter die naive Antwort, er melde gehorsamst, daß er das Dings da, weil es die Losung nicht wußte, gefangen genommen habe.

"Mustapha's Leute," meinte Jussuw, "sind freilich die ärgsten Schnapphähne."

"Er selbst ist ein schuftiger Gauner sondergleichen! Neulich treffe ich ihn mit einem prachtvollen Pelze, den ich ein paar Stunden früher an dem Leibe eines Popen*) im nächsten Dorfe, der uns als Ausnahme von der Regel treu zugethan verblieb, erblickt hatte. Auf die Frage, wie er zu diesem Pelze gekommen sei, erzählte mir der lederbraune Mann mit unverschämter Frechheit, der Pope habe ihm damit ein freiwilliges Geschenk gemacht. Als ich dann weiter frug, mit welchen Worten dies geschehen sei, erhielt ich die verblüffende Antwort:

"Gesagt hat der Pope kein Wort, er hat blos — geweint!"

"Ein närrischer Kauz!" rief der Pascha laut auflachend.

"Es gab auch schon traurigere Vorfälle. So forderte er in einer gleichfalls meist von Muhamedanern bewohnten Stadt die beträchtliche Zahl Beutel, welche zum Wiederaufbaue der abgebrannten dortigen Moschee bestimmt waren, und erklärte offen, er sei bereit Gewalt zu brauchen, falls man sich sträuben würde. Die Beutel wurden ihm nunmehr eingehändigt oder besser gesagt unter seine Leute vertheilt, wobei er natürlich sich selbst am freigebigsten be-

---

*) Diese Geschichte ereignete sich im wallachischen Donauthale zwischen Ragova und Kusmir.

dachte. Demungeachtet erpreßte er daselbst noch einen Sack Piaster von der dortigen Judenschaft, indem er den Rabbiner und drei Aelteste der Gemeinde ohne alle weitere Umstände zu spießen drohte."

„Mustapha soll sich durch einen kühnen Handstreich rein waschen!"

„Ich traue dem Burschen durchaus nicht!"

„Sein Plan ist aber vortrefflich."

Jussuw theilte dem Kaimakan mit, was die Leser bereits ein paar Seiten früher gelesen haben.

„Ließ man," frug Ali, „Lascaris bereits hierüber verständigen?"

„Daß mich Allah davor behüte! Lascaris darf erst um die Stunde der That darum wissen."

„Weshalb?"

Der Pascha flüsterte seinem Untergebenen ein paar leise Worte zu. Dieser erblaßte.

„Unmöglich!" rief er dann sichtbar ergriffen.

„Nun, wir werden ja sehen!"

„Leider bin ich nunmehr mit Mustapha's Plan vollkommen einverstanden."

Damit endete das dienstliche Zwiegespräch.

Tags darauf und zwar um die dritte Nachmittagsstunde herrschte abermals großer Jubel im türkischen Lager. Arslan's wackere Schaar Albanesen war endlich eingerückt. Sie hatte der Stellung der Rajas wegen einen weiten Umweg über serbisches Gebiet einschlagen müssen. Es waren durchwegs kraftvolle Männer, diese Buren, wohlgeübt im blutigen Handwerk des Krieges, auch prachtvoll bewaffnet. Ein auserlesener Haufen Scharfschützen! Daher der Jubel der Osmanlis. Namentlich war Ali des Lobes voll.

„Ja deine Scharfschützen," meinte der Kaimakan, „braver Arslan, werden den Haiduken bedeutend einheizen!"

„Ich bezweifle es nicht," entgegnete dieser, „trotzdem bleibt der kleine Krieg in den bosnischen Gebirgen der gefährlichste und unsicherste Kampf. Berg auf Berg, Wald an Wald wie bei uns daheim. Jeder Hügel ist hier eine Festung, jeder Baum ein Versteck. Man rückt vorsichtig vor, und siehe da, trotz aller Wachsamkeit erscheint plötzlich im Rücken ein überlegener feindlicher Heerhaufen. Der Mann wird an seinem Geschütze, sei es aus Kanonengut gefertigt oder aus Holz gezimmert, niedergeschossen, ohne daß man weiß von wannen die Kugel gekommen."

„Auch darf man," sprach Lascaris, der eben herbeikam, „die Hauptsache nicht aus den Augen lassen."

Lascaris wurde ziemlich lau und unfreundlich begrüßt. Er war seit seinem verunglückten Botenritte vor dem Ueberfalle in den Engpässen um seinen halben Purpur gekommen. Tiefe Stille folgte dem lautesten Gejubel, wenn er sich an eine Tafel setzte und kameradschaftlich mit den eben so heiter gestimmten Zechern zu plaudern gedachte. Es glich fast der geheimen Verurtheilung einer orientalischen heiligen Vehme, was Lascaris als anrüchig erklärte, und ihn so zu sagen als Zeltgenossen in Zukunft unmöglich zu machen drohte. Sonderbare böswillige Gerüchte gingen durch das Lager, die man in seiner Gegenwart freilich nicht zu erzählen oder zu berühren wagte, die aber höchstens schweigende Duldung erlaubten, wo man nicht mehr vertrauen zu dürfen fürchtete. Der Abenteurer gab sich aber unbefangen wie zuvor, selten daß ein ironisches Lächeln das scheue Zurückziehen seiner Kameraden rügte und strafte.

„Die Hauptsache?" frug deshalb Ali mit etwas verächtlichem Tone.

„Ich habe nämlich vernommen," sprach Lascaris noch verächtlicher lächelnd, „daß trotz der Friedfertigkeit des Wladika von Montenegro eine stattliche Schaar Freiwilliger von dem schwarzen Berge nächstens, vielleicht heute noch, zu den Rajas stoßen dürfte."

„Sie scheinen überhaupt," warf Arslan hin, „über die Vorgänge im feindlichen Lager sehr gut unterrichtet zu sein?"

„Sie sind kein Landeskind," lautete die schlichte Antwort, „sonst würden Sie wissen, wie man im Schlosse meines Schwiegervaters Riswan gesinnt ist. Dort pflegt man über alle Vorgänge im christlichen Lager gewöhnlich sehr rasch unterrichtet zu werden. Ich habe übrigens daheim auch meine Anhänger, und so erklärt sich die blitzschnelle Weise, wie ich Kunde erhalte, wohl auf natürliche Art."

„Ohne alle bosnische Wunder?" meinte der Mirdite höhnisch.

„Wenn Sie von Zauberei sprechen," entgegnete Lascaris satyrisch, „dann nimmt es mich am Meisten Wunder, daß Sie über meine unsichtbaren Kundschafter stutzen. Mich nämlich würde es gar nicht befremden, wenn Arslan zum Beispiele über die Vorfälle in einer unweit von meinem Bergschlosse gelegenen berüchtigten Zauberhöhle eben so genau unterrichtet wäre, als es bei mir der Fall ist."

Arslan wollte den Ausfall unsanft pariren, Ali fiel ihm jedoch rasch in die Rede.

„Montenegriner," sprach er, „im Anzuge? Was Sie sagen! Man sollte derlei ungünstige Gerüchte gar nicht im Lager verbreiten."

„Auch meine Meinung!" rief Jussuw, der sich eben der Gruppe nahte.

„Sprach ich zu kleinen Kindern," replicirte der Gatte Gülnaren's trocken, „oder zu türkischen Offizieren? Diese kleinlaute Bemerkung taugte wahrlich einzig für den Mund der müßigen Kunden in den Mokkatempeln zu Stambul, welche christliche Tapferkeit mit den albernsten Schmähworten brandmarken, ohne zu bedenken, daß es, nach meinem schlichten Glauben, die eigene Waffenehre desto tiefer in den Staub ziehen heißt, je verächtlicher man von ihren heißblütigen Gegnern spricht. Es ist kein Ruhm für einen Riesen einen Zwerg zu erschlagen! Dichter Arslan, bekanntlich sehr belesen, wird am Besten wissen, was von dem altrömischen Kampfberichte zu halten, nach welchem in irgend einer Schlacht viele tausend Krieger des Königs Mithridates erschlagen wurden, während auf der Seite der Lateiner ein einziger Legionär ins Gras beißen mußte."

„Ich erinnere mich auch an ein anderes Treffen auf unserer Halbinsel" fiel der Albanese hämisch ein, „an die Schlacht bei Pharsalus, wo so mancher prahlhänsige römische Ritter aus Furcht vor einem Speerwurf und einer Narbe im eigenen Sammtgesicht schmählicher Weise Reißaus genommen!"

„Meiner Ansicht nach," sprach Lascaris ruhig weiter, ohne die boshafte Replik einer Antwort zu würdigen, „gibt es für einen wackern Soldaten kein größeres Vergnügen als auf einen ebenbürtigen gleich tapfern und handfesten Gegner zu stoßen."

„Weshalb macht sich Lascaris dann nicht," fuhr der Pascha auf, „an den montenegrinischen Rothbart?"

„Als türkischer Teufel, wie man Sie nennt," meinte Arslan, „sollten Sie endlich ihrem Kameraden, dem christlichen Satan das Handwerk legen."

„Ich wollte," antwortete Lascaris gelassen, „Vuk käme mir endlich einmal vor die Klinge!"

Während dieses Gespräches war ein Reiter Mustapha's herbeigesprengt, frug nach dem Pascha, den er lang vergeblich gesucht hatte, und flüsterte diesem, sich blos im Sattel herabbeugend, ein paar Worte in das Ohr, dann eben so schnell zurückbrausend als er gekommen.

„Lascaris ist ein Glückskind," rief nun Jussuw, „sein eben geäußerter Wunsch will in Erfüllung gehen!"

Ein Ruf der Verwunderung scholl aus jedem Munde.

„Was heißt das?" frug Lascaris sichtbar verlegen.

„Der Fuchs," erklärte der Pascha, „befindet sich in seinem Baue. Es heißt ihn einfach abfangen!"

Damit erzählte er, was wir bereits wissen, und fügte einfach bei, wie Buk kürzlich in der erwähnten Höhle verschwunden sei, kurz daß es zu seiner Vernichtung nichts weiter bedürfe, als ein gemeinsames Vorgehen nach seinem sichern Plan, den er gleichzeitig mit bündigen Worten auseinandersetzte.

„Wie aber," frug Arslan, der einen Theil der Rede des Pascha überhört hatte und daher nicht wußte, wie das obere Rückzugsloch überwacht werden sollte, „wenn der Rothbart Lunte riecht und auf dem Wege nach der Höhe zurückeilt?"

Kleingewehrfeuer und Feldruf gaben die erbetene Antwort. Die christlichen Vorposten wurden durch eine seit Längerm unter den Waffen stehenden Schaar unvermuthet angegriffen und zurückgeworfen; gleichzeitig marschirte ein nachfolgendes starkes Detachement albanesischer Scharfschützen auf der Anhöhe auf, das, wie man mit Recht vermuthete, den Auftrag erhalten hatte, sich auf der einzigen Rückzugslinie des christlichen Teufels festzusetzen. Auch die Schlucht wimmelte bereits von Soldaten des Nizam. Mustapha und ein Dutzend seiner kühnsten Wagehälse, faßten an dem einen untern Zugange festen Fuß. Jussuw trat vor.

„Wer wagt es," frug er, „den Rothbart in seinem Lager aufzustöbern?"

„Nun Lascaris," rief Ali forschend, „wie steht es mit dem kürzlich geäußerten Wunsche?"

„Ich warte nur auf meinen Diener!" antwortete dieser lakonisch.

„Soll Mirra," spottete Arslan, „als Leibwache dienen?"

In diesem Augenblicke erschien der Zigeuner, den Lascaris gleich bei dem Beginne des Lärmes zu seinen Packpferden geschickt hatte, mit einer kurzen aber haarscharfen Damaszenerklinge. Es war ein kostbarer echt syrischer Yatagan.

„Mein langer Krummsäbel," erklärte Lascaris, „dürfte mir in der zweifelsohne niedern Höhle hinderlich sein."

Damit ergriff er den Yatagan, sprang in die Schlucht und verschwand gleich darauf in dem andern untern Zugange.

„Bei meinem Barte," murmelte der Pascha, „sollte ich mich wirklich geirrt haben?! Uebrigens liegt wenig daran, wenn ich mich auch täusche. Die beiden menschlichen Teufel sind endlich aneinander gerathen, hole sie beide der wirkliche leibhafte Satan!"

Lauter Jubelruf des lauernden Nizam ehrte den Muth des tapfern Lascaris. Im ganzen Korps, das hier lagerte, hätte sich ja gewiß kein einziger Mann gefunden, stark und verwegen genug, den gefürchteten bosnischen Drachen in seiner eigenen Höhle anzugreifen.

„Ein türkischer Rostem!" rief bewundernd Ali.

„Löwenherz aus bosnischem Geblüte!" meinte der leicht erregbare Dichter.

„Ich schäme mich meines Verdachtes!" fuhr der Kaimakan stotternd fort.

„Leider kostet es," flüsterte der Albanese, „wie der Würfel auch fallen mag, hochherrliches slavisches Blut!"

Waffengetöse scholl aus der Höhle in der Schlucht. Der Kampf schien mit äußerster Erbitterung und Hartnäckigkeit geführt zu werden. Montenegrinische Flüche wurden laut, noch kräftiger widerhallte der türkische Schlachtruf des kühnen Lascaris. Man kann sich leicht denken, mit welcher Spannung und Theilnahme die Zuschauer oder besser gesagt, die Zuhörer auf dem äußern Schauplatze dem Ausgange des grimmigen, viel entscheidenden Waffenganges entgegen harrten.

„Neugierig bin ich zu erfahren," sprach Jussuw, „ob der Montenegriner abwechselnd dunkle und rothe Augenbrauen hatte?"

„Erstere wären eine seltsame Laune der Natur bei feuerfarbigem Haarschmucke!"

Also äußerte sich Ali.

„Ist übrigens oft schon da gewesen!" bemerkte Arslan.

„Zweierlei Augenbrauen," schaltete der alte Aga ein, „oder vielmehr Augenbrauen, die heute roth und morgen dunkel sind, ein solches merkwürdiges Naturspiel ist mir jedoch Zeit meines Lebens nicht vorgekommen. Zweifelsohne ein Scherz?!"

„Keineswegs," entgegnete der Pascha, „allgemein geht die Sage, daß man dies wechselnde Farbenspiel bei Buk wirklich wahrgenommen habe. Seine neuesten Bekanntschaften, das sind nämlich

Leute, welche erst in der neuesten Zeit das Unglück hatten, mit seinem ungeschlachten Besuche beehrt zu werden, stehen freilich für die dunklen Augenbrauen ein, und da manche der Herren Offiziere hier seit dem Abenteuer in den Engpässen zu dieser letztern Gattung gerechnet werden dürfen, so würde mich jeder von ihnen verbinden, falls er mir über die strittige Frage verläßliche, durch den eigenen Anblick gewonnene Auskunft oder Bürgschaft zukommen lassen wollte."

„Ich weiß mich," rief Ali ärgerlich, „wirklich nicht darauf zu entsinnen!"

Die übrigen gehechelten Offiziere murmelten leise Flüche vor sich hin, und der alte Aga schickte sich eben an, im Vertrauen auf seinen weißen Bart dem Muschir eine derbe Replik an den Kopf zu werfen, als ein durchdringender Jammerschrei, der aus der gefährlichen Höhle kam, die allgemeine Aufmerksamkeit wieder auf den Zweikampf lenkte. Tiefe Stille folgte dem Schmerzensrufe.

„Das war," meinte Arslan, „eine fremde dritte Stimme!"

„Wer kann die Schallbrechung," beruhigte Ali, „in dem unterirdischen Raume von außen berechnen?"

Neuer Waffenlärm erdröhnte nach einer kurzen Pause.

„Ich errathe, wie es steht," äußerte sich der Bimbaschi, „einer hat einen Hieb erhalten, der allzu schmerzlich fleischte. Daher der Jammerschrei, der sich früher vernehmen ließ. Jetzt aber liegen sie sich bereits wieder in den Bärten."

„Wäre es nicht rathsam," frug der alte Aga, „dem türkischen Teufel Sukkurs zu senden?"

„Er würde uns," fiel Jussuw hastig ein, „schwerlich Dank für eine solche Aufmerksamkeit wissen."

„Ja wohl," pflichtete der heißblütige Albanese bei, „sein Waffenruhm stände dann auf schwankenden Füßen!"

„Freiwillige vor!" kommandirte der besonnenere Kaimakan.

Keiner von den Leuten des Nizam rührte sich, sie standen wie angenagelt in Reihe und Glied. Es war aber weniger Mangel an soldatischem Muthe als Ueberfülle an abergläubischer Scheu. Die Beinamen christlicher und türkischer Teufel waren so allgemein und geläufig geworden, daß die rohen Natursöhne unter der Fahne des Profeten den beiden Kämpen wirklich dämonische Kräfte zuschrieben. Natürlich, daß sohin keiner ein Gelüste hegte, sich in den religiösen Zwist oder in die Familiengeheimnisse der höllischen Sippschaft einzumengen. Auch war mittlerweile die Zeit des Zwielichtes herangekommen, in welcher Stunde der Volksglaube den Zusammenstoß mit wirklichen oder scheinbaren Spukverwandten des Gottseibeiuns bereits für sehr gefährlich erklärt. Die einbrechende Abenddämmerung trug daher nebstbei die meiste Schuld, daß Ali's Aufruf an die Freiwilligen ohne Echo, also erfolglos verhallte. Wir aber, der freundliche Leser und meine Wenigkeit nämlich, die wir in unserer Jugend einige Bildung und Aufklärung eingesogen haben und daher durchaus nicht mehr an Gespenster wie an böse Geister glauben, wir aber wollen uns deshalb muthig in die verrufene Höhle hinabwagen und zusehen, was in dem unterirdischen Raume eigentlich getrieben und hantiert werde.

Es war wirklich eine fremde dritte Stimme laut geworden. Arslan's feines Gehör hatte seinen Eigenthümer keineswegs getäuscht, und kam der laute Jammerschrei von den verbleichenden Lippen des Wegelagerers Mustapha, der mit zwölf seiner verwegensten Wagehälse an dem einen untern Zugange Wache gehalten. Die Historie, die er in der muhamedanischen Stadt in die Szene gesetzt, machte ihn vorzugsweise der für den Wiederaufbau der dortigen abgebrannten Moschee bestimmt gewesenen Beute halber vor einer bedenklichen Klage des Groß-Kadi in Travnik bangen; diese Angst, seine persönliche Bravour wie der Umstand, daß er in der Nähe des riesigen Lascaris die derben und gewaltigen Fäuste des Montenegriners nicht länger für unvermeidlich todtbringend halten mochte, spornten den lederbraunen Mann an, sich wenigstens als nächster Zuschauer bei dem Zweikampfe zu betheiligen, und vielleicht durch eine bei dieser Gelegenheit zu erbeutende und in der großen Moschee zu Travnik als Siegestrophäe aufzuhängende Spolia opima den Unwillen der bosnischen Ulemas zu beschwichtigen. Mustapha begab sich daher, freilich mit möglichster Vorsicht, in die Höhle, schritt auch ziemlich weit vor, ohne auf die erbitterten Gegner zu stoßen. Sein Muth wuchs noch mehr, als er die Stimme des befreundeten Lascaris zu vernehmen glaubte, der ihn anrief herbeizukommen und bei seiner Terrainkenntniß mitsuchen zu helfen. Der montenegrinische Galgenvogel scheine auf unbegreifliche Weise entschlüpft zu sein. Der Renegat trat natürlich noch beherzter vor, wie ward ihm aber doppelt schlimm zu Muth, als eine riesige Gestalt, die er, in so ferne die Dunkelheit es gestattete, Anfangs für die kolossale Figur des Türkenteufels gehalten, auf ihn losstürmte und den Ueberraschten mit eisernem Griffe zu Boden zu werfen suchte.

Mustapha's Blut gerann zu Eis.

„Habe ich dich endlich," rief Buk, der diese Kriegslist so erfolgreich angewendet, „dies Mal sollst du meinen Händen erst als Leiche entschlüpfen! Stirb Bluthund, die Opfer in dem Scherawitza-Grab sollen nicht länger vergeblich die Rache des strafenden Himmels auf dein schuldbelastetes Haupt herabrufen! Jauchze Satan, ein Unmensch geht zu Grabe!"

Mustapha setzte sich trotz seiner Ueberraschung grimmig zur Wehre, und die Verzweiflung schien seine natürliche Stärke fast zu verdoppeln; aber er hatte es mit einem Gegner zu thun, der ihm auch jetzt noch an Leibeskraft wie an Waffengewandtheit weit überlegen war. Der heiße Kampf währte daher nur wenige Minuten, war im Vorhinein entschieden. Buk drückte seinen schwächern Gegner auf die Knie nieder, bog ihm den Kopf zurück — damals ging jener Jammerschrei über Mustapha's bald für immer verbleichende Lippen — und gleich darauf fuhr die scharfe Klinge des Montenegriners dem Unholde tödtlich in die Kehle.

Und wo verweilte Lascaris?

Buk sollte seines Sieges nicht lange froh bleiben, neuer Waffenlärm übertäubte das letzte Röcheln des sterbenden Wegelagerers.

„Der Kampf," rief draußen Arslan, „will sich nicht zu Ende neigen."

„Zwei Fanghunde," meinte der Bimbaschi, „die sich in einander verbissen haben, bringt nur gegenseitige Erschöpfung los."

„Oft muß man ihnen," bemerkte der Pascha sarkastisch, „die Zähne ausbrechen."

„Es wäre jammerschade," fiel der hochherzige Albanese ein, „um die Blume und Zierde aller bosnischen Kriegerschaft, wenn sie in diesem meuchlerischen Hinterhalte geknickt werden sollte!"

„Das Blut des wackern Lascaris" donnerte Ali, „über das Haupt, das die entsetzliche Geschichte ersonnen oder doch wenigstens eingeleitet! Von mir aber soll es nicht heißen, daß ich meinen Lebensretter in der Stunde der Gefahr feig im Stiche gelassen habe!"

Mit dieser edelmüthigen Aeußerung wollte sich der Kaimakan, den Säbel ziehend, in die Schlucht stürzen und auch Arslan schickte sich an, dem schönen Beispiele seines wackern türkischen Waffenbruders zu folgen. In diesem entscheidenden Augenblick aber schlug das Detachement albanesischer Scharfschützen, das die Anhöhe besetzt hielt, wie auf ein Kommandowort an, ein sicheres Zeichen, daß zweifelsohne eine menschliche Gestalt aus dem obern Rückzugsloche Buk's auftauche. Allgemeine athemlose Erwartung! Man hätte, als der Lärm, den das Knacken der Hähne an den langen albanesischen Flinten verursachte, verhallt war, das Fallen eines Tannenzapfens vom niedersten Aste vernommen, so still, so geräuschlos lauschte die Menge den Dingen, die nun kommen mußten. Die Offiziere wie die Mannschaft des Nizam schienen wie durch einen Zauberschlag zu Marmor versteinert worden zu sein. Es war eine qualvolle entsetzliche Pause der brennendsten Ungewißheit! Endlich ward jene von den Scharfschützen erspähte menschliche Gestalt, die sich langsam aus dem obern Eingange in die Höhle erhob, auch in der Niederung sichtbar. Die Gewande hingen zerrissen an ihrem Leibe herab, Wangen und Hände schienen in Blut gebadet, ob im eigenen oder fremden rothen Lebenssaft wußte man freilich bei dem ersten Anblick nicht zu sagen.

„Es ist Lascaris!" tönte es plötzlich durch die Reihen des Nizam wie der Albanesen.

Es war in der That der mannhafte Abenteurer, der bleich, mit Blut bedeckt, zu Tod erschöpft an Gottes freie Lüfte zurückkehrte. Seine Rechte senkte ermattet den schweren Yatagan, aber in der linken Hand schwang er ein bluttriefendes Haupt mit rothem Vollbart.

„Es gibt keinen christlichen Teufel mehr!"

Also rauschte es laut und stolz von seinen Lippen.

Ein donnernder Beifallssturm!

„Wie ich gedacht habe," jauchzte Ali, „der Abglanz des Schatten Gottes hat sich mächtig geirrt!"

„Leider," flüsterte Jussuw kaum vernehmlich, „daß es so kam, Hund Lascaris hat satanisches Glück!"

„Schade um den montenegrischen Löwen!" murmelte Arslan eben so leise vor sich hin.

„Das nenne ich eine Waffenthat sondergleichen!"

„In Wahrheit ein Sheitan!"

So riefen der alte Aga und der Bimbaschi. Es war übrigens keine Zeit zu längern Erläuterungen. Die Rajas hatten nämlich bedeutende Verstärkung erhalten, und drängten die Türken, obgleich das Detachement albanesischer Scharfschützen auf der Höhe sich zur Unterstützung der Letztern in eine Plänklerkette auflöste, auf allen Seiten zurück. Alles eilte in Reihe und Glied. Lascaris ließ das

bluttriefende Haupt mit dem rothen Vollbart zur Erde fallen. Es kollerte durch das Rückzugsloch langsam in die Höhle hinunter. Er selbst eilte dem Feinde entgegen. Der Abenteurer hatte übrigens seine Kräfte offenbar überschätzt, er brach von dem frühern langen und schweren Waffengang zu sehr erschöpft nach wenigen Schritten zusammen. Ali ließ ihn zur Reserve zurückführen. Das Glück des Tages oder vielmehr des Abends neigte sich zudem entschieden auf die Seite der Christen, denn erstlich nahmen die wirklich so eben eingerückten Freiwilligen vom schwarzen Berge ausgiebig an dem Kampfe Theil, endlich fochten die Haiduken, welche Vuk's Tod zu rächen hatten, mit einem Ungestüm, dem nichts die Spitze zu bieten vermochte. Die Türken sahen sich gezwungen das Feld zu räumen, die Schlucht aufzugeben und eine starke halbe Stunde weiter rück=
wärts an einer dominirenden Anhöhe eine neue feste Stellung zu beziehen.

Demungeachtet herrschte später allgemeiner Jubel im muhamedanischen Lager.

Was lag an dieser Schlappe? War doch der Ueberfall in den Engpässen glänzend gerächt worden!

Es gab keinen christlichen Teufel mehr!

„Den Vuk," sprach Pasch Jussuw, als er sich Nachts zur Ruhe begab, „habe ich glücklich von dem Kriegsschauplatze verdrängt. Schade daß Mustapha in dem Treffen gefallen ist, wie seine Leute sagen, er sollte mir jetzt den verdammten Lascaris aus dem Wege schaffen!"

Zwanzigstes Capitel.
Ophelia.

Vorliegendes Capitel beginnt einige Wochen nach den Bluttagen an der Bosna. Im Schlosse Niswans war eine große Veränderung eingetreten und schien sich dieselbe noch bedeutender gestalten zu wollen. Herrin Gülnare, die schöne weiße Rose von Serajevo mußte nach jener schauerlichen Szene auf der Heerstraße einige Tage das Bett hüten, und obgleich sie jenen tödtenden und doch rettenden Schuß nicht bereuen konnte, so schwebte doch in einsamen Stunden das bleiche Bild Zobeiden's herbei, und wollte wie ein verwunschener Geist nicht wanken und nicht weichen aus der Nähe der Mörderin aus Schamgefühl und Mitleid. Die waghafte Amazone war zum trauernden Weibe geworden. Wohl glühte ihr Herz noch immer liebend für ihr durch Jahrhunderte geknechtetes Volk, aber es wendete sich auch schaudernd von den Missethaten, von der Wiedervergeltung ab, welche der Sklave verübte, der eben seine Ketten gebrochen.

Viel trug zudem das räthselhafte Verschwinden ihrer Busenfreundin Leila bei, um den tiefen Kummer Gülnaren's zur nagenden Seelenangst zu steigern. Die große Menge in der Hauptstadt von Bosnien fabelte, die Tochter des Defterdar sei von dem bösen Feinde bei Nacht und Nebel entführt worden. In den höhern Kreisen war man jedoch besser hierüber unterrichtet. Die Leibdienerin Leila's hatte gebeichtet, daß sich ihre Herrin an einem gewissen Abend als gemeines bosnisches Weib verkleidet und dann auf geheimen Wegen aus ihrer Behausung zu Serajevo entfernt habe. Niemand aber wußte, was später mit ihr geschehen sein mochte.

Man vermuthete blos, sie sei einem Haufen aufgeregter Rajas in die Hände gefallen, erkannt worden und so eines qualvollen Todes gestorben. Es hieß ferner, daß man eine Leiche, der freilich der Kopf abgeschnitten worden, aufgefunden habe, die an Wuchs und Gestalt, an Zierlichkeit des Rumpfes einigermaßen an die kleine Tochter des Desterdar mahnte.

Ein zweiter geisterhafter Schatten, der den Pfühl Gülnaren's bei Nacht zu umschweben pflegte!

Einen dritten triftigen Grund der Verstimmung und Trauer, welche die Knesin zur Schau trug, gab die beklagenswerthe Abwesenheit ihres Vaters. Riswan war nämlich als Resident jener gefürchteten auswärtigen Großmacht eiligst zu dem außerordentlichen Botschafter zu Stambul berufen worden, den man wegen der bosnischen Schilderhebung an das Hoflager des türkischen Großherrn senden zu müssen glaubte. Diese Einberufung war durchaus nicht nach dem Geschmacke des alten Diplomaten, er ahnte, daß sie im schlimmsten Falle das Verschwinden der Konsulatsfahne von den Zinnen des alten Bergschlosses nach sich ziehen dürfte. Wie es aber auch kommen mochte, dem Befehle mußte Gehorsam geleistet werden. Riswan schied mit schwerem Herzen von seiner geliebten Tochter, sie bei dem Abschiede bittend, ja beschwörend, ihrem Gatten Lascaris, was sich auch ereignen möge, felsenfest zu vertrauen. Gülnare gelobte es.

Es gab aber schließlich noch eine geliebte und gefürchtete Spukgestalt, die sich zwar noch nicht gezeigt hatte, aber jede Minute aufzutauchen drohte. Gülnare hatte nämlich kürzlich auf einem ihrer Wandergänge in der Nähe des Schlosses eine freudige und doch beklemmende Entdeckung gemacht. Der Leser wird sich erinnern, daß sich hart an dem Bergbache, weit hinter den letzten Bäumen des Parkes steile Felsenwände erhoben, hinter welchen, wie die klugen Leute wissen wollten, die Wildniß der Gebirge beginne. Dem war aber nicht so, denn ein weiland versteckter nunmehr seit Jahren offener Pfad wand sich ja nach dem einst so blühenden und später verwüsteten Thale, darin einmal der kleine Knabe Desche weilte. Oftmals hatte die Knesin im Verlaufe der Zeit die Schaustätte ihres süßesten Stilllebens betreten, und Thränen der Wehmuth an dem einsamen Weiler im verheerten Thalgefilde vergossen. Wer malt daher ihr Befremden, als sie einige Tage nach ihrer Genesung die abgelegene Stätte besuchen wollte, und — Herr des Himmels, täuschte sie nicht ihr Auge — bergende, gewaltige Steine so künstlich aufgethürmt fand, daß selbst ihr vertrauter Blick nicht die mindeste Spur von jenem geheimen Pfade aufzufinden vermochte, der in das nunmehr aufs Neue verschlossene kleine Stück Paradies leitete. Das räthselhafte Werk mußte während der vielen Tage ihrer Abwesenheit, ihres Unwohlseins vorgenommen worden sein. Es war zugleich ein handgreiflicher Beweis, daß weiland Vuk die Wahrheit gesprochen, daß der heimgekehrte Desche in Kurzem zu erscheinen gedenke.

Und deshalb zagte sie?

Die Sache kam so. Lascaris war am zweiten Tage nach der Besiegung des Montenegriners unvermuthet im Bergschlosse erschienen, theils um der Ruhe zu pflegen, theils den kurzen Waffenstillstand zu benützen, welchen Pascha Jussuw nach jener Schlappe den Rajas — freilich aus einer später erhellenden häßlichen Hinterlist — ganz unverhofft angetragen, und welchen der seit Vuk's Tod plötzlich sehr feig und friedfertig gestimmte bosnische Kriegsrath auch mit Freuden angenommen hatte. Gülnare empfing ihren Gatten mit ungeheuchelter Herzlichkeit. Wohl betrauerte sie ihres Volkes wegen das blutige Ende des gewaltigen Montenegriners, aber erstlich hatte sie dieses räthselhafte Kind der Wildniß beinahe fürchten gelernt, ferner konnte ja Lascaris seiner Waffenehre halber den Zusammenstoß mit dem gefürchteten Haidukenhäuptling durchaus nicht vermeiden, endlich schmeichelte die wie ein Lauffeuer durch das Land fliegende Kunde von diesem Siege der weiblichen Eitelkeit, obgleich sich die weiße Rose von Serajevo letztern Umstand freilich nicht eingestehen wollte.

Auch wußte sich Lascaris äußerst zart zu nehmen.

Er vermied in Gegenwart Gülnaren's auch die geringste Anspielung auf jenen rühmlichen Waffengang, gab dem Gespräche, so oft es sich um den unheilvollen innern Krieg zu drehen begann, eine feine Wendung nach einem andern Gebiete, und ließ sich die Sache durchaus nicht vermeiden, ja dann sprach er zur Sühne und meinte, falls man von einer blutigen That der Wiedervergeltung von Seite der Rajas sprach, ein Volk, das so barbarisch hause, müsse auch durch unmenschliche Grausamkeit zu solchen schauerlichen Szenen der Rache getrieben worden sein. Lascaris schien überhaupt des Waffenlärmes gänzlich überdrüssig geworden zu sein, und flüchtete sich gern und häufig nach den lachenden Fluren des Parnasses, unter die Blüthen und Blumen der unvergänglichen Poesie und Kunst.

Letztere lieferten namentlich Abends den Stoff der Zwiegespräche.

„Seltsame Menschen," begann Gülnare während eines solchen Gespräches, „die wir sind! In der Zeit der blutigsten Ereignisse treiben wir Abgötterei mit Dichtung, Musik und Kunst. Klänge, Farben und Lyrik im Pulverdampfe! Welcher Abstich!"

„Unser Gespräch," antwortete Lascaris, „besaß jedoch eine dunkle Färbung. Wir träumten, das ist wahr, aber wie am späten Morgen, wo bereits die Wirklichkeit ihre Rechte geltend macht und trübe Gestalten an das Lager des Schläfers zaubert. Unsere Worte über Shakespeare's Othello — den wir leider nicht zu Hand haben, da Sie die Ausgabe desselben in russischer Sprache der armen verschollenen Leila geliehen — diese unsere Worte klangen friedlich, aber jede Minute, wie es schon der Schauplatz der Handlung, das bedrohte Cypern mit sich brachte, murrte es leise hinein wie ferner türkischer Kanonendonner. Uebrigens sind wir Menschen ja lebendige Räthsel!"

„Sie selbst," unterbrach ihn die Knesin, „gaben sich immer sehr seltsam und verschlossen, gegenwärtig aber, ich muß es Ihnen schon offen heraussagen, sind Sie mir zum wahrhaft unauflöslichen Räthsel geworden. Die Lösung scheint mir fast unmöglich."

„Wie kommen Sie zu dieser Behauptung?"

„Ihre Lust an verwegenen Abenteuern ist sprichwörtlich geworden, und jetzt nach dem lärmschlagenden Siege, wo sich für die Freunde des Islam eine rosigere Aussicht zu eröffnen scheint, da schwören Sie dem Kriegsgotte ab, weilen gemächlich zwischen den sichern vier Pfählen, treiben beinahe Götzendienst mit den griechischen Schönheiten vom Berge Parnaß, wollen nichts fürder wissen von dem Halbmonde, ja sie finden selbst so manche grausame That ihrer früher so gehaßten Gegner, zu welchen die christlichen Bosnier doch einmal gehören, als Nachwirkung Jahrhunderte alten satanischen Druckes erklärlich, wenn nicht gar verzeihlich?!"

„Vielleicht liege ich auf der Lauer?"

„Auf der Lauer?"

„Jener Montenegriner Buk war ja nur der Vorläufer oder Schildknappe jenes gefährlichen weltlichen Profeten, der heimlich, fast unsichtbar durch die Hütten des südslavischen Volksstammes geht und den christlichen Heerbann in die Waffen ruft."

Gülnaren's Antlitz färbte sich bei diesen Worten roth wie Scharlach.

„Welchen Profeten meinen Sie?" lispelte sie mühsam nach Fassung ringend.

„Wissen Sie denn nicht, daß unter den Bosniaken seit langem die Sage ging, daß ein Abkömmling des uralten Fürstenhauses Nemagna oder Duschan — sie nennen diesen Sprossen auch deshalb nach üblicher Abkürzung oder Verkleinerung: Desche — noch am Leben sei und der Stunde nur warte und wache, wo er das kaiserliche Banner seiner Vorfahren aufs Neue entfalten könne, um sieghaft ein neues serbisches Reich zu gründen?! Ja man spricht, daß er diese Stunde gekommen glaube, das heißt, wenigstens den Zeitpunkt, vorderhand die große hundertjährige Zeche der Türken in blutiger Münze zu berichtigen."

„Was Sie erzählen?"

„Keine Maske! Sie wissen um diese Sage zweifelsohne weit länger als ich! Unsere Wege gehen leider nach verschiedenen Polen, aber das soll mich nicht abhalten, mit jenem Fürstensohne so glimpflich als möglich zu verfahren, falls er in den Hinterhalt geräth, den ich ihm zu legen mußte."

Es war alle geworden um die Fassung der weißen Rose.

„Ein Hinterhalt?!" stammelte sie entsetzt.

„Wie ich sagte! Ich habe Kunde, daß sich Desche bereits gezeigt, ja sogar sein geheimes Hauptquartier in der Nähe dieses Schlosses aufgeschlagen habe."

Gülnare mußte sich eingestehen, daß Lascaris nur zu genau unterrichtet worden. Wenn sie nun an jene Schreckensszene in ihrer Kindheit zurückdachte, wie der seltsame Knabe Desche weinend an der geheimen Felsenpforte kniete, und der gehorsame Bär, der treue Kallugu sich zu seinen Füßen wand in letzter Todesqual, wie sie selbst am nächsten traurigen Tage die bergenden Steine zertrümmert fand, wie die Tannen und Weiden im stillen Thale gefällt den Boden bedeckten, die Blumen zertreten im Staube welkten, und eine gespensterhafte Flamme aus der alten Baute im Weiler auflohte: wenn sie nun diesen furchtbaren Anblick noch einmal erleben, den unvergeßlichen Gespielen ihrer Jugend mit ihrem nunmehrigen Lebensgefährten, dem einzigen Manne, zu dem sie sich magisch hingezogen fühlte, im wilden Handgemenge ringen sehen sollte, nein, es bedurfte da stärkerer Nerven nicht wie die ihren durch frühere Gräuel wie

durch neue Seelenangst auf das Schlimme herabgestimmt, um ein
so grauenhaftes Bild ruhig ins Auge zu fassen, und einen so qual=
vollen Gedankengang ohne geistige und körperliche Erschöpfung bis
zu dem blutigen Schlusse zu verfolgen.

Die Aermste sank wie ohnmächtig in ihren Armstuhl zurück.

Lascaris sprang erschrocken zu ihr heran.

„Gülnare!"

Also rief er, sonst keine Sterbenssylbe, aber es lag in der Be=
tonung, mit der er diesen Namen herausstieß, eine Wehmuth und
Zärtlichkeit, die wie Balsam in die wunde Seele der Knesin traufte.
Gülnare erhob das Haupt wie neu gestärkt aus den weichen Kissen.

„Beruhigen Sie sich," sprach sie gefaßt, „es war nur ein
Schwindel, der bereits vorüberging."

Lascaris eilte mit stürmischem Schritte durch das Gemach, ge=
waltiger Seelenkampf spiegelte sich in seinem Antlitze, aus dem
Blicke leuchtete es wie ein lang verhaltenes liebendes Bekenntniß,
aber die Lippen, diese trotzigen Lippen blieben fest zusammen ge=
kniffen und wollten sich nicht öffnen zu den vertrauensvollen Worten,
die ganz sicher auf seiner Zunge schweben mochten.

„Es ist noch nicht an der Zeit!" murmelte er leise vor sich hin.

Hierauf kehrte er zu dem Armstuhl zurück, beugte sein stolzes
Haupt und drückte einen glühenden Kuß auf die Hand seines rei=
zenden Weibes.

„Gute Nacht, Gülnare," flüsterte er, „und goldene Träume
aus dem Paradiese!"

Dann verließ er in dem frühern Sturmschritt das Gemach.

„Er liebt mich doch!"

Also bebte es von Gülnaren's Lippen, aber leise, so leise, daß
es kaum das eigene Ohr vernommen haben dürfte; durch das Herz
zog es aber freudig und beseligend wie der erste Gruß des Lenzes,
der die schöne Erde aus ihrem langen Winterschlafe erwachen macht,
die Quellen rauschen läßt, und den Bäumen und Sträuchen zuruft,
sich rasch in das grüne Gewand der Hoffnung zu hüllen. Geraume
Zeit brütete sie vor sich hin, leidvoll und freudvoll, träumend und
doch wach, noch immer fußend im irdischen Dasein, aber mit der
Seele halb drüben in dem lichten hochherrlichen Himmel.

Es stand ihr noch eine seltsame Ueberraschung bevor.

Als die Knesin nämlich später ihr Schlafgemach betrat, fand
sie zu ihrem Erstaunen ein Buch aus dem kleinen offenen Bücher=

schranke am Divan gezogen und mit auffallender Sorgfalt auf dem daneben stehenden Lesepulte aufgeschlagen liegen. Es war der erste Band einer alten Weltgeschichte in slavischer Sprache, ein welkes Stück Weinlaub vertrat das Lesezeichen; auch waren einige Zeilen mit Rothstift angestrichen.

Diese Zeilen lauteten:

„Semiramis, die angebliche Tochter der Luft wurde der Sage nach in einem verzauberten Felsenthale aufgezogen, da der Spruch eines bei ihrer Geburt befragten Orakels jedem Verderben weissagte, der sie lieben oder in Freiheit setzen sollte."

Gülnare stand selbst wie angezaubert.

Die geheimnißvolle Mittheilung konnte und wollte zweifelsohne nichts Weiteres besagen, als daß jenes neu verschlossene Thal hinter den Felsen des Wildbaches ihr künftighin als Asyl und Zufluchtsstätte dienen sollte. Doch vor welchem Feinde? Neues qualvolles Räthsel! Das Morgenroth lag bereits auf den Bergen, als die fiebernde weiße Rose endlich in einen erquickenden Schlummer verfiel.

Ein Rückblick in die jüngste Vergangenheit wird dringend nothwendig.

Wir müssen unsern neugierigen Leserinnen doch endlich Kunde über die weitern Schicksale der Tochter des Desterdar liefern. Es war während der Bluttage an der Bosna, etwa eine Stunde vor der Abenddämmerung, als der Montenegriner Vuk, damals noch am Leben, im vollen Besitze seiner riesigen Kraft, an der Spitze eines Haufens berittener Haiduken auf der kleinen Anhöhe, auf der sich die nördliche und westliche Heerstraße einige Meilen von dem Schlosse Riswan's schneiden, mit einem einzelnen Reiter zusammenstieß, der die berittene Truppe anfangs meiden zu wollen schien, bald aber, als er ihren Führer erkannte, gar freudig herbeigeflogen kam.

Es war Dane, der Enkel des Flüsterers.

„Woher kommst du? Von Serajevo?"

„So ist es, Kapitan!"

„Weshalb hast du die Knesin Gülnare verlassen?"

„Die Knesin selbst sandte mich nach der bosnischen Hauptstadt. Ich mußte einen armen Judenknaben dahin geleiten, den die Herrin einem betrunkenen Haufen unserer Landsleute entrissen, welche den Kleinen mißhandeln wollten, nachdem sie früher den Zigeuner Mirra den Aeltern aufgehängt hatten."

„Schändliche Schufte! Wackre Herrin! Das Kind ist also gerettet?"

„Ja wohl, aber ich fürchte, jemand Anderer, an dem freilich kein gutes Haar ist, wird die Zeche des jüdischen Knaben bezahlen müssen."

„Wer sollte das sein?"

Dane schwieg. Die Beichte mochte ihm schwer über die Lippen gehen.

„Sprich," herrschte Buk, „ich befehle es!"

„Die Befehle des Kapitan sind mir freilich heilig, es gibt jedoch Rücksichten — —"

„Keine Umschweife! Heraus mit der Farbe!"

„Der Judenknabe lief schon früher Lebensgefahr. Der aufgeknüpfte Zigeuner hatte ihn an die Tochter des Defterdar verkauft."

„Und diese?"

„Leila brachte das Kind nach der Klause meines Großvaters. So viel ich aus den verworrenen Reden des Juden entnahm, sollte der Aermste behufs eines Zaubertrankes geschlachtet werden. Meine fromme Schwester Melissa legte sich jedoch ins Mittel und so ließ Abbas den Kleinen in Frieden ziehen. Ich fürchte aber, daß er bereits ein anderes Opfer zur Bereitung seines spukhaften Getränkes im Auge hatte."

„Dies Opfer wäre?"

„Vielleicht Leila selbst! Ich kenne meinen Großvater. Er zählt sie zu seinen Todfeinden, den Muhamedanern. Auch glaubt der Judenknabe vernommen zu haben — wann und wo, wußte er sich selbst nicht zu sagen, vermuthlich in einer halben Ohnmacht — daß der weibliche Satan, an dem, wie ich früher erwähnte, in der That kein gutes Haar ist, auf den heutigen Tag nach der Behausung des Einschläferers bestellt worden."

„Dann heißt es unsere Pferde halb zu Tode jagen!"

Nach diesen Worten setzte Buk seinen Gaul in Gallopp, und das kleine Geschwader schlug im stürmischen Fluge den Weg nach der Wohnstätte des alten Morlaken ein. Etwa eine Viertelstunde Weges vor der Klause ließ der Montenegriner seine Reiter halten und suchte persönlich in möglichster Eile den rückwärtigen Pfad zu gewinnen, während Dane in einem etwas langsamern Tempo von vorn angesprengt kam. Diese Vorsicht erwies sich als kluge Maßregel. Abbas hatte sein Haus nämlich wohl verschlossen und verriegelt. Dane warf jedoch mit einem Kieselstein nach dem Fenster Melissa's, und diese beeilte sich, von Zigan begleitet, dem geliebten Bruder wie dem gefürchteten Kapitan die Pforte zu öffnen. Buk wies die stürmischen Liebkosungen des Hundes barsch zurück und sputete sich mit den Geschwistern, die sich auf sein Geheiß mit Fackeln versehen mußten, nach der sogenannten Zauberhöhle. Das schauerliche Beinhaus stand leer.

Wo mochte Abbas verweilen?

Buk und die Geschwister kannten keinen der vielen Pfade, welche durch die aufgehäuften Gerippe nach den übrigen verborgenen Gemächern führten, auch zeigten die Letztern von Gespensterfurcht ergriffen wenig Lust zu einer nähern Rekognoszirung in dem unheimlichen Labyrinthe. Der riesige Montenegriner wußte sich nicht zu nehmen, zumal er nicht laut nach Abbas rufen mochte, aus gerechter Besorgniß nämlich, der Flüsterer könne, durch den Ruf gewarnt, sein sündhaftes Werk nach seinem geheimsten, vielleicht unentdeckbaren Verstecke verlegen. In diesem Momente kam Zigan, der in den vielen Gängen herumgeschnobert hatte, lustig und wedelnd herangelaufen und apportirte seinem Herrn ein weißes feines Sacktuch, das er eben gefunden haben mochte. Das Tuch trug ein bosnisches Wappen und den Buchstaben L als Merkzeichen. Leila, welche bei ihrer Verkleidung, adeligen christlichen Gebräuchen zugethan, rein vergaß, daß arme Bosniakinen das Säubern der Nase einfach mit Hilfe der nackten Hand zu bewerkstelligen pflegen, hatte es, ehe sie ihre Behausung verließ, zu sich gesteckt und durch einen glücklichen Zufall auf dem Gange nach dem Laboratorium verloren.

Buk wußte, was er wissen wollte.

Er hielt seinem klugen kleinen Hunde das Tuch nochmals an die feine Nase, und ermahnte ihn dann durch einen leisen Jagdpfiff, die Fährte seiner Eigenthümerin aufzusuchen. Zigan that seine Schuldigkeit. Bald standen Buk und die Geschwister an der niedern Thüre, die nach dem Laboratorium leitete. Sie war von innen verriegelt. Man pochte. Keine Antwort! Der Montenegriner, der sich nunmehr auf der rechten Fährte wußte, rief mit donnernden Worten nach dem Flüsterer. Tiefe Stille wie früher! Er versuchte die Pforte einzurennen. Ihre eisernen Bande hielten zu fest, ohne Werkzeuge vermochte sie selbst der herkulische Buk nicht aufzusprengen.

„Dane," sprach er daher, zu einem neuen Schreckmittel greifend, mit lauter, aber langsamer Stimme, auf daß Abbas ganz gewiß Wort für Wort vernehme, "rufe meine Reiter herbei! Sie sollen absitzen, wir wollen die Vestung mit Sturm nehmen."

Dieser Befehl wirkte.

"Verflucht seist du, Dane," ließ sich jetzt plötzlich der Einschläferer im Laboratorium vernehmen, "wenn du einen Fuß rührest!"

"Der Kapitan," entgegnete sein Enkel, "ist unser Aller Herr!"

Er betonte das drittletzte Wort mit besonderem Nachdruck, und eilte dann schnellen Schrittes aus dem Beinhause.

"Laß meine Leute," rief Buk dem Morlaken nach, "vor der Klause auf weitere Befehle harren, du aber, Melissa, wende dich nochmals im Wege der Bitte an das steinerne Herz deines Großvaters! Es ist der letzte gütliche Versuch."

Melissa's Flehen blieb jedoch vergeblich. Der Montenegriner ergriff nunmehr die Kleine, zog sie an sich, leise flüsternd, sie solle sich ja nicht vor ihm ängstigen, welche Worte sie nun auch immer aus seinem Munde vernehmen möge, und frug dann wie im Kommandoton:

"Hörst du mich, Abbas?"

"Ich höre," tönte es von innen.

"Du kennst mich, ich bin ein Worthalter, darum zwinge mich nicht zu einer entsetzlichen That! Wisse also, daß ich den Schädel deiner reizenden Enkelin Melissa an diesem Thürpfosten zerschmettere, wenn du nicht augenblicklich nachgiebig öffnest! Ueber ihre Leiche braust dann das Verderben unabwendbar an deinen eignen Hals heran. Darum öffne!"

Diese Drohung bändigte den Trotz des starrköpfigen Alten. Melissa war das einzige Wesen auf der Welt, für welches der Flüsterer wahrhaft zärtliche, väterliche Gefühle hegte. Er öffnete daher mit düsterer Miene das Laboratorium. Entsetzlicher Anblick! Buk und Melissa traten bald nach dem Momente ein, als die gekreuzigte Tochter des Desterdar in bewußtlose Ohnmacht gesunken war. Der riesige Montenegriner stürzte, die Marterszene mit wildfunkelnden Augen überfliegend, auf den Flüsterer los, faßte ihn am Genicke, schüttelte ihn wie ein kleines Kind und ballte dann die mächtige Faust zu einem tödtlichen Schlage.

"Stirb Giftmischer!" donnerte der Rächer.

"Erbarme dich Kapitan," jammerte Melissa ihm zu Füßen stürzend und seine Knie umklammernd, "er bleibt ja trotz seiner Grausamkeit mein Oheim, auch rollt treues slavisches Blut durch seine Adern."

Vuk ließ den Alten los. Dieser verzog keine Miene.

„So lebe denn," murrte der Montenegriner, „aber zwischen uns beiden gibt es fürder keine Gemeinschaft! Man soll für die Freiheit und das Menschenrecht seines Volkes glühen und wagen, aber zum Meuchler und Giftmischer erniedert sich kein edler Kämpe der guten Sache. Das Banner des Kreuzes ist bereits durch einige Elende unseres Stammes mit Schmach besudelt worden, du hast es vollends in den Koth getreten und keine Thränen der Reue waschen sein entehrtes Fahnentuch rein von den blutigen Flecken, die es brandmarken für jetzt und alle Ewigkeit!"

Abbas entgegnete mit trotziger Stimme:

„Klage dich nur selbst an, wenn dies Banner in den Staub sinkt! Du hast das mühsame Werk meiner Mühsal gestört, und bald rückt jener Mann herbei, den weder Stahl noch Blei zu tödten vermag, der aber sicher durch Aqua Toffana erlegen wäre."

„Wahnwitziger Schwärmer," donnerte Vuk, „du bist es, der das Grabgeläute des Kreuzes begonnen! Ich kann mein Volk, da ich es selbst in die Waffen gerufen, nicht verlassen in der Stunde der Gefahr, die mein eigener Schlachtruf heraufbeschworen; wenn aber mein Streitkolben nicht schwerer wiegt als ein im Herbste vom Aste zitterndes Lindenblatt, wenn meine sicherste Kugel nach rückwärts fliegt, dann trägst nur du die Schuld, denn der heutige Anblick hat den waghaften Muth in meinem tiefsten Herzen vergiftet, und ich möchte weinen wie ein Kind über den Sündenfall meines Stammes! Darum fluche ich dir, Sohn der Hölle, im Auftrage meines ganzen Volkes, darum erkläre ich dich in Acht und Bann im Namen meines — — —"

Er konnte den Achtspruch nicht vollenden, denn der bisher so hartnäckige Alte brach bei den letztern Worten wie ein Rohr zusammen, sank in die Knie, hob die Hände bittend gegen Himmel und flehte demüthig wie noch nie in seinem Leben:

„Kapitan, Erbarmen!"

Vuk blickte den greisen Sünder erschüttert an.

„Treu wie ein Hund," murmelte er zu Leila eilend, „aber leider grausam wie ein Tiger!"

Viele Wochen waren seit jenem schauervollen Abend verflossen, und wir führen den Leser nach einer freundlichern Wohnstätte als das verrufene Beinhaus. Es ist ein stilles Gemach, gar sauber, nett und wohnlich; an dem Fenster, das nach einer Wiese mit Bienen=

körben geht, prangen trotz der späten Jahreszeit einige Blumentöpfe, die Dielen sind blank gescheuert, die Wände frisch getüncht, kein Stäubchen lagert auf den Schränken und Stühlen, kurz der Leser ahnt, daß er sich in Melissa's Schlafstube befindet. Leider athmete man in dem reinlichen Gemache eine dumpfe Luft, auch war das Fenster halb verhangen. Lag doch in den weichen Kissen ein leidendes Weib mit eingefallenen Wangen, wirr herabhängenden Haaren und stieren fast verglasten Augen, mit Wunden an beiden Händen und Füßen, die aber zu vernarben begannen.

Die Tochter des Desterdar?

Es war in der That die zierliche Leila, aber in dem Zeitraume von wenigen Wochen um mehr als zwanzig Jahre gealtert. Melissa, ihre Pflegerin, stand an der Bettstelle, einen Kühltrank bereitend, ihn der Kranken ihres brennenden steten Durstes wegen bietend. Leila, die eben aus einem unruhigen Schlummer erwachte, richtete sich mühsam auf.

„Wenn nur die Träume," sprach sie, „nicht so furchtbar wären! Mir war, ich zöge durch eine endlose häßliche Wüste, mittendurch zwischen glühenden Sandhügeln. Die Sonne brannte so heiß, daß selbst die Thränen einer Waise hätten vertrocknen müssen, kaum daß sie über die Wimpern getreten. Mir ward sehr schlimm, ich glaubte zu verdursten, und hätte meine Seligkeit für einen Wassertropfen verschrieben. Ein Donnerschlag! Die Wüste war verschwunden. Ich lag in einem Kahne, der da schiffte durch ein uferloses Meer. Ein Becher von Krystall funkelte zu meinen Füßen. Als ich ihn aber ergriff und aus der klaren Fluth schöpfen wollte, da wurden die Gewässer roth und rochen nach frisch vergossenem Blute, und vom Himmel rief eine feierliche Stimme, man hätte kürzlich auf Erden ein armes unschuldiges Kind aus jüdischem Stamme zu Tode gemartert, deshalb sei so roth geworden das Meer der Ewigkeit. Benoni hieß, glaube ich, der Schmerzensknabe."

Die Tochter des Desterdar barg das Antlitz schaudernd in die Kissen.

„Benoni lebt," tröstete Melissa, „er ward gerettet."

„Und wieder," fuhr Leila fort, ohne auf die Trostworte zu achten, „überkam mich ein seltsamer Traum. Ich stand in einer riesigen blumigen Ebene. Die Hütten darauf waren leer, die Altäre blieben verlassen und die Töchter der Menschen sprachen unter einander, wie nach wenigen Tagen der letzte Baustein von silberweißen

Elefanten auf dem Giebel des Thurmes von Babel hinaufgezogen werden würde; dann komme die Zeit, die Hallen der Freude einzuweihen und die Spiele der siegenden Liebe zu beginnen, die Zeit, die Haare zu entfesseln, auf daß in Wohlgerüche getaucht ihr Lokkenfall die üppigen Glieder bis an die Knie herab umschleiere, auf daß ungehemmt die Lust fiebere bis an die Spitze eines jeden dieser Haare! So sprachen die Töchter der großen Ebene. Die Söhne der Menschen am Gewässer aber gingen an das Gestade zu den Seejungfrauen brünstig kosen. Vergebens warnte sie Gott. Ich selbst war eine Seejungfrau und verlachte die Worte der Propheten. Darum hat mich auch der Blitz des Ewigen rächend getroffen!"

„Entsetzliche Gebilde!" jammerte die Wärterin.

Die Kranke sank noch tiefer in die Kissen zurück. In diesem Augenblicke öffnete sich leise die Thür und Abbas trat mit einem ehrwürdigen alten Franziskanermönch in die Stube. Die Tochter des Desterdar schien sie nicht zu gewahren. Der fromme Mann konnte zwar nicht den Teufel austreiben wie der Pabre Antonio zu Draschi, er hatte aber in seiner Jugend, lange bevor ihn der Sturm des Lebens nach dem abgelegenen Franziskanerkloster in Bosnien verschlagen, die Heilkunde betrieben und verstand sich vorzugsweise auf Leiden und Verirrungen des Geistes. Abbas, der, zu seiner Ehre sei es gesagt, nunmehr Alles, wiewohl vergeblich aufbot, um das körperliche, wie geistige Uebel seines Opfers zu heben, wußte den heilkundigen Mönch mit unsäglicher Mühe, ja mit eigener Lebensgefahr mitten durch das empörte Land zu geleiten.

„Nein, ich bin keine Seejungfrau," begann Leila aufs Neue und zwar in russischer Sprache, „ja viele behaupten, ich sei als sonderbares Spiel der Natur ein Mann, ein schwarzer Mann, ein Mohr, Othello geheißen, während Desdemona im Dolmány herumreitet. Einmal schoßen sie nach ihr aus dem Garten. Da wußte ich Alles, selbst daß Cassio eine Südslavin sei. O daß ich neun Jahre an Cassio morden könnte! Ach die Welt hat kein süßeres Geschöpf! Er hätte an einer Sultanin Seite liegen und ihr Sklavendienste auferlegen können. Das entschuldigt Desdemona. Entschuldigt? Nein! Wenn die Erde von Weiberthränen schwanger werden könnte, so würde jeder Tropfen, den sie weint, zum Krokodill! Und ich hielt sie für treu?! Ja, wie die Sommerfliegen auf der Schlachtbank, die im Entstehen schon buhlen! Thut aus das Licht! Die Sache will es so. Pflücke ich deine Rose? Ja wohl, ich will vom

Stamm sie kosen. O süßer Duft, der die Gerechtigkeit fast zwingt ihr Schwert zu brechen! Sei, wenn du todt bist, so, dann tödte ich dich und liebe dich nachher!"

Die Kranke richtete sich wie neu gestärkt empor.

Man sieht; Leila hatte, seit ihre heiße Leidenschaft zu Lascaris erwachte, das berühmte Trauerspiel vom Mohren zu Venedig so zu sagen verschlungen, auswendig gelernt. Für einen gewissen ungläubigen Theil der Lesewelt fügen wir hier bei, daß die Meisterwerke auswärtiger Dichter sich meist in russischer Uebersetzung in den Händen der gebildeten Südslaven befinden. So besaß der Wladika, der zur Zeit unseres Romanes in Montenegro herrschte, in seiner Bibliothek eine russische Uebertragung der Werke von Lord Byron.

„Was mag sie nur meinen?" flüsterte Melissa, welche die russischen Worte nur theilweise verstand.

„Keinen Aufschub," rief die Tochter des Defterdar, „es ist zu spät! Der Mohr hat seine Frau getödtet. Wenn ihr hierüber den Bericht erstattet, sprecht von mir, wie ich bin, verkleinert nichts, noch setzt mit Bosheit zu. Dann schildert mich als einen, der nicht klug, doch zu sehr liebte, nicht leicht in Zorn gerieth, doch aufgeregt unendlich raste; der gleich jenem Juden die Perle hinwegwarf, die kostbarer war als seine ganze Sippschaft; dessen Augen des Schmerzes ungewohnt, jetzt überflossen von milden Thränen wie Arabiens Bäume vom balsamreichen Harze. Das schreibt nieder und setzt hinzu, daß in Aleppo einst, allwo ein Türke einen Venetianer boshaft schlug und unsern Staat beschimpfte, ich den beschnittenen Hund am Hals ergriff und so — zu Boden stieß!"

Leila hatte bei diesen Worten das Messer ergriffen, das Melissa zum Oeffnen der Citrone für den Kühltrank gebrauchte, und führte einen gewaltigen Stoß nach ihrer Brust, der Flüsterer fiel ihr aber zum Glücke, sie entwaffnend, in den Arm. Die Kranke knickte ohnmächtig zusammen. Der Mönch trat schweigend an ihr Lager und prüfte lange und achtsam den Puls, ließ sich auch von Melissa einen umständlichen Bericht über alle Erscheinungen abgeben, die sich seit der Kreuzabnahme an der Leidenden gezeigt hatten.

Die früheren Erlebnisse und Qualen der Geistesabwesenden waren ihm von Abbas unter dem Siegel der Beichte mitgetheilt worden.

„Was halten Sie," frug Letzterer, „von dem Zustande der Kranken?"

„Ich fürchte, es ist leider nicht das Leid, das den Körper betroffen, was die Sinne der Aermsten verwirrte. Geistige Erschütterung, als Zorn, Schreck, Entsetzen, empörtes Schamgefühl, vor Allem aber eine unglückselige Liebe und ihre unheimliche Schwester, die Eifersucht, scheinen in Gemeinschaft gearbeitet zu haben. Es ist wirklicher Wahnsinn, was hier vorwaltet und er dürfte unheilbar sein."

„Liebe und Eifersucht? Ich bin ganz Ihrer Meinung."

„Ein jähes Zusammentreffen mit dem Gegenstand der Leidenschaft wie der Abneigung wäre noch das Einzige, was eine wohlthätige Krise herbeiführen könnte."

„Wie aber die beiden Namen herausbringen?"

„Einen Namen," fiel Melissa schüchtern ein, „glaube ich zu wissen, wenigstens nannte ihn die Kranke gleich nach der Kreuzabnahme mehr denn einmal."

„Sprich meine Tochter!" rief der Pater."

„Der Name lautet: Lascaris."

„Wie ich gedacht habe," sprach Abbas aufgeregt, „dann heißt die Nebenbuhlerin Knesin Gülnare. Ich will durch meinen Enkel Dane das Möglichste aufbieten lassen, um das geliebte, wie gehaßte Paar zu einem Krankenbesuche zu bewegen."

Ein paar Tage mochten nach jener ärztlichen Berathung verflossen sein, als die Rose von Serajevo langsamen Schrittes und schwermüthigen Sinnes durch die öden Gänge des Schloßgartens dahinwanderte. Der Winter hatte bereits ringsum sein Hauptquartier aufgeschlagen und sein weißes Leilach aus Schnee über die einst so lachenden Fluren geworfen. Längst welk waren die Blumen dahinter. Auch durch die Seele Gülnaren's schauerte es trübe und frostig. Zu dem großen Leide, geweckt und genährt durch die Sorge um Heimath und Liebe war ein kleiner Schmerz gekommen, für dessen Wesenheit der Deutsche keinen Namen besitzt, den aber der Franzose in der Mehrzahl durch den Sammelausdruck „petites misères" so bündig und treffend zu bezeichnen weiß. Die Knesin besaß nämlich eine weiße Lieblingstaube, die überaus zahm und heimlich sich selten zu ihrer geflügelten Sippschaft hielt, sondern meist einsam umherflatterte, ihrer schönen Herrin ungemein zugethan war und sie auch oft auf kurzen Wandergängen durch den Schloßgarten zu begleiten pflegte. Gülnare nannte sie deßhalb, wie **in Erinnerung** an Desche's treuen Bären, **einfach Calluga**, zu

deutsch: die Einsiedlerin. Diese Lieblingstaube war nun seit einigen
Tagen abhanden gekommen, wie spurlos verschwunden. Man ver=
muthete, ein Geier müsse Calluga in die Lüfte entführt haben, oder
die Aermste, außerhalb des sichern Taubenkogls in irgend einem
andern Verstecke weilend, von einem blutdürstigen Marder beschli=
chen worden sein. Ein zwar kleiner, aber denn doch neuer Grund
zur Verstimmung und Trauer.

Arme Gülnare!

Die Schritte der Knesin lenkten sich unwillführlich nach dem
Pfade, der zu dem neuverschlossenen Paradiese führte. Der Leser
irrt übrigens, wenn er diesen Pfad für den Lieblingsweg Gülna=
ren's hält. Wenigstens in der Gegenwart war dem weit anders.
Sie hatte nämlich seit ihrer neuen Entdeckung den äußersten Theil
des Schloßgartens absichtlich vermieden. Es schien fast, daß sie ein
Zusammentreffen mit Desche fliehe und fürchte, da es doch offenbar
in letzter Instanz über ihr künftiges Schicksal entscheiden dürfte.
Heute aber zog es sie fast magnetisch nach der Schaustätte ihres
Jugendglückes, und eben wollte sie aus dem Parke treten, als sie
eine bekannte Stimme zu vernehmen glaubte. Die weiße Rose blieb
erschrocken stehen. Hastige schwere Männertritte wurden hörbar.
Sollte es wirklich Desche sein? Nein, es war Lascaris, der ihr
sichtbar befangen entgegen eilte.

„Gut, daß ich Sie treffe," rief er schon von Weitem, „ich
komme von einem seltsamen Stelldichein, und Gülnare dürfte trotz
ihres gerühmten Scharfsinnes kaum errathen, wer mich dazu ge=
laden."

„Um desto größer ist meine Neugierde."

„Denken Sie, der treueste Anhänger des todten Montenegri=
ners, der stämmige Dane ließ mich um eine Zusammenkunft, und
zwar an dem einsamen Bergbache hinter unserm Schloßgarten
dringend ersuchen. Es handle sich, hieß es, um wichtige Dinge.

„Und Sie gingen?"

„Weßhalb nicht? War hier etwas zu fürchten, so traf es den
Morlaken, um seine Haut zu bangen.

„Was konnte Dane von Lascaris wollen?"

„Dane scheint ein ehrlicher Mann zu sein und brachte mir in
der That eine wichtige, wenn gleich sehr traurige Bothschaft. Sam=
meln Sie sich mannhaft, Sie werden eine erschütternde Kunde ver=
nehmen. Denken Sie, Leila ist an jenem Abend ihres räthselhaften

Ausfluges in die Hände Abbas des Flüsterers gefallen. Der Unmensch wollte die Aermste zu Tode martern. Buk, der damals noch lebte, kam mit Melissa's Hilfe noch zur rechten Zeit, um das blutende Opfer der Folterqual zu entreißen. Die Wunden der Tochter des Desterdar vernarben, aber ihr Geist scheint unheilbar erkrankt. Ein heilkundiger Franziskaner setzt die letzte Hoffnung auf den unvermutheten Anblick eines befreundeten Antlitzes. Dane läßt Sie daher bitten, wo möglich noch heute in meiner Gesellschaft nach der verrufenen Klause des Einschläferers aufbrechen zu wollen. Weßhalb man auch meine Gegenwart für unerläßlich nothwendig erachtet, weiß ich freilich nicht zu sagen."

Gülnare glich einer Statue. Dieser neue grausame Act, den ein alter, also doch milder denken sollender Mann christlichen Glaubens an ihrer Busenfreundin zu verüben vermochte, erschütterte sie bis in das Innerste ihrer Seele. Regungslos, fast gespenstisch, blickte sie vor sich hin, kein Tropfen Blut schien durch ihre Adern zu fließen. Wie gesagt, sie glich einer Statue. Lascaris reichte ihr theilnehmend den Arm.

„Es ist zwar meine heilige Pflicht," begann sie nach einer Pause mit mühsamer Fassung, „an das Krankenlager Leila's zu eilen, weßhalb aber soll dieser Besuch in dunkler Abendstunde und nicht am lichten Morgen Statt finden? Es dämmert bereits stark."

„Der Pater meint, der unvermuthete Anblick dürfte am heilsamsten in derselben nächtigen Zeit erfolgen, in der die Folterqualen Leila's begannen. Ich glaube daher, daß wir uns seinem Wunsche fügen sollten."

„Ich will nicht länger zögern."

Beide schritten rasch nach dem Schlosse.

„Diese Bothschaft Dane's," sprach Lascaris unterwegs, „stößt zudem alle meine Vermuthungen bezüglich der Entführung Ihrer weißen Lieblingstaube vollends über den Haufen. Ich wußte nämlich einiges von dem Schicksal der kleinen Calluga."

„Sprechen Sie um des Himmels willen!"

Sie wissen, daß die beichtende Leibdienerin Ihrer Busenfreundin sich einige Tage in unserm Schlosse aufhielt, bevor wir sie mit Hilfe eines Geleitscheines, welchen Sie ausstellten, durch die Schaaren der Rajas sicher nach Travnik senden konnten, um daselbst neue Nachforschungen über das Schicksal der verschollenen Herrin anzustellen, oder doch wenigstens Leila's Vater von dem

Verschwinden seiner Tochter in Kenntniß zu setzen. Es war die höchste Zeit, denn bei dem bald darauf gezogenen und gegenwärtig noch bestehenden strengen Kordon dürfte es fast unmöglich sein, einen Bothen von hier nach Travnik oder umgekehrt zu schmuggeln; es wäre denn, ich säße selbst auf, um mir Dank der ungewöhnlichen Stärke, die mir Mutter Natur verliehen, Bahn durch Vedetten und Patrouillen zu brechen."

„Was aber hat Leila's Dienerin mit meiner Lieblingstaube zu schaffen?!"

„Eine Zofe kann ohne Liebschaft nicht bestehen. Auch Leila's Dienerin begann daher während ihres hiesigen Aufenthaltes mit Mirra, obgleich der Bursche kaum sechzehn Jahre alt ist, zu liebäugeln, hoffend, ihn mit dem Duft ihrer etwas welken Blume zu födern. Der Schlingel, weniger wählerisch als ein wirklicher Schmetterling, scheint auch von diesen verblühten Reizen gekostet zu haben. Wenigstens ging die Vertraulichkeit so weit, daß ihn seine Auserkorne in einer zärtlichen Stunde dringend bat, ihr die Taube Einsiedlerin entwenden zu helfen. Mirra ist zwar ein Spitzbube und in neuester Zeit sehr gekränkt, daß er nicht um alle meine Geheimnisse weiß; der schlaue Zigeuner liebt mich jedoch zu sehr, ist auch Ihnen viel zu sehr zugethan, als daß er die kleine Calluga ohne weiters zu entführen gewagt hätte. Er kam daher am andern Morgen mit verlegener Stimme zu mir, beichtete und bat dann um Weisung, wie er sich in der bewußten Angelegenheit nehmen solle. Natürlich, daß ich ihm den Diebstahl sogar anbefahl."

„Sie befahlen den Diebstahl? Soll ich meinen Ohren trauen?"

„Ich konnte ja nichts anderes glauben, als daß der Diebstahl im Auftrage Leila's beantragt wurde, die sich aus uns unbekannten Gründen verbarg und jetzt nach einem verläßlichen Boten sehnte, um Sie in der äußersten Noth und bei der strengsten Sperre von wichtigen Dingen in Kenntniß zu setzen. Ich wollte Ihnen die Ueberraschung nicht verderben und ließ daher Calluga ruhig entwenden. Nun aber ging alle meine Weisheit zur Neige. Die Dienerin wußte nach Dane's Mittheilung offenbar keine Sterbensylbe von Leila's eigentlichem Schicksal, sonst wäre sie behaglich bei uns verblieben, statt die gefährliche Fahrt nach Travnik zu unternehmen. Was sollte ihr aber dann die entwendete Taube? Es ist dies ein dunkles Räthsel, über dessen Lösung ich mir seit einer halben

Stunde vergeblich den Kopf zerbreche. Ich habe mich geirrt, aber verzeihen Sie dem reuigen Sünder, da er nur aus zärtlicher Absicht fehlte!"

Gülnare drückte ihm statt aller Antwort innig die Hand.

Unter diesem Gespräche gelangte man in das Schloß. Drei flüchtige Pferde wurden hastig gesattelt — Lascaris rief diesmal nach seinem Rappen — und in der nächsten Minute ging es, von Mirra begleitet, nach der Klause des Flüsterers. Abbas ließ sich natürlich nicht blicken. Dagegen empfing Dane die späten Gäste vor dem verrufenen Hause, half der Knesin aus dem Sattel und neigte sich auch vor ihrem Gatten mit mehr Demuth, als er sonst Lascaris gegenüber gewöhnlich zur Schau getragen. Mirra blieb bei den Pferden.

Melissa eilte, die Kranke der Aufsicht des Paters überlassend, Gülnaren bis an die Hausflur entgegen.

Alle begaben sich mit bangem Herzen nach der Krankenstube.

„Desdemona," hörte man an der Thür horchend Leila leise flüstern, „will nicht kommen, ich kannte ihren Gang an dem Geräusche der Sandelschuhe. Schwatze ich doch tolles Zeug! Desdemona ist todt und Leichen liegen barfüßig im Sarge. Deßhalb lacht auch Cassio still in's Fäustchen, so oft er mich weinen sieht. Hüte dich Buhlerin, Othello ist sehr stark, und die Seejungfrauen tragen scharfe Klauen an den Händen!"

Gülnare trat schaudernd in das Gemach.

„Eilen Sie hastig vor," sprach der Pater.

Die Knesin folgte der Weisung.

„Guten Abend," rief sie, „arme Schwester Leila!"

Fieberhafte Röthe überflog die Wangen der Kranken, das Blut in ihren Adern begann vor Ingrimm zu kochen.

„Habe ich dich endlich," kreischte sie krampfhaft lachend, „schöne bunte Schlange! Heran zu mir, näher heran, sage ich dir, auf daß ich dich mit dem Schnupftuche Desdemona's erwürge! Ich will, wie ich gelobte, neun Jahre an Dir morden! Oder soll ich dich mit meinen Thränen vergiften? Vergiften? Ja, Thränen sind die wahre Aqua Toffana!

Die Kranke zitterte bei den letzten Worten an allen Gliedern.

Der Pater trat zwischen die Knesin und das Krankenlager.

„Allah sei gelobt," lallte Leila abgespannt," daß sie weg ist, die abscheuliche Metze, die ihn verlockte. Wenn man sie nur in tür=

fischen Gewanden nach Aleppo zu bringen wüßte: Dort weilt der rachebrütende Mohr."

Der Franziskaner trat zurück.

„Hassest du mich, Leila?"

Also frug Gülnare mit Thränen im Auge.

„Bist du schon wieder hier? Cassio, nun wird es Schlafenszeit. Wo ist das Schnupftuch? Her damit! Nun, wenn ihr nicht wollt, es gibt ja auch Schießgewehre! An! Feuer! Stirb boshafter Türke, beschnittener Hund!"

Die Tochter des Desterdar schleuderte der Knesin einen Blumenstrauß ins Antlitz, den ihr Melissa kurz zuvor aus den wenigen Töpfen an ihrem Fenster gepflückt hatte. Eine unheimliche Ahnung übermeisterte Gülnare. Es dämmerte in der Tiefe ihrer Seele. Deßhalb zog sie sich auf den Wink des frommen, heilkundigen Mönches willig in den Hintergrund des Gemaches zurück. Nun kam die Reihe an Lascaris. Dieser trat langsam ein, näherte sich dem Krankenlager und frug mit fester Stimme:

„Kennen Sie mich, Leila?"

Die Kranke fuhr empor, als hätte sie ein elektrischer Schlag berührt. Anblick wie Stimme des Abenteurers schienen zauberhaft zu wirken. Das verglaste Auge funkelte im alten Feuer, der ganze Körper zitterte aufs Neue wie im heftigsten Fieber, ein Strom von Thränen flog über die eingefallenen Wangen, die Brust flog hoch und das Herz pochte und hämmerte fast hörbar.

„Lascaris," rief Leila, „mein geliebter Lascaris, ich bin tief gefallen!"

Eine lange, stumme, entsetzliche Pause! Dann schien es anfangs wie goldener Friede in der Seele der Kranken einzusprechen, der Körper streckte sich, die Brust hob sich matt, das Herz drohte fast still zu stehen, aber dann glänzte es wieder unheimlich auf in dem wirren Blicke, das Auge verglaste sich aufs Neue, und dumpfer Irrsinn lagerte, wie früher, auf der bleichen Stirn. Die Tochter des Desterdar sank bewußtlos in die Kissen zurück. Tiefe Stille herrschte in dem Gemache, zeitweise von dem Schluchzen Gülnarens und Melissa's unterbrochen. Auch Lascaris fühlte, wie sich seine Augen unwillkührlich feuchteten.

„Nun ist leider alle Hoffnung vorüber," begann der Pater mit leiser Stimme, „die Krise ist nicht vollständig eingetreten. Die Zeit der wilden Tobsucht dürfte zu Ende gegangen sein, aber der Geist liegt festgeschnürt in den alten Fesseln und Banden. Das Loos der Aermsten bleibt zweifelsohne unheilbarer stiller Wahnsinn. Lassen wir die Unglückliche im Frieden ruhen und schlummern!"

Die späten Gäste entfernten sich schweigend wie sie gekommen aus der Klause des Flüsterers. Gülnare, die nunmehr die Hauptsache errieth, wenn auch ihre fromme Seele keine Ahnung von dem Sündenfalle Leila's hegte, ritt zeitweise laut aufweinend, aber ohne ein Wort zu verlieren ihres Weges. Auch ihr Gatte war tief ergriffen. Als beide später in den Schloßhof sprengten, rauschte und schwirrte es seltsam über ihren Häuptern. Lascaris, in der Meinung, scheues Nachtgeflügel tummle sich in den Lüften, stimmte einen lauten Jagdruf an, um es zu verscheuchen. Auch die Knesin folgte seinem Beispiele. Der Ruf schien jedoch das unheimliche Gethier noch mehr herbeizulocken, es rauschte näher heran, und siehe da, welche Ueberraschung, die weiße Taube Calluga schmiegte sich zutraulich an den Busen ihrer schönen Herrin!

Gülnare trug sie lieblosend in ihr Gemach, Lascaris folgte.

„Die Taube," sprach die Knesin, „ward wirklich als Bothe abgesendet. Sehen Sie dies Schreiben!"

Das Schreiben war in türkischer Sprache an Lascaris gerichtet.

Dieser erbrach es, überflog seinen Inhalt und rief dann mit unmuthigem Tone:

„Auch das noch!"

Besagter Inhalt lautete:

„Iskender sperrte die grausamen Völker von Gog und Magog durch eine eiserne Mauer in die Klüfte des Urgebirges Kaf. Täglich feilen die wilden Gebirgsbewohner mit Hülfe ihrer scharfen Zungen diese Mauer dünn wie den Rücken einer Klinge, und kehren am Abend mit dem Troste heim, am nächsten Morgen den völligen Durchbruch erzwingen zu können. Die eiserne Mauer ist aber bezaubert und erlangt über Nacht aufs Neue ihre ursprüngliche Dicke. Erst am Vorabend des jüngsten Tages wird ein Mann unter diesen Völkern aufstehen und sagen, es sei an der Zeit, noch ein paar Stunden der Nacht mit Feilen zuzubringen und so die tausendjährige Arbeit endlich mit einem Male zu vollenden. Dann kommt das jüngste Gericht. Auch die Wälle von Riswan's Bergschlosse sind dünn wie der Rücken einer Klinge geworden und selbst der Mann hat sich bereits gefunden, der da mahnt, den Durchbruch völlig zu erzwingen. Deßhalb sei auf der Huth, Lascaris! Selbst der Prophet floh vor der Uebermacht von Mekka nach Medina. Darum fliehe auch du, Drache von Bosnien!"

„Was gedenken Sie zu thun?" frug Gülnare mit zitternder Stimme, als sie diesen Inhalt vernommen."

„Man will mich entfernen! Das ist klar. Eben deßhalb bleibe ich!"

Lascaris meinte, das Schreiben käme von der Hand Jussuw's. Gülnare dachte an Desche und sank bebend in einen Armstuhl.

„Ich habe einen rauhen Pfad vor mir," fuhr Lascaris fort, „er ist mit Dornen gedielt, und niemand weiß zu sagen, wo er endet, wohin er führt? Wenn mir daher etwas Menschliches begegnen sollte, so lassen Sie mich dieß Loos wenigstens mit dem Bewußtsein erleben, daß Gülnare der Stunde nicht flucht, in der Sie mit mir an den Altar getreten!"

„Ich segne sie."

„Wen?"

„Diese Stunde!"

„Gülnare gedenke mein!"

Damit flog er an den Armstuhl, drückte einen brennenden Kuß auf den Nacken seines zagenden Weibes und stürmte dann wie vom Blitze getragen aus dem Gemache. Es war das erste Mal, daß er das vertrauliche Du zu gebrauchen wagte. Ein freudiges Lächeln spielte daher um die Lippen der Rose von Serajevo, obgleich sich Wehmuth und Angst in ihrer Seele theilten. Sie stürzte in die Knie, erhob ihre gefalteten Hände andächtig gen Himmel und bethete inbrünstig:

„Herr, bleib bei ihm, falls es will Abend werden!"

Einundzwanzigstes Capitel.
Der Erbe des Nemagna.

Unklug, sehr unklug that Lascaris, als er die Warnung vor den Völkern von Gog und Magog in den Wind schlug; groß irrte er sich, da er meinte, jenes Schreiben stamme von Jussuw her, es sei bloß eine Finte von dessen Rohrfeder gewesen, um ihn aus der trauten Nähe der Rose von Serajevo zu locken. Wohl hatte der Muschir von Travnik die Leibdienerin Leila's erkauft und die Lieblingstaube der Knesin entwenden lassen, um im äußersten Nothfalle bei dringenden Umständen über einen verläßlichen Boten verfügen zu können, der da Gülnare, die er nicht vergessen konnte, warnen, oder ihren Gatten, den er ingrimmig haßte, in einen verderblichen Hinterhalt führen sollte. Der schlaue Dieb durch die zweite Hand war aber gleichfalls um jenen gefiederten Telegraphen bestohlen worden. Im türkischen Lager wachte ein dankbares Herz zum Schutze des verwegenen Lascaris, und schlug es in dem Busen des Kaimakan Ali, dem der Abenteurer bekanntlich auf der Wolfsjagd das Leben gerettet hatte. Auch der Osmanli hat seine Tugenden. Dankbarkeit und Freundschaft hält er für Pflicht.

Ali durchsah die schwarzen Pläne des Pascha. Nächtiges Dunkel herrschte in der verworfenen Seele des Letztern, ein Dunkel, das bisher noch Niemand zu durchdringen vermochte; aber zur Stunde des Zweikampfes der beiden Teufel war es in dieser Nacht licht für den Kaimakan geworden, und er gewahrte mit Schaudern, daß Jussuw das Verderben der besten Klinge im türkischen Heere beschlossen habe. Sie hieß Lascaris. Der dankbare Türke strengte alle seine Wachsamkeit an, um das Wollen und Brüten des Despoten von Travnik zu durchschauen, ja seine Seele hing seit jener Zeit so zu sagen als Schatten an dem geheimen Treiben des furcht= baren Gegners. Ali erfuhr mit Entsetzen, daß sich der Pascha alle Mühe gab, erstlich die Fahrt seines Feindes nach Riswan's Berg= schloß den Rajas der dortigen Umgebung kund zu geben, ja daß er selbst den mit den Letztern abgeschlossenen Waffenstillstand zu benützen wußte, um die grimmigen und gewaltigen Haiduken im christlichen Lager anzuspornen, die günstige Zeit und Gelegenheit ja nicht müßig vorübergehen zu lassen, nein, sie zu einem grausamen Werk der Rache zur Sühnung des Todes ihres geliebten montenegrinischen Führers je eher, je besser auszubeuten.

Warnung war dringend nöthig geworden.

Wie aber einen zuverlässigen Boten auffinden, der da unge= fährdet die Kette der beiderseitigen Vorposten zu durchschleichen wußte? Ali verzweifelte fast an dem Gelingen dieser schwierigen Aufgabe. Leila's eben so verliebte als geschwätzige Zofe gab auch hier den Ausschlag. Ein stattlicher Albanese von Arslans tapferer Burenschaar war Mirra's Nachfolger geworden. Bald erfuhr der Kaimakan durch seinen Freund, was er zu wissen brauchte, und in noch kürzerer Zeit befand sich Dank der albanesischen Schlauheit die Lieblingstaube Gülnaren's in seinen Händen.

So gelangte jene räthselhafte Warnung nach Riswan's Berg= schlosse.

Es war die höchste Zeit! Die Rajas aus der Nachbarschaft des Schlosses, die bisher leise murrten, trugen nunmehr ihren Haß gegen Lascaris unverholen zur Schau und halblaute Flüche wurden hörbar, wenn sich der Gatte der weißen Rose außerhalb der Wälle seines Bollwerkes blicken ließ. Ein klarer Beweis, daß die feigen Söhne des bosnischen Thales auf einen gewaltigen Rückhalt bauen konnten, daß ein mächtiges Gewitter von den Bergen im Anzuge sei. Selbst die Besatzung des Schlosses gab sich kälter gegen den Gebieter im alten Herrenhause. Ihre Treue, auf die man früher wie auf einen Felsen bauen durfte, schien etwas von der trügerischen Natur des Flugsandes angezogen zu haben. Verdächtiges Volk zeigte sich in der Zeit der Dämmerung in der Nähe der kleinen Veste. Man ahnte richtig, wenn man diese spukhaft auftauchenden und verschwindenden Gestalten für Kundschafter der Haiduken hielt. Endlich lief auch sichere Kunde ein, daß ein starker Haufe wohlbe= waffneter treuer Anhänger weiland Buk's das christliche Heerlager am Berge Vitez verlassen habe und mit der stürmisch lauten Losung Rache in der Richtung gegen Serajevo, also auch dem Schlosse zu, im Geschwindschritte aufgebrochen sei.

Gülnaren's Antlitz ward täglich bleicher.

Die Vorboten des nahenden Sturmes konnten ihrem Scharfblicke unmöglich entgehen. Lascaris hingegen blieb Dank seiner eisernen Nerven kaltblütig wie immer, nur daß sich ein herausforderndes verächtliches Lächeln um seine Lippen lagerte, wenn er an einem Schwarme murrender Bosniaken vorüberschritt. Der Bewältiger des riesigen Montenegriners gab sich so sorglos, als sei nicht ein unversöhnlicher Kämpe der Blutrache, sondern der noch so ferne künftige Lenz im Anzuge, um an den Wällen haltend schmeichelnd anzufragen, ob der Herr des Schlosses auf Veilchen oder auf Rosen gebettet werden wolle? Die Tochter Riswan's wußte nicht, ob sie mehr bewundern oder verzagen sollte.

So kam die Zeit der Weihnachten heran.

In dem theokratischen Oriente, wo die Religion noch immer die Grundlage aller Sitten und Volksgebräuche ist, sind auch alle Feste religiöser Art. Die Greco-Slaven feiern im Jahre vorzugsweise zwei hohe Festtage, nämlich Ostern und Weihnachten, von denen das eine das Fest der Lichter, das andere Jordansfest oder das Fest der Weihung des Wassers genannt wird. Auch Lascaris befahl das Letztere so glänzend und andächtig als möglich zu feiern, sei es, daß er es selbst hoch in Ehren hielt, sei es, daß er den weiland schon von den zwei Gästen im türkischen Dampfbade zu Serajevo geäußerten und gegenwärtig immer lauter werdenden Verdacht abzuwälzen gedachte, wie er als künftiges Haupt seines alten Geschlechtes gänzlich und offen zu dem Islam überzutreten beabsichtige. Zudem hatte man um diese Zeit keinen feindlichen Ueberfall zu befürchten, denn an dem heiligen Abend, an dem Christtage wie an dem darauf folgenden Feiertage herrscht Gottesfriede in den südslavischen Landen.

So gab es denn auch in dem bedrohten Schlosse Riswans, vielleicht zum letzten Male, ein fröhliches und reges Leben und Treiben, als der Tucsin Dan oder Schlachttag, eigentlich der Vorabend der drei Feiertage herangekommen war. An diesem Tage werden nämlich die Thiere geschlachtet, welche zum künftigen Festmahle dienen sollen. Weihnachten heißt im Südslavischen Božić, wörtlich der junge, kleine Gott, also das Diminutiv von Bog, der

Christabend aber Badnjak oder Badnji Dan, das ist, der Wachtag, Vigilia, abgeleitet von dem uralten Worte bdjeti oder wachen. Vor diesem Festtage wird durch sechs Wochen streng gefastet und zwar so wie es der griechische Ritus vorschreibt, daß man sich nämlich nicht nur der Fleischspeisen, sondern auch der Butter und Eier gänzlich enthält, und selbst Fische nur an gewissen Tagen essen darf. Am Weihnachtsabend wird bei dem größten Theile der serbischen Nation ein ganzes Schwein gebraten, welches man pesivo petchenitzu, den ausgezeichneten Braten nennt; in der Herzegowina aber vertritt ein Schaf, welches für diese Bestimmung Zaoblitza heißt, die Stelle des mangelnden Schweines. Dieser Braten muß in der Regel so groß sein, daß alle Hausgenossen eine Woche davon essen und auch den Besuchenden damit aufwarten können. Das dazu bestimmte Schwein wird gewöhnlich wenigstens einen Monat früher auserlesen und sorgfältiger als die andern Schweine gefüttert. Vermögliche Leute beschenken öfters Arme, von denen man weiß, daß sie weder ein Schwein im Stalle haben, noch sich ein solches kaufen können, mit einer Pecsenitza. In Serbien wird in großen Häusern neben dem Schweine noch ein Schaf geschlachtet. Wo das Haus zu klein ist, um ein so großes Feuer als nöthig anmachen zu können, da geschieht dies im freien Walde neben einem gefällten Baumstamme. Man kann sich daher leicht denken, wie viele der gemästeten Borstenthiere, der blöckenden Schafe, der quickenden Spanferkel — wie es die Nisanoten und andere Städter halten — an dem Tucsin- oder Tucin-Dan in der Behausung der Rose von Serajevo ihr Leben lassen mußten, um eine ganze Woche hindurch für die zahlreichen Hausgenossen, wie für die vielen Gäste als Nahrung, als ausgezeichneter Braten auszureichen. Auch die ärmern Rajas in der Nachbarschaft durften nicht vergessen werden. Natürlich daß man ihnen die Gabe der Nächstenliebe im Namen Gülnaren's zusendete, da sie von Lascaris auch nicht eine dürre Krume vorjähriger Csesnitza oder ungesäuerten Weizenbrodes angenommen hätten. Wer nämlich an diesem Festtage, meistens noch bei **Nacht**, das Haus verläßt und um Wasser geht, der nimmt Getreide mit und beschüttet damit den Brunnen, die Quelle oder den Fluß. Mit diesem Wasser wird dann das obengenannte ungesäuerte **Weizenbrod** bereitet, und in dasselbe eine Goldmünze, deren Werth sich nach dem jeweiligen Vermögen richtet, eingeknetet und eingebacken, um dies Brod später bei dem Imbiß in so viele Stücke, als es Gäste am Tische gibt, zu zerschneiden und unter dieselben zu vertheilen. In wessen Stück nun die Münze sich befindet, dem gehört sie, und man betrachtet dies als eine Vorbedeutung, daß derselbe im kommenden Jahre der Glücklichste von allen Anwesenden sein werde. Das Wort Csesnitza rührt von dem ehemaligen südslavischen Worte Csest oder der Theil her, was jetzt im Russischen Csast heißt, weil das Brod getheilt wird, und daher die Bezeichnung Csestit gleichzeitig den Betheilten als auch den mit Glück Betheilten anzeigt. In einigen Häusern verfertigt der Hausvater selbst die Csesnitza, in andern die Hausfrau. In Montenegro wird sie bereits am heiligen Abend gebacken und verzehrt.

Noch lebhafter ging es am Badnjuk Večer, am Abend des Holzblockes zu.

Also benennen die Südslaven den heiligen Abend und zwar in Folge eines Gebrauches, von dem wir gleich weiter unten hören werden. Die Bewohner des Schlosses schienen sich an Zahl verdoppelt zu haben. Hier schlug der nach Hause kehrende Hirt sein Weib mit einem Garnbaum — Vratilo — über den Rücken, „damit das Vieh gedeihe"; dort jagte der Haushofmeister oder Beschließer die Mägde mit dem Spieß, an dem eines der Pecivo gebraten worden, im Hofe mit dem Ausrufe herum, „das Uebel solle sich aus dem Hause schleppen", ein Gebrauch, welcher als sehr förderlich für die baldige Verheirathung der weiblichen Dienstboten erachtet wird. Kinder lasen Hände voll aus der Getreideschüssel, in der später, wie wir sehen werden, das Kerzenbündel brennen sollte, und warfen ihre Beute den Hühnern zu, „damit sie viele Eier legen möchten." In den Nebengebäuden, wo bereits der fragliche Holzblock am Feuer lag, nahm die Beschließerin oder eine andere verheirathete Dienerin Stroh und streute dasselbe in geübter Haltung in der Stube oder in der Küche aus, indem sie gleich einer Kvocska — Gluckhenne — fortwährend „quo, quo, quo" kreischte, während sich ihre Kinder an ihr festhielten und wie die Küchlein „piu, piu, piu" schrien, oder einige Splitter und Enden des Holzblockes in den Garten trugen, und die erloschenen Brände zwischen die Aeste junger Obstbäume zu deren besserm Gedeihen legten. Der Beschließer aber rief während des Strohstreuens:

„Kuda slama, tuda slava!" — Wo Stroh, dort Ruhm! —

Im benachbarten Walde wurden mittlerweile drei Eichenstämme, die fraglichen Holzblöcke — Badnjaci — für die eigentliche

Familie Riswans gefällt und zubehauen. Als endlich alle Vorkehrungen zu dem Jordansfeste getroffen waren, und die Dämmerung mächtig hereinzubrechen begann, eilte Lascaris als Hausherr selbst ins Freie, und schleppte die mächtigen Blöcke über die Schwelle des Schlosses.

„Dobar veese i csestit vam badnji dan!" — Guten Abend und glücklichen heiligen Abend! —

Also sprach er, als er mit dem ersten Baumstamme über die Schwelle trat, und Gülnare als Hausfrau antwortete, ihn mit Getreide beschüttend tiefgerührt:

„Dao Bog dobro, srechni i csestiti!" — Gebe Gott Gutes, du Glücklicher und Glückseliger! —

Thränen quollen dabei unwillkürlich aus ihren schönen Augen, da sie der leider nur zu stürmischen nächsten Zukunft gedachte. Der Pope des Schlosses segnete hierauf die drei Holzblöcke und besprengte sie mit Weihwasser, während junge Mägde in Festkleidern diese Badnjaci mit rother Seide, Zwirn und Golddraht umwanden und mit Lorbern und verschiedenen Blumen aus dem Treibhause schmückten.

Dann wurden die geweihten Holzblöcke in das Feuer geschoben.

Man hatte natürlich nicht vergessen, auf beiden Seiten der Thüre Kerzen anzuzünden, während die Blöcke in das eigentliche Wohngebäude getragen wurden; auch ging man den Trägern der Badnjaci mit einem Kruge Wein nebst einem Laib Brod entgegen, trank ihnen, nachdem letztere in das Feuer gelegt worden, zu und begoß sie, gleichsam, als sollten sie nachtrinken, mit Wein. Hierauf trank man zur Ehre Gottes, zu welchem Behufe alle Hausgenossen aus demselben Gefäße nippten. — Es ist dies eigentlich ein montenegrinischer Gebrauch, Lascaris hatte es aber aus irgend einer andächtigen Laune also angeordnet, obgleich er nach bosniakischer Sitte auch nicht unterließ, nach dem Zeichen des Kreuzes die brennenden Stämme mit Korn zu bewerfen. — Nachdem er nunmehr Segenswünsche für alle anwesenden und abwesenden Freunde ausgesprochen, betete er für einen glücklichen Erfolg aller häuslichen Unternehmungen und eine gute Ernte. Die Andern antworteten:

„Es sei so!"

Dann wurden die Flinten und Pistolen durch das kurze Zeit geöffnete Fenster abgefeuert und Einer sagte zu dem Andern:

„Der Abend des Holzblockes sei gegrüßt!"

Alles setzte sich hierauf an die Tafel, auf deren Mitte drei große angezündete Wachslichter, als Sinnbild der Dreifaltigkeit in einander geflochten, aufrecht in einem umfangreichen mit Epheu verzierten Laib Brod stacken. Lascaris nahm als Hausvater etwas von jedem eßbaren Dinge auf dem Tische und warf es auf die drei Holzblöcke — eine Zahl, die gleichfalls zu Ehren der Dreieinigkeit gewählt worden — auf alle drei Blöcke nach einander, fing mit dem rechts liegenden an, welcher als größter Gott dem Vater geweiht war, und ging dann zu dem links und endlich zu dem in der Mitte lodernden Stamme über, welche den Sohn und den heiligen Geist vorstellten.

Bei dem Herannahen der Nacht begab man sich in die Schloß=kapelle. Eine Masse Andächtiger schaarte sich im Hofe, und als der Papas hinter dem Vorhange, welcher das Allerheiligste vor jedem Blicke verbirgt, während der Liturgie die feierlichen Worte er=schallen ließ:

„Mir bojii, Christos se rodi!" — Der Friede Gottes, Chri=stus ist geboren! —

da jauchzte die **gesamm**te Volksmenge wie von einem elektri=schen Schlage gerührt mit donnernder Stimme:

„Vö istenu rodi!" — Er ist in Wahrheit geboren! —

Zum Schlusse der Mette umarmte sich Alles, der Nachbar küßte den Nachbar und alles jubelte durcheinander:

„Mir bojii, Christos se rodi, va istinu rodi, poklanjamo se Christu, i Christou rojanstvu!"

— Friede Gottes! Christus ist geboren, in Wahrheit er ist geboren, wir beugen uns vor Christus und seiner Geburt! —

Der ehrwürdige Pope machte hier den Anfang, indem er zuerst die heiligen Bilder, dann den Hausherrn und die Hausfrau auf die Stirne, endlich sämmtliche Anwesende an den Mund küßte. Was in der Kapelle nicht zusammengekommen, das gab sich den Frieden Gottes später im Freien, bei welcher Gelegenheit sich so Manche, die bisher in Uneinigkeit lebten, gänzlich aussöhnten, und wobei der Jüngere nach üblichem Brauche dem Aeltern entgegenkam. Das Wort „küssen" hat für diese Feierlichkeit den eigenen Namen „mir bojati se", von der allgemeinen Losung „mir bojii" abgeleitet. Man kann bei diesem Anlasse auch Eheleute sich öffentlich küssen sehen, was sonst für eine Schande, für eine grobe Verletzung des Schamgefühles gehalten wird; und so geschah es, zweifelsohne un=

willkürlich, blos in Folge dieser leidigen Sitte, wie man sich wenigstens gegenseitig einredete, daß Gülnare plötzlich fühlte und wußte, wie Sonnenfeuer brennt, und zwar in dem Momente, als der Mund ihres Gatten sich an ihren Lippen festzusaugen drohte. Es war der erste Kuß, und die ganze Welt ringsum versank in diesem Augenblicke für die glücklichen Unglücklichen! Nachdem sich Alles mit einer brennenden Kerze in der Hand in der Kapelle geküßt hatte, nahm Hausvater Lascaris jedermann die Kerze ab, klebte diese Kerzen alle zusammen in ein Bündel und steckte dies in eine mit Getreide gefüllte, bereits erwähnte Schüssel, darinnen sich auch die sogenannten Kolacsen, das ist, kleine Laibe Weizenbrod befanden. In Häusern benachbarter Rajas, wo man der montenegrinischen Sitte folgte, und die Csesnitza schon am heiligen Abende vertheilte, wurde dann das Kerzenbündel in der Schüssel durch das Aufschütten von Getreide gelöscht, und Wein über den noch glimmenden Docht gegossen. Im Schlosse sollte diese Vertheilung erst bei dem nächsten Mittagsmahle erfolgen. Natürlich daß bei dem Feste der Weihung des Wassers der bei den Südslaven übliche Lärm mit Schießgewehren nicht fehlen durfte. Gleich nach Mitternacht hörte man von allen Seiten Pistolen und Flinten abfeuern, womit der kommende Tag begrüßt ward, und wie sich dieser von Stunde zu Stunde näherte, in dem Grabe vervielfachten sich auch die Schüsse. Als endlich der ersehnte Morgen zu dämmern begann, trat Lascaris nach der in Bosnien wie in der Herzegowina herrschenden Sitte an die Schwelle des Schlosses und rief mit lauter Stimme:

„Leuchte Gott um Weihnachten — sjaj boje i bojichu — unserer Hausfrau Gülnare!"

Und so durchging er mit diesem Segenswunsche alle Namen seiner Hausgenossen. Auch dieser Gebrauch hat seine eigene Bezeichnung erhalten und heißt Sjakati oder Sjaknuti von sjaj, das ist rufen. So verging der heilige Abend in andächtiger Feier wie in heiterer Lust. Trüberes erwartete man von dem nächsten Tage. Legt man doch bei den Südslaven große Wichtigkeit auf den ersten Besuch am Weihnachtstage; es heißt solcher Polaznik oder Polarajnik, und gewöhnlich wird hiezu schon im Voraus jemand bestimmt und eingeladen, und damit ja nicht ein Unberufener als erster Besuch erscheint, so geht an diesem Tage niemand als solche Polaznici in ein anderes Haus. In Serbien kommt der geladene Polaznik schon am frühen Morgen, sobald es Tag wird; er trägt gewöhnlich in

Handschuh Getreide bei sich, und schüttet selbes vor der Thürschwelle in die Wohnung und zwar mit den Worten, die wir schon von dem Papas in der Kapelle erschallen hörten, worauf jemand aus dem Hause auch ihn mit Getreide beschüttet und mit dem gleichfalls bereits bei Gelegenheit der Mette erwähnten Jubelrufe der Volksmenge antwortet. Darauf geht der Polaznik unter Beglückwünschung der Weihnachten zu den Badnjaci. Was er hierbei vollführt und spricht, werden wir seiner Zeit schauen und vernehmen. Einige der Polaznici bringen auch ein Bündel Flachs — Povjesmo — mit und hängen es über die Thüre. Wenn sich der Polaznik dann auf dem angewiesenen Platze niedersetzt, so wird er von den Frauen mit einer Art Teppich behängt, was den Zweck haben soll, daß sich auf der Milch ihrer Kühe stets dicker Rahm sammle; dann reicht man ihm ein ausgiebiges Frühstück, worauf er wieder nach Hause geht. Nachmittags aber kommt er wieder, und nun wird er ordentlich bewirthet und beim Weggehen mit einem Tüchel oder ein paar Strümpfen und nach Umständen auch mit einem Hemde, jedenfalls aber außerdem mit einigen Kolacsen beschenkt. Geschieht es zufällig, daß doch ein Anderer statt des bestimmten Polaznik, wenn auch erst den andern Tag erscheint, so wird er wie dieser behandelt. Oefters gehen die Wohlhabendern auf solche Besuche zu Armen und bringen diesen zugleich Speise und Trank, womit sie auch alle Hausgenossen bewirthen.

Lascaris hatte trotz der Bitte Gülnaren's keinen Polaznik laden lassen.

Die Rose von Serajevo befürchtete nunmehr die Ehre eines sehr tristen ersten Besuches. Gilt doch der mehr oder minder wohlwollende Ton, womit dieser seine Segenswünsche ausspricht, als eine mehr oder minder günstige Vorbedeutung für die Familie. Die trübe Ahnung der zagenden Herrin ging auch buchstäblich in Erfüllung, denn schon am frühen Morgen meldete ein Diener mit kreideweißem Gesichte, ein sehr schlimm und garstig sehender Polaznik habe sich eingestellt. Es sei dies ein himmelhoher, breitschulteriger, grimmig blickender Haiduke, über und über mit Waffen behangen. Auch Gülnare erbleichte, Lascaris aber meinte ruhig:

„Laß den Burschen eintreten!"

Der Polaznik trat finster an die Schwelle. Er trug zwei Handschuhe, und schüttete aus dem einen Getreide, aus dem andern aber Schießpulver in den ebenerdigen Saal, wo die drei Holzblöcke brannten.

„Christos se rodi!"

Also sprach er, einzig zur Hausfrau gewendet, Lascaris aber den Rücken kehrend. Gülnare antwortete befangen:

„Va istinu rodi!"

Darauf schritt der finstere Sohn der Wälder unter Beglück= wünschung der Weihnachten zu den Badnjaci, schürte sie im Feuer nach, ergriff eine Feuerschaufel und schlug damit auf die brennenden Blöcke, daß die Funken in Unzahl umherflogen, während er diese Unzahl Funken meinend mit äußerst wohlwollender Stimme ausrief:

„So viel Schafe, so viel Ziegen, so viel Schweine, so viel Rindvieh, kurz so viel Glück und Segen für die Hausfrau!"

Nach einer Pause schlug er nochmals auf die Stämme und donnerte:

„So viel Kugeln, so viel Handschars, so viel Säbel, so viel Messerstiche, kurz so viel Unheil und Verderben für den Haus= herrn!"

„Ein artiger Mann dieser Polaznik!" hohnlächelte Lascaris.

Gülnare fühlte trotz ihres bekannten Muthes ein fieberhaftes Grauen ihre Seele beschleichen. Der Haiduke aber schürte die Asche neben dem Feuer auseinander und warf einige Para's, dann eine Pistole auf den Herd.

„Die Münzen für Herrin Gülnare, die Pistole für den Mörder Lascaris!"

Also sprach der grimmige Anhänger Buk's. Beide dankten, die Hausfrau mit bebender Stimme, der Gatte mit verächtlichem Tone.

„Noch zwei Tage Wiera," fuhr der Haiduke fort, „heute und morgen, dann beginnt das Blutgericht!"

Damit schritt der Polaznik jedes Geschenk zurückweisend mit gemessenem Schritte aus dem Saale. Natürlich, daß er Nachmittags nicht wieder kam. Sein Auftrag war ausgerichtet worden. Die Wolken der Besorgniß, welche sich um die Bewohner des Schlosses lagerten, hatten sich zum wirklichen Gewitter zusammengeballt. Es ist daher leicht zu ermessen, wie viel Mühe es der Knesin kostete, ihrem ruhigen Gatten gegenüber einen Schein Fassung zu erkün= steln, zu erheucheln. Lascaris durchsah die Maske und sprach seinem zagenden Weibe mit den mildesten Worten Trost in die bangende Seele, geradezu erklärend, es sei durchaus nichts von den Haiduken zu befürchten. Sukkurs würde keineswegs auf sich warten lassen, kurz wenn es Gefahr gäbe, so hätten seine Gegner dieselbe zu be=

sorgen. Gülnare gab sich anscheinend zufrieden, in ihrem betrübten Herzen aber zagte sie, eines grimmigen Kampfes gewärtig, nur um so furchtsamer, ja sie vermochte es kaum über sich zu gewinnen, wie sonst nach dem Gebote der Nächstenliebe und Mildthätigkeit in die Hütten der benachbarten armen Rajas zu eilen und daselbst die Hungernden und Durstigen zu speisen und zu tränken. Und was machte die sonst so waghafte südslavische Penthesilea also feig erbeben?

Zwei Namen, die wir schon oft genannt haben!

Jetzt, meinte sie, müßte der blutige Zusammenstoß zweier heimlich innigst von ihr geliebter Wesen erfolgen. So verlief die erste Hälfte des Weihnachtstages. Pistolenschüsse verkündeten wie üblich die Zeit des Mahles. Alles eilte zur reichbesetzten Tafel. Lascaris griff nach dem ungeheuern Laib ungesäuerten Weizenbrodes, schnitt dasselbe in so viele Stücke als sich Gäste am Tische befanden und überreichte dann jedermann seinen Antheil Esesnitza. Wer war so glücklich das Stück zu erhalten, darin sich die Glück verheißende Münze befand?

Gülnare!

Die weiße Rose von Serajevo stieß unwillkürlich einen Freudenschrei aus, als sie das Goldstück gewahrte. Dieser Vorbedeutung nach sollte sie ja im nächsten Jahre die Glücklichste von allen Anwesenden sein und verbleiben; dies konnte sich aber nur dann ereignen, wenn, ja wenn Lascaris auch nicht Ursache haben würde, sich über sein Schicksal zu beklagen. Neue Hoffnung strich wie südlich warme balsamische Luft durch ihre winterliche Seele, plötzlich aber ließ sie das Goldstück erbleichend fallen, schluchzte laut auf und rief mit gebrochener Stimme:

„Ja wohl, nur im Grabe wohnt das Glück!"

Lascaris, der als Hausvater das Goldstück, das in die Esesnitza eingeknetet und eingebacken worden, besorgte, hatte sich durch einen unglücklichen Zufall vergriffen und eine goldene Denkmünze beigeschafft, die weiland ein türkischer Großherr zum Andenken seiner Lieblingstochter, der Sultanin Schems-Kumr — ein gewöhnlicher türkischer Frauenname, der Sonne und Mond bedeutet — die in der Blüthe ihrer Schönheit und Jugend gestorben war, hatte prägen lassen. Die Aversseite dieser Münze wies ein morgenländisches Grab, darauf Cypressen ihre „grünen Thränen", wie ein Dichter die herabhangenden Zweige dieser Trauerweiden nennt, herniederweinten. Auf der Reversseite standen Sprüche aus dem Koran, die Gülnare wie die übrigen Gäste natürlich keines weitern Blickes würdigten. Alles war sichtbar erschüttert. Selbst der Hausherr wechselte einen Augenblick die Farbe, was bei seiner Freisinnigkeit wie bei seinen eisernen Nerven viel besagen wollte.

Der Weihnachtstag ging trübselig zu Ende.

Auch die nächsten vier und zwanzig Stunden brachten keine rosigere Stimmung. Endlich graute der gefürchtete entscheidende Morgen. Die Knesin erwartete wie die gesammte Hausgenossenschaft mit Recht, daß Lascaris alles aufbieten und anordnen würde, um sich in Riswan's festem Bollwerke so hartnäckig, so lang als möglich halten zu können. Zu dem größten Erstaunen und Befremden Aller aber geschah gerade das Gegentheil. Der beispiellos verwegene Schloßherr befahl der Besatzung die Wälle zu räumen und ihre Waffen abzulegen; alle Thore und Zugänge mußten offen stehen, ja selbst die schirmende Konsulatsfahne wurde bereits bei dem Grauen des Tages eingezogen und von den Zinnen herabgetragen. Lascaris meinte lächelnd, es würde auch auf diese Weise geraume Zeit währen, bis sich die Haiduken in die scheinbare Falle hineinwagen dürften. Er hatte den Charakter seiner Feinde richtig aufgefaßt. Wohl zeigte sich bald nach Sonnenaufgang verdächtiges Gesindel in Masse, aber die offenen Thore machten auch die Kühnsten stutzen. Der Furchtloseste schloß auf einen höchst gefährlichen Hinterhalt.

So verlief der Morgen.

In den spätern Stunden des Tages kam mehr Leben, aber auch mehr Ordnung in die Bewegungen der wohlbewaffneten Haufen, die sich in immer größerer Anzahl in der Nachbarschaft des Bergschlosses sammelten und schaarten. Die entschlossensten und kriegskundigsten Haiduken aus dem Christenlager am Berge Bitez waren eingetroffen und hatten die Oberleitung der Maßregeln zur Berennung und Erstürmung des schweigsamen Bollwerkes übernommen. Im Schlosse herrschte die alte Ruhe und Stille. Es schien wie ausgestorben zu sein. Man glaubte sich in der Nähe einer bezauberten, verwunschenen, versteinerten Stadt. Der befremdende Anblick machte selbst die ergrauten Wagehälse weiland Buk's stutzen, wenn sie auch keinen Augenblick daran dachten, den Pfad der Blutrache zu verlassen. Sie fühlten sich einfach bewogen, verläßliche Kundschafter nach allen Seiten auszusenden, Bedetten und Vorposten in ihrem Rücken auszustellen und noch obendrein eine namhafte Reserve zur Abwehr eines allenfallsigen Ueberfalles von türkischer Seite aus eine trefflich gewählte, feste Stellung einnehmen zu lassen.

Dies nahm die Stunden des Vormittags in Anspruch.

Um die zweite Nachmittagsstunde endlich setzte sich der Zug von allen Seiten in Massen in Bewegung. Jetzt und jetzt erwartete man mit einem verderblichen Kartätschenhagel begrüßt zu werden. Arge Täuschung! Riswan's Bergschloß glich wie früher einer schweigsamen Gruft. Man kam näher und näher. Nunmehr mußte wenigstens das Knattern von Kleingewehr laut werden. Sehr geirrt! Es wollte kein Leben kommen in diesen riesigen steinernen Sarkophag! Was mochte Lascaris brüten? Vertraute er auf unsichtbare dämonische Hilfe?

„Heraus mit dem Landesverräther!"

„Selbst die Konsulatsfahne ward eingezogen!"

„Welche spöttische Verwegenheit!"

„Hohn und Verachtung gegen uns Bluträcher!"

Also hallte es unter wüthigen Flüchen und Verwünschungen durch die Reihen der ergrimmten Rajas, der zornschnaubenden Haiduken. Das aufgeregte Volk schäumte, ja es weinte beinahe vor Aerger, daß es ohne einen Schwertstreich, gänzlich ungefährdet, ohne einen Schuß der Gegenwehr in den geräumigen Hof zu dringen vermochte. Noch mehr wuchs das grollende Erstaunen, als die Besatzung den Eindringlingen mit frohem Bewillkommnungsgruße, unbewaffnet entgegentrat, und mit den lebendigen Werkzeugen der Blutrache, wie man im Abendlande zu sagen pflegt, förmlich fraternisirte. Dies war doch rein verblüffend! Alles starrte sich verwundert und kopfschüttelnd an. Sollte Lascaris entflohen sein? So frug Einer den Andern mit leiser Stimme. Doch nein, die Dienerschaft äußerte sich ja laut, der Herr schmauche eben im Saale behaglich aus einer Nargileh; auch war das Schloß seit dem Vorabend der Festtage so sorgsam überwacht worden, daß die Bewohner nicht einmal bis an die Felsenwände am Wildbache hinter dem Garten unbemerkt hätten gelangen können. Hier konnte kaum ein Fuchs durchschlüpfen! So achtsam war der Bau ausgekundschaftet worden. Was aber wollte der umstellte Löwe mit seiner unbegreiflichen Ruhe? Hier mußte es noch einen Hinterhalt geben!

Nur die drei bewährtesten Anhänger des erschlagenen Montenegriners, Abbas der Flüsterer nämlich, Dane dessen Enkel und

Ivo der alte Fuhrmann schienen die Befremdung der Volksmenge nicht zu theilen, lächelten vielmehr zeitweise gar ironisch vor sich hin. Auch der kleine Zigan, der zottige kluge Hund, den der Einschläferer des Gedränges wegen auf den Arm genommen hatte, schnoberte die Ohren spitzend lustig in der Luft herum, als wittere er die Nähe eines geliebten Gegenstandes. Melissa war der Aufsicht und Pflege halber bei der wahnsinnigen Tochter des Desterdar zurückgeblieben. Ein kurzes Zwiegespräch, das Dane mit ihr gepflogen, schien auch dieser anmuthigen Dirne den Gleichmuth ihrer Sippschaft eingeflößt zu haben.

Der entschlossenste Haiduke befahl endlich die Treppe zu erstürmen.

Es war derselbe, der vor zwei Tagen die Rolle des Polaznik so bündig und barsch zu spielen wußte. Sein Aufruf fand gehorsames, geneigtes Gehör und die aufs Neue aufbrausende Menge schickte sich an, in die innersten Gemächer des alten Bollwerkes mit bewehrter Faust einzubrechen. An der Treppe zeigte sich jedoch der erste Versuch eines hartnäckigen und bewaffneten Widerstandes gegen den aufständischen Bruch des Hausfriedens.

Gülnare erschien mit zwei Pistolen bewehrt auf der obersten Stufe.

Die Knesin hatte bisher ihren tollkühnen Gatten vergebens beschworen, den Weg der Flucht zu ergreifen oder doch wenigstens Miene zur Selbstvertheidigung machen zu wollen. Beide Rathschläge waren mit einem verächtlichen Kopfschütteln zurückgewiesen worden. Lascaris rauchte dabei so ruhig aus der kostbaren morgenländischen Wasserpfeife, als stünden nicht seine Todfeinde, sondern Abgesandte des Divans vor der Pforte, willens ihm den Sangiak Scheriff, die heilige Fahne des Profeten, die das Türkenreich so oft von gänzlichem Untergange gerettet, zu Füßen zu legen. Die Zeit des Bittens und Flehens verstrich jedoch nur zu rasch. Es kam die Zeit zum entschiedenen Handeln. Lascaris wollte sich nicht vertheidigen, so beschloß denn die weiße Rose für ihn nach der tödtlichen Schießwaffe zu langen. Deshalb betrat sie wie ein zürnender Engel des Herrn die fliegende Treppe.

„Zurück!" rief sie, „der Erste, der sich weiter wagt, ist ein Kind des Todes!"

Haiduken wie Rajas stutzten. Gülnare wurde ja gleich einer Heiligen von den bosniakischen Christen verehrt und gepriesen. Demungeachtet machten einige verwegene Freischärler Anstalt das obere Stockwerk nöthigen Falles mit bewaffneten Händen zu erstürmen.

„Zurück," donnerte die Knesin nochmals, „mein Leben an das Seine!"

Und abermals stürzten die Stürmenden betroffen zurück. Sie würden jedoch bald selbst gegen ihren Willen die Treppe haben erstürmen müssen, denn die im Hintergrunde stehenden Volksmassen drängten mit unwiderstehlicher Schwerkraft nach vorwärts. Der entscheidende Moment war gekommen. Gülnare wollte eben beide Pistolen gegen die heranwogende laut aufsluchende Menge abfeuern, als eine sonore Stimme ihr gebietend zurief:

„Zurück du selbst, schöne und zärtliche weiße Rose!"

Es war Lascaris, der also sprach, und dann in einen weißen Mantel gehüllt die Stufen hinabeilte, die tobenden Schaaren mit dem Blitze in seinem Auge zurückzubannen schien und ruhig und majestätisch, wie ein seines Sieges sicherer Padischah unter Rebellen tritt, einer kleinen Anhöhe im Hofe zuschritt. Dort angelangt heischte er mit drohend erhobener Hand Stille und Ruhe und frug dann mit weithinschallendem Rufe:

„Was willst du, blindes, bethörtes bosnisches Volk?"

Kurzes Schweigen folgte, bald aber erscholl es allseitig:

„Dir das Haupt vom Rumpfe trennen, Landesverräther!"

„Und dies warum?"

„Es gilt das von deinen unheiligen Händen vergossene Blut Vuk des Montenegriners rächen!" rief der ehemalige Polaznik.

Ringsum erhoben sich tausende von Handschars, Flinten und Pistolen. Seltsam schien es, daß Abbas, Dane und Ive sich schirmend um Lascaris drängten, als wollten sie ihm den Rücken decken; noch räthselhafter war es, daß Zigan, den Händen des Flüsterers entschlüpfend, freudig winselnd und wedelnd den verwegenen Abenteurer umsprang und an ihm alle jene Liebkosungen verschwendete, mit denen ein treuer und anhänglicher Hund bei der unvermutheten Wiederkehr seines lang abwesenden Herrn und Gebieters seine Freude zu äußern pflegt. Dies unerklärliche Treiben des allbekannten Zigan verblüffte die Haiduken und Rajas fast noch mehr als der werkthätige Beistand, welchen der Flüsterer und die Seinen dem gehaßten Gegner zu leisten drohten. Die Menge stand wie versteinert. Gülnare glich ebenfalls einer Statue. Ihre Seele lag einzig nur noch in ihrem Ohre.

„Kommt heran," rief plötzlich Lascaris seinen Mantel abwerfend, „wenn ihr noch den Muth dazu besitzt!"

Allgemeine Ueberraschung!

Der Abenteurer trug die bekannte malerische Landestracht von Montenegro.

„Sagt," fuhr er fragend fort, „wer bin ich denn eigentlich in euern kurzsichtigen Augen?"

„Unser Todfeind Lascaris," murmelten Hunderte von Stimmen, „der Mörder des vielgetreuen Vuks!"

„Und wie nennt ihr mich?" frug Lascaris seine drei Kampfgenossen.

„Du bist der Kapitan!" jubelte Dane.

„Wir verehren in dir," sprach demüthig der Einschläferer; „unser heiliges, einziges Oberhaupt!"

„Du bist ja," rief der alte Ivo freudig, „niemand anderer, als Vuk der vielgetreue Montenegriner."

Man denke sich das Erstaunen der Menge.

„Blinde Maulwürfe, die ihr seid," begann Vuk-Lascaris, „die ihr eines rothen Vollbartes bedürft, um euern Herrn und Retter zu erkennen!"

Damit griff er in eine Tasche seines weiten weißen Mantels, zog eine rothe Perücke nebst falschem dichten Barthaar von gleicher Farbe hervor, stülpte beides um Haupt und Antlitz, und frug dann mit einer aus hundert Kämpfen bekannten, wenn gleich verstellten Stimme:

„Kennt Ihr mich jetzt, meine wackern Haiduken?!"

Die Aehnlichkeit, doch was Aehnlichkeit, die Identität von Vuk und Lascaris war nunmehr auch nicht von dem starrsinnigsten Zweifler länger in Abrede zu stellen, was Wunder, daß sich augenblicklich ein Jubelgeschrei erhob, das den rasenden Donner des heftigsten Sommerwetters weit übertäubt haben würde! Der todtgeglaubte unvergeßliche Haidukenhäuptling, der Drache Bosniens war aus dem Grabe erstanden. Man hatte in dem gefürchtetsten Feinde den besten und wärmsten Freund entdeckt. Das Jauchzen wollte nicht enden.

„Es lebe Vuk-Lascaris!"

Also brauste es wie ein Orkan durch alle Nachbarschaft. Gülnare sprach keine Sterbenssylbe, aber in ihrem Antlitze stand eine Hymne der Freude zu lesen, wie sie noch nie gedichtet worden in einer irdischen Sprache, an irgend einem Orte der Welt. Selig wie sie konnte kaum jener arme Sünder gewesen sein, als er die goldenen trostreichen Worte vernahm, noch heute werde er bei dem Herrn sein im lichten Paradiese. War doch das Heiligenbild ihres Herzens gleichzeitig der Abgott ihres Volkes geworden! Mehr vermochte sie nicht zu denken, zu fassen. Die düstere nächtige Vergangenheit war versunken, und sonnig wie das Land der Verheißung lag die Zukunft vor ihren in Thränen der Freude schwimmenden Augen.

„In der Doppelrolle des geheimen Freundes wie des offenkundigen Feindes des bosnischen Volkes," sprach Lascaris, als sich der Lärm etwas gelegt hatte, „war es meine brünstige Aufgabe dem Siege des Kreuzes und der Freiheit des Vaterlandes eine breite Gasse zu bahnen. Als der Gegner der Rajas ward ich in die geheimsten Pläne des Islam eingeweiht, um sie später als Freund und Haupt der Wölfe der bosnischen Gebirge um so sicherer zu vereiteln. Verrath und Hinterlist zwangen mich die eine Rolle aufzugeben. Den Montenegriner Vuk konnte ich in der Falle, die mir gelegt worden, nimmer retten, so blieb denn nur euer Todfeind Lascaris zurück, um das Schwert der Rache aus der erstarrten Faust des Haidukenhäuptlings zu nehmen und dasselbe, wie ich leider vergeblich hoffte, in einer neuen Verkleidung, unter einem weit prachtvollern Namen zur Vertheidigung der Bibel und der Heimath hoch in den Lüften zu schwingen. Euer Aberwitz hat den letzten Schleier zerrissen. Gott hat Euch zur Strafe für so manche Frevelthat mit Blindheit geschlagen, zur Strafe, denn, damit ihr es nur wißt, es gibt in diesem Hofraume hundert Verräther an Kreuz und Fahne, und vielleicht schon morgen weiß Pascha Jussuw mit Gewißheit kundzugeben, daß Vuk und Lascaris Zwillingsbrüder waren, ja, daß sie ewig und immer nur eine und dieselbe Klinge führten!"

Eine lange trübe Pause allgemeiner Beschämung!

„Es ist Zeit," fuhr der Abenteurer fort, „die letzte Larve abzuwerfen. Wißt ihr, wer Vuk eigentlich war? Ahnt ihr, wer der Lascaris ist, der tiefbekümmert zu seinem bethörten Volke spricht? Auch wenn ich ein anderer wehrhafter Mann als der Montenegriner gewesen wäre, und diesen in ehrlichem Zweikampfe in Wahrheit hingeschlachtet hätte, würdet ihr mich vergeblich befehdet haben, denn euer schwerster Handschar würde wie eine Binse abgeknickt sein, eure Kugeln wären nach der Brust des Schützen zurückgeflogen, die stärkste Faust hätte erlahmen müssen wie das kleine Händchen eines wehrlosen Kindes! Wackerer Bruder in Christus, ehemaliger Polaznik, tapferer Haiduke Iwan fasse deine Flinte und ziele fest und scharf nach meiner Brust! Ich kenne deine ruhige Hand, deinen sichern Blick. Du wirst mir keine Schande machen. Bist du doch gewohnt, den Adler aus den höchsten Lüften herabzuholen!"

Der Haiduke gehorchte mechanisch.

Lascaris riß seinen Leibrock auf.

Der ehemalige Polaznik schien zu einer Statue zu erstarren, plötzlich aber lief ein heftiges Zittern durch seine Glieder, als schüttelte sie ein grimmes Fieber, seine Augen starrten wie festgezaubert nach der Brust des Abenteurers, die lange Flinte entsank zum ersten Male in seinem Leben den gewaltigen Armen, seine rechte Hand wies nach einem glänzenden Schilde, und in die Knie stürzend jubelte der Sohn der bosnischen Wälder:

„Siada! Siada!"

Der feierliche Ruf „Siada" zog sich wie ein Lauffeuer zuerst durch den vordern Halbkreis der staunenden Volksmenge, die mit eigenen Augen schaute, was der Haiduke meinte; dann flog er auf die Lippen der rückwärts stehenden Neugierigen, und alle diese Zuseher und Zuhörer des seltsamen gänzlich unerwarteten Schaustückes, Abbas und die Seinen, ja nicht einmal Gülnare ausgenommen sanken wie der jauchzende Iwan in scheuer Ehrfurcht in die Knie. Tiefe, fast andächtige Stille wie in einem alten ehrwürdigen Gotteshause folgte dem stürmischen allgemeinen Jubelrufe.

Ein Landesvater in der Mitte seiner loyalen Kinder!

Trug doch Lascaris auf seiner entblößten Brust das uralte und doch in Bosnien allbekannte Wappenschild des Ahnherrn der altserbischen Kaiser, den doppelten schwarzen Adler mit zwei Kronen, von den Schildern von neun Reichen umgeben, ringsum mit den noch aus den versunkenen Römertagen herstammenden goldenen Buchstaben „S. I. ad A." geschmückt, die da wie wir wissen einfach besagen:

„Sic itur ad astra!"

„Ja, ich bin der Messias der hochrothen Schlacht," begann der gefeierte Krieger, „den ihr so lange erwartet habt, bin der Abkömmling des erlauchten Nemagna, der letzte männliche Sprosse aus dem kaiserlichen Geschlechte des unvergeßlichen Czaoren Duschan! Deshalb hieß ich auch Desche weiland in meiner Kindheit. Bosnien ist meine Wiege, das ganze weite südslavische Land mein heiliges un-

antastbares Erbe. In den Gebirgen beugen die Berggeister ihr
Haupt in Demuth, wenn ich durch ihre Klüfte ziehe; in den Wäl=
dern rauschen wie huldigend die tausendjährigen Eichen, so oft ich
vorüberschreite; im Thale verhauchen die Blumen im Sterben ihren
süßesten Duft, dankbar, weil sie mein Fuß zertreten! Jede Welle
trägt meinen Namen mit lautem Preise an das ferne blaue Meer=
gestade, die Luft schmiegt sich wie eine Odaliske schmeichelnd an
meine Schläfe, die Erde erzittert bräutlich seufzend unter meinem
Tritte, und das Feuer loht doppelt hell und freudig auf in der ge=
heiligten Nähe eines Gesalbten Gottes! Selbst der Aar hält be=
schämt inne in seinem Fluge zur Sonne, denn höher noch, weit höher
als des Adlers Horst, bis in den Himmel, in die Unsterblichkeit
hinein ragen die Giebel und Zinnen meines alten Kaiserhauses!"

Lascaris schwieg, die Menge erhob sich auf einen Wink seiner
Hand.

„So war es," fuhr der Erbe des Nemagna nach einer Pause
fort, „so ist es! So hätte es auch bleiben müssen, wäre mir nicht
schnöder Verrath in der Nachbarschaft und blinde Kampflust in der
Heimath hemmend in den Weg getreten! So wird es bald nicht
mehr sein! Jener Waffenstillstand, den der feige, weibische Kriegs=
rath im Christenlager bei Vitez abschloß, war ein Meisterstück des
Satans, der sich Zussuw auf Erden schelten läßt. Hört! Der alte
Ali Riswan Beyowich, der unumschränkte Beherrscher der Herzego=
wina, dieser schlaue Mann, den nach dem Aberglauben Abbas des
Flüsterers weder Stahl noch Blei zu tödten vermögen, hat kürzlich
einen streng bemessenen Ferman aus Stambul erhalten. Der In=
halt dieses Ferman lautet bündig: Marsch gegen die aufständischen
Bosniaken oder die rothe Seidenschnur! Die Wahl hielt nicht schwer.
Schon sind die gedrillten Truppen des Beyowich aus der Herzego=
wina im Anzuge. In der Front wie im Rücken von einer zehnfachen
Uebermacht verderblich gefaßt, was bleibt uns übrig, als im ver=
zweiflungsvollen Vernichtungskampfe ehrlich für das Kreuz zu
fallen, für den heimischen Herd zu verbluten?! Heil den fallenden
Kriegern! Auch die Schlacht hat ja ihr Martyrthum, ihre Blut=
zeugen. Wehe, dreimal Wehe über das Haupt der überlebenden
Weiber und Kinder! Bosnien ist um sein letztes Bollwerk gekom=
men. Selbst dies alte Schloß hat bereits aufgehört, eine gefeite
Veste, eine geheiligte Zufluchtsstätte gegen türkische Willkür und
Buhlschaft zu sein. Ich habe die Konsulatsfahne nicht aus

Trotz abnehmen lassen, wie ihr in euerm Aberwitze träumtet. Jene auswärtige Großmacht, die Vater Riswan weiland in Bosnien vertrat, mißbilligt unsere Schilderhebung und hat deshalb den Greis einstweilen seines Dienstes enthoben. Auch mich bangt es nach einem Asyl für meine weiße Rose. Ich hoffe sie jedoch zu bergen. Dann aber gehe ich fechten, bis mir die Klinge an der Faust abspringt. Eilt in das Lager und thut euer Kühustes! Ich habe gesprochen!"

Mit diesen Worten eilte er mit Gülnaren in den Ahnensaal zurück.

Die Volksmenge zerstreute sich in banger lautloser Stille.

Nöthig, sehr nöthig will es uns bedünken, lieber Leser, falls du zu der Sorte ewig zweifelhafter Gemüther zählen solltest, dir die Art und Weise kundzugeben, wie Buk-Lascaris seine schwierige Doppelrolle durchzuführen wußte. Früher jedoch ein Rückblick in seine Kinderjahre! Er war in der That der letzte männliche Sprosse des alten Geschlechtes, dem der große Serbenkaiser Nemagna entstammte. Sein Vater fiel durch Verrath in die Hände der Ungläubigen und ward der Sage nach in den weiland sieben Thürmen zu Konstantinopel erdrosselt. Ein treuer Freund seines Hauses, jener alte finstere Mann in schwarzen Gewanden, dessen wir in dem Capitel von der seltsamen Brautnacht erwähnten, flüchtete mit der verlassenen Waise nach der stillen Baute in dem Bergthale hinter dem Wildbache an Riswan's Schloßgarten. Dort hatte bereits die Mutter des Knaben, leider früh verstorben, in sicherer Einsamkeit gehaust und gewaltet. Auch Desche fand hier eine verborgene Freistätte. An jedem Sabbathabend eilte der alte Mann nach Serajevo, um Kunde über den Stand der Dinge in den südslavischen Landen einzuziehen. Auf einem dieser Ausflüge ward er erkannt. Bald stöberten türkische Spürhunde die stille Klause auf. Kallugu fiel als erstes Opfer.

Das Uebrige ist unsern Lesern bekannt.

Wir fügen blos bei, daß der Vormund des Knaben, der sich von muhamedanischen Schergen umstellt wußte, bei dem Einbruche der Nacht geradezu zu dem würdigen Riswan eilte, und ihm das Geheimniß von der Abkunft und Blutsverwandschaft Desche's mittheilte. Beide wurden mit offenen Armen aufgenommen und nach einigen Tagen auch glücklich nach Montenegro geleitet. Arme Gülnare! Sie hegte keine Ahnung, wie nahe ihr der theuere Jugendgespiele durch geraume Zeit verblieben. Unter den kriegerischen Söhnen des schwarzen Berges entwickelte sich auch das physische Leben des Fürstensprossen zur schönsten Blüthe, Reisen durch das Abendland, nach dem Tode seines Vormundes unternommen, halfen seinen reichen Geist entfalten, kühne Waglingsthaten, scheinbar im Dienste des Halbmondes unternommen, stempelten den jungen Abenteurer zum Liebling und Vorbild aller türkischen Kriegerschaft, und so fand der kleine Desche, als er zum Manne herangereift unter dem erborgten Namen Lascaris nach seiner Heimath zurückkehrte, alles vorzugsweise durch die Bemühungen Riswan's zur Schilderhebung zu Gunsten seiner eigenen Größe vorbereitet. Der Vater der weißen Rose, den Lascaris noch obendrein auf einem verunglückten Waidgange aus den Klauen eines Bären befreite, hegte seit der Stunde der obigen Entdeckung nur einen Lieblingsplan, nämlich die Vereinigung der beiden letzten Sprossen aus der männlichen und weiblichen Linie des Hauses Duschan. Der Abenteurer kam ihm natürlich noch weiter als auf dem halben Wege entgegen.

Nun entstand eine brennende Frage.

Sollte Gülnare in das Geheimniß eingeweiht, sollte sie in gänzlicher Unwissenheit gelassen werden? Zwei gewichtige Gründe sprachen für den betrübenden letztern Ausweg. Erstlich hätte es den türkischen Gewalthaber zu Travnik wie seine beschnittene Bannerschaft im gesammten Lande auf die rechte Fährte leiten müssen, falls die weiße Rose bei ihrer nur zu bekannten Vorliebe für die südslavischen Farben einem erklärten Anhänger der Fahne des Profeten mit Freude und Zärtlichkeit zum Altare gefolgt wäre. Ferner fürchtete man ihre Zuneigung zu der Tochter des Desterdar. Schwiegervater wie Eidam wußten, daß Leila zu dem Koran geschworen habe, daß sie den unsichtbaren Telegrafen abgebe, der alle Geheimnisse aus dem alten Bergschlosse in das türkische Hauptquartier in deutlichen Zeichen hinüberspiele. Diese zwei Gründe bestimmten Riswan zum unverbrüchlichen Schweigen gegen seine reizende Tochter. Lascaris hatte noch einen geheimen dritten Grund. Er wollte selbst als angeblicher Feind des Kreuzes durch den Zauber seiner persönlichen Liebenswürdigkeit das jungfräuliche Herz seines Weibes erobern. Lascaris gedachte Desche, also sich selbst, bei Gülnaren aus dem Felde zu schlagen. Wir wissen, daß er auch hier das Schoßkind des Sieges verblieb.

Nun zur Durchführung seiner Doppelrolle!

Durchblättern wir die einzelnen Capitel, in welchen seine Verkleidung als Montenegriner zweifelsüchtigen Lesern etwas unglaublich scheinen dürfte! Die montenegrinische Landestracht, das falsche rothe Haar, der gewaltige Vollbart von gleicher Farbe, endlich das Schwärzen des Gesichtes — zuweilen half auch eine Halblarve aus — reichten vollkommen hin sein Geheimniß zu bewahren, zumal er meist bei Nacht oder zur Zeit der Dämmerung seine waghaften Streifzüge zu unternehmen pflegte. So blieb er unerkannt, als er Jussuw von der Straße nach Serajevo abschnitt, als er später den Pferdemarkt zu Mostar besuchte. Nur der Flüsterer wie Dane und Ivo wußten, daß Lascaris und Vuk ein und derselbe wehrhafte Mann sei, benahmen sich daher absichtlich um so barscher und unhöflicher gegen den Abenteurer, wenn er unter dem erstern Namen mit ihnen zusammentraf. Die Verkleidung als Grundherr in der Schenke zur Kobasica geschah in einer benachbarten abgelegenen Scheuer, deren wir bereits damals erwähnt haben. Auch in den Bergen hinter der Klause des Flüsterers gab es eine verborgene Behausung in einer Felsenhöhle, darin Lascaris seine edelmännische Tracht ablegte und sich in das Kostume des Montenegriners hüllte. Vuk trat durch dieselbe geheime Thüre in das Brautgemach Gülnaren's, durch welche dasselbe von dem jungen Gatten verlassen worden. Diese Thüre ermöglichte auch das weitere Treiben und Schreiben des unsichtbaren Desche. Das Erlöschen der Ampel in der Brautnacht zählte zu den gewöhnlichen Kunststücken natürlicher Magie. Melissa wie später Jussuw ahnten das Geheimniß. Auch Arslan kam Dank seines überaus feinen Gehöres auf die richtige Vermuthung. In Travnik spielte Lascaris, der sich auf seinen vielen Wanderfahrten auch die täuschende Sprechweise eines vollendeten Bauchredners anzueignen wußte, gleichzeitig beide Rollen seiner schwierigen Aufgabe, und stellte sich zuweilen, um Melissa und Ali vollständig irre zu führen, als höre er die Stimme des Montenegriners. In der Höhle zwischen den beiderseitigen Vorposten, welche weiland Bluthund Mustapha auskundschaftete, befand sich noch ein kleiner schlau verschlossener Raum, darin der Abenteurer seine Gewande zu wechseln liebte. Dort ereilte die Rache den abtrünnigen Wegelagerer. Der lange hartnäckige Zweikampf wie die spätere Erschöpfung waren natürlich blos Spiegelfechterei zur Täuschung der Türken. Leider vereitelte die auf der Anhöhe lauernde Schaar albanesischer Scharfschützen jede List, um Vuk scheinbar entkommen zu lassen. Deshalb schnitt Lascaris auch dem Renegaten das Haupt vom Rumpfe und hüllte es dann in die Haarfülle und den Rothbart des Montenegriners. Und die doppelten Augenbrauen? Die Hast, mit der Lascaris oftmals seine Verkleidung vornehmen mußte, erlaubte ihm nicht immer seine Brauen zu färben. Den letzten Kummer Gülnaren's führte endlich der Gedanke herbei, statt des aufgegebenen Montenegriners in der noch prachtvollern Rolle des herangereiften Desche auftreten zu wollen.

Es war Nacht geworden.

Auf einem Armstuhle, der gerade über der Mosaik stand, welche die Wahl des Paris darstellte, saß die Tochter Riswan's einsam und erwartungsvoll wie zur Zeit ihrer seltsamen Brautnacht, aber die damals so bleichen Wangen überflog es heute zuweilen roth wie Scharlach, und ihr Antlitz wies daher ein weit bräutlicheres Kolorit als die schwache Färbung eines weißen Rosenblattes; von der Stirne war der frühere unbeugsame Trotz verschwunden und um die Mundwinkel lag und zuckte es nicht mehr elegisch wie ein Lied unglücklicher Liebe, die sich erst hinter den Gräbern ein Stelldichein geben durfte.

Leise Schritte wurden hörbar.

Lascaris war durch die geheime Thüre in das Schlafgemach getreten. Er trug weiße wallende Gewande fast nach altrömischem Schnitte und hielt, wie es die Alten liebten, eine frischgepflückte Rose aus dem Treibhause zwischen den feingeschnittenen Lippen.

„Sie haben mich," begann er, die Rose Gülnaren zu Füßen werfend, „zwar nicht rufen lassen, aber ich wagte es trotz der langen Täuschung herbeizukommen, um unsere Rechnung ehelicher Zärtlichkeit endlich ins Reine zu bringen."

„Haßt sich denn," antwortete die Knesin mit sanftem Vorwurfe, „noch immer, was sich eigentlich innig lieben sollte?"

„Hat Gülnare kein freundlicheres Wort für den armen Desche?" rief Lascaris die halbe Gemme mit Dianens Silbergespann hervorziehend.

Die Rose von Serajevo stürzte schweigend an seine Brust. Und dann?

Ja da gab's ein Kosen,	Seelen fliegt zusammen,
Wie der Zug der Luft	Wie zu einem Brand
Von zwei Nachbarrosen	Zwei zu nahe Flammen
Innig eint den Duft!	Lodern ineinand!

Und bei diesem langen Kusse versank die ganze Welt vor den trunkenen Blicken der Liebenden! Sie lebten, Gott war noch, sonst blieb alles vergessen, verschwunden und ausgestorben in dem weiten Reich der Schöpfung. Die Heiligen und Engel im Himmel blickten halb neidend, halb gerührt auf diese Szene goldenen Glückes und der heilige Geist starrte träumerisch nach der schönen Mutter Gottes hinüber, still denkend, wie er einst als Taube nach Juda kam gereist. Das Mosaikbild, darauf Priamus um die Leiche seines erschlagenen Sohnes Hektor bittet, war später vollends nicht mehr an einer tauglichen Stelle, und selbst die Liebesgöttin und ihr blindes hochherrliches Kind mußten einem mächtigern Nachfolger enttbront das Feld räumen. Es war Gott Hymen, der seine Fackel verlöschte und den Zeigefinger schelmisch an die Lippen gedrückt langsam dahinschritt durch das sich mählig verdunkelnde Brautgemach.

Zweiundzwanzigstes Capitel.

Polyxena in Bosnien.

Unglückliches glückliches Ehepaar!

War doch euer goldenes Glück von kurzer Dauer, zählte es doch nicht nach Honigmonden oder Flitterwochen, verstob es doch flüchtig nach wenigen Tagen wie ein schöner wacher Traum! Die Todesstunde Bosniens wollte ja zu schlagen beginnen, und Lascaris mußte seinem Gelübde treu kämpfen gehen, bis sein Arm erlahmen oder ihm die Klinge an der Faust abspringen sollte. Es hieß jedoch früher die Rose von Serajevo in sicherer Zufluchtsstätte bergen. Deshalb hatte auch der Urenkel Nemagna's die alte Baute am stillen Weiler während der Bluttage an der Bosna neu aufthürmen und den geheimen Zugang in das Felsenthal künstlicher denn je verrammeln lassen. Dorthin geleitete er in der feierlichen Sylvesternacht sein geliebtes Weib. Nur vier treue Diener, ingleichen Mirra der Jüngere, endlich Manda die erprobte Zofe zogen mit in die freiwillige Verbannung hinter den steilen Basaltwänden. Callugu war freilich längst getödtet, aber seine siedlerische Namensschwester, die Taube und der zottige Zigan ersetzten in ihrer schlichten Anhänglichkeit reich, was der zahme Bär weiland an Liebkosungen an sein kleines Herrlein verschwendet hatte.

Unglückliches glückliches Ehepaar!

In der Morgenstunde hieß es scheiden! Das letzte Fest, das Lascaris mit seinen Treuen beging, war die Feier des neuen Jahres. Manda und Mirra wie sämmtliche vier Diener mußten sich mit an die Tafel setzen. Vor jedem der Anwesenden brannte eine der Kerzen, die der Abenteurer in der Christnacht als Hausvater in der

Schloßkapelle gesammelt hatte. Lascaris begann die Feier mit dem üblichen Spruche:

„Möge euch das neue Jahr Glück bringen, möget ihr lange Gesundheit und stetes Gedeihen genießen, weder Gott beleidigen, noch der Seele schaden, sondern jedes Segens und himmlischer Freude theilhaftig werden!"

Nachdem das Familienhaupt darauf drei Mal etwas reinen Wein getrunken hatte, schickte er sich an, ein wenig davon im Namen der Dreifaltigkeit auf die Kerzen zu gießen, um sie auszulöschen. Seltsam! Die Kerze, die vor Gülnare brannte, erlosch von selbst, vermuthlich von einem zufälligen Luftzuge ausgeblasen, noch ehe sie das Naß des Rebensaftes berührte. Lascaris seufzte schwermüthig auf, dann folgte er der herkömmlichen Sitte. Tropfen reinen Weines zitterten auf die Lichter nieder. Sonderbar! Fünf der Kerzen erloschen augenblicklich, nur das sechste Licht flackerte noch einmal lustig auf. Es flammte vor Mirra dem Zigeuner, die andern fünf Wachsstöcke aber hatten vor Manda und den Dienern geleuchtet. Wunderlich! Das Licht, das Lascaris gegenüber lohte, dies Licht einzig und allein blieb zufällig brennen.

Ein langes Leben stand also dem Abenteurer **in Aussicht!**

So deutet diesen Zufall der Volksglauben, namentlich unter den Morlaken. Ein langes Leben? Was frommte es Lascaris, wenn das Licht seines Auges verlöschen, wenn der Duft seiner Seele verweben, wenn die weiße Rose von Serajevo frühzeitig verwelken sollte! Laßt uns verschweigen, wie der Rest der heiligen Sylvesternacht verrauschte. Liebe, die sich trennen soll, scheut ungebetene Zeugen. Der Morgen dämmerte bereits, als Lascaris von Gülnare begleitet nach dem geheimen Zugange eilte und langsam das künstliche Hebelwerk in Bewegung setzte, das ihn von der Außenwelt absperrte.

Noch ein Schritt, und das Paradies seiner Jugend lag abermals hinter seinem Rücken.

Da überkam ihn die Erinnerung an den trüben Traum in seiner Kindheit noch einmal mit trostloser Gewalt. So weit sein Auge schaute, wälzte sich die Wogenfluth über den weiten Park. Auch im Thale hinter der bergenden Felsenwand hatte das Werk der Zwietracht begonnen. Die starken Tannen entwurzelten die zitternden Weiden und die rothen Rosen versengten ihre weißen Schwestern mit wild lohenden Fackeln. Gülnare aber war nirgends zu sehen.

Da stürzte sich Lascaris, Dank den kühlen Fluthen des Weihers des Schwimmens seit Jahren kundig, kopfüber in die schäumende Fluth, und seht, die Wasser, kaum daß er sie berührte, färbten sich roth und rochen nach frisch vergossenem Blut. Ermattet drohte er zu sinken, aber da erschien die Gespielin seiner Jugend am jenseitigen Gestade, und winkte ihn heran mit einem Palmenzweige, und da harrte er muthig aus, brach vor wie ein gewaltiger Schwan, aber als er das bergende Ufer endlich mühsam erreichte, und zärtlich die rührende Gestalt Gülnaren's umfassen wollte, da flog sie verklärt, als ein Engel gegen den Himmel und er lag wie früher verlassen und allein an dem Eingange einer öden, blumenleeren Wildniß!

Dieser Traum überkam ihn aufs Neue mit trostloser Gewalt.

„Muth Liebling meiner Seele!" rief Gülnare, die trotz ihrer nassen Augen deutlich in seiner Seele zu lesen schien.

Eine lange glühende Umarmung!

Lascaris bat die Geliebte seines Herzens, das sichere Thal auch nicht auf Sekundendauer zu verlassen.

„Nur wenn ich dir die halbe Gemme," sprach er an dem Wildbach draußen," mit dem Silbergespann der keuschen Göttin der Nacht zusende, dann darfst und sollst du dem Boten Glauben schenken, dann ist es die Liebe, nicht der Haß, der deiner sehnsüchtig wartet!"

Ein letzter ewiger Kuß!

Das Hebelwerk knarrte, der Zugang schloß sich, der Abenteurer schritt aus dem Paradiese in die rauhe Wirklichkeit. Wohl sah er sich an hundert Male um, ehe er dem stillen Thale für die nächste Zukunft den Rücken kehrte, endlich aber entschwand es seinem spähenden Blicke und nur der Wildbach gab ihm seltsam rauschend, fast warnend ein weiteres Geleite. Warnend? Ja, es that Noth, denn bald nachdem Lascaris hinter den beschneiten Bäumen zum letzten Male zurückgeblickt hatte, erhob sich aus einer Felsenspalte, die als Versteck gedient haben mochte, eine Gestalt in bosnischer Tracht, prüfte sorgfältig, wenn gleich vergeblich die bergenden Steine des Zuganges und flüsterte in türkischer Sprache:

„Zwar ergeht es mir wie jenem Zauberweibe in dem Märchen der tausend und einen Nacht, das den Zugang nach dem Wunderschlosse der schönen Pari Banou und ihres Lieblings Achmet nicht mehr aufzufinden vermochte, aber was liegt daran, ich weiß ja um die Losung!"

Es war ein verkleideter Spion Jussuw's.

Die weissagenden Worte, welche der Abkömmling des serbischen Kaiserhauses zu seinem Volke gesprochen, gingen buchstäblich, auch nur zu bald in Erfüllung. Die gedrillten Truppen der Herzegowina rückten im Sturmschritte heran. Die bloße Kunde, ein übermächtiger Feind sei nunmehr auch im Rücken im Anzuge, reichte vollkommen aus, um den blinden Schrecken Pan's durch die Hütten Bosnien's zu jagen. Das Christenlager bei Vitez entschaarte sich in wenigen Tagen. Nur wenige wackere Rajas der Thale hielten bei den tapfern Haiduken und ihrem eichenherzigen Häuptling Lascaris Stand. Der Abenteurer warf sich mit ihnen in die Berge; die Fechtart der Montenegriner einzig und allein konnte noch dem siegreichen Islam hie und da hartnäckigen Widerstand leisten. Der bosnische Kriegsrath war der Erste, der die heilige Sache des Kreuzes wie der Heimath feig verließ, ja schmachvoll verrieth. Ein kleiner Theil desselben flüchtete mit seiner beweglichen Habe auf geheimen Gebirgspfaden außer Land, die Mehrzahl jedoch erkaufte sich durch die unbedingte Uebergabe des so schwer zu nehmenden Fort von Serajevo eine schimpfliche Begnadigung.

Jussuw jauchzte, daß er seinem gefürchteten Nebenbuhler zu Mostar bei dem Einmarsche in die bosnische Hauptstadt zuvorgekommen, ein prahlhänsiger Siegesbericht gelangte mit Hilfe von sieben zu Tode gerittenen Pferden in wenigen Tagen in die Hände des Großherrn zu Stambul. Die spätere Zusammenkunft mit dem Vezier der Herzegowina, der Dank, den er Ali Riswan Beyowich für seine entscheidende bewaffnete Dazwischenkunft Artigkeits halber zollen mußte, trübte zwar seine rosige, heitere Laune ein Bedeutendes; dafür unterhielt sich aber auch der Pascha von Travnik nach Herzenslust, und bald wußte man den grausamen Erfindungsgeist des berüchtigten „Bevitore del sangue cristiano" Seitens der strenggläubigen altürkischen Partei nicht genug zu rühmen und zu bewundern. Alle Gräuel und Schrecken, welche die Blätter der Geschichte, darauf die Bluttage an der Bosna verzeichnet stehen, für ewige Zeiten brandmarken, gingen aufs Neue schauerlich in die Szene, und wahrlich diese Reprise stand an haarsträubendem Entsetzen nicht zurück hinter der ersten furchtbaren Aufführung. Es war leider eine namhaft vermehrte, noch verschwenderischer mit blutigen Lettern geschriebene zweite Auflage der grausamsten Dichtung, die jemals in die historische Oeffentlichkeit gelangte.

Die Heerstraße zwischen Vitez und Serajevo ward buchstäblich mit Leichen gedielt.

Tag für Tag trieb man neue Schaaren aufgegriffenen Landvolkes jeden Alters, beiderlei Geschlechtes wie Opferthiere zur großen Schlachtbank in dem letztgenannten Weichbilde. Auch Serajevo ließ der Unmensch drei Tage beschießen. Der Anblick der bosnischen Hauptstadt war bald entsetzlich geworden. Die Häuser theils niedergebrannt, theils zerschossen, bei den größern Gebäuden ganze Fronten eingestürzt, so daß Straßen und Wohnungen keine Grenzen mehr hatten. Die Gassen mit Lehmziegeln, Schutt, Eisenstücken, Scherben und Glassplittern überdeckt, in den engen Gassen Schritt vor Schritt erstarrte Leichen, Blutspuren nach allen Seiten, abgerissene Gliedmaßen, welche nach dem Körper zu suchen schienen, dem sie jüngst noch angehört hatten, dazu der dichte Pulverdampf, der wie eine graue Nebeldecke über der unglücklichen menschlichen Wohnstätte hing, und mit den Brandmiasmen die Luft fast unathembar machte, wahrlich das Herz ergrauter Krieger erbebte unwillkürlich in der eisernen Brust! Rauchende Trümmer, halbverbrannte Balken stierten einem überall, wo man hinsah, entgegen; durchgerissene Stubendecken gähnten durch die rahmenlosen Fenster, aus denen dann und wann Flammen schlugen wie Zungen von Tigern, wenn sie nach dem Fraße die blutige Schnauze lecken. Bleiche Gestalten sah man noch am vierten Tage stumm und ängstlich durch die Gassen eilen, und in ihrem jammervollen Blicke lag die Geschichte ihres Unglückes. Sie wollten nur noch den letzten Rest Habe aufpacken und fortführen, schweigsam und voll Bangen, als handle es sich um gestohlenes Gut. Tiefe Stille begann sich dann auf die Stadt niederzulassen wie ein Todesschlaf. Kein Kaufladen ward selbst in den verschonteren Stadttheilen geöffnet, fast alle Khans und Kaffeehäuser blieben durch Wochen geschlossen. Kaum ein Lebenszeichen im ganzen Weichbilde! Nur dann und wann zischte ein verspätetes Flämmchen empor, nur dann und wann krachte ein abgebrannter, halb verkohlter Balken nieder. Nur dann und wann hörte man Einzelne durch die Ruinen gehen, und ihre Schritte widerhallten am hellen Tage, als wäre es die stillste Mitternacht. So ließ man es in den Märchen von einer Stadt, die verzaubert wurde!

Und erst die bittern Stunden, welche der Ueberlebenden harrten. Verrath hing sich als Schatten an jeden Fuß. Ein Schimmer Reichthum genügte, um gepfählt zu werden. Die geringfügigste

Ursache brachte das Verdikt: des Todes schuldig. Die unbedeutendste That des Mitleides führte in monbenlange Haft in feuchten, lichtlosen, unterirdischen Kerkergruben. Ein Beispiel! Ein armer Jude, der in seiner Kindheit von dem barmherzigen Samaritaner vernommen haben mochte, besprengte ein vor der niedern Thüre seines armseligen Hauses vor Durst, Hunger und Erschöpfung zusammenbrechendes, aus einem fernen Dorfe herbeigetriebenes Christenweib hilfreich mit etwas frischem Wasser. Der Pascha ließ ihm die barmherzige rechte Hand abhauen.

Der Unglückliche war Benoni's Vater.

Nach allen Strichen der Windrose zogen Freischaaren, um nicht blos Rajas, sondern auch Grundherren, deren türkische Gesinnung im Verlaufe der bürgerlichen Wirren etwas anrüchig geworden war, einzufangen und gleich einer Heerde wehrloser, ängstlich blökender Hammel nach dem jeweiligen Aufenthalt des Pascha zu treiben. Kurz Jussuw hatte Wort gehalten, wie er es bei einer frühern Gelegenheit gelobte.

Ein thränenloser Blick war in Bosnien zur fabelhaften Sage geworden.

Eine solche Freischaar bewegte sich an einem heitern, fast lauen Wintertage auf dem Pfade, der zur Klause des Flüsterers führte, und zwar mit einer ungemeinen Hast, als fürchte sie, der morlakische Schwarzkünstler könne den Händen der türkischen Justiz bei geringerer Eile mit Hilfe eines Wunderteppiches entfliehen oder wohl gar auf dem persischen Zauberpferde nach den höchsten Kuppen des Balkan flüchten. Es waren durchwegs reguläre Reiter, welche auf ihrem Eilmarsche derlei bereits einmal vor uns laut gewordene Gedanken hegten, was auch gar nicht anders kommen konnte, als eben unser alter Bekannter, der Kaimakan Ali der Führer dieses Geschwaders war. Besagte Hast sollte sich jedoch in Bälde als eine täuschende Larve erweisen. Jussuw hatte nämlich den Mirditenhäuptling Arslan absichtlich einen Tag vorher mit seinen Buren zu einem Streifzuge nach einer andern Gegend beordert, um das Einschreiten des verliebten Albanesen, um dessen Herzensangelegenheiten er unglücklicher Weise wußte, zu Gunsten des Einschläferers zu vereiteln, unmöglich zu machen. Eines aber blieb ihm unbekannt. Daß sich nämlich die Waffenbrüder einen berittenen Telegrafen zur raschen Verständigung aufstellten und deshalb auf jeder Station beiderseitig einen Reiter auf flüchtigem Renner zurückließen. Auch gedachte Ali,

der sich freiwillig antrug, den Flüsterer einzufangen, ja sich den
Marschbefehl so zu sagen ertrotzte, da er sein heiliges Recht
hiezu durch die Erzählung von dem verfälschten Ferman erhärtete,
auch gedachte dieser beschnittene schlaue Odysseus die möglichste
Vorsicht anzuwenden, um bei seinem Unternehmen so sicher als
möglich zu Werke zu gehen. Er wußte nämlich durch Arslan von
dem rückwärtigen Auswege in die sichern Gebirge. Statt also zuerst
diesen Pfad abzusperren und die Klause allseitig umstellen zu lassen,
rückte er einfach von vorn, was man so nennt, in offener Schlacht-
ordnung gegen die verrufene Behausung seines nach dem Volksglauben zauberkundigen Feindes vor. Lag es doch in dem Plane,
den er mit dem Albanesen verabredet hatte, den Bewohnern derselben Zeit und Gelegenheit zu einem fahrlosen Rückzuge zu gönnen.

So gelangte das Geschwader an den bekannten Hohlweg.

Jene kleine Au an der innern Biegung der dortigen Krümmung sah auch im Winter sehr romantisch, obgleich bedeutende
Schneemassen den schwellenden Rasen, dessen saftiges Grün wie
seine tausend Blumen gleich einem Leichentuche bedeckten, und so die
schmucke Sage von dem Stück Himmel, das hier zur Zeit des Lenzes durch Zufall oder durch Fügung der Gottheit zur Erde gefallen
schien, geradezu Lügen straften. Auch fehlte der Gesang der Vögel
wie der luftige Reigentanz der Falter und Bienen. Endlich mangelte
die blinde Hitze, mit der weiland Ali seiner schönen Feindin Melissa
entgegensprengte. Hielt doch auf seinen Befehl der Reiterhaufen am
Eingang des Hohlweges still.

„Ein Glück für uns," murmelte der Kaimakan, „daß der Nizam des Flüsterers die Winterquartiere bezogen!"

„Hält Abbas," frug sein Mülazim oder Lieutenant, „Truppen
in seinem Solde?"

„Ich meinte die geflügelten Schaaren von Bienen und Wespen."

Damit erzählte er lachend sein ergötzliches Abenteuer, und gab
dann die Weisung mit lautem Feldgeschrei, aber vorsichtig und langsam vorzurücken. Die Türken erhoben einen Lärm, der Ivo den
Schwarzen aus seinem Zauberschlafe in der Höhle bei Obod erweckt
haben dürfte, und Ali lebte sohin der befriedigenden Ueberzeugung,
Abbas und sein Kindeskind müßten längst über alle Berge entflohen
sein, zumal auch nicht das mindeste Hemmniß das Vordringen seiner Reiter erschwerte. Wer malt daher sein schreckhaftes Staunen,
als er an die verschlossene und verrammelte Vorderthüre donnerte,

und der Flüsterer auf die Aufforderung zur Waffenstreckung von innen lakonisch erwiederte, sie sollten sich diese Waffen nur selbst in seiner Zauberhöhle abholen. Das Knallen von Schüssen, das Getöse, durch Sturmblöcke geweckt, welches hinter der Felsenbaute in der Bergschlucht erscholl, löste dem Kaimakan jedoch augenblicklich das scheinbare Räthsel. Jussuw, ein schlauer Fuchs, obendrein von der Waffenbrüderschaft Ali's und Arslan's unterrichtet, endlich durch Verrath böswilliger Nachbarn um den rückwärtigen Ausweg wissend, hatte außer dem erwähnten Reitergeschwader noch einen Haufen Fußvolk in die Berge gesendet und dem Kolugasi oder Kapitän befohlen, sich zwar später nach erfolgter Vereinigung ranggemäß den Befehlen des Kaimakan zu fügen, vorderhand aber die Bergschlucht zu besetzen und gleichzeitig mit den von vorn anrückenden Berittenen zum Angriff zu schreiten.

Abbas, also umstellt, gedachte sich in dem verrufenen Beinhause Dank des bekannten Aberglaubens der Muhamedaner durch spukhafte magische Kunststücke als in einem uneinnehmbaren Bollwerke zu halten. Er befahl daher seinem Kindeskinde mit der Tochter des Defterdar in das verborgene Laboratorium zu flüchten. Die Wahnsinnige folgte zwar ihrer sorgsamen Pflegerin, verfiel aber bei dem Anblicke der Zauberhöhle in krampfhafte Raserei und konnte nur mit Mühe in die Schlafstube Melissa's zurückgebracht werden.

So kam es, daß sich nur die Letztere in dem Laboratorium verbarg.

Es hieß heitere Miene zum bösen Spiele machen. Ali mußte seine Pflicht als türkischer Stabsoffizier erfüllen. Bald wich die Vorderthüre unter den Stößen der Sturmblöcke aus ihren Banden und Angeln, und die Reiter drangen, den Weg nach der Zauberhöhle einschlagend, zuerst in die alte Granitklause. Der Flüsterer war zu ihrem Empfange vorbereitet. Seltsam rauschte es an der Decke des Beinhauses, als nistete an derselben unheimliches Gevögel, bisweilen auch schallte aus der Ferne unsägliches Wehklagen, ein Seufzen und Stöhnen, als ob ein bleiches Opfer am Marterpfahle erliege oder eine sündhafte Seele von der haardünnen Brücke Al Sirat in den Abgrund der Hölle hinabgleite. Dicke betäubende Dämpfe stiegen nach oben, legten sich beklemmend auf die Brust, wurden jedoch nach und nach dünner, erst weißlich, dann halb durchsichtig, und gestalteten sich endlich zu einem bläulichen Nebel, aus dem schauerliche Spukgestalten auftauchten. Teufelsfratzen mit blutrothen Zungen, Todte in ihrem Leichenhemde, Skelette mit Sense und Stundenglas, gespensterhafte Unholde, Drachen und Eulen, Reiter auf riesigen Steinböcken, den eigenen Kopf unter dem Arme haltend, ein gewaltiger Lindwurm, einen geharnischten Mann im Rachen zermalmend, wurden sichtbar, schwebten langsam, geisterhaft gegen die himmelhohe Decke empor. Die Türken fühlten den Angstschweiß auf ihre Stirne treten, selbst Ali konnte sich nicht entschließen einen Schritt vorwärts zu wagen.

Urplötzlich erscholl furchtbares Wuthgeheul.

Das Fußvolk, das von rückwärts eingedrungen, hatte Leila aufgefunden, und der Kolugasi, ein geborner Bosniake, erkannte in der Wahnsinnigen die Tochter des angesehenen Defterdar. Die Wundenmale an den Händen der Muhamedanerin gaben deutliche Kunde, wie ein unerhörter Frevel an dem wehrlosen Weibe verübt worden sein mußte.

„Der ungläubige Hund hat sie gekreuzigt!"

Mit diesem Rufe der rasendsten Wuth trug man die Unglückliche trotz ihres Sträubens in den Wartesaal herab. Selbst Ali fühlte seine Haupthaare vor Ingrimm gegen den grausamen Flüsterer zu Berge steigen, und schickte sich eben an, das Beinhaus trotz seiner abergläubischen Scheu zu erstürmen; aber in dem Buch der Bücher, in Gottes heiliger Bibel steht geschrieben, der lasterhafte Mensch solle mit und an dem Gliede bestraft werden, mit dem er sündigte, mit dem er ruchlos die Gebote des Herrn zu übertreten wagte. Die Wahnsinnige verfiel bei dem Anblicke der grimmig blickenden Bewaffneten wie des schauerlichen Beinhauses abermals in Raserei, und stürmte, wie ein von Schwindel befallenes Menschenkind sich selbst in den gefürchteten Abgrund stürzt, mitten unter die Spukgestalten der Zauberhöhle. Der Instinkt der Rache schien ihre Schritte unwillkürlich nach dem niedern Pförtchen des Laboratoriums zu leiten. Der Zauber war gebrochen, die Ungläubigen brachen wie gereizte Tiger vor, Abbas wurde ergriffen und überwältigt, und gleich darauf verkündete erst das Donnern der Sturmblöcke, dann ein wildes Jauchzen, daß das letzte Hemmniß in Trümmer gehe und Melissa's Versteck genommen worden sei.

Ein furchtbares Gericht war im Anzuge.

Die Gefangenen wie die Tochter des Defterdar wurden nach der kleinen Au gebracht. Der Einschläferer ergab sich schweigsam und geduldig in sein hartes Schicksal. Er wußte, er habe keine Schonung zu erwarten, auch keine Gnade und Nachsicht verdient. Auch Melissa war des schlimmsten Loses gewärtig, sie hatte ja in dem Befehlshaber der Muhamedaner jenen zürnenden Reiter erkannt, den sie im Mai mit Hilfe ihrer tapfern Bienen so sieghaft aus dem Felde geschlagen. Der gefürchtetste Feind gerade sollte jedoch zum Retter in der Noth werden. Ali erklärte nämlich trocken, die reizende Enkelin des Flüsterers könne sich bei der Kreuzigung, dieser unerhörten Schandthat unmöglich betheiligt haben, wie schon das Benehmen der Wahnsinnigen unwidersprechlich beweise. Leila schmiegte sich nämlich zwar furchtsam, aber mit unverkennbarer Zutraulichkeit an ihre sorgsame, mildherzige Wärterin. Zudem sei Melissa als Braut des gemeinsamen Waffenbruders, des Albanesen Arslan, ein geheiligtes Wesen in den Augen jedes braven ehrlichen türkischen Kameraden. Dieser Anruf der muhamedanischen Waffenehre, das überzeugende Betragen Leila's, endlich der hohe Rang des Kaimakan beschwichtigte die wüthigen Rotten, und sie ließen ab das unschuldige schöne Kind mit rohen Scherzen und unverschämten Geberden zu quälen.

Der Name Arslan warf neue Hoffnung in die zagende Seele Melissa's.

Die Enkelin des Flüsterers sollte jedoch bald schlimm enttäuscht werden. Sie selbst war freilich gerettet, desto bedrohlicher schien sich jedoch das Schicksal ihres Großvaters gestalten zu wollen. Sein Tod war besiegelt. Darüber waren alle handelnde Personen in diesem kurzen Drama der Rache und Wiedervergeltung einig. Selbst Ali erhob trotz Melissa's Thränen und Bitten nicht die mindeste Einrede dagegen. Es handelte sich einzig darum, wie der alte Bösewicht am qualvollsten in die Ewigkeit befördert werden solle. Einige wollten den Greis in Stücke hauen, andere den Schurken von vier Pferden zerreißen lassen; ein Dritter meinte, man könne ihn lebendig rösten, ein Vierter endlich rieth, den Erzgauner kurzweg zu pfählen. Der Anblick des Friedhofes in der Nachbarschaft, darin, wie wir gelesen haben, die Vorfahren des verrufenen Mannes beerdigt worden, gab endlich nach langem Wortgefechte den Ausschlag.

Abbas sollte lebendig begraben werden.

So lautete der Urtheilsspruch der Mehrzahl. Ein freudiges Gemurmel lief durch die Reihen der türkischen Krieger, als sie der Kolugasi zum Vollzuge dieser grausamen Todesstrafe beorderte. Schnell ward unter einem alten Pflaumenbaume ein geräumiges

Grab aufgeworfen. Einige Sturmblöcke mußten als Stützpfeiler dienen und wurden mit ein paar Latten belegt, auf daß die Schollen nicht unmittelbar auf den Leib des armen Sünders niederkollern und das rasche Ende des Erstickens herbeiführen konnten. Vergebens jammerte Melissa und rang sich unter Thränen die kleinen Hände wund, Ali und die Seinen blieben taub bei ihrem herzzerreißenden Flehen; ja der Kaimakan hielt sie mit Gewalt zurück, als sie ihrem Großvater zu Hilfe eilen wollte. Der Flüsterer wurde halb entkleidet. Dann band man ihm die Hände auf dem Rücken fest, hob ihn empor und warf ihn ziemlich unsanft in die feuchte Todesgrube. Schon fielen schwere Schollen und Schaufeln Schnees auf die Latten, schon drohte Abbas dem Blicke seines geängstigten Kindeskindes für immer zu entschwinden; da erscholl der weithin dröhnende Hufschlag eines wie rasend herbeisprengenden Pferdes, und der kühne Mirditenhäuptling Arslan erschien auf schaumbedecktem Rosse in der Mitte seiner ihn freudig begrüßenden türkischen Waffenbrüder. Der berittene Telegraf hatte seine volle Schuldigkeit gethan und so gelangte der Albanese als Deus ex machina noch zu dem Schlusse des kurzen Drama der Wiedervergeltung.

Es war die höchste Zeit gewesen!

Der Vorhang begann ja eben zu fallen. Melissa jauchzte laut auf vor freudiger Hoffnung, als sie das geliebte Antlitz ihres Dichters erkannte. Natürlich, daß Ali fürder keine Miene machte, die Kleine länger zurückzuhalten. Die Aermste stürzte schluchzend in Arslan's Arme.

„Rette meinen Großvater!" rief sie in bitterer Seelenangst.

Der Kaimakan erklärte dem Freunde in kurzen Worten, was hier vorgegangen sei. Der Albanese sprach mit schmeichelnden Worten zur Sühne, galt es doch den Großvater seiner Geliebten bei lebendigem Leibe aus dem sich bereits allmälig schließenden Grabe zu befreien. Man wollte jedoch nichts von Schonung wissen. Arslan's Rede verhallte unter dem Toben der ergrimmten Muhamedaner wie das Flüstern des Schilfes unter dem Brausen eines gewaltigen Sturmes. Selbst seine Drohungen fanden kein gehorsames und williges Gehör. Was konnte ein einzelner Mann gegen ein Reitergeschwader und ein Fähnlein gedrilltes Fußvolk ausfechten? Zum Glücke für den Einschläferer kam mittlerweile der stattliche Haufe albanesischer Buren herangezogen. Nun vermochte ihr Häuptling schon geharnischter zu sprechen, er besaß einen Rückhalt für seine gepanzerten Worte, ja er erklärte daher auch schließlich unumwunden, wie er im schlimmsten Falle seinen künftigen Schwiegervater mit bewaffneter Hand loszuhauen gedenke. Es schien ein blutiges Scharmützel unter den Verbündeten absetzen zu wollen, zumal die Türken, namentlich der Kolugasi, von ihrem Vorhaben durchaus nicht ablassen wollten, und Arslan's Drohungen mit lautem Schlachtrufe beantworteten.

Ali legte sich endlich ins Mittel.

Stand er doch insgeheim auf der Seite seines Waffenbruders, dem er seit seiner diplomatischen Fahrt zu so hohem Danke verpflichtet war. Sein Dazwischentreten als Befehlshaber der gesammten Streitkräfte entschied zu Gunsten der Hoffnungen Melissa's. So kam zuerst ein kurzer Waffenstillstand, dann ein Vergleich des Inhaltes zur Ausführung: Arslan solle sich in Gegenwart seiner christlichen wie türkischen Kameraden durch einen Popen oder Franziskaner mit dem Kindeskinde des Flüsteres trauen lassen und dann eidlich geloben, seinen Schwiegervater in seiner Heimath hart und nachsichtslos gleich dem trägsten und werthlosesten Sklaven behandeln zu wollen. Kommt Zeit, kommt Rath!

Also dachte der Mirdite.

Die Trauung ließ sich aber nicht so leicht veranstalten, als die türkische Kriegerschaft vermeinte. Der größere Theil der katholischen Mönche wie der morgenländischen Priesterschaft hatte sich in die Gebirge geflüchtet. Die zurückgebliebenen Diener des Herrn waren entweder hingewürgt worden oder lagen in Folge von Verwundung oder Mißhandlung sterbenskrank, meist auf den Tod darnieder. In Serajevo mußte schon wegen des heftigen Bombardement jede Nachfrage unterbleiben, auch wollte man den Muschir keineswegs vor der bindenden Kopulation von dem seltsamen Vergleiche mit den albanesischen Bundestruppen in Kenntniß setzen. So verliefen drei Tage, bis man endlich einen Popen in seinem Verstecke aufspürte, der Anfangs vor Angst halb verging, später aber sehr behaglich dareinsah, als er erfuhr, daß es sich um nichts Weiteres handle, denn die Hände zweier verliebter Christenkinder vor dem Altare zusammenzugeben. Arslan verlebte im Verlaufe dieser Tage fabelhafte Stunden glückseligen Liebesrausches, und auch Melissa entfaltete nach und nach ihre sorgenvolle Stirne, Gott im Stillen für seinen sichtbaren Schutz und Schirm andächtig preisend. Gab sich doch ihr Großvater mild und theilnehmend wie nie früher in seinem betagten Leben. Es war nicht die ausgestandene Todesangst, welche den eisernen Trotz des sonst so unbeugsamen Greises gebrochen; nein, seine Demuth, Zerknirschung und Ergebung in den Willen des Herrn beruhte einzig auf der erschütternden Thatsache, daß es Leila, gerade dies Opfer seiner Härte und Grausamkeit gewesen, wodurch all sein Widerstand vereitelt und er selbst bei lebendigem Leibe in den Schatten des Todes geschleudert worden. Abbas sah darin den Finger der Gottheit. Reue und Buße sollte sein künftiges Tagewerk werden und bleiben. So kam es, daß der Albanesenhäuptling auf einem Meer von Wonne und Freude zu schiffen glaubte. Wenigstens verrieth dies eine Art Tagebuch, das er damals nach Brauch verliebter Poeten zu führen liebte, und das noch jetzt in seiner Heimath von seinen Angehörigen zur Erinnerung an den gefeierten Dichter in Ehrfurcht aufbewahrt wird.

Die Zeilen dieses Tagebuches lauteten:

„Du warst so schön, Polyxena, dein blondes Haar fiel auf die Marmorstirne wie der Strahl der Mittagssonne auf eine eisbedeckte Alpe, und jede Locke dieses Haares wurde zur unauflösbaren Fessel für mein zärtliches Herz! Dein zauberisches Auge ruhte schimmernd und warm auf mir wie die Sommergluth Kleinasiens, und in seinem nassen Glanze spiegelte sich eine Welt von Liebe und Glück, und in dieser Welt war ich heimisch, ihr unumschränkter Fürst!"

„Dein will ich gedenken, schwarzäugige Polyxena, durch alle Tage, und traurig um dich weinen jede Nacht! Ich habe dich warm in meinem Herzen getragen und lerne es wohl nimmer verschmerzen, daß ich dich nicht heimführen durfte auf meinen schwarzen Schiffen in mein väterliches Reich! Schöne Tochter Ilion's, wo du auch weilen magst, gedenke mein, wie man sich eines theuern Todten erinnert, der zwar vorangegangen ist in das Jenseits, den man aber wieder zu sehen und zu begrüßen hofft in der lichten Ewigkeit! Vergiß nicht ganz den unglückseligen Mann, dessen Ruhe Schiffbruch litt und ertrunken ist in deines Auges schwarzem Meere! Denn ach, sie kehrt nicht wieder die herrliche Zeit, in der meine Hand, welche sonst nur den männertödtenden Speer warf und den harnischbrechenden Stahl schwang, sich zitternd um deinen palmenschlanken Leib wand, wo ich genau wußte, wie Sonnenfeuer brennt, da ich dich küßte, zärtlich und oft. Meine schlanke, oftgeküßte Polyxena, warum hast du mich verlassen, als mich der Pfeil deines Bruders niederstreckte in dem Tempel meines Oheims Apollo, eben als du mein werden solltest für alles Leben und für alle Zukunft?!"

Diese Zeilen, weit früher geschrieben, waren fast unleserlich verblaßt.

Die Fortsetzung aber in den bosnischen Tagen lautete:

„Und ich habe sie ja wiedergefunden die schlanke Schönheit aus Troja! Polyrena ist ein Kind der südslavischen Race geworden, und hat erst kürzlich im Kolo mit mir getanzt. Noch wogen die goldenen Locken um die weiße Stirne wie Sonnenschimmer um ein marmornes Götterbild, süß klingt die Silberstimme wie ein frommes Wiegenlied oder ein halbvergessenes Märchen, das man in seiner Kindheit vernahm, und trügen mich nicht alle Sinne, so ruht das Sonnenauge zuweilen zärtlich auf mir, und in seinem schwarzen Glanze spiegelt sich ein Paradies, in dem meine trunkene Seele sich für immer vergangen! Ja, du bist endlich mein, Polyrena=Melissa!"

„Ich war sprachlos und wie mit Blut übergossen, als ich dich endlich meine Braut nennen durfte. Darum nannte ich auch den Flüsterer zwei Mal Priamus, und sein reizendes Kindeskind die erste halbe Stunde fortwährend Polyrena. Sie blickten mich beide verwundert an, und ich hätte bald geprahlt mit meiner Schnellfüßigkeit und den schlanken schwarzen Schiffen, mit meinen unnahbaren Händen und dem Atlaskleide meiner Mutter Thetis."

„Endlich faßte ich mich, vergaß den wunderlichen Traum und die Gefilde Ilion's, und lebte in der Wirklichkeit in Bosnien und im Himmel zugleich. Der erste Tag verging so schnell, daß ich bei dem Eintreten der Dämmerung blind zu werden befürchtete, denn daß es schon Abend geworden, konnte ich unmöglich glauben. Später ergriff Melissa die Gusla und sang ein trübes Lied von dem Haiduken, der im Kampfe fällt, und der Spahistochter, die sich darüber zu Tode weint. Hätte ich noch ein Herz zu verlieren gehabt, sie hätte es mir aus der Brust gesungen! Ich sah mich ja im Geiste blutüberdeckt am Boden liegen und sie zum Tode bang an meiner Bahre knien. Im Hintergrunde loderte eine brennende Stadt, flohen blasse Menschen und vom Himmel herab donnerte eine zürnende Stimme, das sei die Leichenfeier des Achilles!"

„Ach, daß der häßliche Traum aus Stambul mir durchaus nicht aus dem Kopfe will! — — Laßt mich schweigen von der schlaflosen und doch so süßen Nacht, welche diesem Tage folgte! Ich bin zu aufgeregt, um weiter schreiben zu können. Ich will mein Tage=

buch fortsetzen, wenn ich gefaßter geworden bin oder weiter geblättert habe in dem Selam des Liebesglückes!"

„Und ich habe ihn durchblättert diesen Selam des Liebesglückes!"

„Es war eine stille, schweigsame Winternacht, deren Sternenaugen zwei Liebende kosen und Eines von ihnen fast wahnsinnig werden sahen vor Seligkeit. Ich habe ihr Alles vertraut, und Melissa-Polyxena hat kopfschüttelnd zu meinem hellenischen Traume gelächelt. Ich habe sie im Rausche der Leidenschaft ans Herz gepreßt so glühend und fest, als wären meine Arme Erz oder Stein; ich habe aufs Neue gefühlt, wie Sonnenfeuer brennt, denn ich habe ihre Sammetlippen geküßt, und mit diesem Kusse fand ich Alles wieder, was ich im Traume zu Stambul verlor — — mein Glück und meines Lebens Zweck; selbst des Herzens ertrunkene Ruhe tauchte wieder auf aus ihres Auges schwarzem Meere!"

„Mein Entschluß steht fest. Gleich nach der Vermählung ziehe ich in die traute Heimath zurück. Dort gedenke ich ein Leben zu führen, dem nur die Ewigkeit fehlt, um himmlisch genannt zu werden. Auch Melissa's Bruder, den wilden Dane, benachrichtigte ich schriftlich von meinem Entschlusse. Der Sprudelkopf soll mein Schreiben zerrissen und geschworen haben, mir dasselbe als Kugelpflaster in seine Büchse geladen an den Kopf zu schießen. Dies ist der einzige Schatten in der Sonnenfläche meines Glückes, und hat den greisen Abbas schon oft nachdenklich und ernst gestimmt, ja das Mädchen meines Herzens weinen gemacht. Mich aber läßt diese Drohung kalt. Der tolle Mensch soll und muß mich aufs Neue lieben lernen!"

„Endlich ist ein Pope aufgefunden und der Hochzeitstag auf morgen festgesetzt worden. Ich gehe herum trunken, glückberauscht und möchte die ganze Welt an mein Herz drücken. Melissa lebt nur in mir, wie ich in ihr. Nur von der trojanischen Geschichte will sie weiter kein Wort hören und hat mich inständig gebeten, nie mehr davon zu sprechen. Es würde ihr, sagte sie, dabei so ängstlich, so beklommen in der tiefsten Brust, daß sie weinen müsse. Sonst Wonne ringsum! Im Morgenlande geht die Sage von einer aus dem Paradiese verwiesenen Fee, welche alle Sterne durchpilgerte, um die Schlüssel zu den goldenen Thoren des Himmels zu finden. Diese Schlüssel waren die Thränen eines reuigen Sünders. Ich habe in diesen fabelhaften Tagen oft geweint, aber nur Freudenthränen, und hätte die heimathlose Peri diese Perlen gefunden, sie wäre ge-

blieben, wo diese Zähren vergossen wurden, und hätte in ihrem
Herzen fürder keine Sehnsucht getragen nach Eden's Zirgelbäumen
und der namenlosen Seligkeit in ihren Schatten. Deshalb lebt
wohl ihr verschwiegenen, trauten Blätter, lebt wohl für die irdische
Welt!" -

„Für die irdische Welt?"

„So ist es! Ich gedenke mein Tagebuch ja erst wieder zu be=
ginnen, wenn ich bereits in den Himmel gelangt bin, wenn ich der
Glücklichste der Sterblichen, kurz meiner Melissa Gatte geworden
sein werde!" — —

Also lautete Arslan's kurzes Tagebuch.

Auch geschriebene Träume sind Schäume!

Der Vorabend des Hochzeitstages war wie gesagt gekommen.
Aus der türkischen Kantonirung, die Muselmänner und Buren hat=
ten sich nämlich aus Holz und Lehmerde ziemlich wohnliche Winter=
quartiere in der Nähe der Behausung des Flüsterers zu zimmern
gewußt, bewegten sich zwei junge Männer in ihrem glänzendsten
Staate nach morlakischer Sitte als Brautwerber nach der verrufenen
Granitklause. Es waren der sogenannte Stari-svat und sein Ge=
nosse, welche die Hand Melissa's für Arslan begehren kamen. Die
Rolle des Erstern spielte Ali, die Würde des Andern bekleidete der
Kolugasi. Wohl soll der Stari-svat ein naher Verwandter des
Bräutigam und jeder der Brautwerber ein guter Christ sein, aber
was frug man in jener sturmbewegten Zeit, zumal bei einer unter
kriegerischen Zwangsmaßregeln eingeleiteten Hochzeit um alther=
kömmliche Gebräuche und Sitten?! Die Hochzeitbitter beschenkten
die reizende Braut mit den üblichen Geschenken. Dazu gehörten ein
Ring, ein paar Schuhe, ein Spiegel, ein Kamm, eine rothseidene
Haarbinde und ein Apfel, der bei den ärmern Moorwalachen ge=
wöhnlich mit Silberstücken, bei reichern Freiern gewöhnlich mit
Münzen von Gold und Silber besteckt ist, hier aber durchwegs mit
im Schlosse eines politisch anrüchigen Spahi erbeuteten Kremnitzer
Dukaten geschmückt war. Die Buren, welche gleichsam die Ange=
hörigen des künftigen Eidames des Einschläferers vorstellten, hatten
gleichfalls tief in den Seckel gegriffen und sendeten der Zukünftigen
ihres Häuptlings eine Unzahl von feinen Tüchern und Hemden wie
von andern bräutlichen Schmucksachen. Die Braut beschenkte da=
gegen die Brautwerber mit einem Paar Strümpfe und Strumpf=
bänder, welche mit goldenen und seidenen Fäden durchwirkt waren,

auch überreichte sie dem Stari-svat ein Prachtstück dieser Art für ihren Freier, zugleichen so viele Paare Strümpfe und Strumpfbänder, als die Familie des Bräutigams, wie sie aus seiner Mittheilung wußte, Glieder zählte. Am schönsten nahmen sich jedoch die bunten Schürzen aus, die Melissa in ihrem Fleiße für die weibliche Blutsverwandtschaft des Mirditen gefertigt hatte; es war ein wahres Vergnügen diese zierlichen Gewebe zu beschauen, zu betasten. Ach, erst jetzt kam es zur allgemeinen Kenntniß, weshalb das Lämpchen in der Schlafstube der anmuthigen Dirne als Leuchte bei geheimer Emsigkeit oft bis an den hellen Morgen durch die Fensterscheiben geschimmert hatte!

Bald kehrten die Brautwerber, lustig ihre Pistolen abfeuernd, zu der türkischen Kantonirung zurück und gaben dem harrenden Bräutigam durch diese ihre Freudenschüsse die hochwillkommne Kunde, daß Abbas wie sein Kindeskind die Bitte des Freiers mit einem freundlichen Jawort beantworteten. Ach, noch vor drei Tagen wären der Stari-svat und sein Genosse in düsterer Stille heimgezogen, zum Zeichen, daß das südslavische Sprichwort „tko čeka, docěka" — wer klopft, dem wird aufgethan oder wer wartet, der erwartet — nicht immer und überall seine Geltung habe! Arslan lud nun seine beiden Abgesandten wie mehre türkische Offiziere und vornehmere Buren als seine Freundschaft zu einem kleinen Mahle ein, bei welchem der Kaimakan, der statt des hier mangelnden Vaters und Bruders den nächsten Verwandten Arslan's vorstellte, trotz des Verbotes des Koran ein Glas Wein auf die Gesundheit eines Jeden ausleerte und zwar unter dem Namen oder der Bezeichnung des hochzeitlichen Amtes, das Letzterer bei der morgigen Feier bekleiden sollte.

Es war tief in der Nacht, als sich die lustigen Zecher endlich trennten.

Am Morgen wurden die Wachen in der Ebene wie in der Bergschlucht verdoppelt, um die Hochzeiter vor jedem feindlichen Ueberfalle sicher zu stellen. Der Pope aber ordnete in Ermangelung einer Kirche, was seines Berufes war, in der Art und Weise des katholischen Gottesdienstes an, der bekanntlich in Bosnien gewöhnlich unter freiem Himmel gehalten wird. Nur stand hier kein gemauerter, sondern ein aus Lehmerde gethürmter Altar unter einem großen Baume auf der Au, der mit einer Art Bretterverschlag umgeben worden war. Die heiligen Geräthe, die der griechische

Priester aus seinem Verstecke mitgenommen, befanden sich bereits an Ort und Stelle und bald lagerte sich die Zuhörerschaft natürlich nach türkischer Weise rings im Kreise umher. Diese Lagerung nach türkischer Manier ist übrigens auch unter den katholischen Rajas üblich.

Der Hochzeitszug begann.

Der sehnsüchtige Bräutigam Arslan ging wie gebräuchlich auf dem Wege zur Kirche mit seiner bewaffneten Freundschaft in einem gesonderten Haufen voran, und erwartete mit seinem Comparé oder Zeugen — einem katholischen Raja aus der Nachbarschaft — der später mit den Neuvermählten vor dem Altare knien sollte, das bräutlich geschmückte Kindeskind des Flüsterers vor der aus Rasen gebildeten schneebedeckten Schwelle der sein sollenden Kirche oder Kapelle, während seine Palikaren oder Buren in der Zwischenzeit einen jener Tänze aufführten, wie sie schon Altmeister Homer beschrieben. Dann kam Ali, der als Stari-svat oder Zeremonienmeister den höchsten Ehrenposten unter den Hochzeitern bekleidete. In seinen Fußstapfen schritt der Berak dar oder Fahnenträger, der ein seidenes Banner mit einem Apfel auf der Lanzenspitze hoch in den Lüften schwang. Hierauf nahten sich der Divar Bascha und zwei Divari — sonst Brüder des Bräutigams, wenn er deren hat, auf Montenegro Djever genannt — welche die Obhuth über die Braut führten, ihr einen Schirm in der Gestalt des bei hochzeitlichen Aufzügen im Morgenlande gebräuchlichen Baldachins über dem Haupte hielten und der Enkelin des Einschläferers all die kleinen Dienste zu leisten verpflichtet waren, die sie auf dem Gange zum Altare zufällig in Anspruch nehmen mochte. Sehr geschäftig gab sich der Czausch mit der Streitart — es kann auch ein Stab sein — an deren Stiel ein Tuch der Braut flatterte, da er die Obliegenheit hatte, den Zug zum Gotteshause zu ordnen und demselben nöthigen Falles gewaltsam eine freie Gasse zu bahnen. Bei dem gegenwärtigen kriegerischen Hochzeitsgange gab es freilich kein hemmendes Gedränge, was natürlich dem geschäftigen Czausch die Gelegenheit raubte, bei seinen lärmenden Possen sein Talent zur Rolle eines Harlekins zu entfalten. Bemerkbar machten sich ferner im Brautzuge der Povivato oder Pfeifer durch sein unharmonisches Gequicke, dann der Pervincz, ein Knabe, durch eine lederne Flasche, darin rother Dalmatinerwein perlte. Den Beschluß machten endlich der Segmen-Buli-Bascha, der acht bis neun christliche Gäste aus der Umgebung, Segmeni genannt, anführte.

Nunmehr trat Melissa in bräutlichen Gewanden, einen Schleier über Haupt und Gesicht tragend, von ihrem Großvater, der die Stelle der fehlenden befreundeten Brautführerin oder Kranzjungfer vertrat, geleitet in die angebliche Kirche, wo sie in dem aus beschneiten Bäumen gebildeten Schiffe derselben niederkniete. Einer der Divari schritt nun herbei und überreichte Abbas als Brautführer einen mit Goldstücken besteckten Apfel. Dieser verlangte noch einen, ja er begehrte, als er denselben erhalten noch einen dritten Apfel, eine Bitte, welche der spaßhafte Divari nach herkömmlichem Scherze damit beantwortete, daß er den zudringlichen Bittsteller mit einer Zwiebel beschenkte. Es war eine symbolische Gabe, die Thränen bedeutend, welche in kurzer Zeitfrist vergossen werden sollten. Diese Szene der Feierlichkeit schloß damit, daß Abbas dem Divari die Braut endlich übergab, der sie zum Altare führte. Dort kniete Melissa an der Seite Arslan's nieder, der bereits wie sein Comparé auf den Knien lag und sehnsüchtig dem Erscheinen seiner reizenden Braut entgegensah.

Der Pope begann die Trauung zu vollziehen.

Melissa war Dank des durchsichtigen Gewebes ihres Schleiers wunderherrlich anzusehen, zum küssen schön, daß selbst die knasterbärtigsten und benarbtesten Türken und Albanesen treuherzig meinten, um einer solchen Rose willen könne, ja müsse man dem Waffenruhme auf kürzere oder längere Zeit treulos werden. Alles war heiter und froh, Arslan der Mirdite schien, nach seinen Blicken zu schließen, trunken vor Seligkeit. Die Feierlichkeit nahte ihrem Schlusse. Da erhob sich plötzlich ein seltsames Geräusch. Leila die Wahnsinnige floh mit aufgelösten Haaren, kreideweißen Wangen und stieren Blicken aus der Granitklause des ahnungsvollen Flüsterers, warf sich instinktmäßig mit weit ausgebreiteten Armen vor die aufschreckende Braut und kreischte mit gellender Stimme:

„Sie kommen, sie kommen!"

„Die Haiduken?" frug der Mirdite die Farbe wechselnd.

Die Haiduken hatten in der That die Bergschlucht überfallen, die dort aufgestellten Vorposten mit Hilfe von Fangschnüren lautlos niederrissen und brachen nun wie wilde Thiere von rückwärts in die Behausung des Einschläferers, die Tochter des Desterdar wie ein zitterndes Reh vor sich her scheuchend. Die Vorderpforte, welche Leila auf ihrer Flucht in das Schloß geworfen, wurde nochmals aufgerissen, und an der Spitze seiner Bande stürmte ein zornbleicher

blutbespritzter, stämmiger junger Mann ins Freie. Er legte seine
Kugelbüchse an und schoß. Arslan wankte, keuchte die nur Wenigen
der Hochzeiter verständlichen Worte

„Paris zielst du immer unfehlbar? Polyxena gedenke mein!"
und sank blutend und sterbend an die Brust der zitternden Braut.
Der erste Schrecken der Albanesen und Türken wich grimmigem
Zorne, sie sammelten sich um Ali, ein Pistolenschluß des Letztern
streckte den Meuchler — es war, wir schreiben es mit grauenhaftem
Gefühle im Herzen, der Bruder der Braut, der unversöhnliche Dane
— todt zu Boden; die durch den Fall ihres Führers entmuthigten
Haiduken wurden überwältigt, und Alles, was sich nicht durch die
schleunigste Flucht rettete, fiel unter den Handschars der racheschnau-
benden Buren, unter den Bayonetten und Gewehrkolben des erbitterten Nizam.

Schauerliche Szene!

Des Flüsterers Ansicht von der Seelenwanderung wie Arslan's Traum zu Stambul waren nicht buchstäblich zur traurigen
Wahrheit geworden. Wohl lag der kühne Mirditenhäuptling, an
seinem Hochzeitstag als ein zweiter Achilles erschossen, entseelt und
bleich auf dem schneebedeckten Rasen, aber jene, dem Kaliber nach
zu schließen, türkische Kugel, welche der Braut als der Polyxena
Bosniens vermeint war, hatte sie verfehlt und die Stirn des Einschläferers zerschmettert. Ein zweites tödtliches Blei streckte die
wahnsinnige Tochter des Defterdar auf die Stufen des Altares
nieder. Ihre Brust war gleichfalls der Schild Melissa's geworden.
Man eilte ihr beizuspringen, aber jede irdische Labe schien vergeblich
bleiben zu wollen. Leila's Züge wiesen bald darauf das hypokratische Gesicht. Das unglückliche Schwesterlein Dane's aber stand
selbst halb geistesabwesend zwischen den langsam erkaltenden Leichen
des Geliebten, des Bruders wie des Großvaters, und raufte vor
Schmerz laut aufschluchzend ihr entfesseltes goldenes Haar.

Ali blickte mit nassen Augen auf die blutige Gruppe.

Es blieb dem Kaimakan jedoch nicht viel Zeit zur Trauer zu
verwenden, denn seine Vorposten wurden aufs Neue angegriffen
und zurückgeworfen. Ali warf sich hastig in den Sattel und sprengte
mit hochgeschwungenem Säbel gegen den Feind. Unnützer Kampf!
Es war ja der wirkliche Achilles Bosniens mit den unnahbaren
Händen, es war ja der furchtbare Buk-Lascaris, der die Kunde
von Dane's verwegenem und verwerflichem Vorhaben zu spät er-

halten hatte und jetzt an der Spitze eines auserlesenen Haiduken=
geschwaders wie der leuchtende Wetterstrahl des Herrn zur Sühne
oder zur Rache herbeigestürmt kam. Unnützer Kampf! Die türkische
Kavallerie ward buchstäblich niedergeritten. Zwar bildeten die Bu=
ren von dem Nizam unterstützt, dessen Mannschaft mit den langen
Bayonetten an ihren Musketen das erste Glied formirte, ein festes
Quarrée, aber sie hatten kaum Zeit eine Salve zu geben, und wäh=
rend dieses Kleingewehrfeuers setzte auch schon der bekannte herr=
liche Rappe aus turkomannischem Vollblut mit einem ungeheuern
Satze mit seinem tollkühnen gewaltigen Reiter mitten unter die
entsetzten Feinde. Unter den grimmigen Säbelhieben Lascaris Buk's,
dieses südslavischen Winkelried thürmte sich aus Leichen eine Gasse,
wüthend brauste der Reiterchok in die gesprengten Glieder, und bald
barst der eiserne Harst rettungslos aus seinen Fugen und Klam=
mern. Vergebens flehten die verzagenden Türken, die Musketen
wegwerfend, um Quartier; sie wurden schonungslos niedergemetzelt.
Auch die Buren fielen, ehrenhaft bis auf den letzten Mann fechtend,
unter den Klingen der unwiderstehlichen Reiter; ihre Leichen bedeck=
ten stürzend die Rasenstelle, darauf die wackern Albanesen lebend
gefußt hatten. Ali dankte seine Rettung nur der Schnelligkeit seines
arabischen Pferdes wie dem Umstande, daß Lascaris, der ihn zwei=
felsohne überholt hätte, zu der blutigen Gruppe am Altare eilte.

Es war ein jammervoller Anblick!

Melissa brach, die Knie des Abenteurers krampfhaft umklam=
mernd, mit einem Jammerrufe ohnmächtig zusammen. Und Leila?
Im Augenblicke des Todes zerriß der düstere Schleier des Wahn=
sinnes, der ihr bleiches Haupt so lange umstrickt hielt. Die Neuige
starrte mit einem scheuen, demüthigen, aber unsäglich zärtlichem
Blicke nach dem Gatten Gülnaren's empor, und flüsterte mit ster=
bender Stimme:

„Vergib Lascaris! Ich habe dich zu sehr geliebt!"

Darauf ging sie hinüber in die Ewigkeit, die verirrte Tochter
des Defterdar. Buk=Lascaris blickte tief erschüttert auf diese Szene
namenlosen Elendes, mühte sich mehrmals vergebens zu sprechen,
und stieß endlich hart und schneidend die Worte heraus:

„Lebe wohl wackerer Waffenbruder Dane! Dein Tod ward
blutig gerächt. Auf frohes Wiedersehen in der freundlichern Ewig=
keit! Deine arme Schwester Melissa soll nicht ohne Trost und Schutz
bleiben. Ich will ihr ein zweiter Bruder werden. Lebt wohl auch ihr

tiefgefallenen Sünder, Abbas und Leila! Möge der Herr der Welt nicht zu strenge mit Euch ins Gericht gehen! Friede mit Euch allen!"
Dann wandte er sich wehmüthig ab.

Die Haiduken vertauschten auf sein Geheiß die bluttriefenden Klingen mit Schaufel und Spaten, und bald nahm eine geräumige gemeinsame Grube auf dem alten Friedhofe, unter dessen schneebedecktem Rasen eine lange Reihe von Vorfahren des zauberkundigen Flüsterers schlummerte, die Leichen der Gefallenen auf. Daneben erhoben sich zwei kleinere Gräber. In dem einen schliefen Dane und Arslan den Schlaf der Gerechten, in der zweiten Grube ruhten Abbas und sein Schlachtopfer Leila wie in einem sichern Hafen von dem harten Sturm des Lebens aus, und so vereinte versöhnend der Tod, was wilde Leidenschaft und blinder Haß im irdischen Dasein so grausam zu scheiden versuchte.

Friede mit der Asche der Todten!

Dreiundzwanzigstes Capitel.

Eine welke Blume.

Die Witterung gestaltete sich trotz der gewöhnlich so rauhen und strengen Jahreszeit täglich milder, was den Türken bei dem eintretenden Thauwetter den kleinen Krieg in den Gebirgen bedeutend erschwerte und die gänzliche Pacifikation Bosniens noch um viele Wochen, wenn nicht um eben so viele Monate zu verzögern drohte. Es war eine freundliche, fast lauwarme Nacht. Der Mond schien lächelnd auf die mälig zerrinnende Schneedecke hernieder, als sähe er im Geiste bereits die schöne Zeit nahen, wo die ausgeschlafenen Blumen ihre Köpfchen aufs Neue aus dem feuchten Rasen hervorstrecken würden, wie neugierig fragend, ob ihre liebe Mutter, die Frühlingssonne noch lange auf sich warten lassen wolle. Ihre erstgebornen Kinder, die kleinen Veilchen, bedürften ja bereits ihrer sorgsamen Pflege und Wartung.

An dem Wildbache, der sich hinter den letzten Bäumen in Riswan's Schloßgarten in vielen Krümmungen hinschlängelte, zeigte sich eine vorsichtig vorwärts schreitende hohe männliche Gestalt, in einen weißen Mantel gehüllt, aus dessen Faltenwurf auf der Brust der goldene Griff eines Handschars wie zweier reich mit Perlmutter ausgelegter Pistolen hervorragte. Zudem trug der riesige Mann eine lange Flinte in der rechten Hand. Auch war der nächtige bis an die Zähne bewaffnete Wanderer nicht allein gekommen. Ein zahlreiches Schirmgeleite hatte sich nach allen Richtungen hin vertheilt und stand wohlgedeckt auf wachsamer Lauer, um jeglichem Ueberfall von Seite türkischer Streifschaaren einen bedrohlichen

Damm von wohlgezieltem Kleingewehrfeuer entgegenzuthürmen. Diese Vorsicht schien durchaus nicht überflüssig zu sein, da Pascha Jussuw das feste Bergschloß des alten Riswan durch Verrath eingenommen und mit einer starken Besatzung versehen hatte. Auch beschloß es der türkische Befehlshaber als Mittelpunkt für Streifzüge nach den benachbarten Gebirgen zu benützen, indem er es gleichzeitig als Eigenthum eines hochverrätherischen Geschlechtes für dem Staatsschatz verfallen erklärte und im Namen des Großherrn zu Stambul in Besitz nahm. Aus diesem angeblichen Grunde war das alte Bollwerk auch nicht ausgeplündert und niedergebrannt worden. Was den Muschir aber eigentlich zu dieser Schonung bewog, war die Hoffnung, selbst mit dieser werthvollen Besitzung beschenkt oder belehnt zu werden.

Der nächtige Wanderer näherte sich dem uns bekannten Zugange in das verborgene Felsenthal auf eine höchst seltsame Weise. Bald schritt er sturmhastig vorwärts, bald blieb er zögernd eine geraume Weile wie festgewurzelt stehen. Der räthselhafte Unbekannte schien sich nach dem Ziele seines Wanderganges zu sehnen und begehrliches Verlangen nach der Kunde dessen zu tragen, was sich während seiner Abwesenheit Liebes oder Schlimmes daselbst ereignet haben mochte; nebstbei quälte ihn aber eine grauenhafte Ahnung, die ihm warnungsvoll anrieth, seine brennende Neugierde so langsam, so spät als möglich zu befriedigen. Es fällt oft sehr bitter, alles erfahren zu haben, was man wissen wollte.

Der zweifelsvolle Kundschafter war Lascaris.

Dunkle trübe Gerüchte waren bis in die höchsten Gebirge gedrungen, und der Abenteurer machte sich daher an der Spitze einer streitbaren Schaar Haiduken und Rinderhirten persönlich auf, um sich wo möglich durch den eigenen Augenschein zu überzeugen, in wie weit seine Besorgnisse begründet seien, oder ob sein Stück irdischen Himmels noch alle seine duftigen Blumen und Blüthen aufzuweisen habe.

Ein gefährliches Wagniß!

Endlich gelangte Lascaris an die letzte Biegung der Baumreihe, die ihm bisher die Aussicht nach dem geheimen Zugange in das Paradies seiner Kindheit verdeckt hatte. Er schloß unwillkürlich verzagt die Augen, und als er sie endlich entschlossen zu öffnen wagte, Herr des Himmels, welcher haarsträubende, ja versteinernde Anblick zeigte sich dem zum ersten Male fassungslosen Drachen

Bosniens?! Die bergenden Felsen lagen, wie wir es bereits einmal beschrieben, zertrümmert umher, die Hand der Verwüstung hatte grimmiger denn weiland in dem stillen Thale gewüthet, und aus der alten, aufs Neue niedergebrannten Baute am Weiher lohte zeitweise eine röthliche, weithin züngelnde Flamme. Wohl war der verendende, in letzter Todesqual krampfhaft aufzuckende treue Bär Kallugu nirgends zu schauen, aber dafür bedeckten vier in Stücke gehauene, von geronnenem Blute starrende menschliche Gestalten den schlüpfrigen Boden des abschüssigen Zuganges. Weiland waren es die vier treuesten Diener und Hausgenossen Gülnaren's gewesen! In ihrer Mitte lag ferner eine kleine Thierleiche, der ein Handschar das weiße Köpfchen abgeschlagen hatte. Armer verläßlicher Bote, einst so zierliche Lieblingstaube der Rose von Serajevo!

Lascaris sprang wie ein angeschossener Hirsch empor.

Er schritt nicht, er lief nicht, er flog nicht, nein es warf ihn wie die Stücke einer platzenden Bombe mitten in das einsame Thal. Er klagte oder fluchte auch nicht, es kam ihn weder wie Weinen noch Beten an, nein, sein Antlitz war zu also starrem Marmor geworden, daß selbst die Hand einer hundertjährigen Zeit keine Furche in diese spröden Züge gegraben hätte. Ein paar Mal drückte ihn die Wucht seiner Angst, seines Schmerzes in die Knie nieder, aber eben so oft und rasch schnellte ihn wüthiger Zorn und heißer Durst nach Rache zu seiner alten riesigen Höhe empor.

„Gülnare!"

Also rief er plötzlich, aller Vorsicht vergessend, mit einer Donnerstimme, die den Sturz des mächtigsten Kataraktes übertäubt hätte. Tiefe Stille rings umher! Baute und Thal lagen wie ausgestorben vor seinen verzweifelten Blicken. Nirgends eine Spur von Leben! Nur die alten Bäume rauschten dumpf durch die Nacht, als ob sie sagen wollten, wie sie wohl die erbetene böse Kunde zu ertheilen wüßten, ja auch bereits Antwort auf seinen Schmerzensruf gegeben hätten, leider vergeblich, da er als Menschenkind die Sprache des Waldes nicht verstehe.

„Gülnare!"

Diesmal rauschte der geliebte Name schon dumpfer und weicher von den entfärbten Lippen des Abenteurers. Keine Antwort wie früher! Tiefe Stille rings umher! Baute und Thal lagen wie ausgestorben vor seinen verzweifelnden Blicken. Nirgends eine Spur von Leben! Nur ein leiser Lufthauch wühlte die Wellen des Weihers auf, aber das verbebte so leise, als ob beide vermeinten, was nütze es auch lauter und vernehmbarer vor Einem zu plaudern, der nicht zu verdollmetschen wisse, was sich Fluth und Wind erzählt?!

„Gülnare!"

Es lag unendliche Zärtlichkeit und Wehmuth in diesem dritten Jammerschreie, und gleichzeitig brach der simsonhafte Mann schluchzend zusammen, und bittere Thränen gossen so strömend über sein bleiches Gesicht, als hätten sie die schwierige Aufgabe den Brand eines Welttheiles zu löschen. Plötzlich stieß es kalt, klebrig und feucht an die Hand des Abenteurers. Was war das? Die Hand ward geleckt, freudiges Winseln und Heulen erscholl. Das konnnte nur Zigan sein?! Und er war es auch, der treue, kluge Hund! Das Herbeilaufen schien aber dem armen Thiere sehr sauer geworden zu sein, denn es stöhnte zuweilen schmerzhaft auf, und Lascaris gewahrte bei näherer Besichtigung, wie sich eine breite, tiefe, jedoch bereits ausheilende Wunde, das blutige Merkmal eines Säbelhiebes, über den Rücken Zigan's hinziehe.

Der Abenteurer fuhr mit einem Freudenrufe empor.

Die Wunde hätte ohne menschliche Hilfe und Pflege, dies sah man deutlich, tödtlich werden müssen; auch würde das Thier, das sich nicht durch Bewegung erwärmen konnte, im Freien trotz der unbedeutend rauhen Witterung ganz sicher erfroren sein. Wem gehörte aber die barmherzige Hand, welche den kleinen Hund so sorgsam betraute? Wo wölbte sich das Obdach, darunter Zigan Schutz vor dem Frost des Winters gefunden?

„Gülnare?! Manda! Mirra?!"

Also rief Lascaris von neuer Hoffnung durchbebt, im Thale wie rasend umherstürmend.

„Hier mein starker Gebieter!"

Diese Antwort ertönte unerwartet aus einer schmalen verborgenen Schlucht, die nur für den Kundigen auffindbar nach einer Gülnarens Gatten wohlbekannten Höhle führte. Gleich darauf zeigte sich am Eingange derselben eine sich mühsam durch die Felsenspalte zwängende menschliche Gestalt. Es war Mirra, der junge Zigeuner, der seinem Herrn schwerfällig entgegenhinkte. Sein Bericht lautete düster genug.

Man habe, erzählte der Zigeuner, geraume Zeit ruhig und ungestört in dem weltverborgenen Thale gehaust und gewaltet. Wohl hätten sich, als endlich die Schaaren Jussuw's das Bergschloß be=

setzten, ein paar Tage und Nächte hindurch verdächtige Gestalten in der Nähe des geheimen Zuganges gezeigt, doch seien dieselben gar bald, ohne einen Versuch des Eindringens zu wagen, spurlos, scheinbar für immer verschwunden. Eines Abends aber habe man bei der gewöhnlichen vorsichtigen Rekognoszirung eine halbe Gemme mit dem Silberwagen der Göttin des Mondes nebst einem Schreiben des Inhaltes unter einem Stein am Zugange vorgefunden, Lascaris liege schwer verwundet an einer sichern Zufluchtsstätte in den Gebirgen darnieder und sehne sich nach der Nähe und Pflege der Rose von Serajevo. Zum Unterpfande, daß kein Hinterhalt zu fürchten, sende er der Verabredung gemäß die halbe Kamee. Gülnare solle in der nächsten Nacht aufbrechen, ein verläßlicher Wegweiser werde sie am Ausgange ihres Bergverließes erwarten und ungefährdet zu ihrem sehnsüchtig harrenden Gatten geleiten. Als aber die weiße Rose in der bestimmten Nacht das stille Thal verließ, sei sie nebst ihrer Zofe Manda von einer Unzahl von allen Seiten herbeistürzender Bewaffneter ergriffen und fortgeschleppt worden, ihre vier Diener aber, die sich mannhaft herumschlugen, habe man schonungslos in Stücke gehauen. Er selbst sei nur durch den Umstand dem sichern Tode entronnen, daß er eine Kleinigkeit in der alten Baute vergessen und so dem ersten Handgemenge entgangen. Uebrigens danke er einer seinen linken Fuß streifenden Flintenkugel eine noch jetzt schmerzhafte Kontusion. Welchem Glauben und Volksstamme die Frauenräuber angehörten, schloß Mirra seinen düstern Bericht, habe er bei dem Dunkel der Nacht nicht auskundschaften können, zumal er sich sputen mußte, die bergende Schlucht zu erreichen, dahin er nach dem Abzuge des Feindes auch den verwundeten Zigan schaffte.

Lascaris rieth augenblicklich auf den Pascha Jussuw.

Seine Vermuthung war richtig. Der Spion des Muschir, der eben keine sonderliche Gabe der Orientirung besaß, wußte nach der Besetzung von Riswan's Bollwerk die Stelle nicht mehr genau anzugeben, wo sich der geheime Zugang befinde. Jussuw hätte also eine ganze Reihe Felsenwände versuchsweise sprengen lassen müssen, und fürchtete die Rose von Serajevo möchte mit ihrer Dienerschaft durch den Donner der Minen gewarnt auf einem andern geheimen Pfad das sichere Weite suchen. Er beschloß daher in Geduld, ohne verdächtige Versuche auf der Lauer liegen zu bleiben. Daß sich die Flüchtlinge noch immer in den Bergen verborgen hielten, bewies ihm der Anblick der weißen Lieblingstaube Gülnaren's, die er einmal bei heiterm Sonnenschein ober den Klippen die Lüfte durchflattern sah. Das lebendige Sinnbild der Treue war also wider Willen, unwissentlich zum Verräther an der schönen Herrin geworden. Eine boshafte Laune des heimtückischen Zufalles gab endlich den traurigen Ausschlag. Lascaris hatte in einem blutigen Reitergefecht, ohne daß er es in der Hitze des Handgemenges wahrnahm, einen gewaltigen Säbelhieb über die Brust erhalten, der ihm Wamms und Hemd aufriß, die schmale Goldkette am Busen durchschnitt, und so die kostbare Gemme zur Erde fallen machte. Das Kleinod ward später von einem türkischen Marodeur aufgefunden, in Serajevo verkauft und gelangte so durch die dritte oder vierte Hand in den Besitz des Pascha, der vor Freude laut aufjauchzte, da er aus dem Berichte seines Spiones entnommen, um welche antike Losung es sich bezüglich Gülnaren's Vertrauen handle. Das Uebrige ist bekannt.

Der Abenteurer hatte übrigens wenig Zeit zum Ueberlegen. Es erging ihm wie vor wenigen Tagen dem Kaimakan Ali. Sein Schirmgeleite ward allseitig angegriffen. Lascaris gab dem noch kampfunfähigen Mirra die Richtung an, in welcher derselbe, den kleinen Zigan auf dem Arme, seinen hastigen Rückzug antreten solle, und stürzte dann wie ein gereizter Löwe in das immer lauter auftosende Kleingewehrfeuer. Die Haiduken hatten ihre Vorsichtsmaßregeln so umsichtig getroffen, daß sie trotz der Uebermacht der Türken den Sammelplatz erreichten, wo ihre Nachhuth mit den Pferden zurückgeblieben war. Diese Reserve nahm nun das Gefecht auf, während sich die eigentliche Streitmacht in den Sattel warf. Auch der Zigeunerknabe saß bald auf dem Rücken eines flüchtigen bosnischen Rosses. Er hatte den Auftrag, einzig für den zottigen kleinen Hund zu sorgen. Leider hatte Juffum, der mit Recht vermuthete, der gefürchtete slavische Edelfalke werde binnen kürzerer oder längerer Zeit seinen Horst aufsuchen, seinen Angriff gleichfalls so vorsichtig eingeleitet, daß Lascaris mit seinem kleinen Geschwader von dem Wege nach Serajevo wie nach den südlichen Bergen abgeschnitten und gegen die westliche Grenze Bosniens gedrängt wurde. Dort erwarteten neue feindliche Streitkräfte die bedrängten Haiduken und es bedurfte aller Kriegskunde, Tapferkeit und Stärke des Abenteurers, um sich in der Richtung auf Livno durchzuschlagen. Seine Freischaar lief durch ein paar Tage so zu sagen Spießruthen mitten durch die Bayonette, Musketenkugeln, Säbel und Handschars der nach einem so kostbaren Fang überaus lüsternen Muhamedaner. Zu noch größerm Unglücke lag zwar kein riesiger Stein, aber eine noch weit verderblichere Blume des Anstoßes auf ihrem Wege.

Diese Blume war eine Muschirumi.

Ibrahim, der kleine Aga von Livno, hatte es nicht vergessen, wie er großen Theiles durch die Schlauheit des scharfsinnigen Lascaris kürzlich zu Klein-Madara das verlachte Opfer einer schmachvollen weiblichen Hinterlist geworden. Deshalb warf er sich mit verdoppeltem Eifer wie mit allen nur aufzutreibenden Streitkräften auf die Rückzugslinie seines verhaßten Gegners. Im Rücken wie in der Front von einer mehr als zehnfachen Uebermacht mit ausgeruhten frischen Truppen angegriffen, schien die Vernichtung der erschöpften, längst dezimirten Haiduken verbrieft und besiegelt. Das Handgemenge war furchtbar, und als es endlich Lascaris gelang, den Durchbruch dennoch zu erzwingen, war sein kleines Geschwader außer ihm und Mirra auf zwei Haiduken herabgeschmolzen. Alle übrigen Braven lagen todt oder schwer verwundet auf dem Schlachtfelde.

Obendrein war noch eine steil aufsteigende Schlucht zu durchreiten.

Gewann der Abenteurer so viel Zeit, die Holzbrücke in dieser Schlucht abzubrechen, so war er gerettet und seinem Rückzuge nach österreichischem Gebiete stand kein weiteres Hemmniß im Wege. Livno liegt nämlich an der Straße, die nach Dalmatien führt. Man kann daher leicht ermessen, in welchem rasenden Laufe die vier Reiter das schmale Thal durchsprengten, das sie noch von der bergenden **Schlucht trennte.**

„Gott sei uns gnädig!" rief plötzlich Mirra der Jüngere.

„Was gibt es Bursche?" frug Lascaris.

„Trügt mich mein Auge nicht, so wimmelt es in der Schlucht von Bewaffneten!"

„Leider hast du Recht," antwortete sein Gebieter, mit seinem weit geübteren Blicke vorwärts spähend, „aber zum Glücke sind es blos Weiber."

„Wer mag das sein?"

„Die Buhldirnen **aus** Klein-Madara," entgegnete finster ein Haiduke.

Sie waren es in der That, und eben kein zu verachtender Feind, zumal für nicht mehr als vier zum Tode erschöpfte Krieger, mit Tausenden von erbitterten Feinden hart auf der Ferse. Wählten doch weiland die Dere=Bey's in der wunderlichen Kolonie Groß= Madara bei Schumla ihre Gavenden, welche ihnen in Kriegszeiten vom Kopf bis zum Fuß bewaffnet zu Pferde auf ihren Feldzügen gegen den Feind folgten. Auch in Klein=Madara schien man es also halten zu wollen. Die dortigen Weiber, in die kriegerische alba= nesische Tracht gehüllt, mit langen Flinten, Pistolen und Handschars bewaffnet, mahnten an die strenge Göttin Diana, und man zweifelte, wie bereits einmal gesagt, bei ihrem Anblicke nicht im Geringsten, daß sie so gut wie die antike Göttin im Stande wären, die Ver= wegenheit eines neuen Aktäon grausam und tödtlich zu bestrafen. Lascaris gab Alles für verloren. Ein paar Minuten Aufenthalt, der bei der günstigen und festen Stellung der Amazonen unvermeidlich blieb, mußte das Herankommen der türkischen Heermacht ermög= lichen, und dann blieb keine andere Wahl, als in diesem Vernich= tungskampfe sein Leben so theuer als möglich zu verkaufen.

Das Blatt sollte sich aber ganz wunderbar wenden.

Die Heerführerin der weiblichen Kolonisten aus Klein=Madara, die handfeste und hochbusige Fatimeh kam nämlich, einen Kranz aus dem Geflechte des Ephen als Friedeszeichen hoch in den Lüften schwingend, mit verhängten Zügeln herangesprengt, sprang vom Pferde, beugte ihr Haupt vor Lascaris fast bis zur Erde und sprach mit unterwürfigem Tone:

„Du warst der Abgott meines theuern Dane, mehr sein Freund, als sein Gebieter! Du hast meinen Liebling, wie man mir erzählte, im heftigsten Schneesturme mit eigener Lebensgefahr vor dem ver= derblichen, einschläfernden Kusse des eisigen Winters gerettet! Du hast endlich seinen beklagenswerthen Tod blutig gerächt an meinen Landsleuten, den beschnittenen räudigen Hunden! Kein Haar auf deinem mir heiligen Haupte soll und darf daher gekrümmt werden! Sprenge hastig vor! Meine tapfern Weiber haben euch wacker vor= gearbeitet, und ihr werdet leichte Mühe haben, die halbabgetragene Holzbrücke in der Schlucht drüben vollends abzubrechen. Darum vorwärts, so rasch die Rosse laufen können. Ich will hier indessen jenem elenden Halbmann von einem Aga eine stattliche Nase drehen, die von diesem Thale bis nach Livno, ja selbst bis nach Serajevo reichen soll!"

Gesagt, gethan!

Lascaris und die Seinen sprengten ungefährdet durch die Schlucht und trugen jenseits die schwankende Holzbrücke vollends ab. Sie waren gerettet. Fatimeh haranguirte mittlerweile den herbeisprengenden kleinen Aga hohnlachend auf boshafte Weise.

„Zurück Halbmann," rief sie, „oder glaubst du, daß wir nicht schießen können!"

Damit legte sie ihre Flinte an, zielte scharf und schoß Ibrahim die Quaste seines Feß vom Haupte. Der kleine Mensch verhielt erschrocken die Zügel seines Renners. Auch die riesige graue Negerin trat vor, streckte ihre gewaltigen Gliedmaßen und meinte ironisch schmunzelnd:

„Soll ich dich nochmals ohnmächtig küssen, lüsterner Schwächling?!"

Ibrahim schäumte vor Wuth. Seine Leute umstanden ihn in einem Halbkreise halb lachend, halb ärgerlich. Was blieb auch Vernünftigeres über, als die Sache von der scherzhaften Seite zu nehmen! Die letzten Trümmer der Holzbrücke waren in die Tiefe gefallen, auch befanden sich die Flüchtlinge längst aus der Schußweite. Ein Strauß mit dem bewaffneten Weibervolke, zumal da er zu keinem weitern Heil der Verfolgung führen konnte, hätte die Muhamedaner zur künftigen Zielscheibe des Spottes für die gesammte europäische Türkei gemacht. Der Aga kehrte daher wie früher unter dem Hohngelächter der Schönheiten wie der Nichtschönheiten von Klein-Mabara mit verbissenem Groll im Herzen nach Livno zurück. Der Abenteurer blieb geraume Zeit verschollen. Man glaubte mit Recht annehmen zu dürfen, daß er sich vorderhand in Wirklichkeit nach österreichischem Territorium begeben habe, eine Nachricht, die Jussuw gewisser später erhellender Pläne halber dem Ueberbringer mit blanken Goldstücken bezahlte. Der Muschir träumte sein Spiel gänzlich gewonnen zu haben.

Einige Tage nach dieser tragikomischen Szene klopft es bei Einbruch der Nacht an die Thüre des armseligen, aber Dank seiner abgelegenen Lage von dem Kugelregen des dreitägigen Bombardement verschont gebliebenen Hauses des armen Kürschners zu Serajevo, und gleichzeitig trat ein alter Bettler mit schneeweißem Haare und Barte in die Wohnstube dieses mittellosen Kožuhar.

„Hvalien Isus!" — „Gelobt sei Jesus!" — sprach der dürftige Greis.

„Vazda budi i Maria!" — „Er immer und Maria" — entgegnete der Hausherr.

„Barmherzigkeit mit einem todtmüden alten Manne! Obdach für diese Nacht!"

„Unmöglich bedauernswerther Greis! Ein Befehl des Pascha verbietet bei Todesstrafe die Aufnahme fremder Gäste."

„Stoßt mich nicht mitleidslos in das nächtige, eisige Dunkel hinaus!"

„Er ist es!" rief Patila, die mit dem feinen Gehöre der Blinden die Stimme Lascaris-Buk's erkannt hatte, „er bleibt auch in unsern vier Pfählen, denn wisse mein Vater, unser Wohlthäter, mein Schutzengel Buk steht Hilfe suchend an unserm Herde!"

Der arme Kürschner nahm nunmehr seinen späten Besuch mit offenen Armen auf. Es war in der That Lascaris, der statt über die Grenze zu fliehen, mit den Seinen auf abgelegenen Pfaden nach der Höhle des Tigers, kurz nach Serajevo zurückkehrte, wo er sicher war, am wenigsten vermuthet zu werden. Als betagter Bettler verkleidet, mit tiefgekrümmtem Rücken umschlich er nun mehre Tage und Nächte lang das Serail, darin Jussuw gegenwärtig hauste, nach Kunde von dem Schicksale Gülnaren's spähend, bis ihn endlich die Erschöpfung und der Frost der steigenden Kälte zwang, ein Obdach wenigstens für die nächtigen Stunden zu suchen, einige Labe anzusprechen.

„Wir sind sehr unglücklich," sprach der Kürschner die Tafel nach dem kärglichen Imbisse abräumend.

„Mein Kummer weiß von keinem Troste," seufzte Lascaris, „habe ich doch nicht blos für die Freiheit meines Volkes sieglos gefochten, hat man mir doch auch das Weib meines Herzens geraubt! Selbst die Hoffnung stirbt allmälig ab in meinem zum Tode betrübten Herzen!"

„Muth, mein Schutzgeist!" flüsterte Patila.

„Wo willst du, blindes Kind, Muth und Tröstung finden, da selbst die Sehenden beides schon lange als für immer versiegt betrachten!"

„Oft sehen die Blinden weiter als die Sehenden!"

„Dann sage mir, wo die Rose von Serajevo zu finden?"

„Morgen sollen mir die Söhne des gebrochenen Herzens die Antwort geben. Sie wissen um Gülnaren's Aufenthalt."

„Sprichst du die Wahrheit? Und wen meinst du mit den Söhnen des gebrochenen Herzens?"

„Es sind die Kinder einer armen Witwe aus jenem Dorfe, das in Flammen aufging," fiel der Kürschner ein, „als ihr, Herr und Gebieter, weiland noch als Montenegriner den Pascha Jussuw von der Straße nach Serajevo abgeschnitten. Beide Knaben wurden mit Gewalt bemüßigt, auf den Koran zu schwören, ja noch obendrein in die traurige Lage versetzt, tauglich zu dem verschwiegenen Dienst im Innern der türkischen Frauengemächer zu sein. Die arme Mutter starb aus Gram hierüber, was man so sagt, am gebrochenen Herzen. Daher der Beinamen der Kinder, Pawel und Mile geheißen. Beide stehen Dank jener verwünschten Tauglichkeit [hoch in der Gunst wie in dem Vertrauen des Pascha. Namentlich gilt dies von dem ältern Bruder Pawel, der schon bei Lebzeiten seines Vaters diesem bei seinem Geschäfte als Barbier der Umgegend hilfreiche Hand leistete, und gegenwärtig unter geschickter ärztlicher Anleitung ein vortrefflicher Feldscherer zu werden verspricht."

„Und die Knaben wissen um Gülnarens Aufenthalt?"

„So ist es," sprach Patila, „morgen die weitere Auskunft! Für heute schone dich, mein Schutzgeist, und pflege der nöthigen nächtlichen Ruhe und Rast!"

Auch wir wollen die Fährte der weißen Rose aufsuchen.

Es ist was Tiefrührendes um eine weibliche Schönheit, zumal wenn man sie weinend trifft! Wenn ein bezauberndes Auge in Thränen des Schmerzes schwimmt, ein irdischer Engel seine Liebe im Scheiden wie eine theure Leiche mit geweinten Perlen schmückt, dann gehört die Natur des Kiesels dazu, um bei diesem Anblicke nicht selbst in Wehmuth zu versinken, auf das Knie zu stürzen und zu beten: Madonna vergib mir, ich wußte nicht, was ich that! Und solch einen Anblick gab es einst in dem vergitterten Erkergemache einer alten Burg hart an der Grenze von Bosnien und Serbien. Diese Veste war vor der Herrschaft des Halbmondes der Stammsitz eines gefürchteten Freibeuters und Jungfrauenräubers gewesen. Thiere lassen nicht von ihrer Natur, Menschen nicht von ihren Gewohnheiten. Gilt dies auch von leblosen Dingen? Kann auch dieses Raubnest nicht abweichen von seiner alten Bestimmung, der Kerker für trauernde Schönheit zu sein? Soll es, so lang noch ein Stein auf dem andern steht, der Schlupfwinkel schnöder Mädchendiebe verbleiben? Hat das Pulver, mit dem Mönch Schwarz das leidige

Ritterthum über den Haufen schoß, vor diesen Quadern seine zauberhafte Kraft verloren, und wird dieser Dirnenzwinger ausdauern, bis am jüngsten Tage die Posaune des Weltgerichtes mit den Gräbern auch seine Fugen und Klammern bricht?! Und wer ist das Weib, das hier den unfreiwilligen Abschied von der goldenen Freiheit nahm?

Ihr kennt sie ja, die reizende Rose von Serajevo!

Ach, es war die für Blumen so verderbliche Zeit des Frostes gekommen, und die stolze Schwertlilie drohte zur schüchternen Mimose zu werden. Die früher so waghafte südslavische Amazone verkümmerte zum hilflos verzagenden Weibe. Und kam das so! Sie lag auf einer prachtvollen weichen Ottomane, das lockige Haupt auf den blendend weißen Arm gestützt, und sann, wie denn das Schreckliche so rasch, so unvermeidlich über sie hereingebrochen? Kaum von den Bewaffneten ergriffen, wurde sie von ihrer Zofe Manda, welche man übrigens in Freiheit setzte, getrennt und dann in einen wohlverschlossenen, von Reitern umringten Wagen gehoben. Die Reise dauerte mehre Tage, bis man endlich anhielt und die Gefangene nach der Erkerstube dieser alten Veste brachte. Eine finster blickende Sklavin bediente sie, die wie stumm geboren keine Antwort hatte für ihre Drohungen und Fragen, keine Sylbe des Trostes für ihre Seufzer, Klagen und Thränen. So war mehr als eine Woche eintönig verstrichen, da gewann die stumme Wärterin plötzlich die Sprache und verkündigte der Knesin mit widrig schnarrender Stimme, noch heute werde der Herr dieser alten Burg wie ihres künftigen Schicksales eintreffen. An ihm sei es, das finstere Räthsel zu lösen, das ihren Geist so lange quälte, sie selbst, die Wärterin nämlich, sei nichts weiter als ein blindes, willenloses Werkzeug in den Händen ihres mächtigen beiderseitigen Gebieters. Und die Stunde schlug, die das finstere Räthsel lösen sollte! Gülnare hörte plötzlich schwere Tritte durch den Gang hallen, der zu ihrem Gemache führte, die Pforte öffnete sich, und ein Mann in einen rothen Mantel gehüllt, das Haupt von dessen Kaputze und einer mächtigen Pelzmütze bedeckt stand vor der erwartungsvollen Knesin. Die Stimme, mit der er ihr widerlich freundlich guten Tag bot, war offenbar verstellt. Gülnare erhob sich majestätisch und frug gebieterisch wie eine zürnende Königin:

„Mit welchem Rechte beraubt man mich meiner Freiheit?!"

„Ruhig schöner Engel," entgegnete der Fremde, „es ist das Recht des Stärkern!"

„Was wollen Sie von mir?"

„Wenig und Alles! Namentlich Wiedervergeltung an Lascaris üben; sie soll aber süß sein diese Rache, wenigstens für mich, wie die goldenen Träume der Kindheit, wie die Düfte des Maies, wie die — Liebe!"

Entsetzt fuhr Gülnare zurück, denn aus den Augen des Fremden brannte eine verzehrende Gluth, die demungeachtet ihr Blut zu Eis erstarren machte.

„Fürchte nichts, weiße Taube," fuhr der Unbekannte fort, „die Schlinge, welche dich fing, soll dir nicht tödtlich werden. Sie war fein gedreht. Konntest du wissen, wie geübt meine Hand in der Nachahmung fremder Schriftzüge und wie bekannt mir die Rohrfeder deines Gatten sei? War es denkbar, daß die halbe Gemme durch einen Zufall in meinen Besitz gelangte? Nein, dich trifft keine Schuld, daß du in die Falle gegangen! Selbst Lascaris wäre an deiner Stelle trotz seines Scharfsinnes schwerlich entronnen. Darum ergib dich mit ruhigem Herzen in dein Schicksal. Es ist nicht so bitter, als du fürchtest, nicht so grausam, als dir schwante, nicht so schmerzvoll, als du dachtest!"

„Sie sprechen von Furcht," entgegnete Gülnare, die sich inzwischen gesammelt hatte, „mich dünkt die Rolle des Zitterns dürfte bald die Ihrige werden. Sie sagen, Sie kennen Lascaris, dann werden Sie auch wissen, daß noch keiner seinem Zorne entgangen, der ihn verdiente, daß er zu rächen und zu strafen pflegt — — —"

„Wie der Satan erfinderisch, wie das Fatum unbeugsam! O, Renegat Mustapha hat das erfahren! Das ist aber nun lange vorüber und, wie es in jenem egyptischen Sprichworte heißt, die Todten beißen nicht."

„Was wollen Sie damit sagen?"

„Daß Lascaris jene halbe Kamee nur mit seinem Leben ließ."

„Heilige Mutter Gottes!"

„Ja, bete für die Ruhe seiner Seele!"

Gülnare sank mit einem Angstschrei in die Knie, warf einen verzweiflungsvollen Blick gen Himmel und stotterte endlich mühsam:

„Und was trieb Sie zu diesem Morde?!"

„Kennst du mich nicht mehr," rief der Fremde mit seiner wahren Stimme, warf Mantel und Pelzmütze ab, und stand da in reicher morgenländischer Tracht, „weinende Rose von Serajevo? Soll ich deinem Gedächtnisse zu Hilfe kommen? In irgend einem tiefdunkeln Schattenplatze deiner Erinnerung muß mein verblichenes Bild seine Ruhestelle haben. Forsche! Suche! Ich bin der Mann, der fruchtlos zu deinen Füßen um einen zärtlichen Blick bettelte, ich bin der gefolterte Mensch, den du an deinem Hochzeitstage an den Marterpfahl der Eifersucht geschlagen, ich bin der Stellvertreter des Abglanzes Gottes, den Lascaris mit frecher, meuterischer Hand in in die Nacht kriegerischer Schmach und Schande stürzen wollte!"

„Jussuw Pascha," kreischte die Knesin und ihre Sinne begannen zu schwinden, aber gewaltsam nahm sie sich zusammen, richtete sich stolz empor, und sprach furchtlos, „vollenden Sie das Werk der Rache! Ihr letztes Opfer ist bereit zu sterben!"

„Nein sterben sollst du nicht," girrte der Muschir, „reizende Houri, lebe, lebe glücklich und in Wonne; meine Liebe soll dir die Erde zum siebenten Himmel, jeden Pfad, auf dem du wandelst, zum Paradiese machen!"

Eine unbeschreibliche Lache rauschte von Gülnaren's zuckenden Lippen. Hohn, Erstaunen, Zorn, Verachtung und Jubel lag darin. Sie maß den Brautwerber mit einem vernichtenden Blicke, stieß den Ueberraschten, als er sich ihr zärtlich nähern wollte, mit den kleinen weißen Händchen so tapfer zurück, daß er fast zu Boden taumelte und rief mit dem Tone vollendeten Triumphes:

„Lascaris starb nicht ungerächt! Himmel, wie danke ich dir für das Bischen Schönheit, das du mir gnädig verliehen! Sie ward zum Dolche, das Herz dieses Elenden zu durchbohren. Ja, ekler Mann des Erbarmens, diese Reize sollen dich verderben! Geh und verschmachte in Liebesbrunst! Ja, die Rose meiner Anmuth sei dein qualvoller langsamer Tod, und ihr Duft das Gift, an dem du verkümmerst!"

„Ich werde sie zu knicken wissen," tobte knirschend der Vezier, „diese Blume, schmücke dich, stolzes Weib, gleich einer zärtlichen Braut, denn zwischen zwei Freiern hast du zu wählen. Jussuw heißt der eine, Hungertod schreibt sich der zweite Brautwerber!"

Nach dieser Drohung stürzte er hastig aus dem Gemache.

Jussuw hielt Wort. Die jugendliche üppige Rose war bald zur verkümmerten Lilie geworden. Gülnare lag auf der weichen Ottomane bleich wie der Tod, den sie bereits im Herzen trug. Vor ihren eingesunkenen Augen schwamm es wie ein Nebel, der immer dichter und dichter wurde, und entsetzliche Gestalten in seinem zauberhaften

Schleier barg. Bald trat die Sünde, als ein hohes schönes Weib zu schauen, aus dem nebelhaften Dunste, und winkte ihr lächelnd zu, alles Glück des Lebens versprechend, Wonne verheißend, süßer als der erste Kuß unschuldiger, darum blöder Liebe. Es lag ein Reiz in jedem ihrer Worte, bestechend, verführend, blendend wie etwa der Anblick einer Oase mit duftigen Blumen, grünen schattigen Bäumen und rauschenden silbernen Quellen nach einer monatlangen entsetzlichen Pilgerfahrt durch eine endlose Wüste.

Nun verschwand das lüsterne Weib, und nahm seine Stelle ein todtbleicher Mann ein, in ein blendend weißes Leilach gehüllt, einen Strauß hochrother Nelken am Herzen. Wenn man sie aber anfassen wollte diese Nelken, da waren sie flüssiger Scharlach, waren sie frisch vergossenes Blut. Und dieser Mann kreideweiß trug die Züge des gemordeten Lascaris.

„Im Tode," sprach dies Schauerbild, „stirbt die wärmste Liebe, dies beherzige du, blumige Gülnare! Im Lethe ist all mein Träumen, all mein Denken an dich ertrunken, und der Handschar eines Meuchlers hat dein rührendes Bild geschnitten aus meiner wild aufzuckenden Brust. Ich kann dir nichts mehr sein und das Leben ist Alles, Alles! Schöpfe nur Muth und leere den Becher brautnächtiger Freude!"

Und auch dieser Mann versank.

Dann kam ein drittes Gebilde. Es war eine weibliche Gestalt mit Schlangen in den Haaren, eine Natter an den Busen haltend, und eine Blutlache bezeichnete die Spuren des Pfades, den sie nahm. Wer mochte das sein? Das Antlitz war verwittert und doch so bekannt; es mahnte an eine herbstlich welke Gegend, die man bereits einmal durchzogen, da es aber noch Frühling war. Tiefgefalle Tochter des Desterdar, bleiche Leila, was willst du an diesem Sterbepfühle?

„Gülnare," stöhnte der Schemen, „gefesselte Schwester, ich kann sie nicht brechen, deine Ketten! Auch mich halten die Bande des Wahnsinnes gefangen, und in den Thränen des Irrsinnes gerann der Muth deiner Busenfreundin zu Eis. Sie kann sich nicht einmal zur Reue ermannen. Fasse nur Herz und schlinge den hochaufschäumenden Schlaftrunk der Keuschheit und Tugend!"

Und wieder verschlang der Nebel die schauerliche Warnerin, und wogte und brauste, und dehnte sich immer breiter und weiter in das Unendliche. Das grauenhaft Formlose gewann endlich Gestalt,

und vor den verschwimmenden Blicken der Knesin erschien der
Avret-Bazar oder Frauenmarkt in Stambul, den sie weiland mit
ihrer Busenfreundin besichtigt hatte. Sonnenäugige Cirkassierinen,
den Himmel im Blicke, üppige Negerbirnen, sinnliche Gluth im
Auge, egyptische Almeen, den Pfeil im zierlichen leichtfertigen Fuß,
indische Bajaderen, verlorne schöne Kinder mit gemalten Wangen
hielten einen ausdrucksvollen Tanz; sie selbst lag inmitten des wol=
lüstigen Reigens entblößten Leibes wie ihre lieblichen Schwestern.
Darauf kamen die Käufer, hohe bärtige türkische Männer und prüf=
ten die Reize der lebendigen menschlichen Waaren Stück für Stück.
Sie hätte versinken mögen in den Mittelpunkt der Erde vor Scham
und Grauen. Die Natur hatte ihr jedoch einen Schleier an die
Wiege gebunden, lange, bis an die Ferse wallende Haare. Und in
diese seidene Mitternacht hüllte sie ihre schneeigen Glieder und war
geborgen vor den unheiligen Blicken der Turbanträger. Da kam
aber ein entsetzlicher Wollüstling, ein ungeschlachter Mann im blauen
neuartigen bosnischen Dolmány und weißen Plunderhosen herbei=
geschritten und schlug den natürlichen Schleier zurück mit frecher
schamloser Hand.

„Jassum!"

Also kreischte das wehrlose Weib und versank in minutenlange
Ohnmacht. Doch das Bewußtsein kehrte wieder und mit ihm der
formlose Nebel, grauenhafte Gestalten bergend in seinem Schoße.
Nur wenn es der gequälten Gülnare gelang die kalte Hand in den
Wasserkrug zu tauchen, den die berechnende Schlauheit, die erfin=
dungsreiche Grausamkeit ihres teuflischen Peinigers an die Otto=
mane gestellt hatte, kehrte auf Sekundendauer ihre volle Besinnung
zurück, und sie versuchte betend zu stammeln:

„Herr bleib bei mir, den es will Abend werden!"

Und es ward Abend, aber mit ihm kam nicht der Herr, nein,
der Versucher. Vier Tage hatte sie all die gräßlichen Folterqualen
ertragen, tapfer und adelig gerungen mit dem bleichen hohläugigen
Gespenste, mit dem Hunger. Nun aber erlag die Natur. Ihr zarter
Körper bebte in convulsivischen Zuckungen. Das Erkergemach drehte
sich im wirbelnden Kreise um die Erschöpfte. Auch flirrte es seltsam
vor ihren Blicken. Die Finger des müden Händchens langten nach
dem Seidenkissen der Ottomane, wie Sterbende die rettungslos
verloren, als wollten sie sich an das schöne Leben ketten, unwissent=
lich fassend nach des Krankenlagers Linnenüberzug. Da ertönt süße

unterirdische Musik, ein Fallboden öffnet sich und aus der Tiefe steigt eine Tafel reich beladen mit Früchten und Süßigkeiten aller Zonen. Zwei Armleuchter werfen ihr freundliches Licht darauf. In krystallenen Bechern und silbernen Gefäßen schimmern „die nassen Flammen," die köstlichsten Weine. Blumen, wie sie des Morgenländers reichster Traum nur kennt, im Treibhause groß gezogen, verhauchen balsamische Düfte und mitten unter den lieblichen Kindern Flora's zeigt sich wie ein Bräutigam nach orientalischer Sitte geschmückt der grausame Pascha von Travnik.

„Gülnare," frägt er, „ist dein Trotz erschöpft? Willst du mich küssen als eine zärtliche Odaliske?"

Keine Antwort!

Der Unhold tritt näher.

„Hinweg Scheusal!" tönt es von der Ottomane.

„Besinne dich Weib! Morgen dürfte es zu spät sein. Du hast nur einen Schritt zum Grabe!"

„Er ist bereits gethan," murmelt es dumpf aus der müden Brust der Dulderin.

Die Stimme klingt so hohl wie der letzte Seufzer Abschied von der süßen freundlichen Gewohnheit des Daseins. Jussuw eilt besorgt an den Marterpfahl. Er sieht den Schatten des Todes über der weißen Rose von Serajevo schweben, wird bleich bis an die Lippen, stürmt zur Tafel und kehrt mit einem Becher Wein zurück. Ist es liebendes Mitleid oder teuflische Grausamkeit, Gülnarens Leiden zu verlängern? Er bückt sich über sein Opfer. Die Aermste preßt die Zähne zusammen, doch gelingt es ihm der Lebensmüden einige Tropfen einzuflößen, und die Lebensgeister flammen neu auf, wie eine Lampe pflegt in dem Augenblicke, nach welchem sie erlischt. In diesem Momente wird in der Tiefe ein schwerer Fall hörbar, als würde ein überwältigter Mensch zu Boden geworfen — ein zweiter — ein dritter folgt fast gleichzeitig. Der Pascha, mit seiner schönen Feindin beschäftigt, würde den Einsturz des Himmels überhören. Plötzlich versinkt die reichbesetzte Tafel und tiefe Finsterniß lagert sich rings in dem stillen Gemache. Jussuw, der Christenbluttrinker stutzt.

„Achmet, Numan, Tahir," ruft er, „Mohnköpfe, die ihr seid, was treibt ihr?"

Lautlose Stille.

„Wollt ihr antworten!"

„Gleich Herr!" läßt sich eine Stimme vernehmen, der es ein ruhigerer, aufmerksamerer Beobachter als der Vezier in seiner verliebten Besorgniß ankennen würde, so spreche nur ein Mensch, wenn ihm der Dolch oder das Messer an der Kehle sitzt.

„Nun wird es?"
„Augenblicklich!"
„Bist du es, Achmet?"
„Ja wohl! Tahir war so ungeschickt, den Strick auszulassen."
„So macht schnell!"
„Zu Befehl!"

Beruhigt kehrte der Pascha zu seinem Opfer zurück und wusch die kalte Stirne der Verkümmerten mit dem Reste Wein, der im Becher verblieben. Die unterirdische Musik ertönt wieder und die Tafel, reich mit Früchten aller Zonen beladen, steigt abermals aus der Tiefe. Zwei Armleuchter werfen ihr freundliches Licht darauf. In krystallenen Bechern und silbernen Gefäßen schimmern „die nassen Flammen," die köstlichsten Weine. Blumen, wie sie des Morgenländers reichster Traum nur kennt, verhauchen balsamische Düfte, doch mitten unter den lieblichen Töchtern Flora's zeigt sich eine hohe, drohende Gestalt, in einen weißen Mantel gehüllt, wie ein strafender Engel des Herrn. Der Schatten, den sie wirft, erschreckt den Vezier. Jussuw wendet sich, die Gestalt schleudert den Mantel weg, und vor dem zitternden Sünder steht majestätisch der gefürchtete — Rächer.

Es ist Buk-Lascaris.

Der Abenteurer erhebt seinen mit einem funkelnden Dolche bewaffneten Arm. Jussuw sinkt vernichtet in die Knie, und dieser Kniefall rettet ihm das Leben. Lascaris erblickt die abgezehrte, verwelkte Geliebte. Ein fürchterlicher Schrei tönt von seinen Lippen. Er läßt den strafenden rechten Arm sinken, erfaßt mit der linken Hand ein Gefäß mit Wein und steht mit einem gewaltigen Sprunge an dem Leidenspfühle seines gefolterten Weibes.

„Gülnare!"

Also stöhnt er, und doch klingt die Stimme so innig, so freundlich schmerzhaft, so schauervoll selig, daß sie eine Todte erwecken müßte. Diesen Augenblick benützt Jussuw, springt auf den Fallboden und versinkt mit der Tafel. Ein fürchterliches Gepolter folgt gleich darauf in der Tiefe. Blutiges Handgemenge ist unten los. Was aber kümmert all dieser Lärm, was Himmel und Erde den zum

Sterben beklommenen Gatten der weißen Rose?! Er sieht nichts als sie, die zwar noch nicht untergegangene, aber gesunkene Sonne seines Lebens, sein ganzes Dasein liegt in seinem Blick, und dieser ist so ängstlich und doch unendlich zärtlich an ihr Antlitz gefesselt, wie die Biene an der Blume hängt, wie die durstige Erde den labenden Regen trinkt, wie der bereuende Sünder an der heiligen Hostie zehrt! Sie aber schlägt an der Pforte des Grabes, geweckt durch seine süße Stimme, noch einmal ihre unvergeßlichen Augen auf, diese mitternächtigen zwei Himmel, diese schwarzen Meere, darein seines Lebens Ruhe und Glück in Bälde für immer ertrinken geht. Herr erbarme dich deines leidenden frömmsten Kindes!

Unten schwieg das Gepolter.

Zur Erklärung dieser Szene diene Nachstehendes: Lascaris drang nach der Anweisung, welche Païlla von den Gebrüdern Pawel und Mile erhalten, mit Mirra, dem ehemaligen Polaznik Iwan und noch einem Haiduken durch den unterirdischen geheimen Eingang in die alte Burg und kam gerade in dem Augenblicke in die Felsenhöhle unter dem Erkergemache, als sich Jussuw oben über die Sterbende beugte und sie mit dem köstlichen Weine zu laben versuchte. Die zwei Haiduken stürzten sich mit ihm wie gereizte Tiger über die anwesenden drei Sklaven des Pascha, und schmetterte jeder seinen Mann zu Boden. So nahe zum Tode als diese drei Galgenstricke hatte noch kein Missethäter, aber ein Wink des Abenteurers hieß sie schonen, da er mit Recht befürchtete, Jussuw möchte, falls er sich umstellt sähe, seine verruchten Hände mit Gülnaren's Blut besudeln. Die zwei Haiduken und Mirra blieben daher als Wache bei den gefällten drei Sklaven zurück, während er sich selbst nach dem Erkergemache hinaufwand. Leider war diese Schonung von späterm Uebel. Als nämlich der Pascha in die Tiefe sank, wähnten die Getreuen des Kapitans, er selbst kehre zurück, um weitere Befehle zu geben. Diesen Irrthum benützte Jussuw, der bereits im Abwärtssinken die Armleuchter ausgeblasen hatte. Er wiederholte dasselbe Manoeuvre mit der Fakel, die in der Felsenhöhle brannte, und suchte nun im Dunkeln auf den ihm wohlbekannten Pfaden das Freie zu gewinnen. Ein Haiduke aber erkannte den Verhaßten bei dem letzten Aufflackern dieser Fakel, ließ von dem niedergeworfenen Tahir ab, bei dem er Wache stand, und folgte dem berüchtigten Christenbluttrinker auf der Ferse.

Die Jagd war fruchtlos.

Juſſuw, mit den labyrinthiſchen Wendungen und Gängen ſeines Verließes zu wohl vertraut, entkam glücklich. Seine Flucht hätte für Lascaris und die Seinen von den verderblichſten Folgen ſein können, falls es nämlich dem Paſcha gelungen wäre durch den einſt prachtvoll gehaltenen, nunmehr halb verwilderten parkähnlichen, auch faſt eine halbe Stunde lang ſich längſt dem alten Bollwerke hinziehenden Garten nach dem Hofraume zu gelangen und die Beſatzung im vordern Flügel der Veſte in die Waffen zu rufen. Ein glücklicher Zufall, wie wir ſpäter leſen werden, vereitelte jedoch dieſes Vorhaben. Doch war damit noch nicht alle Gefahr beſeitigt. Tahir eilte ja während der vergeblichen Jagd ſeinen nunmehr blos von Iwan und dem Zigeunerknaben bewachten Gefährten zu Hilfe, und ein wüthendes Gefecht, ein höchſt ungleicher Kampf brach los zwiſchen heiliger Gerechtigkeit und ſchnöder Sünde. Ein Haiduke, alſo ein Räuber, der beherzte Iwan vertrat diesmal die erſtere. Mirra, obgleich mehr Knabe als Mann, war ihm dabei von herrlichen Dienſten. Er ſchlang ſich wie ein Aal um die Beine der Gegner, biß ſie in die Waden, Iwan ſchlug im Finſtern wacker darein, und als ein wirrer Menſchenknäuel lag in Kürze Freund und Feind über einander. Der andere Haiduke kehrte endlich zurück. Es gelang ihm die Fakel an den Kohlen eines Herdes in einer Ecke der Felſenhöhle anzufachen, und nun war der Sieg im nächſten Augenblicke entſchieden. Achmet lag bereits von einem Dolchſtoß mitten ins Herz getroffen als Leiche am Boden. Tahir verblutete bald darauf unter den Händen des rückgekehrten Sohnes der bosniſchen Wälder, während Iwan dem überwundenen Numan den Garaus machte. Der ehemalige Polaznik hatte aber in dem heißen Handgemenge ſelbſt drei tiefe Wunden erhalten und erhob ſich nicht mehr von dem Fleck Erde, darauf er gefallen war.

„Armer Wolf der bosniſchen Berge!" klagte Mirra, der beſorgt an ſeiner Seite kniete.

„Heule nicht, Junge," murrte Iwan, „es iſt aus mit mir! Grüßt mir den Kapitan und ſagt, ich ſei eines ehrlichen Todes geſtorben! Dies danke ich ihm! Möge dies Ende den ewigen Richter milder ſtimmen gegen mich Sünder! In deine Hände, Erlöſer, meinen Geiſt! Muttergottes Maria erbarme dich meiner!"

Damit hüllte er ſich feſter in ſeinen Schafpelz, ein letzter

Seufzer und Iwan war nicht mehr. Mirra schlug ein Kreuz, entflammte die Armleuchter, und wand sich, da der zweite Haiduke gleichfalls schwer verwundet worden war, langsam selbst nach dem Erkergemache empor. Dort gab es einen schauervollen Anblick. Gülnare, von der Stimme des Geliebten geweckt, gelabt von dem stärkenden Weine, den sie willig von so theuern Händen geboten einschlürfte, hatte sich nur wenig erholt, eine überirdische Blässe lag auf ihren geisterhaften Wangen, sie sah wie verklärt, und ach, nun selbst so rührend, als eine schöne, aber herbstlich welke Gegend, die man bereits durchzog einmal, da Frühling war. Ihr Auge ruhte mit seelenvoller Innigkeit auf den Zügen des Abenteurers, der wie zermalmt auf seinen Knien lag, und wies auch sein Antlitz nicht eines weißen Rosenblattes Röthe. Und er hatte hohe, gerechte Ursache zum bleichen Kummer. Denn das hypokratische Gesicht zeigte sich seinem auf so manchem Schlachtfelde geübten Blicke nur zu deutlich, und er glaubte den Fittig rauschen zu hören, auf dem der Todesengel in das stille Gemach flog. Lascaris hätte in dieser Stunde alle Schätze der Welt um eine Thräne gegeben, aber sein Auge blieb trocken, und und es mußte so sein, denn er würde nur blutige Thränen geweint haben, und all sein Blut war erstarrt im Eise der Verzweiflung.

Arme weiße Rose von Serajevo!

„Ich danke dir," flüsterte endlich Gülnare mit kaum hörbarer Stimme, „daß du noch zu rechter Zeit aus dem Himmel herabgekommen bist, um dein bleiches Weib mit zärtlich sorgsamer Hand in das dunkle unbekannte Jenseits zu geleiten."

„Fasse dich, blumige Gülnare," stammelte Lascaris, „es steht nicht so schlimm, als du zu denken scheinst. Ich lebe, auch du wirst bald von deinem langen Leid genesen, zu dem alten süßen, freudenvollen Dasein erwachen."

„Du lebst?! O schade, wie schade! Ich wäre gern zu dir hinübergegangen in Gottes unendlichen Himmel. Nun wird es mir dort so fremd, so unwohnlich sein; aber nein, der Ewige ist väterlich und liebevoll gegen seine guten und folgsamen Kinder, und ein gutes folgsames Kind, das weißt du ja, war deine Gülnare ewig und immer!"

„Gülnare schone dich und mich! Mein Herz will sich verbluten!"

„O mache mir nicht die letzte Stunde bänger, die ohnehin so bange lastet auf der Sterbenden. Es hält sehr schwer, dem schönen

Leben zu entsagen. Man glaubt es kaum, wie bitter es ist die Augen zu schließen, wenn sich die Liebe und ein neues Glück in ihrem Sterne spiegeln."

„O laß mich, Gott, in dieser Stunde sterben!"

„Mensch murre nicht! Gott liebt die Demuth, haßt den Trotz! Ganz recht, da fällt mir etwas bei! Nicht wahr, du willst mich nicht für ewig von dir scheiden lassen? Du kommst dereinst mir nach und willst mit mir bei Gott in den Laubhütten seiner Heiligen wohnen? Da mußt du mir etwas Liebes und Großes versprechen, schöner Erdenfreund. Willst du?"

„Fordere mein Leben!"

„Schwöre mir, Gülnaren's letzte Bitte zu erfüllen."

„Ich schwöre!"

„Bei unserer Liebe?"

„Bei unserer Liebe!"

„Sieh, mein süßes Herz, der Ewige sprach: Die Rache ist mein! Das haben wir beide zu spät bedacht, und heute kam der strafende Tag. Hätten wir nie das Banner der Vergeltung getragen, wir lebten — doch still — der Tod steht hart an meinem Pfühle — also schwöre mir — dich nie an jenem Unhold — du weißt doch, wen ich meine — zu rächen — hörst du?!"

„Ich schwöre!"

„So bist du lieb und fromm! Nun aber rücke näher bleicher Erdenfreund — wo bist du doch — ich sehe dich kaum mehr — laß dein müdes Weib an deinem letzten Kusse sterben!".

Ein langer seelenvoller Kuß — sein Mund heiß und glühend wie Lava — ihre Lippen kalt, o wie kalt — ein Sonnenstrahl, der sich am Pol vergangen und doch zu schmelzen nicht vermag sein Eis — darauf eine minutenlange Pause — eine Ewigkeit der Qual für Lascaris — Gülnare ringt den letzten Kampf — die müden Finger fassen noch einmal krampfhaft nach dem Sterbekissen — das Auge ist halb geschlossen — das Herz pocht langsam und immer langsamer — jetzt legt der Tod seine barmherzige Hand auf das schöne Haupt — die Rose von Serajevo verwelkt.

„Gedenkst du an deinen Schwur?" hallt es kaum vernehmlich aus der Brust der Sterbenden.

„Ich will ihn halten! Doch flüstere auch du mir ein Wort des Trostes zu!"

„Einst sehen wir uns wieder!"

Also bebt es von den eingesunkenen Lippen, und Gülnare war verblichen, Bosniens Blumen zählten eine Schwester weniger, aber der Himmel ward um einen Engel reicher. Halb ohnmächtig brach Lascaris zusammen.

„Ich habe nicht geschworen!"

So sprach leise und zähnknirschend der Zigeunerknabe Mirra. In seinen Augen funkelte, ja blitzte es bei diesen Worten seltsam auf. Ein Tiger hätte aus diesem Blicke lernen können — — — wie die Mordlust sieht.

Vierundzwanzigstes Capitel.
Die Vehme der Kleinen.

Wie kam es, daß der Pascha nicht nach dem Hofraume gelangte?

Der Herr ist unerschöpflich in seiner Gnade und Barmherzigkeit und gönnt dem verhärtetsten Sünder mehr denn einmal Zeit und Gelegenheit, Reue und Leid zu erwecken. Seine Hand schreibt nur zu oft an die Wände des Saales, darin die Unbußfertigkeit ihre schwelgerischen Gelage hält, jene mahnenden Worte „gezählt, gewogen, zu leicht befunden," die einst jenen morgenländischen Fürsten so geheimnißvoll erschreckten.

So erging auch an Jussuw eine letzte Warnung des Ewigen.

Bevor wir jedoch von dieser Warnung erzählen, halten wir es für dringend nothwendig, dem Leser zum genauern Verständnisse der nachfolgenden Begebenheiten eine kleine Schilderung der Oertlichkeit zu liefern. Das alte Raubnest lehnte sich mit seinem Rücken und zwar in östlicher Richtung an einen hohen und steilen Felsen, dessen fast senkrecht abgeschnittene Basaltwände jeden Angriff von dieser Seite aus als rein unmöglich erscheinen machten. In der linken oder südlichen Flanke war das Bollwerk durch eine dreifache Reihe gewaltiger Klüfte und Schluchten vertheidigt, die sich in einem riesigen Halbkreise selbst um die gesammte nach Westen sehende Front hinzogen und gegen das ehemalige Flußbett der Drina verliefen. Dies Flußbett bildete in älterer Zeit den Wall oder die Schutzwehr des Raubnestes in nördlicher Richtung, besaß in der Nähe dieser Veste einen erstaunenswerthen Fall, und war daselbst durch die Hand der Natur wie der Kunst also eingeengt worden, daß die Tiefe desselben an manchen Stellen neunzig bis hundert

Fuß betragen mochte. Wie gesagt, nicht blos die Natur, auch die Vertheidigungskunst hatte hier Alles aufgeboten, um die Strömung der Drina so reißend und gefährlich als möglich zu gestalten. Das Ufer war nämlich mehrseitig mit Hilfe gewaltiger Basaltsteine förmlich ausgemauert worden. Der Zahn der Zeit hatte zwar dies Mauerwerk hie und da bedeutend ausgebrochen, Jussuw scheute jedoch weder fremde Mühe, noch eigene Kosten, um die schadhaften Stellen ausbessern zu lassen, wahrlich eine riesige Arbeit, die übrigens in Folge unausgesetzter, unglaublicher Anstrengung im Laufe der nächsten Tage zur Vollendung gedeihen sollte.

Wie aber kam es, daß die Drina ihr früheres Flußbett verlassen hatte?

Dies geschah in Folge eines furchtbaren Erdsturzes, der vor mehren Jahren in den weiter rückwärts liegenden Gebirgen stattfand, und den Wogen einen so gewaltigen Damm entgegenwälzte, daß sie auf einem weiten, mehre tausend Schritte betragenden Umwege sich allmälig einen neuen Abzug nach dem abgesperrten ursprünglichen Ufer bahnen mußten. Ueber beide Flußbetten leiteten Brücken. Die neuere Brücke glich jedoch mehr einem aus dem Stegreife gethürmten Stege als einer regelmäßigen Wasserbaute, dagegen war die Zugbrücke näher gegen die Veste zu nach allen Vorschriften der Vertheidigungskunst gewölbt worden. Zu erwähnen kommt noch, daß der Pascha einer namhaften Schaar gefangener Rajas freie Rückkehr nach ihrem Geburtsorte oder besser gesagt nach ihrer heimischen Brandstätte versprochen hatte, falls sie jenen durch den erwähnten Erdsturz gebildeten hemmenden Damm in möglichst kurzer Zeit beseitigen würden. Auch hier gelangte man bereits bis zu dem letzten Durchstiche. Bald, vielleicht schon morgen sollte das Bollwerk, das Jussuw's geheime Liebe umschloß, gänzlich uneinnehmbar werden.

Eine düstere unfreundliche Nacht kam herangezogen.

Dichte Wolken bedeckten den Himmel, und halfen die Finsterniß also mehren, daß man keine drei Schritte weit zu sehen vermochte. Der Mond schimmerte zwar zuweilen freundlich durch die grauen Wolkenschichten, aber nur um nach Sekundendauer aufs Neue zu verschwinden und das nächtige Dunkel noch bedrohlicher erscheinen zu lassen. Zuweilen heulte es schaurig im Süden auf, und heftige Windstöße verkündigten die Nähe eines gewaltigen Sturmes. Es war daher Jussuw, der durch den verwilderten Garten nach dem

Hofraume eilte, um die Besatzung des Raubnestes in die Waffen zu rufen, es war deshalb diesem unfreiwilligen Wanderer durch Nacht und Nebel durchaus nicht zu verargen, daß er sich nach Möglichkeit sputete, an das Ziel seines gefährlichen und beschwerlichen Rachezuges zu gelangen, und selbst in Sicherheit Alles zum Verderben seines Todfeindes aufzubieten. Doch hieß es dabei die Vorsicht und Behutsamkeit ja nicht vernachlässigen, denn der Pfad durch den seit so manchem Jahre brach liegenden Garten war vielfach von Gräben, Tümpeln und sonstigen Hindernissen durchschnitten.

Endlich gelangte der Bezier an den Steg über das neue Flußbett.

Einmal darüber hinweggeschritten, glaubte Jussuw gewonnenes Spiel zu haben, zumal der Weg, welcher zur Zugbrücke über das alte Flußbett führte, keine weiteren Hemmnisse darbot. Der Mensch denkt, Gott lenkt. Der Pascha vergaß in seiner Hast, daß sich der Pfad hinter dem Steg theilte, und links nach der mehrerwähnten Zugbrücke, gerade aus aber nach einer andern Stelle des gemauerten Ufers leitete. So kam es, daß er plötzlich den festen Boden unter seinen Füßen verschwinden fühlte, und etwa vier Fuß tief in einen Abgrund stürzte.

„Nijanesrećé bez sreće!"

„Kein Unglück ohne Glück!" also meint ein südslavisches Sprichwort.

An der Stelle, wo Jussuw in das alte Flußbett hinabgestürzt war, ragte ein starker Balken horizontal vom Ufer ab in den Abgrund hinaus, an dessen äußerstem Ende an einer eisernen Krampe ein Kolben mit einer Rolle hing, in welcher mehre gewaltige Seile liefen. An diesen Seilen war ein hölzerner Sitz befestigt, wie ihn bei uns die Schieferdecker bei Ausübung ihres halsbrecherischen Gewerbes zu benützen pflegen. Er diente auch hier zur Vornahme der letzten Ausbesserung des eingesunkenen Mauerwerkes. Diesen schwanken und unsichern Sitz nahm nunmehr der Zwingherr von Travnik im bedrohlichen Dunkel einer stürmischen Nacht ein.

Eine schöne Lage für den sogenannten Bezier von Ungarn in partibus infidelium!

Zu noch größerm Unglücke waren die Stricke Abends nicht sorglich genug befestigt worden, gaben nach, und der luftige Sitz schwankte wie eine Schaukel hin und her, und rollte ein paar Sekunden lang immer tiefer und tiefer. Endlich waren die Seile bis zum nächsten hemmenden Knoten abgelaufen, und der Pascha sah sich, als der Mond für einen Augenblick aus dem dichten Wolkenschleier trat, als Seitenstück zu dem Profeten in Mekka zwischen Himmel und Erde schweben, etwa zwanzig bis dreißig Fuß unter dem Uferrande, achtzig oder siebenzig Fuß über dem Grunde des ehemaligen Flußbettes der silbernen Drina.

Sein Glück war die rasch wiederkehrende Dunkelheit.

Bei dem Anblick der senkrechten furchtbaren Tiefe unter ihm faßte nämlich den Vezier ein entsetzlicher Schwindel, machte alle seine Nerven krampfhaft erbeben, und schüttelte den verunglückten Mann wie ein jäher Windstoß die zitternde Espe. Seine Glieder, Arme wie Beine, schienen vor Angst und Entsetzen wie gelähmt. Jussuw faßte sich endlich mit gewaltsamer Anstrengung und sprach sich selbst allen nur denkbaren Trost bei, meinend, der Hofraum sei noch nicht so ferne gelegen, und gleich werde und müsse man seinen Ruf um Hilfe aus dieser Lage der Noth vernehmen und beantworten. Thörichte Täuschung! Die Windstöße aus Süden mehrten sich mit jeder Spanne Zeit, und trugen den Schall seiner Stimme nach einer Richtung, aus welcher durchaus kein Beistand herbeieilen konnte, lag doch der Garten öde und ausgestorben wie eine Wüste.

Kussuw weinte vor Wuth und Besorgniß.

Was ihn am meisten wurmte, war das fröhliche Gejohle, das lustige Gesinge im Hofraume, wie es die Windstöße zeitweilig an sein unmuthig lauschendes Ohr trugen. Die Bewohner der Veste wie die Besatzung derselben dachten nämlich, da die vertrauten Sklaven Achmet, Tahir und Numan denn doch nicht ganz reinen Mund gehalten hatten, und die sorgfältig gewählte Tracht eines türkischen Dandy oder Bräutigams sehr auffallend gegen die sonstigen Gewohnheiten des rauhen bosnischen Despoten abstach, diese gesammten guten Leute und schlechten Wahrsager dachten daher nichts Anderes, als daß sich ihr strenger Herr und Gebieter, von der schönen Gefangenen endlich erhört, süßen brautnächtigen Freuden hingebe und vielleicht schon gegenwärtig in dem siebenten Himmel des Profeten schwelge. Deshalb beschlössen auch sie sich einen frohen Tag oder vielmehr einen heitern Abend zu gönnen. Daher das freudige Gejohle und lustige Singen! Jussuw schäumte vor Ingrimm. Ein schöner Bräutigam!

Die Windsbraut war seine Buhle.

Es gab zudem noch einen Gedanken, der wie geschmolzenes

Blei oder Wachs in die frischen Wunden seiner Seele fiel. Wie wenn Lascaris die lange verschwiegene Nacht zur hastigen ungefährdeten Flucht benützte? Das ließ sich nicht blos vermuthen, darauf konnte man schwören oder Gift nehmen. Wie wenn sich die weiße Rose unter der zärtlichen Obhuth und Pflege der Liebe zu neuer Blüthe entfalten würde? Auch dies lag im Bereiche der Möglichkeit. Wie wenn Beide glücklich nach dem schwarzen Berge oder nach Dalmatien entkommen, daselbst ein Liebesleben führen dürften, dem blos die Ewigkeit fehlte, um schon auf Erden himmlisch genannt zu werden?! Eifersucht bohrte einen neuen Dolch in das Herz des Muschir.

Zur Eifersucht sollte sich noch abermalige Todesangst gesellen.

Die Nacht war bedeutend vorgeschritten, der Lärm und das Jauchzen im Hofraume verstummten allmälig, die Wachtfeuer erloschen, tiefe Stille, von dem fernen Heulen des launisch zögernden Sturmes nur zeitweise unterbrochen, lagerte sich über der gesammten Nachbarschaft des alten Raubnestes. Dagegen flammte das Bivouakfeuer in den weiter rückwärts gelegenen Bergen plötzlich heller und heller auf, die müden Raja's, die sich daselbst im süßen Schlummer von der Last des Tagewerkes erholten und zur neuen Frohnarbeit stärkten, schienen zufällig erwachend oder von irgend jemand geweckt zu einem nächtigen Ausfluge aufzubrechen, seltsames Geräusch ließ sich vernehmen, wie wenn Spaten und Schaufeln in Bewegung gesetzt würden, und eine unheimliche Ahnung, die er nicht zu bemeistern vermochte, sagte dem Pascha, daß sich neues Unheil auch von dieser Seite nahe.

Welch seltsamer gurgelnder Laut?!

Es war ein sonderbares Sausen und Brausen, wie es das Ohr Jussuw's noch nie vernommen, es war fast anzuhören, als ob ein gedämpfter Donner sich hastig auf der Erde hinwälzte. Was mochte dies befremdende Geräusch wohl bedeuten? Ein erfahrener Bergmann hätte dem Pascha das nächtige Räthsel augenblicklich gelöst. Auch sollte er nur zu bald die schreckhafte Lösung, wenn auch nicht mit den Händen, doch fast mit seinen Füßen greifen können. Schäumte es doch immer näher heran, brausten und rauschten doch die Wogen der Drina plötzlich in rasender Strömung durch ihr altes Flußbett dahin! Wie kam das? Hatten die Gewässer den letzten Rest natürlichen Dammes durchbrochen? Machten sich die armen Rajas in Sehnsucht nach der Heimath bei der Nacht an den letzten

Durchstich, um dem Pascha am nächsten Morgen eine freudige Ueberraschung zu bereiten? Eine schöne Ueberraschung! Jussuw gab sich Anfangs für verloren. Er glaubte von der gewaltigen Strömung rettungslos hinweggerissen werden zu müssen. Bald aber sah er mit inniger Freude und stiller Beruhigung, daß die Wogen nicht höher als etwa vierzig bis fünfzig Fuß unter seinem luftigen Sitze stiegen, und ihren Lauf allmälig mit weniger stürmischer Hast fortsetzten. Der Bezier jauchzte endlich sogar freudig auf. Er hatte, das nächtige Werk der Rajas im Stillen preisend und bejubelnd, ja nicht mehr vor dem entsetzlichen, vielleicht schließlich verderblichen Schwindel bei dem Anblick der Tiefe unter ihm, zu zittern, falls die Windstöße die Wolken gänzlich verjagen und dem trostreichen Lichte des Mondes eine freie Bahn brechen sollten. Auch war er im schlimmsten Falle vor dem häßlichen Tode des Zerschmetterns und Zerschellens gerettet.

Letzte Täuschung!

In Süden heulte es plötzlich nochmals auf in erneuerter Wuth, mit unwiderstehlicher Gewalt. Die Wolken kamen am Himmel wie ein geschlagenes Heer dichter als je herbeigeflogen, und entsetzliche Finsterniß lagerte sich über dem alten Raubneste. Eine momentane Stille, dann brach er los, der nächtige Sturm in all seiner wilden Pracht und Herrlichkeit! Ehe noch Jussuw die Gewalt seines Wehens verspürte, vernahm er bereits sein bedrohliches Rauschen in der Luft. Mit unwiderstehlicher Macht brauste der Orkan heran, jetzt berührte sein Athem den verunglückten Mann, erschütterte das Gerüst über dessen Haupte, erschütterte selbst, wie der Pascha vermeinte, das alte Mauerwerk bis in seine Grundvesten hinab. Die Steine klirrten und klapperten, die Bretter des Gerüstes klappten auf und nieder, ein Theil desselben ward von der Unterlage hinweggerissen, wirbelte in die Luft hinaus und stürzte mit widrigem Gepraffel in die lautaufschäumenden Wogen der Drina. Jussuw war im ersten Augenblicke von dem furchtbarsten Schrecken wie gelähmt, wie vernichtet. Instinktmäßig umklammerte er die Seile mit beiden Händen, und erwartete jetzt und jetzt zu stürzen oder an den Basaltsteinen des Mauerwerkes zerschmettert zu werden. War doch das jenseitige Ufer um mehr als dreißig Fuß niederer, so daß nichts dem verderblichen Anprall des Sturmes wehrte. So ward Jussuw wie ein leichter Ball hin und her geschleudert. In Todesangst streckte er seine Füße aus, um sich mit ihrer Hilfe von den Basaltwänden des Ufers so weit als möglich entfernt zu halten. Es nützte leider nicht viel. Einigen Stößen, zum Glücke den heftigsten, entging zwar der Pascha, doch vermochte er nicht jedem Anpralle zu widerstehen. Hätte ihn der breite hölzerne Sitz nicht einiger Maßen geschützt, so wäre in jener Nacht kein Glied an seinem Leibe ganz geblieben.

Und doch zog kein Gedanke der Reue durch die Seele des unbußfertigen Sünders!

Allmälig schwand jedoch seine Kraft, seine verstauchten Füße versagten ihm den Dienst, er hatte Mühe, sich überhaupt noch länger auf seinem Sitze zu erhalten, als ein neuer überaus heftiger Windstoß das lebendige Spielzeug erfaßte und es fast bis an den Uferrand emporschleuderte. Im Rücksturze blieb Jussuw's Sitz an irgend einem Gegenstande hängen, und um ein Haar wäre er herausgefallen. Wild fuhr er mit den Händen in der Luft herum, unwillkürlich nach einer Stütze tastend, und siehe da, sie erfaßten eine starke Klammer, die in das Mauerwerk eingeschlagen und zweifelsohne zur Herstellung des Gerüstes benützt worden war. Der Pascha packte die hilfreiche Klammer mit krampfhaft schließenden Fingern, er ließ sie nicht wieder los, er hätte sie mit den Zähnen festgehalten, falls seine Hände daran erlahmt wären. Sie erlahmten zum Glücke nicht, diese Hände; Verzweiflung und Todesangst verliehen dem Bluttrinker eine Stärke und Ausdauer, die er sich selbst nimmer zugetraut hätte; auch war er ja der allerschlimmsten Furcht ledig geworden, der Furcht von den wüthigen Windstößen an den Basaltsteinen zerschmettert zu werden.

Die Gewalt des Sturmes war endlich erschöpft.

Tiefe Stille folgte, bald auch blaute der Himmel heiter und rein. Jussuw hätte ohne seine schmerzenden Glieder die ganze Schreckensszene für einen bösen, schweren Traum gehalten. Seine Knie waren jedoch wund, und er fühlte, wie sein Blut warm an den Waden herablief. Das war aber noch zu ertragen! Schlimmer litt er durch den Frost, der ihn bald nach dem Schweigen des Sturmes immer eisiger zu durchschauern begann. Hatte ihn früher die Angst wie ein Espenlaub geschüttelt, so zitterte er jetzt am ganzen Leibe vor peinigender Kälte. Seine Zähne klapperten an einander, und bald war er so erstarrt, daß er sich nicht länger an der schirmenden Klammer festzuhalten vermochte. Ohne daß er es zu hindern vermochte, entglitt diese Klammer seinen eiskalten Fingern, und Jussuw sank mit seinem Sitze in die frühere Lage zurück. Da hing er nun wieder unbeweglich, denn der Sturm hatte gänzlich aufgehört. Von dem Orkan hatte Jussuw nichts mehr zu befürchten, so wenig als von einem etwaigen Nachlassen oder Reißen der Seile. Die stürmischen Stunden hatten ihre Festigkeit hinlänglich bewährt. Dagegen machte der Frost seine Herrschaft geltend. Eine qualvolle Betäubung, eine unwiderstehliche Schlafsucht befiel den Vezier. Hinter ihr stand — der Tod des Erfrierens!

Und doch durchzog kein Gedanke der Reue die Seele des unbußfertigen Sünders.

Er dachte nur, wie er am Morgen, falls er gerettet würde, am grausamsten strafen und foltern könne. Besatzung, Dienerschaft, vielleicht selbst die Rajas in den nahen Bergen sollten die ganze Strenge und Wucht seines Zornes und Ingrimmes empfinden. Und er graute endlich, dieser Morgen! Eine frühzeitig aufbrechende Patrouille, welche aus Besorgniß, der Pascha könne endlich heimkehren, noch lange bevor, ehe es in Osten dämmerte, als lebendiger Beleg unausgesetzter Wachsamkeit ausgesendet worden, entdeckte bei dem Scheine der mitgenommenen Fackeln durch einen glücklichen Zufall die entsetzliche Lage des verunglückten Despoten. Jussuw ward halbtodt nach dem Raubneste getragen, erholte sich langsam, und hatte kaum so viel Kraft, die nöthigen Befehle bezüglich seines Todfeindes und der weißen Rose zu geben. Man drang durch den vordern Gang in das Erkergemach.

Lascaris und sein Weib waren verschwunden.

Silberne Drina, was machte deine Wogen so plötzlich in das alte, seit Jahren verlassene Flußbett strömen? Was soll dein Geheimthun? Eine kleine schwatzhafte Welle hat mir ja alles ausgeplaudert und verrathen, was sich in der stürmischen und doch so verschwiegenen Nacht in den nahen Gebirgen zugetragen; ich weiß genau, wie es kam, daß die müden Rajas aus dem Schlafe auffuhren, und hastig und emsig zu dem letzten Durchstich des Dammes schritten.

Auch meine Leser sollen darum wissen!

Es war bald nach dem Einbruche der Nacht, daß zwei männliche Gestalten langsam und vorsichtig nach der Lagerstätte der Rajas geschlichen kamen. Das Ziel ihres nächtigen Wanderganges schien aber nicht das wohlthätig wärmende Bivouakfeuer werden zu wollen, nein sie wandten sich hastig nach dem kleinen Blockhause, darin die türkischen Aufseher bei dem Dammdurchstiche die kalten Stunden der Nacht zuzubringen pflegten. Rasch wurden die sperrenden Riegel und Querstangen vor die Thüre des Blockhauses geschoben, dann pflanzten sich die beiden seltsamen Gesellen als eine Art Schildwache vor den beiden kleinen Fenstern auf, den später schreckhaft auffahrenden Aufsehern mit drohenden Stimmen und vorgestreckten Flinten Schweigen und Ruhe gebietend. Es war Mirra und der überlebende Haiduke, der seine Wunde nothdürftig verbunden.

Bald darauf trat ein riesiger Mann unter die schlummernden Rajas.

Der Mann war bleich wie ein Sterbender, und wies sein Antlitz fast noch weniger Farbe als jenes der schönen Leiche, die er in seinen Armen wiegte. Seine Augen starrten thränenlos in das erlöschende Bivouakfeuer, und es mußte so sein, denn er hätte nur blutige Thränen vergießen können, und all sein Blut war erstarrt im Eise der Verzweiflung. Seltsam, fast zürnend lächelnd betrachtete er die sorglosen Schläfer, als ob er nicht zu begreifen vermöge, wie es noch süßen Schlummer und goldene Träume geben könne auf Erden, nachdem das Entsetzlichste in den irdischen Jammerthalen geschehen und die reizendste Blume hinweg sei aus ihren Fluren. Darauf feuerte er grollend eine Pistole ab.

Die Rajas fuhren entsetzt aus dem Schlafe auf.

„Kennt ihr mich?" frug der riesige Mann mit donnernder Stimme.

Die Bosniaken neigten bejahend, wenn gleich staunend ihr verwundertes Haupt.

„Wißt ihr, weshalb Buk-Lascaris noch einmal zu seinen Kindern gekommen?"

Ein verneinendes Kopfschütteln gab die stumme Antwort.

„Eure Mutter ist gestorben. Schafft ihr ein stilles verschwiegenes Grab!"

Damit befahl er das Bivouakfeuer neu anzufachen und wies den schmerzlich aufjammernden Rajas bei dem grellen Scheine der Flammen die letzten sterblichen Ueberreste der allgeliebten weißen Rose von Serajevo. Leises Schluchzen scholl durch die nächtige Stille.

„Ja, eure schöne Mutter," fuhr Lascaris fort, „ist eingegangen zu dem Frieden des Herrn, und ein geheimes, weltverborgenes Grab verblieb. Alles, was sie noch zu erbitten hat von ihren Kindern, die sie in ihrem Leben so sorgsam und zärtlich betraute. Man hat mir, als sie hierher zog, erzählt, daß man in dem alten Flußbette der Drina ein altes Grab aus längst verschollenen Tagen aufgefunden habe. Es sollen daraus die letzten Ueberreste eines seltsam geharnischten riesigen Mannes zu Tage gefördert und nach jenem türkischen Raubneste geschafft worden sein. Ein Grab in dem Flußbette eines reißenden Stromes war ja die gewöhnliche Ruhestätte für die Helden der Vorzeit! Ist dem so, wie ich eben sagte?"

Ein alter Bosniake bestätigte die Wahrheit der Angabe.

Der Abenteurer schritt mit Gülnaren's Leiche lautlos dem alten Flußbette der Drina zu. Die Rajas folgten, welche mit Fackeln versehen, andere mit Spaten und Schaufeln bewehrt. Bald fand man die geheimnißvolle Ruhestätte, aus einer längst verschollenen Zeit herstammend. Lascaris ließ das Grab genau besichtigen, von allen Seiten beleuchten. Es war an zwanzig Fuß tief, neun Fuß lang und fast eben so breit. Uraltes und doch noch wohl erhaltenes Mauerwerk in der Grube zeugte von der Umsicht, Sachkenntniß und Dauerhaftigkeit, mit der man in vergangenen Tagen die letzte Behausung großer Männer zu wölben pflegte. Eine riesige Platte von Eichenholz mit Eisenblech beschlagen hatte weiland, etwa in der halben Tiefe auf dem daselbst ringsum einen Fuß breit vorspringenden Gemäuer ruhend, als Sargdeckel gedient. Diese Platte lag noch jetzt an dem Rande des mächtigen Hünengrabes. Lascaris befahl sie auf Hebel zu lagern und an gewaltige Stricke zu befestigen.

Dann ließ er sich mit der Leiche in das Grab hinabgleiten.

Es war rührend anzuschauen, mit welcher sorgsamen Aufmerksamkeit der rauhe Krieger den Grund der Gruft betastete, um die trockenste Stelle aufzufinden, mit welcher Treue der Mann der Fehde und des Blutes den frommen Dienst eines Leichenbestatters zu verrichten strebte. Kein Auge blieb trocken, als er zuerst mehre köstliche aus der Erkerstube mitgenommene Zobelpelze ausbreitete, aus einem türkischen Shwal ein weiches Kopfkissen ballte, und endlich die erkaltete Schönheit mit zitternden Händen auf ihr letztes irdisches Lager pfühlte. Viele der Bosniaken wandten sich schmerzhaft und laut aufschluchzend zur Seite, als der ernste Mann sein erstarrtes reizendes Weib noch einmal an den verblichenen Mund küßte, mit seinem Handschar eine Locke von dem Haupte der Leiche schnitt und dann das letzte Pelzwerk auf seinen entseelten Antheil Himmel niederrauschen ließ. Der ver=

lassene Gatte allein schien verlernt zu haben, wie ein Menschen=
auge weint.

Man zog Lascaris an einem Seil aus dem Grabe.

Dann wurde auf sein Geheiß die riesige Platte langsam und
vorsichtig hinabgelassen. Der kreideweiße Mann griff lautlos nach
einer Scholle Erde. Ein krampfhaftes Zittern ging durch seine her=
kulischen Glieder, aber er übermeisterte sich mit übermenschlicher
Anstrengung, und die Felsen umher lagen nicht ruhiger als seine
Hand herabhing am Leibe, nachdem er die erste Scholle in das Grab
Gülnarens hinabgeschleudert. Bald war die Gruft bis an den Rand
mit Flußsand, Steinen und kleinen Felsblöcken vollgestaut. Ein
paar Rajas hatten mittlerweile ein kunstloses Kreuz aus Eichenholz
gefertigt. Lascaris trieb es mit riesiger Kraft bis an beide Arme
in das Grab hinein. Dann wurde die bergende Schichte nach Mög=
lichkeit festgestampft. Der Witwer selbst handhabte die Stampfe mit
staunenswerther Stärke und Ausdauer.

„Alle Schaufeln an den Durchstich!"

Also befahl der Abenteurer hierauf mit fester Stimme. Die
Bosniaken gehorchten mit demüthiger Eile. Eine Stunde verstrich
unter rastloser angestrengter Arbeit. Lascaris, der selbst eine Schau=
fel führte, schien Bärenmark in den Knochen zu fühlen. Er grub für
ein Dutzend fleißiger und starker Männer. Endlich gelangte man an
die letzte hemmende Schichte des natürlichen Dammes.

„Zurück, wer sein Leben liebt!" rief der leidtragende Mann.

Alles stürmte in scheuer Hast hinweg. Eine kurze schweigsame
Pause! Dann gab es ein prachtvoll furchtbares Schauspiel zu
schauen. Die silbernen Wogen der Drina durchbrachen allmälig die
letzte absperrende Schichte. Ein donnerndes Aufschäumen, ein selt=
samer gurgelnder Laut, dann stürzte sich das wildbrandende Ge=
wässer in zügellosem Lauf in sein altes Flußbett. Der Fall war so
gewaltig, als ob ein Katarakt, durch einen Zauberschlag aus einem
steilen Felsenblocke hervorgebannt, sich wirbelnd und brausend von
einer unermeßlichen Höhe in die Tiefe wälze. Bald verdeckten die
schäumenden Wogen des alten Grenzflusses von Bosnien und Ser=
bien die riesige Gruft, darin die weiße Rose von Serajevo für
immer ausruhte von den rauhen und unabwendbaren Stürmen des
Lebens.

„Kniet nieder zum Gebete!"

Also rief Lascaris seinen Glaubensbrüdern zu. Alle Anwesen=

ben, auch Mirra, der sich von einem Raja von der Wache am Block=
haus ablösen hatte lassen, sanken am Ufer der Drina betend in die
Knie nieder. Der Abenteurer stimmte das Vaterunser an. Seine
Stimme schwankte und zitterte, als er bei dieser frommen sieben=
fachen Bitte, zum ersten Male laut geworden am See Tiberias, an
die Stelle kam, die da lautet:

„Kako i mi odpustimo dužnikom našim!"
— „Also auch wir vergeben unsern Schuldigern!" —
Mirra schwieg gänzlich bei dieser Stelle.

Lascaris warf dem Zigeuner einen halb vorwurfsvollen, halb
dankbaren Blick zu, dann betete er das Vaterunser wehmüthig wei=
ter und schloß mit einem lauten dreimal wiederholten Amen. Alles
erhob sich. Er dankte den Rajas mit gerührter Stimme, wie
es Leidtragende in den südslavischen Landen zu halten pflegen,
sobald ein schmerzhaftes Begräbniß endlich vorübergegangen.
Dann starrte er noch einmal mit einem unbeschreiblichen Blicke nach
den Fluthen der Drina nieder, und verließ hierauf thränenlos, wie
er gekommen, die Schaustätte seines tiefsten Schmerzes im Leben.
Mirra und der Haiduke eilten schweigsam wie ihr Gebieter in die
schirmenden Schluchten der Berge. Bald darauf knallten an zwan=
zig Flintenschüsse. Die Rajas hatten sich zuerst von den gefangenen
Aufsehern die Gewehre ausliefern lassen, und dann diese ihre ver=
haßten Peiniger Stück für Stück ohne Barmherzigkeit niederge=
schossen, sich gleichzeitig nach allen Strichen der Windrose zerstreuend.
Kein türkischer Mund wußte foran kundzugeben, wo der Stolz und
die Blüthe weiblicher bosnischer Schönheit bestattet worden sei.

Schlummre sanft weiße Rose von Serajevo!

In derselben Nacht ergab sich auch in der Nachbarschaft der
Hauptstadt von Bosnien eine schauerliche Szene. Der Schauplatz
der Handlung war der türkische Begräbnißplatz bei Serajevo, gleich
allen Gottesäckern im Morgenlande reich geschmückt mit Monumen=
ten, Moscheen, Turbans und wie alle die hundert Verzierungen
heißen mögen, mit welchen islamitischer Glaube oder Aberglaube
die Wohnstätte der Todten zu umgeben liebt. Tiefe Stille und Fin=
sterniß herrschte innerhalb seiner Umfriedung, nur aus einem kleinen
Gebäude an seinem Ausgange fiel ein heller Lichtschimmer, und
zeitweilig schollen unverständliche Worte durch die Fensterscheiben,
Worte in jenem näselnden Tone gesprochen, in welchem ein er=
grauter türkischer Lehrer seinen die Füße über einander kreuzenden

und sich wie Fledermäuse zusammendrängenden kleinen Schülern die Suren oder Kapitel des Koran vorzusagen oder vielmehr vorzuplärren pflegt. Auch hielt der Eigenthümer der näselnden Stimme ein langes Pfeifenrohr in der Hand, das gewöhnliche Werkzeug, mit welchen ein türkischer Professor seine unachtsamen Rangen durchbläut.

Es ward auch wirklich Unterricht in diesem Gebäude ertheilt, Unterricht seltsamer Art.

Wenigstens trifft man gewöhnlich auf türkischen Friedhöfen nicht häufig auf eine derartige Lehrkanzel. Das Gebäude, früher die Behausung des Todtengräbers, war nämlich zu einem anatomischen Theater umgestaltet worden. Es geschah auf das Bittgesuch des Knaben Pawel, dessen Geschicklichkeit im Amputiren bereits manchen alten muhamedanischen Feldscherer in Erstaunen gesetzt hatte, und der sich in diesem unheimlichen Sezirsaal noch weiter in seinen anatomischen Kenntnissen auszubilden gedachte. An Leichen war in der damaligen Zeit kein Mangel, und so fehlte es dem kleinen Jünger Aeskulaps nie an Beschäftigung in seinem schauerlichen Berufe. Was aber wählte er die Mitternacht, diese verrufene Spanne Zeit zur Ausübung und Vervollkommnung seiner Kunstfertigkeit? Angeblich um das Vorurtheil der Islamiten zu schonen, die das Herumwühlen und Herumschneiden in menschlichen Kadavern als eine Leichenschändung betrachten, in Wahrheit aber nur, um sein spärliches Auditorium den Blicken neugieriger Spaziergänger oder frommer Beter nicht unnöthiger Weise blos zu stellen.

Dieses bunt gemischte Auditorium zählte drei Schüler.

Der eine war Pawel's gleichfalls beschnittener Bruder Mile, der zweite Knabe hieß Benoni, und wir kennen ihn noch von der Behausung des Flüsterers her, der dritte Jünger in diesem Bunde endlich gehörte zu dem weiblichen Geschlechte und lautete sein Name: Patila. Nicht wahr, ein sonderbares Kleeblatt Zuhörerschaft, zusammengesetzt aus einem unfreiwilligen Muhamedaner, einem gottesfürchtigen Hebräer und einer strenggläubigen Christin! Was aber um des Himmels willen konnte diese drei Kinder veranlassen, in ihrem zarten Alter Anatomie zu betreiben?

Kommt Zeit, kommt Aufklärung!

Was aber auch immer Veranlassung zu diesem ungewöhnlichen Studium in zarter Kindheit gegeben haben mochte, so viel stand fest, daß es von Seite der Kleinen mit einem Eifer und Fleiß betrieben ward, der so manchen herangewachsenen Hörer der Anatomie auf unsern abendländischen Hochschulen beschämt haben dürfte. Auch in jener Nacht ward an drei abgesonderten Tischen des anatomischen Theaters mit großer Emsigkeit und sichtbarer Lust zur Wissenschaft gearbeitet und herumgeschnitten. Auf dem einen Tische lag ein menschlicher Arm, an dessen Hand der Knabe Benoni seine Kunstfertigkeit erprobte.

„Barikallah! Wohlgethan! Gott ist groß!"

Diese lobenden, im Style eines wirklichen türkischen Lehrers gehaltenen Worte stieß Pawel gravitätisch heraus, als er mit seinem Pfeifenrohre dozirend herumwandelte und endlich auf diesem Spaziergange bei dem Judenknaben Benoni still hielt, und dessen Leistung im Fache der Amputation mit der Miene eines vollendeten Operateurs prüfte und musterte. An einer längern Tafel mühte sich der kleine Mile in blitzschnellen Schnitten und zwar an dem gesammten Rumpfe einer männlichen Leiche. Auch der unfreiwillige Muhamedaner erntete, als sein Werk gethan war, reichlichen Beifall von Seite seines Bruders und Meisters. Rief doch der kleine Beschnittene bei näherer Besichtigung mit spottendem Tone:

„Affiat ler alfum!" — Zur Gesundheit! —

Er wollte offenbar damit andeuten, so wohl solle es in Bälde einem andern Rumpfe bekommen, dem der Kopf noch fest zwischen den Schultern säße und dessen Hände und Beine sich noch des Lebens, der vollsten Beweglichkeit erfreuten. Selbst die schweigsame Patila leistete mit Hilfe des bei Blinden so ausgebildeten und feinen Tastsinnes Lobenswerthes und Verdienstliches auf der anatomischen Bühne. Sie arbeitete mit sanften und gewandten Händen an einem menschlichen Haupte herum, und Pawel rief nach vorgenommener Prüfung fast verwundert aus:

„Duwlet ikbalileh!" — Mit dem Glück eines Fürsten! —

Hierauf hieß er seine Schüler zusammentreten und sprach dann, wie folgt:

„Eure Lehrzeit ist um! Ihr wißt, was ihr zu leisten habt, versteht auch euern Dienst meisterlich zu versehen. Bald naht die Zeit, wo wir scheinbar als Schüler des großen Avicenna, in Wahrheit aber als Ulema's oder Rechtsvollstrecker vor den Augen der Gottheit das Werk der Bestrafung und Vergeltung zu üben haben werden. Bis dahin seid verschwiegen und wachsam, auf daß kein böser Zufall den Bund der Kleinen löse und so die Gebote vollgiltiger Rache noch im Vollzuge vereitle! Du Patila folgst mir in wenigen Tagen nach der serbischen Grenze. Der Himmel sei gelobt und gepriesen, daß er dich des neu geschenkten Augenlichtes berauben ließ! Für die Blinde ist es ja dort sonnenheller Tag, wo wir sehenden, scheinbar glücklichen Menschenkinder herumwanken in Nacht und Finsterniß!"

Es lag viel Würde und Pathos in den Worten des Knaben.

Unglück und Kummer machen ja den Geist frühzeitig reifen! Die Schüler versprachen dem Meister pünktlichen Gehorsam, dankten ihm nochmals für seine Mühe und Geduld, und entfernten sich dann, wie Gespenster in der dunkler Nacht verschwindend, mit geräuschlosen Schritten. Pawel verlöschte die Ampel, welche das anatomische Theater erleuchtete, und schlich nunmehr gleichfalls behutsam nach Serajevo.

Jussuw hielt, was er sich auf seinem luftigen Sitze gelobt hatte.

Die Dienerschaft in dem alten Raubneste empfing fast durchgehends die Bastonade, die Garnison wurde buchstäblich dezimirt; nur an den entflohenen Rajas konnte der Unmensch sein Müthchen nicht kühlen, desto besser aber unterhielt sich der Pascha, wenn ihm der weitere Verlauf des Gebirgskrieges ein paar Gefangene oder ein zwischen den Bergen aus dem Stegreife gezimmertes Stück Dorf in die Hände lieferte. So manches Schreckensdrama aus den unheilvollen Schauertagen an der Bosna erlebte eine neue noch blutigere Auflage. Die Grausamkeit Jussuws ward sprichwörtlich in allen Landen der europäischen Türkei. Endlich fanden sich die christlichen Großmächte bewogen, energisch gegen das Treiben des Wüthrichs bei dem Divan zu Stambul einzuschreiten. Ein Ferman des Großsultan entsetzte den Vezier von Bosnien einstweilen seiner Herrschaft, eine Untersuchung der jüngsten Vorgänge ward angeordnet, und unser alter Bekannter Ali, schon früher zum Miri=Alai, zu deutsch zum Obristen ernannt, nunmehr zum Miri=Liva oder Brigadegeneral befördert, erhielt für die Dauer jener Untersuchung den Oberbefehl in Bosnien. Ali's Klugheit, Mäßigung und Menschlichkeit trug viel zur Beschwichtigung der empörten Gemüther bei, bewog tausende von Flüchtlingen von den Bergen herabzusteigen und machte so das kleine Häuflein, an dessen Spitze Lascaris sich noch immer mit den Türken herumschlug, mit jedem Tage dahinschmelzen an Zahl und Kampflust.

Jussuw schäumte wie ein angeschossener Eber, als er Kunde

von dem Ferman erhalten. Gegen den gemessenen Befehl des Padischah ließ sich aber nicht ankämpfen, zumal der neue Befehlshaber Haare auf den Zähnen hatte, und die Zahl der wirklichen Anhänger des Pascha in Folge seiner Härte und Grausamkeit schon lange auf Null herabgesunken war. Der entthronte Machthaber kam nur, wenn seine Gegenwart bei der Untersuchung dringend Noth that, nach Travnik, sonst hauste er für alle Welt unzugänglich in dem Bollwerke an der bosnisch serbischen Grenze. Wie oft verunglückte bleiche Menschen durch Tage um eine Brandstätte herumwanken und die Schauerstelle nicht verlassen wollen, wo all ihr irdisches Heil ein Raub der Flammen wurde, so trieb es den Pascha nach dem Raubneste, darin er einst die Houri seiner Träume und das Paradies der Wollust geborgen wähnte. Die stille Erkerstube ward zu seinem Schlafgemach, die reiche Ottomane, darauf Gülnare den Martyrtod des Hungers starb, diente dem Bluttrinker als Lagerstätte. Er konnte die rührende Schönheit nicht vergessen.

Die Weissagung der Rose von Serajevo war buchstäblich eingetroffen.

Jussuw verdarb an den Reizen dieser weißen Blume, der Mann des Grauens und des Blutes verschmachtete an vergeblicher Liebesbrunst. Ja, jene Rose wahrhaft weiblicher Anmuth und übermenschlicher Schönheit bereitete ihrem Mörder ein qualvolles langsames Sterben, ihr Duft, die Erinnerung ward zum Gifte, an dem er allmälig verkümmerte! Seine Diener sahen ihn oft lange Tage mit keinem Auge. Alle Gerichte wurden ihm durch seine Leibdiener Pawel und Mile gereicht, die in einer von den übrigen Gemächern abgesperrten Vorderstube hausten, hart an dem Gange, der nach dem bewußten Erkersaale führte. Dort verträumte der Pascha die Zeit von Sonnenaufgang bis zum Einbruch der Abenddämmerung oder der Nacht. Dann erhob sich Jussuw von der Ottomane und langte nach seinen Waffen. Die Knaben erschienen mit Pechfakeln und hinab ging es in die unterirdische Felsenhöhle. Dort ward jeder Winkel, jede Krümmung beleuchtet und untersucht, ob sich nichts Verdächtiges rege, dann hieß es die Riegel und Schlösser an dem unterirdischen Eingange untersuchen, worauf sich der Wütherich abermals in die Erkerstube zurückbegab, die Tafel bestellen ließ und mittlerweile den Fallboden durch einen gewaltigen Riegel außer Dienst setzte. Dann mußten ihn die Kleinen entkleiden und sich in ihr Gemach zurückziehen. Auch dies wie die Thüre aus dem Gange

verriegelte Jussuw nunmehr mit eigenen Händen. Vor allen Nach=
stellungen sicher begann er schließlich sein nächtiges Tagewerk. Er
hatte sich dem gefährlichen Genusse ergeben, dessen berauschende
Wirkung schwelgerische Muselmänner in den letzten Himmel der
Freude zu verzaubern pflegt.

Jussuw war ein Theriaki, ein Opiumesser geworden.

Einige Wochen nach den früher erzählten Vorgängen war die
unterirdische Hölle auch am Tage grell beleuchtet. Der Pascha befand
sich seit ein paar Tagen in Travnik, und Pawel benützte die kurze
Zeitfrist, um seiner gelehrigen Schülerin Patila einen neuen ander=
weitigen Unterricht zu ertheilen. Das kluge Mädchen wußte großen
Nutzen daraus zu ziehen, und schon nach der vierten oder fünften
Stunde erklärte der Lehrer, es sei Zeit zur letzten Prüfung zu
schreiten. Diese Prüfung ging folgender Maßen vor sich. Zuerst
mußte die blinde Patila den früher an Pawel's Hand zurückgelegten
labyrinthischen Weg von dem unterirdischen Eingang der Felsenhöhle
bis zur Versenkung ohne Beihilfe des Führers beschreiten. Sie that
es mit einer Sicherheit, welche den Knaben in beifälliges Erstaunen
versetzte.

„Weißt du auch deinen Schlupfwinkel zu finden?" frug Pawel.

Statt aller Antwort schritt die Blinde zu einer abgelegenen
Stelle der Höhle, drückte daselbst an einen künstlich eingefügten
Stein, schob ihn hervor, und setzte ihn, nachdem sie in eine von ihm
verdeckte kleine Felsenvertiefung gekrochen war, von innen wieder so
sorgfältig ein, daß auch das geübteste Auge bei dem hellsten Fackel=
schein nicht die mindeste Spur von dem geheimen Verstecke aufzu=
finden vermochte.

Patila kam wieder hervor.

„Nun an die Thüre!" befahl ihr kleiner Meister.

Das Mädchen begab sich an den unterirdischen Zugang und
wußte die Schlüssel und Riegel desselben so geschickt und geräusch=
los zu handhaben, daß Pawel auch hier seine vollste Zufriedenheit
zu erkennen gab. Nunmehr eilten die Kinder an die Versenkung.
Patila wand beide empor. In dem Erkergemache angelangt, streckte
sich Pawel wie schlafend auf die weiche Ottomane, ein Schlüssel=
bund hinter seinem Kopfkissen bergend. Patila umging, wie es ihr
früher an der Hand des Führers gezeigt worden, die Lagerstätte
und entwendete dann die Schlüssel mit so sanfter Hand, daß selbst
der wachende Knabe nicht die mindeste Bewegung des Kissens ver=

spürte. Schließlich öffnete die Blinde die Thüren, die in den Gang wie in die Wohnstube Pawel's und Mile's führten.

„Wie steht es," frug der kleine Lehrer, „mit unserm vierten Bundesgenossen?"

„Er liegt auf der Lauer."

„Ist er auch verläßlich?"

„Ich kann dir nichts weiter sagen, als daß es Mirra der Zigeuner, der Liebling des tapfern Buk=Lascaris ist. Er war immer ein treuer Diener der welken Rose von Serajevo. Möge der Allmächtige diese holde Blume gnädig vor seine Brust gesteckt haben!"

„Somit wäre Alles vorbereitet!"

„Ich höre sie bereits schlagen, die Stunde der Vergeltung!" antwortete Patila im Scheiden.

Die Behme der Kleinen war im vollen Gange.

Der geächtete Mann kehrte arglos von Travnik nach seinem Felsenneste heim. Es war noch in den Nachmittagsstunden, daß er in den Schloßhof ritt. Sein Blick hing später von den Fenstern des Erkergemaches aus grollend an der Spenderin des Lichtes, an der allverehrten Sonne. Ach, Jussuw schien kein Behagen an dem glänzenden Anblicke zu finden. Er hielt es als echter Muhamedaner mit den Gestirnen der Nacht, und konnte es daher kaum erwarten, daß der bleiche Halbmond am Himmel heraufgezogen komme. Die Sehnsucht des Pascha nach dem Genusse des Opiums und dessen bezaubernden Gebilden wuchs in Folge der mehrtägigen Entbehrung zum brennendsten, rasendsten Gelüste heran.

Endlich brach die Nacht herein.

Jussuw rief nach den beiden Knaben. Beide erschienen mit Fackeln in der Hand. Pawel benützte den Augenblick, als der Pascha zu seinen an der Wand hängenden Waffen schritt, und ihm den Rücken kehrte, um auf den Fallboden zu treten und geräuschlos zu versinken; dann eilte er wie von den Flügeln des Sturmwindes getragen nach dem äußern Zugange der unterirdischen Felsenhöhle. Mile wand mittlerweile die Versenkung langsam, mit sichtbarem Zögern, ja mit auffallender Saumseligkeit nach dem Erkergemache empor.

„Wo ist dein Bruder Feldscherer?" frug Jussuw sich waffnend.

„Er ist bereits zur Besichtigung der Höhle hinabgeeilt."

„Als ob ich fremden Augen traute?!"

Nach diesem Ausrufe begab sich auch der Vezier mit Mile auf

den Fallboden und ließ sich dann haftig in das felfige Labyrinth hinabgleiten. Zum Glücke ließ sich dasselbe nicht mit einem Blicke überschauen, sonst hätte der Pascha gewahren müssen, wie eine weiß gekleidete Gestalt an dem künstlich eingefügten Steine an dem früher erwähnten Schlupfwinkel Patila's drückte, ihn dann hervorschob, und denselben schließlich, als sie in die verborgene Felsenvertiefung gelangt war, so sorgfältig wieder einsetzte, daß selbst das geübte Auge Juſſuw's später bei dem hellen Lichte zweier Fackeln auch nicht die mindeste Spur des Versteckes aufzufinden vermochte. Die Rekognoscirung der Gänge und Krümmungen der Felsenhöhle führte daher auf keine bedrohliche Fährte. Der Bluttrinker verschloß den äußern Zugang mit eigener Hand und kehrte dann, den schweren Schlüsselbund schwingend und behaglich schmunzelnd, mit den beiden Knaben nach der Versenkung zurück.

„Barik allah," rief er, „wohlgethan! Gott ist groß!"

Pawel lächelte seltsam, als er dieselben Worte, die er in dem anatomischen Theater gesprochen, von den Lippen des geächteten Mannes wiederholen hörte. In dem Erkergemache angelangt, schob Juſſuw einen wuchtigen und spitzigen Riegel durch die Klammern des Fallbodens, während die Knaben eine mildschimmernde Ampel entzündeten und dann ihre Fackeln verlöschten. Pawel beschickte nun die Tafel seines Gebieters, während Mile dem Pascha die Waffen abnahm und dem Bluttrinker bei dem Ablegen seiner Obergewande behilflich war. Der schlaue letztgenannte Knabe wußte dabei fortwährend Grund und Gelegenheit zu finden, nach dem Fallboden zu gelangen und daselbst mit seinem Fuße an dem wuchtigen und spitzigen Riegel zu schieben. Das Eisen drang tief in das Fleisch ein und eine Blutlache bezeichnete die weitern Schritte des Kindes; aber der Kleine verzog keine Miene und endlich flog ein triumphirendes Lächeln über sein Antlitz.

Der Riegel war zurückgeschoben.

„Was hast du, Mile?" frug der Vezier die Blutspuren gewahrend.

„Ich habe mir heute auf der Treppe den Fuß blutig gestoßen."

„Hüte dich, meine Teppiche zu besudeln," antwortete Juſſuw, „es könnte dich die Bastonade kosten!"

Pawel kam mit den Vorbereitungen zum Imbisse zu Ende.

„Affiat ler alsum!" — Zur Gesundheit! —

30*

Also sprach er, auf die mit den auserlesensten Gerichten und Getränken besetzte Tafel weisend.

„Ja heute," sprach der Pascha, „will ich endlich einmal wieder herrlich schwelgen, himmlisch träumen!"

„Duwlet ik balileh!" — Mit dem Glücke eines Fürsten! —

Es lag boshafte Schadenfreude in dem Tone, mit welchem Pawel diese seine dritte Redensart noch von der anatomischen Bühne her wiederholte. Hierauf entfernten sich die Knaben mit einem Kniefalle. Jussuw sperrte die Thüren nach dem Gange wie nach der Wohnstube der Kinder ab.

„Endlich sind sie fort," begann er, „die überlästigen Zeugen!"

Dann kostete er ein paar Bissen von den auserlesenen Gerichten, nippte auch ein wenig von den Getränken. Bald aber griff er nach einer kleinen Vase, die mit Pillen aus Opium gefüllt war, verschlang vier Stücke derselben größer als Oliven, trank ein Glas Wasser darauf, und lauschte dann, sich auf die weiche Ottomane hinstreckend, der ersehnten Verzückung entgegen. Eine Stunde verlief ihm langsam wie eine halbe Ewigkeit, endlich aber stellten sich die Vorboten des eigentlichen Genusses, entzückende, traumhaft schöne Gebilde ein.

„Nun werde ich dich," flüsterte Jussuw, „wieder brechen, weiße Rose von Serajevo! Ja schmücke dich nur stolzes Weib! All deine Sprödigkeit wird zur buhlerischen Zärtlichkeit. Ei, wie du frech zu küssen verstehst?! Deine Arme schlingen sich als Fesseln der Liebe um meinen Nacken! In brünstiger Wonne schlägt dein Herz an meiner Brust! Mein bist du, Gülnare, ewig mein!"

Die Stimme des Pascha's erstarb, dann begann eine stumme Szene voll wundervoller Geberden, endlich ging diese wollüstige Pantomime in ein dumpfes thierisches Heulen über. Vier bis fünf Stunden währte das geträumte Liebesglück, dann wich die scheinbare herkulische Mannheit dem welkesten Unvermögen. Den Beschluß machte tiefer Schlaf, eine Art Lähmung des Geistes wie des Körpers; auch stand die Sonne bereits hoch am Himmel, als Jussuw endlich aus seiner Betäubung erwachte, aber sich, seltsam genug, noch immer von den Banden des Schlummers umwunden glaubte. Träumerische Verblendung! Es waren in Wirklichkeit gewaltige Stricke, selbst eiserne Ketten, die ihn wehrlos, ohne Möglichkeit der mindesten Bewegung an seine Lagerstätte fesselten, auf der Ottomane hilflos wie ein Kind festhielten. Endlich gewann das Auge des

Wütherichs seine volle Sehkraft, und starrte verwundert auf die unheimliche Szene, die sich seinem erstaunten, entsetzten Blicke darbot.

Die Vehme der Kleinen wollte beginnen.

Auf einer Tribune saß auf einem erhöhten Schemel der Knabe Pawel in den Staatsgewanden eines Kadi oder türkischen Richters, gegen welche Tracht das Krucifir, das in einem Todtenkopfe auf einer schwarz verhangenen Tafel steckte, wunderlich abstach. Mile und ein Zigeunerknabe lagerten rechts, Patila und Benoni links von dem kleinen Feldscherer. Die Blinde hatte redlich ihre Schuldigkeit geleistet, die Schlüssel dem Berauschten mit sanfter Hand entwendet, und dann zuerst die verschnittenen Knaben, später Mirra und den kleinen Hebräer eingelassen, worauf die Kinder ruhig das Erwachen des Pascha abwarteten, um das strafende Blutgericht über den Sünder zu beginnen.

„Die Stunde der Vergeltung schlägt," sprach Pawel, „an dein Werk Bruder Benoni!"

Damit schritt er mit dem jüdischen Knaben zu der Lagerstätte des vor Zorn schäumenden, laut auffluchenden, fruchtlos nach Hilfe schreienden Beziers. Der Zwingherr von Bosnien war ein wehrloses Spielzeug von vier Kindern geworden! Dieser schmachvolle Gedanke machte den Unmenschen fast rasend. Schaum und Geifer stand an seinem Munde. Doch was half sein Schreien, Toben und Wüthen? Die abgesperrte Lebensweise, die er in letzterer Zeit geführt hatte, ließ jeden Beistand von Seite seiner dienstwilligen Sklaven in den äußern Gemächern als geradezu unmöglich erscheinen. Jussuw ergab sich daher zuletzt schweigend in das rächende Geschick. Er fühlte zum ersten Male seine schwarze Seele erbeben, doch war es nicht die Reue, welche an sein steinernes Herz pochte, nein, unmännliche Verzagtheit, schmähliche Feigheit, was seine Brust hoch, fast athemlos fliegen machte. Er bat, er winselte um Gnade und Barmherzigkeit. Es war vergeblich!

Die Vehme der Kleinen begann.

Benoni schwang eine scharf geschliffene Messerklinge. Jetzt und jetzt meinte der Wütherich werde sie sich einbohren in sein schmerzhaft aufzuckendes Herz. Jussuw, der vor Angst wie ein Kind weinte, irrte sich auch dieses Mal; der jüdische Knabe bemächtigte sich blos seines rechten Armes, ein paar Schnitte, gewandt und sachkundig vollbracht, und das Rachewerk Benoni's war gethan;

Der Pascha von Travnik war um seine rechte Hand gekommen.

Der kleine Hebräer warf sie dem amputirten Despoten hohnlachend vor die Füße.

„Du hast meinem alten Vater," rief er, „grausam die rechte Hand abhauen lassen, weil er ein ohnmächtig zusammenbrechendes Christenweib mit einem Trunke frischen Wassers labte, Jehova hat dich in meine Gewalt gegeben, grausamer Goliath, und der kleine David wußte die Gnade der strafenden Gottheit zu nützen. Wütherich, du wirst fortan keinen Blutbefehl mehr unterschreiben!"

„Du hast mich zwar verstümmeln lassen," fiel Pawel ein, „aber ich danke deinem Golde so manche weise Worte ärztlichen Unterrichtes; es ist daher meine Pflicht dir hülfreich beizuspringen, auch befiehlt das Buch der Bücher feurige Kohlen auf dem Haupte seines Todfeindes zu sammeln."

Damit verband er den Arm des Pascha. Jussuw sank ohnmächtig in die Kissen zurück.

Und wieder stieg die Sonne am Horizonte empor!

Der Pascha verschlang gierig die leichten Nahrungsmittel, die ihm Patila mit mildthätigen Händen reichte. Ein Tag war vergangen. Neue Hoffnung zog in die Seele des Sünders. Vielleicht, daß seine Diener denn doch Verrath witterten, zur Hilfe herbeieilten! Hei, wie wollte er sich dann rächen an den unbarmherzigen Kindern! Er sah sie, selbst unbußfertig wie immer, bereits auf der Folter liegen. Unselige Täuschung! Neuloser Wahn!

Die Behme der Kleinen nahm ihren weitern Verlauf.

Diesmal schritt Mile, von Pawel geleitet und überwacht, an die Ottomane, an den verstümmelten Pascha heran.

„Meine Mutter," sprach der verschnittene Knabe, „ist aus Gram und Verzweiflung gestorben! Die Kinder des gebrochenen Herzens haben eine heilige Schuld an dich abzutragen. Du zwangst mich noch obenbrein auf den Koran zu schwören, aber ich bin im Stillen ein frommer Christ geblieben, deshalb sollst du auch Zeit zur Reue haben, ich mag die Seele nicht gleichzeitig mit dem Leib verderben. Auch die Gottheit ist langmüthig.

Der Kleine zog ein Dolchmesser hervor und beugte sich über den Rumpf des Veziers.

„Gnade! Barmherzigkeit! Schonung!" wimmerte Jussuw.

„Drei dumme Dinge," fuhr Mile fort, „die ich längst vergaß! Ich gebe dir deine eigenen Worte zurück, die du einst in meinem niedergebrannten Heimathsdorfe gesprochen. Du hast mich in die Reihe der heisern Halbmänner, der Eunuchen gestoßen. Werde meinesgleichen!"

Darauf erfolgte die zweite That der Vergeltung.

Der Pascha von Travnik war von einem Kinde entmannt worden.

Pawel rühmte wie früher das Gold Jussuw's, dem er seine Kenntnisse verdanke und stillte die Blutung mit kundiger Hand. Der Wütherich sank aufs Neue in Ohnmacht.

Und abermals graute der Morgen!

Man hatte den Pascha frühzeitig geweckt. Diesmal war es Mirra, welcher den Hungernden speiste, den Durstigen tränkte. Ein zweiter Tag war abgelaufen, am dritten Morgen mußten die Sklaven in den äußern Gemächern aufmerksam werden, und gewaltsam in das abgesperrte Erkergemach zu dringen versuchen. Hei, wie wollte sich Jussuw dann sattsam an seinen Peinigern rächen! Es war noch immer möglich, wenn gleich verstümmelt und geschändet, mit dem Leben davon zu kommen. Also lautete der Gedankengang des verstockten Sünders. Er irrte sehr. Die Langmuth des Allerbarmers war erschöpft. Die Hölle sollte bald um einen Teufel reicher werden.

Die Vehme der Kleinen schritt zum Schlusse des Rachewerkes.

Patila trat mit einer spitzigen Messerklinge an das Lager Jussuw's.

„In der Bibel," stammelte sie, „steht geschrieben, Zahn um Zahn, Glied für Glied, Auge um Auge! Du hast mir grausam den kaum geschenkten Anblick von Gottes schöner Welt geraubt. Auch du sollst nimmermehr ihr heiteres Sonnenlicht, ihre duftigen Blumen schauen!"

Damit stach sie dem Pascha von Travnik die Augen aus.

Pawel labte den geblendeten Sünder.

Und sie stieg herauf Gottes herrliche, wunderthätige Sonne, und Schnee und Eis zerschmolz bei ihrem feurigen Kusse; die Schwalben strichen als Vorboten des nahen Frühjahres zwitschernd durch die Lüfte, und manches liebliche Veilchen streckte sein blaues Köpfchen aus dem feuchten Rasen empor, wie neugierig fragend, ob denn die Zeit zum Blühen und Duften auch wirklich gekommen sei, ob sich der böse Dämon Winter in Wahrheit vor dem blumigen Heiland Lenz in die nordischen Gebirge geflüchtet habe! Auf den fernen Berggipfeln lag und glänzte es wie prachtvolles Demantgestein, die Quellen und Bäume rauschten, und die erwachende Natur warf von Golgatha die Kunde von einem grünern Sein, von neuem Leben in tausend Farben in die Welt hinein. Jussuw aber sollte von all diesem Glanze, von all dieser anmuthigen Herrlichkeit auch nicht den mindesten Schimmer mehr schauen; es war ihm nicht gegönnt fürder zu sehen, wie die Sonne die Blumen am Morgen erweckt und die Kleinen also keck beschaut, daß sie täglich mehr erröthen müssen; wie am Auferstehungstag des Frühlings alle Wälder freudig jauchzen, und im Herbste, wenn ihr schöner Freund entfloh, all ihr grünes Hoffen, ihre Blätter trauernd niederstreuen; wie in heitern, blauen Nächten die Gestirne sich in den Wogen spiegeln gleich verliebten Augen, und die ganze Schöpfung in schweigende Andacht versunken trotz der tiefen Stille so beredsam spricht von der Allmacht und der Gnade Gottes! Ach, diese bunte Märchenwelt blieb ihm für immer verschlossen.

Es sollte noch schlimmer kommen.

Der Todesvogel flog zum zweiten Male in die Erkerstube.

Mirra der Jüngere trat mit einem Handschar bewaffnet an die Ottomane.

„Ich," donnerte er, „habe nicht geschworen! Fromme Herrin, Gülnare, blicke aus deinem lichten Himmel gnädig herab auf deinen treuen Diener Mirra! Die Stunde vollwichtiger Rache schlägt! Fahre zur Hölle, ungläubiger Bluthund!"

Damit trieb er den Handschar in die Brust Jussuw's.

Ein dumpfes Röcheln! Der Pascha von Travnik war nicht mehr.

In diesem Augenblicke hallten schwere Schläge an die Thüre der Wohnstube der beiden verschnittenen Knaben. Der Nachfolger Jussuw's war nach Bosnien gekommen. Man überbrachte dem abgesetzten Wütherich den Befehl zur Abreise nach Stambul. Die Rettung kam wirklich, aber — zu spät! Mirra zog den Handschar aus der Brust des geächteten Mannes, beugte sich über die Kopfkissen, und eilte dann mit einem bluttriefenden Gegenstande, von Benoni begleitet, nach dem Fallboden. Bald hatten beide ihre Flucht durch die unterirdische Felsenhöhle bewerkstelligt.

„Laßt uns," sprach Pawel, „ein Vaterunser für die Seele des Sünders sprechen!"

Die drei Christenkinder knieten betend an der Leiche nieder. Die Thüre der Wohnstube wie des Ganges ging endlich unter den Kolbenstößen der von den Sklaven herbeigerufenen Besatzung des türkischen Raubnestes in Trümmer. Bewaffnetes Volk drang in die Erkerstube.

Patila und die verschnittenen Brüder starben am Marterpfahle.

Letztes Capitel.
Die Verschwisterung.

Eilen wir zu dem einstweiligen Schlusse dieses Buches!

Schüttle dein Haupt nicht verwundert und erstaunt, lieber Leser, über diese Worte; wir haben genau überlegt, was wir oben hinschrieben, ja wir schreiten nicht zu dem letzten Capitel, nein, blos zu der einstweiligen Schlußszene dieser düstern Geschichte. Sollte dieser Roman nämlich eine geneigte Aufnahme bei der deutschen Lesewelt finden, so gedenken wir, vielleicht unter dem Titel „Der Montenegriner in der Heimath", den Freunden und Gönnern Lascaris-Bufs die weitern Abenteuer und Erlebnisse, Irrfahrten und Schicksale, Thaten und Leiden dieses tapfern Abenteurers wie seiner reizenden Schwester in einem neuen Buche zu schildern, zu berichten.

Besaß denn Lascaris eine Schwester?

Ein reizendes Kind noch obendrein!

Wir wissen keine Sterbenssylbe von dieser Schönheit!

Also hören wir die neugierigen Leserinnen bei diesen Zeilen in einiger Verwirrung und Zerstreuung fragen und rufen! Nur Geduld! Ihr kennt jenes reizende Schwesterlein recht wohl, und habt es vielleicht so lieb gewonnen wie die weiße Rose von Serajevo in der Zeit ihrer bräutlichen Blüthe wie in der Stunde ihres frühzeitigen Verwelkens. Auch der Name wird Euch nicht neu, höchstens ein wenig befremdend klingen. Wäre dem aber auch nicht so, so mußten wir im Verlaufe dieses Romanes so viele Leichenzüge schildern, daß wir wohl auch das Recht besitzen dürften, endlich einmal zur Beschreibung einer Taufe oder eines Wiegenfestes zu schreiten. Pathenstelle vertreten ist jedenfalls ein erfreulicheres und rosigeres

Geschäft als die traurige Rolle eines schriftstellerischen Klageweibes, eines dichtenden Leichenbitters.

Doch zur Sache!

In Montenegro pflegt man sich fabelhafte Dinge von einem außerordentlich mächtigen Wasserfalle zu erzählen, der an der Grenze des schwarzen Berges gegen die Herzegowina zu liege, und der nicht nur der berühmteste Katarakt dieses Hochlandes sei, sondern auch Alles überbiete, was man in andern europäischen Reichen, den berühmten Wassersturz bei Schaffhausen in der Schweiz wie bei Trolhätta in Schweden nicht ausgenommen, von dergleichen Naturschauspielen aufzuweisen habe. Das Gewässer stürze aus einer Höhle oben vom Gebirge herab, und zwar im Frühlinge zur Zeit größerer Wasserfülle in solcher Masse, daß diese Höhle einen wahren Strom von flüssigem Silber von sich zu speien scheine. Es käme, behaupten die Schwarzgebirger oder Csernagorazen, mehre hundert Klafter hoch herab, ja man könne es wohl zwanzig Meilen weit im Umkreise rauschen hören, und wenn man nur auf die Gipfel höherer Berge steige, so müßte man es auch auf jeder dieser Wasserscheiden vernehmen. Auch gäbe es einen lebendigen Beleg. Trüge das Wasser doch große Massen von Fischen aus jenem Gebirge herab, auch wäre es die Hauptquelle ihres größten Landesflusses, Csernowize genannt.

Selbst der verstorbene Wladika lebte diesem Glauben.

Er habe, erzählte er oft, einmal im Frühlinge in der Nähe dieses Wasserfalles auf blumigen Wiesen, zu denen der Katarakt herabstürzt, mit den Seinigen bivouakirt. Es möchte ungefähr in der Entfernung einer Miglie von der Cascade selbst gewesen sein, allwo sich jedoch das lärmende Rauschen des Wassersturzes noch so rauschend erwiesen, daß sie nur mit Mühe sich unter einander hätten verständlich machen können. Der Wladika meinte ferner, er habe auf seinen ziemlich umfangreichen Reisen nie selbst einen so majestätischen Wasserfall gesehen, noch auch von einem ähnlichen Katarakte in Europa gehört und gelesen. Er glaubte, daß es mehre Flüsse der Herzegowina wären, die in der Nähe von Nikschitz zusammenliefen, alldort in unterirdische Höhlen und Gänge flutheten und dann auf ein Mal aus der östlichen Oeffnung dieser natürlichen felsigen Abzüge in eines der tiefen Thäler von Montenegro hinabstürzten.

Auch wir müssen uns an diesen Wasserfall verfügen.

Es war im Frühjahre 1844, als sich eine kleine Karawane,

aus der Herzegowina kommend; diesem mächtigen Katarakte mit
großer Eile näherte. Zeitweise Flintenschüsse verkündigten, daß sie
sich den Rückzug **nach dem freien** Gebiete von Montenegro mit be=
waffneter Hand erkämpft und erzwungen habe. Bald auch verriethen
die mehr und mehr anwachsenden, endlich in Unzahl herumliegenden
Steine, daß man sich in Wahrheit auf dem schwarzen Berge, also
in Sicherheit befinde, zumal die Wiera, welche die Türken mit dem
Wladika im vorigen Hochsommer abgeschlossen, noch in voller Wirk=
samkeit herrschte und von beiden Seiten gewissenhafter als gewöhn=
lich beobachtet und eingehalten wurde. Merkwürdig ist es, bei dieser
Gelegenheit sei es gesagt, daß die Montenegriner von der Ent=
stehung der vielen Steine in ihrem Lande ganz dieselbe Mythe
erfunden haben wie die Dänen von **einem** gewissen Geröllbamme
auf einer **ihrer Inseln, und** wie noch andere Völker von ihren hei=
mischen Bergen. Als der Werkmeister der Welt, fabeln die Cserna=
gorazen, umherging dieselbe zu erbauen und mit einem großen Sack
voll Bausteine durch Montenegro kam, da erhielt dieser Sack ein
Loch, und da er es nicht gleich bemerkte, so entschlüpfte ihm hier
eine so große Masse seiner Steine, daß sie noch jetzt das ganze
Land bedecken.

Ja, die Flüchtlinge waren in Wirklichkeit nach Montenegro
gelangt.

Ja, sie fußten endlich auf dessen freien Bergen, deren Name
oder Beiname vielleicht mehr auf die verwünschte, trübselige und
melancholische Rauhigkeit ihres Anblickes als auf die schwarze Farbe
hindeutet, die sich nirgends schauen läßt. Zwar behauptet man, daß
Montenegro wie der deutsche Schwarzwald diese seine Bezeichnung
von seinen ehemaligen dunklen Tannenwäldern empfangen haben
soll, die übrigens längst ausgerodet worden, ja selbst bereits ver=
schwunden waren, als der obige Name während den ersteren mäch=
tigeren Schilderhebungen der Montenegriner gegen die Türken in
Gebrauch und Umlauf zu kommen begann. Man findet ferner in
einigen Theilen von Montenegro noch hie und da einige Tannen=
forste, aber viel häufiger sind die hellen freundlichen Buchenwal=
dungen, nach denen auch ein Stück des Landes die Bucovizza, zu
deutsch das Buchenwaldgebirge genannt wurde. Auch von der Farbe
der Felsen können die schwarzen Berge ihren Namen nicht erhalten
haben, denn dieselbe ist hellgrau wie in ganz Dalmatien, und nir=
gends weisen diese Felsen jene finstere und dunkle Stirne wie sie

etwa manche Basaltgebirge zu zeigen pflegen. Hier ist wohl die bildliche Sprache im Spiele! Es ist ja bekannt, daß die slavischen Bewohner der südöstlichen Halbinsel Europa's, so auch die dortigen Türken, alles Schöne, Liebliche, Milde weiß, alles Wilde, Rauhe, Unheimliche schwarz zu nennen pflegen. Das Land Csernagora und mit ihm auch sein streitbares unbändiges Volk mag daher erst von Außen angeschwärzt worden sein. So kam es zweifelsohne, daß die Skipetaren Montenegro „Mail Zéze", daß es die Albanesen „Mal Iris" und die Türken endlich „Kara Tag" genannt haben, was auch so viel als Schwarzberg oder Schwarzwald heißt.

Doch was lag an dem Ursprung des Namens?!

Genug daß die schwarzen Berge den Flüchtlingen endlich nach mondenlangem Kampfe, nach unerhörter Anstrengung ein sicheres, ruhiges und gastliches Asyl, eine geheiligte Freistätte boten. Die kleine Karawane zählte außer ihrem riesigen Anführer und einer lieblichen Dirne in morlakischer Tracht nicht mehr als zehn bewaffnete, aus vielen und heißen Wunden blutende, gänzlich erschöpfte Männer. Es waren „die letzten Zehn" von der weiland so zahlreichen und gefürchteten Haidukenschaft Bosniens. Nur ihr Führer oder Häuptling schien aus Erz gegossen. Der tapfere Sohn der Wildniß zeigte nämlich allein keine Spur von Ermüdung oder Schwäche. Er hieß aber auch Buk-Lascaris. Der verwegene Abenteurer hatte redlich das Wort eingelöst, das er seinem Volke nach den vorjährigen Weihnachtstagen gegeben. Er hatte gefochten, bis ihm das Schwert am Knaufe abgesprungen war, bis ihm blos der Griff seines Streitkolbens in der Hand verblieb.

Und wer war die liebliche Dirne?

Denkt an Blumen und Bienen, dann wird sich der Name Melissa wohl von selbst über eure Lippen stehlen! Ach, das weiland so reizende Kindeskind des Flüsterers sah bleich und verfallen, dieses liebliche Veilchen war zur dunklen Aster geworden, die gern an Gräbern verweilt und unwillkürlich an das bittere Sterben erinnert! Düster starrte sie vor sich hin, mitunter fiel auch ein vorwurfsvoller Blick aus dem verweinten schwarzen Auge auf Zigan, den zottigen kleinen Hund, der die Karawane lustig und freudig wedelnd umsprang, als wisse er, man sei nun aller Gefahr entronnen und er selbst habe fürder keinen schmerzhaften Säbelhieb zu befürchten. Die trauernde Melissa konnte es seit jenem blutigen Unglückstage gar nicht mehr fassen und begreifen, wie es noch Jubel und Heiterkeit geben könne auf der ganz sicher von Gott verflucht gewordenen Erde.

In trübem Schweigen nahten Alle dem Katarakte.

Schon von Weitem sah man den Dunst des zerstäubenden Wassers gleich einer riesenhaften Rauchsäule gegen Himmel steigen, aber als die Karawane näher herankam, verwandelte sich diese Rauchsäule in den schönsten, prachtvollsten Regenbogen der Welt. Es schien ein aus Millionen farbiger Perlen zusammengesetztes Trostschreiben des Herrn, beruhigend wie jene unvergeßlichen Worte, die einst aus dem siebenfach gebrochenen Sonnenlichte den milden Schiffern in der Arche Noah so deutungsvoll und verheißend entgegenleuchteten. Als Bild des überstandenen Kampfes aber stürzte sich eine ungeheure Wassermasse mit unbeschreiblicher Gewalt von einer fast senkrechten unglaublichen Höhe in einen unermeßlichen Abgrund, also tobend und tosend, daß man ihren Donner allerdings meilenweit vernehmen mußte. Auch sprang, gleichsam als Vorzeichen einer neuen südslavischen Schilderhebung, diese ungeheure Wassermasse, sobald sie den Spiegel unter dem Falle erreicht hatte, abermals bis zu einer großen Höhe in die Luft zurück. Die Oberfläche des Wasserspiegels, bis auf eine große Entfernung mit Schaum bedeckt, blieb sohin einem riesigen kochenden Felsenkessel ähnlich.

Auch die Opfer des Kampfes waren vertreten.

Man schaute nämlich unter dem Falle eine große Menge todter Vögel, Rehe und anderer Thiere, die sich theils zu nahe an den Strom herangewagt haben mochten, und daher durch seine Schnelligkeit mit fortgerissen worden, oder auch theils auf seinen obern Wässern sorglos herumschwammen, bis sie unvermerkt mit in den Abgrund hinabgeschleudert wurden und also umkamen. Auch trieb unter der Unzahl von Bäumen und Stauden, die von der Fluth wirbelnd fortgeschleppt wurden, so manche welke Blume dahin, bei deren Anblick Lascaris sein Haupt verhüllte und in Wehmuth der unvergeßlichen weißen Rose von Serajevo gedachte.

Doch fehlte es dem großartigen Schauspiele bei so viel Schatten auch nicht an trostreichem Lichte.

Ganz oben, nördlich über dem Falle, stand zwar eine Granitwand, die einem verfallenen gothischen Schlosse ähnlich sah und betrübend an das alte Bollwerk Riswan's mahnte; doch war sie von den grünen Ranken des Epheues, dieses Sinnbildes der Treue und Hoffnung also umwuchert, daß man die verstimmende Aehnlich=

keit nur an wenigen Stellen der Aussicht wahrnehmen konnte. Zudem waren die Anhöhen zur rechten und linken Seite mit stämmigen Zwergeichen und prachtvollen Buchen bewachsen, und nur hie und da ragten nackte, schroffe Klippen hervor. Zwischen den Felsenwänden hindurch, über das Bett des Gewässers hin, erblickte man in dem sich öffnenden Thale herrliche Wiesen, durch welche sich die Fluth, sanft rieselnd, gleich einem Silberbande dahinschlängelte; kurz alles vereinigte sich hier zu einem prachtvoll abgerundeten Ganzen: majestätische Bäume, dichte Gesträuche, himmelhohe Felsen, demantfarbiges Geschäume, blaues Gewoge, lachende Thale, ja wohin das Auge blicken mochte, wurde es stets von neuen Schönheiten der Natur geblendet und bezaubert!

Der kleine Zug verhielt unwillkürlich die Zügel seiner Pferde, trotz des tiefen Kummers jedes Einzelnen von dem Wunderreize der wildromantischen Gegend ergriffen, hingerissen. Bald aber flog die alte Wehmuth durch das Antlitz der Leidtragenden. Auf einen Wink des Häuptlings sprang Alles aus dem Sattel. Lascaris löste die Gusla los, die an dem Sattelknopfe des sichern Saumthieres hing, das die süße Last der bleichen Enkelin des Flüsterers zu tragen hatte. Dann trat die trauernde Gruppe an die Wasserscheide des Berges und blickte von der Anhöhe, von der man die letzte Aussicht nach der bereits fern liegenden Heimath genoß, nach Nordosten über die Herzegowina nach dem unglücklichen Bosnien hinüber. Die Frühsonne stand hell und glänzend über beiden Landen. Heiter blaute der Himmel. Es mußte demungeachtet viel Morgenthau gefallen sein, denn das Gesicht der Flüchtlinge, Lascaris ausgenommen, war naß, und als es das Sonnenlicht bestrahlte, glänzte es wie Perlen an jeder Wimper. In dem Gestrippe ließ sich ein trüber Klang vernehmen. War es Zufall, war es eine letzte Trauerstimme aus dem verlorenen Vaterlande? In den Büschen rief nämlich ein Kukuk.

„Kukumene!" — „Wehe mir!" — stammelte Melissa laut aufschluchzend.

Es gibt nämlich Sagen, die unter den verschiedensten Völker aller Zeiten sich wiederholen. Zu diesen zählt die Mähre, wie anhaltend und bitter Klagende in Vögel sind verwandelt worden, die nunmehr auch in veränderter Gestalt ihren Weheruf fortsetzen, bis der endlose Jammer ihnen die Brust zersprengt. Hier begegnet sich Alterthum und jüngere Mythe, Süden und Norden, Ost und West.

Auch im Volksglauben der Serben und ihrer Stammverwandten hat dies Allgemeingefühl Gestalt gewonnen in der Sage von dem Mädchen, das aus übermäßiger Klage um ihren verlorenen Bruder in einen Kukuk — Kukavilza — verwandelt worden, weshalb noch heute kein südslavisches Mädchen, welches einen ähnlichen Verlust erlitten hat, ohne Jammergefühl den Kukuk rufen hört. Die häufig auf den Grabkreuzen der Montenegriner und anderer Serbenstämme abgebildeten Kukuke erhalten das Andenken dieser Sage und ihrer Bedeutung im Volke lebendig. Aus dieser Mähre leitet man ferner, wie zum Beispiele Karadschitsch, den Ursprung des slavischen Ausrufes „Kukumene" — wehe mir — ab.

Auch Lascaris seufzte tief auf.

Hier begegnete sich ältere und neuere Geschichte. Auch ein letzter Seufzer um ein verlornes Reich! Ultimo sospiro! Dort der feige Maurenkönig Boabdil, hier der verwegene Vuk, der Drache Bosniens! In Wehmuth und Groll getheilt wandte der Abenteurer endlich der geliebten Heimath für immer den Rücken, trat zu dem Katarakte und stimmte dort, von dem Brausen des Wassersturzes weit übertäubt, bei dem eintönigen Klange der Gusla ein düsteres Lied an, ein Stück Grabgesang. Die ersten Strophen mochten wohl der verlornen weißen Blume gelten. Bald aber ging die Weise in stürmische Gänge über. Wohl verhallten die Worte ungehört bei dem übermächtigen Rauschen der Gewässer, aber in den Zügen des Unglücklichen stand der Inhalt seines Liedes nur zu deutlich zu lesen. Es mochte zweifelsohne dasselbe besagen, was jener von uns bereits einmal erwähnte herrliche Dichter aus Csátad, zwar weit früher, aber bei einer ähnlichen Gelegenheit gesungen. In deutscher Sprache hätte daher Lascaris sicher mit den nachstehenden Zeilen geschlossen. Sie lauten:

„Stumm der Antwort will ich lauschen
In der Vögel Melodeien,
In des Raubthiers wildem Schreien,
In des Wasserfalles Rauschen —
Will bei'm Schicksal Kunde werben,
Daß es mir mag anvertrauen
In der Wälder tiefem Grauen,
Warum Bosnien mußte sterben?!"

Doch die Vögel schwiegen, auch kein Wolf ließ sein Geheul, kein Bär sein Brüllen erschallen, auch das Rauschen des Wasserfalles wurde, kaum daß die Karawane ihren Ritt ein paar tausend Schritte weit aus seiner unmittelbaren Nachbarschaft fortgesetzt hatte, durch ein ganz eigenthümliches Geräusch von nahen wie fernen Stimmen überbraust. Auf den Berggipfeln zeigten sich männliche Gestalten.

Es waren die montenegrinischen „Rufer".

Es ist wohl sehr natürlich, daß die Leute in allen Gebirgsländern, wo sie auf so unbequemen Wegen zu einander gelangen, lieber ihre mächtige Stimme als ihre flinken Beine in Bewegung setzen, um die Botschaften zu bestellen, die sie auszurichten haben. Ansiedler in der Ebene, wenn sie etwas mit einander abzumachen haben, treten sich bei ihren Zwiegesprächen Mund an Mund gegenüber und unterhalten sich leise. Die Gebirgsbewohner aber finden es bequemer, sich über die Felsenabgründe hinüber oder vom Thalgrunde auf die Berge hinauf aus weiter Ferne zu verständigen. So haben die Alpenhirten in der Schweiz und Tirol das Jodeln, die Jauchzer und die langen Doppelgesänge erfunden, mit denen sie sich schon von Weitem begrüßen. In Montenegro jedoch wie in ganz Dalmatien sind die lauten Zwiegespräche — Zwiegeschreie sollte man eigentlich sagen — noch viel häufiger. Der Reisende ist in diesen Ländern fast immer und überall von einem Gesumme unheimlicher Stimmen **umgeben**. Es tönt vom Thale heraus, von den Bergen herab, aus der Nähe wie aus der Ferne.

Das sind die erwähnten montenegrinischen Rufer.

Die Leute nehmen dabei einen ganz eigenthümlichen Ton der Stimme an, von dem sie der Erfahrung gemäß wissen, daß er am weitesten in die Ferne bringt. Die meisten Reisenden versuchen vergebens ihn nachzuahmen, zu treffen. Auf dem Papiere läßt er sich, wie schon Kohl richtig bemerkt, gleichfalls schwer beschreiben. Es ist kein grelles Jauchzen und Jodeln wie in den helvetischen oder tirolischen Alpen, es ist auch keine Bauchrednerei, aber etwas zwischen beidem, und läßt sich am deutlichsten als ein dumpfes Geheul bezeichnen, wobei die Worte lang gedehnt werden; auch hat es in Montenegro wie in Dalmatien überall dieselbe Weise, trägt die gleiche Physiognomie. Wer es ein paar Mal gehört hat, vergißt es gewiß nicht wieder. Selbst wenn man einem der Rufer oder Schreier nahe steht, klingt es schon, als käme es aus der Ferne, und doch soll eben in dieser gedämpften Weise die Stimme am Weitesten tragen. Man soll dabei bis auf unglaubliche Entfernung jedes Wort deutlich verstehen können; doch gehört dazu dann wohl auch das feine Gehör dieser montenegrinischen und morlakischen Hirten, deren Sinne oft fast eben so geschärft sein mögen wie jener der Indianer in Amerika. Fremden kommt Alles meist ganz unartikulirt vor.

Wenn ein Hirt dieser Berge sich einsam fühlt, so erhebt er seine Stimme und läßt sie auf das Gerathewohl in die Ferne tönen, um wo möglich ein Echo zu wecken. Er sieht Niemanden, aber er weiß ja, daß doch irgendwo ein anderer Hirt hinter den Felsen sitzt, der eben so einsam, eben so unterhaltungslüstig und neugierig ist wie er selbst, der alsbald auch die Aufforderung zum Zwiegespräche annimmt und die entsprechende Antwort zurückheult. Haben beide nichts Wichtigeres zu verhandeln, so fragen sie sich unter einander um ihr gegenseitiges Ergehen, ob ihre Heerden beisammen sind, oder was in der Nachbarschaft vorgeht, besonders ob vielleicht ein Reisender innerhalb ihres Gesichtskreises vorüberzieht? Ist dieser Reisende ein Ausländer, ein mächtiger Mann des Landes oder weist er vielleicht gar den Anschein eines Landesfeindes, so spitzen sie die Ohren und fragen sich bis zu der geringsten Kleinigkeit aus. Dann kann auch der Berichtempfänger die Sache nicht lange bei sich behalten. Er stellt sich seinerseits auf einen Felsen und schreit die erhaltene Kunde einem andern Lauscher zu, der noch weiter im Innern des Landes seinen Standplatz hat, und so verbreitet sich denn die Neuigkeit sehr schnell über das ganze Land. Jeder zwischen den schwarzen Bergen reisende Fremde oder Einheimische kann überzeugt sein, daß er von dieser geheimen oder vielmehr ganz öffentlichen Polizei der Wildniß auf Schritt und Tritt beobachtet und vom Kopf bis zur Zehe schneller und genauer beschrieben, signalisirt, im Voraus angekündigt wird, als dies früher bei uns durch Gensdarmen, Anzeigeblätter oder Steckbriefe ins Werk gesetzt wurde. Dieser tönende Telegraf, weit schneller und verläßlicher als weiland selbst die persischen und mexikanischen, sich jede Meile ablösenden Läufer, spielte, seit Lascaris und die Seinen die Granitza — Landesgrenze — überschritten, unaufhörlich, und so wußte man in wenigen Stunden in ganz Montenegro, in jedem Dorfe, in der armseligsten Hürde der Berge von der Ankunft der letzten Ueberreste der bosnischen Haidukenschaft, auch wo sich die Karawane jeweilig befinde, welchen Weg oder Pfad sie einzuschlagen gedenke. Zählt doch Montenegro in allen seinen Nahien oder Bezirken nebst dem Gebirgsgebiete, das in slavischer Sprache Berda heißt, nicht mehr als ungefähr siebzig

Meilen Umfang. Schätzt man seinen Flächenraum doch nicht höher als auf achtzig bis neunzig geographische Geviertmeilen.

So wurde die Wanderfahrt der Flüchtlinge zu einem wahren Triumphzuge!

Vieles zur Verherrlichung der festlichen Fahrt trug auch der Umstand bei, daß die Karawane ihrer schwerer verwundeten Mitglieder wegen, von denen der älteste Haiduke sich endlich gar nicht mehr im Sattel erhalten konnte und daher von bereitwillig sich ablösenden Montenegrinern auf einer Tragbahre von Dorf zu Dorf geschafft wurde, nur kleine Tagreisen zurücklegte, endlich, um dem Wladika auszuweichen, der eben seinen Zug nach der Kaiserstadt Wien angetreten, einen so bedeutenden Umweg einschlug, daß sie später auf dem uns bereits bekannten südlichen Pfade nach der sogenannten Residenz und Kapitale Cetinje gelangte. In allen Dörfern, welche Lascaris durchzog, wurde er von den Bewohnern festlich empfangen, Weiber und Dirnen erschienen in ihrem Sonntagsstaate, die Männer feuerten ihre Flinten und Pistolen ab, jüngere Leute und Knaben erprobten ihre Stärke und Gewandtheit in den üblichen montenegrinischen Spielen; wo die Reisenden Rast hielten, ertönte die Gusla, warf man mit Steinen nach einem bestimmten Ziele, sprang man um die Wette auf die weiteste Entfernung, schoß man nach der Scheibe; in den Gebäuden und Hütten suchten die Töchter der Berge ihre Gäste durch jenen sonst nur im Winter, besonders bei Nacht am Feuer gebräuchlichen Zeitvertreib, der einige Aehnlichkeit mit dem deutschen Pfänderspiele hat, zu vergnügen, oder unterhielten sich mit den in der erwähnten Jahreszeit ländlich sittlichen Räthseln, deren es eine ungeheure Menge geben soll.

Auch für Schirm gegen Hunger und Durst war bestens gesorgt worden.

Alle Leibgerichte der Montenegriner prangten auf den Tafeln und Tischen. Herrlicher Dalmatinerwein fluthete in den Bechern. Lascaris und Melissa kosteten nur wenig von den erstern, nippten kaum von dem edlen Rebensafte. Selbst aus der Ferne waren, trotz der Charwoche, in der Gottesfrieden zu herrschen pflegt, und wo man es auch nicht liebt, den heimischen Herd zu verlassen, zahlreiche Bewunderer und Verehrer der bosnischen Kriegerschaft dem gefeierten Abenteurer mit Geschenken und Gaben entgegengezogen. Da sah man freisinnige Paschtrojevichi, oder Küstenbewohner zwischen dem Meere und Montenegro, da drängten sich schmucke Mor-

lafen herbei, da zeigten sich Bocchesen auf beschuhten Pferden, da
gab es verwegene Kriwoschianer und Grachower, da tummelten sich
wilde Uskoken, selbst aus dem fernen Istrien waren freigebige Gäste
zu den Feierlichkeiten des Empfanges herbeigeeilt, alle in ihrer ma=
lerischen Landestracht, was dem Anblicke der bunten Massen eine
wildromantische Färbung verlieh. Die Flüchtlinge konnten sich der
erwähnten Gaben, Spenden und Geschenke der Volksbegeisterung
kaum erwehren. Man drohte sie mit Liebkosungen zu erdrücken, na=
mentlich ließ sich ein griechischer Mönch aus einem der vier Klöster
aus dem erstgenannten Küstenlande durchaus nicht abweisen, und
Lascaris mußte endlich nach langem Weigern einen gesäuerten
Brodlaib annehmen.

Man nennt diese gesäuerten Brodlaibe daselbst allgemein
Prossore.

Merkwürdig ist dies Gebäcke allerdings, da darauf die heilige
Messe gelesen wird, wozu die Küstenbewohner jeden Sonntag und
Feiertag einige Stücke desselben in die Klosterkirchen bringen; der
kleinste Laib wiegt fünf, viele aber sind zehn bis zwölf Pfund schwer.
Sonst sind diese Laibe, wo man sie zum eigenen Gebrauche bereitet,
nicht größer als eine kleine Semmel, aber hier gehören sie zu den
Einkünften der Mönche, welche zur heiligen Bestimmung nur ein
kleines viereckiges Stück herausschneiden, worauf mit einem hölzer=
nen Stempel die Worte IC. XC. / NIKA das ist: Jesus Christus siege,
aufgedruckt sind. Das Uebrige verbraucht die Klostergeistlichkeit zu
ihrer Nahrung. Uebrigens werden diese Laibe in solcher Menge in
die Klöster gebracht, daß die Mönche nicht blos für ihre Bedürfnisse
damit ausreichen, sondern einen großen Theil davon zu trocknen und
auf die Schiffe als Zwieback zu verkaufen pflegen.

Buk's Brodlaib wog gewiß zwölf Pfund.

Auch ward der Abenteurer bei dem Anschneiden desselben
sehr schmeichelhaft überrascht, denn der Mönch hatte in Bewunde=
rung des Drachen Bosniens und seiner waghaften Thaten eine
antike, vermuthlich noch aus den Tagen, da der Römerkaiser Dio=
kletian zu Salona der Muße lebte, stammende goldene Schaumünze
in die gesäuerte Brod backen lassen. Diese Schaumünze wies den
gewaltigen Marius, wie er auf den Ruinen von Karthago sitzt; auf
der Rückseite stand der bekannte Wahlspruch zu lesen, der da lautet: „Si
fractus illabatur orbis, impavidum ferient ruinae!" Zu deutsch:

Mag die Welt auch. selbst in Trümmer gehen,
Wird er furchtlos auf dem Schutte stehen!

Auch Melissa war der Gegenstand allgemeiner rührender Aufmerksamkeit und Theilnahme, namentlich drängten sich Weiber und Dirnen mit Gaben und Geschenken, mit Trostworten, ja mit Thränen in den Augen um das trübe Kindeskind des auch in Montenegro bekannten und gefürchteten Flüsterers. Man wußte ja um das traurige Geschick der trotz ihrer geisterhaften Blässe noch immer anmuthigen Kleinen.

„So wahr mein Bruder lebe!"

Also lautet ja der heiligste Schwur einer Serbin, einer Tochter der südslavischen Race. Daher flüsterte man sich auch überall, wo die verlassene Schwester, die weinende Braut, die trauernde Waise vorüberschritt, sich leise und mitleidig in die Ohren:

„So schön, so jung und doch so unglücklich!"

Niemand wunderte sich übrigens, die Kleine ganz allein in der Gesellschaft wild blickender Krieger reisen zu sehen. Unverletzbarkeit der Weiber ist ja in Montenegro altherkömmlicher Brauch, heilig gehaltene Sitte. Man weiß von einem deutschen Maler, der blos im Schutze eines alten Weibes sehr weite Streifereien zwischen den schwarzen Bergen unternahm. Es ist dies oft sogar besser als ein Geleitsschein, von der Hand des Wladika geschrieben, denn dieser kann den Reisenden doch nicht vor jedem Raubanfall, vor jeder Handlung der Rache schützen. Die Weiber aber gehen bei den Montenegrinern immer frei aus und ein. Niemand beleidigt sie. Thäte dies jemand, so würde er sich die grimmigste Rache ihrer Angehörigen auf den Hals ziehen, und nebstbei sich der allgemeinen Verachtung aussetzen. Ein Weib gar zu tödten, ist die schmachvollste Handlung für einen Mann. Nur wenn es sein eigenes Weib war, wenn er es für eine Untreue strafen wollte, wird es ihm verziehen, ja dann allerdings sehr leicht und ohne Weiteres. Auch sogar zu den Türken bis nach Scutari hinab gehen die Weiber der Montenegriner ganz ungefährdet. Eben so können die türkischen Töchter Eva's ohne Furcht nach Csernagora kommen. Die Bergbewohner schneiden bei ihren Eseten auch nie Weiberköpfe ab, noch liefern sie deren nach Cetinje hinauf. Mädchenraub war nur in Serbien und zwar unter türkischer Herrschaft ein eben nicht seltener Fall. Als daher ein böswilliger Spötter, als Melissa an ihm vorüber ging, wie eine Mutter, die ihrer geraubten Tochter wegen mit dem

Mädchenräuber vor dem Richter erscheint, mit den Fäusten auf seine Brust schlug, als er höhnisch flüsterte:

„Kuku mene, evo roba moga!" — „Wehe mir, das ist mein in die Sklaverei geschlepptes Kind!"

Da wurde er plötzlich von hundert derben Händen ergriffen, zu Boden geschleudert und durchgebläut, ja es hätte wenig gefehlt, so wäre er gesteinigt worden, denn man vermeinte, als er die Lippen bewegte, um Gnade zu erflehen, er wolle sein hämisches, ehrloses Treiben fortsetzen und wohl gar die übliche Frage des Kadi wagen, des Inhaltes:

„Il je sila ili draga volja?" — Ob dem Mädchen Gewalt angethan worden oder ob es freiwillig gefolgt sei? —

Zum Glücke überhörte die Kleine das höhnische Flüstern, da Lascaris eben herbeigeeilt kam, Melissa eine freudige Nachricht mitzutheilen. Sein Geschäftsträger in Cattaro hatte dem Abenteurer als Antwort auf seine schon ein paar Wochen früher abgegangenen Befehle melden lassen, türkischen Schnapphähnen sei es endlich gelungen, sich der berühmten oder berüchtigten pfeilschnellen Tartane Melissa, auf der weiland Arslan mit Ali den See von Scutari durchschnitten, dieser herrlichen Barke mit lateinischen Segeln zu bemächtigen. Die glücklichen Freibeuter hätten das gefürchtete Fahrzeug mit Aufwand von unsäglicher Mühe und geraumer Zeit an das Gestade des adriatischen Meeres geschafft. Der Geschäftsträger habe dann diese Tartane für Lascaris gekauft und mit trefflichen dalmatinischen Seeleuten bemannt. Auch prange bereits am Schiffsschnabel eine weiße Rose als Sinnbild mit der Umschrift „Gülnare", die von dem Abenteurer angegebene Flagge sei gleichfalls an Bord gebracht worden, kurz das Schiff warte in dem sichern Hafen von Cattaro einzig auf die Ankunft seines neuen Herrn und Eigenthümers, um nach Weisung desselben augenblicklich den Anker zu lichten und in die See zu stechen.

So verliefen ein paar Tage des festlichen Wanderzuges.

Endlich und zwar eines heitern Abends — am Charsamstag — gelangten die Flüchtlinge in die Nähe von Cetinje. Hoch ragte der Wartthurm über der alten Klosterveste empor. Der durchbrochene Kranz auf seiner Spitze, aus Türkenköpfen auf langen Stangen gebildet, war seit dem Besuche der Waffenbrüder Arslan und Ali noch armseliger zu schauen, denn viele der Schädel waren vom Winde herabgeworfen, und von den Hunden weggeschleppt worden; auch erlaubte die eingegangene Wiera keine Mehrung des Kranzes, aber doch noch immer hätten viele Türken kommen müssen, wäre jeder Willens gewesen, seinen Kopf herunterzulangen und nach Hause zu tragen. Schaurig stachen also noch fortwährend die oben prangenden Häupter mit ihren vom Schopfe fallenden Haarbüscheln gegen das tiefe von dem Mondlicht verklärte Blau des Himmels ab, und durch die Luft zitterte es seltsam, als wolle die Begleitung zu dem Reigen, zu dem Kettentanze erschallen, wie ihn die Geister im Mondenglanze zu halten pflegen. Lascaris und Melissa blickten mit einem trüben Lächeln nach der alten Warte.

Plötzlich krachte es donnernd auf.

Schuß folgte auf Schuß. Bald entdeckte man in der Mitte des Thales unter einem großen Baume eine Menge Männer oder, um nach montenegrinischer Weise zu reden, eine Woiska, zu deutsch einen Kriegerhaufen, wie er weiland den Kaimakan und den Mirditen empfangen hatte, nur war er weit zahlreicher; auch gab es fast eine unübersehbare Menge müssiger Zuschauer, und man konnte ohne Uebertreibung annehmen, daß sich fast ein Viertheil der gesammten Bevölkerung von Montenegro zu dem feierlichen Empfange des bosnischen Drachen und seiner letzten zehn Braven vor und in Cetinje zusammengedrängt habe. Ein ganzes Geschwader Reiter in glänzender Tracht mit bunten Turbans kam, seine Gewehre und Pistolen abfeuernd, auf kleinen weißen Rossen zum Bewillkommungsgruße im wüthigsten Laufe dahergesprengt. Alle im Lande üblichen Reiterkünste wurden aufgeführt, die Schimmel bockten nach Herzenslust, jetzt flog ein Berittener schräg ins Wilde hinaus, nun schoß einer seine Feuerwaffen gegen das Gebüsch oder die Felsenwände ab, als verfolge er seinen Feind, donnernder Jubelruf erscholl von allen Seiten, kurz der Wladika selbst hätte nach der Rückkehr aus einem sieghaften türkischen Feldzuge nicht prachtvoller, nicht feierlicher, nicht freudiger, nicht glänzender eingeholt werden können.

Also geleitete man Lascaris nach dem Kloster.

Dieser aber verweigerte es, dasselbe trotz der Abwesenheit des neutral verbliebenen Wladiken zu betreten. Er konnte und durfte es dem schwarzen Mönche nicht vergeben, daß derselbe bei dem Verzweiflungskampfe Bosniens nicht brüderlich und nachbarlich zum Beistande herbeigeeilt sei. Seine Stimme wies daher auch, als er diese Weigerung aussprach, einen ironischen Klang.

„Meine Lunge," rief er in der bilderreichen Sprechweise Montenegro's, „hat zu viel Pulverqualm einathmen müssen, und sehnt sich daher nach einem südlichen warmen Klima; hier in diesem steinernen Gebäude aber weht eine rauhe, unfreundliche, nordische Luft!"

Die Bewohner Csernagora's, beschämt und gedemüthigt, drangen nicht länger in den Abenteurer mit gastfreundlichen Bitten.

Es gibt zudem in Cetinje eine Locanda, die so ansehnlich, ordentlich und nett ist, wie nur sonst irgend eine in Dalmatien, und außerdem befaßt sich auch wohl ein ehemaliger österreichischer Unteroffizier, der sich nach diesem Orte zurückgezogen hat und hier mit einer deutsch sprechenden Frau ein sehr zierliches Häuschen bewohnt, in dem er einen Kramladen errichtet hat, mit der Aufnahme und Bewirthung von Fremden. Die Reisenden vertheilten sich in beide Häuser und waren hier so gut aufgehoben wie sonst nicht immer in den westlichen Küstenländern der Adria.

Feierlichkeit folgte auf Feierlichkeit in den nächsten drei Tagen. Prachtvoll ward das Osterfest begangen, auf griechisch der Tag des Lichtes, nämlich Lampri genannt. Es begann in dem Augenblick, als der Priester aus der Cella herausrief:

„Christos anesti!" — Christus ist erstanden! —

„Vo istinu voskres!" — Er ist in Wahrheit erstanden! — antwortete die Menge.

Die Vorübergehenden reichten sich während der Begegnung Ostereier hin, und stießen gegenseitig mit denselben an; das zerbrochene Ei gehörte dem, welcher es zerschlagen hatte, auch betrachtete er diesen Umstand als ein günstiges Vorzeichen langer Dauer seines Lebens. Wir bemerken hier, daß sich dieser griechische Gebrauch durch alle slavischen Länder bis nach Petersburg verbreitet hat. In Montenegro, Bosnien, Serbien und Bulgarien ist gewöhnlich der häusliche Herd das Theater der Osterfreuden, denn um diese Jahreszeit bietet die freie Natur, welche noch ihre letzten Kämpfe gegen die Nordwinde zu bestehen hat, wenig Erfreuendes außer den warmen vier Pfählen dar. In südlichen Gegenden wird das Fest in Zelten unter Gottes blauem Himmel gefeiert. Uebrigens hatten die Montenegriner wie ihre Nachbarn die Albanesen auch dieses Jahr ihre innern Fehden für die Dauer der heiligen Woche eingestellt; einen solchen Waffenstillstand pflegten auch die Ritter des Mittelalters jeden Sonntag zu beobachten. Dagegen gedachte der erbliche Haß schon morgen oder übermorgen, von Ostersonntag nämlich gerechnet, über den Gräbern der Vorfahren sich von Neuem zu verschwören. Die Flüchtlinge pflegten am letztgenannten Tage der Rast, weshalb wir auch der fraglichen Osterfeier nur mit wenigen allgemeinen Worten erwähnten.

Am Ostermontag zählten jedoch Lascaris und die Seinen vorzugsweise zu den handelnden Personen.

Jener alte erschöpfte Haiduke, der sich nicht mehr im Sattel erhalten konnte und daher auf einer Tragbahre von Dorf zu Dorf bis nach Cetinje geschafft worden war, starb nämlich in der vergangenen Nacht an seinen zahllosen Wunden. Da er zu dem Stolz und der Blüthe der bosnischen Kriegerschaft gehörte, so beschlossen die Montenegriner sein Leichenbegängniß nach Möglichkeit feierlich zu begehen. Der Todte ward zuerst gebadet, dann nochmals sorgfältig gewaschen. Seine Kampfgefährten besorgten diesen letzten Liebesdienst; darauf ward er mit den wenigen Blumen, die man bei der frühen Jahreszeit auftreiben konnte, geschmückt und zur Schau ausgestellt. Herrliche Gewande, kostbare Waffen, alles eine Gabe der gastfreien Bergbewohner, lagen an der Bahre der Leiche im Kreise umher. Gewöhnlich wird in Montenegro der mit einem Stück Leinwand bedeckte Kadaver nur auf ein einfaches Brett gelegt, worauf man zwei andere Bretter über ihm so zusammenstellt, daß sie mit dem untern ein Dreieck bilden. Hier aber hatte man es sich eine zierlich gezimmerte Todtentruhe, einen netten Sarg kosten lassen. Zur Stunde der Leichenfeier verließen alle Aeltesten der Häuser in Cetinje und der Umgebung ihre Wohnstube und beeilten sich an dem Begräbnisse und den dabei üblichen Feierlichkeiten Theil zu nehmen. Man drängte sich um so mehr hinzu, als es auf die Frage „Von wem?" — von wem nämlich ist er umgebracht worden? — nicht heißen konnte „Od boga, od starog krvnika" — von Gott, dem alten Mörder —, da der tapfere Haiduke, wie bereits gesagt, an seinen im ehrlichen Kampfe erhaltenen Wunden verstorben war. Die Südslaven halten nämlich wie weiland die alten Skandinavier einen natürlichen Tod, der mit der obigen Antwort bezeichnet wird, für eine Art Schmach. Glorreich ist nur das Sterben mit den Waffen in der Hand.

In der Locanda, wo die Leiche lag, wurden die einsprechenden Trauergäste sämmtlich mit Wein und Branntwein bewirthet, und von Lascaris wie von den übrigen leidtragenden Haiduken öfters zum Trinken aufgefordert, „damit morgen nicht etwa einer sage, er habe nicht genug gehabt." Melissa und ein paar Montenegrinerinen, welche die Stelle der weiblichen Verwandtschaft des Todten vertraten, stimmten ein Klagegeschrei an, so laut als sie nur vermochten. In der Ferne klang es fast wie ein Grabgesang. Man rühmte darin die Vorzüge des Entschlafenen, seine Tapferkeit und Rechtschaffenheit; man beklagte den bittern Jammer und die traurige Lage seiner noch lebenden uralten Mutter wie seiner zurückgebliebenen betagten Schwestern, seiner zum Theile noch unmündigen Kinder. Man rief daher:

„Wer wird dein Pferd reiten?"

„Wer deine Kleider tragen?"

„Wer wird dein Mütterlein ernähren?"

„Wer deine Kinder umarmen und schützen?"

„Bei wem werden deine Schwestern schwören?!"

Diese Wehklagen begannen mit dem Augenblicke des Todes, sie folgten der Leiche zum Grabe, ja darüber hinaus. Ein Pope begleitete den Trauerzug, um an der frisch gegrabenen Grube die Gebräuche der Religion zu vollziehen. Lascaris, Melissa und die Haiduken warfen die ersten Schollen auf den Sarg. Als das Grab vollends verschüttet worden, ward es mit einem Kreuze geschmückt, darauf so viele Kukuke abgebildet waren, als Angehörige und Leidtragende um den Verblichenen trauerten. Dann theilte Lascaris unter die auf dem Gottesacker lagernden Gäste Wachskerzen aus. Melissa sammelte diese gleich darauf wieder ein. Jeder Gast küßte schließlich seine Wachskerze, ehe er sie zurückgab, mit großer Andacht, und sprach dabei mit feierlichem Tone die Worte:

„Für die Seele des Verstorbenen! Möge es ihm eine angenehme und willkommene Aufnahme bereiten im Reiche Gottes!"

In diesem Augenblicke kam ein Reiter wie besessen dahergesprengt. Es war Mirra der Jüngere. Der Zigeuner schwang sich aus dem Sattel, und zog aus dem Futtersacke seines Pferdes einen von getrocknetem Blute starrenden türkischen Shawl, darin ein ziemlich umfangreicher Gegenstand eingeschlagen worden. Ein paar leise geflüsterte Worte verständigten Lascaris über die Geschichte des Shawls. Der Abenteurer warf seinem Leibdiener einen halb dankbaren, halb vorwurfsvollen Blick zu, befahl ihm das Gewebe zu lüften und rief dann mit lauter Stimme:

„Hier mein Dank, Montenegriner, für eure Gastfreundschaft!"

Ein donnerndes einstimmiges Jubelgeschrei weckte das Echo der fernsten Berge. Schwang doch Mirra das wohlbekannte, wenn auch entstellte Haupt des Pascha Jussum hoch in den Lüften! Jetzt erst galt Lascaris nach den montenegrinischen Begriffen von Ehre als Krieger ohne Furcht und Tadel. Die Blutrache war vollständig geübt worden. Das bleiche Haupt ging von Hand zu Hand, bald auch stach es, auf eine Stange gesteckt, im Kranze von Todtenschädeln auf dem Wartthurm der alten Klosterveste gegen das tiefe, von dem Mondlicht verklärten Blau des Himmels häßlich und schauerlich ab.

Abends hielten Lascaris und Melissa eine geheime Unterredung.

Am Osterdienstag und zwar am frühen Morgen begaben sich die Bewohner von Cetinje auf den Kirchhof. Jede Familie kam mit einer genealogischen Tafel, die von Geschlecht zu Geschlecht übergegangen war und darauf die Namen sämmtlicher Vorfahren eingetragen standen. Sie hat viele Aehnlichkeit mit den Dyptiken der lateinischen und griechischen Katakomben. Ueber den Gräbern zündete man Wachskerzen oder andere Lichter an und brachte den Tag mit Gebeten für die Seelen der Abgeschiedenen zu. Auch sorgte man für ihr Andenken auf Erden, mit lauter Stimme preisend, was sie im Leben Gutes und Schönes gethan; endlich suchte man, um ihr edles Blut zu verewigen, in würdige Verwandtschaft zu gelangen und schloß daher Hochzeiten und Verbrüderungen.

Es ist was Eigenthümliches um diese Verbrüderung oder Verschwisterung!

Die Ceremonien hiebei mahnen an die Sitten der Szythen, wie sie die Alten beschrieben. Wenn es von den Erstern heißt, daß sie den Bund der Freundschaft mit dem heiligsten der Eide besiegelten, und dabei ihre Dolche in einen Becher tauchten, darein sie einige Tropfen ihres Blutes hatten laufen lassen, so besteht dies bei den Südslaven noch heutigen Tages, und legt man auch bei ihnen eine feierliche Betheuerung, für einander leben und sterben zu wollen, vor dem Priester in der Kirche ab, und läßt dabei seine mitgenommenen Waffen weihen. Nur das Blutvergießen ist hinweggefallen. Auch hier kennt man keine größere Schmach als Verrath an der beschworenen Freundschaft, ja man glaubt, daß dies ein Unglück oder eine Strafe des Himmels für die Gegend oder das Dorf bedeute, wo sich derselbe zutrage. Gewöhnlich geloben sich nur Männer diese heilige Freundschaft und schließen einen Waffenbund ab, Pobratimstwo, Verbrüderung genannt. Die Freunde selbst heißen Pobratimi, Verbrüderte. Auch Mädchen verbinden sich also innig. Natürlich, daß die Waffen dabei aus dem Spiele bleiben. Dieser Mädchenbund führt den Namen Posestrmstwo, Verschwesterung, die Freundinnen werden Posestrimi, Verschwesterte genannt. Endlich gibt oder gab es doch wenigstens auf der südslavischen Halbinsel ein poetisches Freundthum — Drugina — zwischen Mann und Weib ohne Beimischung sinnlicher Leidenschaft. Wenigstens liest man in der serbischen Geschichte von berühmten Prinzen und Helden, welche sich in rein platonischer Liebe zur zärtlichsten gegenseitigen Aufopferung mit schönen und gefeierten Frauen verschwistert zu haben scheinen.

Eine solche Verschwisterung sollte an jenem Morgen stattfinden.

Die kleine Kirche von Cetinje, darin sich der an die Grabmale der russischen Kaiser in Moskau mahnende Sarkophag des heilig gesprochenen Wladiken Peter Petrowitsch des Ersten befindet, war festlich beleuchtet; als Prachtstück dieser Beleuchtung standen am Boden der Kirche vor dem Altare zwei hohe messingene Kandelaber, die wie Weihnachtsbäume mit Lichtern besteckt waren, in der Mitte nämlich eine baumstarke lange, vergoldete und bemalte Wachskerze, oben darauf geklebt und darunter gesetzt viele dünne und kleine Wachslichter. Das Iconostas oder die Bilderpforte vor dem Altare schien fast mit Guirlanden überladen, was natürlich den Anblick der aus geschnitzten Holzstückchen zusammengesetzten drei Pforten wie ihrer Architrave noch prachtvoller gestaltete. Namentlich prangten das zaarische oder königliche Mittelthor wie die auf dem Rande des Ganzen befindlichen drei Kreuze mit ihren eben so vielen aus Holz geschnittenen Tauben in aller Herrlichkeit des Lenzes. Auch die zwei Oelbilder, Christus und die Gottesgebärerin — Bogorodiza — an den hölzernen Zwischenpforten, wie die schwarzgefärbte Decke des erwähnten Sarkophages mit dem Christusbilde und Kreuze waren mit duftigen Blumen wie übersäet. Man hatte die Kinder des Frühlings aus einem Treibhause zu Cattaro bezogen.

Die Stunde zur Weihe der Drugina schlug.

Der Archimandrit, der in dem Kloster Ostrok wohnte, der nächste Gewalthaber nach dem Wladika von Montenegro, hatte sich in dessen Abwesenheit freiwillig zu dieser Weihe angetragen. Der ehrwürdige Hirt des Herrn in seinem prachtvollen Ornate, ingleichen zwei Chorknaben, gleichfalls in kirchliche Festgewande gehüllt, erwarteten die künftigen Geschwister an den Stufen des Altares.

Lascaris und Melissa erschienen auch bald, beide in Scharlach=
kleidern, begleitet von Mirra, den neun Haiduken und vielen vor=
nehmen montenegrinischen Kriegern und Frauen in der Kirche, wo
sie, vor dem Archimandriten niederknieend, die Messe hörten, jedes
eine vergoldete und bemalte Wachskerze in der Hand haltend. Nach
der Messe nahmen die Chorknaben dem zu verschwisternden Paare
die Kerzen ab, reichten dem künftigen Bruder wie seinem anzuhof=
fenden Schwesterlein einen grünen Epheukranz, und die bindende
schöne Ceremonie, welche der Priester wie eine Hochzeit einsegnete,
begann unter den üblichen Feierlichkeiten. Lascaris stand wie ein
Bräutigam rechts, Melissa gleich einer Braut links am Altare, auch
reichten sich beide wie ein Brautpaar die rechte Hand, welche der
Archimandrit, nachdem er die Epheukränze geweiht hatte, wie bei
einer Trauung mit der Stola bedeckte. Der Streiter Gottes hielt
nun eine kurze Rede, darin er die Geschwister auf die Wichtigkeit
und Feierlichkeit des Augenblickes aufmerksam machte, sie erinnerte,
wie sie nun untrennbar verbunden, und vor dem Herrn des Him=
mels und der Erde verpflichtet seien, mit einander leben, für ein=
ander sterben zu wollen.

„Willst du," sprach er endlich zu Lascaris, „dies bleiche Kind
als deine Schwester anerkennen, lieben, ehren, schützen und verthei=
digen, so sprich, auf daß die Allmacht dich höre, ein lautes und
vernehmliches Ja!"

„Ja!" rauschte es feierlich von den Lippen des Abenteurers.

„Willst auch du," fuhr der Archimandrit fort, sich zu der
Enkelin des Einschläferers wendend, „diesen gewaltigen Mann, der
da in Zukunft dein Herr sein soll, als deinen Bruder und Beschützer
anerkennen, lieben und ehren, so sprich, auf daß auch dich die All=
macht höre, ein lautes und vernehmliches Ja!"

„Ja!" bebte es leise von dem Munde Melissa's.

Darauf schritten die Geschwister in Ermangelung des Grabes
eines ihrer beiderseitigen Väter zu dem Sarkophage des heilig ge=
sprochenen Wladiken Peter Petrowitsch des Ersten, tauschten darüber
die Epheukränze, indem sie gegenseitig den eigenen geweihten Epheu=
kranz dem Andern in die Locken drückten, und gaben sich endlich vor
den Augen Gottes wie aller anwesenden Zeugen den Verbrü=
derungskuß.

Die Verschwisterung war geschehen.

Bei dem Austritte aus der Kirche wurden die Geschwister von

dem Zeugen jener seltsamen Trauung unter dem Geknatter lustig abgefeuerter Pistolen und Flinten mit herzlichen Begrüßungen, mit Gesängen aus dem Stegreife empfangen und nach der Locanda begleitet, wo ein großes Gastmahl bereitet stand. Lascaris und Melissa nahmen den Ehrenplatz ein, während die übrigen Anwesenden mit Ausnahme der Frauen sich rings um die Tafel lagerten. Bei dem Beginne wie bei dem Schlusse des Festmahles tranken jedoch alle Gäste auf das Wohl der beiden geschworenen Geschwister. Draußen im Freien vergnügte sich die Jugend mit dem Kreistanze wie mit andern Lustbarkeiten. Lascaris drang auf baldigen Aufbruch, denn von Cetinje nach Negosch braucht man etwas über drei Stunden, von da bis zum Gipfel des berühmten Passes schätzt man den Weg auf anderthalb Meilen, und die ganze Entfernung von Cetinje bis Cattaro dürfte man daher auf sechs Stunden anschlagen. Der Abenteurer wollte noch vor der Abenddämmerung nach der letztgenannten Stadt gelangen. Man fügte sich auch, wenn gleich widerstrebend seinem Willen.

Die Karawane brach auf.

Schuß folgte auf Schuß aus Pistolen und Flinten bei dem Aufbruche, wie während des Verlaufes der Fahrt, denn eine Unzahl berittener Bergbewohner gab dem bosnischen Drachen, als eben so viele Geier, wie sich die Montenegriner gern zu nennen pflegen, das letzte Ehrengeleite. Fort ging es durch die riesig aufgethürmten Gebirge, die zuweilen wie ein Meer von ungeheueren plötzlich versteinten Wogen sahen; fort zog man später in beflügelter Eile an den Pflanzungen von Mais und Kartoffeln, von Blumenkohl und Tabak vorüber, bald wieder umrauscht von Eichen, Stechpalmen, Buchen, Kiefern, Nußbäumen, Pappeln, Erlen, Weiden und Perückenbäumen — Cottano, Rhus Cottino — deren färbendes Gelbholz weit in die Welt hinaus, selbst bis nach Frankreich verführt wird! Hie und da zeigten sich Oelbäume, Granaten, Pfirschen, Reben und Maulbeerbäume, im Unterholze der Berge prangten Erdbeerbäume und Stauden von Wacholder, Rosmarin und Myrthen.

So gelangte man nach Negosch, dem Stammorte der Wladiken.

Hier blieb ein Theil des Ehrengeleites, noch einmal seine Schießgewehre abfeuernd, nach einem herzlichen Abschiedsgruße zurück. Die Mehrzahl der Montenegriner aber zog noch weiter mit in die beginnende Tiefe. Bald bekundete die hochromantische Aussicht auf die Bezirke Cermnitza und Rieka, den silbernen See von

Scutari und die fernen Berge Albaniens, daß man den halben Weg bis zu dem Passe zurückgelegt habe.

Endlich tauchte Cattaro auf.

Da lag es vor Lascaris, das neue Bauwerk auf der Stelle des alten römischen Ascrivium, nunmehr den heiligen Tryphonius als Schutzpatron verehrend, die ehemalige mächtige Freistadt Cattaro, die Wohnstätte der vielen Grafen, noch stammend aus den Tagen der venetianischen Herrschaft, mit ihren ungeheueren Mauern, welche von dem schmalen Uferrande nach der auf spitzigen Felsen liegenden Vestung führen, dieser steinernen Erinnerung an die großartigen Befestigungsarbeiten der Krieger aus der Lagunenstadt; mit dem starken Walle und dem tiefen Graben an der Nordseite; mit ihren drei Thoren, von welchen zwei bei Sonnenuntergang geschlossen werden, während der Zugang auf der Seeseite bis um eilf Uhr und an Tagen, wo das Dampfschiff landet, bis um Mitternacht offen und verstattet bleibt; mit ihren zwei griechischen Gotteshäusern, von denen eines in Styl und Bauart den Kirchen in Athen gleicht; mit ihren engen Straßen, mit den zierlichen Häusern im Geschmacke der Venetianer gethürmt, an deren ehemalige Herrschaft wie gewöhnlich der geflügelte Löwe an der Vorderwand erinnert!

Leider blickten aus den hart am Fuße der montenegrinischen Berge liegenden benachbarten Orten zwischen den wohlerhaltenen und zum Theile schön und reich gebauten Häusern der Einwohner hie und da einige ganz häßliche Ruinen von Wohnungen und Kirchen hervor, die mit ihren rahmenlosen Fenstern und eingefallenen Dächern wie Todtenschädel dalagen, und deren zerstörte Umgebung sich in dem reizenden Kulturteppich an den Ufern ausnahm wie eine garstige Narbe oder eine gerupfte Stelle in dem Felle eines schön gefleckten Tigers. Und wenn du nach der Geschichte dieser Verwüstung fragst, so verklagen alle bei dir die Montenegriner, und nennen dir dies oder ein anderes Annum Domini, in welchem sie wie ein böses Hagelwetter von den Gebirgen herunterkamen, diese verheerenden Bergmäuse, wie sie von den Türken nicht mit Unrecht genannt werden! Auch jetzt zeigte sich vor dem östlichen Thore Cattaro's der montenegrinische Bazar, der an die Agora der alten griechischen Städte erinnert, der auch, wie ursprünglich jener Marktplatz, außerhalb der Mauern lag, dieser Bazar, den die Bergbewohner jeden Dienstag, Donnerstag und Samstag besuchen dürfen, nachdem sie aber früher ihre Waffen bis auf ein kleines Dolchmesser abgelegt haben.

Der Himmel blaute heiter und rein, nur in Nordwesten ballte sich eine graue Wolkenmasse, ein sicheres Vorzeichen, daß sich am nächsten Morgen ein so heftiger Regen einstellen werde, wie man ihn nur in diesen südlichen Gegenden sehen kann, ein Guß, welchen der Dalmatiner gewöhnlich den Bindfadenregen zu nennen pflegt, weil die dicken Tropfen sich einander dabei so schnell folgen, daß sie ununterbrochene Wasserfäden zu bilden scheinen. Heiter und freundlich, wie der Himmel schaute, nahmen die Montenegriner an den Bazar gelangt von ihren lieben und werthen Gästen einen langen und lärmenden Abschied; diese aber, namentlich die geschworenen Geschwister, sahen düster wie jene grauen Wolkenmassen, und ein Regen von Thränen, äußerlich mühsam verhalten, ging in ihren Seelen nieder. Galt es doch für lange Zeit, vielleicht für immer von dem letzten Anblicke bergiger Heimath scheiden! Haibuken wissen sich jedoch zu bemeistern. Trocken blieben ihre Augen.

Nur Melissa warf sich schluchzend in die Arme ihres neuen Bruders.

Lascaris sprach ein paar tröstende Worte, dann schritt er mit seiner Schwester am Arme, gefolgt von dem benarbten Ueberreste seiner Braven hastigen Fußes durch das große mit Bäumen umpflanzte, zum Theile ummauerte Parallelogramm des Bazars, an den nach Art von Propyläen aus Stein gebauten, gedeckten, zum Wägen der Waaren bestimmten Hallen wie an der alten steinernen, nach der Seite von Dobrota führenden Brücke vorüber, durch die gewaltige Eingangspforte der Porta di Fiumera zu. Hier wie später an der nach dem Molo und Hafen gehenden Porta della Marina zog die Schildwache vor dem Drachen Bosniens das Gewehr an. In der Bestung war die ganze Besatzung auf den Beinen, die Offiziere wehten brüderlich und kameradschaftlich mit weißen Tüchern, eine Militärmusikbande ließ des Friedens mit der Türkei halber scheinbar durch Zufall, in Wahrheit aber zum feierlichen Empfange der besten südslavischen Klinge rauschende Weisen ertönen. Auch auf den Straßen wimmelte es von festlich gekleideten bewillkommnenden Menschengestalten.

„Viva gli bravi Schiavoni!" — „Es leben die braven Slaven!" —

Also erscholl es mit stürmischem Jubel von allen Seiten. Der Zug erreichte unter noch vielen andern donnernden Begrüßungen endlich den ersehnten Molo. Die umgetaufte, einst Melissa genannte

pfeilschnelle Tartane hatte bereits, während ihr Nostromo, Steuer=
mann, an seinen Standplatz eilte, die Anker gelichtet, alle Segel
aufgesetzt und harrte nur der Ankunft ihres neuen Herrn, um nach
einem fernen, nur diesem Gebieter bekannten Ziele in die See zu
stechen. Ein Schimmer Freude überflog das Antlitz des Abenteurers,
als er auf dem Schiffsschnabel seines Fahrzeuges die weiße Rose
mit dem Namen Gülnare prangen sah. Der Schiffsetikette gemäß
kletterten zuerst die Haiduken die Strickleiter hinan, dann folgte
Mirra, den zottigen Hund auf dem linken Arme tragend, hierauf
begab sich Melissa an den Bord der Tartane.

Nur Lascaris blieb zurück.

Er schien an den Kiel seines Bootes festgenietet zu sein. Sein
Auge hing wie bezaubert, wie gebannt an der Stelle, wo das Ge=
bäude herüberragte, darin die gräflichen Basen seines todten Weibes
hausten. Sein ganzes Leben zog in diesem Augenblicke an seiner
Seele vorüber. Er sah das verwüstete Paradies seiner Kinderzeit
in voller Blüthe stehen, dann röchelte der treue Bär Calluga in
letzter Todesqual schmerzhaft auf, Gülnare war nirgends zu schauen,
der kleine Desche stand verlassen an einer endlosen Wasserwüste.
Unseliger Traum, daß du so schrecklich, auch buchstäblich in Erfül=
lung gehen mußtest! Darauf zeigte sich eine hochzeitlich geschmückte
Kapelle und eine bleiche, finster und trotzig blickende Braut, aber in
diesen eisigen Blicken blitzte es allmälig zärtlich und bräutlich auf,
und über die blassen Wangen zog es wie das Morgenroth der ersten
Liebe. Nun blinkte es aus einem angeschnittenen Laib ungesäuerten
Weizenbrodes wie eine schöne goltene Denkmünze, die aber an ein
Begräbniß erinnerte; bald darauf erlosch eine Kerze des Christ=
abends auf einer zur Feier des Neujahrsfestes geschmückten Tafel
von selbst, noch ehe ein paar Tropfen reinen Weines im Namen der
Dreifaltigkeit auf sie getrauft waren. Dann kam eine lange, süße,
hochherrliche, unvergeßliche Nacht! Endlich tauchte ein stilles Erker=
gemach auf. Eine weiße Rose verwelkte. Ein hoher Mann stand an
dem Sterbepfühle einer verkümmerten Schönheit, und diese ver=
hauchte den letzten Seufzer; er aber, er liebte dann auf Erden
niemand weiter mehr! Und damals hätte es sein sollen,
jetzt erst aber an dem Gestade des adriatischen Meeres ge=
schah es, daß die Wehmuth endlich als ein anderer Moses
an das gramversteinerte Herz des Abenteurers pochte, und mit
wunderthätiger Hand das Weihwasser der Seele, die heilige

Springfluth der Schmerzensthränen aus seinen trotzigen Augen fluthen machte!

„Gülnare!" seufzte er unter heißen Zähren.

In diesem Augenblicke ließ sich ein lärmendes Geplätscher vernehmen. Zigan war in Angst, sein Herr könne zurückbleiben, in das Wasser gesprungen, und schwamm winselnd an das Boot heran. Oder fiel es selbst dem klugen Thiere schwer, der Heimath den Rücken zu kehren? Lascaris erfaßte den Hund mit der linken Hand, mit der rechten Faust aber dräute er nach dem Türkenlande hinüber.

„Trefflich gemahnt," rief er, „mein zottiger Zigan! Wir dürfen diese Küste nicht für immer verlassen. Erzittre Halbmond, einst kehrt Lascaris wieder!"

Dann eilte er mit dem Hunde die Strickleiter hinan. Die Tartane salutirte die Vestung mit drei Kanonenschüssen und brauste hierauf in die weite See, gleichzeitig ihre neue Flagge aufhissend. Diese Flagge war von schwarzer Farbe, in ihrer Mitte zeigte sich drohend und schaurig:

Ein weißer Todtenkopf!

Ende.

Inhaltsverzeichniß.

			Seite
Vorwort			3
1. Capitel :	Die Rose von Serajevo		6
2. "	Die Nachschrift		26
3. "	Der Pascha unterhält sich		47
4. "	Eine seltsame Brautnacht		66
5. "	Vor und nach der Volksberathung		82
6. "	Im türkischen Hauptquartiere		99
7. "	Zigeunerdorf und Waldstraße		116
8. "	Kuß und Schuß		131
9. "	Der Flüsterer und sein Kindeskind		148
10. "	Scherawitza-Grab		167
11. "	Albanesische Sühne		187
12. "	Auf Montenegro		211
13. "	Das Blatt hat sich gewendet		233
14. "	Sonnenschein und Regenschauer		250
15. "	In Travnik		266
16. "	Liebesdienst und Schergengang		286
17. "	Die Bluttage an der Bosna		305
18. "	Rothbart überall und nirgends		326
19. "	Christlicher und türkischer Teufel		342
20. "	Ophelia		358
21. "	Der Erbe des Nemagna		380
22. "	Polyxena in Bosnien		404
23. "	Eine welke Blume		426
24. "	Die Vehme der Kleinen		449
Letztes "	Die Verschwisterung		474

Druck:
Customized Business Services GmbH
im Auftrag der KNV-Gruppe
Ferdinand-Jühlke-Str. 7
99095 Erfurt